安 안
大 대
會 회

한문학에 대한 깊이 있는 연구를 바탕으로
종횡하는 고전 읽기와 탁월한 분석을 통해
풀어내는 그의 글솜씨는 정평이 나 있다. 특
히 조선 후기 한문학이 온축해온 감성과 사
유의 세계를 대중적인 필치로 풀어냄으로써
역사 속 우리 선조들의 삶과 지향을 우리 시
대의 보편적 언어로 바꿔 생생하게 보여준다.
저서로는 『벽광나치오』『선비답게 산다는 것』
『18세기 한국한시사 연구』『정조의 비밀편지』
등이 있고, 옮긴 책으로는 『추재기이』『한서열
전』『북학의』『궁핍한 날의 벗』 등이 있다. 『궁
극의 시학』으로 제34회 두계학술상을 수상
했다.

궁극의 시학

우리시대의
명 강 의
0　0　3

궁극의 시학

스물네 개의 시적 풍경

안대회 지음

문학동네

『이십사시품』과의 만남

1834년 가을 양평의 두물머리 집에 머물던 다산 정약용 선생을 승려 몇이서 찾아왔다. 유배 시절 강진에서 자주 어울렸던 초의(草衣)를 비롯해 철선(鐵船) 혜즙(惠楫, 1791~1858) 등 스님들이 먼 길을 올라온 것이다. 추사(秋史) 김정희(金正喜, 1786~1856)의 아우인 산천(山泉) 김명희(金命喜, 1788~1857)와 함께 금강산을 오르기로 약속하고 기대에 부풀어 상경한 길이었다. 하지만 호사다마라 했던가. 산천이 마침 병석에 누워버리는 바람에 다산 집에 며칠을 머물다가 그냥 내려가게 되었다.

배를 타고 한강을 내려가기 전 다산의 두 아들은 손님들과 작별의 아쉬움을 시로 써서 주고받았다. 이들은 모두 뛰어난 학자들이었지만 저마다 한 시대의 걸출한 시인이기도 했다. 그들은 이별을 아쉬워하며 『이십사시품二十四詩品』(앞으로는 『시품』으로 줄여 말한다) '세련(洗鍊)'에 나오는 "유수금일(流水今日) 명월전신(明月前身)" 여덟 글자를 운자로 써서 차례로 시를 썼다. 그 구절이 『시품』 본문에는 이렇게 나온다.

하늘의 별들을 바라보며	載瞻星辰
숨어 사는 사람을 노래한다	載歌幽人
흐르는 물이 오늘의 모습이라면	流水今日
밝은 달은 전생의 모습이라네	明月前身

속되거나 잡스러움이 없는 절대 순수의 경지를 노래한 이 구절은 고결한 인품을 지닌 친구를 그리워할 때 흔히 떠올렸다. 다산의 두 아들 정학연(丁學淵), 정학유(丁學游)와 초의 등은 그렇게 시를 써서 그리움과 아쉬움을 담아 이별했다. 그 모습을 곁에서 지켜보던 다산도 가만있지 않고 똑같이 여덟 편의 시를 써서 그들을 배웅하였다. 그렇게 하여 만들어진 시첩 『다산송철선증언첩茶山送鐵船贈言帖』이 지금도 남아 있다.

1834년 가을, 이 한 폭의 풍경은 당시 학자 문인들의 삶과 내면, 예술과 미학이 어떻게 어우러져 전개되었는지를 상징적으로 보여준다. 그 자리에 살짝 끼어든 『시품』 '세련'의 여덟 글자는 그들의 내면과 미학을 압축적으로 보여준다. 이 짧막한 마디가 그 뒤에 숱한 사연을 몰고 온다.

그런데 이들이 운자를 따온 『시품』이란 무엇인가? 『시품』은 웅혼, 충담, 섬농으로 시작하는 스물네 개의 풍격(風格)을 일종의 시로 표현하여 문인들 사이에 광범위하게 퍼져 있던 시학 텍스트였다. 저자는 오랫동안 당나라 말엽의 시인 사공도(司空圖, 837~908)로 알려졌다. 여기서 풍격이란, 직관적이고 상징적인 말로 시와 시인의 전체적인 인상을 표현하는 것인데 이는 동양의 미학을 설명하는 독특한 방식이다. 그 풍격의 미학을 대표하는 저술이 바로 『시품』이다.

그들뿐 아니라 정선(鄭敾, 1676~1759)과 신위(申緯, 1769~1845), 김정희와 조희룡(趙熙龍, 1789~1866) 등 그 시대의 수많은 시인 묵객들이 이 시적인 비평에 빠져들었다. 그리하여 18세기에서 19세기까지, 더 나아가 20세기까지 『시품』은 시인을 포함한 많은 예술가들에게 무한한 영감을 불러일으키는 미학으로 각광받았다. 시로 시를 말한 시학, 『시품』이 온 동아시아 문인들의 마음을 사로잡았다. 그리고 옛 시인의 삶과 그들이 남긴 작품 속에, 『시품』의 자취는 또렷이 남아 있다. 『시품』이 그토록 사랑받은 이유는 무엇일까? 그 물음에 대한 답을 찾으려, 스물네 개의 시적 풍경을 완상하는 짧지 않은 여정을 시작하려 한 것이다.

1. 동아시아 미학의 정수

우리나라를 포함해 중국과 일본, 그리고 베트남 전통사회에서 시는 문화의 꽃이었다. 생활과 교양, 그리고 지식의 중심에 시가 있었다. 시는 출세의 유일한 길이었던 과거의 필수과목이었고, 벗들이 모이면 으레 짓고 읊조리는 여흥거리였다. 또 감정 표현에 서툰 남성들이 속내를 드러내기에 편리한 도구이자 동아시아의 보편적 의사소통 수단이었다. 한 인간이 전 생애 동안 이룬 성과를 과시하는 문집에서 적게는 수십 편부터 많게는 수천 편까지 시를 수록한 것은 그 시대에 시가 차지했던 위상을 가감 없이 보여준다.

"하늘과 땅 사이를 가득 채운 것은 모두 시다"라고 박제가(朴齊家)는 말했다. 지난날 사람들은 우주와 사회와 인간에 관한 모든 것을 시를 통해 드러냈다. 문자를 다루며 살아가는 사람이라면 시와 절연한 채 살아갈 수 없었다. 전통사회 곳곳에는 시의 영향이 깊이 스며 있어 눈을 돌리면 어디서든 시의 군무를 볼 수 있었다. 우리가 시를 알려고 노력해야 하는 이유다.

전통시대 동아시아에서 시는 주로 한문으로 썼다. 한자로 이루어진 한시는 각 나라의 고유한 시와도 구별되고, 현대시와도 다른 독특한 미학을 지녔다. 한시에 담긴 미학은 단순히 시를 다루는 시각을 제시하는 데 머물지 않고 회화와 서예, 음악과 건축을 비롯해 인생을 보는 시각까지도 제시하였다. 시학은 동아시아 미학의 마르지 않는 원천이자 궁극의 도달점이다.

시는 예술의 중심에 있었으므로 기나긴 역사에서 시를 말한 저작 또한 헤아릴 수 없을 만큼 많이 출현했다. 시를 짓는 방법을 다룬 초보적 개설서부터 시를 평하는 평문과 시학의 근원을 파고드는 원론까지 다양한 저작이 출현했다. 그중 큰 영향력을 발휘한 것만을 들면 『시품』과 『문심조룡文心雕龍』『창랑시화滄浪詩話』 등을 손꼽는다.

그중에서도 우리가 이제부터 찬찬히 들여다볼 『시품』은 조금 유별난 저작이다. 대부분의 시학은 모두 구체적인 시인이나 시, 또는 시작법을 다룬다. 반면에 『시품』은 구체적인 내용은 없이 그야말로 추상적인 스물네 가지 풍격을 묘사한다. 게다가 산문이 아니라 네 글자 12구 48자로 짜인 운문이다. 원문으로 계산해보면 전체가 겨우 1152자에 지나지 않아 조금 긴 시 한 편에 불과하다. 묘사한다고 말한 이유는 시가 지닌 풍격을 '설명'하기보다는 일정한 장면과 풍경으로 '묘사'하기 때문이다. 다시 말해 한 편 한 편이 시라고 해도 좋을 만큼 시적이고 함축적인 언어로 시가 표현해낼 수 있는 무수한 빛깔을 보여주고 있다.

『시품』은 시보다도 더 시적이고 내용도 난해하다. 옛날부터 그렇게 정평이 나 있었다. 『시품』을 두고『고란과업본원해皐蘭課業本原解』에서는 "문장이 고고하고 예스러우며, 기탁한 의미가 멀고도 깊다"고 평가했고, 첸중수(錢鍾書)는 "아름다운 시로 보고 읽어야지, 지나치게 천착하는 것은 옳지 않다"고 말했다. 그 같은 평가를 받았던『시품』이 수백 년 전부터 큰 영향력을 행사하며 동아시아 미학을 대표하는 저술로 등장했다. 『시품』은 그 추상성 덕분에 중요한 시학의 진실을 함축적으로 표현했다는 인정을 받았다. 그러한 방식은 인간과 예술과 문학을 직관적이고 종합적인 시각으로 판단하고자 한 동양 고유의 방식이자 심미적 판단의 틀이다. 시가 궁극적으로 지향해야 할 최고의 진리를 표현한 시학의 모델로서 시적이기까지 한『시품』은 비평임에도 불구하고 감상해야 할 일종의 문학작품으로 여겨졌다. 그러므로 『시품』을 이해하는 것은 지난날의 시 전반을 이해하고 나아가 동아시아 미학의 정수를 이해하는 지름길이다.

2. 『시품』은 얼마나 읽혔는가

장파(張法)는 중국 미학 체계의 성과를 대표하는 저작으로『문심조룡』과 『시품』을 들고 이 두 저작을 통해 중국 미학에 내재한 사고방식을 이해할 수 있다고 했다. 이로써 『시품』이 시를 포함한 예술 전반에서 매우 중요한 저작이라는 것을 짐작할 수 있다. 『시품』은 명대 초기부터 시법(詩法)을 논하는 많은 저작에 수록되어 읽혔고, 명말(明末) 청초(淸初)에 모진(毛晉)에 의해 사공도가 쓴 독립된 저작으로 거듭나면서 점차 시단을 포함한 예단의 광범위한 호응을 얻으며 널리 읽혔다. 저자가 확정되는 과정과 그에 얽힌 논쟁은 뒤의 보론에서 자세히 다루었으므로 그 글을 참고하기 바란다.

『시품』이 시학의 금과옥조로 받아들여진 것은 청나라에 들어와서다. 청대 초엽 시단에서 이름을 떨친 시인 왕사정(王士禎, 1634~1711)은 『시품』의 시학을 매우 중시하였다. 시의 운치를 중시해, 이른바 신운론(神韻論)을 주창하기도 한 그는 영롱하고 명징하면서도 언어로 붙잡아둘 수 없는 상징적 시의 창작을 두둔했는데 그 전거를 『시품』에서 찾아냈다. 그는 "한 글자도 쓰지 않고 풍류를 모조리 표현한다(不著一字, 盡得風流)"는 '함축(含蓄)'의 한 구절을 『시품』의 핵심적 주장으로 파악하였다. 그래서 감정이나 개념을 생경하게 설명하지 않고 구체적 사물을 빌려 전달하는 창작법을 설명하는 이론으로 함축을 내세웠다.

왕사정에 의해 『시품』의 미학이 본격적으로 부각된 이후 청대 내내 『시품』은 시단의 거장들이 가장 선호하는 시학서로서 위치를 굳혔다. 서로 시풍은 다르나 원매(袁枚)를 비롯해 옹방강(翁方綱), 심덕잠(沈德潛) 등 당대 문단을 이끌던 거장들은 하나같이 『시품』을 중시했다. 한 시대의 거장들이 그들 시학의 전거로 활용할 만큼 『시품』의 영향력은 널리 미쳤고, 이는 예단 전반에 거세고도 광범위한 영향을 끼쳤다. 뜨거운 관심과 애호는 연구를 활성화시켰다. 단행본만 보아도 작자 미상의 『고란과업본원해』, 양진강(楊振綱)의 『시품속해詩品續解』(1824), 양정지(楊廷芝)의 『시품천해詩品淺解』(1835)와 손연규(孫聯奎)의 『시품억설詩品臆說』(1839), 작자 미상의 『시품주석詩品註釋』 등이 계속 나왔다.

여기에 더해 『시품』을 향한 황제들의 각별한 애호는 또다른 파급효과를 낳았다. 강희제(康熙帝)는 『전당시全唐詩』에서 사공도의 시집 뒤에 『시품』을 부록으로 넣어 저자를 사공도로 확정하였을 뿐만 아니라, 그의 편찬물에 『시품』 구절을 자주 인용했다. 건륭제(乾隆帝)는 스스로 쓴 시에서 『시품』을 많이 활용했을 뿐만 아니라 시선집인 『당송시순唐宋詩醇』을 비롯한 각종 편찬물에서 『시품』을 미학적 판단의 기준으로 애용했다. 당연히 『시품』의 위상은 더욱 높아졌다.

거장과 황제, 이들 위로부터의 『시품』 애호는 문단 구석구석과 각종 예술 분야에 심대한 영향을 미쳤다. 본래 동아시아에서 시학은 다양한 예술을 평가하는 근원적 모체였다. 산문의 이론도, 회화와 서예의 미학, 심지어는 소설이나 인장, 연극의 미학도 시학에서 제기된 문제의식에서 출발했다. 이 현상은 인간이라는 존재를 종합적이고도 직관적으로 평가하는 오랜 전통과도 밀접한 관련을 맺는다. 『시품』도 비슷한 경로를 보였다. 『시품』에서 말하는 비평의 미학과 형상화 방법이 다른 예술의 미학에도 큰 영향을 미친 것이다.

『시품』에서 전개한 풍격 비평 방식을 끌어다 써서 『시품』과 비슷한 형상화 방식으로 각종 문예의 풍격을 평가하는 저술이 유행처럼 번졌

다. 몇 가지 사례만 든다면, 시론으로는 청대의 유명한 시인 원매가
『속시품續詩品』을, 산문론으로는 마영조(馬榮祖)가 『문송文頌』을, 허봉
은(許逢恩)이 『문품文品』을, 사부(詞賦)에서는 곽상백(郭詳伯)이 『사품詞
品』을, 양백기(楊伯虁)가 『속사품續詞品』, 강순치(江順治)가 『보사품補詞
品』을, 위겸승(魏謙升)이 『이십사부품二十四賦品』을 지었다. 그림으로는
청나라 말엽의 저명한 화가 황월(黃鉞)이 『이십사화품二十四畫品』을, 인
장으로는 정정로(程庭鷺)가 『이십사인품二十四印品』을, 글씨로는 양경
증(楊景曾)이 『이십사서품二十四書品』을 남겼다. 『시품』이 예술의 미학
을 논하는 독특한 방식 한 가지를 창출한 셈이다.

한편, 『시품』은 그 자체로 다른 예술의 창작소재가 되기도 했다. 명
대부터 그런 현상이 일어나 서예의 거장인 축윤명(祝允明, 1460~1526)은
『시품』을 필사한 작품을 남겼고, 인장계의 거장인 문팽(文彭, 1498~1573)
은 『시품』의 문장을 새겨 『이십사시품인보二十四詩品印譜』를 제작했
다. 청대에는 이런 현상이 더욱 확산되어 수많은 예술가들이 『시품』
을 그림으로, 글씨로, 인장으로 표현했다. 그 결과 현재 『시품』을 그
리고 새긴 화보(畫譜)와 인보(印譜)가 각각 여러 종 발굴되었다. 서예
작품으로 쓴 것은 일일이 들 수 없을 정도다. 『시품』이 문화사적으로
나 미학적으로나 얼마나 중요한 저작인가를 이 같은 사례에서 충분히
가늠할 수 있다.

그렇다면 한국에서 『시품』은 어떻게 받아들여졌을까? 한국에서
『시품』은 중국에서 그랬던 것 이상으로 큰 반향을 일으켰다. 윤춘년
(尹春年, 1514~1567)이 1551년과 1555년에 간행한 『시가일지詩家一指』와
『목천금어木天禁語』라는 시학 저작에 『시품』을 수록함으로써 조선에

퍼트렸고, 임진왜란을 거치면서 일본에까지 『시품』을 전했다. 이후 18세기부터 『시품』은 본격적으로 조선 예술가의 문예에 깊은 영향을 끼쳐 19세기에는 중요한 미학적 근거의 하나로 널리 읽혔다. 한국의 문인, 화가 들은 적극적으로 『시품』을 그림, 글씨, 인장으로 표현했고 이들 작품은 오늘날까지 남아 전해오고 있다. 『시품』은 분명 중국 미학의 정수이지만 조선 후기 우리 문예를 이해하고자 할 때도 빠뜨려서는 안 될 소중한 미학적 전거다. 자세한 사실은 뒤에 실은 보론에서 설명하였으므로 여기서는 더이상 살피지 않는다.

3. 그림과 『시품』

『시품』이 끼친 영향은 서예와 인장, 그림 등 형상예술에서 특히 두드러졌다. 그중에서도 중요한 의미가 있는 분야가 회화다. 『시품』에 등장하는 풍경은 모두 무한히 확장해나갈 수 있는 방식으로 서술돼 있기에, 그 자체로 화의(畵意)를 담뿍 담고 있다. 『시품』의 풍경은 몇 줄로 정의되고 만 닫힌 풍경이 아니다. 이들 풍경을 이해시키기 위해 작가는 비유적이고 실물적인 묘사를 택했으며, 그 서술 또한 시적이다 보니 그리는 이가 상상력을 펼치고 그 뜻을 확장시키기에 좋았다. 옛사람들은 『시품』을 어떤 시보다도 시정화의(詩情畵意)가 물씬 풍기는 작품으로 이해하고 이를 감상한 것이다. 추사 김정희는 후배 시인에게 『시품』이 시경(詩境) 아닌 것이 없고, 화경(畵境) 아닌 것이 없다고 극찬하며 시인과 화가가 늘 옆에 놓고 봐야 할 대상이라고 하였다.

『시품』은 그 내용을 시의도(詩意圖)로 그릴 만한 조건과 매력을 충분히 갖춘 셈이다.

그런데 실제로 『시품』 24개 풍격을 그림으로 그려 제작한 화보가 있다. 현재까지 파악한 결과로는 모두 네 명의 화가가 시품화보를 제작했다. 물론 여기에는 『시품』의 한두 풍격만을 그림으로 그린 경우는 포함되지 않는다. 그러한 화보를 제작했다는 것 자체가 문화사적으로나 미학적으로나 매우 중요한 의의를 갖고 있다.

추상적인 탓에 『시품』을 화보로 제작하는 일은 쉬운 작업이 아니다. 그런데도 그 일에 착수했다는 사실은 그 배경에 특별한 창작 동기가 있었음을 시사한다. 현존하는 화보 가운데 초기의 두 화보는 건륭제와 긴밀한 관련이 있다. 최전성기의 청 제국을 이끈 건륭제는 그 스스로가 문인이자 예술가였다. 건륭제는 1745년 12월부터 그 이듬해까지 황실 소속의 화가들에게 거대한 종이를 하사하고 24개라는 특정한 수로 짜인 일련의 주제를 제시하고 화보 제작을 명령했다. 그 화보를 1748년에 장황(裝潢. 비단이나 두꺼운 종이를 발라서 화첩 따위를 꾸미어 만듦)하여 『묵묘주림墨妙珠林』이란 거창한 화첩 세트를 만들었다. 다음은 그 세트를 표로 정리한 것이다.

원석지	화가	내용	서예가	年款	분류
자 子	여성 余省	이십사번화신풍 二十四番花信風	장유공	건륭 12년 1747	월령절기月令節氣 (화훼화)
축 丑	여종만 勵宗萬	이십사산도 二十四山圖	장유공	건륭 11년 1746	인물사적 (산수화)
인 寅	장부 蔣溥	이십사효사적 二十四孝事蹟	장유공		인물사적 (산수인물화)
묘 卯	윤희 尤禧	한문제이십사조 漢文帝二十四詔	혜황	건륭 11년 1746	인물사적 (산수인물화)
진 辰	장약애 張若靄	이십사기도 二十四氣圖	장유공		월령절기 (산수화)
사 巳	동방달 董邦達	용호산이십사암 龍虎山二十四巖	혜황	건륭 11년 1746	산천경관 (산수화)
오 午	이세탁 李世倬	곤륜산이십사누대 崑崙山二十四樓臺	혜황		산천경관 (산수화)
미 未	추일계 鄒一桂	모란이십사품 牡丹二十四品	장유공	건륭 11년 1746	문물품제 (화훼화)
신 申	당대 唐岱	이십사가산수 二十四家山水	혜황		산천경관 (산수화)
유 酉	심원 沈源	능연각이십사공신상 凌煙閣二十四功臣像	혜황	건륭 12년 1747	인물사적 (인물화)
술 戌	정관붕 丁觀鵬	당이십사학사 唐二十四學士	장유공		인물사적 (인물화)
해 亥	반시직 潘是稷	사공도이십사시품 司空圖二十四詩品	혜황		문물품제 (산수화조화)

[표] 묵묘주림(墨妙珠林) 12첩

* 張華芝,「院藏巨幅畫冊－墨妙珠林(上)」,『故宮文物月刊』316, 臺灣 國立故宮博物院, 2009. 7) 참조.

표에 명료하게 보이듯이 모두 24라는 수로 시, 효자, 공신, 학사, 날씨 등을 소재로 그렸다. 그 가운데 마지막 화첩에 『시품』이 포함되어 있다. 그림은 거의 비슷한 구조로 배치됐는데, 양면을 펼치면 한쪽에는 그림, 한쪽에는 관련 사적이나 건륭제의 시가 있어 그림과 내용을 함께 감상할 수 있는 시화상간(詩畵相看)의 구조를 가졌다. 건륭제가 왜 이 같은 거창한 사업을 벌였는지는 분명하지 않다. 다만 여기에는 제국의 통치와 관련한 소재가 적지 않으므로 이러한 예술적 사업을 통해 그가 황제의 입지를 더욱 굳건히 다지고자 한 의도가 있었으리라 짐작할 뿐이다. 한 가지 의문은, 건륭제가 왜 하필이면 24라는 숫자에 그렇게 마음이 끌렸냐는 것이다. 『시품』에서도 풍격의 범주를 24개로 설정했는데 건륭제도 똑같이 24라는 수를 택하였다.

아무튼 24란 수나 건륭제의 애호로 볼 때, 여기에 『시품』이 포함된 것은 당연해 보인다. 그림을 그린 화가는 반시직(潘是稷. ?~?)이고, 글씨는 혜황(嵇璜. 1711~1794)이 썼다. 『묵묘주림』해권(亥卷)에 수록되었는데 물에 젖어서 그림에 무수한 갈색 반점이 나 있는 등 보존 상태가 좋지 못하다. 화가 반시직은 자(字)는 남전(南田), 호는 묵치(墨癡) 또는 검문산인(劍門山人)으로 강소성(江蘇省) 상숙(常熟) 사람이다. 그는 본래 궁정화가는 아니었고, 조금 생소한 화가다. 화훼화를 잘 그렸는데 『이십사기도二十四氣圖』를 그린 장약애(張若靄)의 추천으로 그림을 그렸다. 그림의 특징은 대체로 담묵(淡墨)으로 그리되 인물의 비례가 잘 맞지 않으며, 부분이 지나치게 과장되거나 높은 데서 아래를 내려다보는 부감법(俯瞰法)을 잘 사용하였다. 당시 그림으로서는 매우 독특하여 현대적인 느낌마저 자아낸다.

한편, 『묵묘주림』에는 포함되어 있지 않으나 타이완의 구궁(故宮)박물원에는 건륭제의 궁정화가인 장부(蔣溥. 1708~1761)가 그린 『화어제시의畵御製詩意』 두 첩이 따로 소장되어 있다. 이 역시 『시품』 스물네 가지 풍격을 그림으로 그린 것이다. 장부는 이미 『이십사효사적二十四

孝事蹟』을 칙명으로 그려 『묵묘주림』에 이름을 올린 화가다. 『화어제시의』는 반시직의 『사공도이십사시품도司空圖二十四詩品圖』가 완성되고 난 이후에 그려 건륭제에게 바친 화첩이 분명하다. 장부는 자(字)가 질보(質甫), 호가 항헌(恒軒)으로 화훼화로 유명한 장정석(蔣廷錫, 1669~1732)의 아들인데 그 역시 화훼화에 뛰어났다. 장부는 건륭제로부터 인정을 받아 건륭제의 시에 시의도를 다수 그린 궁정화가다.

장부의 『화어제시의』는 반시직의 그림과는 여러 면에서 다르다. 단순하게 『시품』의 내용을 형상화하지 않고 건륭제가 2, 30대에 쓴 시를 엮은 『낙선당전집樂善堂全集』에서 각 풍격의 미학에 부합하는 작품을 뽑아 『시품』과 견주어 보도록 했다. 『시품』 원문은 그림 상단에 필사하고 건륭제의 시는 그림과 나란히 왼쪽 면에 붙였다. 건륭제의 시에 그림을 붙인 시의도인 동시에 『시품』의 내용과도 부합하는 그림인 셈이다. 장부의 그림은 반시직의 그림과는 화풍이 완전히 달라서 궁정풍의 화려하고 섬세한 묘사가 특징이다. 그것을 볼 때 『화어제시의』는, 반시직의 그림에 불만이 있었거나, 아니면 『시품』을 향한 건륭제의 특별한 기호에 부응하고자 새로이 제작한 것으로 보인다. 건륭제에게 바친 화첩의 발문에 그런 증거가 보인다. 발문의 일부는 다음과 같다.

신이 가만히 보건대, 당 사공도의 『이십사시품』은 많은 작품을 참작하여 화사한 글을 엮었고, 옛 노래에 기상을 담아내고 멋진 시로 원류를 찾아냈습니다. 가리키는 바를 살펴보니 성상의 작품과 부합하여 이치는 일관되고 의리는 똑같았습니다. 신은 또 생각건대, 시의 길은 그림과 상통하므로 시를 잘 말하는 옛날 사람은 시 가운데 그림이 있다고 말했습니다. 그래서 그 풍격의 명목을 세밀히 관찰하여 그림과 부합하게 그렸고, 24계절에 맞게 기록하여 일 년의 순서에 맞추었습니다.

건륭제의 작품이 『시품』의 시경(詩境)에 부합함을 선전하려는 의도가 드러난다. 두 화보는 모두 『시품』을 애호한 건륭제의 기호에 부응하고자 제작되었다. 다만 두 종은 비부(秘府)에 깊숙이 숨겨져 보관되었기에 일반인들이 볼 길이 없어 후대 예술에 끼친 영향은 제한적일 수밖에 없었다.

청나라 말엽에도 다시 『시품』을 다룬 그림이 그려져 화가 제내방(諸乃方)이 그린 『시품화보詩品畫譜』가 출현했다. 광서(光緒) 연간에 상해 계신서국(啓新書局)에서 석인본(石印本)으로 간행되었다. 이 책에는 1885년에 쓴 그의 자서(自序)가 붙어 있다. 제내방은 호가 사향(嗣香), 또는 사향(嗣鄕)으로 강소성(江蘇省) 사람이다. 본래 성은 방(方)씨인데 저명한 화가인 제흔(諸炘)으로부터 글씨와 그림을 배우다가 아들이 없는 스승의 양아들로 들어가 성을 바꿨다. 본래 제흔은 『시품』을 몹시 좋아한 왕효림(王曉林)의 부탁을 받고 『시품도詩品圖』 24폭을 그린 바 있다. 그런데 정성을 쏟아 그린 이 그림들이 불행히도 전란을 겪으며 사라졌다. 제내방은 만년에 아버지의 작업을 지켜보던 기억을 더듬어 다시 그림을 그렸고, 마침 우연히 알게 된 황월의 후손으로부터 『이십사화품二十四畫品』을 얻어 둘을 함께 간행하였다.

제내방의 그림은 시정(詩情)을 바탕으로 그린 시의도다. 그는 자서에서 "『시품』은 신묘함이 드나들고 조물주의 솜씨를 지닌 글인데 그것을 그림으로 전해온 것이 없다"고 아쉬워하며 그들 부자가 『시품』을 그린 동기를 설명했다. 이로 미루어 짐작건대 제흔, 제내방 부자는 그보다 앞서 제작된 두 종의 시품화보를 보지 못했음이 분명하다.

이 3종의 화보 외에 특기할 만한 것은, 조선에서도 아주 이른 시기에 시품화보를 제작했다는 사실이다. 정선과 서예가인 이광사(李匡師, 1705~1777)가 각각 『시품』을 바탕으로 삼아 『사공도시품첩司空圖詩品帖』을 완성했다. 정선은 1749년에 그림을 완성했고, 이광사는 그로부터 3년 뒤인 1751년 윤6월에 글씨를 써서 하나의 첩으로 제작했다. 이를 제작한 시기가 반시직과 장부가 화보를 만든 시기와 거의 동일하다. 분명한 것은 건륭제의 시품화보 제작과는 무관하게 정선의 작업이 이루어졌다는 점이다. 우연치고는 퍽 공교롭게 시기가 겹치고 형식이 똑같다. 이와 관련한 설명은 뒤에 수록한 보론에서 자세히 다루었다.

이렇게 조선과 청에서 『시품』은 화보로 서첩으로 인보로 그 영역을 넓혀갔다. 그리하여 『시품』은 다양한 예술의 경계를 넘어 활용되는 공통의 소재가 되었다. 그 같은 활용은 지금도 계속되고 있다. 그것은 결코 작위적인 것이 아니다. 『시품』이 지닌 미학과 표현 방식에는 당시 예술가들의 심미안을 강하게 자극하는 요소가 있었다. 그 미학은 보편적인 가치를 지니고 있다.

4. 『시품』의 형상화 방법과 시경(詩境) 창조의 미학

『시품』은 가장 영향력이 큰 고전 시학과 미학의 성과로 인정받아 지금도 널리 감상되고 활발하게 연구되고 있다. 그 배경에는 『시품』만의 독특한 형상화 방법과 미학이 있다.

먼저 살펴볼 것은 형상화 방법이다. 『시품』은 풍격을 설명하지 않고 직관적으로 묘사한다. 손연규는 『시품억설』의 서문에서 "대상의 정신을 모사하기 위해 형상을 가져왔다(摹神取象)"고 그 특징을 표현했고, 허인방(許印芳)은 「이십사시품발二十四詩品跋」에서 "사물에 비유하여 형상을 가져왔으니 눈으로 바라보면 도가 파악된다(比物取象, 目擊道存)"고 하였다. 구체적 형상을 보여줌으로써 대상의 신(神)과 도(道), 곧 대상의 핵심과 진실을 포착하게 만드는 『시품』의 특징을 제시했다. 『시품』의 마지막 풍격 '유동(流動)'에는 "어찌 말로 다 설명하랴마는 사물을 빌려 어리석은 이에게 전한다(夫豈可道, 假體遺愚)"라고 말한 대목이 있는데 언어적 한계를 돌파하여 형상을 빌려 핵심을 전달하려는 형상화 방법을 밝힌 것이다.

이 방법에 대해 장파는 유사성이란 말로 설명한다(『동양과 서양, 그리고 미학』, 푸른숲). 그는 "각각의 유형을 구체적으로 설명할 때는 유사성에 근거하고 있다. 어떤 풍격을 어떤 것이라고 일일이 직접 설명하지 않고, 그 풍격의 가장 내면에 있는 그 무엇을 느낄 수 있는 경계(境界) 속으로 우리를 안내한다"라고 하였다. 그가 말한 유사성이란 풍격과 가장 유사한 풍경의 제시를 의미한다. 예컨대, '청기(淸奇)' 중 일부는 다음과 같다.

고고한 소나무 숲이 있고	娟娟群松
그 아래로 맑은 물이 흐른다	下有漪流
눈이 개어 물가는 온통 눈밭이고	晴雪滿汀
시내 저편에는 고깃배가 떠 있다	隔溪漁舟

마음에 쏙 드는 백옥 같은 사람이	可人如玉
나막신 신고 깊은 산중 찾아간다	步屨尋幽
풍경을 바라보다 걸음을 멈추면	載瞻載止
파란 창공은 아득하기만 하다	空碧悠悠

맑고 기이함을 뜻하는 청기의 풍격과 위 내용이 어떻게 연결되는지 뜬구름 잡는 이야기처럼 들릴 것이다. 풍격의 내용과 특징을 친절하게 설명하지 않기 때문이다. 그러나 찬찬히 음미해보면, 일상에 찌든 사람의 정신을 퍼뜩 들도록 자극하는 청신하고도 기이한 정경(情景)을 떠올릴 수 있다. 풍경과 이미지로 떠오르는 그 정경이 바로 시경(詩境)이다. 그런 수법에 대해 장파는 "개념이나 해설, 정의를 이용할 경우 사물의 깊은 곳에는 도달하지 못한다. 하지만 유사성에 의거한 경계를 이용하면 사물의 내면 깊은 곳에 도달할 수 있다"고 말했다. 또 풍경으로 미학을 제시하는 수법이 "아무것도 말하지 않았지만 생생한 풍경을 통해 깊숙한 곳에 숨겨진 비밀을 깨닫게 하였다"고 보았다.

실제로 풍격마다 조금씩 차이가 있으나 대부분 이렇게 장면 묘사로 풍격을 제시한다. 생생한 풍경의 묘사는 독자로 하여금 개념이나 논리가 아닌, 이미지로 시와 시인의 풍격을 느끼게 만든다. 이 세계의 다채롭고 풍부하고 미묘한 시경은 몇 줄의 설명적 언어로 정의할 수 없다. 언어로 요약하는 순간 시경은 축소되고 왜곡된다. 따라서 실상에 가장 가까운 풍경으로 독자들의 심상에 떠오르게 만들어야 한다. 시는 말해선 안 되고 보여주어야 한다. 『시품』에서는 가까움〔似〕, 같음〔如〕이란 말이 자주 쓰이는데 이는 대상에 가장 가까운 형상을 보여주려는 의도를 드러낸다. 이것은 언어의 한계를 극복하는 좋은 방법이다.

그렇다고 해서 『시품』에서 개념이 완전히 배제된 것은 아니다. 중요한 대목에서는 개념을 동원하여 미학을 제시하기도 한다. 그 개념들은 『시품』의 각 풍격에서 종합적으로 추출된 미학을 설명한다. 그렇게 구축한 미학은 독특한 시경의 창조라는 한마디로 요약할 수 있다. 시경은, 생경한 개념을 동원한다고 만들어지지 않으며, 실물감을 느낄 수 있는 구체적 형상을 보여줄 때 비로소 창조된다. 더 나아가서는 그 구체적 형상마저 넘어 시적 이미지를 창조해야 한다. 함축의 "한 글자도 쓰지 않고 풍류를 모조리 표현한다"는 구절이 그와 같은 미학을 대변한다. 이는 언어와 소재를 경제적으로 사용하자는 단순한 주장에 머물지 않는다. 말하지 않고도 다 말하고, 보여주지 않았으나 실제로는 다 보여주는 고도의 예술적 성취를 의미한다. 시란, 본래 구체적 사물이나 현상의 일부를 살짝 제시하는 것만으로도 풍부하고 진정한 감정과 현상의 본질을 독자에게 전달할 수 있는 예술이다. 말로는 붙잡을 수 없는 그 비밀스런 세계는 오히려 절제와 여백 속에서 은근히 모습을 드러낸다.

그러므로 잘된 시는 언어의 한계를 벗어난다. 이는 『시가일지』 십과(十科)'의 '경(境)'과 '사(事)' 항목에도 나타난다. '경'에서는 "따라서 감정과 발상을 안배하고 경영하면 마치 그림 속에 있는 듯하여 한 글자도 쓰지 않고 몽실몽실 신채(神采)가 피어난다(故於情想經營, 如在畫圖, 不着一字, 宜然神生)"라고 하였고, '사'에서는 "시는 어떤 하나를 가리키더라도 거기에 달라붙어서는 안 되고 또 벗어나서도 안 된다. 달라붙으면 진부함의 구덩이에 떨어져버리고 벗어나면 그 시를 쓰는 이유를 상실하게 된다. 반드시 형체의 미세함을 꼼꼼히 살피되 신령한 변화의 오묘한 세계로 뛰어올라야 한다(詩指其一, 而不可著, 復不可脫. 著則落在陳腐科臼, 脫則失其所以然. 必究其形體之微, 而超乎神化之奧)"라고 하였다. 여기서 '사(事)'는 시가 묘사하려는 대상을 뜻한다. 대상에 너무 몰입해서도 너무 벗어나도 안 되고, 대상의 미세한 구체성을 포착하되 신령한 변화의 오묘한 경지로 승화되어야 한다. 그런 경지를 성취하는 것이 풍류(風流)이고, 신생(神生)이다.

이런 방법이 필요한 이유는 시가 표현하려는 대상을 풍부하고도 깊이 있게 포착하기 위해서다. 그것을 '웅혼(雄渾)'에서는 "드러난 형상 밖으로 훌쩍 벗어나 존재의 중심을 손에 쥔다(超以象外, 得其環中)"라는 말로 표현했다. '형용(形容)'의 "외형을 떠나 정신을 포착한다(離形得似)"나 '충담(沖淡)'의 "겉모양을 그리는 데만 머문다면, 손에 잡는 순간 벌써 달아난다(脫有形似, 握手已違)" 역시 비슷한 생각을 표현한다. 시는 표면적인 현상을 설명하고 보여주려고 언어를 낭비해서는 안 되고 '존재의 중심'을 포착하도록 독자를 안내해야 한다. 시를 포함한 예술의 최종적 목표는 '존재의 중심'을 표현할 수 있는 예술적 승화,

곧 독특한 시경을 창조하는 것이다.

다만 그와 같은 시경은 작위적이고 의식적인 창작을 지양하고 자연스럽게 완성되어야 한다. 이 같은 주장은 '자연(自然)'의 서두, "허리 구부려 주우면 그게 바로 시이니, 굳이 다른 곳에서 찾지 않는다 (俯拾卽是, 不取諸隣)"라는 말에 선명하게 드러나 있다. 그 밖에도 "무리하게 붙잡지 않으면, 다함없이 가져올 수 있으리라(持之匪强, 來之無窮)" (웅혼) "우연히 도달하면 어렵지 않으나 억지로 다가갈수록 더욱 보이지 않는다(遇之匪深, 卽之愈稀)"(충담) "아주 솔직하게 말을 구사하고 구상하고 생각함이 깊지 않다(取語甚直, 計思匪深)"(실경) 등 『시품』 곳곳에서 언급한 구절 모두 무리가 없음, 우연성, 솔직함 등을 내세워 무작위의 창작 정신을 설파하고 있다.

5. 스물네 개의 미학 범주

『시품』에 제시된 풍격을 배열된 차례대로 제시해보면 다음과 같다. '웅혼(雄渾)' '충담(沖淡)' '섬농(纖穠)' '침착(沈著)' '고고(高古)' '전아(典雅)' '세련(洗鍊)' '경건(勁健)' '기려(綺麗)' '자연(自然)' '함축(含蓄)' '호방(豪放)' '정신(精神)' '진밀(縝密)' '소야(疏野)' '청기(淸奇)' '위곡(委曲)' '실경(實境)' '비개(悲慨)' '형용(形容)' '초예(超詣)' '표일(飄逸)' '광달(曠達)' '유동(流動)'. 여기서 시의 풍격을 스물네 개로 범주화한 시도는 그 수의 틀로 시를 이해하겠다는 것이다.

그 같은 시도는 역사적으로 선례가 있다. 『문심조룡』은 「체성(體性)」

편에서 '전아(典雅)' '원오(遠奧)' '정약(精約)' '현부(顯附)' '번욕(繁縟)' '장려(壯麗)' '신기(新奇)' '경미(輕靡)'의 여덟 개 범주로, 『창랑시화』에서는 '높음(高)' '예스러움(古)' '깊음(深)' '멂(遠)' '긺(長)' '웅혼(雄渾)' '표일(飄逸)' '비장(悲壯)' '처완(凄婉)'의 아홉 개 범주로 시의 풍격을 나누었는데 그것이 대표적 사례다. 많은 비평가들이 이렇게 시의 풍격을 범주화하여 시적 정서의 세계를 분류하려는 시도를 했으며, 그에 따라 시의 미학을 나누는 다양한 관점이 생겨났다. 한국에서도 율곡(栗谷) 이이(李珥)가 1573년에 배울 만한 역대의 시를 뽑아 『정언묘선精言妙選』을 편찬하면서 '충담소산(沖澹蕭散)' '한미청적(閒味淸適)' '청신쇄락(淸新灑落)' '용의정심(用意精深)' '정심의원(情深意遠)' '격사청건(格詞淸健)' '정공묘려(精工妙麗)' 등 여덟 개 범주(한 범주는 누락)로 풍격을 나눈 것을 손꼽을 수 있다.

각자가 만든 범주는 나름의 기준과 체계를 갖추고 있으나 그럼에도 불구하고 자의적이다. 『시품』이 하필이면 24라는 수를 내세운 이유는 무엇이고 그 수는 어떤 의미일까? 자칫 자의적으로 느껴질 수도 있지만, 그 배경을 살펴보면 『시품』에서 24란 수를 주목한 이유를 얼마간 이해할 수 있다. 우선 24절기를 따랐다고 보는 견해가 있는데 상식적으로 봐도 그럴 법하다. 또 24시간을 염두에 둔 분류로 볼 수도 있다. 비중 있게 고려해볼 것이 도교와 맺은 관련성이다. 도교에서는 24란 수가 중요하고 흔하게 쓰인다. 이십사산(二十四山), 이십사기(二十四氣), 이십사상(二十四相), 이십사진(二十四眞), 이십사미(二十四味) 따위처럼 24라는 가짓수로 사물을 분류하기를 즐겼다. 『시품』의 24란 수는 그런 점에서 자의적이라기보다는 일정한 의미를 부여한 수로 이해하는 것이 옳다. 앞서 건륭제가 24라는 숫자를 기준으로 다양한 화첩을 만든 것, 『시품』처럼 스물네 가지로 범주를 나누는 관례가 이후 많은 모방작을 낳은 것 역시 이러한 맥락에서 이해할 수 있다.

요컨대, 『시품』에서 설정한 스물네 개의 범주는 그 시대의 미적 관심을 종합했는데 이는 후대의 미학 범주 설정에 깊은 영향을 끼쳤다. 『시품』의 각 풍격이 전통시대 동아시아 미학에서 중요한 의미를 갖는 것은 그 전형성을 인정받고 있기 때문이다. 시를 보는 중요한 시각의 하나라고 말해도 좋다.

그런데 앞에서 소개한 19세기의 전문 연구가들은 『시품』의 24개 범주 상호간에 논리적이고 이론적인 체계가 있다고 보기를 주저하면시도 각 풍격이 배열된 순서와 맥락에는 일정한 규칙성과 논리적 인과관계가 있다고 보고 그것을 찾아내려고 노력하였다. 왜 웅혼이 가장 앞에 나왔고, 충담이 그다음에 나왔으며, 유동은 맨 마지막에 배치되었는지, 그 연관성을 해명하고자 했던 것이다. 윤춘년본 『시가일지』에 광달이 소야와 청기 사이에 놓여 있고, 축윤명본에서 각 풍격의 배열 순서가 현존본과 차이가 나는 등 일부 차이가 있기는 하지만 대체로 순서가 일정하다는 점을 놓고 볼 때 풍격의 배열에도 일정한 의도가 있다고 볼 수 있다. 그러나 이렇게 배치된 풍격 상호간에 모두 긴밀한 연관성이 있다고 보기는 어렵고, 다만 일부 풍격 사이에 납득할 만한 연관성이 있다는 것 정도는 수긍할 수 있다.

『시품』스물네 개 풍격의 내용도 학자마다 그 시각차가 적지 않은데, 그중에서도 1930년대 학자 주둥룬(朱東潤)의 분류가 적절하여 설득력이 있다. 그는 「사공도시론종술司空圖詩論綜述」에서 다음과 같이 분류하였다.

(1) 시인의 생활을 논한 것: 소야, 광달, 충담
(2) 시인의 사상을 논한 것: 고고, 초예
(3) 시인과 자연의 관계를 논한 것: 자연, 정신
(4) 작품을 논한 것
　　1) 음유(陰柔)의 아름다움: 전아, 침착, 청기, 표일, 기려, 섬농
　　2) 양강(陽剛)의 아름다움: 웅혼, 비개, 호방, 경건
(5) 작법을 논한 것: 진밀, 위곡, 실경, 세련, 유동, 함축, 형용

이 분류에 따르면 시학 자체를 다룬 것은 (4), (5)에 한정된다. 그러나 나머지 (1), (2), (3) 또한 시인을 논했으되, 실은 작품과 작가를 떼놓고 논한 것이 아니며, (4)와 (5)도 시학만을 논한 것이 아니라 그 안에서 시인의 생활과 사상을 다루고 있다. 결국 『시품』은 작가와 그의 생활, 그리고 그가 낳은 작품을 명료하게 구분하지 않고 한데 뭉뚱그려 논한 것이다. 시의 철학 및 시인의 생활과 사상, 시작법과 평가, 시와 자연의 관계까지 포괄하는 『시품』은 시학과 미학의 정수이자 그 자체로 시다.

이 책에서는 중국 시학 가운데 난해하면서도 대중적이며, 아직까지도 논쟁을 불러일으키고 있는 『시품』을 대상으로 회화와 서예, 인장, 그리고 인생의 문제까지 연결시켜 분석했다. 『시품』의 본문을 충

실히 이해한 바탕 위에서 정선, 반시직, 장부, 제내방 네 명의 화가가 그린 그림을 분석하고,『시품』의 미학을 중국과 한국의 시에 적용하여 풀이하였다.『시품』을 다룬 저작이 상당히 많지만 이렇게 문화적 시각에서『시품』이 녹아든 예술작품을 다방면으로 아우르며 분석한 저서는 한국과 일본은 물론이고『시품』의 고향인 중국에서도 나오지 않았다. 앞서 언급한 네 명의 화가가『시품』을 소재로 화첩을 만든 사실도 중국에서는 거의 알려져 있지 않았으며 이에 대한 연구도 부족했다.『시품』해석에서도 중국을 비롯한 여러 나라의 학자와 구별되는 참신한 해석을 적지 않게 내놓았다고 자부한다. 이 책은 중국의 미학을 분석하는 데 그치지 않고 19세기 조선의 문화와 미의식을『시품』의 기준에서 해명하고자 시도했는데 그 의의도 작지 않을 것이라 생각한다.

그러나 원문이 200자 원고지 여섯 장에도 미치지 못하는 시학의 텍스트를 이토록 두툼한 책으로 길게 펼쳐냈으되, 책의 제목처럼 궁극의 시학을 찾아냈다고 확언할 수 있을까? 처음 이 책을 쓰기로 마음먹으면서 꾸었던 꿈은 이를 통해 동아시아 지성인의 미학과 그 궁극적 담론인 인생의 품격을 제시하는 단계까지 나아가는 것이었다. 과연 내가 그것을 이루었을까? 시원한 답을 내리기가 어렵다. 목표했던 문제들을 조금씩 건드리기는 했으나 충분하지 못한 느낌이다. 그래도 목표를 향해 걸어가는 첫걸음은 당당히 떼지 않았을까 자부해본다.

이 책은 네이버의 문학동네 카페(cafe.naver.com/mhdn)에서 2011년 한 해 동안 매주 30매 이상의 분량으로 연재한 것을 엮은 결과물이다. 그와 같은 연재는 지금까지 경험하지 못한 새로운 글쓰기였다. 소설도 아니고, 어쩌면 대중 독자에게는 거리감이 느껴질지도 모를 인문학을 인터넷이란 공간에서 차근차근 풀어갔다. 한국에서는 처음 시도되는 일이었다. 글을 올리고 나면 실시간으로 돌아오는 다양한 반응은, 처음에는 신기하다가 나중에는 두렵기까지 했다. 특히, 글자의 오류를 지적하는 것에서부터 내가 미처 보지 못하고 생각하지 못한 자료를 제시하고 새로운 발상까지 보여주는 독자의 존재는 참으로 놀라웠다. 연재 초기에는 존재하는 줄도 몰랐던 중요한 자료를 카페 독자들이 제공해주기도 했다. 그 가운데 타이완의 국립고궁박물원에 반시직과 장부의 화첩이 소장되어 있다는 정보를 제공받고 자료를 입수한 것은 이런 형식의 연재가 아니었다면 쉽지 않았으리라. 자료의 존재를 알고 입수했을 때의 흥분은 지금도 새롭다. 여전히 많은 독자들께 감사한 마음을 금할 수 없다.

추상적인 내용이라 교양 있는 독자를 대상으로 글을 쓴다고 해도 엄두가 나지 않을 일이었다. 그런 제약에도 불구하고 인터넷 공간에서 연재하며 독자와 쌍방향으로 생각을 주고받을 수 있었던 것은 그 자체로 소중하고 경이로운 문화적 현상이다. 저급하고 말초적인 것만이 인터넷 세계의 문법이 아니며 고급하고 진지한 사유도 그 세계에서 충분히 펼치고 공유할 수 있음을 보여주었다. 그 때문에 이 책에는 저술의 형식과 내용, 문체에도 독자와 긴밀하게 교감한 내용이 적지 않게 반영되어 있다. 이 책의 집필과 연재는 문학동네 여러 분의 권유와 도움이 없었으면 불가능했을 것이다. 특히, 강명효 실장과 구민정 편집자로부터 큰 도움을 받았다. 함께 글을 읽어주고 자료를 제공해

주신 독자들에게 감사를 드리며 이 책이 문학과 미학에 관심을 둔 많은 분들에게 도움이 되기를 바란다.

2013년 4월

안대회 씀

[일러두기]

◉ 출처

● 책에서 언급한 사전의 출처는 다음과 같다.
『표준국어대사전』: 국립국어연구원의 표준국어대사전 웹사이트 stdweb2.korean.go.kr
『새우리말큰사전』: 신기철·신용철 편저, 삼성출판사, 1986.
『한어대사전漢語大詞典』: 뤄주펑(羅竹風) 주편(主編), 한어대사전출판사(漢語大詞典出版社),
1995.

● 자주 언급된 24시품 그림 네 가지 출처를 아래에 밝힌다. 이들 그림의 경우, 출처를 따로 반복하여 언
급하지 않았다.
정선(鄭敾) 그림·이광사(李匡師) 글씨, 『사공도시품첩司空圖詩品帖』, 국립중앙박물관 소장.
반시직(潘是稷) 그림·혜황(稽璜) 글씨, 『사공도이십사시품도司空圖二十四詩品圖』, 『묵묘주림墨妙
珠林』 해권(亥卷), 타이완(臺灣) 국립구궁박물원(國立故宮博物院) 소장.
장부(蔣溥), 『화어제시의畫御製詩意』, 타이완 국립구궁박물원 소장.
제내방(諸乃方), 『시품화보詩品畫譜』, 『중국고학화보中國古學畫譜』, 천진인민미술출판사(天津人
民美術出版社), 2006.

◉ 구성

● 24시품 각 풍격의 교감은 책 말미에 따로 원문과 함께 달았다.

웅혼(雄渾)
영웅의 품격

1. 영웅의 기백

보라! 천 섬들이 쇠북이라도	請看千石鍾
크게 치면 소리나지 않을 리가 없으렷다	非大扣無聲
그러나 만고에 우뚝한 천왕봉은	萬古天王峯
하늘이 울어도 울지 않는다	天鳴猶不鳴

─「지리산 천왕봉天王峯」, 『대동시선大東詩選』

조선 중엽의 학자 남명(南冥) 조식(曺植, 1501~1572)이 지리산 천왕봉을 소재로 쓴 작품이다. 거대한 종처럼 만고에 드높게 솟아 있는 천왕

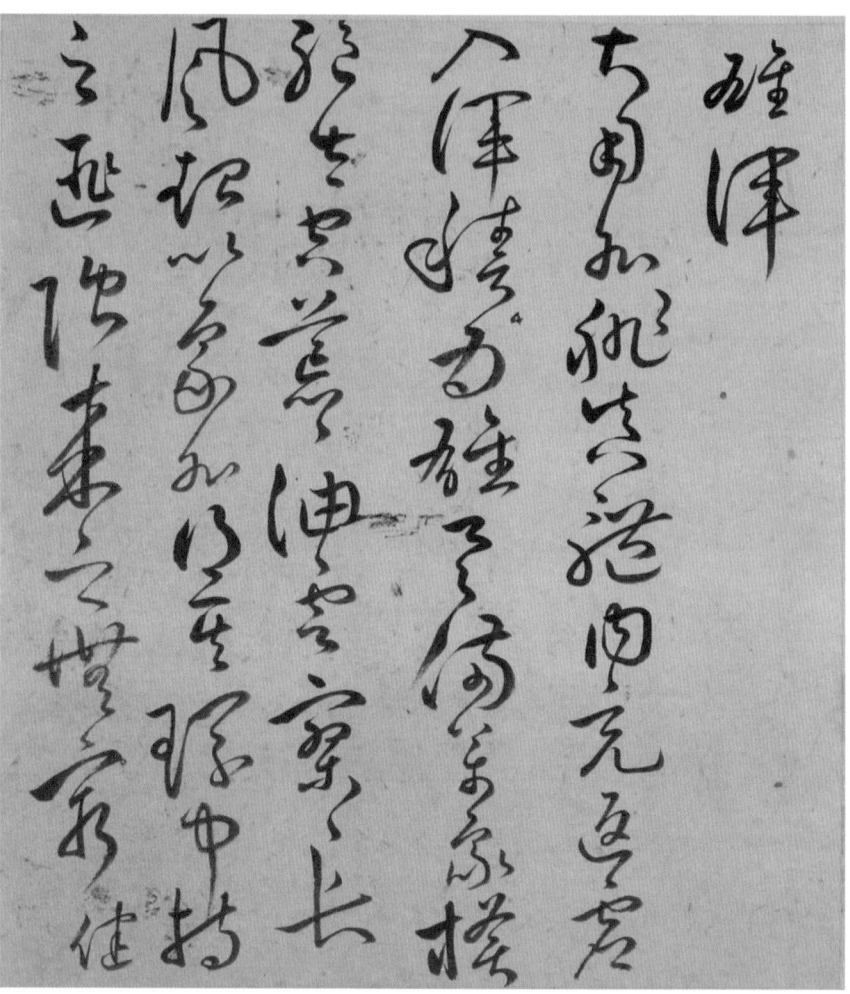

• 이광사, 〈웅혼〉. 『사공도시품첩』 맨 앞에 놓인 이광사의 글씨. 초서체로 흘려 썼다. 활달한 글씨는 웅혼이란 풍격의 역동적인 특징을 형상화하기 위해 선택했다. 적(積) 자 아래에 빠진 건(健) 자는 맨 마지막에 채워 썼다. 여기에서는 '구비만물(具備萬物)'이 '구비만상(具備萬象)'으로 되어 있다. 물(物) 자가 상(象) 자로 된 판본은 없다. 이광사가 이 글자를 쓴 것은 의도적 변개이거나 오자일 수 있다.

봉은 그 어떤 벼락과 천둥에도 끄떡하지 않고 늠름하게 제자리를 지키고 서 있다. 아무리 큰 충격이 와도 가볍게 반응하지 않는 천왕봉의 기상! 원문으로 스무 자밖에 안 되는 언어로 장중하게 표현했다. 남명은 불의와 타협하지 않고, 높은 벼슬을 준다는 유혹에도 굴하지 않은 선비다운 선비였다. 천왕봉의 기상은 그런 남명의 강인한 기개와 자부심을 상징한다. 성호(星湖) 이익(李瀷) 선생으로부터 "이 얼마나 놀라운 역량과 기백인가? (…) 사람으로 하여금 심장과 담력이 저절로 부풀게 만든다"라는 찬탄을 이끌어낸 명작이다. 이 작품에 전통적 비평의 방법인 풍격(風格)을 적용해본다면 과연 어떤 풍격이 어울릴까? 웅장한 천왕봉의 형세를 표현하면서 작자의 장대한 기개까지 드러냈으므로 '웅혼(雄渾)'이란 말이 적절해 보인다. 풍격은 이렇게 한두 글자로 시와 시인에 대한 독자의 미적 판단을 간명하게 집약적으로 표현한다.

그렇다면 '웅혼(雄渾, potent, undifferentiated 또는 zest for poetry)'[1]의 의미는 대체 무엇일까? 『표준국어대사전』에서는 웅혼을 "글이나 글씨 또는 기운 따위가 웅장하고 막힘이 없다"는 뜻을 가진 '웅혼하다'의 어근이라고 하였다. 우리말에서는 웅혼이 명사로는 잘 쓰이지 않으므로 웅혼함이라고 표현해야 더 자연스럽게 느껴지나, 미학용어로는 오래전부터 널리 사용되었으므로 웅혼이라는 말을 그대로 사용하고자 한다.

사전에서 풀이한 대로 웅혼은 웅장하고 막힘없는 경지나 특징을 가리킨다. 시문을 평가하거나 특정 작가의 작풍(作風)을 논할 때 웅혼하다는 말을 자주 쓴다. 그런데 이 말이 사용된 유래를 살펴보면, 뜻밖에도 중국 고전산문의 대가인 당나라 한유(韓愈, 768~824)의 작품을 총평할 때 처음 사용했다는 것을 확인할 수 있다. 한유와 같은 경지에 올라야 받을 수 있는 평가이므로 그처럼 위대한 작가가 아니고서는 웅혼의 풍격을 지닌 작가라는 말을 하기 힘들다.

이 말은 문학을 평가할 때뿐만 아니라 글씨나 서예가의 필체를 평할 때도 자주 쓰였다. 선조 때의 유명한 서예가인 석봉(石峯) 한호(韓濩)의 필체를 웅혼하다 평하곤 했다. 그뿐만이 아니다. 이 말은 사람이나 산천의 웅장한 기상을 평할 때도 사용했다. 조식은 지리산 천왕봉을 웅혼한 기백을 지닌 산이라고 평가한 적이 있다. 이렇게 볼 때, 웅혼은 기세가 웅장하고 툭 트인 문예작품과 글씨, 산천, 인간을 직관적으로 평가하는 풍격이다.

2. 광활한 공간과 역동적 힘

『시품』은 제목에서 드러나듯 스물네 가지 풍격을 다룬 저작이고, 웅혼에서부터 출발한다. 왜 하필이면 웅혼을 앞세웠는가? 그 문제는 스물네 가지 풍격의 전체 구도와 짜임새를 어떻게 보느냐 하는 질문과 곧바로 연결된다. 『시품』의 저자는 과연 어떤 의도로 풍격을 배열했을까?

이 질문에 대해서는 전체 짜임새가 유기적으로 관련을 맺고 있다는 견해와 그렇지 않다는 견해로 나뉜다. 먼저 앞의 견해를 제기한 대표적인 학자로 청나라 말엽에 이 저작을 상세하게 해설한 3인의 저술가가 있다. 양진강(楊振綱), 양정지(楊廷芝), 손연규(孫聯奎)는 각각의 저술인 『시품속해詩品續解』(1824), 『시품천해詩品淺解』(1835), 『시품억설詩品臆說』(1839)에서 그런 주장을 강하게 내세웠다. 이들 이후로 많은 학자들은 웅혼부터 시작하는 전체 배열이 체계를 갖추고 있다고 보고 각 풍격의 연관관계를 밝혀내고자 했다. 그들의 견해는 그 나름의 논리와 설득력을 갖추고 있다. 또 얼마간은 그런 논리가 각 풍격을 해석하는 데 도움을 주기도 한다. 한편, 현대로 올수록 많은 학자들이 배열된 각 풍격 사이의 유기적 연관 관계를 부정하고 있다. 내 판단도 마찬가지다. 각 풍격 사이에서 유기적인 연관을 찾기란 그리 쉽지가 않다. 무리하게 서로 다른 풍격을 긴밀하게 연결하려고 애쓰면 애쓸수록 견강부회에 노출될 위험성이 있다. 각 풍격의 배열 순서에는 큰 논리적 상관관계가 없다고 보는 것이 옳다. 그렇다고 24개 시품이 상호 배타적인 '범주'인 것도 아니다. 한 편의 시가 두 개 이상의 풍격을 한 몸에 구현할 수도 있기 때문이다. 그러므로 웅혼이 처음 나오는 풍격이라고 해서 과도하게 특별한 의미를 부여할 필요는 없다.

　게다가 24개 풍격의 배열이 고정적인 것이라고 볼 수도 없다. 윤춘년본(尹春年本) 『시가일지詩家一指』에서는 일반적인 순서와는 달리 '광달(曠達)'이 '소야(疏野)'와 '청기(淸奇)' 사이에 놓여 있다. 특히 명대의 저명한 서예가인 축윤명(祝允明)이 쓴 『지지생서송인품시운어권枝指生書宋人品詩韻語卷』에서는 '진밀(縝密)' '소야(疏野)'가 맨 뒤쪽에 배치되었고, '실경(實境)'과 '비개(悲慨)'는 앞뒤가 바뀌어 있다. 두 가지 이본이 예외적인 경우이기는 하지만 현재의 배열 순서를 과도하게 신봉하여 각 풍격의 배치를 유기적으로 해석한다면 오류가 발생할 소지가 있다.

그렇다고 해도 웅혼은 그 이후에 등장하는 풍격과는 다른 점이 보인다. 저자가 창작에서 매우 중요하게 여기는 그 무언가를 말해놓았다는 느낌이 강렬하게 드러나기 때문이다. 그것이 과연 무엇일까? 다음은 웅혼 본문 전체다.

위대한 쓰임이 밖에서 펼쳐지려면	大用外腓
진실한 역량이 내부에 충만해 있어야 한다	眞體內充
허무로 되돌아서 혼연함으로 들어가고	返虛入渾
굳건한 힘을 쌓아 웅장함을 이룬다	積健爲雄
무한한 만물을 가슴에 채우고서	具備萬物
드넓은 창공을 가로질러 가노니	橫絶太空
뭉게뭉게 먹구름은 피어나고	荒荒油雲
휘익휘익 긴 바람은 몰려온다	寥寥長風
드러난 형상 밖으로 훌쩍 벗어나	超以象外
존재의 중심을 손에 쥔다	得其環中
무리하게 붙잡지 않으면	持之匪强
다함없이 가져올 수 있으리라	來之無窮

추상적이고 직관적인 묘사다. 대단히 함축적이므로 깊이 음미해야 내용이 파악된다. 『시품』의 본문 전체가 이와 같은 특징을 지니고 있다. 과거에는 시의 형식을 이용하여 시를 평가하는 관례가 형성되어

있었고, 또 추상적인 언어로 시를 평가하는 것이 드물지 않았다. 그와 같은 전통이 있기에 고전을 다루는 사람들에게 직관적이고 추상적 언어로 시와 시인을 평가하는 것은 매우 익숙하다. 그 점을 감안해도 『시품』은 유별나게 추상적인 언어를 구사하였기에 전문가라 해도 종잡기가 쉽지 않다.

그렇게 추상적이고 함축적이기에 『시품』의 본문이 시를 대상으로 말하는 것인지 아니면 글씨나 그림을 대상으로 말하는 것인지 분명치 않다. 그도 아니라면 인간의 품격을 말하는 것인지도 쉽게 분간되지 않는다. 번역문은 가능한 한 시와 관련지어 번역했기에 시를 말하는 내용으로 보기 쉽지만 그림이나 다른 것을 말한다고 봐도 안 될 게 없다. 『시품』 전체는 이렇게 가리키는 대상을 모호하게 설정했다. 그렇기 때문에 외연이 매우 넓어 해석을 다양하게 확장할 수 있다.

그 같은 『시품』의 특성을 염두에 두고 내용을 파악해보도록 하자. 웅혼의 예술적 풍경은 광활한 시적 공간과 무한하고 역동적인 작가의 역량을 묘사한다. 위에서 세 단락으로 본문을 나누어보았는데 『시품』의 내용은 대체로 이렇게 세 단계로 의미가 나뉜다. 웅혼을 비롯해 앞으로 다른 풍격도 똑같이 세 개의 의미단락으로 나누어 분석한다.

첫번째 단락에서는 무한하고 역동적인 시인의 역량을 묘사한다. 작가의 내면에 웅혼의 역량을 가득 채우면 자연스럽게 역량이 외부로 발산되어 위대한 작품을 창작해낼 수 있다. 역량의 축적은, 단순히 예술적 기법을 익히고 다양한 생활 경험을 쌓는 것만을 의미하지 않는다. 그것을 배제한다고 말할 수 없지만 그보다는 우주 자연의 기상을 흡수하여 작가의 역량을 최대한으로 키우는 것을 뜻한다.

전통시대에 시인은 우주나 자연과 교감하는 예지와 능력을 소유한 사람으로 여겨졌고, 또 그래야만 뛰어난 작가라고 여겼다. 시인이 위대한 기상을 지녀야 우주나 자연과 큰 차원으로 교감할 수 있다. 세번째 구절에서 허무로 되돌아가고 혼연함으로 들어간다는 말이 내포한 뜻이 그것이다. 여기서 허무와 혼연함의 세계는 바로 우주와 자연의 원초적 생명력이 넘실대는 세계다. 굳건한 힘(健)은 단순한 작가적 역량을 넘어서 존재하는 우주적 힘이다. 이 힘은 저절로 얻어지지 않는다. 세계에 대한 끊임없는 탐구와 각고의 연마를 통해 얻을 수 있다. 진정 위대한 시인이라면 평범한 인간의 한계를 넘어 우리를 감싸는 대자연과 교감해야 한다. 웅혼한 기상의 시는 공허하고 형식적인 이론이 아닌, 위대하고 무한한 내부의 역량에서 분출되어 나온다.

두번째 단락에서는 구체적 형상을 빌려 웅혼한 인간의 정서와 내면이 공간적으로 무한히 확장됨을 묘사한다. 가슴속에 모든 사물과 현상을 다 갖추고 그의 발아래로 세상과 자연을 내려다본다. 시인이라면 내면에 무한한 역량을 갖추고서 세상의 모든 제재를 장악하고, 영웅이라면 웅대한 국량으로 세상을 압도한다. 그렇기에 대상에 눌리지 않고 대상을 압도하는 기백을 소유한다. 높은 곳에서 세상을 저 아래로 내려다보는 시야에는 뭉게뭉게 피어오르는 먹구름이 들어오고, 귀로는 허공을 가르고 몰려오는 거센 바람 소리가 들린다. 높은 산 정상에서 광활한 공간을 발아래 굽어볼 때 느끼는 장쾌함과 웅장함이다. "뭉게뭉게 먹구름은 피어나고 휘익휘익 긴 바람은 몰려온다"는,

자연현상을 묘사한 구절은 웅혼한 기상을 감각적으로 표현한다. 거대한 자연현상과 풍광을 대면했을 때 일어나는 숭고한 아름다움을 표현한다.

세번째 단락은 웅혼한 풍격을 얻기 위한 방법을 제시한다. "드러난 형상 밖으로 훌쩍 벗어나 존재의 중심을 손에 쥔다"는 내용은, 웅혼한 기개를 가진 작가라면 표면적으로 드러난 언어와 형상의 한계를 초월하여 존재의 핵심을 장악해야 한다는 뜻이다. 시인은 언어와 형상을 다루는 존재다. 그러나 거기에 매여선 안 된다. 겉으로 드러난 현상과 실상을 넘어서서 존재의 비밀을 포착해야 한다. 일체의 외부적 현상을 만들어내는, 비어 있는 존재의 중심을 장악해야 무궁무진하고 변화무쌍한 창작의 세계를 구축할 수 있다. 그래야 인간의 지각과 감각의 한계를 벗어나 상상과 환상으로 또하나의 세계를 만들 수 있다. 뒤에서 그림을 통해 이 대목이 의미하는 내용을 더 살펴볼 것이다.

세번째 단락 맨 앞 원문으로 '초이상외(超以象外) 득기환중(得其環中)' 이란 여덟 글자는『시품』에서 가장 핵심적인 주장의 하나로 꼽혀서 후대 미학에 매우 큰 영향을 끼쳤다. 이 대목의 근원을 살펴보면, 이는『장자莊子』에서 출발한 사유다.『장자』의「제물론齊物論」에 "저것과 이것이 대립을 벗어난 경지를 도(道)의 지도리(문짝 따위를 떠받치는 돌쩌귀)라고 하는데, 지도리라야 비로소 고리의 중심을 얻어서 무한한 변화에 대처한다(彼是莫得其偶, 謂之道樞, 樞始得其環中, 以應無窮)"라는 구절이 있다. 여기에서 고리의 중심은 곧 모든 존재의 중심으로, 비어 있는 중심이다. 비어 있기 때문에 모든 것을 받아들일 수 있다. 웅혼한 작

• 『보소당인존寶蘇堂印存』에 수록된 『시품』의 '웅혼' 구절들. 장서각 소장. 왼쪽 위 인장부터 시계방향으로 '초이상외(超以象外)' '득기환중(得其環中)' '요요장풍(寥寥長風)' '내지무궁(來之無窮)'. 이 인보(印譜)는 조선시대 헌종(憲宗)이 사용한 인장을 모은 것으로 조선의 대표적인 인보다. 그 안에 『시품』에 나오는 명구를 새긴 것이 거의 100과(顆)에 이를 만큼 많다. 『시품』이 그 시대 상층 사대부들의 미의식에 얼마나 큰 영향을 끼쳤는지를 짐작게 한다.

가는 궁극의 차원에서 그와 같은 비어 있는 존재의 중심이 되어 모든 것을 받아들일 수 있어야 한다. 그러한 중심을 얻은 작가는 어떤 현상이나 사물을 다루더라도 자연스럽게 제 역량을 발휘할 능력을 갖추게 된다.

이렇게 웅혼의 풍격은 작은 능력의 획득에 만족하지 않고 우주나 자연과 교감할 정도의 작가적 역량을 배양하는 문제를 다루고 있다. 『시품』은 작가에게 현실을 초월하라고 요구하지는 않는다. 인간세상

에서 발을 떼지 않되 알량한 기교나 기법, 낮은 차원의 진리를 말하는
데 머물지 말고, 지각과 감각의 한계를 극복할 능력을 갖추라고 요구
한다. 웅혼한 풍격을 지니려면 낮은 차원에서 뒹굴면 안 된다. 높이
올라가서 저 인간세상과 자연을 굽어봐야 한다. 대상에 압도당해서는
안 되고 대상을 압도해야 한다.

웅혼의 풍격은 대단히 역동적이고 강하며 남성적인 느낌을 준다.
위대한 시인은 그처럼 광활한 자연과 영웅적 기개를 노래할 수 있어
야 한다. 중국 시학에서는 시풍을 양강(陽剛)과 음유(陰柔)로 크게 나누
어 보기도 한다. 양강은 밝고 강한 정조를, 음유는 어둡고 부드러운
정조를 띤다. 대체로 작가의 성향은 어느 한쪽에 치우치기 마련인데
웅혼은 양강 가운데서도 최고의 경지다. 그와 같은 미학은 근대보다
고대, 여성 작가보다 남성 작가에게서 더 잘 나타난다. 다시 말해 시
의 목소리가 크고 웅장하며, 광활하고 드넓은 풍경의 묘사를 즐긴 작
가가 웅혼의 풍격을 선호했다.

3. 형상을 벗어나 존재의 중심을 손에 쥔다

웅혼에서 말하고자 하는 내용은 시에만 적용할 것이 아니라 인간
과 산천, 글씨와 그림에 두루 확장해도 좋을 것들이다. 『시품』의 다른
풍격 역시 마찬가지다. 따라서 웅혼에서 묘사한 내용이 영웅의 심혼
을 표현한 것이라고 해서 안 될 것도 없고, 서예의 미학을 다룬 것이
라고 해서 안 될 것도 없다.

그렇지만 무엇보다 회화와 가장 밀접한 관련을 맺는다. 『시품』은 그림으로 그리면 좋을 풍경을 시로 묘사했다고 해도 무방하다. 『시품』의 미학이 회화와 서예의 미학과 서로 통하는 점은 『시품』의 내용을 그림으로 묘사한 화보(畫譜)와 글씨로 쓴 필첩(筆帖), 그리고 인장으로 새긴 인보(印譜)로 잘 알 수 있다. 그 가운데 화보를 조사하면, 18세기 전기에 활동한 조선의 화가 겸재(謙齋) 정선(鄭敾)이 그린 『사공도시품첩司空圖詩品帖』이 있고 건륭제(乾隆帝) 시대에 활동한 청나라 화가 반시직(潘是稷, ?~?)과 장부(蔣溥, 1708~1761)가 각각 그린 『사공도이십사시품도司空圖二十四詩品圖』, 『화어제시의畫御製詩意』가, 그리고 청나라 말엽에 활동한 화가 제내방(諸乃方)이 그린 『시품화보詩品畫譜』가 남아 있다. 모두 합해 94폭이다. 화가들이 그린 그림은 『시품』에 실린 각각의 풍격이 드러내고자 한 내용을 구체적 형상으로 보여준다. 이들 그림은 시의 의경(意境, 작품이 풍기는 전체적인 예술적 경계)을 회화로 표현한 시의도(詩意圖)에 속한다. 그런데 여러 화가의 그림은 『시품』을 형상화하는 과정에서 그들의 독특한 해석이 들어가 있어 『시품』을 이해하는 데 적지 않게 기여한다. 앞으로 정선을 비롯한 화가의 그림을 제시하고 그림의 내용을 분석하고자 한다. 『시품』과 관련시켜 그림을 분석하다보면 각 풍격의 내용과 의미를 한층 더 깊고 다양하게 이해하는 데 도움을 받을 수 있을 것이다.

정선이 웅혼을 표현한 그림을 먼저 감상해보자. 근경의 오른쪽에서 왼쪽으로 산봉우리가 뻗어 있고, 중간쯤 저 멀리에 산이 솟아 있다. 산 이편으로 짙은 구름이 깔려 있고, 그 아래로 울창한 소나무 숲속에 집 서너 채가 숨어 있다. 왼편에는 계곡물이 쏟아져내려온다. 붓

山勢頗欠秀
朗雨大佳乎
自淋漓

• 정선, 〈웅혼〉.

질을 그다지 많이 하지 않은 그림이다. 원경에 있는 산이 조금 푸른빛을 띨 뿐 검은 먹빛이 강렬하다. 화폭 전체가 어두운 색조라서 구름이 비를 몰아와 계곡물이 불어난 상태를 그렸다. 그림 속 산수는 웅혼의 "뭉게뭉게 먹구름은 피어나고 휘익휘익 긴 바람은 몰려온다"는 대목을 묘사한 것이 틀림없다. 오른쪽으로 잎이 쏠린 나무와 구름이 몰려가는 모양을 통해 바람이 부는 것도 암시했다.

이 소재를 제외하고는 얼핏 보면 웅혼의 정서를 느끼기 어렵다. 웅혼의 정서를 정선은 어디에서 살렸고, 어떤 정신과 어떤 인간을 생각했을까? 내가 보기에는 그림 전체의 굵은 선과 묵직한 산세, 그리고 어둡고 무거운 색조에 웅혼의 정서가 묻어 있다. 위대한 역량을 드러내지 않은 채 내부에 가득 쌓아놓고 때를 기다리는 분위기, 그리고 "허무로 되돌아서 혼연함으로 들어간" 정서가 그림에 묵직하게 표현되어 있다. 풍경이 표현하는 분위기는 에드먼드 버크(Edmund Burke)가 숭고미의 요소를 들며 "위대한 사물은 반드시 어둡고 몽롱한 것이어야 한다"고 주장한 것을 연상시킨다. 이 그림 상단에 누군지 알 수 없는 감상자가 "산의 기세에서 빼어나고 밝은 점이 상당히 부족하나 전체로 놓고 볼 때에는 도리어 질탕한 기운이 있다(山勢頗欠秀朗, 而大體却自淋漓)"라고 화평(畫評)을 달았다. 산세가 빼어나지도 밝지도 않다고 하여 어둡고 몽롱한 분위기를 지적했고, 그림 전체가 질탕하다고 하여 기운이 넘치는 점을 포착했다. 화평을 단 감상자도 그림이 웅혼의 내용을 어느 정도 구현하고 있음을 인식하고 있다.

〈웅혼〉에는 이상하게도 사람이 등장하지 않는다. 정선이 다른 그림에서는 가능하면 사람을 등장시키는 것과는 사뭇 다르다. 우연히 그리 된 것일까? 아니면 화가의 의도가 들어 있는 걸까? 이 그림에 사람이 등장하지 않은 것은 웅혼의 미학을 충실하게 반영한다. 그림을 보면 집이 서너 채 숲 속에 감추어져 있다. 밖에는 사람이 없으나 집 안에는 영웅이 풍파를 인내하며 세상으로 뛰쳐나와 위대하게 쓰이기 이전에 내부에 진실한 역량을 채우는 온축(蘊蓄)의 시간을 갖고 있다고 보아야 한다. 본문에 나온 "굳건한 힘을 쌓아 웅장함을 이룬다"는 수련과 공부의 시간이다. 앞서 인용한 남명의 시가 드러낸 것처럼 외부의 충격에도 흔들림 없이 제자리를 지키는 영웅의 정신이라고 해도 좋다. 정선은 의도적으로 사람을 그리지 않았다.

이렇게 집은 그리되 그곳에 사는 사람은 그리지 않음으로써 정선은 "드러난 형상 밖으로 훌쩍 벗어나 존재의 중심을 손에 쥔다"는 웅혼의 핵심적 미학까지 그림을 통해 표현하고자 했다. 형상을 벗어나 핵심을 장악한다는 것은 간단하게 말하면 구체적인 것을 제시하지 않고도 독자에게 의사를 전달하는 것을 말한다. 더 간단하게 표현하면 말하지 않고도 말하는 묘사의 방법이다. 눈에 보이는 형상에 매이지 않고 그 배후에 있는 풍부한 여운과 의미를 화폭에 담는 방법인 것이다. 정말 뛰어난 시인이나 화가라면 감상자로 하여금 말하거나 그리지 않은 형상과 의미까지 포착해내도록 능력을 발휘한다.

19세기 말엽 학자인 손연규는 『시품억설』에서 이렇게 말했다. "화가가 산수를 그릴 때 집은 그리되 그 주인은 그리지 않기도 한다. 그러나 집 안에 반드시 주인이 있다는 것을 알아차린다. 이것이 드러난 형상 밖으로 훌쩍 벗어나 존재의 중심을 손에 쥔다는 뜻이다. 사공도의 『시품』은 대체로 '형상 밖으로 훌쩍 벗어난다'는 정신이 담겨 있다. 독자들이 여기에 바탕을 두고 읽는 것이 옳다."² 그가 한 말은 마치 정선의 의도를 대변한 듯한 착각이 들 정도이다.

반시직이 황제의 명을 받아 그린 그림은 매우 독특하다. 본래 화첩 그림으로서는 대단히 큰 그림인데도 물에 젖어 심하게 손상되었기 때문에 감상에 방해를 받는다. 그렇기는 하지만 원래 모습을 그런대로 유지하고 있어 내용을 파악하기에는 충분하다. 이 그림은 바다의 파도를 묘사한 듯도 하고 하늘의 구름을 묘사한 듯도 한 아주 단조로운 그림이다. 웅혼과 연관시켜보면 "뭉게뭉게 먹구름은 피어나고 휘익 휘익 긴 바람은 몰려온다"는 대목과 연결되므로 바람에 몰려가는 먹구름을 묘사했다고 할 수 있다. 화면 전체를 드넓은 창공을 가로질러 가는 구름으로 채우고 역동적인 흐름을 표현했다. 옆에 쓴 웅혼 본문이 아니라면 구상적이기보다는 추상적이고 초현실적인 느낌마저 자아내기에 현대미술 작품 같다. 전통시대 그림 가운데 이렇게 단순하면서도 강한 힘을 드러낸 그림은 쉽게 찾기 어렵다. 정선의 그림과 똑같은 구절을 그림으로 형상화했으면서도 실제 내용은 완전히 다르다. 반시직이 이렇게 추상적 느낌이 나도록 파격적인 그림을 그린 이유는 웅혼에서 저자가 강조하는 "형상 밖으로 훌쩍 벗어난다"는 미학을 그림으로 구현하고자 시도한 때문으로 보인다.

다음에는 청나라 황제 건륭제의 궁정화가인 장부가 그린 그림을 보자. 그는 『시품』 스물네 가지 풍격 전체를 그림으로 그리고 이를 『화어제시의』 두 첩으로 제작했다. 앞서 본 반시직의 화첩과 비슷한 시기에 건륭제에게 바치고자 했다. 그런데 반시직과는 제작의 형식이 상당히 다르다. 장부는 단순하게 『시품』의 내용을 그림으로 그리지

渾 雄

- **반시직, 〈웅혼〉.** 그림에는 '건륭어람지보(乾隆御覽之寶)' '가경어람지보(嘉慶御覽之寶)' '선통어람지보(宣統御覽之寶)'의 인기(印記, 소장자임을 입증하는 도장. 낙관)가 찍혀 있다. 글씨에도 앞의 두 인기와 동일한 인장이 찍혀 있다. 이 인장은 건륭제와 가경제, 선통제 세 황제 모두가 이 그림을 감상했음을 밝혀준다.

最謀弗善野戰龍金川門開烈焰紅都城百丈燕飛入齊黃羣檽為奸山成王

安在乃定案夾輔公旦焉可同瓜蔓連抄何慘毒龍江左右京觀封謹嚴難逃

南史筆懺悔詎賴佛寺鐘道衍儼袯榮將命犍椎冶晝丹陽銅穹窿重過萬石

虞印泯精鏤禪樸鋒夏屋十尋虞不舉鯨魚丈方堪春山靈水族無不具㹚

魅魍魎怪哉蟲欲藉橦憤氣安知天道憐孤忠榆木川邊想遺恨兎氏徒

添公桼重憶昔遨遊西海子水天上下玻璃空一川可通萬壽寺羣緣偶把曹

溪宗喬松偃蹇假山古傑嵓巍巍獨據中洪鐘在懸洵偉觀聯吟更喜昆弟從

蒼熙其色蝀其紐中宏外鬙何隆〻華嚴字蹟傳沈度半漶全揭開羣蒙覺生

廘苑

皇考創材舫內帑群鳩工謂是善叫周沙景乃從舊寺移乘風太清十里渺乎

小日〻演梵開離宮拯考已廓芯翁眼摩洋更暢騷人胸不離一步鐘如是東

西分列心猶蓬我惜德潛老始達其詩亦復倫考功成編著作呈乙覽不聞肯

作薤伴聲獨爱長歌踐其韻非詩藻采爭雄載賡唱酬古弗廢詩話千載畱

芳蹤聖經佛音究異路將以何道訓成童於論於樂備法物安可以此歸辟雍

安可以此歸辟雍難不如任彼出林大且逢

御製覺生寺大鐘歌用沈德潛韻

臣蔣溥敬書

大用外腓真體內充
返虛入渾積健為雄
其備萬物橫絶太空
荒荒油雲寥寥長風
超以象外得其環中
持之匪強來之無窮
古司空圖詩品雄
渾一則
臣蔣溥恭錄

- 장부, 〈웅혼〉 그림과 글씨의 중앙에 '건륭어람지보'와 '가경어람지보'가 찍혀 있고, 그림 오른쪽에는 '건
  륭감상(乾隆鑑賞)' '석거보급(石渠寶笈)' '석거정감(石渠定鑑)' '보급중편(寶笈重編)'의 인기가 차례로 찍혀
  있다. 모두 건륭제와 가경제가 감상했음을 표시한다. 그림 상단에는 『시품』의 웅혼 전문을 장부가 쓰고
  '신부(臣溥)'라는 도장을 찍었다. 그림의 왼편에는 건륭제의 시를 장부가 쓰고 "신 장부가 공경히 쓰다
  (臣蔣溥敬書)"라고 밝혔다. 그 뒤에 '신장부(臣蔣溥)'와 '필점은우(筆霑恩雨, 붓이 황제 가 내린 은혜의 비
  에 젖었다)'라는 도장을 찍었다. 장부의 스물네 폭 그림은 모두 이와 같은 형식으로 이루어졌다.

않았다. 건륭제가 젊은 시절에 쓴 시 가운데 『시품』 각 풍격의 미학에 부합하는 작품을 그려서 『시품』과 견주어 보도록 했다. 건륭제의 시에 그림을 붙인 시의도인 동시에 『시품』의 내용과도 부합하는 그림이다. 상당히 독특한 회화 창작의 예를 보여주고 있다.

〈웅혼〉은 건륭제가 젊은 시절에 쓴 「각생사의 큰 종을 노래한다覺生寺大鐘歌」[3]라는 시를 소재로 했다. 각생사는 현재 베이징 하이뎬 구에 있는 절로, 이 절에 보관된 거대한 종이 유명해 절의 이름도 지금은 대종사(大鐘寺)로 바뀌었다. 옹정제(雍正帝)가 1743년에 창건하여 명나라 영락제(永樂帝) 때 주조한 큰 종을 이 절로 옮겨 봉안했다. 이 종은 역사도 오래되었을 뿐만 아니라 세계에서 가장 큰 종이라는 평을 들을 만큼 크기가 거대하다. 건륭제는 여러 차례 이 절에 와서 종을 감상했는데 재위 11년(1746)에 다시 절을 찾아와 종을 보고 시를 지었다. 그는 신하인 심덕잠(沈德潛)이 지은 같은 제목의 시에 차운(次韻)하여 시를 지었다. 건륭제는 이 시를 빗돌에 새겨 큰 종 옆에 세워놓았는데 그 빗돌이 지금도 그대로 남아 있다.

장부의 그림은 운무에 뒤덮여 있는 각생사를 원경에서 그렸다. 나무와 불전이 운무에 푹 잠겨 있어 나무의 끝과 지붕만이 드러난다. 풍경의 중심에 둥근 지붕을 한 전각이 보이는데 거대한 종이 걸려 있는 종각이다. 운무 속에서 장중한 종소리가 울려퍼지는 듯한 가라앉은 분위기를 자아낸다. 이런 분위기는 정선 그림의 묵직한 색채가 형성하는 분위기와 비슷하다. 주변을 겹겹 감싼 운무는 "진실한 역량이 내부에 충만해 있"는 느낌을 자아낸다. 또한 그 가운데 울려퍼지는 거대한 종소리는 "허무로 되돌아서 혼연함으로 들어가고 굳건한 힘을 쌓아 웅장함을 이룬다"는 대목을 연상케 하며 강한 힘을 발산한다. 그 점에서 웅혼의 느낌을 잘 살려낸 그림으로 평가할 만하다.

청나라 말엽의 화가인 제내방은 1885년에 『시품화보』를 출간했다. 수묵화로 그린 그의 작품은 석인본(石印本)으로 간행되었다. 그는 『시품』 전체를 나름의 시각으로 해석해 그림을 그렸다. 그보다 앞서 『시품』을 그림으로 그린 화가와는 다르게 그만의 독특한 형상화 방법이 눈에 뜨인다. 그는 『시품』의 각 풍격을 전형적으로 드러낼 수 있는 고사를 찾아 그림을 그림으로써 풍격의 핵심을 포착하고 있다. 그 점에서 제내방의 그림은 고사화(故事畵)이면서 동시에 시의도의 성격을 지닌다. 그의 작품을 하나하나 다른 화가의 그림과 대비하여 보면 해석과 형상화의 차이가 명확해진다.

제내방은 다른 화가와는 전혀 딴판으로 그림에 부하를 거느린 장군 또는 제왕을 등장시켰다. 장군은 산비탈 절벽에서 바다 또는 큰 강을 저 아래로 내려다보고 있다. 비탈 아래 연안에는 깃발이 펄럭이는 군선이 정박해 있다. 물결은 거세게 일고 오른편 위에는 구름이 날아간다. 그림의 형상은 분명 "무한한 만물을 가슴에 채우고서 드넓은 창공을 가로질러 가노니" 이하 네 구절을 묘사했다. 천하를 제패할 웅대한 의지를 품은 영웅의 형상으로, 웅혼이란 풍격에 어울리는 묘사다.

하지만 앞서 말한 것처럼 웅혼 본문에는 어떤 인물도 등장하지 않고, 더욱이 장군을 암시하지도 않는다. 그렇다면 제내방은 왜 장군을 등장시켰을까? 아무래도 화가는 형상으로 말해야 하기 때문에 그는 웅혼한 시를 대표하는 한고조(漢高祖) 유방(劉邦)의 「대풍가 大風歌」를

• 제내방, 〈웅혼〉.

바로 떠올렸으리라. 시는 다음과 같다.

큰바람 일고 구름은 높게 날아가네   大風起兮雲飛揚
위세를 천하에 떨치고 고향에 돌아왔네   威加海內兮歸故鄕
어쩌하면 용맹한 인재를 얻어 사방을 지킬까   安得猛士兮守四方

온갖 풍상을 헤치고 천하를 거머쥔 웅대한 제왕의 기개를 표현한 작품으로, 위대한 영웅 유방의 풍모를 그대로 보여준다. 손연규는 『시품억설』에서 웅혼의 풍격을 대변하는 작품으로 이 시를 들고 "유방의 사람됨은 기상이 웅혼에 가깝기 때문에 그의 시도 웅혼하다"라고 이유를 설명했다. 유방과 천하를 놓고 다툰 항우(項羽)는 웅사(雄肆, 힘차고 호방함)인 반면 유방이야말로 웅혼한 기상을 지녔다고 평가하기도 했다. 손연규가 웅혼을 「대풍가」와 연결시킨 것처럼 제내방의 그림 속 인물은 그 시를 짓고 있는 유방이 아닐까? 천하를 평정하고 돌아오는 길에 가슴에 무한한 포부를 담고서 풍파를 지그시 내려다보는 유방의 풍모! 웅혼이란 그런 영웅의 포부에 어울린다. 이 그림은 전적으로 그 같은 풍모를 묘사함으로써 웅혼이 지닌 영웅적 풍격을 제시하고자 했다.

4. 숭고미와 웅혼의 미학

이상에서 살펴본 웅혼의 미학을 서양의 미학과 비교해보면 흥미롭다. 웅혼은 서양 미학의 숭고미(the Sublime)와 여러모로 비슷하다. 앞에서 이를 잠시 언급하고 지나갔는데 조금 더 살펴볼 필요가 있다. 중국과 서양 학자들은 『시품』에 대단히 관심이 많아서 이를 서양의 미학과 비교하는 연구가 적지 않았다. 그 가운데 대표적인 주제가 바로 웅혼의 미학을 숭고미와 비교하는 것이다. 이를 연구한 논문까지 나와 있다. 『시품』을 전문적으로 연구한 쉬쯔창(許自強)은 『신이십사시품新二十四詩品』에서, 장궈칭(張國慶)은 『이십사시품 시가미학詩歌美學』에서 웅혼의 미학이 숭고미의 미학적 범주와 세 가지 측면에서 상응하며 대체로 일치한다고 주장했다. 웅혼에서 공간의 무한한 광활함은 칸트의 수학적 숭고미에 대응하고, 역량의 절대적 확장은 칸트의 역학적 숭고미에 대응하며, 시각적인 몽롱함은 버크의 "위대한 사물은 반드시 어둡고 몽롱한 것이어야 한다"는 주장에 대응한다고 그들은 보았다. 그리고 『시품』이 서양의 철학자가 내놓은 것보다 천 년 이상 앞서서 숭고미와 상통하는 웅혼의 미학적 특징을 분명하게 제시했다고 설명했다. 내가 보기에도 웅혼의 미학적 특징은 숭고미와 대응하는 동양의 미학으로 비슷한 점이 많다.

동양의 미학이 전반적으로 부드럽고 차분하고 감성적인 인상을 많이 드러낸다는 점을 부정하기는 어려울 듯하다. 웅혼은 동양에서도 역동적인 측면을 강조하는 미학을 비중 있게 취급했다는 점을 보여준다. 결코 그러한 미학을 무시하거나 낮게 보지 않았으며, 어떻게 보면 매우 높은 경지의 미학으로 평가하는 경향도 없지 않았던 것이다. 다만 그 같은 미학이 쉽게 도달하기 어려운 영역이기에 언급을 덜 했을 뿐이다.

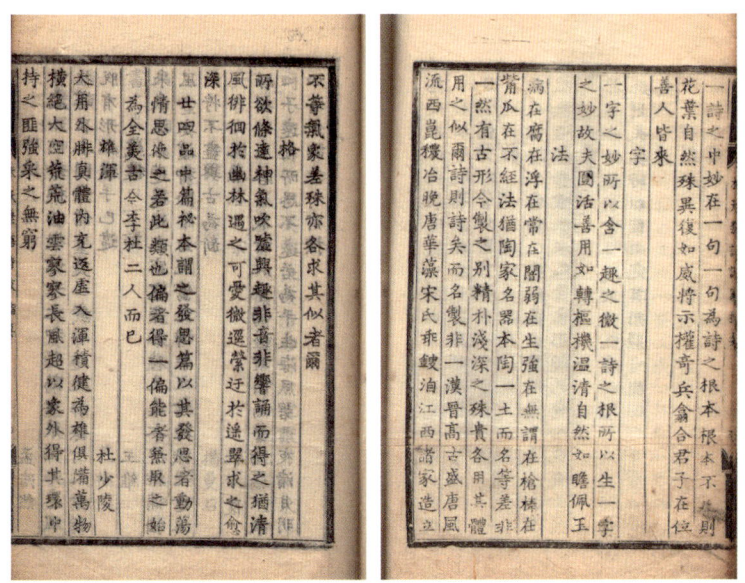

웅혼을 강조한 하나의 사례로 다산(茶山) 정약용(丁若鏞)이 아들 학연(學淵)에게 준 편지를 꼽을 수 있다. 편지에서 다산은 시를 지을 때 쇄말적이고 경박한 풍격의 시를 짓는 당시 시인들의 경향을 따르지 말라고 충고하고, 추구해야 할 바람직한 풍격의 하나로 웅혼을 내세웠다. 다산 자신의 시에는 웅혼의 풍격이 거의 보이지 않으나 어쨌든 그는 시가 지향해야 할 모델로 웅혼을 앞세웠다. 하지만 다산이 아들들에게 웅혼한 기상을 요구했으되, 아들인 학연의 시는 오히려 다산보다도 역동적이지 못하고 기상도 약했다. 아들들이 못나서 그렇다기보다는 그 시대 분위기 탓으로 돌려야 할 것이다.

5. 큰 재능과 큰 학문

웅혼의 풍격은 『시품』의 맨 앞에 내세울 만큼 시가 추구해야 할 높은 경지로 받아들여졌다. 많은 평자들은 웅혼을 평범한 작가가 넘보기 힘든 위대한 작가와 작품을 평가하는 데 적용했다. 『시품』 해석에 뛰어난 안목을 보여준 『고란과업본원해皐蘭課業本原解』에서는 "이것은 큰 재능과 큰 학문을 가지지 않으면 불가능하다. 문장에서는 장자와 사마천, 시에서는 이백(李白)과 두보(杜甫)만이 웅혼의 작가가 될 만하다"라고 말했다. 『시가일지』에서도 두보를 웅혼의 미학을 구현한 작가로 내세웠는데 이 또한 타당하다. 「망악望嶽」을 비롯한 두보의 많은 작품은 그야말로 영웅의 웅장한 포부와 역량을 보이는 작품이다. 또 이백에게도 웅혼한 작품이 적지 않다.

그러나 세상에 명성을 떨치지 못한 작가라고 해서 웅혼한 작품을 남기지 말란 법은 없다. 앞에서 살펴본 유방은 본격적인 시인은 아니지만 그의 「대풍가」는 웅혼한 기개를 표현한 전형적인 작품이다. 위대한 인간적 기상은 그와 같은 작품을 자연스럽게 배태(胚胎)하기도 한다. 『시품』에서 말하듯이 진실한 역량이 내부에 충만해 있을 경우에는 자기도 모르는 새 그 역량이 밖으로 펼쳐져 위대한 작품을 낳는다.

그와 같은 작품으로 꼭 들고 싶은 것에 「칙륵가敕勒歌」가 있다.

칙륵천(敕勒川)은   敕勒川
음산(陰山) 밑을 흐르고   陰山下

하늘은 게르(ger)처럼   天似穹廬

들판을 뒤덮었네   籠蓋四野

하늘은 창창하고   天蒼蒼

들판은 망망한데   野茫茫

바람 불어 풀이 눕자   風吹草低

소떼 양떼 나타나네   見牛羊

이 유명한 북조(北朝)시대의 악부시는 중국 북방 민족인 선비족(鮮卑族)의 노래이다. 본래는 선비족 말로 불리던 노래를 한시로 번역했다. 몇 자 쓰지도 않은 간단한 민요로 단조롭기 그지없으나 눈앞에 광활한 초원지대의 풍광과 벅찬 기개가 엄습해온다. 인간의 상상을 초월하는 대자연의 풍광을 앞에 두었을 때 일어나는 숭고함과 경건함의 미를 표현했다. 드러난 것은 대자연 풍광이지만, 이면에서는 장관을 마주한 웅혼한 기상의 인간을 만날 수 있다.

우리나라 작품으로는 이육사의 「광야」 같은 작품이 웅혼의 풍격에 걸맞다. 「광야」에 표출된 시야의 광막무변(廣漠無邊)함과 드높은 기개는 앞서 읽은 여러 작품에 비해 손색이 없다. 남명 조식처럼 인품 자체가 웅혼한 인물은 인위적으로 애쓰지 않고도 영웅의 기개를 담은 작품을 남겼다. 김종서 장군 역시 유명한 시조에서 이 같은 미학을 제대로 구현했기에 이를 감상해본다.

삭풍은 나무 끝에 불고 명월은 눈 속에 찬데

만리변성에 일장검 짚고 서서
긴파람 큰 한소리에 거칠 것이 없어라

　이렇게 볼 때 한국에는 중국 땅에 비해 숭고미를 느낄 만한 거대한
자연경관은 부족해도 오히려 작가와 작품에서 웅혼의 풍격을 적지 않
게 찾아볼 수 있다. 17세기의 정두경(鄭斗卿)을 비롯해 18세기의 홍세
태(洪世泰)와 채제공(蔡濟恭)은 웅혼의 풍격을 선호했고, 웅혼한 작품을
다수 남겼다. 그들에 비할 만한 작품을 남긴 시인으로는 조선 중기의
황정욱(黃廷彧)을 꼽을 수 있다. 그의 작품 한 편을 읽어본다. 황정욱
은 1593년 임진왜란 와중에 지금은 북녘땅이 된 함경도 길주에 유배
를 가서 동해를 바라보며 여러 편의 시를 썼다. 작품 한 편 한 편이 모
두 웅혼한 기상을 보여준다. 그 가운데 「바다海」는 다음과 같다.

눈길 저 끝 동쪽에서 푸른 바다 몰려와서	目力東收碧海來
망망한 큰 파도가 누정 아래 펼쳐졌네	茫茫溟渤在亭臺
해와 달은 수레바퀴처럼 떠올랐다 내려가고	兩儀高下輪輿轉
태극은 혼돈 속에서 수은 솥을 열어놓네	太極鴻濛汞鼎開
조개 대궐 구슬 궁전 눈앞에 어른어른	貝闕珠宮生睇眄
풍이와 하백은 바람과 우레를 보내오네	馮夷河伯送風雷
시절이 위태하여 창칼이 난무하니	時危兵甲猶如許
푸른 물결 끌어다 씻어낼 자 그 누군가	誰挽滄波洗得回

　동해의 장관을 광활한 시야로 묘사해 웅혼한 시인의 기백을 담아

낸 작품이다. 특히 3구에서 6구까지는 우주적이면서 철학적인 상상력을 보여주고 있다. 유배자의 울분에다 외적의 침략을 당한 지사의 분노까지 풍경을 보는 시선에 담아내 강렬한 파토스가 느껴진다. 황정욱의 시는 제내방이 그린 그림의 정서와도 맥락이 통한다. 홍만종(洪萬宗)은 『소화시평小華詩評』에서 "기굴하고 웅혼하여 마치 과보(夸父, 태양을 쫓아간 고대의 영웅)가 해를 뒤쫓고 오획(烏獲, 고대의 역사力士)이 거대한 솥을 들어올리는 것 같다"라고 했다. 그럴듯한 평가다. 전통시대 시의 주조를 연약하고 감성적인 정서로만 여겨왔다면, 오히려 웅혼하고 역동적인 풍격을 앞세운 작가도 적지 않았음을 알아둘 필요가 있다. 『시품』은 그 실상을 분명하게 보여준다.

6. 추사의 서예와 웅혼의 미학

추사 김정희는 『시품』을 대단히 높이 평가해 그 시대 어느 누구보다도 예술의 미학적 원천으로 『시품』을 중시했다. 그러한 태도는 그를 따르던 많은 동시대 예술가들에게 막대한 영향을 끼쳐 『시품』은 그들에게 창조적 영감을 제공했다.

추사는 『시품』 중에서도 유독 웅혼을 비중 있게 다루었다. 추사는 중국 고대의 예서를 학습한 바탕 위에서 독특한 추사체를 창조해냈다. 전한(前漢)시대 예서는 웅건(雄建)한 힘과 고졸(古拙)한 멋, 반듯하고 굳센(方勁) 특징을 보이는데, 그런 한비(漢碑, 한대 비문)의 특징을 글씨에서 되살리고자 애썼다. 그런데 추사는 그가 모범으로 삼은 전한

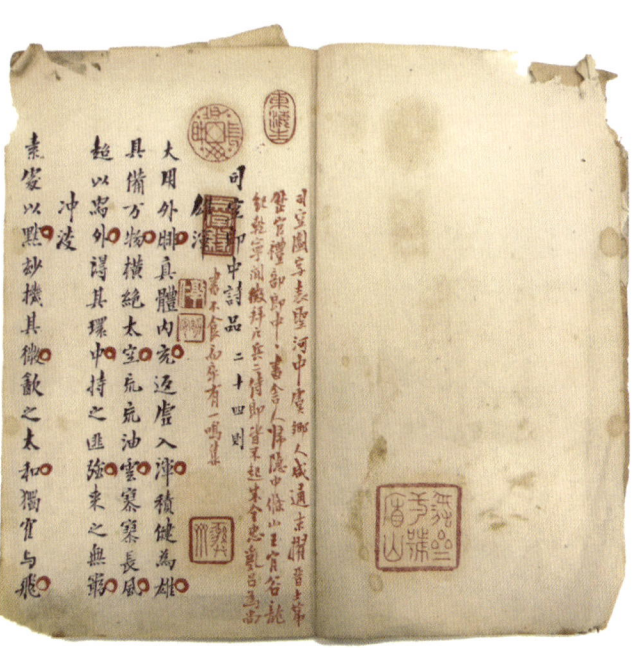

• 이재(彝齋) 권돈인(權敦仁)이 필사하여 만든 『사공표성시품첩司空表聖詩品帖』 첫 장의 '웅혼'과 '충담'
일부, 그리고 표지. 친환경농업박물관 소장. 이 저작은 『이십사시품』의 전체 내용을 필사한 책이다. 구
소장자가 황산(黃山) 김유근(金逌根, 1785~1840)이었기 때문에 황산이 필사한 책으로 알려지기도 했으
나 잘못이다. 필사한 글씨가 이재의 친필이고, 책의 앞뒤에 찍힌 많은 장서인(藏書印)이 모두 이재의 인
장이므로 이 책은 이재가 필사한 수택본(手澤本)이 틀림없다.
　표지에는 책의 표제를 '사공표성시품(司空表聖詩品)'이라 썼고, 그 아래에 작은 글씨 두 줄로 '이십사칙
(二十四則)'과 '이실장본(彝室藏本)'이라고 썼다. '이실장본'이란 소장처를 통해서 이 책이 이재가 필사하
고 소장한 물건임을 분명히 밝혔다. 제목 아래 두 줄의 글씨에는 '묵연(墨緣, 학문과 예술로 맺은 인연)'이
란 인장이 찍혀 있고, 그 밑에는 '이재□□(彝齋□□)'가 찍혀 있다. 이재 다음의 두 글자는 뭉개져 확인
하기 어렵다. 표지 뒷장에는 '이재일호미산(彝齋壹號眉山, 이재의 또다른 호는 미산이다)'이 찍혀 있다.
　본문 첫 장에는 여러 방(方)의 도장이 찍혀 있다. 위에서부터 '동해생(東海生, 동해에서 태어나다)' '장무
상망(長毋相忘, 오래 서로 잊지 말자)' '문자연(文字緣, 문자로 맺은 인연)' '돈인(敦仁)' '유안(幼安)' '이재
(彝齋)'가 찍혀 있다. 모두 권돈인의 도장이다. 여기서 유안은 뒤에도 나오는 '돈인유안(敦仁幼安)'이란
도장과 같은 내용인 것으로 보아 이재의 또다른 자(字)로 보인다.
　본문 맨 뒷장에도 인장이 다섯 방 찍혀 있다. 위에서부터 '묵연' '장무상망' '이재' '시경(詩境)' '돈인유안'
이 찍혀 있다. 이들 인장은 모두 권돈인의 예술적 취미를 뚜렷하게 입증하는 자료일 뿐만 아니라 당시
경화세족(京華世族)의 문화를 잘 보여주는 도서인(圖書印)이다.
　이 책은 본문을 정교하게 필사하고 붉은 먹으로 평점(評點)과 구두를 달았다. 평점을 통해서 이재가 어
떤 내용에 심취했는지를 명확하게 알 수 있다. 그가 가한 평점은 당시 조선 학인(學人)의 미의식과 긴밀
하게 닿아 있다. 이재가 병풍에 쓴 『이십사시품』도 현존하여 그가 이 저술을 얼마나 소중하게 여겼는지
알 수 있다. 당대의 저명한 시인인 이만용(李晩用)이 이재가 지은 시에 화답하면서 "명가의 24개 품격을
천고에 그 누가 겸비했던가? 나는 인생을 허투루 보내지 않아 이재 노인의 시에서 바로 보았네(名家卄
四品, 千古孰兼之? 我生不虛度, 卽見彝翁詩)"라고 치켜세운 것도 이재가 이 저작과 밀접한 관련이 있다
는 방증 자료다.
　이재 수택본 『이십사시품』은 이 시대 문인들의 풍모와 예술취미를 이해하는 데 중요한 증거물이다. 이
렇게 남아 전하는 것이 다행이다. 조선의 학자들이 이용한 『이십사시품』은 여러 종류가 있으나 이재가
필사한 사본의 저본(底本)은 급고각본(汲古閣本)이다. 조선 후기에는 이 이본이 널리 활용되었다. 이재
수택본이 김유근의 소장품이 된 과정은 밝힐 만한 근거가 아직 없다. 그러나 황산과 추사, 이재 세 사람
이 아주 절친한 친구였으므로 이재의 수택본을 황산이 소장한 것이 부자연스럽지 않다.

예서의 미학이 『시품』의 웅혼과 겹친다고 보았다.

추사는 「잡지雜識」에서 이런 말을 남겼다. "서예의 법은 시의 품격, 그림의 정수와 오묘한 경지를 공유한다(書法與詩品畵隨, 同一妙境)." 서예와 시와 그림이 궁극에서는 만난다는 그의 말처럼 추사의 예술세계에서는 서로 다른 예술이 같은 미학을 공유하고 있다. 이어서 그는 "이를테면 전한시대의 고대 예서는 못을 꺾고 쇠를 잘라낸 것 같으며, 흉험하여 경외심을 불러일으키는데 이는 곧 '굳건한 힘을 쌓아 웅장함을 세운다'는 뜻과 같다(如西京古隷之斬釘截鐵, 凶險可畏, 卽積健爲雄之義)"라고 했다. 이렇게 추사의 글씨에서 발견할 수 있는 강인한 힘의 미학은 바로 "굳건한 힘을 쌓아 웅장함을 이룬다"는 웅혼의 한 구절에 근거를 두었다. 이처럼 추사체가 지닌 굳센 힘의 미학을 설명할 때 웅혼을 빼놓을 수 없다.

더욱이 추사는 말하지 않고도 의사를 전달할 수 있는 심오한 예술의 경지를 강조했는데 그 근거 역시 웅혼에서 찾고 있다. 그는 "이 모든 것들은 '드러난 형상 밖으로 훌쩍 벗어나 존재의 중심을 손에 쥔다(超以象外, 得其環中)'는 한마디 말을 벗어나지 않는다. 『이십사시품』을 오묘하게 깨닫는다면 글씨의 경계는 곧 시의 경계가 된다(並不外於超以象外得其環中一語. 有能妙悟於二十四品, 書境卽詩境耳)"라고 말했다. 웅혼 미학의 핵심을 나타내는 이 구절을 추사는 '말로 표현하는 것이 불가능한 영역의 미학'을 잘 표현한 것으로 이해했다.[4]

추사는 또 이런 말을 한 적이 있다.

옛사람이 글씨를 쓰는 것은 정말 우연에 따른 것이다. 글씨를 쓰고

싶을 때 글씨를 쓰나니, 마치 왕휘지(王徽之)가 산음(山陰)에 살 때 큰
눈이 내리자 기분이 좋아 배를 타고 친구 대규(戴逵)를 찾아갔다가 기
분이 가시자 친구를 보지 않고 그대로 돌아온 일과 같다. 따라서 시작
하고 멈추는 것이 마음 가는 대로 기분에 맞춰서 조금도 걸리는 게 없
다. 글씨의 아취는 천마(天馬)가 허공을 달리는 것과도 같다. 지금 글씨
를 써달라고 하는 자들은 산음에 눈이 오고 안 오고를 무시한 채 왕휘
지를 억지로 떠밀어 곧장 친구 집으로 가게 만드는 꼴이니 크게 답답
하지 않겠는가?[5]

스스로 내면에 창작욕이 충만할 때 창작해야 한다는 소신을 왕휘
지가 눈이 푸지게 내린 날 친구를 찾아갔다가 보지도 않고 돌아온 일
에 비유했다. 예술은 강요나 억지가 아니라 예술적 감흥에 따라 자유
롭게 흘러넘쳐야 함을 주장한 것이다. 의도하지 않은 상태에서 우연
한 계기로 창작하는 것이야말로 진정한 예술이다. 작위적이지 않은
창작을 강조한 이 같은 논리는 역대 미학가들이 거듭 강조하였다.
"우연하게 글씨를 쓰고 싶다(偶然欲書)"는 추사의 생각은 저명한 서예가인 손과정(孫過庭)이 『서보書譜』에서 서예의 다섯번째 중요한 사항으로 언급한 내용이다. 『시품』의 웅혼 역시 그런 자연스러운 감흥의 중요성을 말한다. "무리하게 붙잡지 않으면 다함없이 가져올 수 있으리라(持之匪强, 來之無窮)"라는 대목이 바로 이것이다. 이렇게 볼 때 웅혼은 추사의 서예와 미학을 이해하는 데도 무시하지 못할 비중을 지니고 있다.

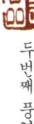

충담(沖淡)
선비의 담백한 미학

1. 평화롭고 담백한 맛

『시품』 두번째 풍격은 '충담(沖淡, limpid and calm 또는 to be simple and thin)'이다. 『표준국어대사전』에서는 성질이 맑고 깨끗함을 뜻하는 '충담하다'의 어근으로 올려놓았다. 충(沖)은 비어 있다는 뜻으로 욕심이 없는 평화로운 성질을 가리키고, 담(淡)은 글자 그대로 담담함이다. 두 글자를 합한 충담은 평화롭고 담백한 성질이나 상태를 뜻한다. 사람의 성품이나 생활 태도, 시의 풍격을 가리키는 말로 옛날부터 널리 사용했다. 처음에는 세속에 물들지 않고 소박하게 살아가는 고상한 취미를 지닌 사람을 평하는 말로 사용하다가 점차 인격미를 표현하는 미학용어로 사용하게 되었다. 세속의 공리적인 속박에 찌들지

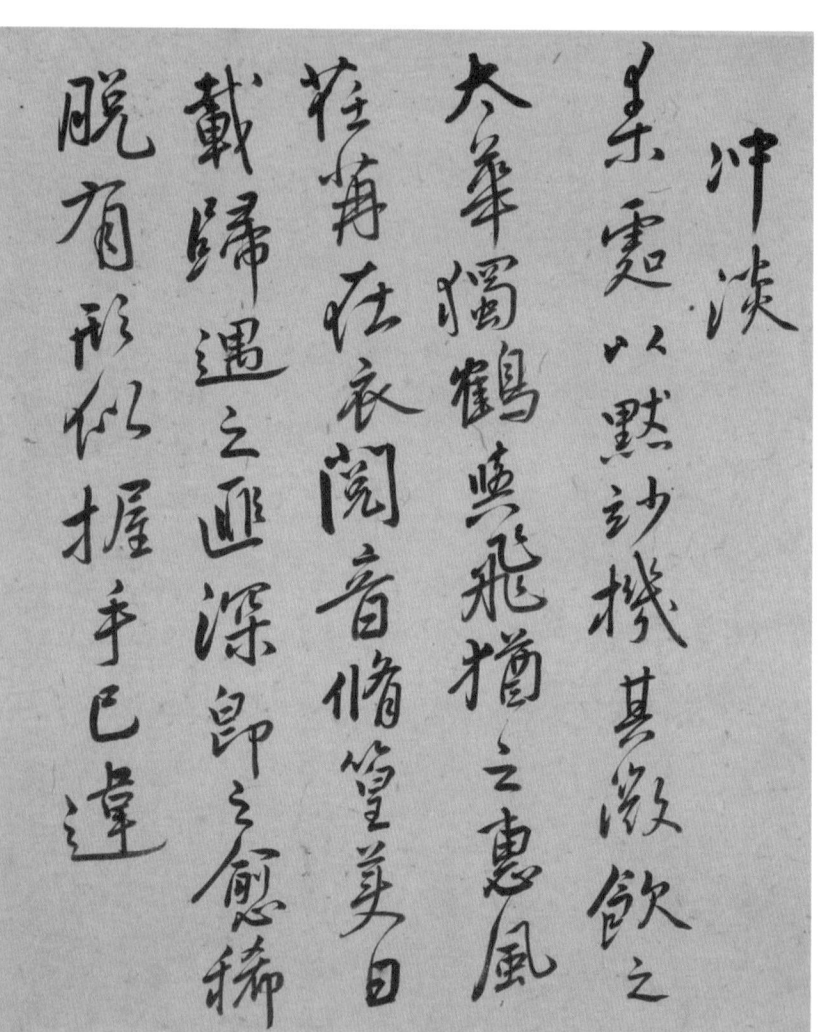

• 이광사, 〈충담〉. 행서로 쓴 글씨가 맑고도 정취 있다. "음지태화(飲之太和)"를 그는 "음지태화(飲之太華)"로 썼다. 화(和) 자를 화(華) 자로 바꾼 점이 의외다. 전혀 다른 뜻이 된다. 태화(太華)는 신선이 산다는 명산이다.

않고 자유롭고 평화롭게 살아가는 멋을 가리킨 것이다. 일상생활에서는 거의 쓰이지 않아 생소하게 느껴지지만 당나라 교연(皎然)의 『시식詩式』에서 문학비평용어로 처음 쓰인 이래 충담은 예술적 풍격을 가리키는 용어로 널리 사용되었다.

충담의 생활 태도나 풍격은 『시품』의 첫번째 풍격인 웅혼과 거의 상반된다. 웅혼함만을 추구하면 너무 사납거나 혼탁한 지경에 흐를 위험이 있기 때문에 평화롭고 담백한 충담의 풍격으로 그 위험성을 막고자 했다고 청나라 말엽 학자들은 설명하기도 했다. 조금 견강부회한 지적일 수는 있으나 드세고 거센 웅혼의 풍격에 반해 고요하고 차분한 충담의 미학은 상반된 각도에서 시인과 시를 바라보게 만든다는 점에서 일리가 있다.

시인의 삶과 기질은 다양하지만 그중에서도 충담의 풍격을 지닌 시인과 시는, 동아시아 시의 역사에서 작지 않은 비중을 차지하고 있다. 화려함이나 번잡스러움을 멀리한 가운데 평화롭고 한적하게 지내는 생활을 소박하고 자연스럽게 드러내어 조탁한 느낌이 없는 투박한 시가 이 풍격에 속할 만한 작품이다. 충담의 풍격은 작가와 작품이 서로 긴밀하게 연결되어 있어 작품이 곧 작가의 삶을 그대로 드러낸다.

충담에서 핵심적인 글자는 담(淡, 또는 澹)으로 담(淡) 자 계열에 속하는 일련의 풍격은 충담과 조금씩 차이가 나면서도 상당히 유사하다. 대표적인 풍격에 평담(平淡)이 있는데 때로는 충담과 거의 동일한 풍격으로 사용되기도 한다. 그 밖에도 담박(淡泊), 고담(枯淡), 고담(古淡), 청담(淸淡), 한담(閒淡), 염담(恬淡) 등의 풍격이 여기에 속한다. 이 계열의 풍격은 중국 송(宋)나라의 미학적 특질을 대변한다고 인정받고 있다.

과거에 선비들은 공부하여 세상에 나가 출세하는 것을 이상적인 인생으로 알았다. 그러나 충분한 능력을 갖추었어도 현실은 혼탁하고 정치는 추악할 때 선비는 세속을 등지고 자연을 벗하며 살아가는 삶을 선택했다. 그와 같은 세계관과 인생관을 지닌 선비들에게 충담의 생활 방식을 따르고 그것을 노래하는 것은 지고지순한 아름다움이었다. 수많은 시인이 영위한 삶이 바로 저들 선비의 인생 경로에서 크게 벗어나지 않았으므로 충담의 미학을 표현하고자 하는 욕구는 시인 일반에 널리 퍼져 있었다. 그래서 한국이나 중국이나 구별 없이 전통 시인의 작품에서는 웅혼보다 충담에 어울리는 시가 훨씬 더 많을 수밖에 없다. 웅혼이 제왕이나 영웅의 웅대한 이상을 담은 풍격이라면, 충담은 평범한 선비의 삶과 기질에 더 잘 어울리는 풍격이기에 선비의 일상에 훨씬 더 가깝다.

2. 은자의 삶

충담을 미학의 주요한 범주로 확고히 자리잡게 한 저작이 바로 『시품』이다. 본문은 다음과 같다.

소박하게 살아가며 침묵을 지키나니	素處以默
오묘한 천기(天機)는 더욱 미묘하다	妙機其微
자연의 큰 기운을 들이마시고	飮之太和
외로운 학과 더불어 난다	獨鶴與飛

비유하자면 따사로운 남풍이 불어	猶之惠風
옷깃을 살랑살랑 스쳐가는 듯	苒苒在衣
키 큰 대 바람 소리 들리자마자	閱音修篁
흔쾌히 돌아가자고 말한다	美曰載歸
우연히 도달하면 어렵지 않으나	遇之匪深
억지로 다가갈수록 더욱 보이지 않는다	卽之愈稀
겉모양을 그리는 데만 머문다면	脫有形似
손에 잡는 순간 벌써 달아난다	握手已違

세 단락으로 나누어 본문을 보면, 처음 두 단락에서 시인의 생활 태도를 묘사하고 난 뒤 마지막 단락에서 창작하는 과정에서 지켜야 할 내용을 다루었다.

첫번째 단락에서는 평화롭고 담백한 시를 쓰는 시인이 수양해야 할 바를 말하고 있다. 앞서 살펴본 웅혼한 인간형과는 완전히 딴판인 인간형이 등장한다. 그는 겉으로 떠벌리는 외향적인 인간이 아니다. 소박하게 생활하고 묵묵히 침묵을 지킨다. 그런 생활을 하면서 자연과 사물의 미묘한 변화를 민감하게 받아들여 예리하게 포착한다. 여기에서 말한 자연과 사물의 미묘한 변화를 한 글자로는 기(機), 두 글자로는 천기(天機)라고 한다. 번잡하고 물욕이 판치는 인간세계를 벗어나 자연에 묻혀 살면서 음양이 조화를 이룬 기운을 들이마신다. 음양의 조화를 이루는 것, 그것이 바로 태화(太和)인데 이를 한 글자로 표현하면 충(沖)이다.

자연을 호흡하며 차분하고 고독하게 사는 자에게 진정한 친구가 있다면 그 친구는 사람이기보다는 학(鶴)이다. 그것도 여럿이 나는 학이 아니라 홀로 나는 학이다. 고독하고 고고하다. 충담에는 대개 쓸쓸함이 묻어난다. 고담(枯淡)이나 고담(古淡)의 분위기를 자아내기가 쉽다.

앞 구절에서 시인의 기질을 묘사했다면 다음 네 구절은 그러한 시인이 보여주는 시적 분위기나 격조를 묘사한다. 이를 멋없이 설명하기보다는 생동하는 비유로 보여준다. 팔랑거리는 옷깃에서 따사로운 봄바람을 느끼며, 키 큰 대나무 숲에서 들려오는 대 바람 소리를 들으며 집으로 돌아온다. 지순한 선비가 영위하는 삶은 지극히 평화롭고 고요하다. 혼자이기에 쓸쓸한 느낌을 주지만 그렇다고 염세적이지는 않다. 따뜻한 감성이 느껴진다.

마지막 단락에서는 그와 같은 선비의 삶을 드러내는 시를 창작하는 방법을 두 가지로 제시하고 있다. 먼저 무의식과 무의도, 무작위의 태도로 시를 지어야 한다고 했다. 저 평화롭고 담백한 분위기가 좋다고 하여 억지로 그 같은 풍경을 추구하면 도리어 좋은 작품이 나오지 않는다. 시를 잘 지으려는 욕심이 없어야 좋은 시가 나온다. 그래야 읽는 이로 하여금 맑고 평화로운 풍경에, 따르고 싶은 고매한 사람을 떠올리게 한다. 시인의 욕심은 시를 망칠 수 있다. 이는 역설처럼 들리지만 과욕을 부리는 시인이 사물에 손을 대면 시는 저 멀리 달아나고 만다.

이 마지막 대목에서는 대상의 겉모습을 충실하게 재현하는 수준에 머무르지 말라고 요구하고 있다. 형상을 완벽하게 모사하는 것으로 예술가가 할 일이 끝나지는 않는다. 대상의 정신을 표현해야 하고, 사물을 바라보는 예술가의 영혼이 살아 있어야 한다. 형상의 모사, 즉 형사(形似)를 넘어서 정신의 모사, 즉 신사(神似)를 지향해야 한다는 점을 분명하게 제시하고 있다. 중국 미학에서 가장 핵심적인 주장의 하나인 정신의 모사에 대해『시품』은 여러 차례 강조하고 있다.

『시품』에서는 충담이 지닌 핵심적인 이미지를 형상을 통해 보여준다. 충담이 인품과 시의 미학으로 정립되는 과정에서『시품』이 큰 구실을 했다. 충담의 인품은 곧 충담의 시를 낳는다. 평화롭고 담담한 충담의 미학은 오랜 기간 다양한 의미를 드러내며 사용되었는데 다음 몇 가지로 요약해볼 수 있다. 세속적 욕망과는 거리를 둔 은자의 삶을 표현한다. 번잡하고 소란한 도회지를 멀리하고 고요하고 정적인 전원의 삶을 추구하고 묘사한다. 흥분의 감정을 거의 드러내지 않고 차분하고 담담하다. 적극적이고 진취적이기보다는 소극적이고 조금 퇴영적인 삶의 자세를 보인다. 그러나 염세적이거나 분노를 표출하지 않고 낙관적이고 포용력 있는, 여유로운 정서가 주도한다. 문장에서도 화려한 수식이나 조탁보다는 자연스러움과 투박함을 추구한다. 전체적으로 무욕의 삶을 살아가는 고매한 선비의 취향을 보여준다.

3. 고매한 선비의 이미지

충담에서 그림으로 형상화할 만한 구체적인 사물은 외로운 학과 남풍에 살랑거리는 옷자락, 그리고 걸음을 돌리는 사람의 모습 등이다. 정선과 제내방을 비롯한 화가들은 이런 형상을 어떻게 활용하여 충담의 미학을 표현했는지 살펴본다.

먼저 정선의 그림부터 본다. 그리 멀지 않은 곳에 높다란 산이 배경으로 깔리고 산 저편에는 아득히 먼 곳에 어슴푸레 또 산이 보인다. 산 밑으로는 논밭이 흩어져 있고, 이편으로 호수인지 강인지, 물이 놓여 있다. 물을 바짝 앞에 둔 채 키 큰 대나무 숲이 자라고, 그 속에 작은 집이 한 채 숨어 있다. 대숲 우듬지가 물가 쪽으로 기울어 있다. 대숲 속에 집을 깊이 숨겨놓아 고즈넉하고 호젓한 느낌이 강하다. 물가에는 집 주인이 긴 지팡이를 짚은 채 먼 곳을 조망하고 있다. 그 시선은 분명히 산 중턱 허공을 날아가는 학을 바라보고 있으리라. 강가에 서 있는 고사(高士, 인격이 높고 성품이 깨끗한 선비)의 옷은 일반인이 아닌 은사의 차림새다. 정선의 수많은 회화에 등장하는 인물의 차림새다. 그 뒤에 시중드는 다동(茶童)이 보인다. 집이나 집 안의 가구는 단출하여 그의 무욕을 보여주는 듯하다. 평화로우면서도 담담한 풍경 속에 고고하게 살아가는 고사를 풍경의 주인으로 묘사했다. 충담의 내용을 충실하게 표현하고자 노력했다.

이 그림에는 다음과 같은 평이 달려 있다.

대나무는 성글어 상쾌하고 학은 말라서 신선 같다. 대나무 바람 소리를 들으며 학을 바라보는 저 사람은 혹시나 그 멋을 알지 않을까?(竹疎而爽, 鶴癯而仙. 彼聽竹而看鶴者, 倘知其趣)

이 화평은 정선의 의도를 정확하게 포착하고 있다. 화폭을 주도하는 소재는 산과 강과 집이 아니라 대나무와 학과 고사다. 이 세 가지

竹疎而美鶴
癯而神彼
馳竹而疎鶴
者傭知乎
跋

仙

• 정선, 〈충담〉. 화평의 2행 세번째 글자 신(神) 자 옆에 교정부호를 달아 선(仙) 자로 정정했음을 밝혔다.

冲
淡

• 반시직, 〈충담〉.

소재는 충담의 내용 가운데 "외로운 학과 더불어 난다"와 "키 큰 대바람 소리 들리자마자"를 선택하여 그림으로 재현했다. 외로운 학과 더불어 난다는 것은 비현실적이기에 멀리 날아가는 학을 바라보는 장면으로 대신 표현했다. 정선의 그림은 '충담'의 풍격을 잘 표현해놓았다고 평가할 수 있다.

반시직이 그린 그림은 단순한 구조로 되어 있다. 산비탈 얕은 계곡물 주변으로 긴 대나무가 늘어서 있는데 그 아래쪽에 학이 막 날개를 펼치려는 자세를 그렸다. "외로운 학과 더불어 난다"와 "키 큰 대 바람 소리 들리자마자"를 선택하여 그림으로 재현했다는 점에서 정선과 다르지 않다. 그러나 사람이 들어가 있지 않아 화조도나 산수화의 범주에 든다. 그렇기는 하지만 대나무와 학을 과장되게 부각시킴으로써 화가는 충담의 풍격이 그 두 가지 소재로 대변된다고 말하고자 했다.

장부가 그린 충담은 건륭제가 쓴 「진晉 도연명 귀거래사의 글자를 모으고 그 형식을 흉내내 짓다集晉陶淵明歸去來辭字，卽效其體」[1]를 바탕으로 하여 충담과 연결시켜 그렸다. 건륭제는 도연명(陶淵明, 365~427) 「귀거래사」의 글자를 사용하여 오언고시(古詩)를 지었다. 장부가 굳이 도연명의 「귀거래사」를 모방하여 지은 시를 충담과 연결시킨 이유는 충담이 도연명 시의 풍격과 긴밀하다고 판단했기 때문이리라. 그의 판단은 정확하다. 건륭제 시는 따사로운 봄날 교외로 나들이를 나가 만물이 마음껏 소생하는 것을 구경하는 내용이다. 그림은 멀리 산을 배경으로 하여 운무가 끼어 있고 소나무와 대나무가 늘어선 들과 시내를 산책하는 은사의 모습을 그렸다. 그 은사는 말할 것도 없이 도연명이다. 그리고 대숲 위로 학이 날아오는 모습을 그렸는데 정선과 제내

素庵以照妙機其微
飲之太和獨鶴與飛
猶之惠風荏苒在衣
閱音備望美日載歸
遇之匪深即之愈稀
脫有形似握手已違
古同空圖詩品品沖
淡一則
臣蔣溥恭錄

• 장부, 〈충담〉.

방의 그림에서 비중이 큰 소재를 똑같이 화폭에 반영했다. 다만 산책의 과정을 그림으로써 자연의 모습이 더 풍부해졌고 훨씬 역동적이다.

제내방의 그림도 다른 화가의 그림과 크게 다르지 않다. 소재와 구도가 상당히 비슷하여 중심 소재로 고사와 다동이 등장하고, 키 큰 대나무와 날고 있는 학, 그리고 집이 나오는 것이 거의 일치한다. 차이가 있다면 정선의 그림은 멀리 바라다보는 주인공과 확 트인 공간에서 쓸쓸함의 정서가 배어 나온다면, 제내방의 그림은 푸근한 느낌을 준다는 것이다. 충담 본문에는 봄날에 산보하는 장면이 나오는데, 제내방의 그림이 여기에 가깝고 정선의 그림에서는 가을 분위기가 느껴진다.

흥미롭게도 정선이 고매한 선비가 집 울타리 밖에서 먼 산과 허공을 바라보는 장면을 묘사했다면, 제내방은 선비가 산보하고 돌아오는 장면을 그렸다. 제내방의 그림에서 아이들은 집으로 돌아오는 고사를 맞이하는 모습이다. 이는 "흔쾌히 돌아가자고 말한다"는 본문의 한 구절을 충실하게 묘사한 것이지만, 도연명의 작품인 「귀거래사」와 「술을 마시며飲酒」에서 번잡한 세상을 등지고 전원으로 돌아온다는 내용과도 바로 연결된다. 이 시의도에 보이는 주인공은 분명히 도연명이리라. 이와 더불어, 정선의 그림에 보이는 주인공 역시 물가에 서 있는 것으로 보아 물가를 자주 산보한 도연명을 염두에 두고 그렸다고 볼 수 있다. 장부까지 포함해 세 화가가 충담을 그리면서 도연명의 이미지를 재현하고자 한 것이다. 그 이유는 무엇일까?

• 제내방, 〈충담〉.

4. 도연명과 물아일체의 미학

도연명은 중국 동진(東晉)의 시인이다. 기교를 부리지 않고 담백하게 산수 전원에 묻혀 살아가는 은자의 삶을 즐겨 노래하였다. 그렇다고 당시부터 인정을 받은 시인은 아니다. 당대(唐代) 이후부터 이름을 알리기 시작해 맹호연(孟浩然, 689~740)과 왕유(王維, 701~761) 등에게 큰 영향을 끼쳤다. 송대(宋代)에 이르러 기교 없이 담백한 도연명의 시풍은 시가 도달해야 할 최상의 경지로 받아들여져 이른바 전원풍(田園風) 선비의 삶과 전원시(田園詩)의 모델이 되었다.

『시품』의 미학에도 도연명의 영향이 매우 강하게 나타난다. 『시품』 충담의 미학은 도연명 시에서 전형적으로 나타나고, 당대의 시인인 왕유와 저광희(儲光羲), 위응물(韋應物), 유종원(柳宗元) 등의 시에도 나타나는데 이들은 모두 도연명 풍의 시를 창작했다. 『시품』을 전문적으로 연구한 19세기 학자 손연규 이래 모두가 그 점을 인정하고 있다. 손연규가 『시품억설』에서 "도연명은 사람됨과 문장과 시가 모두 '충담' 두 글자를 넉넉히 체현하고 있다(晉陶淵明之人, 之文, 之詩, 俱足當得沖淡二字)"라고 말한 것이 전형적인 예다. "소박하게 살아가며 침묵을 지키는" 삶의 태도는 도연명의 인생철학을 요약한 듯하다.

장궈칭 교수는 아예 『시품』의 저자가 도연명의 시풍을 모델로 삼아 충담의 풍격을 묘사했다고까지 말한다. 설득력 있는 주장이다. 도연명의 작가적 기질이나 인생 태도, 시의 분위기 모두가 충담의 미학과 부합한다. 앞서 정선이나 장부, 제내방의 그림 속에 등장한 인물을 도연명으로 보려 한 이유도 여기에 있다. 그의 시집에는 충담에 어울리는 작품이 흔하다. 그 가운데 군이 한 편을 꼽으라면 「술을 마시며」 제5수를 들어야 한다. 제목은 술을 마신다는 것이지만 실제 술과는 큰 관련이 없다. 이를 감상해본다.

마을 가까이 초가 지었으나	結廬在人境
시끄러운 수레 소리 들리지 않네	而無車馬喧
"그대는 어찌 그리 살 수 있는가?"	問君何能爾
"마음 멀어지니 사는 곳 절로 외지더군."	心遠地自偏
동쪽 울타리 아래서 국화꽃 따다가	採菊東籬下
문득 앞산이 눈에 들어왔나니	悠然見南山
산풍경은 해 질 무렵 더 아름답고	山氣日夕佳
나는 새들 끼리끼리 둥지로 돌아오네	飛鳥相與還
이 속에 진정한 의미가 있노라고	此間有眞意
말 전해주려다가 그만두었네	欲辨已忘言

도연명 시의 특징을 잘 보여주는, 걸작 가운데 걸작이다. 『시품』에서 소재로 사용한 대나무나 학은 나오지 않으나 여러 가지 측면에서 충담의 미학에 부합한다. 주인공은 사람들이 모여 사는 번잡한 세상을 벗어나지 않았다. 그러니 수레나 말달리는 소리가 왜 안 들리겠는가? 그러나 그는 마치 호젓한 전원에 사는 양 세속적 소음으로부터 격리되어 있다. 설령 시끄러워도 방해받지 않는다. '마음'이 세상에서 멀리 떨어져 있어서다. 마음이 고요하므로 아무리 시끄러운 곳에 살

더라도 호젓한 시골에 사는 것과 다르지 않다. 이런 은둔을 흔히 '시은(市隱)'이라 한다. 시는 고고하고 담백하다. 어느 구절에서도 작위적인 느낌이 들지 않는다. 시인의 평화로운 마음에서 자연스럽게 우러나온 담백한 맛의 시다. 소동파(蘇東坡)는 충담을 설명하여 "지극한 맛을 담백함에 붙인다(寄至味於淡泊)"라고 풀이했는데 도연명의 시에 바로 그 지극한 맛이 살아 있다.

이 시에서는 무의식과 무의도, 무작위의 창작 태도가 잘 드러난다. 은자의 평화로움과 담백함은 시인의 생활과 마음에서 자연스럽게 배어 나왔다. 그 점은 "동쪽 울타리 아래서 국화꽃 따다가 문득 앞산이 눈에 들어왔나니"에서 특히 잘 나타난다. 이 표현은 작위 없는 행동을 묘사한 명구로 이름이 높다. 원문에서 견(見) 자는 무언가를 보려는 의지나 의도 없이 대상이 눈에 들어와 보이는 것을 뜻한다. 관(觀)이나 간(看), 또는 망(望) 자에 보려는 의지가 내포돼 있는 것과는 다르다. 인위적 의도를 완전히 배제하고 가슴속에서 나오는 대로 쓴 창작 태도를 이 한 글자에서 포착할 수 있다. 그래서 '견(見)' 한 글자는 이 시의 시안(詩眼. '시의 눈'이라는 뜻으로, 시에서 그 시의 잘되고 못됨을 결정짓는 핵심적인 어휘를 가리키는 말)에 해당하여 예로부터 평자들이 격찬한 시어다.

겸재 정선의 후원자인 김창흡(金昌翕. 1653~1722)은 이 구절을 극찬하여 "내가 막 동쪽 울타리 밑에서 국화를 딸 때 무심한 순간을 만나 앞산이 문득 눈앞에 놓여 있다. 가슴속에 사사로운 생각이 사라져 조금도 장애물이 없기에 눈앞에 있는 바깥 사물조차도 알맞게 배치할 필요 없이 자연스럽게 마음과 어울렸기 때문이다. 사물과 나 사이에 천

• 정선, 〈동리채국東籬採菊〉, 국립중앙박물관 소장. 정선이 도연명의 시를 주제로 그린 부채 그림. 정선은 이 그림과 함께 부채 그림으로 〈유연견남산悠然見南山〉도 그려 짝을 지었다. 노란 국화꽃 아래서 국화 주를 몇 잔 마셔 세상만사에 무심해진 그의 눈에 '문득' 앞산이 들어왔다. 정선이 그린 '충담'의 그림과 비교해볼 만하다.

기가 넘쳐흐른다는 것이 바로 이런 기상이다"[2]라고 해석했다. 물아상 망(物我相忘)과 물아일체(物我一體)의 경지란 바로 이런 것이다. 사물과 의 접촉에는 풍경에 감동하여 느낌이 이는 것과 자기 감정을 드러내 기 위해 풍경을 이용하는 것이 있다. 그러나 가장 높은 경지는 이렇게 인간의 감정과 풍경이 아주 자연스럽게 만날 때 이루어진다. '충담'에 서는 사물과의 그 같은 접촉을 중시한다. 마지막 대목에서 "우연히 도달하면 어렵지 않으나 억지로 다가갈수록 더욱 보이지 않는다"라 고 하여 그 같은 자연스러운 접촉을 말하고 있는데 이 작품이 그러한 경지를 잘 구현했다.

이처럼 의도와 인위를 개입시키지 않고 자연스럽게 표현하는 것이

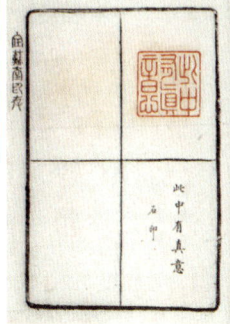

• 추사 친필본 구장 『남뢰』에 찍힌 추사의 인장, 영남대학교 소장. 도연명의 「술을 마시고」 제5수에 나오는 "이 속에 진정한 의미가 있다"는 한 구절을 인장으로 새겨 책에 찍었다(왼쪽). 책을 읽으며 사는 것에 인생의 진정한 의미가 있다는 뜻으로 찍은 듯하다. 이 도장이 오른쪽에 보이는 『보소당인존寶蘇堂印存』에 실린 도장과 똑같아서 여기에 김정희의 도장을 실었음을 알 수 있다.

도연명 시의 특징이다. 이 때문에 많은 평론가들은 "도연명 시의 수준을 남들이 따라잡지 못하는 까닭은 충담함과 심수(深粹, 깊고 순수함)함이 자연스러움에서 나왔기 때문이다"[3]라고 극찬했다.

『시품』에서 크게 부각시킨 충담의 미학은 소동파와 황산곡(黃山谷, 황정견黃庭堅. 산곡은 그의 아호)을 비롯해 송대 시인들이 이상적인 시의 풍격으로 간주했다. 그들은 충담이란 말보다는 평담(平淡)이란 용어로 자신들의 취향을 즐겨 표현했다. 무욕과 은사 취미, 그리고 비어 있으며 고요한 상태를 뜻하는 허정(虛靜)을 선호한 성리학자들에게도 충담과 평담은 시가 추구할 이상적 풍격이었다.

5. 이서구와 언외의 여운

충담을 선호하는 시인들은 도연명을 시작으로 지속적으로 등장했다. 이들 충담파 시인은 한국에서도 그 계보를 만들어갔다. 너무 많아서 일일이 소개할 수 없을 지경인데 그 가운데 이서구(李書九, 1754~1825)도 빼놓을 수 없다. 이서구는 도연명을 비롯해 왕유와 위응물, 저광희, 맹호연의 고담(枯淡)하고 고아(古雅)한 작품을 몹시 좋아했다. 청나라 학자 이조원(李調元)과 이서구의 시 스승 이덕무(李德懋, 1741~1793)를 비롯한 여러 평론가들은 이서구의 시가 도연명의 시와 아주 흡사하다고 강조했고, 청나라 학자 반정균(潘庭筠)은 특히 그의 시가 충담(沖澹)하고 한원(閑遠)하다고 평가했다.

그러면 실제 이서구의 작품을 보자. 「이른 가을 동음(洞陰, 경기도 포천의 옛 이름)에 있는 내 초가로 돌아갔다. 저물녘에 시냇가를 거닐며 세수를 지었다早秋歸洞陰弊廬, 晚步溪上作三首」라는, 조금 긴 제목의 시 세 편이다.

푸른 시냇가에 집이 가까워	家近碧溪頭
해 저물자 시내 바람 거세게 부네	日夕溪風急
긴 숲에선 사람 하나 안 만나더니	脩林不逢人
논바닥엔 백로만 오뚝 서 있네	水田鷺影立
가끔씩 낙조를 바라보면서	時向返照中
푸른 산모퉁이를 나 홀로 걷네	獨行靑山外
쓰르라미 늦은 철에 셀 수도 없이	鳴蟬晚無數
숲 저편서 맑은 소리 흩날리네	隔樹飛淸籟
솔뿌리에 앉아 책을 읽노라니	讀書松根上

책갈피 위로 솔방울 떨어지네	卷中松子落
막대 짚고 집으로 돌아올 적엔	支筇欲歸去
산 중턱에 구름이 피어오르네	半嶺雲氣作

　시의 제목이 긴 것은 있었던 일을 그대로 담백하게 말하려 해서다. 초가을 저물녘 산자락을 산보하며 본 세 가지 장면을 아주 담백하게 소묘했다. 전원에 묻혀 사는 사람의 무심하고 여유로운 산보를 그린 시다. 물 흐르듯 자연스럽게 시상이 전개된다.

　첫번째 시에서는 긴 숲길을 벗어나 툭 터진 논을 만나도록 사람 하나 보이지 않더니 논바닥에 백로가 한 마리 문득 나타났다고 했다. 온통 푸른빛 속에 오뚝 서 있는 백로는 영락없이 흰옷 입은 조선 사람 같다. 두번째 시는 해 질 무렵 고즈넉한 분위기를 잘 살려냈다. 앞 시가 선명한 색채 대비를 보여주는 한 폭의 그림이라면 두번째 시는 계절이 지나가는 것을 알려주는 청량한 음악이다. 충담 첫 대목인 "소박하게 살아가며 침묵을 지키나니 오묘한 천기는 더욱 미묘하다"를 적용할 만하다. 묵묵히 소박한 전원생활을 하며 자연의 미묘한 변화를 포착해낸 시다.

　세번째 시가 백미다. 솔뿌리에 앉아 책을 읽고 있는데 책장 위로 무심하게 솔방울이 떨어진다. 솔방울이 우연히 떨어진 것도 자연스럽고 그것을 집으로 돌아가라는 신호로 알고 일어나는 것도 자연스럽다. 그의 앞에 버티고 선 산 중턱에서는 구름인지 저녁 안개인지가 피어오른다. 초가을 저물 무렵의 시골 풍경과 시인의 움직임이 어느 하나 불협화음을 일으키지 않는다. 시인의 흉금이 그 맑은 자연을 그대로 닮은 느낌이다.

어느 구절에서도 풍경의 아름다움을 설명하거나 경탄하지 않았고, 시인은 감정을 드러내지 않았다. 형용하는 말이나 부사가 거의 없어 정서를 거의 노출하지 않았다. 담박하다 못해 건조하다고 말해야 할 정도다. 더욱이 시적인 기교나 장치도 눈에 뜨이지 않는다. 열 마디 해야 할 말을 한두 마디밖에 하지 않았으나 독자는 열 마디보다도 훨씬 많은 말을 들은 듯하다. 언외(言外)의 무한한 여운이 길게 남는다. 충담에서 기대한 시란 바로 이와 같은 시를 말한다.

이서구는 『시품』이 들어간 『시가일지』와 『목천금어』를 간행한 윤춘년과 관련이 깊다. 윤춘년의 유일본 문집 『학음고學音稿』는 이서구가 소장하고 있었다. 그는 또 『시품』의 미학에 큰 영향을 받은 청나라 시인 왕사정(王士禎)의 시를 흠모했다. 그가 이와 같은 풍격을 선호한 것은 결코 우연이 아니다.

6. 율곡 이이의 시가 미학과 충담

충담의 미학은 전통시대 한국의 많은 시인들에게 이상적인 시의 풍격으로 자리잡았다. 조선의 이데올로기는 성리학이었고, 이를 숭상한 사대부들은 자연스레 충담을 추구하는 예술적 감수성을 키워갔던 것이다. 사대부들은 화려함보다는 소박함을, 조탁과 기교보다는 투박함과 무기교를, 역동적인 것보다는 정적인 것을 앞세웠다.

조선 사대부의 그 같은 미의식은 율곡 이이의 사상과 문학에서 뚜렷하게 나타난다. 율곡은 사상가, 정치가로 널리 알려져 있으나 실은 뛰어난 문장가이자 시인이기도 했다. 동시대의 저명한 문인과 교류했고, 문학에 뛰어난 자라야 임명된다는 대제학(大提學)에 임명되기도 했다. 문인으로서 활동을 보여주는 증거로 1573년에 자신의 심미안에 따라 한시를 뽑아 『정언묘선精言妙選』이란 시선집을 편찬한 사실을 들 수 있다. 이 책에서 그는 좋은 시를 가리는 여덟 개의 기준을 내세웠는데 제일 먼저 내세운 것이 바로 충담소산(沖澹蕭散)이었다. 여기서 충담에 덧붙여진 소산이란 말은 쓸쓸함이 배어나는 풍격을 뜻한다. 율곡은 그 풍격을 내세운 이유를 다음과 같이 설명하였다.

이 시집에 뽑은 작품은 충담(沖澹)하고 소산(蕭散)한 것에 주안점을 두었다. 화려하게 꾸미려고 애쓰지 않아도 자연스러운 가운데 오묘한 취미가 깊이 담겨 있다. 옛 곡조와 옛 뜻을 아는 자가 드물다. 당송(唐宋) 이후 작품들 가운데에는 품격이 옛 작품에 미치지 못하는 것도 있다. 사이사이에 근체시(近體詩)를 포함시켰는데, 모두 조탁하려고 애쓴 흔적이 없이 자연스럽게 성률(聲律)에 맞은 작품만을 함께 뽑았다. 이 시집을 읽는 사람들은 작품의 담백한 맛을 음미하고, 드문 소리를 즐기도록 하라! 그러면 『시경』 3백 편의 남은 뜻이 결단코 여기에서 벗어나지 않을 것이다.[4]

율곡의 설명은 『시품』의 충담을 해설한 것인 양, 그 뜻이 비슷하다. 화려하게 꾸미려고 애쓰지 않아도 자연스럽게 오묘한 맛이 스며나고, 조탁한 흔적이 없으며, 작품에는 담백한 맛이 있다는 특징들은

『시품』에서 한 말이라고 해도 크게 어긋나지 않는다. 이 기준으로 가려 뽑은 『정언묘선』「원자집元字集」에는 도연명의 시를 가장 많이 실었고, 그다음에는 앞서 언급한 왕유를 비롯한 산수전원시파 시인들의 시를 많이 실었다. 대개 충담을 추구한 시인들의 작품과 일치한다.

또한 율곡의 작품에도 충담의 미학이 스며 있는 것을 어렵지 않게 찾을 수 있다. 다음은 널리 알려진 그의 시, 「산속에서山中」다.

약을 캐다가 문득 길을 잃고 보니	採藥忽迷路
온 산은 가을 잎에 파묻혔구나	千峯秋葉裏
스님이 물을 길어 돌아가더니	山僧汲水歸
숲 끝에서 차 끓이는 연기 오른다	林末茶煙起

깊은 산중에서 약을 캐는 데 정신을 쏟다가 '문득' 일어나보니 길이 보이지 않는다. 비로소 주변을 둘러보니 겹겹이 둘러쳐진 산이란 산은 온통 가을 단풍으로 뒤덮여 있는 모습이 눈에 들어온다. 산에 오른 사람이 겪음직한 일이기도 하나 느닷없이 찾아온 이 순간, 시인은 물아상망(物我相忘)과 물아일체(物我一體)의 경지를 드러낸다. 그때 나타난 한 스님이 물을 길어가고 난 뒤 저 숲 한쪽 끝에서 차를 끓이는 연기가 피어오른다. 나그네가 연기를 따라가 스님과 차를 마셨다는 사실을 시가 설명할 필요도 없다.

전체적으로 적막감과 고독감이 지배하는 풍경 속에서 잠깐 나타난 스님은 바로 사라지고 이내 숲 끝에서 피어오르는 차 연기는 그 적막과 고독을 더 깊게 만든다. 조탁과 기교가 배제된 투박하면서도 절제

된 시이나, 읽고 나면 깊은 여운이 남는다. 충담에서 강조한 창작상의
특징을 제대로 살려서 지었다.

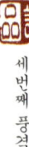

섬농(纖穠)
여인의 향기

1. 곱고 아름다운 세계

　『시품』의 세번째 풍격은 '섬농(纖穠, delicate-fresh and rich-lush 또는 where trees are thick)'이다. 섬(纖)은 본래 가는 무늬 비단을 가리켜 '섬세하다'는 뜻을 지녔고, 농(穠)은 꽃과 나무가 무성하게 자라는 모습을 형용하는 말이다. 두 글자를 합한 섬농은 섬세하면서도 화사한 상태나 모양을 가리킨다. 우리말에서는 거의 사용하지 않고 섬세함과 농후함이란 서로 다른 말로 나누어 쓰인다.

　보통 섬세함은 묘사하는 경물의 크기가 작고 다루는 태도가 조심스러움을 가리킨다. 꽃과 풀을 묘사하거나 크기가 그리 크지 않은 자연물과 풍경을 묘사할 때 쓰는 말이다. 그리고 농후함은 대상을 다루

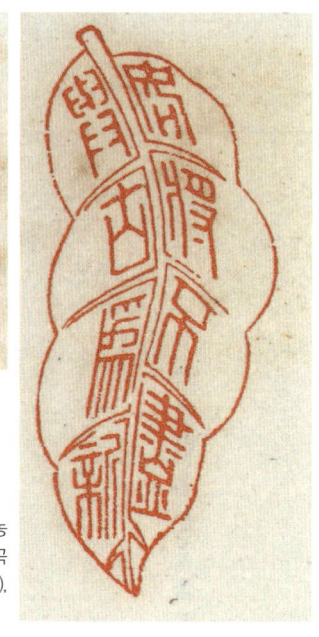

• 『보소당인존』에 수록된 인장들. 장서각 소장. 「시품」 섬농 구절 중 '채채유수(采采流水), 봉봉원춘(蓬蓬遠春) 요조심곡 (窈窕深谷), 시견미인(時見美人)'(왼쪽), '여장부진(如將不盡), 여고위신(與古爲新)'(오른쪽)을 새겼다.

는 시인의 감정이 풍부함을 가리킨다. 이렇게 보면, 섬농은 작은 풍경이나 인간의 행동을 묘사하되 시인의 풍부한 감정을 실어 표현하는 풍격이다.

이는 웅혼이나 충담과는 완전히 다른 풍격이다. 아니, 거의 대립하는 풍격이다. 광활한 공간과 역동적인 힘을 강조하는 웅혼과 비교할 때 섬농은 규모 면에서 비교가 되지 않는다. 한편, 충담은 담백한 맛을 표현하는 반면, 섬농은 짙은 감정을 표현한다. 감정의 표출을 절제하는 충담과 달리 섬농은 감정을 적절하게 드러내는 것을 지향한다. 더욱이 여리고 부드러운 감정을 표출하기 때문에 사대부 남성의 투박하고 절제된 감성과는 성격이 다르다. 여리고 부드러운 감정을 표현한다는 점에서 섬농은 여성의 생활과 감성을 담아내는 측면이 강하다.

그런데 『시품』을 통틀어 여성적 취향은 거의 나타나지 않는다. 스물네 가지 풍격 가운데 조금이라도 여성과 연관지을 수 있는 풍격은 섬농과 아홉번째 '기려(綺麗)' 두 가지뿐이다. 감성적 측면뿐만 아니라 여성이 묘사의 대상으로 등장하는 일도 거의 없다. 사실 중국에서도 조선에서도 사대부문학 중 여성이나 사랑을 주제로 한 작품은 소수에 속한다. 그것을 금기시했다고 해도 좋을 만큼 여성이라는 소재와 사랑의 감정은 점잖고 아정(雅正)한 예술의 품격에 어울리지 않는다고 여겼다. 근현대문학에서 여성과 사랑이 시문학의 중심 소재로 큰 비중을 차지한 것과는 딴판이다. 그런 상황은 『시품』이라고 해서 다르지 않다. 유일하게 섬농에서 "언뜻언뜻 아름다운 여인이 나타나네"라고 하여 미인을 등장시켰다. 여성의 등장은 섬농을 이해하는 데 중요한 단서를 제공한다.

미인이 등장한다고 해도 섬농은 세속적이고 천박한 여인의 아름다움이나 기녀의 농염함, 또는 귀족 부인의 화려한 아름다움과는 거리가 멀다. 많은 평론가들은 섬농이 여인의 세계를 직접적으로 가리킨다기보다는 화사한 자연의 아름다움과, 그 아름다움을 찬미하는 시인들의 생기 넘치는 감정 표현을 지향한다고 생각한다. 미인이라는 소재는 그러한 의미를 나타내기 위해 끌어 썼을 뿐이라는 것이다. 반면에 증기택(曾紀澤)은 「사공도의 시품 이십사 수를 부연한 시演司空表聖詩品二十四首」에서 섬농이 아예 여성의 생활을 즐겨 묘사하는 염정시(艷情詩)와 밀접하다고 이해했다. 하지만 섬농에서 굳이 미인의 아름다움을 배제할 필요도 없고, 그렇다고 염정시로만 보는 것도 지나치

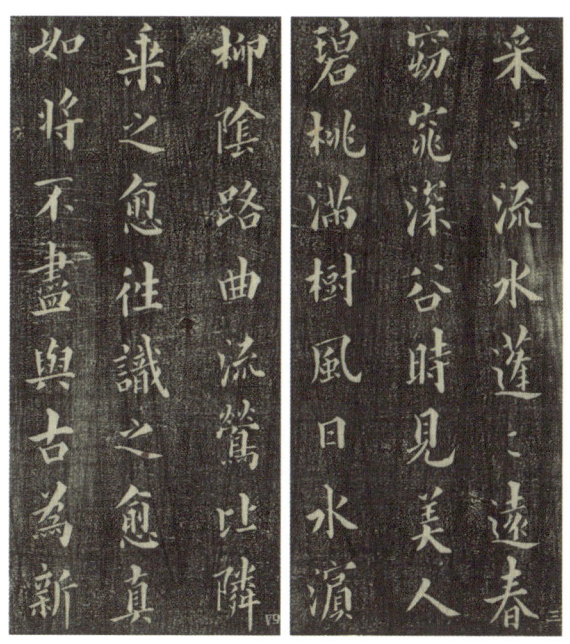

• **김정희가 쓴 '섬농' 탁본. 개인 소장.** 김정희가 써서 새긴 『시품』 글씨를 탁본한 유물로서 그중 섬농 부분이다.

다. 섬농은 대상이 자연이든 여성이든 시인의 풍부한 감정을 담아 섬세하게 묘사한 시의 미학이다.

2. 미인의 봄나들이

앞서 다룬 풍격들과 마찬가지로 『시품』은 구체적인 형상으로 섬농을 표현하고 있다. 어느 따뜻한 봄날 시인이 나들이하는 장면을 연상하며 읽으면 잘 읽힌다.

찰랑찰랑 시냇물 흐르고	采采流水
살금살금 멀리서 봄이 찾아왔네	蓬蓬遠春
그윽하고 깊은 골짜기를 걷다보면	窈窕深谷
언뜻언뜻 아름다운 여인이 나타나네	時見美人
복사꽃은 나무마다 활짝 피었고	碧桃滿樹
물가에는 산들바람 불고 햇볕 따사롭네	風日水濱
버드나무 그늘 밑으로 오솔길은 굽어들고	柳陰路曲
꾀꼬리는 여기저기 재잘대네	流鶯比隣
기분 내어 멀리 가서 찾으면 찾을수록	乘之愈往
더 진실한 경물을 만나게 되리라	識之愈眞
아무리 가져다 써도 끝이 없나니	如將不盡
풍경은 옛것이나 느낌은 늘 새롭다	與古爲新

세 단락으로 나누어 살펴본다. 앞의 두 단락에서는 산보하는 사람을 등장시켜 풍격의 특징을 제시하고, 마지막 단락에서 창작의 방법을 말하고 있다. 먼저 풍경을 감상하는 사람이 등장해 봄철의 산과 들을 산책하며 만물의 생기를 만끽하는 행동이 묘사된다. 풍경을 바라보는 사람은 시인 자신이다. 만물이 소생하는 봄이 찾아와 시냇물은 다시 흐르고 대지 저 멀리서 봄이 오는 소리가 들린다. 깊은 골짜기까지 찾아간 그의 눈앞에 나타난 것은 아름다운 미인! 그녀도 꽃구경을 하려고 골짜기를 찾아들었다.

미인을 곁눈질하며 따사로운 봄빛을 즐기는 시인 앞에 전형적인 봄 풍경이 펼쳐진다. 나무마다 복사꽃이 흐드러지게 피었고, 시냇가에는 산들바람 불어오고 햇볕은 따스하다. 버드나무 아래로 작은 오솔길이 구불구불 이어지고, 꾀꼬리가 다정하게 울어댄다. 생기발랄한 풍경을 배경으로 인생의 멋을 만끽한다. 이상의 8구에서 묘사한 풍경과 체험의 느낌이 바로 섬농이다.

　세번째 단락은 이 풍격을 어떤 창작법으로 구현해야 하는지 설명했다. 창작의 욕구가 불쑥 일어날 때마다 어디라도 찾아가 풍부하게 경험하면 시의 소재를 얻을 수 있다. 자연에는 소재가 무한하게 펼쳐져 있어서 시인이 제아무리 많은 것을 선택해 묘사한다고 해도 소재는 고갈되는 법이 없다. 그 소재를 과거에 누군가가 이미 사용했다면? 그래도 상관이 없다. 같은 소재라고 해서 낡은 것은 아니다. 문제는 시인이 자연에 널려 있는 소재를 활용하여 새 형상을 어떻게 창조하는가에 달려 있다. "풍경은 옛것이나 느낌은 늘 새롭다"는 여고위신(與古爲新)은, 연암 박지원이 제기한 "옛것을 본받아 새로운 것을 창조한다"는 법고창신(法古創新)과 유사하다.

3. 여인의 향기

　섬농은 마지막 단락을 빼놓고는 전체가 구체적 사물을 제시하고 있기에 그림의 소재가 풍성하다. 이 소재를 화가는 어떻게 해석하여 묘사했을까? 시기적으로 가장 앞선 정선의 그림부터 살펴본다. 그의

• 정선, 〈섬농〉.

화면은 근경(近景)에다 소경(小景)이다. 버드나무 숲과 난만하게 피어 있는 복사꽃이 배경을 이루는 중에 화사하게 차려입은 여인이 그 풍경의 중심에 서 있다. 여인은 나무에 두루마리 종이를 놓고 붓을 들어 무언가를 쓰고 있다. 나무에는 벼루도 놓여 있다. 여인의 복장은 중국식이다. 그녀는 화사한 봄날의 풍경을 감상하고 그 감상을 시로 쓰고 있는 것이 분명하다.

그림은 섬농의 앞에 나오는 여덟 구절을 형상화했다. 시인이 봄풍경을 즐기다 만난 아름다운 여인을 클로즈업했다. 섬농의 다른 소재들은 모두 여주인공의 배경으로 물러나 있다. 꾀꼬리는 버드나무 숲에 가린 듯 그림에 아예 등장하지도 않는다. 오직 여인을 주인공으로 삼되 다른 자태가 아닌, 시를 쓰는 모습을 포착한 것이 뜻밖이다. 그저 아름답기만 한 여인이 아니라 우아하고 지적인 여인의 향기를 표현하고자 해서다. 시의 의취(意趣)를 그려낸 시의도라서 시를 쓰는 여인을 그렸다고 단순하게 해석할 수만은 없다. 그보다는 섬세하되 농후한 정을 표현해야 한다는 섬농의 의도를 반영하고자 새로운 한 장면을 넣은 것으로 보인다. 정선의 그림에서 여성이 등장하는 경우는 극히 드물다. 게다가 이처럼 아름다운 여인의 배치는 거의 없다.

섬농을 보는 정선의 시각은 그림에 붙인 화평에서도 확인할 수 있다. 그림 윗부분에 "이렇게 고운 자태를 그려넣었으나 화장기에는 물들지 않았다(作此婉嬺而不染脂粉氣耳)"라는 화평이 적혀 있는데 정선의 의도를 날카롭게 간파했다. 즉, 곱고 아름다운 여인은 화장을 많이 한 농염한 여인이 아니라 기품이 있는 여인이라는 것이다. 섬농의 풍격은 이렇게 저속한 아름다움(俗艶)이 아니라 우아한 아름다움이다. 정

纖穠

• 반시직, 〈섬농〉.

선은 섬농의 의도를 정확하게 꿰뚫었고, 그림의 평자도 그 점을 적확하게 이해했다.

반시직이 그린 섬농은 예상 밖으로 엉뚱하다. 아예 화조화(花鳥畵)로 그렸다. 핵심 소재인 미인이 빠지고, 복사꽃 가지 끝에 앉은 꾀꼬리가 화면 대부분을 차지하고 있다. 봄철의 꽃과 새를 클로즈업하여 섬농의 느낌을 강렬하게 표현했다. 그는 "살금살금 멀리서 봄이 찾아왔네"의 구절을 표현하는 데 주안점을 두어 어느새 다가온 봄의 포근함을 묘사했다. 벽도화(碧桃花)와 늘어진 버들가지, 흐르는 물을 그리긴 했으나 농후하다기보다는 섬세한 느낌에 가깝다. 그가 미인을 빼고 화조화로 그린 이유는 무엇일까? 앞에서 말한 것처럼 여성을 묘사하기를 꺼리는 사대부의 태도 탓이다. 미인이 등장할 경우 아무래도 지나치게 농염한 분위기로 흐를 위험성이 있어 아예 화조화로 바꿔서 그린 것으로 보인다. 반시직은 전체를 그리기보다는 그가 선택한 한 가지 소재나 장면을 집중적으로 그리는 경향이 있다. 이 그림도 그렇다. 섬농의 풍격을 독특하게 살려낸 그림이다.

한편, 장부는 젊은 시절 건륭제가 쓴 「낙화유수편落花流水篇」[1]의 내용을 모델로 그렸다. 이 시는 꽃이 지고 물이 흘러가는 무르녹은 고운 봄, 즉 염춘(艷春)의 서정을 표현했다. 장부는 복사꽃이 만발한 산언덕과 흐르는 물, 골짜기에 숨어 있는 정자와 꽃을 감상하는 여인을 그려 섬농에 나오는 모든 소재들을 골고루 반영했다. 다만 정선처럼 여인을 크게 부각하지 않고 풍경의 일부로 작게 그렸다. 화려한 색채의 원경은 섬세하면서도 농후한 느낌을 잘 살리고 있다.

제내방의 그림은 다른 화가의 그림과 전혀 다르다. 남성 둘이 약초

采々流水邊々連春
窮宛深谷時見美人
碧桃滿樹風日水濱
柳陰路曲流鶯比隣
乘之愈往識之愈其
如將不盡與古為新
右司空圖詩品鐵
懷一則
且將溥菜婦

• 장부, 〈섬농〉.

를 캐러 산을 오르는데 산 중턱에서 여인 둘이 그들을 맞이하는 장면이다. 버드나무와 꾀꼬리 같은 소재는 앞서 본 그림과 같으나 그림에는 사연이 있는 듯하다. 그림은 틀림없이 유신(劉晨)과 완조(阮肇)의 이야기다. 후한(後漢) 명제(明帝) 영평(永平) 5년(AD 62)에 섬현(剡縣)에 사는 유신과 완조는 약초를 캐러 함께 천태산(天台山)에 들어갔다가 길을 잃고 헤매던 중 빼어난 미모의 선녀 두 명을 만났다. 이들은 두 사람을 집으로 맞이하여 부부의 인연을 맺고 살았다. 그로부터 반년이 지난 후 세상에 나와보니 아는 사람들은 모두 죽어 아무도 없고 벌써 3백년의 세월이 지나가버렸다. 그래서 여인들이 있는 곳으로 돌아가려고 했으나 다시는 돌아갈 길을 찾지 못했다. 이 흥미로운 이야기는 『태평광기太平廣記』를 비롯한 많은 고전에 나온다. 제내방은 약초를 캐러 갔다가 길을 잃고 미모의 선녀를 만나 산다는 이야기가 섬농의 주제와 부합한다고 보았다. 섬농에 묘사된 풍경이 선경을 떠올리게 하기도 하거니와, 미인의 등장과 계곡을 헤맨다는 설정도 있으므로 소재상으로도 어울리고 염정적 풍격과도 어울린다.

이처럼 네 명의 화가가 섬농이라는 하나의 비평 텍스트를 놓고 제각각 그 해석을 달리하여 서로 다른 그림을 그렸다. 놀라운 일이다. 그중 섬세하고도 농후한 섬농의 풍격을 제대로 살린 그림은 무엇일까? 정선과 반시직의 그림이 『시품』의 의도를 상대적으로 잘 표현했다.

• 제내방, 〈섬농〉.

4. 사랑과 그리움을 노래한 두 편의 시

섬농의 정서는 대체로 여성적인 감정이 농후하게 표현된 작품에서 흔히 찾아볼 수 있다. 『시품』에 묘사되고, 화가 네 명이 그림으로 표현한 대로 무르녹은 봄날 풍경에서 포착할 수 있는 정취다.

이러한 섬농의 풍격을 작품에 즐겨 구현한 시인군으로는 이른바 완약파(婉約派)로 불린 시인들이 있다. 이욱(李煜)과 진관(秦觀), 주방언(周邦彦) 같은 송나라 시인들인데 우아하고 섬세하며 부드러운 분위기를 띠는 작품을 많이 창작했다. 이 밖에 두목(杜牧)과 같은 당나라 시인과 조선 중기의 삼당파(三唐派) 시인도 여기에 속한다.

또한 서정적이고 염정적인 육조(六朝)시대의 시가 중에 섬농 범주에 속하는 작품이 적지 않다. 다음의 짧은 시 두 편을 감상해보자.

마름 줄기는 이따금 팔에 감기고 　　　　　　菱莖時繞釧

노에서 물이 튀어 화장까지 적시건만 　　　　棹水或沾妝

붉은 소매 젖어도 아랑곳없이 　　　　　　　不辭紅袖濕

오로지 푸른 연잎 향내만 좋아하네 　　　　　惟憐綠葉香

　　　　　　　—「연잎 따는 미인이 저 멀리 보이네遙見美人採荷」

시름 많은 사람 밤에 홀로 마음 아파 　　　　愁人夜獨傷

촛불 끄고 난초 방에 누웠네 　　　　　　　滅燭臥蘭房

다정한 달빛이 찾아와 　　　　　　　　　　只恐多情月

내 침상을 비출까봐 걱정이네   還來照妾牀

— 「밤이면 밤마다夜夜曲」

젊은 여성의 곱고 섬세한 심리를 묘사했다. 첫번째 시는 시선집
『옥대신영玉臺新詠』에 수록된 유효작(劉孝綽)의 작품이다. 두번째 시는
양(梁)나라 간문제(簡文帝)의 작품으로 알려졌으나 이름을 알 수 없는
민간인의 작품이라 하기도 한다. 이들 작품의 주제나 소재는 그다지
특별할 것이 없는 상투적인 것이다. 첫번째 시는 이른바 채련곡(採蓮
曲)이다. 시에서 묘사하는 풍경은 너무도 흔한 것이라서 문학의 주제
로는 식상할 법도 하건만 그 안에 담긴 정서와 이를 표현해낸 방식이
참신하다. 섬농의 마지막 대목에서 말한 "아무리 가져다 써도 끝이
없나니 풍경은 옛것이나 느낌은 늘 새롭다"는 평가에 걸맞다.

이 시는 배를 타고서 연밥을 따는 젊은 아가씨를 멀리서 바라보고
지었다. 아름다운 여인이었다. 마름 줄기가 팔에 감기고 노를 젓느라
고 튀긴 물이 화장한 얼굴까지 적신다. 그런데 무슨 일이 벌어지든 아
랑곳하지 않을 뿐만 아니라 붉은 옷소매가 젖어도 아가씨는 푸른 연
잎의 향기만을 좋아한다고 했다. 시의 내용은 그것뿐이다. 도대체 어
쨌다는 말일까?

이 시에는 아가씨의 심경도, 그녀를 보는 시인의 감정도 전혀 표현
되어 있지 않다. 아가씨의 행동만을 무심하게 묘사했다. 그냥 보면 무
미건조한 짧은 시에 불과하다. 시인은 시의 의미를 겉으로 드러내 말
하지 않고 독자의 음미와 해석에 맡겨두었다.

이 시에서 핵심은 마지막 구에 있다. 자신을 방해하는 요소에도 불구하고 아가씨는 연잎 향기가 좋아서 연밥 따는 데 몰두하고 있다고 시인은 말했다. 그것밖에 없다. 혹시 아가씨는 자기에게 주어진 할당량을 채우느라 바쁜 것일까? 그렇다면 이 시는 사회비판적 함의를 담은 것인데 그렇게 해석하면 참으로 시가 멋없어져버린다. 아니면 글자대로 이해하여 아가씨는 푸른 연잎의 향기를 너무 좋아한 나머지 물이 튀든 팔이 긁히든 상관 않는 것일까? 꽃도 아니고 연잎 향기를? 이 해석은 더더욱 시를 망친다.

내가 보기에 시인은 속으로 "왜 저 아가씨는 오로지 연잎만 따고 있을까?"라고 투정하고 있다. 그 예쁜 아가씨가 자기 쪽으로 몸을 돌려 얼굴 한번 보여줄 법도 하다. 마름 줄기가 팔뚝을 긁을 때도 그렇고, 물이 튈 때 깜짝 놀라 얼굴을 돌려도 좋다. 붉은 옷소매가 물에 젖었으니 허리 한번 펴고 주위를 돌아보아도 좋다. 그때만을 기다리건만 저 아름다운 아가씨는 "오로지 푸른 연잎 향내만 좋아한다". 시인의 기다림과 조바심, 간절한 기대감이 오로지 아가씨의 행동 묘사만으로 팽팽한 긴장감을 갖고 전개된다. 아마 아가씨는 이 남자의 시선을 의식하고 일부러 그러는지도 모른다. 이렇게 이 시는 겉으로 묘사한 풍경 이면에 시인이 하고 싶어하는 수많은 말을 함축하고 있다. 음미하면 할수록 깊은 여운이 남는다.

두번째 시는 임이 떠나 빈방을 홀로 지키는 여인의 깊은 상심을 표현했다. 촛불을 꺼 어둠 속에 묻히려 했건만 휘영청 환한 달이 내리비춰 임을 잃은 자신을 숨길 데가 없어졌다. 고독과 그리움에 빠진 여인의 깊은 슬픔을 짐작게 한다. 시는 더없이 짧지만 그 안에 함축된 깊

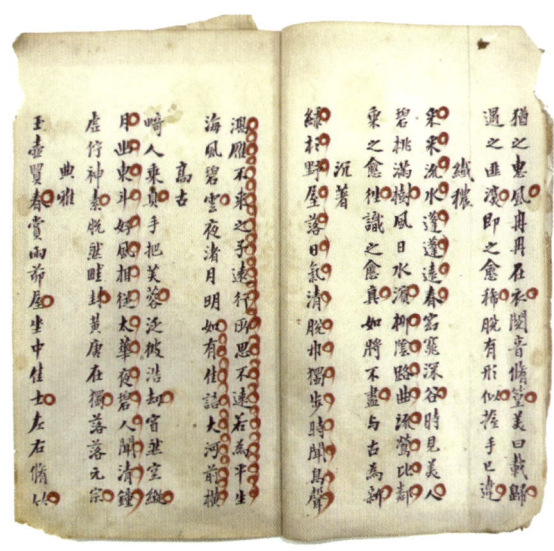

• 이재 권돈인 필사, '섬농' '침착' '고고' '전아'(부분), 『사공표성시품첩』, 친환경농업박물관 소장.

은 맛이 우러난다.

　두 편의 작품은 사랑과 그리움을 함축적으로 표현했다. 이런 부류의 시를 전통적으로는 염정시라고 부른다. 『시품』의 기준으로 볼 때 염정시는 대체로 섬농의 풍경을 담고 있다. 그리고 두 작품이 실린 『옥대신영』은 염정시의 보고다.

5. 명징하고 섬세한 감각

　전통시대 한국 시단에서 섬농에 부합하는 작품을 쓴 작가를 찾기는 조금 어렵다. 시인의 대부분은 사대부였고, 그들에겐 우아하고 섬세한 감정을 담은 여성적 취향의 작품을 쓸 여건이 형성되지 않았기 때문이다. 하지만 그런 분위기 속에서도 특별히 섬농의 감성이 묻어나는 시를 즐겨 쓴 시인도 제법 있다. 그들 가운데 자하(紫霞) 신위(申緯)를 손꼽을 만하다. 염정시를 다수 창작한 것은 아니나 그의 시에는 염정시에서 느낄 수 있는 곱고도 화려한 멋과 가락이 살아 있다. 먼저 두 편의 시를 읽어보자.

십 리에 늘어선 짙은 그늘 긴 둑을 감싸고	濃陰十里護長堤
말발굽 따라 어지럽게 춤사위를 뽐내네	舞態繽粉趁馬蹄
깔끔하여 한식철 비에도 젖지 않고	瀟灑不沾寒食雨
우쭐하여 진흙 구덩이엔 빠지질 않네	飛颺羞入落花泥
다가올 땐 옥색 섬에 흩뿌리는 옥가루 같더니	來如玉屑霏瓊島
떠날 적엔 비단 물결을 덮은 개구리밥 같네	去作香蘋滿錦溪
정말로 정겨워서 물끄러미 바라본 곳은	最是多情凝望處
해 저무는 강가, 풀이 우거진 거기라네	日斜江上艸萋萋

—「버들꽃 楊花」

서늘한 데로 찾아갔지, 청수부용각!	追涼清水芙蓉閣
나 홀로 읊조렸지 '붉은 꽃이 푸른 못을 뒤덮었다'고	
	獨咏朱華冒綠池
그 풍경 바라보면 삼복더위 물러가고	對此不知三伏熱

나도 모르게 육조시대 시가 떠오르네	令人却憶六朝詩
물총새가 한 점으로 날아 비췻빛 사라진 뒤	禽飛一點翠光去
물고기 천 마리 장난쳐서 황금 물살 퍼지네	魚戲千頭金色披
이 작은 관아에도 밝고 맑은 세계 절로 생겼나니	小署自開明瑟境
바람 없어도 푸른 숲 그림자 어른거리네	無風林影碧參差

—「청수부용각에 붙이다 題淸水芙蓉閣」

　모두 칠언율시로서 첫번째 시는 10대 때 지었고, 두번째 시는 40대에 지었다. 하나는 버들꽃을, 또 하나는 누각을 소재로 했다. 시를 읽어보면 섬세한 감정의 묘사가 압도적이다. 사물을 보고 동요하는 감정을 서정적 시어로 묘사해 읽는 이의 감각에 호소한다. 시인은 버들꽃이 정처 없이 곳곳에 날리는 동태를 묘사하는 데 힘을 기울였고, 청수부용각 주변의 붉고 푸른 색채의 향연을 묘사하는 데 솜씨를 발휘했다. 섬농을 표현한 시를 보면, 특히 색채감각을 적극적으로 활용한 작품이 많은데 신위의 두번째 시는 그런 특징을 또렷하게 보여준다. 신위의 시 전편에는 농후하고 역동적인 감정이 흘러 독자의 시심을 자극한다. 사랑의 감정을 다룬 시만이 아니라 사물을 묘사한 시에서도 섬농의 풍격을 찾을 수 있다는 것을 신위의 시는 말해준다.

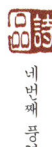

침착(沈著)
내성적이고 비관적인 성향

1. 시인을 굳게 사로잡은 무거움

『시품』의 네번째 풍격은 '침착(沈著, firm and self-possessed 또는 ready for composition)'이다. 세번째 풍격 섬농은 성격상 가볍고 들뜬 분위기로 흐를 위험이 있다. 일부 학자들은 그 위험을 가라앉히고 섬농을 보완하고자 침착을 네번째에 배치했다고 보기도 한다.

침착에서 착(著)은 착(着)으로 줄여 쓰나 의미상 차이는 없다. 이 말은 행동이 들뜨지 않고 차분함을 가리키는 말로 사용된다. 과거에는 미학용어로도 널리 사용했으나 그 의미가 쉽게 들어오지 않는다. 침착과 대립하는 경향을 들면 좀더 이해하기 쉬울 것이다. 가볍고 들뜨거나 조급하고 재빠른 경향과 반대되는 경향이 바로 침착이다. 그렇

• **이광사, 〈침착〉.** 전서(篆書)로 단아하게 썼다. 다른 풍격의 글씨와 비교할 때 차분하고 절제된 느낌을 주어 침착의 정서와 잘 어울린다. 내용을 고려하여 글씨를 썼음을 알 수 있다.

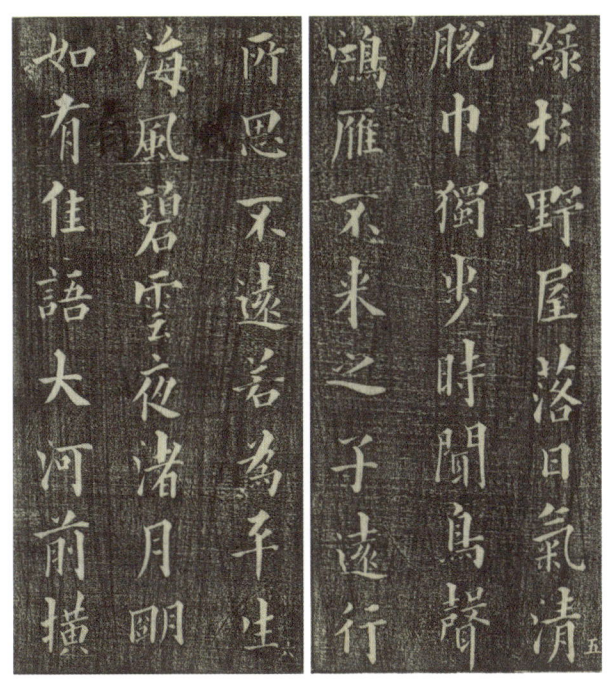

• 김정희가 쓴 '침착' 탁본. 개인 소장.

게 보면 일반적으로 사용하는 침착의 의미와 크게 다르지 않다.

침착이라는 두 글자에는 가라앉았다(沈)는 뜻과 달라붙는다(著)는 의미가 담겨 있다. 두 가지 뜻은 침착의 미학과 의미상 연결되어 있다. 즉, 침(沈)은 작자의 기분이나 심경이 차분히 가라앉은 상태, 착(著)은 무언가를 꽉 붙잡고 놓지 않는 상태를 표현한다. 따라서 침착은 시인의 감정이 무겁게 가라앉은 것을 가리키는 동시에 어떤 감정이나 의식이 시인을 굳세게 사로잡고 있음을 뜻한다.

시가 인생의 다양한 경험을 묘사하는 예술이라면 침착은 인생의 밝은 면보다는 어두운 면을, 경쾌한 면보다는 무겁게 가라앉은 면을, 건강한 면보다는 아픈 면을 다룬다. 비관적 색채를 띠는 작품이나 작가를 평가할 때 지난날 평론가는 대체로 침착이란 개념을 사용했다. 침착과 비슷한 개념으로 침울(沈鬱)이란 말도 많이 사용했다. 걱정거리로 기분이 가라앉은 상태나 우울한 분위기를 형용하는 이 말이 언젠가부터 비평개념으로 등장했다. 침착보다는 더 강렬하고 함축적인 개념이지만 침착과 구분 없이 사용할 때도 적지 않다. 그 밖에 비슷한 풍격용어로 침후(沈厚)나 침통(沈痛), 침중(沈重) 등 침(沈) 자 계열이 사용되었다.

『시품』은 침착의 함의를 폭넓고 요령 있게 정의하고 있기 때문에 침착에 관한 한, 그 영향을 크게 미쳤다. 그러나 『시품』에서는 침착을 개인적 불우함에서 연유한 정서로 묘사하고 있으며, 이를 그리는 필치 또한 지나치게 절제되어 있어서, 침착이 지닌 사회적 의미를 축소시킨 점도 있다.

2. 침착, 달랠 길 없는 고독을 차분히 펼치다

먼저 본문을 읽어본다.

푸른 삼나무 늘어선 들녘 집	綠杉野屋
해는 지고 기운은 청명하다	落日氣淸
두건을 벗어놓고 나 혼자 걷노라니	脫巾獨步

때때로 새 우는 소리 들려온다	時聞鳥聲

기러기가 소식을 전해오지 않는	鴻雁不來
먼 곳으로 그 사람은 떠나버렸다	之子遠行
머리에 떠올리면 그 사람은 멀지 않아	所思不遠
평소처럼 함께 있는 듯하다	若爲平生

바닷바람 불어와 푸른 구름 피어나고	海風碧雲
어둠 몰려온 물가에는 달빛만 환하다	夜渚月明
하고픈 말이 제아무리 많아도	如有佳語
큰 강물이 저 앞에 가로놓였다	大河前橫

문학비평이라고 하기에는 어울리지 않을 정도로 시적이다. 시골 마을을 산보하는 한 인물을 등장시켜 그의 행동과 심리를 묘사하고 있다. 세 단락으로 내용이 나뉘는데 첫번째 단락부터 보자. 들녘에 집이 있고 주변에는 푸른 삼나무가 있다. 석양이 질 무렵이라 공기에는 맑은 기운이 감돈다. 주인공은 쓰고 있던 두건을 벗어놓고 홀로 길을 나선다. 때때로 새 우는 소리가 들려온다. 여기서 주인공이 낮 동안 쓰고 있던 두건을 벗는 행위는 그를 얽매고 있던 예법과 질서를 벗어나는 것을 의미한다. 구체적으로 설명하지는 않았으나, 낮에는 사회인으로서 생활을 영위하고 저녁이 되어 보금자리로 돌아온 사람이 저녁에 맑은 바람을 쐬러 밖으로 나간 모습이다. 첫 대목부터 차분하게 가라앉은 분위기를 묘사한다.

두번째 단락에서는 주인공의 내면을 묘사하고 있다. 저물녘 산보를 나온 사람의 마음을 채운 것이 무엇일까? 그는 기러기가 오기를 기다리고 있는데 기러기는 소식을 전하는 새이다. 그가 그리워하는 사람은 먼 곳으로 떠났는데 기러기가 오지 않으니 소식을 접할 길이 전혀 없다. 그러나 멀리 떠난 것처럼 느껴지기는커녕 마치 평소처럼 바로 옆에 있는 듯하다. 그가 곁에 있든 없든 그에 대한 사랑과 그리움은 변치 않는다. 아니 오히려 더 깊어만 간다고 해야 할 듯하다. 여기서 그가 그리워하는 사람은 연인일까? 아니면 친구일까? 누구든 상관없다. 주인공이 고독하게 산보를 나온 이유가 두번째 단락에서 해명된다. 그는 떠나고 없는 사람을 그리워하며 상실감과 고독감에 사로잡혀 있는 것이다.

세번째 단락은 이해하기가 어려워 학자들마다 의견이 분분하다. 앞의 두 구절은 내면 묘사에서 벗어나 눈앞에 보이는 경물을 묘사하고 있다. 바닷바람과 푸른 구름, 어둠 속 강물과 환한 달(원문의 월명月明은 명월明月을 각운 때문에 도치했다)은 상실감과 고독에 빠진 주인공의 심리와 잘 부합하는 풍경이다. 침착의 풍격을 자연 속 풍경으로 묘사한 것이다. 궈사오위(郭紹禹)는 첫번째 구절은 동적인 침착을, 두번째 구절은 정적인 침착을 묘사했다고 보았다. 일리가 있다.

더욱 난해한 것은 마지막 두 구절이다. 여기서는 류위창(劉禹昌)의 견해를 따라 해석한다. "주인공이 (…) 멀리 있는 친구를 그리워하여 보고 싶어도 볼 길이 없다. 가슴속에는 하고 싶은 말이 수없이 많으나 큰 강물이 앞에 놓여 산천이 막혀 있으니 그 사람이 어떻게 오겠는가" 정도로 해석할 수 있다. 마지막 구절은 상실감과 고독감을 한층 심화시킨다.

사랑하는 사람을 떠나보내고 홀로 지내면서 상실감과 고독감을 달랠 길 없는 한 사람의 내면 심리를 시적으로 묘사했다. 비유적 언어로 침착을 해석한 것이다. 다만 비관적 색채가 강렬하지 않고 차분하고 절제되어 있다. 감정의 동요나 격정이 없다. 그것이『시품』미학의 한 특징이다.

3. 상실감의 서로 다른 형상

그렇다면 화가들은 침착의 풍격을 어떻게 형상화했을까? 침착은 중간에 내면을 묘사한 부분이 있기는 하지만 구체적 사물을 제시한 것이 많아 그림의 소재는 풍부한 편이다.

먼저 정선의 그림부터 본다. 근경에 산이 있고 앞에는 큰 강이 놓여 있다. 왼쪽에서 샛강이 큰 강으로 흘러들어간다. 집의 지붕이 보이고 주변에는 푸른 나무가 우거졌다. 분홍 학창의를 입은 주인공이 시동을 데리고 강 앞에 서 있다. 침착의 첫째 단락을 충실하게 묘사하되 배경으로는 셋째 단락에 나오는 큰 강을 묘사했다. 원래의 글에는 시동이 없으나 첨가했다. 보통 옛 그림에서 시동의 존재는 주인공의 고독에 크게 영향을 미치지 않는다. 더욱이 주인과는 시선을 반대로 튼 채여서 주인이 고민하든 말든 그는 상관하지 않는 듯하다. 강 건너 넓게 트인 쪽을 향해 멀리 조망하는 주인공의 자세에서 친구를 그리워하는 느낌을 살리고 있다. 그렇기는 하지만 상실감과 고독감이 그의

滄
致
瀁
灑
逼
人

• 정선, 〈침착〉.

내면을 무겁게 짓누른다는 느낌이 강하게 풍기지는 않는다. 그래서 저물녘의 고즈넉하고 가라앉은 분위기를 잘 살린 느낌이 든다. 상단에 "맑은 정취와 소쇄한 느낌이 사람을 엄습한다(淸致瀟灑逼人)"라고 적힌 그림 평은 운치 있는 선비의 여유로운 태도와 아름다운 정경을 그림에서 찾아낸 듯하다. 비관적 색채를 찾기 힘들다는 점에서 이 그림은 앞서 소개한 정선의 〈충담〉과 비슷한 면이 있다. 소재나 구도, 그리고 전체적인 분위기가 그렇다. 정선은 아무래도 침착이 충담과 유사하다고 파악한 듯하다. 침착 본문에서 주인공 내면의 상실감과 고독감을 다른 사람은 느끼기 어렵도록 묘사했기 때문에 정선은 이렇게 묘사한 것이리라.

반시직의 수묵화는 정선의 그림과는 조금 다르다. 반시직은 높은 곳에서 아래를 내려다보는 부감법을 자주 사용했고, 비례가 맞지 않을 만큼 다른 소재에 비해 사람을 극단적으로 작게 그렸다. 이 그림은 그 전형적인 사례다. 주인공을 삼나무 아래 선묘(線描)로 그렸는데, 애써 찾아야 겨우 보일 정도다. 그의 윤곽만 희미하게 드러날 뿐이다. 이상할 만큼 인물이 축소되어 그림이 전체적으로 균형을 갖추지 못했다. 큰 강물을 앞에 두고 집이 덩그마니 놓여 있고, 구름 속 달이 비추고 있다. 침착의 다양한 소재를 충실하게 반영하고 있다. 특히, "푸른 삼나무 늘어선 들녘 집 해는 지고 기운은 청명하다"고 한 첫 구절의 정서가 강하게 드러나는데 큰 나무 아래 텅 빈 집은 친구를 멀리 떠나보낸 사람의 고독감을 형상화하고 있다. 반시직은 인물의 고독감으로 침착의 풍격을 제시하고자 한 것이다.

다음으로 장부의 그림은 건륭제가 쓴 「이백시촉강도가李伯時蜀江圖

沈
著

• 반시직, 〈침착〉.

• 장부, 〈침착〉.

• 제내방, 〈침착〉.

歌」¹를 채색화로 묘사하고 침착을 화제(畵題, 그림 위에 쓰는 시문)로 썼다. 그림 자체는 건륭제의 시를 충실하게 그리려고 했다. 건륭제는 민강(岷江)이 도도하게 흘러가는 장쾌한 풍광을 시로 묘사했다. 따라서 화면을 압도하는 계곡과 강물은 시에 나오는 민강이다. 그러나 침착의 내용을 그린 것이라고 해서 안 될 것도 없다. 그렇게 본다면 침착의 마지막 네 구절을 형상화한 것이다. 용솟음치는 물결과 계곡에 짙게 드리운 구름, 거친 산악은 앞선 두 사람의 그림과는 달리 거세고 강렬한 감정의 폭을 보여준다. 험난하게 묘사된 풍경 때문에, 강가 바위 위에 지팡이를 짚고 선 사람의 심경이 더욱 절실하게 다가온다. 그의 존재는 분명 "하고픈 말이 제아무리 많아도 큰 강물이 저 앞에 가로 놓였다"는 구절을 표현한 것일 터이다. 장부의 그림은『시품』에서 제시한 침착과는 조금 동떨어진 느낌이 있으나 오히려 내면에 격정을 숨겨놓고 있는 침착의 풍격은 더 잘 살려냈다. 이렇게 그림에 따라 침착은 절제와 격정을 오가며 상당히 다르게 해석되는데 실제 시 작품에서는 그 차이가 더욱 크다.

다음에 살펴볼 그림은 제내방의 그림이다. 제내방은 전적으로 첫 번째 단락을 소재 삼아 근경 위주로 그렸다. 푸른 나무와 들녘의 집, 그리고 새가 나온다. 여기에 주인공은 화면 앞쪽을 바라보고 있는데, 뒷모습이 아닌 앞모습을 그린 것은 그리움의 깊이를 잘 보여주지 못한다. 제내방은 탁자 위에 두건을 벗어놓은 장면을 부각해 표현했다. 낮의 생활에서 벗어난 홀가분함이, 상대적으로 넉넉한 여백과 적은 소재의 사용으로 돋보인다. 전체적으로 정선의 그림과 정서적으로 일치한다. 정선과 마찬가지로 제내방의 〈침착〉은 〈충담〉과 유사하게 그

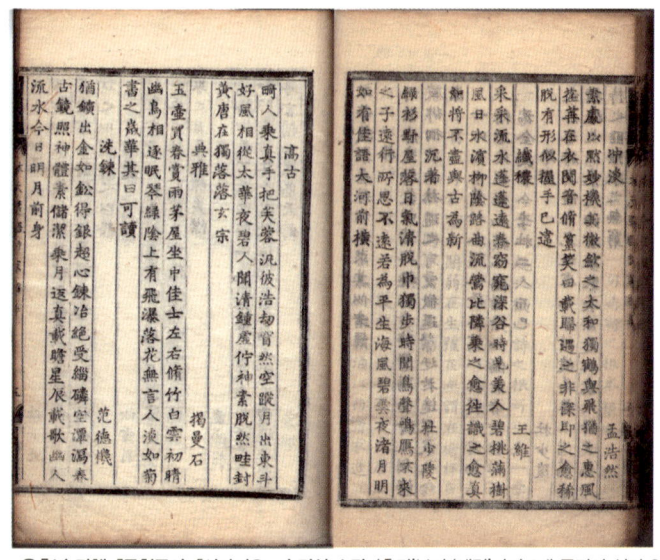

• 윤춘년 간행, 『목천금어』 「시가지요」. 수경실 소장. '충담'부터 '세련'까지 6개 풍격이 실려 있다. 여기에서는 각각 그 풍격을 대변하는 시인으로 맹호연, 왕유, 두보 등을 제시했다.

려졌다. 그들은 침착을 그렇게 이해한 것이다.

4. 말길 끊어지자 열리는 언어도단의 시학

화가마다 침착을 다르게 표현했듯이 이를 표현한 시에서도 적지 않은 차이가 드러난다. 대개 『시품』의 침착은 상실감이나 고독감을 표현하되 차분하고 절제되어 있어서 감정을 표현하는 방식도 침착하다. 쉽게 흥분하기를 즐겨 하지 않고 고상함을 유지한 사대부의 정서 표현 방식에 잘 어울린다. 그래서 사대부 시인의 입맛에 맞는다. 그 경향을 반영한 대표적인 작품으로 친구를 그리워하는 내용을 담은 도연명의 연작시 「멈춰 선 구름停雲」을 들기도 한다. 설득력이 충분하다. 더불어 이상은(李商隱, 812~858)이 지은 「밤비 속에 북쪽에 부친다夜雨寄北」 또한 대표적인 작품의 하나로 꼽을 만하다. 이를 감상해보자.

언제 돌아오냐고 물어도 난 대답할 말이 없네　　君問歸期未有期
파산(巴山)에 밤비 내려 가을 연못만 불어날 뿐　　巴山夜雨漲秋池
어느 날에나 창가에 앉아 등 심지 함께 자르며　　何當共剪西窓燭
파산에 밤비 내리던 그날의 사연을 주고받으려나　　却話巴山夜雨時

고금에 널리 알려진 절창(絶唱)이다. 침착에서 묘사한 것처럼 이별하고 없는 사람을 그리워하는 내용도 그렇고 소재와 정서의 측면에서도 적용하기에 적합한 작품이다. 이 시는 작자가 당나라 수도인 장안(長安)에서 수천 리 떨어진 촉(蜀) 지방 파산에 머물 때 지었다. 시에서 편지를 부친 상대 인물이 사랑하는 여성인지 아니면 친구인지는 명확하게 밝혀지지 않았다. 내용으로 볼 때 여성으로 보는 것이 적합한데 그 여성이 아내라는 견해도 있다. 그때에는 제목을 「밤비 속에 아내에게 부친다夜雨寄內」로 쓰기도 한다.

파산에는 밤비가 내리고 방 안에 앉아 있는 작자는 멀리서 임이 보낸 편지를 읽고 있다. 편지의 구구한 사연이야 새삼 언급할 필요가 없다. 편지의 요점은 "보고 싶은데 언제나 돌아올 수 있느냐?"라는 물음으로 모아질 것이다. 돌아가고픈 작자의 심경 역시 군이 말할 필요도 없으나 좌천된 관료 주제에 그 답을 알 길이 없다. 질문이 나왔으므로 다음 구절에는 논리상 "언제 간다"나 "언제 갈지 모르겠다"는 말이 이어져야 자연스럽다. 그런데 엉뚱하게 "파산에 밤비 내려 가을 연못만 불어난다"고 하여 편지를 읽고 있는 현장의 상황을 묘사하는 것으로 얼렁뚱땅 넘기고 말았다. 이야말로 언어도단(言語道斷)이다. 불가(佛家)나 시학에서 언어도단은 상식적인 언어를 초월하여 문제의 본질을 드러내는 방법을 가리킨다. 슬픔이나 고통에 말문이 막혀버린 순간 시선을 아예 창밖에 내리는 비로 돌려버린 이 작품도 언어도단을 구사한 셈이다.

『시품』의 침착에는 "하고픈 말이 제아무리 많아도 큰 강물이 저 앞에 가로놓였다(如有佳語, 大河前橫)"라는 대목이 마지막에 나온다. 앞서 말했듯 이 구절은 해석하기도 어렵고 이를 둘러싼 이견도 상당히 많다. 그중 이 구절이 언어도단을 설명했다고 보는 입장이 있다. 아름다운 시가 나오는 것(如有佳語)과 큰 강물이 저 앞에 가로놓였다는 것은 분명 논리적으로 상당한 비약이 있는 언술이다. 이 비약을 놓고 언어도단의 시작법을 말했다고 이해한 것이다.

다시 이상은의 시로 돌아가자. 작자가 시선을 돌려 바라본 창밖의 풍경은 또 어떤가? 밤비가 그치지 않고 내려 가을 연못에 물이 불고 있다. 단순히 바깥 풍경으로만 이해하기에는 작자의 내면 풍경과 지나칠 만큼 일치한다. 그래서 그 풍경은 마치 그리움에 흘린 눈물이 가슴을 적시고 속에 쌓이는 듯한 착각을 불러일으킨다. 연못물이 불어나듯 외로움과 그리움도 불어난다. 이른바 정경교융(情景交融, 시인의 감정과 외부의 풍경이 서로 잘 융화된 것)의 전형적 표현이다. 그렇게 볼 때 이 구절은 침착의 가라앉은 정서를 절묘하게 묘사한 대목이다.

3, 4구에서는 깊은 외로움을 달래며 임에게 당부한다. 언젠가 다시 만나는 날 마주앉아 파산에 밤비 내리던 그날을 이야기하자고. 지금 이 이별의 시간은 너무 견디기 고통스러워 차마 말할 수 없지만 재회하는 날에는 말할 수 있으리라고, 그날은 오리라고 대답하는 것이다. 언젠가 만날 미래의 어느 순간을 그림으로써 오늘의 그리움과 슬픔을 멀리 미뤄놓았다. 시에 등장하는 경물과 작자의 내면 모두 깊이 침잠해 있는 분위기가 지배한다. 이상은의 시는 차분하면서도 수려하고 절제된 미학이 있어 침착의 풍격에 잘 부합한다.

5. 비장미의 침착을 보여준 두보

위에서 이상은의 시를 사례로 들었으나 침착의 가장 전형적인 예로는 이구동성으로 당나라 시인 두보를 든다. 그런데 두보가 표현한 침착은 『시품』에서 제시한 침착과는 같으면서도 다르다. 같은 점은 인생의 불우함이나 어두운 면, 무겁게 가라앉고 아픈 면을 다룬다는 것인데 다루는 방식이 『시품』처럼 온유하고 소극적이지 않다. 두보는 작품에 강한 힘과 함축미를 담았다. 그래서 자오푸탄(趙福壇)은 "사공도가 말한 침착이 수려한 느낌에 가깝다면 두보의 침착은 웅건(雄健)함에 가깝다. (…) 침착에는 비장미의 침착이 있고 우아미의 침착이 있는데 사공도가 내세운 침착은 후자에 가깝다"(『시품신석詩品新釋』)라고 지적했다. 앞서 『시품』에 제시된 침착과 정선, 제내방의 그림에 묘사된 침착이 충담의 풍격과 비슷하다고 말한 이유도 여기에 있다. 자오푸탄의 분류법을 따랐을 때, 이들 침착은 모두 우아미에 가깝고, 충담 또한 그러하다. 이러한 시각의 연장선상에서, 먼저 살펴본 이상은의 시는 우아하면서도 차분한 풍격의 예로 적합하고, 두보는 비장미를 담은 침착의 예로 적합하다.

두보는 다양한 풍격을 구비한 시인이지만 침착은 그의 시 가운데서도 특히 큰 비중을 차지한다. 그는 전란을 겪으며 느낀 고통스러운 현실과 인생의 무게를 시로 표현했다. 그래서 두보의 시에 표현된 감정들은 대단히 침중(沈重)하다는 것이 그 특징이다. 비슷한 내용도 두보가 쓰면 중후하고 함축적이다. 그를 시인 중의 시인이라고 부르는 이유다. 그의 시 「달밤月夜」을 전형적인 사례로 들 수 있다.

오늘밤 부주에 뜬 저 달을	今夜鄜州月
규중에서 홀로 보고 있겠지	閨中只獨看
가엾기도 해라 어린 딸자식은	遙憐小兒女
장안의 아비 그리운 줄도 모르겠지	未解憶長安
향기로운 안개는 구름 같은 머리를 적시고	香霧雲鬟濕
맑은 달빛은 백옥 같은 팔뚝을 시리게 하리	淸輝玉臂寒
언제나 얇은 휘장 안에서	何時倚虛幌
마른 눈물 흔적을 마주보려나	雙照淚痕乾

안녹산의 난으로 두보 자신은 포로가 되어 장안에 있고, 가족은 모두 부주(鄜州)에 머물러 있을 때 지은 시다. 제목은 달밤이란 평범한 두 글자지만 그 내용은 처절하다. 하늘에 뜬 달을 보고 부주에 있는

아내도 나처럼 홀로 저 달을 보고 있으리라 상상한다. 3, 4구에서 어린 딸은 철이 없어 멀리 떨어진 아버지를 그리워할 줄도 모르리라고 했다. 갑작스럽게 튀어나온 말처럼 보이나 이는 대조적으로, 감당하기 어려운 슬픔과 고통을 겪는 어른들의 아픔을 도드라지게 하여 감정의 무게를 더한다. 5, 6구는 부주에서 달을 보고 있을 아내의 모습을 상상한 대목이다. 잠옷을 입고 밖으로 나와 달을 보며 하염없이 자신을 그리고 있을 아내의 모습을 상상하는 이 대목에서, 절묘한 어휘가 구사된다. 인간적 감정을 담은 어휘를 하나도 쓰지 않았으나 절절한 감정이 풍부하게 표현되었다. 조선시대 선비들이 음란한 구절이라고 비판했을 정도다.

이 시는 하늘에 뜬 달을 매개로 아내를 그리워하는 마음을 표현했다. 2구의 '홀로(獨)'와 8구의 '서로(雙)'가 이별의 현실과 만남의 미래를 암시한다. 또한 이 시에서는 '돈좌(頓挫)'의 풍격도 느낄 수 있다. 돈좌란, 파란곡절의 변화가 풍부한 창작법을 가리키는데, 이 시에서는 남편과 아내, 이별과 만남, 장안과 부주처럼 서로 대비되는 요소들이 교차하여 작품에 높낮이를 부여했다. 비분과 침통을 발산하면서도 겉으로 쉽게 드러나지 않는 함축적 표현은 침착의 전형으로 볼 수 있다. 멀리 떨어져 아내와 가족을 그리는 점이 이상은의 시와 같은데 마지막 대목을 훗날 만났을 때의 상황으로 설정한 것은 두보가 이상은에게 영향을 미쳤다.

6. 시인의 우환과 불행

한국의 시인 가운데 침착의 풍격을 보여준 대표적인 시인으로는 이주(李胄), 정사룡(鄭士龍), 노수신(盧守愼), 이달(李達), 김창흡, 이광사 등을 들 수 있다. 이들은 두보의 시풍에 큰 영향을 받았으며 순탄치 않은 삶을 살았다는 공통점이 있다. 특히, 유배살이를 오래 한 시인들은 비분에 차서 침통한 심경을 토로하곤 했다. 이주와 노수신, 이광사처럼 몇 년에서 수십 년을 유배살이 한 시인의 시에는 참담하고 우울한 감정이 녹아 있다. 또 불우한 처지에 있거나 우환의식(憂患意識)을 지닌 시인도 종종 이 풍격의 시를 지었다.

다양한 서체로 『시품』을 쓴 이광사의 시도 전형적 사례다. 1755년 소론(少論) 명문가에 불어닥친 을해옥사(乙亥獄事)로 그의 집안은 완전히 몰락의 길을 걸었다. 저명한 서예가이자 시인이었던 그도 예외가 아니었다. 부인은 남편이 처형당할 것이라는 소문을 듣고 먼저 목을 매어 자살했다. 이광사는 사형에서 감형되어 7년 동안 함경도 부령(富寧)에서 귀양을 살다가 다시 호남의 신지도(薪智島)로 이배되어 모두 23년 동안 기나긴 유배를 겪고 결국 유배지에서 사망했다. 부령에 머물 때 지은 시는 침착과 비개(悲慨)의 풍격으로 규정해도 좋을 만큼 처절하고 비분에 찬 심경을 담아냈다. 유배지에 당도한 다음 해인 1756년 7월 그는 「잡영雜詠」이라는 연작시를 썼는데 그 가운데 한 수를 들어보자.

등불 하나 가물대는 쓸쓸한 밤에 　　　　　　　　　　　　寂莫孤燈夜

만 리 너머 멀고 먼 고향을 그린다	遙遙萬里懷
바람이 불지 않아도 산은 절로 울고	不風山自響
바위가 많아서 계곡물은 늘 세게 흐른다	多石水常催
지하에는 편지 한 자 보낸 적이 없건만	地下無書到
하늘에는 두둥실 달이 떠오른다	天中有月來
정들고 친한 이는 하나도 보이지 않고	情親皆不見
물고기와 새만이 허물없이 다가온다	魚鳥獨無猜

이 시 역시 앞에서 본 두 편의 시처럼 밤을 배경으로 하여 만 리 멀리 떨어진 곳에 있는 가족을 그리워하는 내용이다. 시의 소재와 배경이 거의 비슷하고 고독감과 그리움, 내면에 가득 쌓인 우울함과 침통함을 표현한 점도 비슷하다. 3, 4구는 집 밖의 실제 풍경을 묘사하고 있으면서도 은연중에 작자의 내면을 뒤흔드는 고독과 울분을 암시한다. 이 시의 백미는 5, 6구이다. 지하에 편지를 보내지 않았다는 것과 하늘에 달이 떠오른 것이 무슨 관련이 있단 말일까? 지하에는 바로 전해에 남편이 곧 처형당할 것이라는 소식을 듣고 먼저 자살한 아내가 묻혀 있다. 죽는다던 자기는 살아남고 안 죽어도 될 아내는 죽었다. 그 기막힌 아내의 죽음에 이광사는 큰 충격을 받았고, 이후에 쓴 여러 편의 시를 통해 그 참담한 심경을 토로했다. 아내가 있는 지하에 편지를 부칠 수도 없는데 하늘에는 두둥실 달이 떠오른다. 마치 아내의 얼굴 같다. 편지와 달은 아무 상관도 없는 듯하나 시인에게는 아주 밀접한 관계가 있다. 물리적으로야 편지를 보낼 수 없으나 죽은 아내가 마치 자기 마음을 다 읽고 있는 듯이 저렇게 달이 되어 내 앞에 나

타났다고 믿는다. 겉으로는 아주 평온한 듯이 보이는 시구이지만 그 속에서는 처절한 슬픔이 배어 나온다.

이 작품을 포함하여 이광사의 시는 내색을 하지 않는데 절절한 슬픔을 자아낸다. 내숭을 떨지도, 병도 없으면서 끙끙 앓는 소리를 내는 엄살을 부리지도 않는다. 그의 기구한 삶은 그와 같은 가식을 허용하지 않는다. 특기할 것은 그는 정치나 사회에 관해서는 거의 아무런 언급도 하지 않고 오로지 자신과 가족만을 이야기한다는 점이다. 개인을 말하면서도 늘 사회와 국가를 연결시켜 말하기 좋아하는 두보와는 정반대다. 이광사의 소심한 성정 때문이기도 하겠으나 그보다는 정치적 사건으로 집안 전체가 쑥밭이 되었고, 그를 감시하는 눈초리가 너무도 매서웠기에 비방의 말을 조금이라도 문자로 쓰거나 입에 올리지 못했다. 지나치다고 할 만큼 언급이 없는 것 역시 그의 말 못할 비극을 말해준다. 이것이 유배지에서 쓴 이광사 시의 특징이다.

그의 시를 읽으면 "기러기가 소식을 전해오지 않는 먼 곳으로 그 사람은 떠나버렸다. 머리에 떠올리면 그 사람은 멀지 않아 평소처럼 함께 있는 듯하다"는 『시품』 침착 두번째 단락의 내용을 작품으로 구현한 듯하다.

지금까지 살펴본 이상은, 두보, 이광사의 작품은 모두 시의 표면에 감정을 쉽게 드러내지 않고 있다. 그러나 읽고 나면 침통한 심경에 감염될 만한 수작이다.

7. 침착과 침울

앞에서 침착과 비슷한 개념으로 침울을 언급했다. 침울은 비통한 정서가 강하게 표현되어 침착보다 더 강렬하고 함축적인 개념으로, 미학상에서도 중요하게 취급된다. 시학의 개념으로 사용할 때도 일반적인 의미와 연결은 되지만 의미상 큰 변화가 있다. 과거 두보나 신기질(辛棄疾) 같은 시인의 작품을 평가할 때도 널리 사용했다. 한편, 침울과 함께 침중, 침웅(沈雄) 따위의 개념도 간혹 사용되었다. 기분이 가라앉는다는 침(沈) 자를 같이 쓰기 때문에 경박하지 않고, 사유에 깊이와 무게가 있다는 특징을 서로 공유한다. 뒤에 붙은 글자로 인해 조금씩 다른 뉘앙스를 지닌다. 침착 계열의 풍격을 더 나누어 이해해 보자.[2]

먼저 눈여겨보아야 할 개념에 침착통쾌(沈着痛快)가 있다. 침착에 통쾌란 말이 붙었다. 이 개념은 뜻밖에 자주 쓰이는데 송나라의 비평가 엄우(嚴羽, 1197?~1253?)가 『창랑시화滄浪詩話』에서 처음으로 제기한 개념이다. 그는 이렇게 말한다.

> 시의 품격은 아홉 가지가 있다. 즉, 높고(高) 예스럽고(古) 깊고(深) 멀고(遠) 길고(長) 웅혼(雄渾)하고 표일(飄逸)하고 비장(悲壯)하고 처완(凄婉)한 것이 그것이다. 솜씨를 발휘하는 방법은 세 가지로 기결(起結, 시작과 끝맺음), 구법(句法), 자안(字眼, 시어의 눈)이다. 시의 전체적 특성은 두 가지로, 우유불박(優游不迫)과 침착통쾌다. 시의 극치는 한 가지로 입신(入神)이다. 시를 짓되 입신의 경지에 도달하면 모든 게 갖춰져 더이상

요구할 것이 없는 최상의 높이가 된다. 오로지 이백과 두보만이 그 높이를 얻었을 뿐 다른 시인들은 얻은 자가 거의 없다.[3]

사공도가 스물네 개로 나눈 풍격을 엄우는 아홉 개, 세 개, 두 개, 한 개로 차례로 좁혀가며 범주를 정리해놓았다. 시의 특성을 크게 둘로 나누어 보고 그 가운데 우유불박과 침착통쾌를 들었다. 전자는 이백의 시를, 후자는 두보의 시를 모델로 한다. 여기서 침착에 통쾌를 덧붙인 침착통쾌란 말은 언뜻 보면 상호 모순되는 의미를 합쳐놓은 듯 어색하다. 침착하면 통쾌하지 않고 통쾌하면 침착하지 않을 것만 같다. 엄우는 서로 거리가 있는 말을 합쳐 말함으로써 한계를 보완하고자 했다. 통쾌는 보통 시원스럽고 호방한 특징을 말한다. 침착에 통쾌하다는 말을 덧붙임으로써 시의 깊고 비통한 정서를 시원스럽고 감동적으로 표현해낼 수 있는 능력을 강조했다. 『시설잡기詩說雜記』권7에서 이 대목을 해석한 내용을 통해 더 깊이 이해해보자.

침착통쾌란 것은 (…) 가슴속에 쌓인 것이 쏟아져서 입으로 마구 나오는 것을 말한다. (…) 이 창작법을 가진 시인은 기세를 강하게 몰아가서 (…) 반드시 그 시를 읽는 자로 하여금 마음에서는 그 때문에 감동이 일고 감정은 그 때문에 움직여서, 박자를 맞추며 큰 소리로 노래를 부르되 자신도 억제하지 못할 지경으로 만들어야 한다. 두보의 시는 침울하면서 억양이 있어서(沈鬱頓挫) 천고에 없던 기이한 재능의 극치를 보여주었다. 그가 어떻게 그 경지에 도달할 수 있었는지를 묻는다면 침착통쾌란 네 글자를 벗어나지 않을 것이다.[4]

위 글에서는 강한 기세로 몰아가 독자를 작품으로 흡인하는 역량을, 통쾌라는 용어에서 읽고자 했다. 침착통쾌란, 작가가 가슴속에 쌓아둔 것, 특히 비통하고 울분에 찬 감정을 남김없이, 아니 훨씬 더 감동적으로 표현할 수 있는 역량을 가리킨다. 그러한 역량을 지닌 작가로는 두말할 것도 없이 두보를 꼽아야 하리라.

침착통쾌와 함께 눈여겨보아야 할 개념으로 '침울돈좌(沈鬱頓挫)'가 있다. 이 말은 '침울'과 '돈좌'가 합쳐진 말이다. 먼저 침울부터 살펴본다. 침울은 우리말에서도 심경이 착잡하고 우울한 상태를 가리키듯이, 시학에서도 그런 정서가 강하게 풍기는 작가와 작품을 가리킨다. 이 용어는 침착과 혼동되어 많이 쓰이는데 실제로 작가나 작품을 비평할 경우 그 차이를 분간하기 어려울 때가 많다. 그럼에도 그 차이점을 따져본다면, 침착에 비해 침울에는 사회와 정치 현실에 관심을 기울인 내용이 들어가 있고, 침울에서는 울분과 비탄의 정서가 강하게 풍겨나온다. 침울의 특징에 대해 쉬쯔창은 『신이십사시품』에서 침울을 "사상에 깊이가 있고 감정이 중후하며 언어 사용이 장중함을 가리키는 풍격의 하나"로 정의하면서, 특히 "침울은 호방하고 웅대한 의지를 표출하는 선에 머물지 않는다. 보통은 현실에 눈을 돌려 국가와 민생을 깊이 우려하고 농후한 정치적 색채와 사회적 의식을 담은 풍격을 가리킨다"라고 지적했다.

최일의 교수 역시 "침울은 사회에 관심을 보이는 감정을 지니고 있어야 하고, 왕왕 비분(悲憤)의 정조와 함께 연계되어 있다. 침착은 침울과 서로 밀접한 말인데, 글자상으로만 보면 침울이 비교적 더 침잠되고 축적이 두터우며, 아울러 침착에는 없는 비분의 정조가 침울에는 반드시 배어 있어야 함이 차이점이다"[5]라고 지적하고 있다.

한편, '돈좌(頓挫)'는 억양(抑揚)과 기복(起伏)이 많고 파란곡절의 변화가 풍부한 창작 방법을 가리킨다. 구체적인 내용은 학자마다 차이가 많다. '침울돈좌'의 풍격을 구현한 전형적인 작가 역시 두보임은 말할 필요도 없다. 이 말 자체도 두보가 황제에게 작품을 올리면서 자신의 시적 특징을 자부하며 처음 사용했다. 이후 이 말은 다른 작가에게까지 적용되었다. 침착통쾌와 비교할 때, 침울돈좌에서는 사회와 민생을 걱정하는 지식인의 우환의식과 비판정신이 짙게 풍긴다. 여기에는 침통하고 비분에 찬 감정이 배어 있어야 하며, 침울돈좌는 단조롭지 않고 파란과 기복이 변화무쌍한 특징을 지닌다.

침착통쾌와 침울돈좌는 두보와 그의 작품을 대상으로 조금씩 다르면서도 비슷한 내용으로 논의가 전개되었다. 이후 침착, 침울과 함께 비슷한 풍격을 지닌 많은 작가들에게 적용되었을 뿐만 아니라 그림이나 서법 등 다른 예술을 품평하는 데도 널리 활용되었다.

8. 침착과 사회적 관심

다산 정약용은 아들에게 시 창작의 큰 틀을 제시할 때 침울돈좌가 시 짓는 자의 종지(宗旨)라고 말한 일이 있다. 정약용의 시 중 사회와 민생을 걱정하는 사회시 계열의 작품이 적지 않은 점을 생각했을 때 그가 침울돈좌의 풍격을 중시한 것은 논리적으로 자연스럽다. 그는 비평에서도 침울돈좌를 구체화하여 설명했다.

후세의 시는 마땅히 두보를 공자처럼 여겨야 한다. 그의 시가 모든 작가의 으뜸이 되는 이유는, 그것이 『시경』 3백 편의 남긴 뜻을 간직하고 있기 때문이다. 3백 편은 모두 충신과 효자, 열녀와 친구의 진지하고 충후(忠厚)한 마음이 발현한 작품이다. 임금을 사랑하고 나라를 걱정하지 않으면 시가 아니고, 시대를 아파하고 풍속에 분개하지 않으면 시가 아니며, 찬미하고 풍자하며 선을 권하고 악을 징계하는 뜻이 없으면 시가 아니다. 따라서 의지가 확고하지 않고 학문이 올바르지 않으며, 큰 도리를 듣지 못하고, 임금을 성인으로 만들어 백성에게 혜택을 베풀려는 마음이 없는 자는 시를 지을 수 없다.[6]

위에 인용한 내용은 침울돈좌의 풍격이 어떤 내용과 정서를 담아야 하는지를 친절하게 설명하고 있다. 다산은 자신의 시학이 두보의 침울돈좌와 깊이 연계되어 있음을 스스로 밝히고 있다.

두보의 작품을 한 수 더 읽어본다. 그 유명한 작품 「춘망春望」이다.

나라가 부서져도 산하는 의구하고	國破山河在
성에는 봄이 찾아와 초목만 무성하네	城春草木深
시절을 슬퍼하며 꽃에도 눈물 뿌리고	感時花濺淚
이별이 한스러워 새만 봐도 마음이 놀라네	恨別鳥驚心
봉홧불은 석 달이나 이어져	烽火連三月
집 편지는 일만금이나 나가네	家書抵萬金
흰머리는 긁을수록 자꾸만 빠져	白頭搔更短
정말이지 동곳도 꽂지 못하겠네	渾欲不勝簪

두보의 수많은 작품 가운데서도 백미에 속하는 시이다. 757년 안녹산의 난으로 가족과 떨어져 장안에서 홀로 지낼 때 지었다. 작게는 가족의 안위를 걱정하고, 크게는 나라의 운명을 시름하며, 눈앞의 작은 사물에도 뭉클한 감상을 표현하고 천하를 뒤흔든 전란에 침통한 심경을 토로한다. 비통과 울분이 시를 무겁게 짓누르는데 글자 하나하나는 역동적이다. 서술어가 중심이 되어 조직된 이 시는 힘이 넘친다. 청나라 중기의 학자 기윤(紀昀)은 이 시를 두고 "어휘 하나하나가 '침착'하여 터럭 하나라도 작품을 쓰고자 하는 의도가 없이 자연스럽게 깊은 경지에 이르렀다(語語沈著, 無一毫做作而自然深至)"라고 높이 평가했다.

9. 머리에 떠올리면 그 사람은 멀지 않아 평소처럼 함께 있는 듯하다

〈선면산수도〉에는 추사 김정희의 그림과 시 세 편이 담겨 있다. 시 뒤에는 한 칸 아래에 작은 글씨로 시의 의도를 설명한 글과 또 한 칸 아래에 친구가 쓴 제사(題辭)가 덧붙어 있다. 시부터 차례대로 보자.

무더위에 그대를 떠나보내니　　　　　　　　　　大熱送君行
내 심경 정말 심란하다오　　　　　　　　　　　　我思政勞乎
황량한 풍경을 그려주노니　　　　　　　　　　　　寫贈荒寒景
〈북풍도北風圖〉만은 할까요?　　　　　　　　　　何如北風圖

붕어다리께는 물이 빠졌으니	水落魚橋際
학수 언저리에는 비가 그쳤으리	雨晴鶴岫處
그림에 사람을 그려넣지 않은 까닭은	畫之不畫人
그대 지금 그곳을 지나고 있어서지	君今此中去
내 넋과 내 마음은	我神與我情
이끼 낀 작은 조약돌에 서려 있다오	在細苔拳石
그대 품과 소매에 들락날락한다면	出入君懷袖
아침저녁 자주 만나는 셈이겠지요	何異數晨夕

원나라 화가의 황량하고 스산한 작은 풍경을 본떠서 그리고 절구
세 수를 써서 학협(鶴峽)으로 떠나는 백간(白澗) 노형을 배웅하였다.

"머리에 떠올리면 그 사람은 멀지 않아 평소처럼 함께 있는 듯하다." 붓을 든 마음과 먹을 가는 심경이 넋이 나간 듯 까마득하다. 바보스런 아우가.

倣作元人荒寒小景, 仍題三絶句, 送白澗老兄鶴峽之行. "所思不遠, 若爲平生." 豪心墨意, 黯然如銷. 愚弟悵人.

그림의 뜻이 시원스럽고 산뜻하며, 시법이 맑고 새롭다. 사람으로 하여금 여행의 고생도 잊게 할 뿐만 아니라, 가슴과 소매 사이에서 서늘하고 시원한 기운을 느끼게 만들어 여름날 길을 가는 고생도 잊게 하리라. 황산이 쓴다.

畫意瀟灑, 詩法淸新, 令人非直忘行役之勞, 懷袖間當得凉爽氣, 不知爲夏天行色也. 黃山題.

부채에 적힌 글에서 그림에 얽힌 사연이 그대로 드러난다. 부채에 그린 그림은 백간(白澗) 이회연(李晦淵)에게 준 것이다. 백간은 정승을 지낸 희곡(希谷) 이지연(李止淵, 1777~1841)의 아우로 여주 목사와 나주 목사 등 지방관을 지낸, 경화세족의 일원이었다. 시 본문에서 그가 가는 곳이라고 지목한 학협은 아마도 원주 부근에 있는 주천(酒泉)으로 보이나 더 살펴볼 여지가 충분하다. 주천의 고호(古號)가 학성(鶴城)이므로 학협이라고 했을 수 있다. 그가 지방관으로 내려가 오랫동안 만나기 힘들게 되자 헤어지는 아쉬움을 부채에 그림과 시로 표현했다. 떠나는 사람에게 의미 있는 정표로 준 선물이다.

먼저 그림을 살펴보면, 세부를 생략한 채 산과 물을 수묵으로 스케치했다. 전체 화면은 담묵으로 그리되, 나무와 바위는 짙은 먹으로 표현하여 강렬한 느낌을 준다. 강을 사이에 두고 저쪽에는 산이 연달아 있어 강을 건너면 산골짜기 고을이 시작된다는 인상을 준다. 이 강을 건너 친구는 멀리 떠난다는 것이 그림의 구도다. 이편 강가에는 잎이 져 큰 가지만 남은 키가 큰 나무 몇 그루가 서 있다. 이들 나무는 먼 길 떠나는 친구를 목을 빼고 배웅하며 그리워하는 시인의 상징이다. 송지문(宋之問)의 「송별두심언送別杜審言」에 나오는 "다리까지 나가 배웅하지 못하여, 강가의 나무만이 아쉬운 정을 머금고 섰네(河橋不相送, 江樹遠含情)"라는 구절에서, 나무가 아쉬운 석별의 정을 담뿍 담은 사물임을 알 수 있다. 나무 우듬지가 모두 저쪽을 향하고 있어 친구를 그리워하는 자태다.

그림에는 풍경만 있고 사람은 그리지 않았다. 얼핏 보면 산수의 아름다움만을 묘사한 그림으로 착각할 수 있으나 사람을 그리지 않은 데는 화가의 깊은 뜻이 들어 있다. 두번째 시에서 언급한 것처럼 그림 속 풍경을 친구가 막 지나가고 있을 것이기 때문이다. 그림이 그려진 부채를 쥐고 간다면 그림 밖에 친구가 살아서 걸어가고 있다. 굳이 사람을 그리지 않아도 이 산수화에는 사람이 그려져 있는 셈이다. 이 부채를 쥐고 가는 추사의 친구 이회연 말이다. 추사가 이상적(李尙迪)에게 선물한 그 유명한 〈세한도歲寒圖〉에도 집과 나무만 그렸지 사람은 그리지 않았다. 그 황량하고 스산한 풍경만을 그려도 그림의 여백이나 그 밖에 사람은 있다는 것이다. 의도가 흥미롭다.

시는 오언절구 세 수로서 추사의 문집에는 빠져 있다. 추사의 문집은 허술하게 만들어져 좋은 작품이 빠진 것이 적지 않다. 첫번째 시에서는 이별을 아쉬워하며 무더위에 길을 가는 친구에게 선물로 그림부채를 준다고 했다. 한여름인데 황량하고 스산한 겨울 풍경을 그린 직접적인 의도는 부채를 부칠 때마다 더위를 식히라는 배려다. 시에 나오는 〈북풍도〉는 고사가 있다. 후한 환제(桓帝) 때의 화가인 유포(劉褒)가 〈북풍도〉를 그렸는데 그 그림을 본 사람들이 모두 추위를 느꼈다는 『박물지博物志』에 나오는 이야기이다.

두번째 시에서는 비가 그쳐 날이 맑게 갠 행로의 풍경을 그린 의도를 밝혔다. 앞에서 설명한 것처럼 일부러 그림 속에 친구를 그려넣지 않았다고 했다. 세번째 시는 선물로 준 작은 조약돌에 친구를 생각하는 내 혼과 마음이 담겨 있으므로 그걸 볼 때마다 나를 만난 듯이 여겨달라는 부탁이다. 마치 연인 같은 다정다감함이 느껴진다.

세 편의 시는 친구와 이별하는 짙은 아쉬움을 담았으나 침울함과 무거움이 시를 지배하지 않는다. 아니 그 반대로 여기에는 차분함과 경쾌함마저 감돈다. 친구인 황산 김유근이 "그림의 뜻이 시원스럽고 산뜻하며, 시법이 맑고 새롭다"고 평가한 것처럼 그림과 시에서는 산뜻함과 새로움을 느낄 수 있다. 추사의 그림과 시는, 속으로는 헤어짐의 상심과 우울함이 깊이 도사리고 있는 반면에 겉으로는 맑고 경쾌함이 번득인다. 풍격으로 정리하면 내면은 침착의 풍격이 주도하고, 외면은 뒤에 볼 열여섯번째 풍격인 청기(淸奇)가 주도한다고 할 수 있다.

또한 추사는 시 뒤에 쓴 글의 끝 대목에서 "'머리에 떠올리면 그 사람은 멀지 않아 평소처럼 함께 있는 듯하다.' 붓을 든 마음과 먹을 가는 심경이 넋이 나간 듯 까마득하다"고 했다. 이별의 상심이 대단히 크다는 점을 스스로 밝혔는데 "머리에 떠올리면 그 사람은 멀지 않아 평소처럼 함께 있는 듯하다"는 구절은 침착 본문 두번째 단락에 나오는 내용이다. 추사가 친구를 이별하는 그림과 시를 쓰면서 이 구절을 그대로 인용한 것이다. 본문 가운데에서도 추사가 인용한 구절은 달랠 길 없는 상심과 그리움을 깊이 함축하고 있다.

　그렇게 놓고 가만히 추사의 그림을 들여다보면 마치 침착의 내용을 충실하게 그려놓은 듯한 인상을 지울 수 없다. 이 그림을 정선, 장부의 그림과 견주어보면 주요 소재는 말할 것도 없고 분위기도 상당히 비슷하다. "하고픈 말이 제아무리 많아도 큰 강물이 저 앞에 가로 놓였다"는 대목을 추사의 그림에서 찾아 그 의미를 새겨보아도 아주 잘 어울린다. 추사가 『시품』에 깊이 심취한 사실은 이미 앞에서 말했지만 뜻밖에도 그림과 시에 이처럼 짙은 흔적을 남겼다. 『시품』 침착의 시각에서 추사의 시정화의(詩情畵意)를 추적해보면, 이 작품의 깊은 멋과 거기 서린 옛 선인들의 따뜻한 인간미가 한결 감동적으로 다가온다.

고고(高古)
높고 예스러움

1. 현실을 가볍게 초월하다

이 흰 바람벽엔
내 쓸쓸한 얼골을 쳐다보며
이러한 글자들이 지나간다
—나는 이 세상에서 가난하고 외롭고 높고 쓸쓸하니 살어가도록
태어났다
　그리고 이 세상을 살어가는데
　내 가슴은 너무도 많이 뜨거운 것으로 호젓한 것으로 사랑으로
슬픔으로 가득찬다

高古

畸人乘真手把芙蓉泛彼

浩劫窅然空縱月出東斗

好風相從太華夜碧人間

清鐘虛佇神素脫然畦封

黃唐在獨落落玄宗

• 이광사, 〈고고〉. 해서로 반듯하고 얌전하게 썼다. 흐트러짐 없이 속세를 초월한 신선다운 풍격을 드러
내어 고고의 정서와 어울리도록 배려했다. 한편 '공종(空蹤)'이 '공종(空縱)'으로 쓰였는데, 『설부說郛』에
실린 『시품』과 권돈인이 쓴 『시품』에도 이 글자로 되어 있다. 그러나 방종하다는 뜻의 종(縱)은 오자로
보인다.

많은 사람들에게 애송되는 백석의 시, 「흰 바람벽이 있어」 가운데 일부다. 그 가운데 "이 세상에서 가난하고 외롭고 높고 쓸쓸하니 살 어가도록 태어났다"는 대목은 시인의 고고한 자긍심을 멋지게 표현 한다. 현실에서 살아가되 현실의 논리에 휩쓸리거나 매몰되지 않고 인생의 위의를 지키며 살아가려는 시인의 도도한 욕망이 표현된다. 이 시에서 표현한 인생의 위의를 풍격의 언어로 표현하면 '고고(高古)' 나 '고고(孤高)'가 될 것이다.

『시품』의 다섯번째 풍격은 높고 예스럽다는 뜻을 지닌 '고고(高古, lofty and ancient 또는 towards remote antiquity)'다. 『표준국어대사전』에서는 이 단어를 "세속을 초월하여 고상하고 고풍스럽다"라고 풀이해, 글 자의 뜻을 정확히 새기고 있다. 고고는 이와 상반되는 뜻을 떠올리면 이해하기 쉽다. '고(高)'는 낮은 수준과 상대되는 것을, '고(古)'는 세속 적인 현세와 상대되는 것을 가리킨다. 악착같지 않고 세속적이지 않 은, 고상한 인품의 소유자를 높여서 부르는 말이다. 문예의 풍격을 가 리키는 말로도 가끔 쓰인다.

옛날에는 고고라는 말을 지금보다 훨씬 흔하게 사용해, 당나라에 서는 예술을 비평할 때 이 용어를 많이 썼다. 장언원(張彦遠)의 『역대 명화기歷代名畫記』에서는 "고고하고 경상(勁爽, 굳세고 상쾌함)한 기운을 천연의 상태에서 얻었다(高古勁爽之氣, 得諸天成)"라고 했으며, 서예론 저작인 『법서요록法書要錄』에서도 글자의 풍격을 언급하며 "훌쩍 범 인의 경지를 넘어선 것을 높다고 하고 평범한 감정을 제거한 것을 예 스럽다고 한다(超然出衆曰高, 除去常情曰古)"라고 하여 고고를 글씨의 풍 격을 가리키는 말로 썼다. 교연의 『시식』에서는 시의 일곱 가지 품성

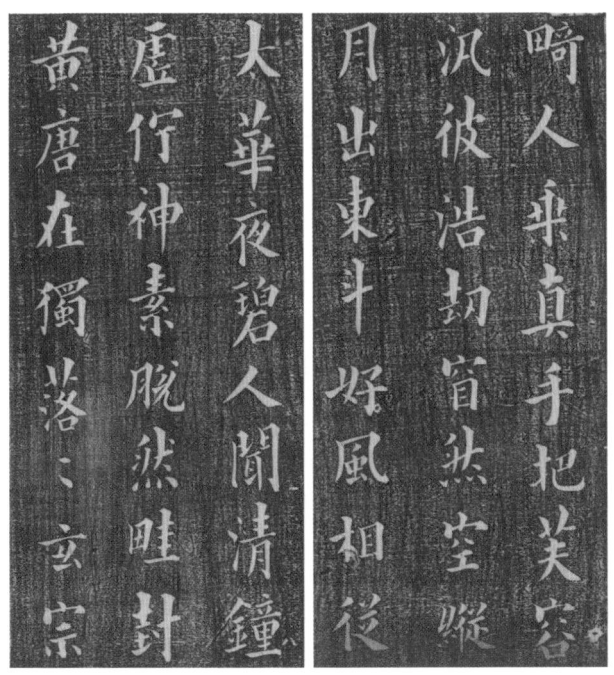

• 김정희가 쓴 '고고' 탁본. 개인 소장.

가운데 첫번째로 의리(議理)를 들었고, 두번째로 고고를 들었다. 이렇
게 당나라 때부터 고고는 예술의 풍격을 논하는 중요한 개념으로 사
용되었다.

송나라 때에는 더 흔하게 사용되었다. 엄우는 『창랑시화』에서 시
의 품격을 아홉 가지로 분류했을 때 높고(高) 예스러운(古) 두 가지 품
격을 다른 일곱 가지 품격인 깊고(深) 멀고(遠) 길고(長) 웅혼(雄渾)하고
표일(飄逸)하고 비장(悲壯)하고 처완(凄婉)한 것보다 앞에 두었다. 그만
큼 높고 예스러운 것에 가치를 두었다.

조선시대에도 고고함은 인생 태도와 문예물을 평가하는 기준으로 광범위하게 사용되었다. 이는 수준 높은 심미적 이상이었다. 고고는 선비가 추구하는 이상으로서, 보통 충담(沖淡)이나 아결(雅潔, 고아하고 깨끗함)이라는 심미적 판단과 함께했다. 너무 흔하게 사용되었기에 오히려 한마디로 설명하기 힘든 이 풍격을, 『시품』은 명확하게 제시하고 있다.

2. 인간의 경계를 벗어난 세계

기이한 사람은 참된 기운을 탄 채로	畸人乘眞
손에는 부용꽃 한 송이를 쥐고 있다	手把芙蓉
저 영겁의 시간에 두둥실 떠서	泛彼浩劫
허공에 자취를 남기고 아스라이 사라진다	窅然空蹤
동쪽 하늘에서 달이 떠오르니	月出東斗
시원한 바람이 그 뒤를 따라 불어온다	好風相從
화산(華山)의 밤하늘엔 푸른 기운이 감돌고	太華夜碧
사람들 귀에는 맑은 종소리 들려온다	人聞淸鐘
마음 비우고 소박한 정신을 지키면서	虛佇神素
인간의 경계를 벗어나 초연하게 사네	脫然畦封
태곳적 경지를 나 홀로 지니고	黃唐在獨

현묘한 이상을 품고서 살아가리라　　　　　　　　落落玄宗

　고고의 묘사는 매우 시적이다. 첫 대목에 인상적인 인물이 등장한다. 기인으로 표현된 그는 세속적 현실을 벗어난 사람이다. 기인(畸人)은 기인(奇人)과도 뜻이 통한다. 기인의 특징은 『장자』「대종사 大宗師」편 중 "기인은 평범한 사람에게는 혹과 같은 존재이지만 하늘에는 잘 맞는 존재이다(畸人者, 畸于人而侔于天)"라는 대목에 잘 묘사되어 있다. 현실세계의 인간과는 다른 행동을 하는 부류지만 우주와 자연의 질서에는 잘 맞아떨어지는 존재라는 뜻이다. 「대종사」편에서 장자는 자연의 질서에 순응하며 살아가는 진인(眞人)을 묘사하고 있는데, 기인은 그를 달리 표현한 말이다. 기인은 선인(仙人), 신선과 크게 다르지 않다.

　첫 단락에서는 인간이 활동하는 세계를 벗어나 다른 세계로 떠나는 기인의 모습을 묘사했다. 그가 향하는 곳은 천상계로 보이고, 그는 바람을 타고 승천하는 것처럼 묘사된다. 참된 기운을 탄다는 것은 바람을 타고 하늘을 나는 행동으로 보아야 어울린다. 그런데 기묘하게도 기인의 손에 들린 것은 부용꽃, 곧 연꽃 한 송이다. 왜 기인이 연꽃을 쥐고 있을까? 그것은 현실을 훌쩍 초탈한 고결한 선인을 상징한다. 이백의 「고풍古風」 제19수에는 다음 구절이 보인다.

서쪽으로 연화산을 올라가니　　　　　　　西上蓮花山
아스라이 밝은 별이 보인다　　　　　　　　迢迢見明星
흰 손으로 부용꽃을 잡고서　　　　　　　　素手把芙蓉

허공을 건너 태청궁(太淸宮)을 오른다   虛步躡太淸

신선이 연꽃으로 둘러싸인 산에 올라가 태청(太淸, 도교에서 말하는 하늘
또는 하늘의 궁전)에 들어갈 때 부용꽃을 손에 들고 간다고 했다. 이는 승
천하는 신선들이 행하는 독특한 의식을 묘사한 것으로, 부용꽃은 신
선계의 피에스타(fiesta)에 들어가도 좋다는 입장권 같은 것으로 보면
된다.

　다시 고고 본문으로 돌아가면, 기인은 승천하는 차림새를 갖추고
서 시간을 초월하고 창공을 날아 까마득하게 사라진다. 영겁의 시간
을 뜻하는 호겁(浩劫)은 큰 재난을 의미하기도 한다. 그렇게 본다면,
기인은 인간 세계의 한량없는 재난과 복잡함을 초탈하여 벗어난다는
의미가 된다.

　두번째 단락은 기인이 사라지고 난 뒤의 풍경을 그렸다. 공간적 배
경은 중국의 5대 명산 가운데 가장 높은 서악(西岳) 화산(華山)이다. 본
문에서 태화(太華)라고 한 것은 이 화산을 가리킨다. 화산에는 연화봉
(蓮花峯) 또는 부용봉(芙蓉峯)이 있다. 이 산은 멀리서 보면 마치 한 송
이 연꽃처럼 보이는데 거기에 신선들이 산다고 예부터 알려졌다. 기
인이 손에 부용꽃 한 송이를 들고 있다고 한 묘사도 화산의 모습을 연
상케 한다. 달이 뜨고 바람이 부는 화산의 밤하늘에는 신비롭게도 푸
른 기운이 감돌고 사원에서는 청아한 종소리가 울려퍼진다. 신선 세
계의 신비로운 분위기가 넘친다. 그 사원 어딘가에는 기인이 숨어 있
을 것이다. 그 맑은 종소리는 선인 아닌 보통 사람들 귀에도 들려온
다. 신선계의 피에스타에 직접 참가할 수는 없지만 속세의 인간들은

저 선인의 고고한 모습을 바라보며 그를 그리워한다.

두번째 단락까지 고고한 기인의 행위를 보여주었다면, 세번째 단락에서는 기인의 삶과 선계를 동경하는 사람들의 인생과 그들이 지켜나가고자 하는 가치를 설명한다. 앞 단락에서는 높은〔高〕 경지를 말했다면, 이 단락에서는 예스러운〔古〕 가치를 설명하고 있다. 그것은 세속적 욕심을 버리고 소박하게 생활하며, 고결한 정신을 지키면서 현실의 속박을 벗어나 초연하게 사는 삶을 의미한다. 현실 속에서 살아가는 여느 인간들과는 달리, 저 요순시절의 이상적인 삶을 고집스럽게 지키며 살아가겠다는 의지를 표출하고 있다.

3. 신선계의 피에스타

그렇다면 화가들은 고고의 풍격을 어떻게 형상화했을까? 고고에는 기인이라는 독특하고도 또렷한 인물이 인상적으로 묘사되어 있다. 그래서 고고는 지금까지 본 어떤 풍격보다 그림의 소재로 적합하다. 세속을 초월한 선인의 형상은, 화가라면 누구나 관심을 기울일 법한 소재다.

먼저 정선의 그림부터 살펴본다. 산 아래 계곡 물이 흐르고 소나무가 있는 숲에 기인이 서 있다. 산 너머 하늘에는 어슴푸레 달이 떠 있어 시간을 밤으로 설정했고, 산 아래 원경의 숲은 흐릿하게 처리해 안개와 서리가 짙게 깔려 있음을 묘사했다. 『시품』의 "화산의 밤하늘엔 푸른 기운이 감돈다"는 장면을 묘사했다. 기인이 속에 입은 분홍 옷

雪中芭蕉
高逸千古
雲下芙蓉
堪爲的對

• 정선, 〈고고〉.

위에 겉옷을 따로 입은 것도 밤 추위 때문이다. 손에는 부용꽃 한 송이를 곧추세워 들고 있다. 고고의 "기이한 사람은 참된 기운을 탄 채로 손에는 부용꽃 한 송이를 쥐고 있다"는 대목을 그린 것이다.

그런데 아무래도 조금 어색하다. 우선 화산이란 큰 산이 너무 멀리 있는 작고 평범한 산으로 묘사되어 상당히 빈약해졌다. 게다가 기인의 모습이 일반적인 선비와 잘 구별되지 않는다. 기인은 참된 기운을 타고 있다고 했는데 참된 기운, 다시 말해 바람을 탄 자세가 어디에도 드러나 있지 않다. 거대한 화산과 신비로운 선계(仙界), 멀리서 들려오는 종소리로 묘사된 본문의 고고한 분위기가 너무 소략하게 표현된 듯하다. 정선의 그림은 기인을 조용한 산지에 숨어 사는 은사로 축소시켰다.

한편, 그림에는 다음과 같은 화평이 달려 있다.

> 눈 속에 파초를 그린 것은 참으로 천고의 기이한 일인데 서리 아래 부용꽃을 들고 있는 것이 딱 맞는 짝이 될 법하다(雪中芭蕉, 奇絶千古; 霜下芙蓉, 堪爲的對).

이 화평은 그림에 흥미로운 해석을 더하고 있다. 눈 속에 파초를 그린 것은 당나라 시인이자 화가인 왕유의 미학과 관련된 중요한 논쟁을 담고 있다. 왕유는 〈원안와설도袁安臥雪圖〉에서 눈 속의 파초를 그렸다. 파초는 눈 속에서 자라는 식물이 아니다. 그러나 왕유는 눈 속에 싱싱하게 잎을 펼친 파초를 그렸다. 그것을 두고 장언원은 사실과 어긋난다고 꼬집었다. 그러나 심괄(沈括)은 『몽계필담夢溪筆談』에

高古

• 반시직, 〈고고〉.

서 서화(書畵)는 정신으로 이해하는 것이므로 구체적 사실을 떠나서 그리는 것도 가능하다고 옹호했다. 왕유는 화가의 상상력으로 파초를 그렸고 예술에서는 그것이 얼마든지 가능하다는 주장이었다. 이와 같은 창작론을 왕유와 『시품』의 저자, 그리고 엄우와 왕사정이 공유하고 있다. 정선과 그의 후원자인 김창흡도 마찬가지다. 이런 맥락을 고려했을 때, 기인이 부용꽃을 들고 서 있는 것을 눈 속에 파초(雪中芭蕉)를 그린 미학으로 이해한, 정선 그림에 달린 화평은 그럴 법하다. 정선의 그림과 그에 대한 화평은 예술관의 추이를 살피는 데도 시사점을 준다.

반시직은 운무에 뒤덮인 산수를 조감하여 그렸다. 손에 부용꽃을 든 기인이 세속과 절연된 산을 걷는 모습이다. 인물이 지나치게 작게 그려져 산수가 부각됨으로써 오히려 인물의 고고한 느낌이 감쇄되나 운무 너머로 멀리 사원과 탑이 보여 "화산의 밤하늘엔 푸른 기운이 감돌고 사람들 귀에는 맑은 종소리 들려온다"는 대목을 형상화하고자 했음을 알 수 있다. 큰 화면에 높고 쓸쓸하게 서 있는 나무들과 물가의 대나무, 안개 너머 아득히 멀리 떨어진 곳의 사원과 탑을 그려 인간의 경계를 벗어난 고고함을 묘사하고 있다.

이번에는 장부의 〈고고〉를 살펴보자. 그는 건륭제가 쓴 「진정 융흥사에서 큰 부처에게 예불을 드리다眞定隆興寺禮大佛」[1]란 시를 채색화로 묘사하고 '고고'를 화제로 썼다. 현재 중국 허베이 성(河北省) 정딩(正定)에 있는 이 절은 수나라 이래로 제왕들이 거듭 중수한, 역사가 오래된 사찰이다. 높이 23미터에 달하는, 송나라 때 만들어진 청동 부처상도 그대로 남아 있다. 건륭제는 여러 차례 이곳에 들러 예불하고

崎人衆真手把芙蓉
泛彼浩渺却宵然空濶
月出東斗好風相從
大華夜碧人開清鐘
盧行神素脫然睚封
黃唐在獨落々元宗
　右司空圖詩品高
　古一則
　　臣蔣溥恭錄

• 장부, 〈고고〉.

사찰의 역사와 풍경, 그리고 자신의 감회를 읊은 시를 남겼다. 장부는 융흥사의 주요 전각과 나무, 그리고 그 뒤로 펼쳐진 도회지가 운무에 싸여 있는 풍경을 그렸다. 장엄하고 고풍스런 모습을 그렸을 뿐 인물이 등장하지 않는다. 장부는 세속적 사회와는 단절된 선계 또는 불계를 그렸다. 다른 화가들이 하나같이 기인을 중심 소재로 그린 반면, 장부는 풍경만을 그렸다. 장부는 기인이 가고자 한 고고한 경지의 신선세상을 현세 속의 사찰로 바꿔버렸다.

그렇기는 해도 고고에 나오는 주요 소재를 빠짐없이 그림에 배치하고자 했다. 깊은 산속 밤 풍경, 안개와 구름, 달이 주요 소재로 등장한다. 그래서 "화산의 밤하늘엔 푸른 기운이 감돌고 사람들 귀에는 맑은 종소리 들려온다"는 대목을 형상화했다고 보아도 문제가 없다. 그림 자체는 고고 본문과는 일정한 거리가 있으나 높고 예스런 신비감을 잘 살리고 있다. 세속을 초월한 선계의 이미지를 잘 표현했다는 점에서는 정선이나 제내방 그림보다 나은 점이 있다.

다음으로 제내방이 그린 그림을 보자. 부용꽃을 들고 있는 인물을 중심 소재로 삼은 것은 앞의 그림과 다름이 없으나 그 밖의 것은 상당히 다르다. 무엇보다 그림의 분위기가 전체적으로 그로테스크하다. 깊은 산속 거침없이 물 흐르는 계곡에 나무등걸을 뗏목 삼아 타고 가는 신선풍의 인물이 등장한다. 웬만한 옛 그림에서는 보기 어려운 인물 형상이다. "저 영겁의 시간에 두둥실 떠서 허공에 자취를 남기고 아스라이 사라진다"는 대목을 주인공이 물살을 타고 떠가는 장면으로 해석하고 있다. 기인의 이미지를 살려서 표현하려는 의도가 엿보인다. 이 그림은 분명 어떤 신선에 얽힌 고사를 그린 고사화(故事畫)다.

• 제내방, 〈고고〉.

하늘의 은하수와 지상의 바다가 연결되어 있어서 뗏목을 타고 별과 달과 해를 건너 은하수까지 갔다 왔다는 『박물지博物志』의 팔월사(八月 槎) 고사를 활용한 듯하다. 그림이 묘사한 사연이 무엇이든지 평범함 과 일상성을 벗어난 기이하고 고고한 경지를 잘 구현한 그림이다.

고고의 풍격이 말하고자 하는 핵심은 세번째 단락의 "마음 비우고 소박한 정신을 지키면서 인간의 경계를 벗어나 초연하게 사는 것"이 고, "태곳적 경지를 나 홀로 지니고 현묘한 이상을 품고서 살아가는 것"이다. 표현한 실상은 화가가 보는 시선에 따라 편차가 크나, 인간 의 경계를 벗어나 사는 높고 예스런 경지를 표현하고자 한 점은 대체 로 비슷하다.

4. 화산의 밤하늘엔 푸른 기운이 감돌고

고고의 풍격을 가장 인상적으로 대변한 구절을 꼽으라면 어떤 구 절을 들 수 있을까? 아무래도 "화산의 밤하늘엔 푸른 기운이 감돌고 사람들 귀에는 맑은 종소리 들려온다(太華夜碧, 人聞淸鐘)"를 들어야 할 것 이다. 고고를 필사한 여러 사본에서 이 구절에 빠짐없이 평점(評點, 시가 나 문장의 중요한 곳에 찍는 점)을 친 이유는 이 대목이 그만큼 상징적 가치를 지녔기 때문이다. 그 증거를 여러 곳에서 확인할 수 있다.

서울 경복궁에 있는 집옥재(集玉齋)의 양편 기둥에는 "태화야벽, 인 문청종(太華夜碧, 人聞淸鐘)"과 "서산조래, 치유상기(西山朝來, 致有爽氣)" 라는 대련(對聯, 문짝이나 기둥 같은 곳에 걸거나 붙이는 대구對句)이 걸려 있다.

• **경복궁 집옥재의 대련.** 옹방강이 즐겨 썼던 대련으로 중국 원자바오 총리가 이 글씨를 보고 한중 간의 오랜 문화교류의 흔적이라고 평가했다. 원자바오 총리는 2007년 한국을 방문했을 때 한덕수 전 총리의 안내로 경복궁을 찾았다. © smolee

앞의 것이야 당연히 『시품』에서 가져온 것이고, 뒤의 것은 『세설신어世說新語』에 나오는 구절로, "서산에 아침이 되자 절로 상쾌한 기분이 감돈다"[2]는 뜻이다. 둘 다 세속과는 다른 맑고 높은 신비경을 상징하는 표현이다. 특히 『시품』 구절은 대궐에 걸어놓으면 대궐을 선경으로 만드는 효과가 있다.

집옥재에 이 구절을 걸어놓은 것을 보면, 과연 19세기 한국과 중국 지식인들이 두루 『시품』을 애호했음을 알 수 있다. 이 대련은 청나라 서예가이자 금석학자인 옹방강(翁方綱, 1733~1818)이 즐겨 썼다. 지금도 중국 산둥 성(山東省) 룽커우(龍口)에 있는 정씨고택(丁氏古宅)에는 옹방강이 쓴 비슷한 대련이 걸려 있다. 이 고택은 중국 정부가 중점적으로 보호하는 중요한 문화재로서 청대의 대표적 원림(園林, 정원) 중 하나이

• 경상북도 봉화 춘양면의 성암고택에 있는 '태화야벽' 현판. 왼쪽에 글씨를 쓴 사람의 이름, '방강(方綱)'이 보인다. ⓒ 배기봉.

다. 옹방강의 글씨는 경매에 나오기도 했으며, 조선에도 유입되어 지식인들이 즐겨 감상했다.

또한, 경상북도 봉화 춘양면에 있는 성암고택(省菴古宅)에는 옹방강이 쓴 현판이 남아 있다. 성암고택의 현판 글씨도 19세기에 조선에 유입되었다. 집옥재에 걸린 대련과 마찬가지로, 여기 옹방강의 현판이 걸린 것 또한 『시품』을 애호한 19세기 지식인 사회의 지적 분위기에서 비롯된 것이다.

5. 신선과의 상쾌한 유희

고고의 풍격은 높고 원대한 의지를 보여준 작가의 작품에서 찾아볼 수 있다. 속되고 헛된 세상에서는 쉽게 찾아볼 수 없는 고매한 품성과, 까마득한 상고시대에나 있을 법한 소박한 가치를 표현한 시가 여기에 속할 것이다. 그런 작품은 대개 속된 현실을 초월하려는 의지를 담고 있기에 부패하고 타락한 현실을 엄중하게 질타하고, 동시에 자신의 원대한 이상과 재능을 현실에서 발휘하지 못하는 답답함을 드러낸다. 시의 형식으로는 근체시(近體詩, 당나라 이후에 정착된 엄격한 형식을 가진 한시)보다 고시(古詩, 근체시 이전에 만들어진 자유로운 형식의 한시)가 이에 가깝고, 시인으로는 근대보다 고대의 시인이 더 어울린다. 수사에는 크게 신경을 쓰지 않아 질박한 느낌을 주고, 전고의 사용도 많지 않아 시상의 전개도 소박하다.

고고에 어울리는 역대 중국의 시인과 작품으로는 『고시십구수古詩十九首』나 혜강(嵇康)과 완적(阮籍)의 「영회시詠懷詩」, 곽박(郭璞, 276~324)의 「유선시遊仙詩」, 이백의 「고풍」 59수와 「의고擬古」 12수를 꼽을 수 있다. 그 가운데서도 이백이 단연 돋보인다. 『시품』 고고에, 손에 부용꽃 한 송이를 쥔 사람이 등장하는 것으로 보아, 저자가 고고의 풍격을 구상할 때 이백의 시 세계를 주요한 모델로 삼았다는 것은 거의 의심할 수 없다.

위에서 꼽은 여러 시인의 작품들은, 뛰어난 재능을 지녔으나 능력을 발휘할 기회를 상실했다는 탄식과 그 같은 현실에 연연해하지 않고 이를 초월하려는 의지를 공유하고 있다. 여기서 특별히 눈여겨볼 점은 이들 시의 화자가 현실의 불합리와 모순을 '초월'하려 한다는 점이다. 이들은 더이상 혼탁한 세상에 미련이 없기에 현실 속에서 문제를 해결하려 하지는 않는다. 이들은 현실 자체를 부정하여 선계로 초월하려는 경향을 보인다. 하계(下界)를 탈출하여 선계로 비상하고자 하는 이 부류의 작품을 이름하여 유선시(遊仙詩)라고 한다. 대표적인 작가에 곽박과 이백 등이 있다.

여기서는 곽박을 중심으로 살펴보자. 동진(東晉)의 저명한 학자이자 시인인 그는 모두 14수의 유선시를 썼다. 먼저 작품을 읽어본다.

물총새는 난초 줄기에서 노는데	翡翠戱蘭苕
그 빛깔이 한결 곱기도 하다	容色更相鮮
푸른 담쟁이넝쿨은 높은 나무를 두르고	綠蘿結高林
무성하게 온 산을 뒤덮었다	蒙籠蓋一山

그 안에 묵묵히 지내는 한 사람 있어	中有冥寂士
조용히 휘파람 불며 청아한 금을 탄다	静嘯撫淸絃
기분 내키는 대로 하늘 위로 날아오르고	放情凌霄外
꽃술을 씹고 폭포수를 마신다	嚼蘂挹飛泉

적송자(赤松子)가 상류에 내려오니	赤松臨上遊
기러기를 타고 푸른 구름에 오른다	駕鴻乘紫煙
왼손으로는 부구(浮丘)의 소매를 잡고	左挹浮丘袖
오른손으로는 홍애(洪崖)의 어깨를 친다	右拍洪崖肩

| 묻노라, 하루살이 같은 인간아 | 借問蜉蝣輩 |
| 거북과 학의 나이를 어찌 알리오 | 寧知龜鶴年 |

　시를 읽어보면, 공간적 배경이 인간세상이 아니라 신선들이 노니는 선계다. 첫번째 단락은 깊은 산중의 풍경을, 다음 단락은 산중에 사는 신선을 묘사했는데 그가 바로 시인 자신이다. 다음 단락에는 적송자와 부구, 홍애가 등장하는데 모두 유명한 고대의 신선들이다. 인간세계로부터 떨어져 숲 속에서 조용히 살던 선비가, 구름을 타고 저

들 신선과 만나 유희하는 즐거움이 묘사되어 있다. 시는 두고 온 현실 세상에서 아등바등 부대끼며 사는 인간들을 비웃는 것으로 끝을 맺었다.

신선과의 교류나 선계에 들어가 노니는 환상을 주제로 쓴 시가 유선시인데[3] 위에 인용한 시는 전형적인 유선시다. 상상력을 발휘해 신선과의 상쾌한 유희를 묘사했다. 이 작품에 보이는 공간과 선인의 세계는 고고에 등장하는 기인의 이미지와 겹친다. 류위창은『사공도시품의증司空圖詩品義證』에서 "고고의 예술적 풍격은 유선시에서 많이 나타나고 그 사상은 도가의 현실초월사상에 많이 보이며, 그 인물의 형상은 도교의 전설과 고사에서 소재를 많이 가져왔다"라고 밝혔다.

그런데 곽박의 시는 선계 체험의 유쾌함만을 표현한 것은 아니다. 마지막 대목에서 은연중 현실 세계의 인간을 언급했듯이 그의 시에는 재능을 펼칠 기회가 막힌 답답한 현실을 초극하고자 하는 의도가 살짝 비친다. 이백을 비롯해 이후 많은 시인이 노래한 '신비한 선계 체험'은 그렇게 은밀하게 현실의 문제와 연결되어 있다.『시품』에서 "태곳적 경지를 나 홀로 지니고 현묘한 이상을 품고서 살아가리라"라고 말했듯, 화자는 현실에서 소인들과 아등바등 다투는 일 없이 자신의 이상을 완전히 다른 세계에서 펼치는, 상상력의 무한한 확장을 보여준다.

6. 불우한 현실을 극복하기 위한 상상의 공간

높고 예스런 풍격을 지닌 한국의 옛 시인으로는 먼저 고려시대의 이숭인(李崇仁)을 꼽을 수 있다. 그의 시를 두고 이색은 "시어가 쇄락하여 티끌 한 점 없다(陶隱詩語灑落, 無一點塵)"(「도은 시고의 뒤에 쓴다書陶隱詩稿後」)고 했고, 서거정은 "청신(淸新)하고 고고하지만 웅혼함은 결핍되었다(李淸新高古而乏雄渾)"(『동인시화東人詩話』)고 평가했다. 또 유선시를 즐겨 쓴 조선 중기 시인 일군에서 고고의 풍격을 찾아볼 수 있다. 그 가운데 대표적 시인으로 꼽히는 허난설헌(許蘭雪軒)의 작품 두 수를 먼저 보자.

지난밤 꿈에 봉래산에 올라   夜夢登蓬萊

대지팡이 용을 타고 선계로 갔네   足躡葛陂龍

신선들 비취 지팡이 짚고서   仙人綠玉杖

나를 부용봉으로 맞아들였네   邀我芙蓉峯

동해의 파도를 저 아래로 내려다보니 下視東海水

술잔에 담긴 물처럼 잔잔하였네   澹然若一杯

꽃 아래에서 봉황새는 생황을 불고   花下鳳吹笙

달은 황금 술동이를 비췄네   月照黃金罍

—「불우함의 탄식感遇」

신선은 고운 봉황을 타고   仙人騎綵鳳

밤에 조원궁(朝元宮)에 내려왔네   夜下朝元宮

붉은 깃발 바닷구름을 헤치고   絳幡拂海雲

무지개 옷은 봄바람에 펄럭였네   霓衣鳴春風

나를 요지(瑤池)의 봉우리로 맞이하고   邀我瑤池岑
유하주(流霞酒)를 잔에 따라 마시게 했네   飮我流霞鍾
비취 지팡이를 내게 빌려주어   借我綠玉杖
부용봉으로 나를 오르게 했네   登我芙蓉峯

—「기분을 풀다遣興」

두 편의 시는 모두 선계에 올라가 신선들에게 환대를 받는다는 내용으로 여기에는 모두 부용봉에 오른다는 구절이 보인다. 부용봉은 바로 고고에 나온 화산의 봉우리로, 신선들과 만나는 장소다. 그 봉우리에 올라서 저 아래 세상을 바라보며 화자는 현실을 초탈했음을 확인한다. 비록 그는 지상의 인간세계에서는 어울리지 못하는 존재였을지 모르나 천상에서 벌어지는 신선들의 피에스타에서는 크게 환영받는 존재가 되었다고 했다. 『장자』식으로 이야기하면, 허난설헌은 지상의 평범한 사람들 사이에서는 혹과 같은 존재이지만 하늘나라 신선들에게는 잘 어울리는 존재다. 꿈속에서 겪은 일이라는 말을 달아두긴 했으나, 그것은 변명의 장치에 불과하다.

그런데 이처럼 환상의 공간에서 신선과 어울리는 것은 현실에서 뜻을 펼치지 못하는 불우함을 위안하는 행위다. 앞서 중국의 곽박이나 이백이 보여준 주제와 다르지 않다. 허난설헌은 불우한 삶을 살았던데다가 여성으로서의 속박까지 겪어야 했으므로 그의 현실은 참으로 암울했다. 속박을 극복하는 길은 상상의 공간으로 초월하는 것밖에 없었다. 허난설헌이 유명한 산문 「광한전백옥루상량문廣寒殿白玉樓上樑文」을 지은 것도 상상 속 공간으로 도피하려는 그의 성향을 보여준다. 이 작품은 가상의 선계 체험을 다루었는데, 작품에 표현된 그녀는 고고에 나오는, 맑은 종소리를 들으며 기인을 부러워하는 사람과 유사하다. 고고 본문 세번째 단락에 "마음 비우고 소박한 정신을 지키면서 인간의 경계를 벗어나 초연하게 사네. 태곳적 경지를 나 홀로 지니고 현묘한 이상을 품고서 살아가리라"라고 한 내용은 허난설헌의 유선시 전체를 관통하는 정서라고 말해도 좋겠고, "이 세상에서 가난하고 외롭고 높고 쓸쓸하니 살아가도록 태어났다"는 백석의 고고한 이상과도 겹쳐 보인다.

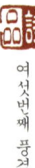

여섯번째 품격

전아(典雅)
명사의 풍류

1. 선비의 고상함과 점잖음

'전아(典雅, decorous and dignified 또는 gentlemen remain so tender)'는 『표준국어대사전』에서 "법도에 맞고 아담하다"라고 풀이했는데 한자를 맞춤하게 해석하고 있다. 우리말에서 명사로는 잘 쓰이지 않고 '전아하다'는 형용사로 주로 쓰인다. 옛날에는 널리 쓰인 미학용어 가운데 하나였다. 속되지 않게 문예의 법도를 잘 지켜 쓴 시와 문장을 평가하여 흔히 전아하다고 말했다. 시와 문장을 평하는 데만 쓰이지 않고 글씨와 그림, 인품을 평할 때도 널리 썼다. 그래서 전아하다는 말은 오히려 뚜렷한 개성이 보이지 않는 시문을 평가하는 말처럼 여겨지기도 한다. 점잖은 태도로 법도를 지키는 것, 그것은 선비라면 누구나 응당 지켜야 할 덕목이었기 때문이다.

글자의 뜻을 더 세밀하게 살펴보면, '전(典)'은 대나무 조각을 가죽끈으로 묶어 만든 책을 책상 위에 놓은 형상이다. 문물제도와 세상을 다스리는 원리를 기록한 경전(經典), 법전(法典)의 의미를 지닌다. '아(雅)'는 고대의 성인이 남긴 올바른 음악을 가리킨다. 『시경』에서는 시의 체제를 '풍(風)'과 '아(雅)' '송(頌)' 세 가지로 나누었다. 음악이 아악(雅樂)과 속악(俗樂)으로 나뉘듯이 아는 속(俗)과 상대되는, 저속하지 않고 고상하고 점잖은 경향을 가리킨다.

글자의 뜻에서 미루어 짐작할 수 있는 것처럼, 전아는 정통성을 지닌 유가(儒家) 경전의 규범을 준수하는 태도와 관련이 깊다. 정통과 규범의 반대 지점에는 경전의 가르침을 거부하는 삿된(邪) 경향과 하층 사람들의 생활에서 보이는 저속한(俗) 경향, 고대의 전통적 지향을 따르지 않는 새롭고(新) 기이한(奇) 경향이 있다. 유학자들은 비속함과 신기함이라는 개성적 미학을 인정하기는커녕 배격해야 할 좋지 못한 경향으로 간주했다. 이러한 경향은 나중에는 차차 약해지지만, 유학의 사상적 세례를 깊숙이 받은 초기 학자들에게, 정통이 아닌 것은 쉽게 용납될 수 없었다. 『시품』 또한 예외가 아니다. 『시품』의 스물네 가지 미학은 비속함(俗)과 새로움(新)과 기이함(奇)을 배척했다. 예외적으로 열여섯번째 '청기(淸奇)'에서 기이함을 내세운 것을 빼고는 대체로 전통을 따르는 경향이 있다. 세 가지 미학의 범주는 후대에는 중요한 미학적 범주로 대두하지만 『시품』에서는 아직 용인될 수 없었다. 전아는 그 세 가지 범주와 반대되는 미학이다.

전아가 미학의 개념으로 쓰인 시기는 한나라 때로 거슬러올라간

典雅
玉壺買春賞雨茅屋坐中
佳土左各脩竹白雲初移
幽鳥相逐眠琴綠陰上有
飛瀑落花無言人淡如釋
書之秀蕚其日可讀

• 이광사, 〈전아〉. "백운초청(白雲初晴)"의 청(晴) 자가 이(移) 자로 되어 있고, "인담여국(人淡如菊)"의 국 (菊) 자가 석(釋) 자로 되어 있다. 글자가 바뀌어도 의미가 통하기는 하지만 본래 의미와는 큰 차이가 날 뿐만 아니라 적절한 변화도 아니다. 지나치게 자의적으로 글자를 바꾸었다. 전아의 풍격에 맞춰 예서로 썼다.

다. 전아는 경전과 규범을 중시하는 유가의 전통과 밀접하게 관련되는데 그 같은 해석을 전형적으로 보여주는 학자가 바로 유협(劉勰)이다. 그는 『문심조룡文心雕龍』「체성體性」편에서 문장의 길을 여덟 가지로 정리해 설명하면서 "전아란 것은 경전의 문장을 녹여내어 법으로 삼고, 유가의 문로(門路)를 모범으로 삼아 따라가는 것이다(典雅者, 熔式經誥, 方軌儒門者也)"라고 정의를 내렸다. 전아가 유가의 경전을 창작의 모델로 삼아 다른 길로 빠져들지 않는 태도임을 분명히 밝혔다. 그의 생각은 이후 학자들에게 큰 영향을 미쳤다. 근대의 학자인 장엄(張嚴)은 그 취지를 "아(雅) 자에서는 취한 뜻이 제각기 다르다. 육조 사람들은 경전(典)으로 아를 삼았고, 당송(唐宋) 사람들은 참됨(眞)을 아로 삼았다. 경전을 아로 삼은 자들은 역사의 사실과 경전의 내용을 잘 활용했고, 참됨을 아로 삼은 자들은 자연을 모사하거나 오로지 자기들 천성에 따라 시를 지었다"[1]라고 선명하게 분별했다.[2]

중국의 학자들은 유가를 정통으로 간주해왔고 모든 분야에서 경전의 권위를 앞세웠다. 당연히 문학도 경전에 종속되는 것으로 생각했다. 경전에서 전개한 사유와 언어 구사 방식을 익히는 것이야말로 사대부가 해야 할 공부이고, 이를 구현한 문장이야말로 사대부가 써야 할 문장이었다. 그러므로 전아란, 직접적으로는 유가 경전에 나오는 표현을 자주 인용하고, 경전의 내용과 사유 방식을 잘 따르고 활용하는 창작 태도를 가리키는 말이다. 더 폭넓게 이해할 때 전아는 유가적 소양을 지니고서 품격 높은 시문을 창작하는 경향을 가리킨다. 전아는 17, 18세기 서양의 고전주의 미학과 견주어볼 수 있는 경향이다.

한국이나 중국은 유가 경전의 영향력이 아주 강했기 때문에 전아

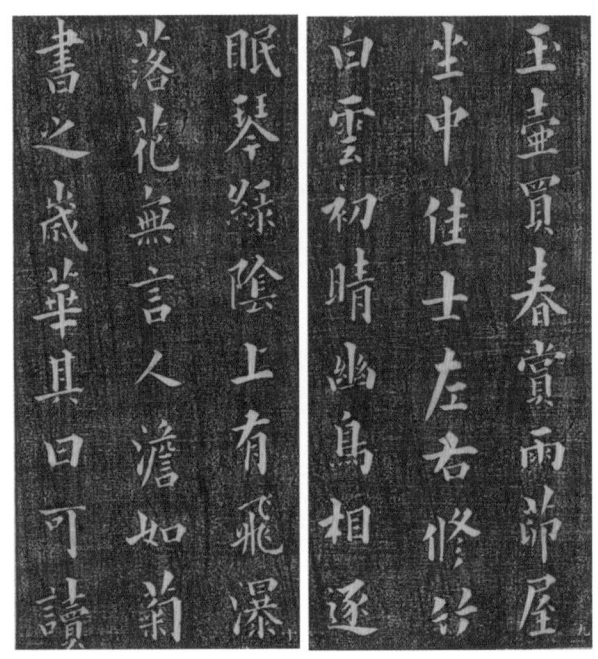

• 김정희가 쓴 '전아' 탁본. 개인 소장.

의 미학은 사대부의 삶과 예술에서 보편적으로 찾아볼 수 있다. 특히 옛날 한국의 사대부들은 중국보다도 더 엄숙하게 유가 경전의 권위를 받들어 유가만이 유일하게 올바른 사상이라 생각했다. 사대부가 전아함을 추구하는 것은 당연한 태도였고, 관료로 봉직하거나 관료가 되기를 소망하는 선비들은 기본적으로 전아한 예술세계를 한 발짝도 벗어나려 하지 않았다.

2. 명사의 풍류

그와 같은 역사적 맥락을 지닌 전아를 『시품』의 저자는 어떻게 이해했을까? 비슷하게 이해하고 있을까? 아니면 색다른 이해의 틀을 보여주고 있을까? 먼저 본문을 본다.

옥 술병에 좋은 술 가득 담고서	玉壺買春
초가지붕 아래서 비를 감상한다	賞雨茆屋
한자리에 아름다운 선비들 앉아 있고	坐中佳士
좌우에는 키 큰 대나무 서 있다	左右修竹
비 갠 하늘에는 흰 구름 떠가고	白雲初晴
그윽한 새들은 저들끼리 뒤를 쫓는다	幽鳥相逐
숲 그늘 아래 잠을 자다 거문고를 연주하고	眠琴綠陰
저 위에는 물을 뿜는 폭포가 있다	上有飛瀑
떨어지는 꽃잎은 말이 없고	落花無言
사람은 담백하기가 국화와 같다	人淡如菊
이 좋은 계절 풍경을 시로 써내면	書之歲華
읽기에 좋다고 말들 하리라	其曰可讀

비평인지 시인지 구별하기가 어려울 만큼 완전무결한 한 편의 시다. 『시품』 가운데 가장 시적인 묘사를 하고 있다. 다른 풍격과 비교

할 때 내용이 평이하여 이해하는 데 큰 문제가 없다. 전아에서는 아름다운 선비(佳士)의 삶을 일관되게 묘사하고 있다. 시간적인 배경은 여름철이고, 공간적인 배경은 전원이다. 비가 내린 뒤 갠 어느 날의 인상적인 장면을 포착하였다.

첫번째 단락은 멋진 선비가 친구들과 어울려 집 안에서 술을 마시며 내리는 비를 감상하는 장면을, 두번째 단락은 비가 그친 뒤 한층 아름답고 맑아진 주변의 풍경을 묘사했다. 첫 구절 '옥호매춘(玉壺買春)'에서 춘(春)을 봄이라고 보아 "옥 술병에 술을 담아서 봄날에 노닌다"로 해석하기도 한다. 충분히 가능한 해석이나 그럴 경우 계절이 봄이 되어 두번째 구절의 여름 풍경과는 어울리지 않는다. 당나라 시절부터 술 이름에 춘 자를 많이 써서 부수춘(富水春), 약하춘(若下春), 소춘(燒春) 따위의 명주가 있었다. 그러므로 매춘(買春)은 술을 산다는 뜻으로 해석하는 것이 옳다. 내용으로 보아도 술로 이해하는 것이 적합하다.

두번째 단락은 집 안에서 비를 감상하다 비가 개자 친구들과 산보하는 모습이다. 세번째 구 '면금녹음(眠琴綠陰)'은 이름난 구절인데 대체로 녹음 아래 금(琴)을 베개처럼 베고 눕는다는 뜻으로 해석했다. 옛 시에 보이는 횡금(橫琴), 침금(枕琴)이란 표현과 같은 해석법인데 "거문고를 베고 잔다(眠琴)"는 표현은 금을 연주하지 않고 베개로 베고 있기에 더 여유로운 자세를 보여주는 멋진 표현이다. 조선 중기의 시인인 최립(崔岦, 1539~1612)은 「거문고를 베다枕琴」란 시에서 "거문고 타다가 베개 삼아 베고 누웠다(橫琴而枕之)"라고 읊었는데 이 구절의 의미와 가깝다. 근대 일본의 한학자인 곤도 모토이키(近藤元粹)는 이 구절을 두고 "면과 금 두 글자는 모두 '살아 있는 글자'(동사라는 의미이다)다. 잠을 자기도 하고 금을 연주하기도 한다는 뜻이다(眠琴二字共活字, 謂或眠或彈琴也)"라고 풀이했다. 그의 해석은 적합하다.

세번째 단락에서 비로소 전아의 핵심으로 논지가 전개되고, 마지막 대목에서는 시의 문제를 직접 건드린다. "떨어지는 꽃잎은 말이 없고"라는 구절은 의인화 수법을 구사하고 있다. 꽃이 무슨 말을 하겠는가? 그러나 이 구절엔 마치 꽃에게 할 말이 있었던 양, 이를 기다리는 시적 감수성이 바탕에 깔려 있다. 구양수(歐陽修)가 지은 「접련화蝶戀花」 중 "눈물 어린 눈으로 꽃에게 물어보지만 꽃은 대답이 없네(淚眼問花花不語)"라는 구절에서도 같은 수법이 쓰인다. 말없이 지는 꽃잎과 국화처럼 담담한 사람은 서로가 닮아 있다. 전아의 풍격을 암시한다.

지금까지 『시품』 전아의 내용을 감상해보았다. 앞서 살펴본 고전적 의미의 전아와 비교했을 때 『시품』 전아에서 묘사한 '아름다운 선비'는 유가의 경전과 사유에 속박받는 정통 사대부로 보기 어렵다. 그는 조정에 나가 벼슬하는 관리나 유가적 의무에 충실한 선비의 모습이 아니다. 그는 공명이나 재물을 얻으려는 마음 없이 그저 아름다운 산수에 파묻혀 시인묵객과 어울려 술을 마시고 멋진 풍경을 감상하며 거문고 타고 바둑 두며 인생을 즐기는 여유로운 인물로 보인다. 정계에서 밀려나 전원에 묻힌 선비로 보는 것이 더 어울린다. 그렇지만 스스로 불우하다고 느끼지 않고 오히려 아취(雅趣, 고아한 정취)를 즐기는 선비의 모습이다.

그렇게 볼 때 『시품』에서 보여준 전아는 단순하게 볼 수 없다. 다시 말해, 올바르고 의젓하며 평화로운 유가적 의경(意境)을 밑바탕에 깔고서 다시 그 위에 자연적이고 탈속적이며 담박한 도가적 의경을 포개놓고 있다. 앞에서 살펴본 전아의 일반적인 내용에 비추어 봤을 때, 『시품』에서는 그 범주를 아주 좁게 해석하고 있거나 아니면 상당히 왜곡된 방식으로 이해하고 있다. 『시품』의 기준에 따르면, 전아는 '고고'나 '충담'의 풍격과 크게 다르지 않다. 정치에서 손을 떼고 산골에 은거해서 "자기 혼자 선량하게 살아간다(獨善其身)"[3]는 유가의 처세관이 진한 흔적을 남기고 있다.

그렇기는 하지만 전아는 다른 어떤 풍격보다도 뛰어난 문학적 묘사를 자랑한다. 무엇보다 전아는, 사대부였을 『시품』의 저자에게 절실한 생활의 풍격이었겠기에 그는 선비의 삶과 미의식을 핍진하게 묘사한 것으로 보인다.

3. 선비의 멋진 운치

전아에는 그림의 소재로 쓰기에 적합한 뚜렷한 형상이 등장한다. 초가에 앉아 아름다운 선비들과 술을 마시는 장면, 쏟아지는 폭포 아래서 거문고를 타는 모습은 전통 회화에서 어렵지 않게 접하는 장면들이다. 네 명의 화가는 이 소재를 어떻게 활용하고 있을까? 먼저 정선의 그림부터 감상해본다.

정선은 첫번째 구절에 나오는 소재인 비와 술, 그리고 친구를 포기하고 오로지 대숲만 살려서 그렸다. 정선은 날이 개자 집을 나와 물살이 거세진 폭포 아래서 거문고를 가로안고 풍경을 구경하는 장면을

• 정선, 〈전아〉.

묘사했다. 버드나무를 앞에 두고 짙은 녹음 아래 앉은 인물은, 흘러가는 물을 바라보고 있다. 두번째 단락을 그림으로 그린 셈이다. 결과적으로 폭포를 구경하는 인물을 묘사한 관폭도(觀瀑圖)의 구도에 가까워졌다. 숲 속에 집이 숨겨져 있고, 거문고를 안고 있는 점이 여느 관폭도에 견주어 조금 다를 뿐이다. 여럿이 등장하지 않고, 은사 한 사람만을 그린 것도 관폭도의 일반적 구도와 닮아 있다. 그렇게 그림으로써 자연에 묻혀 사는 고상한 선비의 운치를 훌륭하게 재현하고 있다. 이 그림을 두고 "버드나무에 바람은 살랑살랑 불어오고, 폭포는 우렁우렁 물결이 난다. 이런 데서 거문고를 안고 있으니 멋진 운치가 크게 살아난다(澹澹柳風. 喧喧飛瀑. 於此抱琴. 大有佳致)"라는 화평을 달았는데 그림의 특징을 적절하게 부각하여 설명했다.

다음은 반시직의 그림이다. 반시직도 정선과 마찬가지로 두번째 단락을 소재로 그렸다. 집과 인물은 작게, 주위의 산수는 크게 그려 대조를 이룬다. 빈한한 선비의 주택 뒤로 폭포에서 폭포수가 쏟아지고 그 아래로 새들이 난다. 비가 지나간 뒤의 풍경이다. 집 주변에는 긴 대나무가 숲을 이루고 있고, 집 옆에는 거문고와 옥호(玉壺)가 놓여 있다. 선비 두 사람이 의자에 앉아 밖에 피어 있는 국화를 바라보고 있다. 반시직은 세번째 단락의 "떨어지는 꽃잎은 말이 없고 사람은 담백하기가 국화와 같다"는 대목을 그렸는데 "국화와 같다"는 비유를 아예 실제 풍경으로 그려 가을날의 풍경으로 바꾸어놓았다. 그래서 전체 풍경이 가을철의 고즈넉한 분위기를 자아낸다. 전아 본문에서는 가을의 느낌보다는 여름의 느낌이 강하다는 점에서 반시직의 해석은 원뜻을 조금 벗어나 있다. 그의 그림은 대나무와 국화를 부각시

• 반시직, 〈전아〉.

• 반시직, 〈전아〉(부분). 선비 두 사람이 의자에 앉아 국화를 바라보고 있다.

킴으로써 전아의 풍격을 살려내고 있다.

　장부는 건륭제가 쓴 「옥옹가玉甕歌」⁴의 내용을 그림으로 그렸다. 옥으로 된 옹기는 원대 이래 큰 보물로서 쿠빌라이가 여기에 30석의 술을 담아 신하들과 마셨다고 전한다. 이 큰 옥그릇이 민간에 떠돌았는데 공부시랑(工部侍郞) 삼화(三和)가 이를 사다가 1745년 건륭제에게 바쳤다. 그러자 건륭제는 그에게 천금을 하사하고 옥그릇을 승광전(承光殿)에 안치했다. 그리고 옥그릇의 유래와 의의를 칠언고시로 지어 바닥에 새기고 많은 신하들에게 차운(次韻)하도록 했다. 지금도 베이징의 베이하이 공원(北海公園) 퇀청(團城)에 그대로 보존되고 있다.

　장부는 황제의 화려하고 거창한 건물을 배경으로 하지 않고 큰 산 폭포 아래 조촐한 초가에 옥 옹기를 크게 그려넣었다. 『시품』 전아의 첫 구절, "옥 술병에 좋은 술 가득 담고서"를 묘사한 것이다. 승광전

• 장부, 〈전아〉.

을 초가로 그린 것은 『시품』의 전아에 묘사된 초가에 맞추기 위해서 다. 옆 건물에는 서탁을 놓았다. 집 뒤에는 산들이 이어지고 산 사이로 폭포가 쏟아지고 흰 구름이 가로질러 간다. 집 주위에는 큰 대나무가 자라고 있고, 집 앞을 흐르는 계곡에는 한 선비가 아이를 데리고서 산보를 나왔다. 옹기를 그려넣은 것을 제외하면 다른 세 명의 화가가 그린 그림의 소재와 비슷하다.

다음은 제내방의 그림이다. 정선과 달리 제내방은 첫번째 단락을 주된 소재로 활용하되 두번째 단락의 소재를 일부 반영했다. 초가지붕 아래 탁자에 앉아서 편안한 자세로 친구들이 담소를 나누는 모습이 중심을 이룬다. 관모(官帽)를 쓴 관리와 평상복을 입은 선비가 어울리는 풍경이다. 담 밖에는 우산을 쓴 채 술을 사서 들고 오는 사람이 보인다. 집 밖에는 대숲이 있고, 뒤쪽으로는 작은 폭포가 물을 뿜고 있다. 전형적인 아집도(雅集圖, 선비들의 고아한 모임을 그린 그림)다.

그림에는 나무 그늘 아래 평상에 금(琴)이 놓여 있다. 비 내리는 날 나무 아래 금을 놓은 배치는 어울리지 않는다. 한 화면에 서로 다른 시간대의 일을 묘사하기도 하지만 아무래도 어색하다. 하지만 그렇기는 해도 이 그림은 문사의 고아한 일상을 생동감 있게 묘사하고 있다. 특히, 구부정한 모습으로 우산을 쓴 채 술을 사오는 사람의 모습은 집 안에 앉아 있는 선비들의 조용한 모습과 대조를 이룬다.

이렇게 네 명의 화가는 전아의 주요한 소재를 활용하여 그림을 그렸다. 그림은 대체로 "사람은 담백하기가 국화와 같다(人淡如菊)"에 나오는 한 글자, '담(淡)'에 초점이 맞추어졌다. 그리고 담백함을 내세운 이들 그림을 통해서 유가 경전의 권위를 앞세웠던, 선대 사람들이 생

• 제내방, 〈전아〉.

각한 전아와는 또다른 차원에서 전아의 풍격을 유연하게 해석해볼 수 있다.

5. 왕실의 장중함과 은사의 아취를 모두 담아내다

앞에서 전아의 특징을 두 가지로 구분해 살펴보았다. 하나는 유가적 사유와 경전을 내세운 경향이고, 하나는 문인의 한적한 아취와 풍류를 드러내는 경향이다. 그 가운데 두번째 경향이 『시품』에 주도적으로 나타난다. 두 가지 경향은 고대부터 근대에 이르기까지 수많은 시인에게 두루 나타난다. 조정에서 벼슬하는 관료와 재야에 은퇴한 선비를 가릴 것 없다. 그 가운데 후자, 즉 아취와 풍류를 즐기는 태도는 정계에서 밀려나 전원에 묻힌 선비에게는 꼭 들어맞으나, 현직 관료의 삶과는 거리가 있는 것처럼 보인다. 그러나 실제로는 그렇지 않다. 정치에 몸담고 있으면서도 의식은 재야 은사의 삶과 아취를 지향하는 경우가 적지 않았고, 또 그 반대의 경우도 많았다. 조선 후기의 사대부는 "선비의 출사(出仕)나 은거는 그 뜻이 한가지이다. 은거한다 하여 민생 문제에 뜻을 두지 않는다면 승려일 따름이요, 출사한다 하여 산수 자연에 관심을 갖지 않는다면 노예일 따름이다"[5]라고 했다. 관료생활에 몸은 바빠도 산수 자연에 마음 기울이는 일 또한 잊지 않는 것이야말로 전아한 선비의 태도다.

전아의 두 가지 면모를 함께 보여주는 전형적인 작가로 왕유를 꼽을 수 있다. 먼저 서로 다른 성격을 지닌 두 편의 작품을 본다.

붉은 비단 두르고 계인(鷄人, 시간을 알리는 사람)이 새벽을 알리자

絳幘鷄人報曉籌

옷 맡은 관리가 화려한 갓옷을 내오네

尚衣方進翠雲裘

구중궁궐의 대문이 활짝 열리고

九天閶闔開宮殿

모든 나라에서 의관을 갖추고 황제에게 절하네

萬國衣冠拜冕旒

햇살이 선장(仙掌, 이슬을 받는 그릇)에 내려 어른거리고

日色才臨仙掌動

안개는 곤룡포 곁에 일어 넘실거리네

香煙欲傍袞龍浮

조회가 끝났으니 오색으로 조서 짓노라고

朝罷須裁五色詔

패옥 소리 울리며 봉황지로 돌아가네

珮聲歸到鳳池頭

—「대명궁에서 조회를 드리고 和賈至舍人早朝大明宮之作」

서늘해진 산은 갈수록 짙어가고

寒山轉蒼翠

가을이라 냇물은 하루하루 잔잔해진다

秋水日潺湲

지팡이 짚고 사립문 밖에 서서

倚杖柴門外

바람을 쏘이며 저녁 매미 소리 듣는다

臨風聽暮蟬

나루터에는 저녁 햇살 남아 비추고

渡頭餘落日

마을에는 밥 짓는 연기 피어오른다

墟里上孤煙

접여(接輿)와 다시 만나 술에 취한 뒤

復値接輿醉

버드나무 앞에서 마음껏 노래 부른다

狂歌五柳前

—「망천 별장에서 한가로이 지내며 수재 배적에게 주다

輞川閑居贈裴秀才迪」

• 청대 화가 고학경(顧鶴慶, 1766~1830 이후)이 1814년에 『시품』의 전아를 화제로 그린 그림. "숲 그늘 아래 잠을 자다 거문고를 연주하고 저 위에는 물을 뿜는 폭포가 있다(眠琴綠陰, 上有飛瀑)"가 화제로 쓰여 있다. 소장처 미상.

첫번째 시는 조정에서 벼슬할 때 동료들과 함께 지은 작품이고, 두번째 시는 별장에 머물면서 절친한 친구이자 시인인 배적(裵迪)에게 써준 작품이다. 첫 작품에서는 새벽에 백관이 황제에게 조회하는 엄숙하고 화려한 의식을 묘사했다. 화자의 어조 또한 여유롭고, 밝고 힘차다. 저속하거나 신기한 표현을 사용하지 않는 대신에 유가 경전과 역사서에 나오는 계인(鷄人)이나 선장(仙掌)과 같은 어휘를 곳곳에 적절하게 배치해 고전적인 장중한 멋을 풍긴다. 궁정시인으로서 태평성대를 화려하게 묘사하는 전아한 작품의 전형을 보여준다. 전통시대에는 이렇게 왕실을 예찬하고 묘사하며, 고위 관료에게 바치고 그들과 함께 쓰기도 하는, 일종의 행사용 시와 문장이 많이 창작되었다. 그와 같은 시문을 얼마나 잘 쓰는지가 작가의 능력을 판가름하는 잣대가 되기도 했다. 이런 종류의 작품에서 요구하는 풍격의 하나가 바로 전아다.

뒤의 시는 앞의 시와 비교할 때 분위기와 표현이 완전히 다르다. 전원에서 친구와 함께 평화롭게 지내는 삶을 나직한 목소리로 읊고 있다. 평화롭고 아름다운 마을의 풍경을 읊고 난 뒤 마지막 대목에서야 비로소 뜻이 통하는 은사와 함께 자연에 묻혀 사는 즐거움을 노래한다. 끝 부분에서 초광접여(楚狂接輿, 공자가 만났던 은사로 거짓으로 미친척함)와 어울려 술에 취하고 미친 듯 노래하는 모습에서는 방종한 태도가 조금 비치기도 하지만 전체적으로 여유롭고 한적한 삶의 풍미를 담았다. 이 작품은 시인이 망천 별서(別墅, 별장)에서 배적과 함께 지내면서 주고받은 많은 시 가운데 한 편이다. 그때 주고받은 작품들은 고아한 벗과 함께 산수와 계절, 시와 음악, 바둑과 술을 향유하며 아취와 풍류를 즐기는 은사의 생활을 멋지게 표현하고 있다. 속된 현실에 매몰되지 않고 자유로운 인생을 즐기는 모습은 『시품』 전아에서 "한 자리에 아름다운 선비들 앉아 있고(坐中佳士)" "사람은 담백하기가 국화와 같다(人淡如菊)"라고 표현한 선비의 모습과 잘 어울린다. 왕유의 삶과 작품 활동은 이른바 사대부의 '아집(雅集)'이 추구한 모델과도 같았다.

6. 뜻이 맞는 친구들과의 고아한 모임

한국의 옛 시인들도 뜻이 맞는 친구들과의 우아한 모임, 곧 아집을 묘사한 작품을 즐겨 지었다. 문사들은 시회(詩會)를 열고 시를 주고받으며 풍류를 즐겼다. 특히 영조시대에, 이천보(李天輔)와 남유용(南有容), 오원(吳瑗), 황경원(黃景源)이 주동이 되어 활약한 시회가 유명했다. 이들은 모두 명문가 출신으로 문장과 시로 명성이 높았다. 나중에는 고관을 역임하여 정치적으로도 크게 성공했다. 그렇기에 얼핏 보면, 골치 아픈 정계를 벗어나 자연에 묻혀 사는 문사들과는 삶의 태도도 예술의 지향도 다를 듯하다. 그러나 실제 작품은 예상과는 반대다. 이천보와 남유용의 시를 차례로 본다.

바위의 폭포 소리와 솔바람 소리	巖瀑與松籟
밤새도록 청아하고 그윽하게 들려오네	淸幽倂夜聞
하늘에선 삼복철의 비가 개고	天開三伏雨
정자에는 산봉우리 구름이 자고 가네	樓宿一峰雲
지쳐버렸다 풍진세상에서 이루고자 한 꿈	倦矣風塵夢
그리워라 나무하고 바위하고 어울려 사는 인생	懷哉木石群
빈 뜰에 지팡이 짚고 서자	庭虛仍挂杖
풀벌레 소리 새벽까지 야단스럽다	蟲語曉紛紛

—「정자의 밤에亭夜」, 『진암집晉菴集』 권1

봄 날씨가 흐려 나들이 가는 말을 멈추자	春陰歇遊騎
대지는 온통 버들가지로 푸르네	滿地柳條靑
지팡이 옮겨가는 대로 산빛은 달라지고	山色隨移杖
정자에 기대서서 연못 속을 비춰보네	池心照倚亭
맑은 구름에 마음까지 아득해지고	淸雲意俱遠
그윽한 새소리에 술기운이 막 깨네	幽鳥酒初醒
벌판을 바라보니 마을도 저물어	曠眺村墟晚

땅거미 속에 밥 짓는 연기 오르네   人烟生窈冥

—「오원의 산속 정자에서 모이다集吳伯玉巖亭」,『뇌연집雷淵集』권2

두 편의 시는 이천보와 남유용이 청년 시기에 썼다. 시를 쓴 장소는 현재 고려대학교 뒤편에 있는 종암동이다. 지금은 학교가 들어서고 주변이 개발되어 번화한 도회지 풍경이지만 당시에는 낙락장송이 아름답던 서울 근교의 명승지 가운데 하나였다. 이곳에 당대의 명사였던 오원의 별서가 있었는데 이름하여 동정(東亭) 또는 암정(巖亭)이다. 그곳에서 1730년대를 전후하여 이천보를 비롯한 친구들이 자주 모여 시회를 열고 많은 시를 지었다. 그렇게 해서 동인의 시집을 여러 차례 엮었는데『종암창수록鍾巖唱酬錄』과『동정시東亭詩』같은 시집이 바로 그것이다. 이 시인 그룹은 영조시대 시단에서 영향력을 행사한 문인아집(文人雅集)의 하나다.[6]

위에 인용한 시는 그 모임에서 지어진 작품들 중 일부다. 시에는 친구들과 어울려서 모임을 갖고 산수 자연을 감상하며 시를 짓는 장면이 묘사되어 있다. 밤까지 술도 마시고 담소도 나누는 모습이 보인다. 어떠한 실의나 우울함도 찾기 힘들다. 멋진 자연이 주변에 있고, 능력 있고 시 잘 짓는 선비들이 곁에 있다. 두 작품을『시품』의 전아와 비교해보면, 소재와 내용과 정서에 유사한 점이 많다. "떨어지는 꽃잎은 말이 없고 사람은 담백하기가 국화와 같다. 이 좋은 계절 풍경을 시로 써내면 읽기에 좋다고 말들 하리라"라고 한 전아의 마지막 단락은 두 편의 시가 지닌 성격을 적절하게 표현한다. 이들이 남긴 문집에 수록된 작품에서는 국화처럼 담백한 사람들의 풍류와 아취를 엿볼 수 있다.

조선시대, 특히 후기에는 조정에 출사하는 관료라 해도 마음속으로는 전원에 물러나 풍류를 즐기는 삶을 꿈꿨다. 위 시 가운데 "지쳐 버렸다 풍진세상에서 이루고자 한 꿈, 그리워라 나무하고 바위하고 어울려 사는 인생"이라는 대목에서 그 같은 지향을 엿볼 수 있다. 전아는 시를 보는 풍격이기도 하지만 여기에서 묘사한 삶은 조선 후기 사대부의 인생 지향과도 맞닿아 있다. 그 때문에 조선 후기 문인들은 전아에 들어 있는 구절을 자주 인용하며 좋아했다.

그러나 이들이 즐긴 풍류는 어디까지나 선비의 본분을 넘어서지 않는 한도 안에 존재했다는 점을 기억해야 한다. 이들이 죽림칠현(竹林七賢)으로 대변되는, 청담(淸談)을 즐기고 풍류를 즐긴 일탈과 방종의 범주에 들어갈 때도 있지만 그렇다고 유학을 신봉하는 선비의 삶을 결코 벗어나지는 않았다. 남유용은 시회를 마치고 돌아가는 자리에서 "기쁘게 놀되 과도할까 조심하여 자주 일어나 옷깃을 여민다. 어찌 유령(劉伶)과 완적의 무리처럼 명교(名敎, 지켜야 할 윤리와 명분) 밖에 발걸음을 들여놓으리"[7]라고 읊어서 과도한 방종을 경계했다. 그 같은 절제가 전아의 미학으로서, 이는 조선 선비의 문학에서 빠트릴 수 없는 풍격이다.

7. 국화처럼 담백한 사람

- 『보소당인존』에 수록된 『시품』 전아의 두 구절 2방(方). 장서각 소장. "낙화무언(落花無言) 인담여국(人淡如菊)"(왼쪽)과 "인담여국(人淡如菊)"(오른쪽)이다. 석인(石印)으로 찍은 두 인장에는 삼교(三橋)가 새긴 도장이라고 적혀 있다. 삼교는 바로 문팽(文彭, 1498~1573)으로 삼교는 그의 호다. 명대를 대표하는 서화가인 문징명(文徵明)의 맏아들로서 서화와 전각에 뛰어났다. 그는 명청 이후 전각의 새 조류를 개창한 위대한 전각가다. 문팽은 『시품』을 새겨 『이십사시품인보二十四詩品印譜』를 남겼는데 그 인탁(印拓)이 중국 허베이 성(河北省) 창저우(滄州)에서 발굴되기도 했다. 그런데 『보소당인존』에 수록된 두 인장은 그 문팽의 도장이다. 조선에 문팽의 인장과 인보가 들어와 감상되었음을 입증한다. 신위가 『보소당인존』의 편찬에 깊숙이 간여했고, 문팽이 『이십사시품인보』를 남겼다는 사실을 시로 남긴 정황으로 볼 때 문팽의 『시품』 인장은 신위에 의해 『보소당인존』에 실렸을 것이다.

"떨어지는 꽃잎은 말이 없고 사람은 담백하기가 국화와 같다"는 구절이 전아의 핵심이라는 사실에는 누구도 이의를 달기가 어렵다. 특히 "사람은 담백하기가 국화와 같다"는 표현이 유달리 주목을 받았다. 『시품』이 널리 읽혀 큰 영향을 미쳤던 18, 19세기 조선과 청나라 문인들 사이에서 이 구절은 자주 거론되었고, 여러모로 활용되었다. 그 면면을 살펴보면 흥미롭다.

선비의 멋진 풍류를 함축한 때문인지 문사들은 아호를 짓는 데 이를 활용했다. 19세기 조선에는 국인(菊人)이란 호를 사용한 사람이 조기영(趙耆永), 홍세주(洪世周), 이용숙(李容肅) 등 여럿 있다. 또 신좌모(申佐模)는 담인(澹人)이란 호를 쓰기도 했다. 국인과 담인이란 아호는 그 이전에는 잘 사용하지 않던, 독특한 분위기를 띤 참신한 아호다.

이들은 신위와 같은 저명한 시인들과 어울려 지낸 명사들이다. 그 가운데 이용숙은 저명한 시인이자 역관으로 구한말에 크게 활약했다. 신좌모 역시 시인으로 명성이 높았고, 저작이 많아『담인집澹人集』이 지금까지 전한다.

국화 같은 사람 또는 국화를 닮은 사람이란 뜻을 지닌 국인(菊人)과 담백한 사람이란 뜻의 담인(澹人)은 '인담여국(人淡如菊)'에서 글자를 가져다 지었다. 그들은 아호를 써서 전아에 묘사된 것과 같은 선비의 삶을 살기를 바랐다. 국화를 사랑하고 담박한 생활을 흠모한 경향을 필연코『시품』에만 연결시키는 것은 옳지 않으나 당시『시품』이 끼친 영향으로 볼 때 그 연원을 이 저작에서 찾을 만한 근거는 충분하다.

더욱이 신위와 이들 사이에 오간 시를 보면 그 추정이 틀리지 않음을 확인할 수 있다. 신위는 평소에『시품』에서 여덟 개의 이름난 구절을 뽑아 도장에 새기고 감상했는데 그 가운데 '인담여국'이란 구절이 들어갔다. 1845년 신위는 도장 여덟 개 가운데 하나를 국인 홍세주에게 선물했다. '국인'이란 홍세주의 아호가 '인담여국'에서 가져온 것이기 때문이었다.[8]

청나라 지식인 사회에서도『시품』은 똑같은 대접을 받아 비슷한 경향이 유행했다. 그 가운데 담국헌(澹菊軒)이란 아호를 쓴 여성 시인을 하나의 사례로 들 수 있다. 이 아호는 굳이 언급할 필요도 없이 전아에서 가져온 것이다. 그녀는 명성이 자자한 시인이었으며, 오위경(吳偉卿)의 부인이자 장요손(張曜孫)의 누나였다. 저명한 문사였던 장요손은 북경에서 김정희, 이상적과 만나 우정을 쌓았는데 누나의 시집을 이들에게 선물했다. 이 때문에 특이하게도 청나라 여성 시인의 시를 평가하는 글을 조선의 이름 있는 시인들이 쓰게 되었다. 두 편의 시를 보자.

『이십사시품』속의 담담한 국화와도 같고 　　十四品中澹菊如
노력과 천재성 두 가지 다 비슷하네 　　人功神力兩相於
해외서도 문자 인연을 온전하게 맺어서 　　墨緣海外全收取
그대 집 자매의 글을 두루 다 읽는다네 　　讀遍君家姊妹書

　　　　—김정희, 「담국헌 시 뒤에 쓰다題澹菊軒詩後」, 『완당전집』권10

화사함과 농염함을 완전히 씻어서 　　一洗穠華艶
규방 안은 시골티로 그윽하네 　　簾櫳野意幽
그 사람은 담담하기 국화와 같아 　　伊人澹如菊
시의 경계는 아담하여 가을에 어울리지 　　詩境雅宜秋
고향에 돌아와 오솔길 연 은사를 그리워하고 　　故里懷三徑
서풍 불 때에는 네 가지 근심을 읊는다네 　　西風詠四愁
연릉(延陵)과 함께 시를 주고받으며 　　延陵與酬唱
꽃에 숨어 사는 것이 제후보다 낫구나 　　花隱勝封侯

　　　　—이상적, 「장중원의 맏누이 맹제부인 담국헌시사도권에 쓰다
　　題張仲遠伯姊孟緹夫人澹鞠軒詩舍圖卷」, 『은송당집思誦堂集』권8

두 편의 시에서 '담국헌'이라는 아호가 담담한 국화 같은 분위기를
지녔다고 했다. 김정희는 해외에서 중국 여성의 시를 접하고서 그것

을 붓으로 맺은 소중한 인연, 즉 묵연(墨緣)이라고 한껏 의미를 부여했다. 그에 반해 이상적은 그녀의 시가 화려함을 벗어던지고 국화처럼 담담하고 가을처럼 아담한 풍격이라고 치켜세웠다. 그녀의 시와 삶이 '전아'하다는 것을 그녀의 아호와 작품에서 찾아냈다. 여성 시인의 시집과 아호를 놓고서 조선과 청나라 문사가 교류하는 장면에 『시품』의 한 구절이 요긴하게 쓰이고 있다.

전아의 풍격은 시적이고도 함축적인 표현 때문에 선비와 그 문학을 논하는 데도 거듭 이용되었다. 한두 가지 사례를 살펴본다. 저명한 화가 조희룡(趙熙龍)에게서 묵란(墨蘭)을 선물받은 남병철(南秉哲, 1817~1863 조선 후기의 문신이자 과학자로 다양한 학문에 조예가 깊고 문장을 잘했으며, 특히 수학과 천문학에 뛰어났다)은 그 보답으로 장편의 시를 지어 보냈다. "(풍부한 학식이) 손가락 끝에서 흘러나와 조금도 속됨이 없고, 오로지 문자의 기운을 여기저기 쓴다(流出指端少無俗, 縱橫全庸文字氣)"라고 조희룡을 높이 평가한 다음 묵란을 다음과 같이 칭송했다.

실사구시의 정수를 얻어냈기에   實事求是得眞髓
들뜸과 화려함을 덜어내고 예스러움과 질박함으로 돌아갔네
                                        刊落浮華歸古樸
그의 그림과 글씨가 이러한 경지이므로   其畵其書乃如此
그 사람은 반드시 담담하기 국화와 같으리라   其人必然淡如菊

— 「범부 조희룡이 묵란을 주기에 장시로 답하다
趙凡夫熙龍贈墨蘭, 答以長句」, 『규재유고圭齋遺藁』 권1

　남병철은 전아에 나오는 표현을 압축하여 조희룡 예술의 특징을 짧은 시에 집약해놓았다. 그는 실사구시의 정수를 얻어서 부화(浮華)함을 버리고 고박(古樸)함으로 돌아갔고, 유가적 교양을 체화했기에 그의 그림과 글씨에서도 그런 교양이 자연스럽게 흘러나왔다고 했다. 그가 전아의 인품을 구비했기에 예술에서도 그 같은 풍격을 구현해냈다고 치켜세웠다. 이렇게 19세기 지성인들은 전아를 사람과 예술을 논하는 기준으로 다양하게 활용했다.

세련(洗鍊)
단련하고 정제하라

1. 끝없이 갈고닦아 고결함을 이루다

　이번에는 '세련(洗鍊, washed and refined 또는 sort out for the best)'이다. 세련의 연(鍊)은 연(練) 또는 연(煉)으로도 쓰며 글자가 다르다고 해도 의미상 차이는 거의 없다. 『표준국어대사전』에서는 "서투르거나 어색한 데가 없이 능숙하고 미끈하게 갈고닦음"이라 풀이했고, 이 말이 북한말에서는 "시련을 겪고 경험 따위를 쌓아 단련됨"이란 의미로 넓어졌다고 밝혔다. 더이상 설명할 필요를 느끼지 않을 만큼 일상생활에서 자주 쓰여 말이나 문장, 행동이나 태도, 예술이나 기술에서 상당히 단련된 솜씨와 능숙한 태도를 가리킨다. '세련된 태도' '세련된 옷맵시' '세련된 말씨' 같은 활용을 그 사례로 들 수 있다. 이렇게 세련이란 말은 한국뿐 아니라 중국이나 일본에서도 거의 비슷한 의미로 쓰인다.

그렇지만 세련이란 말을 과거에도 그렇게 흔히 사용한 것은 아니다. 지금은 세련이란 말을 『시품』의 다른 어떤 용어보다도 흔하게 사용하지만 전통시대, 특히 한국에서는 세련이라는 말을 문장에서는 말할 것도 없고, 미학용어로도 거의 사용하지 않았다. 특정 작가가 특별한 경우에 드물게 사용한 예가 간혹 보일 뿐이다. 중국은 우리와 사정이 조금 다르기는 하나 그렇다고 『시품』의 다른 개념만큼 흔하게 사용한 것은 아니다.

이렇듯 자주 사용하지 않던 세련이란 말이 시학이나 미학에서 중요하게 취급된 것은 『시품』 때문이다. 『시품』에서 세련을 하나의 미학용어로 다룬 이후 이 용어를 쓰는 일도 더 늘어났다. 그렇다고 해도 미학의 개념으로 명확하게 확립되었다고 보기는 어렵다. 세련이란 말보다는 단련(鍛鍊)이나 정련(精練)과 같이 비슷한 의미를 지닌 다른 말이 더 널리 쓰였기 때문이다.

그렇다면 시학용어로서 세련은 어떤 의미를 지닐까? '세(洗)'는 씻는다는 뜻이므로 깨끗하게 씻어서 맑고 투명하게 보이도록 하는 것을 말하고, '연(鍊, 練, 煉)'은 단련(鍛鍊)한다는 뜻으로 작품을 거듭하여 조탁하는 것을 뜻한다. 따라서 세련은 작품을 거칠고 미숙한 상태로 내놓지 않고 거듭 다듬고 고쳐서 미끈하게 잘 만드는 것을 말한다.

문학에서, 세련은 일반적으로 창작상 요구되는 기법이나 태도다. 『백우재사화白雨齋詞話』 권6에서 "번사(樊榭, 청나라 시인 여악厲鶚의 호)는 흔히 구절을 그윽하고 깊게 만든 반면, 곡인(谷人, 청나라 시인 오석기吳錫麒의 호)은 어휘를 구사할 때 전적으로 세련되게 하고자 했다(樊榭造句多幽

深, 谷人措詞則全在洗鍊)"라고 했는데 여기서 보듯이 주로 창작 기법에
초점을 맞추어 사용했다.

하지만 세련을 문장을 단련한다는 의미로만 사용하지는 않았다.
그보다는 훨씬 폭넓게 썼다.『송서宋書』「고개지전顧愷之傳」에는 "영혼
이 깃든 곳을 눈으로 맑게 씻고, 정신이 머문 집을 비단처럼 씻는다
(澡雪靈府, 洗鍊神宅)"란 표현이 나온다. 여기에서 비단처럼 씻는다는 '세
련(洗鍊)'은 잡념을 깨끗하게 씻어서 정신을 맑게 한다는 의미로 쓰였
다. 따라서 세련은 불순하고 저속한 것을 제거하여 순수하고 고결한
상태로 만들어가는 것을 의미한다. 문학에서 말하는 세련은 넓은 범
주의 한 부분일 뿐이다.

당연한 말이지만, 세련된 시를 쓰고자 하는 것은 시인의 기본적인
욕망이다. 쓰기만 하면 바로 훌륭한 시가 되고 글이 되는 것은 아니기
에 시인이라면 한없이 갈고닦아서 더이상 손을 댈 필요가 없는 수준
이 된 뒤에야 작품을 내어놓는다. 그래서『시품』의 저자가 세련의 중
요성을 제기한 것은 어찌 보면 당연하다. 그러나 그는 세련을 단순한
기법 차원에서만 이야기하지 않고 시인의 영혼과 작품을 단련하는 것
까지 함께 다루었다.

2. 시인의 금과옥조

광석에서 순금을 제련하고	猶鑛出金
납덩어리에서 백은(白銀)을 뽑아내듯	如鉛出銀

마음을 온통 기울여 단련하고 도야하되	超心煉冶
조잡하고 거친 것은 일절 아끼지 않는다	絶愛緇磷
밑바닥까지 보이는 못에 봄물 쏟아지는데	空潭瀉春
오래된 거울에 영혼을 비춰본다	古鏡照神
바탕을 지키고 고결함을 쌓아서	體素儲潔
달빛을 받으며 진실한 모습으로 돌아간다	乘月返眞
하늘의 별들을 바라보며	載瞻星辰
숨어 사는 사람을 노래한다	載歌幽人
흐르는 물이 오늘의 모습이라면	流水今日
밝은 달은 전생의 모습이라네	明月前身

웅혼부터 전아까지 지금껏 다룬 여섯 가지 풍격을 보면, 글을 전개하는 방식에 일정한 틀이 있다는 것을 잘 알 수 있다. 4구로 구성된 각 단락마다 첫번째 단락에서는 풍격의 전체적인 인상과 시인이 갖추어야 할 품성을 특정한 형상으로 묘사하고, 두번째 단락에서는 구체적 사물을 통해서 풍격의 특징을 상징적으로 보여주며, 세번째 단락에서는 개념을 직접 사용하여 그와 같은 시풍을 창작하는 방법을 설명한다. 모든 풍격의 내용이 이런 방식으로 전개되지는 않았으나 대체로 그와 같았다.

그런데 세련은 지금까지와는 판이하게 다른 전개 방식을 보인다. 첫 단락부터 바로 개념을 사용하여 세련의 풍격으로 작품을 창작하는 방법을 직접 설명하고, 두번째 단락과 세번째 단락에서 오히려 비유로 묘사하고 있다.

첫번째 단락에서는 세련(洗鍊) 중 '연(鍊)'의 원뜻에 초점을 맞추어 단련의 중요성을 역설한다. 잡석이 섞인 광물 속에서 순금과 백은을 뽑아낸다는 비유를 써서 온갖 것들이 뒤섞여 있는 무한한 소재에서 정수만을 취해 시를 창작해야 한다고 말했다. 그 과정이 바로 단련과 도야인데 시인은 여기에 전심전력하되 조잡하고 거친 것들을 버리는 데 과감해야 한다. 창작에서는 불필요한 것을 아낌없이 버리는 일이 좋은 소재를 선택하는 것 이상으로 중요하고 어렵다. 시인은 말하고자 하는 내용을 최대한 정제하여 말해야 하므로 버릴 수 있는 것은 마지막까지 버려야 한다. 애착이 간다고 해서 끌어안고 있어서는 시를 해친다. 이 짤막한 네 구절은 시와 글을 다듬는 금과옥조다.

한편, 3구 "마음을 온통 기울여 단련하고 도야하여(超心煉冶)"를 달리 해석하기도 한다. 초심(超心)은 보통 전심(專心)으로 해석하여 마음을 온통 한 곳에 집중한다는 뜻으로 해석하지만 이를 초월하려는 마음, 다시 말해 진세(塵世)를 초월하려는 마음으로도 해석한다. 쭈바오취안(祖保泉)이 그처럼 해석했는데, 그는 이 구절이 진세를 초월하여 득도한 진인(眞人)을 설정해 그가 정신을 수양하여 높은 경지를 이루는 과정을 묘사했다고 보았다. 문학에서 작품을 단련하고 정제하는 과정이나 시인이 창작 능력을 터득하는 습작의 과정을 비유한 것으로도 이해할 수 있다.

두번째 단락은 세련의 경지에 도달하기 위해 시인이 내면의 감정을 순화하고 작품의 흠결을 없애는 과정을 묘사하고 있다. 1구와 2구는 찌꺼기나 불순한 것이 섞이지 않은 상태, 투명하고도 깨끗하여 대상을 남김없이 보여주는 상태를 비유를 써서 표현한다. 3구에서 "바탕을 지키고 고결함을 쌓아서"라고 말했는데 첫 단락에서 말한 순금을 제련하고 백금을 캐내는 것과 관련하여 볼 때 잡된 것에 물들지 않은 지극히 순수하고 고결한 상태로 내면을 수양하거나 작품을 천의무봉(天衣無縫)하게 조탁해야 한다는 주장을 담고 있다. 이때, 단련의 대상은 작가의 심혼에도 적용되고 작품 자체에도 적용된다. 완전무결하게 갈고닦아 더이상 손을 댈 필요가 없는 단계에 올라야 하는데 4구에서 "진실한 모습으로 돌아간다(返眞)"고 한 것이 이를 의미한다.

세번째 단락에서는 속되거나 잡스러움이 없는 초월적인 세계, 절대 순수의 경지를 노래했다. 이는 수양과 단련의 힘든 과정을 거쳐서 도달한 높은 경지다. 직접적으로는 바로 앞에 나온 "달빛을 받으며 진실한 모습으로 돌아간다"와 연결된다. 그러니, 여기서 묘사한 세계는 곧 진인의 눈에 보인 풍경과도 같은 것이다. 하늘의 별들, 숨어 사는 은사, 흐르는 물, 밝은 달이 상징하는 것은 모두 순수하고 청정한 이미지들이다. 그 가운데 특히 "흐르는 물이 오늘의 모습이라면 밝은 달은 전생의 모습이라네"는 예부터 순수하고 명징한 세계를 비유하는 명구로 이름이 높다.

3. 형상으로 묘사하기 어려운 순수의 이미지

여기서 감상할 세련을 그린 그림은 모두 세 가지다. 정선이 그린

洗鍊

• 반시직, 〈세련〉.

〈세련〉은 남아 있지 않다. 정선의 『사공도시품첩』에는 그림 두 폭이 빠져 있는데 그 가운데 하나가 세련이다. 처음에는 스물네 폭을 모두 그린 것이 틀림없으나 소장자의 손을 여러 번 거치면서 잃어버렸을 것이다.

먼저 살펴볼 것은 반시직이 그린 그림이다. 그는 두번째와 세번째 단락을 묘사의 소재로 활용했다. 인물이 등장하지 않는다. 높은 산 아래 큰 강물이 흐르고 산 위에 달이 떠 있다. 매우 단순한 소재와 구도다. "달빛을 받으며 진실한 모습으로 돌아간다"와 "흐르는 물이 오늘의 모습이라면 밝은 달은 전생의 모습이라네"를 묘사하고 있다. 세련이 목표로 하는 세계, 다시 말해 수양하고 단련하여 도달한 높은 경지의 단순함과 추상성을 형상화하고자 한 것으로 보인다.

장부는 건륭제가 쓴 「화엄동늑벽華嚴洞勒壁」[1]이란 시를 그림으로 표현하였다. 베이징의 하이뎬 구(海淀區) 옥천산(玉泉山)에 있는 화엄동을 소재로 한 시다. 시는 화엄동의 사찰을 찾아가 불공을 드리는 과정과 주변 풍경을 묘사하고 있다. 사찰은 깊은 산중에 있고, 그리로 가는 길이 그림 전면에 그려졌다. 사찰 왼편과 뒤쪽으로 험준한 산이 배경으로 놓여 있다. 짙은 색채를 써서 묵직한 느낌을 준다. 그런데 이 그림이 세련과 어떤 관계가 있을까? 건륭제의 시는 천천히 입산하여 점차 아름다운 풍경으로 들어가는 과정과 대궐 옆에 있으면서도 세속을 벗어난 듯한 선경을 묘사했는데 그것이 세련과 조금 연결된다. 그러나 세련의 소재와 밀접하게 연결된 요소를 찾기가 어렵다. 그림의 중심 소재인 사찰은 세련과는 직접적인 관련이 없다. 굳이 연결지어 생각한다면 첫 단락 3, 4구의 "마음을 온통 기울여 단련하고 도야하되

如鑽出金猶出銀
起心鍊冶愛泯淄磷
空潭瀉春古鏡照神
體素儲潔乘月返真
載瞻星辰載歌幽人
流水今日明月前身
右司空圖詩品洗
鍊一則
臣蔣溥恭錄

• 장부, 〈세련〉.

조잡하고 거친 것은 일절 아끼지 않는다"와 연결된다. 사찰에서 수도하는 행위를 문장을 갈고닦는 것과 연결시킨 것이다.

　다음은 제내방의 그림이다. 그의 그림은 큰 바위산 아래로 바다 또는 강이 넘실대고 크게 물결이 치는 풍경을 배경으로 했다. 바위산 중턱에는 거문고를 연주하는 데 열중한 은사가 앉아 있다. 현재의 그림 상태만으로는 달을 그렸는지 확인하기 어려우나 시간적 배경을 밤으로 묘사했을 가능성이 높다. 여기에 나오는 인물은 본문에 나오는 '숨어 사는 사람(幽人)'일 것이다. 그렇다면 그의 그림은 "하늘의 별들을 바라보며 숨어 사는 사람을 노래한다"를 그렸다고 보는 것이 알맞다. 그리고 그의 앞에 흐르는 물은 반시직의 그림과 마찬가지로 "흐르는 물이 오늘의 모습이라면 밝은 달은 전생의 모습이라네"를 표현하기 위한 배경이다. 세련 중 가장 핵심적인 이 구절을 묘사하지 않을 수 없었을 것이다. 홀로 깊은 산속에서 아래로 물을 내려다보며 거문고를 연주하는 모습에서, 속되고 저급한 것을 초월하여 존재하는 순수하고 청정한 이미지를 표현한다.

　반시직과 장부, 제내방의 〈세련〉 시의도는 다른 그림에 비할 때 본문에서 말하고자 한 내용과 긴밀한 관련성이 부족한 듯하다. 세련의 내용을 형상으로 묘사하기가 어렵고 또 그렇게 하는 것도 잘 어울리지 않아서 그렇다. 그렇다보니 그림 자체도 조금 평범하다. 전체적으로 볼 때, '세련'을 그림으로 묘사한 세 편의 작품은 다른 풍격에 비해 표현하기가 까다로워서인지 의미하는 바가 분명하지 않다.

• 제내방, 〈세련〉.

4. 시구를 탐하는 고질병

내 고질병은 아름다운 시구를 탐하는 것 　　　爲人性癖耽佳句
남을 놀라게 하는 말 아니면 죽어도 쉬지를 않네 　語不驚人死不休

두보가 한 말이다. 독자를 깜짝 놀라게 할 시어 하나를 찾기 위해 고민하는 시인의 노력을 한마디로 표현했다. 시성(詩聖)이라 불리는 두보조차도 저토록 괴롭게 시를 지었으니 다른 시인이야 말할 필요조차 없다. 물론 시인 중에는 천부적 재질을 가지고 있어 읊기만 해도 좋은 시가 나오는 시인, 숙련의 경지에 이르러 세련된 시를 스스럼없이 짓는 노숙한 시인도 없지 않다. 하지만 아무리 그렇다고 해도 수려한 시를 짓기 위해 마지막까지 "마음을 온통 기울여 단련하고 도야하는" 수고를 마다할 시인은 없다.

전통시대에는 "한 글자 반쪽 구절도 가볍게 내어놓지 않는(雖隻字半句不輕出)"[2] 진지한 태도를 시인이 가져야 할 자세로 보았다. 많은 시인들은 두보처럼 시를 다듬어 원숙하고 정련된 작품을 만드는 고독한 고통을 토로했다. 그런 자세를 한국의 옛 시인에게서도 어렵지 않게 찾아볼 수 있는데, 글자 하나를 놓고 씨름하는 자신을 자조적으로 표현한 김득신(金得臣, 1604~1684)의 다음 시가 널리 알려졌다.

타고난 고질병이 시를 너무 좋아하여 　　　爲人性癖最耽詩
시를 지을 때면 글자 하나 놓기도 망설인다 　詩到吟時下字疑
의심이 사라져야 비로소 속이 후련하니 　　終至不疑方快意

한평생 괴로움을 누가 있어 알아주랴!　　　　　一生辛苦有誰知

스스로 좋아해서 선택한 시 짓기의 고통을, 시인들이 마다하지 않았으니 이를 '즐거운 괴로움'이라고 해도 괜찮겠다.

『시품』의 세련에서 요구한 시인의 자세는 단지 수사적 세련미 차원에만 머문 것은 아니지만 수사를 배제한 것은 더더욱 아니다. 그가 말한 세련은 초보적 단계의 수사에서 출발하여 의미와 정신적 차원에서 절대적 순수함에 이르는 높은 단계의 세련까지 모두 포함하고 있다. 그런데 단련의 힘든 과정을 거쳐서 도달한 지고지순(至高至純)하고 천의무봉(天衣無縫)한 초월적 경지를 실제 작품에서 찾아내기란 대단히 어렵다. 그 단련의 과정은 작품에서 확인하기 쉽지 않고, 그 결과도 사람에 따라 보는 눈이 다르기 때문이다. 어떻게 보면 이론에서나 가능하고 인간의 머릿속에나 존재하는 경지일 수 있다. 그러나 그런 한계를 감안하고 보아도, 과연 누구나 세련의 경지에 도달했다고 일컬을 만한 작품을 쓴 시인들을 찾아볼 수 있다. 일례로 송나라의 정치가이자 작가인 왕안석(王安石, 1021~1086)을 손꼽을 수 있다.

왕안석은 신법(新法)으로 봉건적 체제를 개혁하려 한 인물이다. 중국 역사상 가장 혁명적인 변화를 꾀한 정치가로 유명하다. 한편으로 그는 뛰어난 시인이자 산문가로서 당송팔대가(唐宋八大家)의 한 사람이다. 그가 쓴 「맹상군전을 읽고讀孟嘗君傳」라는 산문을 보면 엄밀한 단련의 고심을 엿볼 수 있다. 산뜻하고 섬세하며 치밀한 그의 시는 단련에 공을 들인 솜씨를 보여준다. 정계에서 물러나 반산(半山)에 머물 때 지은 짧은 서정시가 특히 그렇다.

물가로 나 있는 사립문은 반나마 열려 있고	水際柴門一半開
작은 다리 건너 갈림길은 푸른 이끼 번져간다	小橋分路入蒼苔
사람 등지고 모습 비춰보는 셀 수 없는 버드나무	背人照影無窮柳
담장 넘어 불어오는 향기, 온통 매화로구나	隔屋吹香倂是梅

—「금릉에서 본 풍경金陵卽事」 제1수

들물은 사방으로 흘러 섬돌 밑을 씻어내고	野水縱橫漱屋際
오후 창가 낮잠을 새들이 불러서 깨운다	午窓殘夢鳥相呼
봄바람은 날마다 향기로운 풀 위로 불어오고	春風日日吹香草
앞산 뒷산에는 갈수록 오솔길이 사라지네	山北山南路欲無

—「오진원에서悟眞院」

왕안석은 칠언절구를 잘 짓기로 이름이 높았다. 조선 전기에는 그의 시를 애송한 사람들이 많았다. 안평대군은 그의 작품을 뽑아『반산정화半山精華』를 간행했고, 성종 때에는 이행(李荇)이 시 전집『왕형공시집王荊公詩集』을 활자로 간행하기도 했다. 조선 사회에는 왕안석을 부정적으로 평가한 이들이 많아 많은 사람들이 그를 소인으로 지목하기도 했으나, 그의 시는 널리 애송되었다. 위의 두 작품은 그 같은 애송시 가운데서도 이름난 작품이다. 온갖 갈등과 혼란으로 범벅된 정계를 떠난 그에게, 명징하면서도 순수한 자연은 잠재되어 있는 감성을 자극하는 소재였다. 두 편의 시는 모두 무르녹은 봄날의 아름다운 정경을 묘사했다. 하루가 다르게 푸름이 짙어가는 봄철의 정취를 생생하게 표현하고 있다.

첫번째 시는 반쯤 열린 사립문이 보여주는 평화로움, 나날이 푸른 이끼가 번져가는 녹음, 그리고 물 위에 줄지어 늘어선 버드나무와 담장 위로 날아오는 매화 향기에서 느껴지는 봄날의 충만한 생명감을 노래하고 있다. "사람 등지고 모습 비춰보는 셀 수 없는 버드나무"는 물가로 살짝 기울어 수면 위로 가지를 드리운 버드나무를 묘사한 구절인데 마치 남자를 등 뒤에 두고 거울을 쳐다보는 여인의 뒷모습을 연상시킨다. 저속한 느낌이 전혀 없이 기품과 세련미가 넘친다. 이 작품에 대해서 이벽(李璧)은 "이 시는 읊조리는 것만으로는 부족하고 그림으로 그릴 만하다"라고 평가했고, 저명한 시인인 성재(誠齋) 양만리(楊萬里, 1127~1206)는 시 전체가 모두 아름다운 구절 빼어난 시라고 칭송했다.

두번째 시에서는 비가 내린 뒤 불어난 물이 섬돌까지 깨끗하게 씻어놓고, 새들은 낮잠 자는 시인을 불러 깨운다 했다. 음침하거나 우울한 느낌이 끼어들 구석이 없다. 잠에서 깨어난 시인이, 진실을 깨닫는다는 사원을 찾아가는 길에 풀이 우쭐 자라나 앞산 뒷산 온통 푸른빛으로 뒤덮여가는 풍경을 목도한다. 싱싱하고 영롱한 시어와 이미지로 찬란한 계절의 변화를 살려냈다. 이벽이 "오묘한 뜻이 있다"고 칭송한 시다.

왕안석의 시는 말끔하고 세련되어 흠잡을 구석이 없다. 실로 '언어의 연금술사'라는 평가를 들을 자격이 있다. 두 편의 시는 "밑바닥까지 보이는 못에 봄물이 쏟아지는데 오래된 거울에 영혼을 비춰본다"는 세련의 순수하고도 명징한 경지를 보여준 작품으로 평가해도 좋다.

5. 머리털 하나 수염 하나 모두가 시

시를 단련하는 철저하고 진지한 태도라면 남에게 뒤지지 않는 시인으로 사천(槎川) 이병연(李秉淵, 1671~1751)이 있다. 그는 고결한 시심을 담아 시를 쓰고자 노력했다. 정선이 그리고 이광사가 글씨를 쓴 『사공도시품첩』은 본래 그가 소장했던 것일 수도 있다고 미술사학자 최완수 선생이 추정할 만큼 이병연은 정선과 절친한 사이였다. 팔십 평생 3만여 수의 시를 썼다고 전하는 다작의 시인이지만 그 많은 시를 썼음에도 가볍고 거칠게 작품을 쓰지 않았다. 절친한 그의 벗 신정하(申靖夏)는 그의 시집 발문에서 이렇게 말하고 있다.

일원(一源, 이병연의 자)은 시를 지을 때 심사숙고하고 끈질기게 읊어보기를 좋아하였다. 시 한 구절을 만들 때마다 반드시 수염 서너 터럭을 만지작거려 잘라내고서야 짓기를 그만두었다. 그래서 그의 시는 매우 공교하지만 대신에 수염은 화를 당해 길지가 않았다. 일찍이 문을 닫은 채 수십 일 동안 시를 짓느라 끙끙댄 적이 있는데 그가 밖으로 나오자 수염이 전부 짧아져 있었다. 그것을 본 사람들이 일원에게 웬일이냐고 묻지는 않았지만 그가 지은 시가 상자에 가득하다는 사실을 잘 알고 있었다.[3]

수염을 비비 꼬며 시를 쓰는 버릇에 얽힌 일화를 거론하며 창작에 공을 들이는 시인의 모습을 재미있게 묘사했다. 그처럼 이병연은 천생 시인으로서 한평생을 보냈다. 이우신(李雨臣) 역시 이병연을 이렇게 시로 묘사한 적이 있다.

사천의 시골(詩骨, 시인의 골격)은 흠 하나 없는 백옥이라
> 槎翁詩骨玉無玼

머리털 하나 수염 하나 모두가 시라네
> 一髮一毛摠是詩

시를 탐해 고질병 됐다고 비웃지 마라
> 莫笑耽詩成痼癖

그대 보면 나도 모르게 콧수염 뜯으며 시 읊나니
> 對君不覺動吟髭

—「누가 우리 둘더러 시를 너무 탐한다고 조롱하기에 시를 지어 풀이하다人有嘲吾兩人浪耽詩者, 作詩解之」

이병연과 함께 있으면 자신도 모르게 콧수염을 뜯으며 시를 짓게 된다고 익살스럽게 너스레를 떨고 있다. 그러면서 이병연은 머리털 하나 수염 하나가 모두 시라고 하여 그를 시의 화신(化身)으로 대접한다. 이우신만의 과장된 평가라고 하기 어려울 만큼 그는 세상의 인정을 받았다. 그렇다면 작품을 통해 그가 과연 세련의 미학을 잘 구현한 시인인지 알아보자.

새벽에 일어나 지는 달 보니
> 晨興視殘月

서편 고갯마루에 반쯤 걸렸네
> 半窺西嶺頭

가야 할 길 아득히 뻗었고	悠哉我有行
두험천(豆險川)은 백 리를 흘러가네	百里豆川流
농가의 음식을 배불리 먹고서	果腹田家食
황소 등에 언치를 얹노라	草韉加黃牛
문밖을 나서니 거칠 것 없어	出門無所礙
소리 높여 마음껏 자유를 노래하네	高歌浩自由
아스라한 수락산이여!	迢迢水落山
빼어난 자태 양주 고을에 가득하도다	秀色滿楊州

—「18일 수락산에 가다 十八日往水落山」

당시 행정구역으로는 양주에 속한 수락산을 오르려고 새벽에 길을 나서는 장면을 묘사하고 있다. 독자를 경쾌하고 밝은 기분에 젖도록 만든다. 농촌의 투박한 음식을 배 터지게 먹었다는 '과복(果腹)'이나 볏짚으로 만든 언치를 황소 등에 얹어서 타고 간다는 '초천(草韉)'이란 표현은 속된 표현처럼 보이지만 농촌에 와서 해방감을 느끼는 시인의 기분을 살리기에는 잘 선택한 것이다. 근체시보다 비교적 자유로운 고시 형식을 채택한 것도 내용을 전달하는 데 효과적이다. 잘 만들어진 한 편의 시다. 다음 시도 예외가 아니다.

농가에서 쇠죽 끓이는 아궁이	農家養牛堗
잎을 떨군 나무라도 사랑스럽다	木落已可愛
주인은 자고 가라 붙잡으며	主人留我宿

아내를 재촉하곤 안으로 들락날락 囑婦時向內

등잔 앞에 큰 배를 꺼내놓고 燈前送大梨

단번에 갈라 불같던 속을 식히게 하네 一擘淸火肺

문득 놀라워라! 밥상의 진수성찬 俄怪盤中珍

막 잡아온 물고기에 막 뜯어온 나물일세 捕魚仍摘菜

산골짜기 찾아다닌 뒤부터 自從峽中行

때때로 진실한 모습을 목도하네 往往看眞態

나그네 하룻밤을 평안히 묵고 나니 鞍馬一宵穩

우연한 만남이나 정이 도탑구나 邂逅情可佩

새벽길 헤치며 하직하노니 拂曙還相辭

고갯마루엔 휘영청 달이 여태 떠 있네 依依嶺月在

—「창도역에서昌道驛」

금강산으로 가는 길목에 위치한 김화(金化) 고을에서 현감으로 재
직하던 40대 초반에 지었다. 촌가에 묵을 때 주인에게서 환대받은 일
을 읊고 있다. 자유로운 시형을 선택하여 시골 사람의 인정미와 정취
를 인상적으로 묘사하고 있다. 평이하게 시상을 전개하고 있어 크게
단련했다는 느낌을 주지 않으나 그것이 이 시인의 특징이고, 단련의
결과다. 시상과 시어에서 불협화를 일으키는 것이 거의 없다.

이병연의 시는 그만의 독특한 빛깔과 음색을 지니고 있다. 그 시절
사람 살아가는 정경을 밝고 경쾌하게 묘사하되 그렇다고 너무 가볍지
도 않고 시적 긴장미도 살아 있다. 그의 시는 숙련된 시인의 노련한

세련미를 보여준다. 왕안석의 시와는 결이 다르지만 투박한 감성을 가벼운 터치로 묘사해내는 그만의 탁월한 솜씨는 세련의 한 사례로 손색이 없다.

6. 명월전신, 순수한 삶의 결정

세련의 "흐르는 물이 오늘의 모습이라면 밝은 달은 전생의 모습이라네(流水今日, 明月前身)"라는 대목은 많은 사람들의 심금을 울렸다. 이 대목의 명확한 뜻은 알 듯 모를 듯하나, 이 구절에 담긴 순수하고 투명한 정서는 고스란히 전해진다. 하늘에 떠 있는 저 환한 달은 그리운 사람의 화신(化身)이자 전신(前身, 전생의 모습)이다. 짤막하고 단순한 이 한마디에 그리움의 대상을 찬미하는 심경을 고스란히 담아낼 수 있다. 그래서 많은 문인들이 즐겨 시와 글에 가져다 쓰고 인장으로 새겼다. 이 구절을 순수하고 고결한 사람을 상징하는 참신한 언어로 받아들였기 때문이다.

많은 사연 가운데 인상 깊은 것은 청나라 말엽의 저명한 화가이자 서예가, 전각가인 우창쉬(吳昌碩, 1844~1927)가 부인을 추억하며 새긴 인장에 얽힌 사연이다. 중국 전통 전각예술의 마지막 대가로 불리는 우창쉬의 대표 작품 중에 〈명월전신明月前身〉이 있다. 세련의 끝 구절에 나오는 '명월전신'을, 그는 부인을 그리워하며 인장으로 새겼다. 우창쉬 노년기 인장의 대표적인 명품으로 꼽히는 유명한 작품이다.

이 〈명월전신〉 인장은 그 자체로도 뛰어난 작품이지만 이를 새긴

• 우창숴 전각, 〈명월전신〉.

데 가슴 뭉클한 사연이 있어 더욱 유명하다. 1860년 16세의 우창숴는 당시 풍습에 따라 어린 나이에 안길(安吉)에 사는 장씨(章氏)와 약혼을 했다. 그런데 곧 태평천국운동이 일어나자 여자 쪽 집에서는 장씨를 우창숴의 집으로 미리 보내서 난을 피하도록 했다. 하지만 우창숴가 살던 곳도 난을 피할 땅은 아니어서 일가족이 도망하게 되었다. 그런데 전족을 한 여성들은 도주하기가 힘들어 장씨는 우창숴의 모친을 모시고 고향에 남을 수밖에 없었다. 애절한 마음으로 둘은 다시 만날 것을 기약하며 헤어졌다. 우창숴는 그로부터 2년 동안 들과 산으로 피난하며 겨우 목숨을 건졌다. 그 뒤 고향으로 돌아왔을 때는 장씨는 벌써 굶주림과 병으로 유명을 달리한 뒤였다. 우창숴는 이후 두고두고 장씨를 잊지 못한 채 그리워했다.

그로부터 50여 년 세월이 흘러 66세가 된 우창숴는 어느 날 꿈속에서 장씨 부인을 본 뒤 '명월전신'이란 인장을 새겼다. 도장의 측면에는 꿈속에서 본 부인의 흐릿한 뒷모습을 어슴푸레 새기고, 또 한 측면에는 "원배(元配) 장씨 부인이 꿈속에서 모습을 보여주었다. 이것을 새기고 형상을 만들어본다. 노부(老缶)는 쓴다(原配章氏夫人夢中示形, 刻此作造像觀. 老缶記)"라고 인장을 새긴 동기를 기록해넣었다. 감정을 싣지 않고 담담하고 건조하게 몇 글자로 기록했을 뿐인데도 오히려 한없는 감회와 비애가 묻어난다.

우창숴가 이 인장을 새길 때 있었던 일을 그 제자들이 기억하여 말한 적이 있다. 인장을 새기며 슬픔을 이기지 못한 우창숴는 눈물이 칼에 떨어져 몇 번이고 칼질을 멈추었다. 결국 같은 마을에 사는 친구의 아들이 도와주어 인장을 완성했다. 〈명월전신〉 인장은 우창숴의 오래 묵은 그리움과 비련의 작품이었다.

'명월전신' 네 글자는 소전(小篆, 진시황 때 만들어진 한자 서체)으로, 부드러우면서도 곡선미가 잘 살아 있다. 그 수려한 자태는 어딘가 모르게 측면에 새겨넣은 부인의 모습과 닮아 있다는 인상을 지울 수 없다. 4장에서 인용한 이광사의 시 「잡영」에도 밝은 달을 보고 죽은 부인의 화신으로 여기는 대목이 나왔는데, 우창숴 역시 밝은 달을 일찍 죽은 부인의 전신으로 여겼다. 이 인장에는 명월의 고결함과 장씨 부인의 애련이 배어나온다.

우창숴는 뭉클한 사연이 서린 이 인장을 애지중지하여 만년까지 득의작에는 이 인장을 낙관으로 찍었다. 유독 매화를 그린 그림에 많

이 찍었는데 매화의 고결하고 순수한 이미지와 부인의 인상이 그에게
는 겹쳐 보였으리라.

7. 고결한 인품의 화신—조희룡과 김정희

명월전신의 이미지를 매화에 연결시킨 예술가는 우창숴 혼자만이
아니다. 19세기를 대표하는 조선의 화가 조희룡도 비슷한 생각을 가
졌다. 그 역시 『시품』을 즐겨 읽은 예술가 그룹의 일원이었다. 그는
『시품』의 세련을 아예 매화를 그리는 창조의 과정을 묘사한 창작론으
로 보고자 했다. 그는 매화 그림에 붙인 화제에서 다음과 같은 말을
했다.

사공도의 『이십사시품』 가운데 「세련」 한 칙(則, 항목)은 매화를 위해
그린 초상화이다. 일찍이 나는 큰 매화 한 폭을 그리고서 그 위에 다음
화제를 써놓았다. "사공도가 이 시를 지을 때 후세 사람이 훔쳐다가 매
화의 말로 삼을 줄을 어찌 꿈에나 생각했으랴? 천년 뒤에 다시 살아난
다면 수염을 쓰다듬으며 한바탕 웃음을 터트릴 것이다."[4]

조희룡은 익살스러운 글을 잘 썼는데 그림 위에 쓴 이 글 역시 그
렇다. 매화를 멋지게 그리고 난 다음 조희룡은 『시품』의 세련을 떠올
렸다. 순수한 아름다움의 결정체로서 매화의 이미지는 세련에서 표현
한 글이 가장 어울린다고 보았던 것이다. 절대적 순수함의 경지로 승

• 조희룡, 〈홍매도紅梅圖〉, 서울대학교 박물관 소장.

화하는 수련의 과정을 담은 세련의 내용은 매화 또는 매화도의 아름
다움을 얻으려는 조탁의 과정으로도 바꿔볼 수 있다. 매화의 운치를
정말 간명하게 잘 표현했다. 특히 세련에서 매화의 전신이라고 조희
룡이 생각했을 대목을 굳이 꼽아본다면 "바탕을 지키고 고결함을 쌓
아서 달빛을 받으며 진실한 모습으로 돌아간다"는 부분과 "흐르는
물이 오늘의 모습이라면 밝은 달은 전생의 모습이라네"의 두 부분이
었을 것이다. 그만큼 이 두 부분은 절대적 순수함의 이미지를 잘 표현
하고 있다.

조희룡이 활발하게 활동하던 시기의 『시품』을 즐겨 읽던 시인들은
친구에게서 고결한 인품이나 세련된 이미지를 찾았을 때 명월전신을

떠올렸다. 이 말 한마디를 쓰면 그 앞에 있는 "바탕을 지키고 고결함을 쌓아서 달빛을 받으며 진실한 모습으로 돌아간다. 하늘의 별들을 바라보며 숨어 사는 사람을 노래한다"는 내용까지 함께 선사하는 셈이다. 세상에서 떠들썩하게 행세하는 사람보다는 '숨어 사는 사람'을 그리워하고 예찬할 때 쓰면 더욱 어울린다. 추사 김정희, 다산 정약용과 자하 신위, 귤산(橘山) 이유원(李裕元)의 시에 보이는데 그중 추사의 문장과 시를 보자.

먼저 백파(白坡, 1767~1852) 스님의 초상에 붙인 글이다. 백파는 19세기 선불교에서 중요한 위치를 차지하는 인물로, 그는 전라도 순창의 영구산(靈龜山) 구암사(龜巖寺)를 중창하기도 했다. 추사는 백파와 논쟁을 벌이고 편지를 주고받을 만큼 친분이 두터웠는데, 그렇게 가까이 지냈던 백파가 입적하자 추사는 비문을 써서 그를 칭송했다. 비문을 받으러 온 백파의 제자들에게 자신이 소장하고 있던 달마상을 주면서 「백파상찬白坡像贊」이란 글을 함께 써주었다. 백파의 생김새가 이 달마의 모습과 같으므로 굳이 따로 초상화를 그릴 것 없이 달마상을 백파의 초상화로 간주해서 공경하라는 취지였다. 그 글은 다음과 같다.

나는 예전에 달마상을 갖고 있었는데 그 상을 보는 사람마다 다들 백파 스님의 초상이라고 여겼다. 둘 사이의 인연이 아주 특이하여 서쪽으로 돌아간 달마가 후신을 동방에 나타내 보인 것일까? 옛날 황산곡 노인이 이백시(李伯時, 송나라 화가 이공린李公麟)가 그린 도연명의 초상이 자신의 모습과 흡사하고, 또 진회해(秦淮海, 송나라 시인 진관秦觀)가 소장한 도연명 초상은 더더욱 완전히 똑같다고 하여 도연명의 초상을 자신의 초상화로 삼았다. 그 옛일이 오늘날 달마 백파 사연과 한가지로 똑같아서 등(燈)과 등이 서로 섞여 비추고, 인드라의 그물에 주인과 객이 얽혀 서로 겹겹이 감긴 것처럼 원융(圓融)하여 간격이 없다. 마침내 그것을 가져다 영구산에 맡겨서 백파의 초상으로 삼아서 그 문하생들이 아침저녁으로 향을 살라 모시도록 하였다. 이에 초상의 옆에 글을 써서 게송을 대신한다.

멀리 보면 달마처럼 보이나	遠望似達磨
가까이 보면 바로 백파로구나	近看卽白坡
이렇듯 차이는 있으나	以有差別
둘이 아닌 하나의 문에 들어갔네	入不二門
흐르는 물이 오늘의 모습이라면	流水今日
밝은 달은 전생의 모습이라네	明月前身

—「백파상찬白坡像贊 서문도 곁들인다」[5]

달마와 백파를 전신(前身)과 후신(後身)의 인연이 있다고 하여 게송의 마지막 구절에 세련 한 구절을 그대로 가져다놓았다. 이 구절을 씀으로써 숨어 사는 사람인 승려 백파의 고결한 인품을 예찬했다. 추사의 소품(小品) 가운데서도 운치가 있는 글이다.

같은 시대의 인물로, 뛰어난 재능을 가졌으나 관직에 오르지 못한 이만용(李晩用. 1792~?)이 있었다. 당대의 명사들과 두루 친분이 있던 그는 추사와도 친밀하게 지냈다. 그의 호는 서오자(書娛子)였다. 책이

나 즐기는 인생이란 뜻이다. 좋은 뜻의 호이기는 하지만 은연중 울분
이 담긴 의미로도 읽을 수 있다. 추사는 그를 그리워하며 조금 익살스
럽게 시를 써서 보냈다.

남쪽 마을 머리와 북쪽 마을 끝이 그리움으로 얽혔으니

南頭北尾繚相思

성긴 발 서늘한 등에 밤조차 길어졌네

疎箪涼燈度夜遲

맑은 꿈은 대숲 곁에서 꾸는 게 어울리고   淸夢政須隣竹樹

그윽한 정은 산호(珊瑚)를 준다 한들 아깝지 않네   幽情不惜贈瓊枝

밝은 달은 그대의 전신이 아닌가 싶으니   怳疑明月前身是

고결한 풍모는 남겨두어 후인에게 알려야지   留着高風後代知

좋은 철을 바쁘다고 가볍게 보내지 마오   好景忽忽輕莫擲

거나하게 취한 때는 일각이 천금이려니   千金一刻半酣時

—「서오자의 시에 차운하여 장난삼아 그의 시를 흉내내다

次書娛子韻戲效其體」4수

　　3구와 4구는 서오자 이만용을 소중하게 여기는 자신의 마음을 표
현했고, 5구와 6구는 그의 고결한 인품을 칭송했다. 마지막 대목에서
는 좋은 철을 만났으니 촌음을 아껴 술을 마시자며 찾아와달라고 당
부하고 있다. 여기에서도 숨어 사는 사람의 고결한 인품을 칭송하는
표현으로 세련의 한 구절을 가져와 썼다. 몇 가지 예술작품을 놓고 볼

때 『시품』의 세련, 그중에서도 '명월전신'은 19세기 지성인의 인간애를 표현하는 명구로서 여기에는 "하늘의 별들을 바라보며 숨어 사는 사람을 노래한다"는 고상한 정신이 스며 있다.

8. 고결한 사람과의 이별노래 — 다산과 그 제자들

세련의 "흐르는 물이 오늘의 모습이라면 밝은 달은 전생의 모습이라네"라는 구절은 숨어 사는 사람의 고결한 인품을 그리워하는 은유적 표현으로 19세기에 널리 활용되었다. 저명한 문인들에게서 여러 사례가 보이는데 다산 정약용과 그 제자들이 주고받은 시를 전형적인 예로 들 수 있다. 1834년 가을 유배에서 풀려나 양평의 고향에 머물던 다산을 찾아 강진에서 승려들이 올라왔다. 유배 시절 강진에서 자주 만남을 가졌던 초의(草衣)와 철선(鐵船) 혜즙(惠楫) 등이 추사 김정희의 아우인 산천(山泉) 김명희(金命喜)와 함께 금강산을 오르기로 약속하고 상경했다. 만휴(卍休) 자흔(自欣, 1804~1875)이 동행했고, 초의의 제자인 견향(見香)과 석계(錫溪)도 함께했다. 그런데 그들 일행이 상경하자 공교롭게 산천이 병석에 눕는 바람에 허탕을 치고 돌아가야 했다. 그들은 두물머리로 다산을 찾았다. 며칠을 지낸 뒤 떠나는 초의 일행을 다산과 그의 두 아들 정학연, 정학유가 배웅하면서 당시 지식인들이 으레 그랬듯이 시를 지어 아쉬움과 그리움을 표했다. 그때 서로 주고받은 시들이 『다산송철선증언첩茶山送鐵船贈言帖』과 『금당기주琴堂記珠』에 실려 있다.[6]

먼저 정학연(丁學淵)과 정학유(丁學游)가 초의 등과 이별을 아쉬워하며 『시품』세련의 '유수금일(流水今日) 명월전신(明月前身)' 여덟 글자를 운자로 써서 차례로 시를 썼다. 굳이 세련의 이 구절을 채택한 동기는 앞에서 설명했으므로 다시 언급할 필요도 없을 것이다. 아들과 손자가 멀리 떠나는 승려들과 아쉬운 마음을 시로 주고받는 것을 다 지켜보고서 그제야 다산이 한꺼번에 여덟 수의 시를 지었다. 창작한 순서대로 시를 읽어본다.

금강산은 까마득해 다가가기 어려워도	東嶽渺難卽
금마산(다산 집의 뒷산)엔 단풍 붉어 가을이구나	金馬紅樹秋
이젠 떠나네 우리 모임 스님들	行矣蓮社人
강가의 다락에 올라 술을 건넨다	命酒臨江樓
좌선하는 그곳이 바로 빼어난 산수니	坐禪皆邱壑
스님 가운데 금경(禽慶) 상장(尙長)이라네	僧中禽尙流

— 유산(酉山) 정학연

금강산은 구경조차 하지 못하고	不成東嶽遊
다시 두릉에 발걸음 했네	重納斗陵履
옛날 놀던 이야기를 마음껏 펼쳐	揚論展舊游
밤이 깊어도 즐거움은 끝이 없네	夜闌情未已
창밖에 휘영청 가을 달이 떠올라	窓外來寒月
문 앞에는 가을 물살이 어른거리네	門前明秋水

먼저 정학연이 유(流) 자를 써서 금강산에 가지 못한 것을 위로하고 당신들이 머무는 그곳이 정말 빼어난 산수로서 그대들은 후한 때의 유명한 은사인 금경, 상장 같은 사람이라고 치켜세웠다. 그러자 초의가 수(水) 자로 받아 두릉을 찾아 다산과 함께 지낸 기쁨을 토로했다.

마주할 때는 내 얼굴 펴지더니	相對怡我顔
배웅할 때는 내 마음 서글퍼지네	相送悵我心
하물며 강변에 서서 바라보니	況復亭皐望
으스스 가을도 벌써 깊었다	颯然秋已深
함께 보노니, 저 찬 강물에 뜬 달은	共證寒江月
예나 지금이나 차이가 없다는 진실을	印跡無古今

— 운포(耘圃) 정학유

노 저어 섬계(剡溪, 곧 두릉)를 찾았더니	一櫂訪剡溪
강 마을에는 비가 내린다	江天雨乙乙
산수에 몸을 숨긴 지 오래라도	山水藏身久
문장에는 반드시 세가의 법도가 스며 있네	文章世家必
갈림길에 선 슬픔이 어느 정도냐고?	臨岐悵何許
동으로 흐르는 강물과 서쪽으로 지는 해라네	東流與西日

다시 정학유가 금(今) 자로 받아 이제 이별하지만 마음만은 저 강물에 뜬 달처럼 변치 않는다고 하자 철선은 일(日) 자로 받아 동으로 흐르는 강물과 지는 해에 비유하여 헤어지는 슬픔이 너무도 크다고 했다. 이후로는 명월전신(明月前身)을 운자로 하여 석계와 견향, 만휴가 헤어지는 아쉬움을 표현하자 다산의 손자인 정대림(丁大林)이 그들을 격려하는 내용으로 여덟 편의 끝을 장식했다.

팔만 가지 업장을 훌쩍 벗고서	超然八萬障
바리때에 한평생을 부쳐 사노라	瓶鉢寄平生
장안에는 가을바람 가득하여	秋風滿長安
노란 낙엽 사각사각 밟으며 왔네	踏來黃葉聲
삼신산에 뜨는 달이 되어	願作蓬瀛月
멀리 혜안의 눈 밝게 떴으면	遙入慧眼明

황새와 학이 하늘을 메우며 울자	鸛鶴滿天響
천릿길에 가을바람 일어나네	千里秋風發
밥때마다 돌아가고픈 마음 일어	歸心在粥飯
여관 호롱불 아래 홀로 버선을 꿰맨다	店燈獨補襪
그래도 머리 돌려 그리는 곳 있나니	猶有回戀處

꿈은 비로봉 달을 꾸네   夢繞毗盧月

                                        ─견향

먼 곳에 와 사흘 밤 자고   迢迢三宿地
여행의 노래를 소리 높여 부른다   擧擧遠遊篇
세월은 어느새 세밑이 되어   歲月忽成晚
국화 핀 철에 돌아가게 되었네   歸趁菊花天
오직 산속 집이 꿈에 나타나   唯有蘿窓夢
때때로 고기잡이배 앞으로 나가본다네   時到漁帆前

                                        ─만휴

검은 장삼 입은 두 그림자가   雙雙皂衲影
기러기 뒤를 좇아 바닷가로 가려 하네   隨雁向海濱
기이한 차 향기를 나눠 마시고   茗香分異味
깨끗한 인연을 선비와 맺었지   蓮社結淨因
청산에 돌아가 좋이 숨어서   靑山好歸隱
먼지에 묻은 몸을 벗어나시게   免得塵勞身

                                        ─정대림

이렇게 이별하는 차에 아들, 손자와 네 명의 승려가 시를 주고받는 것을 옆에서 지켜보던 다산은 아예 혼자서 그들이 썼던 운자를 모두 써서 여덟 편의 시를 지었다. 이들 시 전반의 취지는 떠나보내는 아쉬움과 잘 가라는 당부를 전하는 데 있다. 당연한 것이다. 그러나 다산의 시를 보면 그런 취지가 분명히 담겨 있으되 의외의 내용이 전편에 흐르고 있음을 포착할 수 있다. 『다산송철선증언첩』에는 다산의 작품이 먼저 수록되었으나 실제로는 맨 마지막에 시를 지었다. 그 내용을 차례대로 읽어본다.

거센 돌풍에 시든 잎은 떨어지고	凄颷隕凋葉
길 떠날 기러기는 깊은 가을에 슬피 우네	逝雁哀淸秋
돌아갈 마음은 번개처럼 내달리건만	歸心疾如電
차일피일 다시 눌러앉았네	荏苒爲復留
가엾게도 너는 잘못 길에 들었으나	憐汝亦枉離
그래도 속된 무리는 아니지	猶然非俗流

좁디좁은 야자열매 구멍으로	窄窄椰子孔
꾸역꾸역 개미떼들 분주하네	驤驤見犇蟻
툴툴 털어 굴레를 벗어버리고	脫略謝羈靮
푸른 산에 누워 쉰다네	偃息靑山裏
이 일이 왜 아니 좋으랴마는	此事豈不好
미워할 것은 조계(曹溪)의 물이라네	所惡曹溪水

수미산은 어디 있는 산이길래	須彌何處山

해와 달이 그 그늘에 숨어 있는가　　　　日月棲其陰

땅덩어리조차 어둠에 묻혔거늘　　　　　地毬且芒昧

무슨 수로 견성(見性)의 마음을 내랴　　　奚能見性心

진리가 타락한 게 네 탓은 아니라　　　　道汚匪汝咎

모두들 허우적대며 현재에 이르렀네　　　胥溺到如今

불법을 펴는 승려가 비록 신통치 못하나　輪轉雖下乘

최상에 있는 자도 황당하기는 마찬가지지　上乘復荒譎

애달프다 본래 모습이 숨겨지고　　　　嗟哉本然藏

참된 근원은 아득히 사라져버렸네　　　眞源杳已失

그 누가 삿된 기운 말끔히 몰아내　　　疇能廓氛翳

하늘의 밝은 해를 밝게 비추려나　　　昭融睹天日

꽃잎 떨어져 흐르는 물에 떠오니　　　落英隨流水

손가락 튕기는 소리에 언뜻 지났네　　倏忽彈指聲

풍간(豊干, 당의 시승)은 실제로는 부귀 누렸고　豊干實富貴

습득(拾得, 당의 시승)은 정말로 영광을 누렸지　拾得眞光榮

그저 본령만 좋으면 되나니　　　　　但敎本領好

이 뜻이 참으로 홀로 밝도다　　　　　此意良獨明

말 채찍 해 서울 거리 웅성웅성　　　策馴喧紫陌

초모(貂帽) 쓰고 대궐로 달려가지만　　插貂趨金闕

꿈속에서 배불리 먹는 것과 같아　　此事如夢飽

결국에는 모두가 해골의 신세지	至竟皆朽骨
차라리 줄 없는 거문고 두드리며	何如拊素琴
솔가지 위 달빛이나 즐기는 게 낫지	坐弄松間月
네 한 몸 위해서야 잘못된 선택 아니나	謀身良非誤
추구할 진리로는 정녕 오류가 많지	謀道殊多愆
나와 함께 이 술 마시다가	與我共飮此
잔을 멈추고 하늘에 한번 물어보자	停盃一問天
지극한 진리는 숨김이 없어	至道無隱奧
눈앞에 찬란하게 펼쳐 있다네	皪皪在眼前
네가 돌아가 언뜻 스스로 깨닫는다면	汝往忽自悟
다시 새 세상 사람이 되리라	再作新世人
징관의 주석서는 시렁에 꽂아두고	束閣澄觀疏
순수함 안고 천진으로 돌아가거라	抱朴廻天眞
바라건대 불타는 집에서 몸을 빼내	庶幾拔火宅
청량한 몸을 잘 지켜라	好保淸凉身

다산의 시는 한 편 한 편 분석할 필요가 있을 만큼 철학적 사유를 담고 있다. 여기서는 굳이 장황하게 분석하지 않는다. 그런데 시를 읽어보면 읽어볼수록 먼 길 떠나는 사람을 배웅하는 인사치레의 작품이 아니다. 초의를 비롯한 승려들에게 너희는 승려의 길을 잘못 들었다고 따끔하게 깨우치는 가르침이 들어 있다. 현실 세상을 벗어나 사는

것 자체가 틀렸다고 할 수는 없으나 불교의 진리는 제대로 된 진리가 아니니 환속은 하지 않더라도 선학에 너무 깊이 빠져서는 안 된다고 당부하고 있다. 물론 현실 세계가 제대로 된 사회라는 말도 하지 않는다. 그러나 아무리 현실이 어둡다고 해도 도피하는 것은 옳지 않다고 가르친다. 전체 시의 핵심적인 주제는 일곱번째 시 중 "네 한 몸 위해서야 잘못된 선택 아니나 추구할 진리로는 정녕 오류가 많지"라는 대목에 담겨 있다.

다산은 늘 이들을 스승의 입장에서 권유하고 설득하는 태도를 견지해왔다. 아마도 마지막이 될지도 모르는 이별에서 진지하게 다시 한번 '어떻게 살아야 정말 옳은가'라는 문제를 그들에게 화두로 던진 것이다. 시를 놓고 보면, 그의 아들, 손자가 승려를 대한 것과는 상당히 다른 태도다. 아들과 손자가 상식적인 예법을 벗어나지 않고 인사를 차렸다면, 다산은 끝까지 스승으로서 격외(格外)의 당부를 하고 있다. 어찌 보면 까칠하고 도도한 태도다.

경건(勁健)
힘이 넘치는 시

1. 굳세고 튼튼함

 사람의 정서와 사유를 표현하는 시는 시인의 역량에 따라 그 수준
이 크게 좌우된다. 전통시대에는 시에서 섬세한 문학적 감수성을 표
현하는 것을 중시하기도 했지만 한편으로는 시에서 힘과 기세를 드러
내는 것 또한 중요하게 여겼다. 사람에 따라서는 풍부한 상상력과 역
동적인 힘을 발산하여 독자를 흡인하는, 기세가 강한 문학을 더 높게
평가했다. 시뿐만 아니라 산문이나 그림, 글씨에서도 예술가의 남다
른 기세와 역량을 찾고자 했다. 이번에는 '경건'을 살펴본다.
 '경건(勁健, strong and sturdy 또는 striving to be strong)'은 힘이 있어 굳세
고 튼튼하다는 뜻이다. 우리말에서는 그림이나 글씨의 필세(筆勢)가

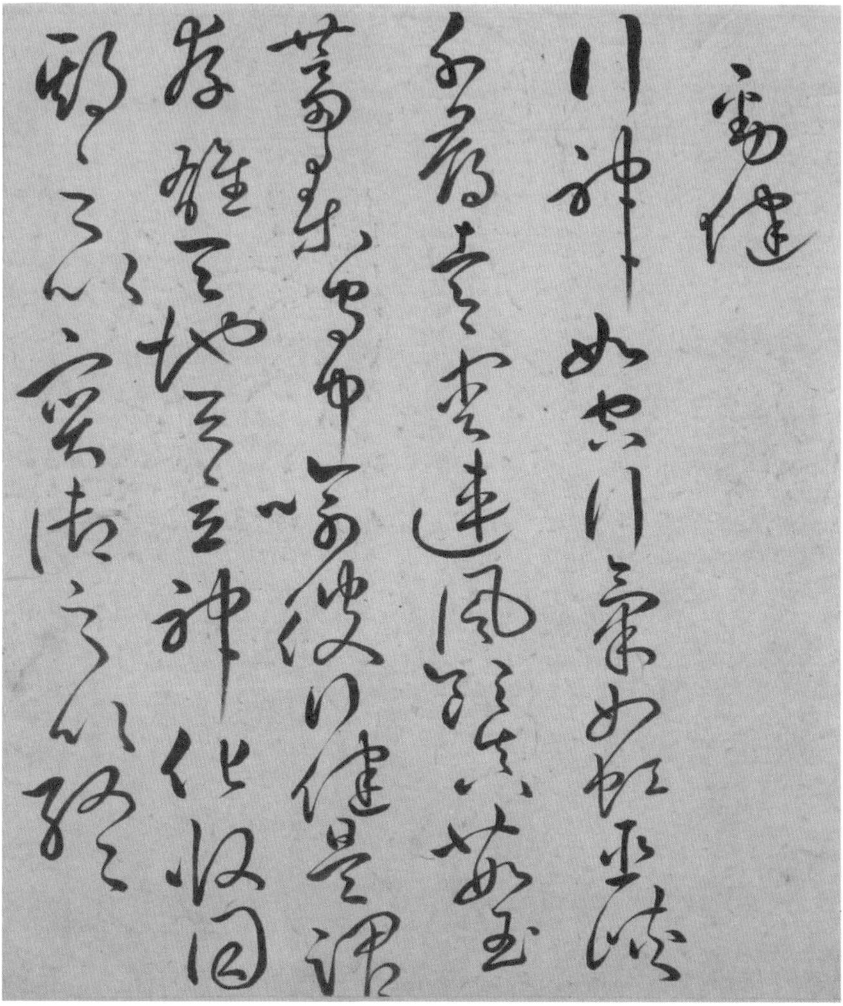

• 이광사, 〈경건〉.

군세고 힘차다는 뜻을 지닌 미술용어로 사전에 올라 있다. 미학용어로는 종종 쓰이지만 일상적인 어문생활에서는 잘 쓰이지 않는다. 반면에 옛날로 거슬러올라갈수록 동아시아 삼국에서 미학용어로 널리 사용했다.

옛날에는 이 말을 유달리 서예 분야에서 널리 사용했다. 당나라 때의 저명한 서예가인 우세남(虞世南, 558~638)은 「필수론筆髓論」 중 행서(行書)를 논하는 자리에서 "왕희지가 한 획을 쓸 때마다 모두 붓대를 들고 휘둘러 붓끝이 펼쳐지도록 했기에 자연히 경건하게 되었다"라고 썼는데, 여기서 경건이 글씨의 풍격을 논하는 개념으로 쓰였다. 그의 주장은 초당(初唐) 이후 서예의 대표적 덕목으로 떠받들어져왔다. 한국에서도 경건은 글씨체를 논할 때 자주 사용했다. 이의현(李宜顯, 1669~1745)은 "우리 동방의 필법을 보면, 김생과 최치원 이래로 고려 말의 한수(韓脩)와 권주(權鑄)를 비롯한 여러 분이 다들 골기(骨氣)가 경건하고 예스런 뜻이 깊었다. 옛 어른들은 마음이 구차하지 않아 작은 예술조차도 거칠게 하지 않은 덕분이다"[1]라고 논평한 적이 있다. 이처럼 경건이란 말은 강한 힘을 지닌 글씨를 평가하는 용어였다.

시에서도 경건은 자주 사용되었다. 당나라 때의 시론서인 『시식』에서는 "체제가 경건한 것을 가리켜 힘이라고 한다(體裁勁健曰力)"라고 하여 일찍이 경건이란 말을 작가의 문체를 가리킬 때 사용했다.

그렇다면 한국은 어땠을까? 작품의 풍격을 가리킬 때 경건이란 말을 사용하기는 했으나 그리 자주 쓰지는 않았다. 대신에 기건(奇健), 웅건(雄健), 청건(淸健), 교건(矯健) 같은 용어를 더 자주 사용했다. 이몇 가지 풍격은 뒤에 건(健) 자가 들어가는 계열의 풍격인데 앞에 어떤 글자가 들어가느냐에 따라 조금씩 차이가 있기는 하지만 대체로 강한 힘을 강조하는 풍격이라는 공통점을 지닌다.

한국의 경우 경건은 붓질의 강한 힘을 표현하는 서예의 개성을 표현할 때 많이 쓰였고, 시와 문장의 힘을 표현할 때에는 기건과 웅건, 청건과 교건이라는 용어를 훨씬 더 폭넓게 사용했다. 각각의 풍격은 조금씩 차이가 있으나 대체로 중요한 풍격으로 여겨져 상당히 비중 있게 다루어졌다. 율곡 이이가 배울 만한 역대의 시를 뽑아 『정언묘선』을 편찬할 때 「의자집義字集」에 힘이 넘치는 시를 위주로 뽑은 것만 보아도 알 수 있다. 율곡은 그때 작품을 선정하는 기준을 청건(淸健)에 두었다. 율곡은 선정의 취지를 이렇게 밝혔다.

이 시집에 뽑은 작품은 풍격과 시어가 청건한 것을 위주로 했다. 붓의 힘이 강하고 굳세어 다급하게 서두르는 뜻 없이 먼 풍경을 응시하는 맛이 있다. 이 시집을 읽으면 기운이 솟고 정신은 날아갈 듯하다. 게으른 사람은 의지를 북돋고, 탐욕스런 사내는 고상한 흥취를 일으킬수 있을 것이다.[2]

율곡은 시를 읽은 독자들이 기운은 솟고 정신은 날아갈 듯하기를 바랐다. 굳세고 튼튼하여 힘이 넘치는 시는 시인이 목표로 삼아야 할 중요한 풍격의 하나였음을 말해준다.

2. 시인의 축적된 역량에서 탄생한 웅장함

허공을 날듯이 상상력을 발휘하고	行神如空
무지개가 떠오르듯 기운을 쓴다	行氣如虹
천 길 깎아지른 무협(巫峽) 협곡에서	巫峽千尋
구름이 휩쓸리고 바람이 몰아치는 듯하다	走雲連風
진기(眞氣)를 마시고 강한 기운 먹어	飮眞茹強
깨끗한 바탕을 다지고 내심을 지킨다	蓄素守中
저 천체의 꿋꿋한 운행에 비유하노니	喩彼行健
이렇게 해야 웅장함을 지녔다고 하리라	是謂存雄
천지와 더불어 경지를 나란히 하고	天地與立
대자연과 변화의 호흡을 함께한다	神化攸同
작품이 진실을 충분하게 지니도록	期之以實
끝까지 넘치는 힘으로 통제한다	御之以終

경건도 앞에서 살펴본 여러 풍격과는 조금 다른 전개 방식을 보인다. 경건은 첫번째와 두번째 단락의 전개 방식을 서로 바꾸어서 먼저 풍격의 특징을 구체적인 형상으로 묘사하고, 뒤이어 시인의 수양과 조건을 묘사한다.

첫 단락은 경건의 특징을 구체적인 형상을 동원하여 묘사한다. 첫 구절에 나오는 상상력은 신(神)을 번역한 것으로, 인간의 정신과 작품에 내재한 사상과 감정까지 포함한다. "허공을 날듯이 상상력을 발휘한다"는 것은, 시인이 아무런 제약 없이 자유롭게 상상력을 발휘하는 것을 하늘을 나는 신선의 움직임에 비유한 대목이다. "무지개가 떠오르듯 기운을 쓴다"는 것은 작가와 작품의 기운이 긴 무지개가 하늘에 걸쳐 있듯이 웅장한 모습을 보이는 것을 뜻한다. 쭈바오취안은 두 구절이 환상 속 신선의 행위를 비유한다고 보았는데 설득력이 있다. 무협은 중국 충칭(重慶) 직할시 우산(巫山)과 후베이 성(湖北省) 바둥(巴東) 사이에 있는 협곡으로 양쯔 강 상류의 협곡 가운데 가장 험준하다. 무협십이봉(巫峽十二峯)이란 열두 개 봉우리가 유명한 명승지다. 두 구절은 기세가 대단히 웅장함을 비유하여 경건한 작품의 특징을 드러낸다.

두번째 단락은 경건의 풍격을 얻기 위해 시인이 무엇을 수양해야 하는지 말하고 있다. 진기(眞)와 강한 기운(強), 깨끗한 바탕(素) 등 시인이 흡수해야 한다고 말한 요소는 대자연의 원초적 기운이다. 시인에게 필요한 역량을 주로 자연에서 흡수해야 한다고 보고 있다. 그러나 경건에서 말한 자연 안에는 시인이 일상생활에서 경험하는 다양한 현실도 포함돼 있다고 이해할 필요가 있다. 시인의 역량을 자연이라는 범위에서만 찾고자 하는 것은 문학을 너무 좁게 바라보는 태도다.

경건에서는 시인이 평소에 끊임없이 역량을 쌓아두어야 한다고 하면서 이를 해와 달이 부단히 운행하는 것에 비유했다. "저 천체의 꿋꿋한 운행에 비유하노니"라는 세번째 구절이 그것인데 그처럼 역량을 쌓아야만 "웅장함을 지녔다(存雄)"고 인정할 수 있다는 것이다. 여기서 "천체의 꿋꿋한 운행(行健)"은 『주역周易』「건괘乾卦」의 "천체의 운행은 꿋꿋하니 군자가 그것을 본받아 스스로 힘을 길러 쉬지 않는다(天行健, 君子以, 自强不息)"라는 대목에 나온다. 쉬지 않고 끊임없이 노력해야 크나큰 힘을 얻을 수 있음을 강조한 말이다. 맨 처음에 나오는 풍격 웅혼에서 "굳건한 힘을 쌓아 웅장함을 이룬다(積健爲雄)"는 구절과 비슷한 내용이다.

세번째 단락에서는 광활한 예술적 경지와 이상을 표현한 경건의 아름다움을 예찬하고 있다. 힘이 넘치는 작가가 역량을 발휘하여 창조한 예술은 인간의 작고 좁은 영역에 제한되지 않고 천지와 대자연의 광활한 세계를 표현한다. 결론적으로 이 풍격에서 강조하는 것은 작가와 작품의 기백과 힘이다.

3. 허공을 날듯이 상상력을 발휘하고

경건 본문에서 구체적 형상으로 표현할 만한 소재는 광활한 하늘과 허공에 드리운 긴 무지개, 무협의 깎아지른 듯한 협곡, 휩쓸려가는 구름이다. 그림의 소재로 활용하기에 충분하다. 그 밖의 내용은 추상적이라서 그림으로 그리기에는 적절하지 않아 보인다.

먼저 정선의 그림이다. 지금까지 보아온 정선의 그림을 떠올려볼 때 이 그림은 구도가 단순하다. 뾰족하게 솟은 크고 작은 바위산이 연달아 서 있는 것은 경건의 구절 "천 길 깎아지른 무협 협곡에서"를 묘사한 것임을 알 수 있다. 그러나 높은 바위산이 연달아 있어 협곡이라는 느낌이 강하게 드러나지 않는다. 그나마 협곡의 모습을 느낄 수 있

• 정선, 〈경건〉.

는 것은 바위산을 가로지르는 두꺼운 구름이 있기 때문이다. 이는 "구름이 휩쓸리고 바람이 몰아치는 듯하다"는 구절을 묘사했다.

경건 본문에서 무협의 협곡은 작가의 강한 기상을 상징하는 소재다. 정선도 뾰족하게 솟아 있는 바위산을 그림으로써 경건의 이미지를 표현하고자 했다. 그런데 은연중에 이는 정선이 그린 한국의 바위산과 닮아 있다는 느낌이 든다. 그림에 붙인 화평에서도 "이것은 본래 정원백(鄭元伯, 원백은 정선의 자)의 본색인데 도리어 가로지른 구름 한 줄기를 점철해놓았다(是固元伯本色, 却點綴一帶橫雲)"라고 말했다. 화평에서 언급한 본색이란 바위산을 잘 그린 정선 특유의 작법을 가리킨다. 대체로 정선의 바위산 그림에는 구름이 그려지지 않았으나 이 그림에서는 산을 가로지른 구름이 있음을 지적한 평이다.

다음은 반시직이 그린 그림이다. 그림은 높은 곳에서 아래를 내려다보는 시선으로 처리되었다. 깎아지른 듯한 높은 벼랑 위에서 저 아래 넓은 강과 저 멀리 네 척의 배, 그리고 건너편 멀리 강 언덕과 산을 바라보고 있다. 벼랑 끝에 그린 나뭇가지 몇 개로 화가가 벼랑 위에서 내려다보고 있음을 표현했다. 돛이 기운 모습이, 멀리 거센 바람을 한껏 받아 움직이고 있음을 표현한다. 첫번째 단락의 "천 길 깎아지른 무협 협곡에서 구름이 휩쓸리고 바람이 몰아치는 듯하다"를 묘사의 대상으로 삼았다. 옛 그림치고는 생략이 많고 구도가 단순하다. 특별히 깎아지른 듯한 무협의 기세를 통해 경건의 풍격을 드러내고자 했는데 거센 힘은 약하게 표현되었다.

장부는 건륭제가 쓴 「십준도가+駿圖歌」[3]를 바탕으로 하여 그림을 그렸다. 화면 가득히 들판에 다양한 자세를 취하고 있는 열 필의 말을

• 반시직, 〈경건〉.

그렸다. 황제 전용 마구간의 건륭제가 타는 말들이다. 건륭제는 각지의 이민족 지도자에게서 명마를 많이 선물받았는데 그 가운데 특히 열 필을 애지중지하여 1743년에 낭세령(郎世寧, 1688~1766)에게 〈십준도十駿圖〉를 그리게 했다. 그러고는 그 그림을 소재로 시를 지었다. 낭세령의 〈십준도〉는 대단히 유명한 그림이다. 장부는 다시 〈십준도〉에 부친 건륭제의 시를 소재로 하여 경건의 풍격을 구체화하고 있다.

바람에 흔들거리는 버드나무 아래 방목된 말들은 나무에 몸을 부비거나 땅바닥에 뒹굴기도 하고 풀을 뜯고 물을 마시거나 서로 몸을 부비고 있다. 장부는 본래 말을 잘 그리는 화가는 아니다.[4] 『화어제시의』의 그림이 대체로 그렇듯이 경건 본문과는 직접적으로 관련이 없다. 그러면 장부는 어떤 이유에서 말을 묘사했을까? 먼저 떠오르는 이유는 준마가 역동적 힘을 상징한다는 점이다. "저 천체의 꿋꿋한 운행에 비유하노니 이렇게 해야 웅장함을 지녔다고 하리라"는 대목에서 "꿋꿋한 운행(行健)"은 힘차게 달리는 말의 역동적 모습과도 잘 어울린다. 한가롭게 방목된 열 필의 말은 "웅장함을 지닌(存雄)" 장면이라고 봐도 좋다. 그리고 "상상력을 발휘하고(行神)" "기운을 쓴다(行氣)"는 표현에서는 말이 힘차게 달리는 모습이 연상된다. 경건 본문과 직접적으로 관련되지는 않으나 경건의 특징을 그런대로 표현한 셈이다.

제내방의 그림은 엉뚱하다. 왼편의 나무 아래 둥근 지붕을 한 막사가 보이고 그 옆에는 깃발이 바람에 나부낀다. 막사 위로 구름이 피어오르고 선녀가 구름을 타고 날아가면서 막사 쪽을 돌아보고 있다. 경건 본문에서도, 정선과 반시직, 장부의 그림에서도 볼 수 없는 소재다. 제내방은 틀림없이 『시품』 본문을 벗어나 다른 고사에서 소재를

行神如空行氣如虹
亚峽千尋走雲連風
飲真茹琭蓄素守中
喧彼行健是謂存雄
天地與立神化攸同
期之以實御神之以終
右司空圖詩品
健一則
白蔣溥恭錄

• 장부, 〈경건〉.

가져와 경건의 미학을 표현하고 있다. 그렇다면 그 소재는 과연 무엇일까?

제내방이 소재로 쓴 것은 『태평광기太平廣記』에 실려 전해오는 「홍선전紅線傳」의 한 장면이다. 당나라 시대의 대표적인 여성 협객(俠客) 소설의 주인공을 등장시킨 것이다. 이 소설의 줄거리는 다음과 같다. 홍선은 노주(潞州) 절도사 설숭(薛嵩)의 하녀였다. 설숭은 사돈인 위박(魏博) 절도사 전승사(田承嗣)와 갈등을 겪고 있었다. 전승사는 은밀히 군사를 길러 노주를 치려고 하였다. 설숭이 근심에 쌓여 있자 홍선은 자기가 해결하겠다고 나섰다. 홍선은 오만(烏蠻)의 상투를 틀고 참새를 조각한 황금 비녀를 꽂고서 가슴에는 비수를 차고 이마에는 태을신(太乙神)의 이름을 붙이고 순식간에 전승사의 막사로 날아갔다. 홍선은 갑사(甲士) 3백 인이 호위하는 침실로 침투하여 황금상자만 훔쳐 새벽에 돌아와 설숭에게 바쳤다. 설숭이 사신을 파견하여 훔쳐온 황금상자를 편지와 함께 전승사에게 보냈다. 상자를 받은 전승사는 설숭을 이길 수 없음을 알아차리고 굴복하였다.

홍선은 여협(女俠)의 상징으로 받아들여져 널리 알려졌다. 명대에 양진어(梁辰魚)가 「홍선녀가 밤에 황금상자를 훔치다紅線女夜竊黃金盒」란 잡극으로 각색하는 등 현대까지도 다양한 예술장르로 활용된 여성 영웅이다. 그림은 바로 전승사의 침실에서 황금상자를 훔쳐 하늘로 날아오르는 홍선의 모습이다. 그녀의 용모와 차림새는 소설에서 묘사한 중요한 특징을 그대로 보여준다. 이 장면은 여성 협객의 환상적이면서도 남성적인 강한 힘을 보여준다. 제내방은 이 장면이 경건의 미학을 상징한다고 보아 소재로 선택했다. 특히, 본문의 "허공을 날듯

• 제내방, 〈경건〉.

• 윤두서, 〈여협도〉(부분), 국립중앙박물관 소장.

이 상상력을 발휘하고 무지개가 떠오르듯 기운을 쓴다"는 대목의 이미지를 잘 구현하고 있다.

이 장면은 공교롭게도 조선 후기에 저명한 화가들이 그림으로 여러 폭을 그렸다. 윤두서(尹斗緒, 1668~1715)와 이재관(李在寬, 1783~1837)의 〈여협도女俠圖〉, 김홍도(金弘道, 1745~?)의 〈비선검무飛仙劍舞〉는 모두 똑같이 홍선이 황금상자를 훔쳐 하늘로 솟구치는 장면을 묘사하고 있다. 그 가운데 특히 이재관의 그림은 그림의 구도와 소재가 제내방의 그림과 흡사하다.

4. 작가의 기상을 한껏 펼친 조조와 한유

시인의 개성에 따라 시가 발산하는 정서가 달라진다. 섬세한 감성을 잘 표현하는 시인이 있는가 하면 강한 의지와 넘치는 힘을 잘 표현하는 시인이 있다. 후자에 속하는 시인은 이른바 양강(陽剛, 밝고 굳센 경향)의 미를 표현하는 작품을 창작하기가 쉽다. 주둥룬은 『시품』에 나오는 웅혼, 비개, 호방, 경건의 네 가지 풍격을 양강의 미가 우세하다고 설명한 바 있다. 주둥룬이 양강의 미로 설명한 것은 서양 미학의 범주로는 숭고미와 상통하는 면이 있다. 장미(壯美)와 우미(優美)를 흔히 숭고와 우아로 설명하지만, 숭고는 단순한 장(壯), 강(剛) 이상의, 고통스러울 정도로 크고 강하고 어둡고 거칠고 무한한 것이므로 기세가 웅장하고 역동적인 미를 추구한다.

굳세고 힘이 넘치는 경건의 미학을 작품으로 승화시킨 시인에 삼국시대의 조조(曹操, 155~220)와 당나라의 한유가 있다. 조조는 우리에게 난세의 간웅(奸雄)이라는 이미지가 강하게 남아 있을 뿐 한 시대의 걸출한 시인이라는 사실은 그다지 알려져 있지 않다. 하지만 그는 조비(曹丕), 조식(曹植) 두 아들과 함께 억세고도 웅혼한 풍격의 시를 창작한 당대 최고의 시인이다. 이들을 필두로 하는 시풍을 문학사에서는 건안풍골(建安風骨, 건안은 삼국 당시 한 헌제獻帝의 연호)이라 부르고 있다. 이들 시의 특징은 비분강개를 담은 파토스와 웅혼한 시상에 있다. 조조의 대표작으로는 「단가행短歌行」 「혹한을 노래하다苦寒行」 「푸른 바다를 보며觀滄海」 같은 작품을 꼽을 수 있는데 여기서는 「거북이 비록 오래 살아도 龜雖壽」를 들어본다.

신령한 거북이 오래 살아도	神龜雖壽
그래도 죽는 날이 있고	猶有竟時
기세등등한 이무기가 안개를 뿜어도	騰蛇成霧
끝내는 흙과 재가 되노라	終爲土灰
늙은 천리마가 마구간에 엎드려 있으나	老驥伏櫪
마음은 언제나 천 리를 내달리고	志在千里
열사(烈士)가 늙었다고 하나	烈士暮年
웅장한 마음은 사라지지 않도다	壯心不已
길고 짧은 존재의 운명이란	盈縮之期
하늘에 달린 것만은 아니니	不獨在天
수양하고 즐겁게 지낸다면	養怡之福
그 복으로 수명을 연장하리라	可以永年
다행히 여기에 이르렀으니	幸甚至哉
노래 불러 내 뜻을 읊노라	歌以詠志

조조의 시는 대체로 영웅호걸의 호쾌한 기개를 표현하고 있다. 이 시 역시 그렇다. 그저 늙음을 한탄하는 내용이 아니다. 천 리를 내달릴 늙은 천리마와 웅장한 마음을 지닌 열사의 기개를 표현했다. 특히 "늙은 천리마가 마구간에 엎드려 있으나" 이하의 네 구절이 억세고 장쾌한 기상을 표현한다. 진(晉)나라 때의 대장군 왕돈(王敦)은 술을

마실 때마다 거나해지면 이 네 구절을 불렀다. 여의봉(如意棒, 상서로움을 상징하는 막대기)으로 타호(唾壺)를 쳐 장단을 맞추는 바람에 타호의 가장자리가 모두 깨졌다. 그만큼 독자를 흡인하는 매력을 지닌 시구다. 경건에서 묘사한 특징을 이 작품에서 확인할 수 있다. 이렇게 조조의 시는 표현이나 수사를 굳이 따지기에 앞서 작자의 굳세고 장쾌한 힘을 발산한다.

한유 또한 유달리 강한 기세를 추구한 시를 많이 지었다. 그의 시가 보이는 그 같은 특징은 사공도가 일찍부터 알아보았다. 사공도는 "내가 일찍이 한유의 시가 수백 편을 보았는데 기세를 몰아가는 것이 마치 우레가 번쩍이고 번개가 쳐서 하늘과 땅 사이를 갈라놓고 지탱하는 듯했다. 사물의 형상이 기괴하여 그에게 고무되어 호흡을 따라가지 않을 수 없었다"[5]라고 평가한 적이 있다. 한유의 시가 지닌 특징을 가장 이른 시기에 큰 틀에서 인상적으로 비평한 비평가가 바로 사공도다. 한유가 지은 시 두 편을 인용한다.

중조산은 푸르고   條山蒼

황하는 누렇네   河水黃

물결은 넘실넘실 흘러가는데   浪波沄沄去

소나무는 멧부리를 지키고 섰네   松柏在山岡

—「중조산은 푸르다條山蒼」

불에 탄 들판에는 적막이 감돌고   原頭火燒靜兀兀

매가 두려운 들꿩은 나오려다 숨는다   野雉畏鷹出復没

장군께선 솜씨 뽐내 군중을 압도하려   將軍欲以巧伏人

말에 타고 활을 당긴 채 좀체 쏘지 않네   盤馬彎弓惜不發

지세는 좁아지고 구경꾼은 많아지자   地形漸窄觀者多

꿩은 놀라고 활은 당겨져 억센 화살 날아갔네   雉驚弓彎勁箭加

사람을 뚫고 냅다 솟구쳐 백여 자 오르더니   衝人決起百餘尺

붉은 깃털 흰 화살촉이 포물선을 그리네   紅翎白鏃相傾斜

장군은 껄껄 웃고 군사들은 하례할 때   將軍仰笑軍吏賀

오색 깃털 흩어지며 말 앞에 떨어지네   五色離披馬前墮

—「꿩이 화살을 맞고雉帶箭」

젊은 시절에 지은 작품이다. 첫번째 작품은 몇 글자의 단순한 표현으로 웅대한 자연 풍광을 묘사하고 있는데 시인의 드높은 기개가 잘 표현되었다. 단순함이 오히려 힘찬 느낌을 살리고, 시에 등장하는 산과 강, 그리고 형용하는 말이 모두 억센 기상을 표출한다. 시에 나오는 중조산(中條山, 산시 성山西省 융지永濟에 있는 산)은 한유가 살았던 곳으로 여기에 사공도가 만년에 은거한 왕관곡(王官谷)이 있다.

두번째 작품은 들판에서 장군이 꿩 사냥을 하는 장면을 묘사했다. 사냥이라는 것 자체가 힘과 기세 넘치는 행위인데 한유는 그 광경을 힘차게 묘사했다. 시의 앞부분에서는 들판의 적막감과 매를 두려워하며 날아오르지도 못하는 꿩의 안절부절못하는 모습, 활을 쏠 듯 말 듯 기다리는 장면을 묘사해 팽팽한 긴장감이 감돈다. 이후에는 궁지에

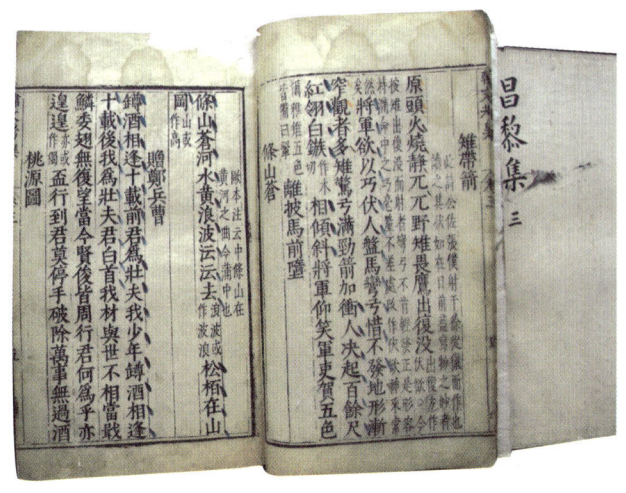

• 한유의 문집 『창려집昌黎集』 권3 중 「꿩이 화살을 맞고」와 「중조산은 푸르다」가 실린 부분. 필자 소장. 이 책은 이광사 집안에 전해온 중국 목판본으로 이 집안 사람이 가한 평점(評點)이 달려 있다.

몰린 꿩을 향해 기세 좋게 날아간 화살, 그리고 그 화살을 맞고 포물 선을 그리면서 오색 깃털을 흩뿌리고 떨어지는 꿩, 그리고 그 모습을 바라보며 호쾌하게 웃음을 터트리는 장군의 태도가 역동적으로 생생 하게 묘사되어 있다. 10구에 불과한 시에 생동감 넘치는 묘사를 모두 담아냈다.

이 작품을 두고 왕완(汪琬)이 "짧은 편폭에 용이 꿈틀대고 범이 드 러누운 태도를 드러냈다(短幅中有龍跳虎臥之觀)"라고 평가하고, 소동파 가 큰 글씨로 이 시를 쓰고서 대단히 오묘한 작품이라고 평가한 이유 가 여기에 있다. 내용도 기세가 강하지만 작품을 이끌어가는 힘과 표 현이 모두 경건의 미학에 부합한다. 성호 이익도 "교묘하게 쪼고 정 밀하게 조탁하여 자귀와 도끼가 유감이 없다(巧鎚精琢, 斤斧無憾)"라고

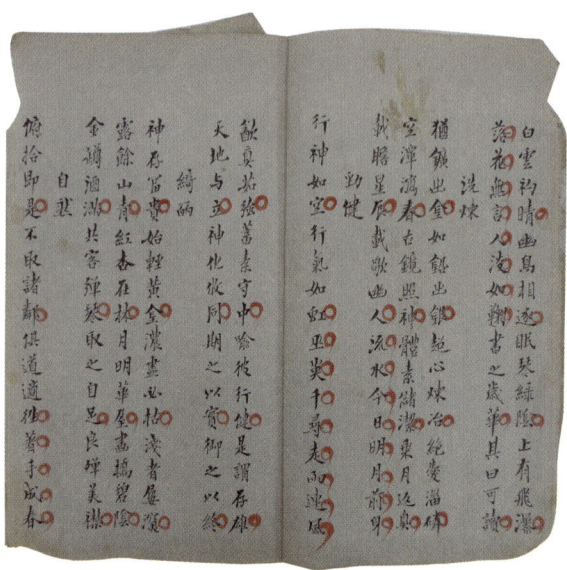

• 이재 권돈인 필사, '세련' '경건' '기려' '자연'(부분), 『사공표성시품첩』, 친환경농업박물관 소장.

하여 단련의 솜씨를 유감없이 발휘한 작품이라고 평했다. 『시품』경건의 "작품이 진실을 충분하게 지니도록 끝까지 넘치는 힘으로 통제한다"는 요구 조건을 완전히 채운 듯하다.

한유는 섬세한 감성을 추구하기보다는 작가의 억센 기상을 드러낸 시를 많이 썼다. 그의 시가 산문적이라고 평가받는 이유도 그러한 면모와 관계가 있다. 사물과 장면을 묘사한 장편시에서 그 같은 역량을 잘 발휘했는데 「월식시月蝕詩」 「악양루에서 두사직을 이별하다岳陽樓別竇司直」 등이 전형적인 작품이다.

5. 남성성을 구현한 시인, 최립

한유에 비견되는 조선의 시인으로 최립이 있다. 그는 조선 중기를 대표하는 문장가이자 시인이다. 본관은 통천(通川)이고 자는 입지(立之)이며, 호는 간이(簡易) 또는 동고(東皐)다. 개성 출신으로 같은 고향 출신인 차천로(車天輅)의 시, 한호(韓濩, 石峯)의 글씨와 함께 그의 문장을 송도삼절(松都三絶)이라고 일컬었다. 산문을 지을 때도 세련된 예술적 아름다움을 구현했기에 조선시대 산문의 역사에서 대단히 비중이 높은 작가다. 뛰어난 문장가로서 문과에 장원급제했고, 명나라와 벌인 외교에서도 혁혁한 공로를 세웠으나 개성 출신에다 서족(庶族) 출신이란 신분적 제약이 발목을 잡아 높은 벼슬에 오르지 못했다.

그가 당대 최고의 문장가라는 점은 아무도 부인하지 않았으나 그의 시에 대해서는 낮춰 보는 사람이 꽤 많았다. 그의 시가 앞서 살펴본 한유의 시처럼, 정감을 부드럽게 표현하기보다는 강한 기세를 강조하고 난삽한 어휘를 거침없이 사용했으며, 게다가 산문적이기 때문이었다. 그러나 동시대 최고의 비평가인 허균(許筠) 같은 사람은 의미가 깊고 걸출한 수사를 자랑하는 그의 독창적 세계를 인정하여 "저는 선생의 시가 산문보다 낫다고 판단하는데 선생께서 인정하실는지요?"라고 편지를 보내 물은 적이 있다. 안목이 높은 사람은 그의 시가 어떤 시인의 시보다 뛰어나다고 평가했다.

최립은 자부심도 대단했다. 허균의 친구이자 그 시대 최고의 시인이란 평가를 받은 석주(石洲) 권필(權韠)이 최립을 찾아가 "지금 문필에서는 당연히 어른이 제일입니다만 시에서는 누구를 최고라고 치켜세울 수 있을까요?"라고 물었다. 그 의중에는 최립이 분명 권필 자신을 꼽으리라는 생각이 깔려 있었다. 최립은 한참 동안 눈을 지그시 감고 있다가 "늙은 이 몸이 죽고 난 뒤에는 누가 최고가 될지 모르겠소"라고 대꾸했다. 시도 자신이 최고라는 자부심을 버리지 않았다는 유명한 일화다.

최립이 죽었을 때 사관(史官)이 그의 일생을 총평한 졸기(卒記)가 『광해군일기』에 실려 있다. 그의 산문을 높이 평가한 뒤 시에 대해서는 이렇게 평가했다.

> 시도 교건(矯健, 곧고 힘이 있음)하여 운치가 있는데 황산곡과 진후산(陳后山, 송대의 시인 진사도陳師道)의 시구를 엮는 방법을 터득했다. 그러나 지나치게 깊게 단련하여 화려한 수사를 제거하면서 오로지 진부한 말을 없애려고만 애썼다. 그래서 얽매이고 격격한 시어가 많아 시인의 풍치가 전혀 없었다.[6]

시인의 풍치가 없다는 뼈아픈 단점을 들어 최립을 크게 인정하지 않았다. 그때는 감성적인 시를 선호한 시대라서 동시대 사대부의 일반적 견해를 밝혀야 하는 사관도 최립의 시를 제대로 평가하지 못했다. 사관은 그의 시풍을 교건하다는 한마디 말로 평가했다. 많은 비평가가 최립의 시를 평가했는데 그들의 평어에는 힘을 강조한 건(健) 자가 거의 빠지지 않는다. 위에 나온 교건 외에도 경건(勁健), 웅건(雄健), 청건(淸健), 기건(奇健) 등의 평어가 최립 시의 얼굴이다. 최립 시의 특징을 잘 보여주는 작품을 통해 그 점을 확인해볼 수 있다. 『광해군일

기』에서는, 괴석(怪石)을 노래한 그의 짧은 시를 인용해 최립 시의 특
징을 혹평했는데 그 시를 한번 보자.

창가에 이 한 마리 매달아놓고	窓間一蝨懸
뚫어지게 바라보면 수레바퀴처럼 크게 보이지	目定車輪大
내가 이 돌을 얻은 뒤로는 더이상	自我得此石
화산(花山) 쪽으로는 앉지도 않는다	不向花山坐

—「괴석怪石」, 『동고집東皐集』

언뜻 보면 이해하기 어려우나 음미해보면 기발하면서도 매서운 의
지가 담긴 작품이다. 창가에 깨알같이 작은 이를 매달아놓고 뚫어지
게 바라보면 작은 이가 수레바퀴처럼 크게 보이는 순간이 온다. 마찬
가지로 작은 괴석을 뚫어지게 바라보면 그 괴석이 어느 순간 거대한
산처럼 보일 때가 있으리라. 굳이 산수를 보기 위해 외출할 필요가 없
다. 돌아다니며 구경하지 않아도 진짜 산수를 즐길 수 있다는 말이다.
도대체 무슨 사연일까?

고대 중국에 기창(紀昌)이란 자가 비위(飛衛)로부터 활 쏘는 법을 배
웠다. 그는 이 한 마리를 쇠털에 묶어 남쪽 창가에 매달아놓고 날마다
쳐다보았는데 열흘이 지나고부터 점차 이가 크게 보이더니 3년이 지
나서는 수레바퀴처럼 크게 보였다. 다른 물건을 보았더니 모두 산처
럼 크게 보였다. 그래서 활을 당겨서 이를 쏘았더니 이의 심장을 관통
했으나 이를 묶은 쇠털은 끊어지지 않았다. 『열자列子』 「탕문湯問」에

나오는 이야기다.

　이 시를 최립은 젊은 시절 황해도 옹진군에서 벼슬살이할 때 지었
다. 이 무렵을 전후하여 지은 시는 작품성이 뛰어난데, 그 가운데서도
최립 시의 개성을 잘 보여주는 기발하기 짝이 없는 시다. 고종 때 영
의정을 지낸 이유원은 이 시를 감상하며 "못을 자른 듯 쇠를 꺾은 듯
흉험(凶險)하여 무서운 생각이 든다"라고 평가하기도 했다. 이 시에서
최립이 보여준 불굴의 의지와 강인한 정신세계를 포착했기 때문이
다. 겉으로 드러난 주제만 보자면 산수를 직접 다니지 않고 괴석(석가산
石假山으로 쓴 사본도 있다)만 봐도 충분하다는 뜻으로 읽을 수 있다. 그러나
이 시 속에는, 황해도 바닷가의 외진 고을에 머무는 동안 오로지 한
가지 일에 집중하여 거장이 되겠다는 시인의 옹골찬 집념이 담겨 있
다. 뒷날 청음(淸陰) 김상헌(金尙憲, 1570~1652)이 옹진 현감으로 가는 후
배를 배웅할 때 이 시를 언급하여 상대를 격려한 일도 있고, 이 시는
성혼(成渾)의 아들이자 시인인 성문준(成文濬)이 차운시를 쓸 만큼 널
리 인정받은 시다. 꿋꿋한 기개를 읽을 수 있을 뿐만 아니라 억센 시
어가 경건의 풍격에 부합한다고 평가할 만하다.

　경건의 미학은 그의 장편시에서 더 잘 드러난다. 많은 작품 가운데
1598년 임진란 중에 평양에 머물 때 지은 「꿈을 기록하다記夢」를 사
례로 들어본다.

작년 정월 개성에 머물 적에	前年正月客松京
꿈속에서 특이한 채색 붓을 보았는데	夢得彩筆非常觀
올해 정월 평양에 살고부터	今年正月在西都

꿈속에 거울 같은 먹이 수도 없이 나타났네　　　　　　復夢鏡墨多不數

처음엔 우연이라 여기고 아무 생각 없었으나　　　　始謂偶爾無庸思

아무래도 이상해서 옛일을 더듬어보았네　　　　　　旣而異之稽諸古

왕순(王珣)의 서까래 붓은 크게 될 조짐이요[7]　　　王珣椽筆兆大手

강엄(江淹)의 오색 붓은 글솜씨 선물이며[8]　　　　江淹五色資藻斧

주역을 풀이한 왕숙(王肅)과 복고(腹稿)가 쌓인 왕발(王勃)도

　　　　　　　　　　　　　　　　　　　　　　註易之肅腹稿勃

앞서거니 뒤서거니 먹 덩이를 얻었지[9]　　　　　二王墨丸如接武

빼어난 영재들은 그 무렵 한창 젊을 때라　　　　　此皆英特當盛年

신명에게 도움받은 뒤 명성을 드날렸네　　　　　　向後聲名神所胙

나는 이제 환갑을 맞이한 나이라　　　　　　　　　我今行年花甲周

재능이 있다한들 발전은 없고 퇴보만 있을 뿐　　　有退無進者才具

흰머리만 듬성듬성 할 수 있는 일도 없고　　　　　白髮種種無能爲

눈까지 뿌옇게 흐려지네　　　　　　　　　　　　況復昏花着阿睹

두 벗이 꿈에 나타난들 어데 쓰랴　　　　　　　　何宜二友夢於我

늙은이의 슬픔만 솟구치게 만드네　　　　　　　　正使有益傷哉暮

돌아보면 스물 서른 젊은 시절엔　　　　　　　　　回頭二十三十時

도움은커녕 좌절과 분노만 주었지　　　　　　　　一何寡助惟咈窒

어렴풋해 안 떠오르나 기억을 더듬으면　　　　　　惱悗未喩復記憶

지난날 왕명을 받들고 북경 여관에 머물 때　　　往年奉使皇城寓

꿈속에서 새해 아침 종묘에 가서　　　　　　　　三元之曉五廟夢

조종(祖宗)에 존호(尊號)를 지어 올렸었지　　　　冊上徽尊宗與祖

전쟁이 끝나서 중흥을 도모할 때인지라　　　　　卽事重新兵火餘

마땅히 거행할 행사이니 어찌 가벼이 넘기랴　　　　　合有此舉寧輕付

당시에는 동행들과 웃어넘기고 말았다만　　　　　　當時已與同行笑

지금 꾼 꿈이야 다시 잘못 보내랴　　　　　　　　　今之所夢何再誤

내 삼가 꿈을 가지고 신명께 감사하자니　　　　　　我謹持以謝神明

까닭도 없이 버젓이 누리는 꼴이 부끄럽네　　　　　居然自享慙無故

나를 조금 키워줄 뜻이 정녕 있으시다면　　　　　　果如有意於微長

아침 이슬 같은 인생을 위로하는 꿈일랑 말고　　　　不再夢爲寬朝露

노쇠함을 물리치고 맑은 정신 회복시켜　　　　　　　清明來復却衰昏

하늘 도서관에서 가져온 듯 지식을 풍성하게 해주시오

　　　　　　　　　　　　　　　　　　　　　　　　富若取之群玉府

그런 뒤에 문장가로 성공했는지 묻고 싶다면　　　　然後質我文章成

옛사람과 만나는 꿈 하나를 꾸게 해주오　　　　　　更煩一夢古人遇

환갑이 넘은 나이에 꿈속에서 화려한 붓과 먹을 보고서 지었다. 그
꿈을 꾸고서 높은 벼슬에 오르거나 이름난 문장가가 된 인물도 있건
만 자신은 아무것도 이루지 못한 채 환갑이 넘었다. 이제 늙어서 그
꿈을 다시 꾸었으니 심기일전 지식을 재충전하고 총기를 회복하여 열
심히 창작을 시도하겠다는 의지를 다지고 있다. 작품을 이끌어가는
힘과 표현에서 "작품이 진실을 충분하게 지니도록 끝까지 넘치는 힘
으로 통제한다"는 경건의 특징이 잘 나타난다.

　이처럼 그의 시에서는 인생의 중후함을 해학적으로 묘사한 그만의
개성과 역량을 느낄 수 있다. 임영(林泳)은 "최립의 문장은 늙은 장군
이 전쟁을 이야기하듯이 말하여 기세가 뻣뻣하고 힘차며 의미가 깊고

싱싱하다. 그러나 때때로 해학이 나타나 사람으로 하여금 두려워하게
하면서도 사랑스러움을 불러일으킨다(譬之簡易文, 如老將談兵, 語勢矯健,
意指深活, 而時時出詼諧, 使人畏愛)"라고 언급한 바 있다. 남성성의 특징을
시에서 구현한 시인으로 최립을 자리매김해도 어울릴 것이다.

기려(綺麗)
화려한 인생의 노래

1. 비단처럼 아름답다

문학에 대한 시각은 사람마다 다르지만 대체로 합의할 수 있는 부분이 있다. 문학적이지 않은 사람에 비해 문학적인 사람은 주어진 제재를 더 설득력 있고 더 감동적으로 전달하는 능력을 지녔다는 것이다. 그 능력을 발휘하고자 작가들은 다양한 문학적 장치를 동원하는데 그 가운데 대상을 화려하게 묘사하거나 과장되게 표현하는 것이 포함된다. 전통시대에는 이 문제를 어떻게 보았을까?『시품』의 기려가 이 문제를 다루고 있다.

『시품』의 아홉번째 풍격은 '기려(綺麗, intricate beauty 또는 ornate and original)'다. 우리말 사전에서는 기려를 "곱고 아름답다"(『표준국어대사전』)

나 "얼룩무늬가 있어 곱고 아름답다"(『새우리말큰사전』)는 뜻으로 풀이했다. '기'와 '려'를 독립된 두 글자의 조합으로 본 것이다. 그러나 '곱다'와 '아름답다'는 의미상 차이가 크지 않으므로 올바른 풀이로 보기 어렵다. 『새우리말큰사전』은 기(綺)의 의미를 살려서 정확하게 풀이한 것처럼 보이나 큰 차이가 없다.

다시 풀이한다면, 수놓은 비단이란 뜻을 가진 '기'가 '려'를 수식해 주므로 기려는 수놓은 비단처럼 화려하다는 의미로 보는 것이 적합하다. 독립된 뜻을 가진 두 글자를 조합해 새로운 의미를 낳은 다른 풍격과는 다르게 해석해야 한다.

기려는 화려한 아름다움을 지닌 문학작품을 평가하는 말이다. 문학의 수사나 표현을 평하는 데 국한되지 않고 묘사하는 대상의 특징을 가리킬 때도 기려란 말을 썼다. 웅장하고 화려한 멋을 풍기는 궁궐, 귀족과 부자들의 사치스럽고 흥청망청하는 인생, 여인들의 우아하고도 다정다감한 세계, 도회지의 소란스럽고 휘황찬란한 공간을 묘사하는 문학이 기려의 풍격을 드러낸다. 지금까지 살펴본 풍격이 대부분 담박한 맛〔淡〕을 선호한 것과 비교하면 정확히 반대되는 경향이다.

한때는 화려한 대상을 화려하게 묘사하는 기려의 풍격을 적극적으로 추구하던 시대도 있었다. 『시품』 이전부터 기려는 문학 풍격으로 널리 사용되었는데 위진남북조(魏晉南北朝)시대에는 문학의 분위기가 당나라 이후와는 상당히 달랐다. 묘사하는 대상이 귀족적이고 화려한 것이 많았고, 시와 문장 모두 화려하고 수사가 발달한 것을 선호했다. 『진서晉書』「부현전傅玄傳」에 "논설 문장을 즐겨 지었는데 비록 기려함은 부족했으나 귀감이 될 만한 말을 잘했다(好屬文論, 雖綺麗不足, 而言

成規鑒)"라는 말이 보이는데 문맥상 기려함을 갖추지 못한 것을 아쉽게 생각하고 있다. 그처럼 기려는 문인이 갖추어야 할 능력이나 자격으로 간주되었다. 잘 꾸미지 못하고 형식적인 아름다움을 갖추지 못한 작품을 쓴다면 문인의 기본적인 자격을 갖추었다고 하기 어렵다. 화려한 수사를 동원하여 작품을 창작하는 것은 비난의 대상이 아니라 칭송의 대상이었다. 사실 문인들이 화려한 수사에 노력을 기울이는 자세는 비난받을 일이 결코 아니다.

그러나 당나라에 들어와 시대 분위기가 변하면서 내용보다 외면과 수사에 치중하는 문학은 비판의 대상으로 바뀌었다. 이후 중국 문학에서 기려한 풍격을 우호적으로 평가하는 주장을 찾아보기가 쉽지 않다. 이백이 "건안(建安)시대 이후 기려한 작품은 그리 귀하지 않다(自從建安來, 綺麗不足珍)"라고 말한 것은 그 같은 미의식의 변화를 정확하게 드러낸다. 물론 변화가 일어났다고 해서 문학이 아름다워야 한다는 점을 부정한 것은 아니다. 지나치게 화려하고 인위적이며 형식적인 창작을 거부한 것으로 봐야 한다. 이백은 다음과 같은 작품을 지었다.

형산(荊山)을 읊은 그대 작품을 보면　　　　　　覽君荊山作

강엄(江淹) 포조(鮑照)라도 놀란 낯빛이리라　　江鮑堪動色

맑은 물 위에 부용꽃이 피어난 듯　　　　　　清水出芙蓉

천연스러워 꾸밈이 전혀 없네　　　　　　　　天然去雕飾

　　―「난리를 겪은 뒤 성은을 입어 야랑에 유배를 갔다. 옛적 글을
　　　쓰며 노닐던 회포를 떠올리며 강하 태수 위양재에게 주다

이 시에서 맑은 물 위의 부용꽃(淸水芙蓉)은 기려한 아름다움을 상
징한다. 그런데 그 아름다움은 인위적인 수사나 형식에서 나오지 않
고 꾸밈없는 천연스러움에서 나왔기에 진정성이 있다. 기려를 무조건
부정할 것이 아니라 자연스러운 기려는 긍정해야 한다는 생각을 담고
있다. 이 구절은 새로운 미감이 이제는 대세가 되었음을 보여준다.『시
품』은 이백에게서 보이는 미의식을 더욱 적극적으로 긍정하고 있다.

2. 정신에 담겨 있는 부귀

기려 본문은 다음과 같다.

정신에 진정한 부귀가 담겨야만   神存富貴
비로소 황금을 가벼이 여기는 법   始輕黃金
짙음이 극에 달하면 반드시 메마르나   濃盡必枯
담박한 것은 점차로 깊어간다   淡者屢深

이슬 내린 뒤라 산은 더 푸르고   露餘山靑
분홍 살구꽃은 숲을 이루고 있다   紅杏在林
화려한 저택에 달빛이 환히 비추고   月明華屋
녹음 아래 아로새긴 다리 놓여 있다   畫橋碧陰

황금 술동이에 술이 가득 넘치고	金尊酒滿
손님을 초청하여 거문고를 연주한다	伴客彈琴
아무리 가져다 써도 절로 넉넉하기에	取之自足
아름다운 회포를 정말 다 표현하겠네	良殫美襟

전체적으로 다른 풍격에 비해 평이하게 서술한 편이다. 내용은 세 단락으로 나뉜다. 첫 단락은 화려한 삶을 추구하는 인생의 태도를 묘사하고 있다. 첫 단락 첫 구절은 상식적으로는 '정신이 부귀에 달려 있다'로 해석하는 것이 순조롭지만 그럴 경우 바로 뒤에 나오는 구절과 내용이 어울리지 않기 때문에 '정신에 부귀가 담겨 있다'고 해석해야 한다. 그래야만 전체 내용과도 어울린다. 이 구절은 정신적 부귀를 추구하는 것이 진정한 부자이고, 그래야만 물질적 부귀만을 추구하는 황금만능의 천박함을 벗어날 수 있다는 뜻을 드러냈다. 외재적인 부유함보다는 내재적인 부유함이 더 큰 가치라는 태도다. 인생의 화려함이 세속적 부귀를 누리는 것에만 있지 않다고 보았다.

다음으로 3, 4구에서는 정신이든 물질이든 화려함이 과도하면 반드시 메마르는 단계로 빠지게 된다고 했다. 이를 문학에 적용하면 지나친 수사는 정신적 아름다움의 결핍을 초래한다는 것이다. 그래서 요구한 덕목이 바로 담박함[淡]이다. 여기서 담박함은 일종의 균형과 절제를 의미한다. 화려함을 추구하되 과도한 경사(傾斜)를 경계해야 그 깊이를 더할 수 있다는 태도를 담박함이란 말로 표현했다. 이 담박함은 『시품』 전체에서 일관되게 강조하는 태도다. 앞서 인용한 이백의 시 중 "맑은 물 위에 부용꽃이 피어난 듯 천연스러워 꾸밈이 전혀 없네"라는 대목에 나오는 천연스러움이 곧 담박함과 비슷하다.

두번째 단락 이후로는 기려의 인생을 누리는 장면을 구체적으로 묘사하고 있다. 두번째 단락에서 "산이 푸르다(山靑)"라고 한 것이 뒤에 나오는 분홍 살구꽃과 어울려 색채의 화사한 아름다움을 잘 보여준다. 살구꽃이 핀 장면으로 봄날의 무르녹은 아름다움을 드러내고자 했다. 기려에서 색채의 현란한 대비는 중요한 의미가 있다. 색채야말로 기려한 멋을 부각시키는 도구이기 때문이다. 아침과 밤의 화사한 자연 풍광을 묘사한 두번째 단락의 네 구절은 『시품』에서 말하는 화려함이 세속적인 것이 아니라 자연이 선사하는 화려함임을 보여준다.

세번째 단락의 1구와 2구에서는 화사한 자연 풍광 속에서 인생의 풍류를 즐기는 모습을 묘사했다. 여기서 풍류는, 손님을 청해 술을 마시고 거문고를 연주하는 등의 고상한 활동으로 구체화되었는데, 이는 곧 첫 단락에서 말한 정신적 부귀를 누리는 행위와 연결된다.

그런데 여기서 유념해야 할 점이 있다. 『시품』에서 인간의 정신적인 아름다움에 더 큰 비중을 둔 것은 분명하지만 그렇다고 외적인 화려함과 부귀를 누리는 것을 배제하지는 않았다는 사실이다. 본문에서는 화려한 저택, 아로새긴 다리, 황금 술동이를 제시하여 정신적 부귀가 물질적 부귀에 토대를 두고 있다는 점을 분명히 했다. 또한 마지막 두 구절은 물질적으로나 정신적으로나 모든 것을 갖추어 외부세계의 아름다움과 내면의 쾌락을 마음껏 누리는 것이 바로 기려임을 설명하고 있다.

3. 담박한 아름다움과 농염한 화려함

기려 본문에는 화려한 인생을 구가하는 구체적인 장면이 여럿 등장한다. 이슬과 푸른 산, 분홍 살구꽃, 화려한 저택과 달, 녹음과 아름다운 다리, 황금 술동이와 술이 넘치는 술잔, 손님과 거문고 등 그림으로 묘사하기에 적합한 소재가 풍성하다. 네 명의 화가는 그처럼 풍성한 소재를 어떻게 활용하여 기려의 풍격을 그렸을까? 먼저 정선의 그림부터 살펴본다.

산 아래 강이 흐르고 큰 기와집이 강가에 자리잡고 있다. 강에는 상당히 큰 무지개다리가 걸려 있다. 산 너머에도 지붕이 보이는 것으로 보아 도회지에서 그리 멀리 떨어지지 않은 곳의 부자 마을을 그린 듯하다. 앞쪽의 집 뒤 언덕에는 버드나무와 살구나무가 있는데 분홍꽃이 흐드러지게 피어 무르녹은 봄날의 풍경이다. 버드나무는 녹음을 묘사하기 위한 장치이다. 기와집은 모두 기둥 위에 다락을 얹은 누대의 형태로, 주거용이기보다는 풍경을 감상하고 연회를 벌이기 위한 누정인데 전통적인 한국식 기와집 형태를 보여준다. 누정 위에 두 사람이 앉아 있고, 한 사람은 거문고를 타고 있다. 분홍 옷을 입은 사람이 주인으로 보이는데 그 옆에 놓인 붉은 항아리는 술동이다. 기려에서 언급한 소재를 거의 다 그림 속에 풀어놓았다.

『사공도시품첩』에서 이렇게 큰 기와집이 등장하는 것은 〈함축〉과 〈기려〉뿐이다. 다른 그림에 등장하는 집이라야 모두 초가고 그조차 없이 산수만 그린 작품도 많다. 그렇기에 〈기려〉에서는 기와집과 아치형 돌다리만으로도 그가 그려내려 한 물질적 부귀를 읽을 수 있다.

信筆揮灑入思
淺鮮差勢太不
用精

• 정선, 〈기려〉.

그렇다고 해도 겨우 친구 한 사람과 마주하여 술을 기울이며 거문고를 타는 정도의 사치다. 그야말로 『시품』에서 말한 담박한 기려라고 해야 한다. 화평에는 "붓 가는 대로 휘둘러 그렸고, 머리에 떠오른 것이 얕고 미약하다. 이 노인은 정력을 크게 쓰지 않았다(信筆揮灑, 入思淺鮮, 是翁太不用精)"라고 평가했다. 언뜻 보면 정성을 기울이지 않고 손 가는 대로 가볍게 그린 태도를 불만스럽게 표출한 화평처럼 보이나, 오히려 익살스럽게 경쾌하고 맑은 필치를 치켜세운 화평으로 보아야 한다. 다른 작품에 비해 화격(畫格)이 뒤진다고 볼 수 없기 때문이다.

다음으로 반시직이 부감법으로 그린 그림이다. 큰 산 폭포에서 쏟아져내려온 물 위로 다리가 놓여 있고, 그 옆에는 버드나무가 그늘을 드리웠으며 맞은편 북쪽으로 큰 집이 있다. 주변 풍경과 나무들을 볼 때 상당히 멋스런 풍경으로 그렸다. 반시직의 그림 가운데서는 상대적으로 화려하다. 집 안에는 식탁 위에 술동이와 잔, 젓가락 등이 놓여 있다. 남자 두 사람이 마당에 앉아서 한 사람이 무릎 위에 금(琴)을 놓고 즐기고 한 사람은 듣고 있다. 그들은 술을 마시고 밖에 나와서 음악을 즐기고 있는 것이다. 원경으로 그린 데다 색을 옅게 칠하여 기려한 풍격을 그린 그림으로는 뭔지 모르게 부족하다.

다음으로는 장부가 그린 그림이다. 장부의 그림은 건륭제가 쓴 「추일계의 꽃 그림 두루마리에 붙인 시題鄒一桂百花卷」[1]를 바탕으로 그렸다. 추일계(鄒一桂, 1686~1772)는 채색 화훼화를 전문적으로 그린 저명한 화가로, 그는 1745년 『백화도권百花圖卷』을 황제에게 바쳤는데 건륭제가 그림을 높이 평가하고 그 감상을 시로 썼다. 장부의 그림은 화려

綺麗

• 반시직, 〈기려〉.

神存富貴始輕黃金
濃盡必枯淺者屢深
霧餘水畔紅杏在林
月明華屋畫橋碧陰
金樽酒滿伴客彈琴
取之自足良殫美襟
右司空圖詩品倚
展一則
臣蔣溥恭錄

• 장부, 〈기려〉.

한 중국 원림의 풍경을 묘사하고 있다. 정원에는 각종 기이한 꽃과 나무가 늘어서 있고, 연못과 석가산에 괴석과 화계(花階)가 설치되어 있다. 정원 안쪽에 화려한 정자가 있는데 술동이와 탁자, 풍로 등의 집기를 배치해놓고서 연회를 베풀고 있다. 그 앞에서는 일부 사람들이 투호를 벌이고 있다. 온갖 꽃이 핀 봄날 백화원(百花園)에서 화려한 잔치를 베풀고 있는 장면이다. 그림은 건륭제의 시에 바탕을 두었으나 기려의 내용과 잘 부합한다. 『시품』의 기려는 담박한 화려함을 추구했으나 이 그림은 오히려 농염한 화려함을 추구했다. 그림의 소재가 되는 산수, 건축물, 꽃과 나무, 의상, 집기 등이 모두 화려하여 다른 화가가 그린 그림에 비해서 훨씬 더 기려한 분위기를 잘 살려냈다.

제내방의 그림은 아주 충실하게 기려를 재현하고 있다. 물이 내려다보이는 부잣집의 크고 화려한 저택 회랑에서 잔치가 벌어지고 있다. 저택 주변에는 화려한 난간이 둘려 있고, 괴석을 배치했다. 탁자 위에서 손님이 금을 연주하고 주인은 한 팔을 의자 뒤로 드리운 채 음악을 듣고 있다. 주인 뒤에 시녀가 파초선을 들고 있고, 시녀들이 둘 더 있는 것으로 보아 귀족이나 부자의 연회를 묘사했음을 알 수 있다. 앞쪽의 다리와 회랑에는 시동이 술동이를 들고 오는 모습이 보인다. 색채로 표현하지 않았으나 그 화려함의 정도가 장부의 그림에 뒤떨어지지 않는다.

전체를 놓고 볼 때 정선과 반시직은 『시품』이 의도한 담박한 아름다움에 비중을 두어 묘사했다. 반면에 장부와 제내방은 『시품』의 의도를 살리면서도 물질적 부귀의 측면까지 반영하려고 노력했다. 독자

• 제내방, 〈기려〉.

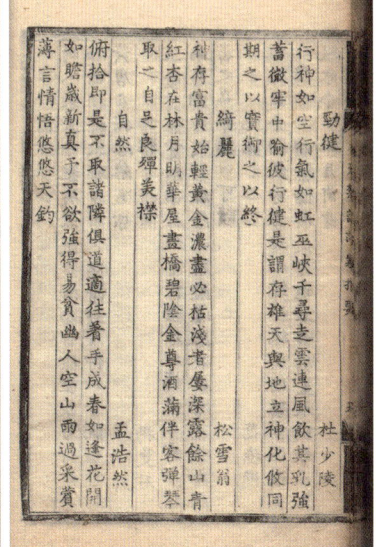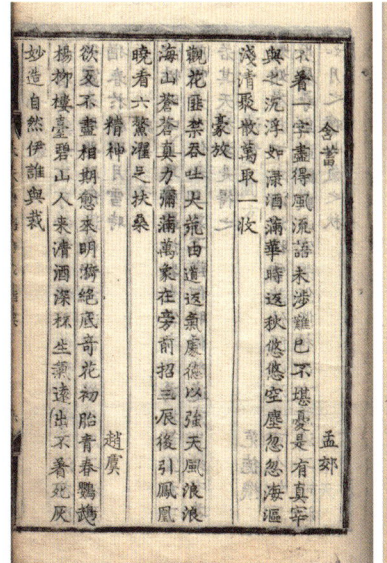

• 윤춘년 간행, 『목천금어』 「시가지요」. 수경실 소장. '경건'부터 '정신'까지 여섯 개 풍격이 실려 있다. 각각의 풍격을 잘 표현한 시인으로 두보와 조맹부, 맹호연, 맹교 등을 제시했다.

들이 보기에는 후자가 훨씬 더 기려의 원뜻에 가깝게 느껴지는 것을 피할 수 없다.

4. 귀염둥이 딸

　화려한 아름다움을 지닌 기려는 물질적 부귀를 부정하지는 않는다. 하지만 그에 못지않은 비중으로 정신적 부귀를 지향했다. 『시품』에서는 정신적 부귀에 보다 큰 비중을 두어 넘치지도 모자라지도 않는 운치를 지닌 화려함을 문학이 표현해야 한다고 보았다.

　『시품』과는 무관하게, 전통적으로 화려함은 시풍의 하나로 이미 확고한 위치를 차지해왔다. 아름다움을 뜻하는 여(麗) 자를 넣어 화려(華麗), 염려(艶麗), 연려(妍麗), 현려(絢麗), 괴려(瑰麗), 치려(侈麗), 준려(俊麗), 장려(壯麗), 굉려(宏麗), 청려(淸麗), 처려(凄麗) 등 화려함의 다양한 차이를 서로 다른 용어로 표현했다. 이 용어는 조금씩 가리키는 내용이 다르기는 하지만 화려함의 미학을 공유하고 있다. 『시품』의 기려는 이 다양한 화려함의 미학 범주 가운데 하나다.

　화려함은 아름다움을 추구하는 예술의 기본적인 지향이다. 그런데도 당나라 이후 화려함을 표방한 작품은 대체로 부정적인 평가를 받았다. 화려, 염려, 연려, 현려, 괴려, 치려처럼 고울 여 자 앞에 아름다움을 뜻하는 글자를 한 자 더 덧붙여 강조한 풍격은 거의 대부분 그 안에 부정적 평가를 포함하고 있다. 왜냐면 예술이 지나치게 탐미적이고 장식적인 경향으로 흐를 경우, 힘을 바탕으로 한 건강함이 결핍된다고 보았기 때문이다.

　이와 달리, 준려, 장려, 굉려, 청려와 같은 풍격에는 또다른 의미를 여 자 앞에 덧붙여 지나친 화려함에 기울 위험을 막고 작품에 힘과 미의 균형을 잡아주었다. 모두 '곱다'는 뜻을 담았으되 준려는 헌걸차고, 장려는 웅장하며, 굉려는 굉장하고, 청려는 맑다는 의미를 아울러 표현했다. 그저 화려하기만 한 아름다움이 아니라 고결함이 뒷받침된 아름다움인 것이다. 『시품』에서 묘사한 내용을 보면 기려는 청려에 가깝다고 해야 할 것이다. 전통시대에는 이렇게 균형을 갖춘 화려함만을 적극적으로 평가해주었다.

기려의 풍격은 위진남북조시대에 창작된 시에서 흔하게 찾아볼 수 있다. 이 시대의 시와 문장에서 주축을 이루는 풍격이 바로 기려다. 화려하고 장식적인 수사와 농염하고 애상적인 애정 묘사, 사치스러운 궁궐과 도회지 경관의 묘사는 이 시기 작품의 특색이다. 그와 같은 문학을 단적으로 제시하는 것이 바로 『옥대신영』이다. 서릉(徐陵, 507~583)이 530년대를 전후한 시기에 여인과의 사랑을 다룬 시를 뽑아 편찬한 이 선집은 화려하고 섬세하고 농후한 색채가 작품집 전체를 휘감고 있다. 그 때문에 장구한 세월 동안 사대부 독자에게 평가절하되어 무시당했으나 현대에 들어와서는 시대를 앞선 여성문학의 보고로 인정받고 있다.

이 선집에 실린, 여성과 사랑을 소재로 한 수많은 시들은 대체로 염려(艶麗, 용모와 태도가 몹시 아름답고 고움)하고 연려(妍麗, 어여쁘고 아름다움)한 풍격을 발산한다. 그 가운데 고운 느낌이 지나치지 않으면서도 여성의 삶을 잘 묘사한 작품으로 좌사(左思, 250?~305?)의 시가 손꼽힌다. 독특하게도 어린 두 딸을 읊은 장편시다.

우리집에 귀염둥이 딸 있어   吾家有嬌女

뽀얀 피부 정말이지 뽀송뽀송하지   皎皎頗白晳

아명은 환소(紈素)인데   小字爲紈素

치아는 나란하고 몹시도 희지   口齒自淸歷

머리털이 넓은 이마를 덮고   鬢髮覆廣額

두 귀는 한 쌍의 백옥이라   雙耳似連璧

새벽같이 화장대로 달려가	明朝弄梳臺
빗자루로 쓴 듯이 눈썹을 그리고	黛眉類掃跡
짙은 연지로 붉은 입술 덧칠해	濃朱衍丹唇
주둥아리가 온통 새빨갛다	黃吻瀾漫赤
애교 넘친 말은 구슬이 구르듯	嬌語若連瑣
불쑥 토라지니 발랄도 하지	忿速乃明憪
붓을 잡되 붉은 대롱 욕심내고	握筆利彤管
전각 같은 글씨 나아질 기미가 없네	篆刻未期益
책을 잡되 비단결 좋아하고	執書愛綈素
몇 글자 외우곤 자랑이 대단하네	誦習矜所獲
그 언니 이름은 혜방(惠芳)	其姊字惠芳
생김새는 그림처럼 화사하지	面目粲如畫
옅게 화장하려고 다락가를 좋아하고	輕妝喜樓邊
거울 앞에 앉아 길쌈은 안중에도 없네	臨鏡忘紡績
화장붓 들어 경조윤(京兆尹) 부인 맵시로 그리고	擧觶擬京兆
곤지를 찍었다가 다시 고치네	立的成復易
눈썹과 뺨 사이를 요리조리 오가며	玩弄媚頰間
바쁘기가 베 짜는 일의 곱절이네	劇兼機杼役

나긋나긋 조(趙)나라 춤을 좋아해　　　　　從容好趙舞

소매를 새의 날개처럼 펼치고　　　　　　延袖像飛翮

악기의 줄과 발을 오르내리느라　　　　　上下弦柱際

서책은 접어서 쌓아두기만　　　　　　　文史輒卷襞

병풍의 그림을 힐끗 보고는　　　　　　　顧眄屏風畫

다 아는 체 꼬치꼬치 설명하지만　　　　如見已指摘

날로 먼지 쌓여 색채가 흐릿하기에　　　丹靑日塵暗

뜻을 알자면 숨은 것을 찾아내야지　　　明義爲隱賾

동산을 이리 뛰고 저리 달려　　　　　　馳騖翔園林

아래로 처진 과실은 풋것도 다 따네　　菓下皆生摘

붉은 꽃을 보랏빛 꼭지까지 따고　　　　紅葩掇紫蒂

연밥일랑 후다닥 던져버린다　　　　　　萍實驟抵擲

비바람에도 꽃을 탐내서　　　　　　　　貪華風雨中

후다닥 수백 걸음을 내달리네　　　　　倏忽數百適

눈 위에 뛰어놀기를 즐겨서　　　　　　務躡霜雪戲

동여맨 신발에는 눈이 부석부석　　　　重綦常累積

마음 온통 음식에 빼앗겨　　　　　　　幷心注肴饌

반듯하게 앉아 소반에 과일 깎아놓고　端坐理盤槅

붓과 먹은 책상에 고이 모셔놓은 채　　翰墨戢閑按

자주 어울려 멀리까지 쏘다니네 　　　　　　　　　相與數離逖

걸핏하면 밖에서 들려오는 풍악에 이끌려 　　　　動爲鑪鉦屈
신발 끌고 그 뒤를 쫓아다니다 　　　　　　　　屣履任之適
집에서는 차를 끓인다고 땅바닥에 웅크려 　　　止爲茶荔據
솥 아궁이를 향해 입김을 후후 부네 　　　　　吹噓對鼎鑼

기름때는 흰 소매에 덕지덕지 　　　　　　　　脂膩漫白袖
그을음은 비단옷에 얼룩덜룩 　　　　　　　　煙熏染阿錫
옷가지가 모두 형형색색이라 　　　　　　　　衣被皆重地
물에 빨아도 깨끗하기 어렵겠군 　　　　　　　難與沉水碧

아이들 제멋대로 내버려두었더니 　　　　　　任其孺子意
어른들 꾸지람 듣기도 부끄러워해 　　　　　羞受長者責
매를 맞는다는 말을 얼핏 듣고는 　　　　　　瞥聞當與杖
둘 다 벽에 대고 눈물 훔치네 　　　　　　　　掩淚俱向壁

　　　　　　　　　　　　　　　　—「귀염둥이 딸嬌女詩」

　이 시는 『옥대신영』에 실려서 운 좋게 현재까지 전해진다. 지금으로부터 1700여 년 전에 어린 딸의 행동을 아빠의 시각으로 생생하게 묘사했다. 그 가치는 천 년이 넘도록 묻혀 있다가 명나라 이후에야 조금씩 평가를 받기 시작하여 20세기에 들어와서는 본격적인 인정을 받았다. 그렇게 오래전에 지은 작품으로 보기에는 철부지 여자아이의 생동하는 움직임이 너무도 또렷하며, '딸 바보' 아빠의 정겨운 시선 또한 너무도 선명하다. 이 작품이 지어지고 이렇게 전해지는 것이 기적에 가깝다.

첫번째 네 개 단락에서 나이 어린 둘째 딸 환소의 치기 어린 모습을 묘사했다. 연지를 마구 칠해 입술이 벌겋게 된 용모나 아버지를 흉내 내 글씨를 쓴다고 나서지만 글씨보다는 예쁜 붓대롱을 가지고 싶어 안달하는 행동, 글자 몇 개 안다고 우쭐대는 태도 등을 통해 천진난만하기 그지없는 어린 여자아이의 행동거지를 생생하게 보여준다.

두번째 네 개 단락은 환소보다는 조금 의젓한 첫째 딸 혜방의 행동을 묘사했다. 화장에 열중하는 모습이나 공부보다는 춤을 배우고 악기 연주하기를 좋아하는 행동이 그 나이 또래 여자아이의 특징을 잘 드러낸다. 잘 보이지도 않는 빛바랜 병풍을 대충 보고서도 뭣 좀 아는 것처럼 으스대는 모습은 우스꽝스러운 아이들의 심리를 잘 묘사했다.

"동산을 이리 뛰고 저리 달려"부터 시작하는 마지막 여섯 개 단락에서는 두 딸이 함께 어울려 노는 모습을 묘사했다. 어떤 행동은 개구쟁이 아이들의 천진난만함을 눈에 선하게 보여준다. 차를 끓인다고 땅바닥에 손을 대고 불을 후후 부는 대목은 중국 역사상 차가 처음으로 등장하는 구절로도 유명하다. 아이의 천진한 모습을 이렇게 생생하게 묘사한 작품은 중국에서도 우리나라에서도 유례를 찾아보기 힘들다. 더욱이 1700여 년 전의 작품이다.

시 곳곳에 붓을 잡고 길쌈하고 공부하고 화장하고 소반에 음식을 담는, 성인의 일을 해보고 싶어 안달하는 아이들의 모습이 부각되었

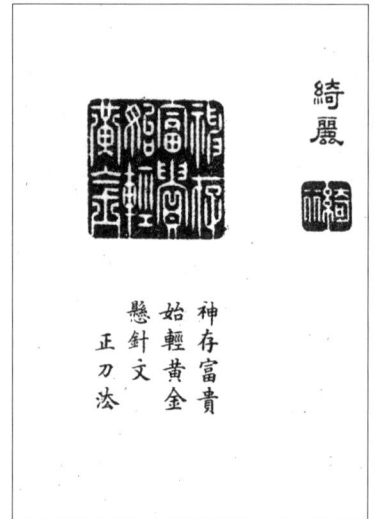

- 옹수우(翁壽虞)가 새긴 『시품인보詩品印譜』 가운데 '기려' 2방(方). 이 인보는 저자가 1905년부터 5년간 작업하여 『시품』 전체를 소재로 삼아 새긴 인장을 모은 것이다. 모두 네 권으로 그의 나이 30세 때인 1909년에 간행되었다. 인문(印文)은 두 자에서 수십 자까지 있고, 자체(子體)가 다양하고 특이한 형상을 새긴 것이 많다. 각 인장마다 석문(釋文)을 밝혔고, 자체와 도법(刀法)까지 설명해놓았다. 4책에 모두 186개의 인장이 실려 있다. '노여산청(露餘山靑)'은 글자의 끝 부분이 모두 호랑이 발톱처럼 생긴 독특한 모양이다. 상하이 국가도서관 소장.

다. 하나하나 서툴고 제멋대로이지만 그 모습이 오히려 아이들의 치기와 천진함을 잘 나타낸다. 또 하라는 공부는 전혀 안중에도 없이 까불고 놀기에 열중한 모습을 비중 있게 설명했다. 당시에도 부모는 아이에게 공부를 시키려 애썼지만 아이는 부모의 바람은 아랑곳하지 않고 놀기에 열중했다. 그 같은 대조가 인상적이다.

여성의 감정과 애정을 풍부하게 다루던 시대적 분위기 속에서 나올 수 있는 작품이다. 단정하기는 어렵지만, 이 작품을 『시품』이 선호한 기려의 풍격에 가까운 시로 다루어도 좋겠다.

5. 평양의 도회풍

비 갠 강둑에는 풀빛 짙어가는데	雨歇長堤草色多
남포에서 임 보내니 슬픈 노래 못 참겠네	送君南浦動悲歌
대동강 저 물은 어느 때나 마르려나?	大同江水何時盡
이별 눈물 해마다 물결 위에 더해지니	別淚年年添綠波

—「임을 보내며送人」

고려시대를 대표하는 시인의 한 사람인 정지상(鄭知常, ?~1135)의 작품이다. 애상과 애정, 이별과 기다림의 감정을 읊은 이 시는 기려의 풍격을 전형적으로 표현한 작품으로 손꼽힌다. 이 작품의 서정은 『옥대신영』에 실린, 기려의 풍격을 보이는 작품들 사이에 넣어도 손색이 없을 정도다. 그런 시 가운데 왕대경(王臺卿)이 지은 「남포에서 임을 이별하다南浦別佳人」와 함께 비교해보자.

웃음 거두고 임을 보내노니	斂容送君別
한번 찌푸린 얼굴 펼 때 결코 없으리	一斂無開時
다시 만날 날 기다렸다가	只應待相見
이맛살 펴는 그날이 오기 전에는	還將笑解眉

남포에서 임을 보낸다는 소재가 똑같다. 임을 보낸 슬픔의 깊이를 과장한 수법도 똑같다. 정지상은 이별의 아픔에 흘린 눈물로 인해 대

동강 물도 마르지 않으리라고 했고, 왕대경은 다시 만날 그날까지 이 맛살 결코 펴지 않으리라고 했다. 떠나는 사람에게 돌아오지 않으면 자기는 이렇게 슬퍼하겠다고 협박하는 점이 똑같다. 이런 내용과 정서, 표현 수법은 기려의 작품에서 흔히 보인다.

정지상은 평양이 낳은 대표적인 시인이다. 자유분방하고 다정다감한 정서를 지녔고, 감성을 발산하는 데 주저함이 없었다. 조선시대 여느 시인과 달리, 그는 엄격한 자기검열을 하지 않았다. 「임을 보내며」에서도 그런 점이 보이는데 평양의 풍물을 묘사한 다음 시에서는 그런 특징이 더 분명하게 나타난다.

큰 거리 봄바람에 가랑비 지나가니	紫陌春風細雨過
먼지 한 점 아니 일고 버들가지 늘어졌네	輕塵不動柳絲斜
푸른 창 붉은 문에 자지러진 풍악 소리	綠窓朱戶笙歌咽
모두가 이원제자(梨院弟子) 집이로구나	盡是梨園弟子家

—「서도西都」

이원제자는 기생을 가리킨다. 고려시대에도 평양의 기방은 유명했던 것으로 보인다. 봄비가 내린 뒤 싱그럽고 화사한 계절 분위기와 사치스럽고 번화한 평양의 호사로움이 잘 어우러져 질탕하고 멋스러운 분위기가 살아난다. 평양의 기려한 멋을 짧은 시에 잘 살려 표현했다. 서거정(徐居正)은 이 시를 두고 "평양의 번화한 분위기를 네 구절로 완전히 표현했으니 후대의 작가로서 그 울타리를 넘어설 만한 자가 없

다"라고 평하여 이 시가 거둔 작품성을 찬미했다. 비슷한 작품을 한
편 더 보자.

복사꽃 붉은 비에 새는 지저귀는데	桃花紅雨鳥喃喃
집을 에워싼 청산은 여기저기 푸른 안개	繞屋靑山閒翠嵐
머리 한 귀퉁이엔 귀찮아 사모도 비뚜로 쓰고	一頂烏紗慵不整
꽃 핀 언덕에 취해 누운 채 강남을 꿈꾸네	醉眠花塢夢江南

—「술에 취해醉後」

「술에 취해」는 앞에서 본 「서도」와 함께 인종(仁宗)이 평양에 여러
달 머무는 동안 뱃놀이하며 호화롭게 즐기던 행적과 관련이 있는 시
다. 붉은 복사꽃과 푸른 산의 색채 대비가 봄철의 흐드러진 분위기를
부각시킨다. 선명한 색채 대비는『시품』기려의 핵심적인 특징이기도
하다. 여기에 더해 술에 취해 모자를 삐딱하게 쓴 벼슬아치가 꽃 핀
언덕에 누워 있는 모습은 사치스럽고 방종한 느낌을 자아낸다. 마치
기려의 본문을 조금만 바꾸어놓은 듯 그 의도를 잘 살린 시라고 평가
할 수 있다.
　이 시를 놓고 역대의 많은 평자들이 그 호사스럽고 고운 면을 지적
했다.『청구풍아靑丘風雅』에서는 "염려(艶麗)함이 너무 지나치다"라고
했고,『보한집補閑集』에서는 "시의 풍경을 그림으로 그려서 보기에 알
맞다(此詩可作畫圖看也)"라고 했으며, 신흠(申欽)은『청창연담晴窓軟談』에
서 "놀랍고 빼어나며 잘 아로새기고 염려하여(警拔藻麗)" 우리나라 시

에 이와 어깨를 나란히 할 만한 작품이 드물다고 극찬했다. 모두들 이 시의 기려한 풍격을 긍정하고 있다. 예로 든 작품을 포함해 정지상의 시에서는 기려함이 물씬 풍겨난다. 아마도 고려시대 전기라는 시대적 배경과 평양 사람이라는 조건이 기려한 풍격을 과감하게 표현하는 데 영향을 주었을 것이다. 조선시대 시인들에게는 기려의 풍격이 아무래도 낯설다.

자연(自然)
대자연의 섭리에 순응하다

1. 어찌 외면을 꾸밀 필요가 있으랴?

『시품』의 열번째 풍격은 '자연(自然, the natural 또는 follow nature)'이다. 새삼스레 설명할 필요가 없는 말이다. 그러나 『시품』의 자연은 우리가 알고 있는 자연(the nature)과 밀접하기는 하지만 똑같지는 않다. 군이 번역하자면 '자연스러움(the natural)'이라고 하는 것이 어울린다. 자연은 문자 그대로 '절로〔自〕 그러함〔然〕' '그런 줄 모르게 그러함(不知所以然而然)'의 뜻을 지닌다. 대자연의 속성이나 질서를 따르는 미적인 태도라서 『시품』의 자연을 "자연을 따른다(follow nature)"라고 영어로 번역하기도 했다.

자연은 시를 논할 때 흔하게 언급되는 풍격 가운데 하나다. 대자연

• **이광사**, 〈**자연**〉. 전서로 반듯하게 썼는데 마지막 글자인 균(鈞) 자를 균(勻) 자로 썼다.

에 순응하는 인생 태도를 가리키기도 하지만 자연스러움을 추구하는 창작법의 하나이기도 하다. 창작법으로서 자연은 작품의 구도와 전개, 어휘와 수사의 문제에서 조탁과 과장, 조작이 없어 자연스러움을 느끼도록 창작하는 것을 가리킨다. 『문심조룡』에서도 자연스러움에 뿌리를 두어 창작할 뿐 인위적 조작에 반대한다는 취지를 곳곳에서 강조했다. 총론에 해당하는 「원도原道」 편에서는 "구름과 노을의 아로새긴 빛깔은 화가의 오묘한 솜씨보다 더 낫고, 풀과 나무의 빛나는 꽃에는 비단 장인의 기묘한 재능이 필요 없다. 어찌 외면을 꾸밀 필요가 있으랴? 자연스러우면 그만이다(雲霞雕色, 有逾畫工之妙; 草木賁華, 無待錦匠之奇. 夫豈外飾, 蓋自然耳)"라고 말했다. 이것만 보더라도 자연스러움은 그 연원이 오래된 창작 모토임을 알 수 있다.

자연 바로 앞에 나온 풍격 기려는 과도할 경우, 지나친 화려함과 과장으로 치달을 창작상의 위험 요소를 내포하고 있다. 그 위험을 우려하여 자연의 풍격을 그다음에 배치했다고 설명하는 학자가 있다. 너무 화려한 조화(造花)는 그 화려함 때문에 오히려 생화(生花)와 같은 생기가 없다. 이처럼 기려 또한 자연의 풍격으로 조정할 필요가 있다고 본 것이다. 시대에 따라 문학에서는 자연스러움을 선호하는 경향과 기려함을 선호하는 경향이 번갈아 나타났다. 화려함과 기괴함을 추구하는 경향이 지나치게 오래 지속되거나 과도하게 진행될 때에는 그 반작용으로 자연스러움을 강조하는 경향이 크게 대두하곤 했다. 문학사에서 자주 목도하게 되는 현상이다. 따라서 이 같은 설명은 설득력이 있다.

한편, 『시품』의 저자는 다른 풍격을 설명할 때도 종종 자연스러움을 강조해왔다. 웅혼에서 "무리하게 붙잡지 않으면 다함없이 가져올수 있으리라"라고 한 대목이나 충담에서 "우연히 도달하면 어렵지않으나 억지로 다가갈수록 더욱 보이지 않는다"라고 한 대목에서 시는 자연스러움을 추구해야 한다는 취지를 밝히고 있다. 자연은 다양한 풍격의 하나이기도 하지만 『시품』전체의 창작법을 관통하는 미학이다.

2. 봄에 꽃이 피고 해가 새로 오는 것을 막을 수 없다

자연의 본문은 다음과 같다.

허리 구부려 주우면 그게 바로 시이니	俯拾卽是
굳이 다른 곳에서 찾지 않는다	不取諸隣
도(道)에 몸을 싣고 여기저기 가면서	俱道適往
손을 대기만 하면 봄 풍경이 된다	著手成春
때가 되면 꽃 피는 풍경을 만나고	如逢花開
철이 바뀌면 새해가 오는 것과 같다	如瞻歲新
하늘이 준 것은 뺏기지 않고	眞與不奪
억지로 얻은 것은 고갈되기 쉽다	强得易貧
숨어 사는 사람이 빈산에서	幽人空山

비가 지나간 뒤 마름을 딴다	過雨采蘋
말없이 마음으로 다 깨달아	薄言情悟
유유히 자연의 균형에 맞춘다	悠悠天釣

　독특하게도 자연은 각 단락마다 추상적인 설명과 구체적인 묘사를 뒤섞어 전개하고 있다. 첫번째 단락에서는 첫 대목부터 자연이 의미하는 핵심을 직설적으로 설명하기 시작한다. 1, 2구에서는 시라고 하는 것은 인간의 시선 멀리 떨어져 있어 힘들여 찾아야 할 그 무엇이 아니고, 시인의 눈앞에 놓인 물건을 허리를 구부려 줍듯이 주위에 존재하는 사물과 현상에서 자연스럽게 포착해야 할 대상이라고 했다. 이는 시가 인간에게 이미 다 구비되어 있는 것을 그냥 꺼내 표현하기만 하면 되는 본래적인 것임을 시사한다. 3, 4구에서는 봄날의 풍경을 묘사하는 시인을 등장시켜 자연스러움의 의미를 설명했다. 시인이 자연에 몸을 맡기고 여유롭게 돌아다니면서 목도한 것을 글로 쓰기만 하면 곧 봄 풍경을 묘사한 좋은 시가 나온다. "도에 몸을 싣고(俱道)"는 『장자』 「천운天運」에 나오는 "도에 내 몸을 싣고 하나가 된다(道可載而與之俱也)"라는 대목에서 나왔다. 여기서 도는 자연이란 말과 다르지 않다. "여기저기 간다(適往)"는 것은 목적지를 따로 두지 않고 발길 가는 대로 산책하는 행동이다. 여기서 굳이 봄을 비유한 것은 봄(春)이 운자(韻字)이기 때문이기도 하지만, 생기가 넘치는 자연의 특징을 잘 보여주는 계절이 바로 봄이기 때문이다.

　두번째 단락 또한 첫번째 단락의 연장선상에서 전개하여 봄철의 풍경을 묘사하고 있다. 꽃이 피고 해가 바뀌는 것은 노력해서 되는 것이 아니라 그야말로 자연스럽게 순환하는 자연현상이다. 『시품주석詩品註釋』에서 "꽃이 피는 것은 인위적인 것이 아니고, 해가 바뀌는 것은 억지로 되는 것이 아니다. 꽃 피는 철을 만나듯 하고 새해를 맞이하듯 하니 그 이치를 알 만하다"라고 설명했다. 3, 4구는 앞에서 비유를 동원하여 말한 것과 긴밀하게 연결된다. 자연으로부터 받은 것은 그것이 무엇이든 남이 빼앗아 갈 수 없다. 봄에 꽃이 피고 해가 새로 오는 것을 누구도 막을 수 없는 것과 같다. 자연의 질서를 거슬러 억지로 얻은 것은 오래가지 않는다. 자연에 순응할 뿐 다른 길은 없다. 이를 창작에 적용하면, 시인은 허위나 가식, 조작이나 억지 없이 자신의 감정에서 나오는 대로 시를 써야 하며, 시를 쓸 때 자연스러운 형식과 수사를 구사해야 한다는 뜻으로 해석할 수 있다.

세번째 단락은 산속에 숨어 사는 사람(幽人)을 등장시켜 자연에 순응하는 삶은 어떤 것인지를 형상으로 보여주고 있다. 그의 행동에는 어떤 목적도 작위도 없다. 비가 내리면 집에 머무르고 비가 그치자 마름을 딴다. 마름은 물이 고인 호수나 늪에서 잘 자라는 풀로, 잎자루에 부낭이 있어 물 위에 뜬다. 물이 마르면 마름이 바닥 가까이 붙어있어 채취하기가 쉽지 않고, 비가 내려 물이 불어나면 배를 타고 물위에 떠오른 마름을 채취하기가 수월하다. 그러므로 비가 그치고 난 뒤 마름을 따러 나가는 것은 산속에 사는 사람에게는 그야말로 자연스럽게 나오는 행동이다. 여기에는 어떤 작위나 조작도 끼어들 틈이 없다. "자연의 균형(天鈞)"은 『장자』「제물론」에 나오는 말이다. 조삼모사(朝三暮四)의 고사가 나오는 대목에 이어서 "그러므로 성인은 옳고 그름을 조화시키고 자연의 균형에서 쉰다. 이것을 일러 양행(兩行)

이라고 한다(是以聖人和之以是非, 而休乎天鈞, 是之謂兩行)"라고 하였다. 『시품』에서는 '천균'이라는 표현을 통해 자연스럽게 균형이 잡혀 있는 세계에서 자연의 변화에 순응하며 살아가는 모습을 노래했다.

3. 예외적으로 등장한 생활인의 모습

자연에는 그림으로 그릴 만한 장면의 묘사가 많지 않다. 두드러진 장면으로 "숨어 사는 사람이 빈산에서 비가 지나간 뒤 마름을 딴다"는 한 구절을 빼놓고는 대체로 추상적으로 설명하는 내용이다. 이 밖에 그림의 대상이 될 만한 묘사를 들자면 "때가 되면 꽃 피는 풍경을 만나고"가 있는데 이 장면만을 따로 떼어 묘사하기는 쉽지 않아 보인다. 그렇다면 화가들은 자연의 풍격을 어떻게 그림으로 형상화했을까?

먼저 정선의 그림부터 살펴본다. 화면 뒷부분에 산이 있고 그 산 너머 멀리에도 흐릿하게 산이 이어지고 있다. 산 아래에는 강물이 굽이돌아 흐르고 강 양쪽에는 소나무인 듯 숲이 길게 뻗어 있다. 이쪽 강 언덕에 한 시골 노인이 바구니를 옆에 놓고 앉아서 물을 내려다보는 모습이 화면 중심을 차지한다. 산과 물의 풍경이 한국의 전형적인 산천을 보는 듯하다. 시골 노인은 지금까지 보아온 정선의 그림에서는 볼 수 없었던 인물 형상이다. 정선 그림에는 대체로 점잖고 고고한 선비가 그려졌으나 이 그림에서만은 소탈한 농부가 등장했다. "숨어 사는 사람이 빈산에서 비가 지나간 뒤 마름을 딴다"는 구절을 형상화

濃而少味는
英雄欺人
手也

• 정선, 〈자연〉.

한 것이 틀림없다. 마름을 따다가 잠시 쉬느라 앉아 있는 장면을 통해 자연에 순응하며 살아가는 산사람을 자연스럽게 묘사했다. 게다가 전체적으로 화면을 흐릿한 담묵으로 치리하여 안개가 자욱하게 깔려 있는 분위기를 살렸다. 그래서 화면 앞쪽의 나무는 짙은 빛깔이지만 강 건너 숲은 뽀얗다. 이렇게 화면이 흐릿하게 처리된 그림도 지금까지 없었다. "비가 지나간 뒤(過雨)"의 풍경을 재현한 것이다.

이 그림 상단에는 "(안개가) 짙어서 맛이 적다. 이것은 영웅이 평범한 사람을 기롱하는 솜씨다(濃而少味, 此英雄欺人手也)"라는 화평이 달려 있다. 언뜻 보면 그림이 마음에 차지 않아서 내린 평처럼 보이지만 실제로는 그렇지 않다. 여기서 영웅이 평범한 사람을 기롱하는 솜씨(英雄欺人手)라는 것은 명나라 이반룡(李攀龍)이 『당시선唐詩選』의 서문에서 한 말이다. 그는 "이태백(李太白)은 종횡으로 기세를 발휘하여 굳세고 사나운 말 사이에 쓸데없이 긴 말이 간혹 섞여 있는데 영웅이 평범한 사람을 기롱한 것이다(太白縱橫, 往往強弩之末, 間雜長語, 英雄欺人耳)"라고 했다. 이백처럼 위대한 작가가 독자를 마음대로 쥐고 흔드는 능력을 과시했음을 지적한 말이다. 그러므로 화평이 뜻하는 바는, 이백이 그리하였듯 정선이라는 위대한 화가가 희작의 느낌이 나게 그렸다는 의미다. 평자는 정선의 그림 가운데 변격에 속한다고 판단한 것이다. 실제로 안개 낀 숲은 다른 그림들에 비해 조금 가볍게 처리되었다. 한국 산천을 배경으로 한 농부의 소박한 정취를 통해 정선은 자연에서 강조한 미학을 충실하게 형상화했다.

다음으로 반시직이 그린 그림이다. 높은 곳에서 아래를 내려다보는 반시직 특유의 시점을 취해 그렸다. 큰 강으로 둘러싸인 산 밑에

然自

• 반시직, 〈자연〉.

띳집이 한 채 있다. 방 안에 고사(高士) 한 사람이 앉아 밖을 내다보고 있다. 큰 강 저 멀리 배가 한 척 떠 있는데 사공이 타고 있다. 배 주변에 연밥이 떠 있어 연밥을 따고 있음을 짐작게 한다. 방 안의 고사와 호수의 연밥 따는 사람은 어떤 관계일까? 반시직은 "숨어 사는 사람이 빈산에서 비가 지나간 뒤 마름을 따다"는 구절을 한 사람의 행동으로 보지 않고 서로 다른 사람의 행동으로 해석한 듯하다. 그래서 숨어 사는 사람은 마름을 따는 사람을 관망하는 인물로 등장했다. 정선의 그림과는 해석이 달라졌다.

장부가 그린 그림은 건륭제가 쓴 「삼우헌三友軒」[1]이란 시를 제재로 삼았다. 시의 소재인 삼우헌은 건륭제가 아꼈던 전각으로 지금도 베이징의 자금성 안에 남아 있다. 이 건물은 소나무와 대나무와 매화, 이른바 세한삼우(歲寒三友)를 소재로 실내를 꾸몄기 때문에 삼우헌이란 이름을 붙였다. 건물 밖에도 마찬가지로 조경을 하여 안과 밖이 조응하도록 만든 멋진 건물이다. 지금도 전각 안에는 건륭제가 쓴 시가 걸려 있다.

그런데 건륭제의 「삼우헌」에 부친 장부의 그림은 전각의 안팎을 충실하게 묘사했다기보다는 사의(寫意, 내적인 정신이나 뜻을 표현하는 것)에 기울어 산수화에 가깝다. 바위산 아래 호수가 있고, 산 아래에는 대숲과 소나무, 그리고 매화가 어우러져 있다. 고매한 선비들이 소나무 그늘 아래 앉아서 술잔을 앞에 놓고 풍경을 조망하고 있으며 그들 옆에서는 시종이 차 시중을 들고 있다. 이 그림은 자연과 어떤 관련을 맺을까? 소재만 놓고 보아서는 직접적인 관련성을 찾기 어렵다. 다만 자금성에 있는 삼우헌을 묘사했으되 화려함과는 거리가 있고, 인물의 자

• 장부, 〈자연〉.

세나 풍경의 배치가 자연스럽다. 숨어 사는 사람이 빈산에서 마름을 따고 난 뒤 쉬고 있는 풍경도 어느 정도 살리고 있다. 그러나 정선, 반시직, 제내방이 모두 소박한 분위기로 자연을 묘사한 것과는 다르다.

마지막으로 제내방의 그림이다. 그 역시 정선이 택한 것과 같은 구절을 형상화했다. 전체적인 구도도 비슷하다. 멀리 산이 있고 그 아래로 숲과 벌판이 있다. 화면 중심에 넓은 호수 또는 늪이 배치되어 있고 배를 타고서 마름을 따는 한 가족을 그렸다. 부인이 노를 젓고 아들이 마름을 따는 동안 남자는 먼 곳을 쳐다보고 있다. 혼자 아무 일 없이 먼 곳을 조망하고 있는 자세가 조금 특이하다. 어쩌면 제내방은 남자가 시상을 가다듬고 있는 것으로 설정해 그림을 그린 것일 수도 있다. 본래 『시품』은 시를 짓는 시인의 행위에 초점을 맞춘 텍스트이기 때문이다. 여기에 등장하는 인물은 정선이 그린 것과 마찬가지로 생활인다운 소박한 모습이다. 제내방의 그림 가운데서도 이만큼 생활인의 모습을 실감나게 보여준 그림은 없다. 가족을 그린 의도는 생활인의 자연스러움을 드러내기 위한 배려로 보인다.

그런데 그림에 등장한 인물은 아무래도 당나라 때의 은사인 장지화(張志和)로 보인다. 장지화는 일찍이 벼슬길에 올라 중용되었으나, 남해군(南海郡) 군위(郡尉)로 좌천되었다가 사면된 뒤 부가범택(浮家泛宅, 물 위에 뜬 집이란 뜻)이라 이름한 배에 일가족을 싣고 강호(江湖)를 떠돌며 생활했다. 그는 스스로를 연파조도(煙波釣徒)라 칭하며 자신의 삶을 묘사한 「어부사漁父詞」에서 "푸른 삿갓 쓰고 초록색 도롱이 걸쳤으니, 비낀 바람 가랑비에 돌아갈 일 없네(青篛笠綠蓑衣, 斜風細雨不須歸)"라고 읊었다. 자유로운 보헤미안의 삶을 대변하는 그의 모습이 자연

• 제내방, 〈자연〉.

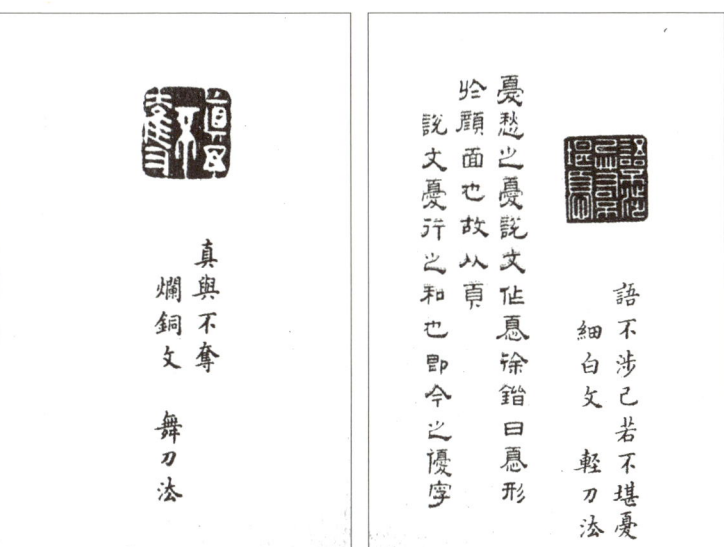

에서 묘사한 내용과 부합한다.

4. 연못에는 봄풀이 돋아나고

자연스러움은 시인이 도달하고자 하는 높은 수준의 풍격이다. 독자를 흡인할 만한 좋은 시를 쓸 수만 있다면 애써 남다른 소재를 찾아다니지 않아도 될 것이고, 멋진 표현을 얻고자 심장을 후벼 파고 간을 도려내는 고통을 겪지 않아도 될 것이다. 송나라의 비평가 강기(姜夔)는 『백석도인시설白石道人詩說』에서 네 가지 높고 오묘한 시의 경지를 설정하고 그 가운데 네번째로 "기괴하지도 않고 화려한 수식도 없다. 오묘한 줄은 알겠는데 오묘한 이유를 알 수 없는 것이 바로 자연스러움의 높고 오묘한 경지이다(非奇非怪, 剝落文采, 知其妙而不知其所以妙, 曰自然高妙)"라고 했다. 과거의 시인, 비평가 들의 글에서 비슷한 언급을 어렵지 않게 찾아볼 수 있다. 대표적인 시인의 작품으로 사영운(謝靈運, 385~433)의「연못가 누각에 올라登池上樓」를 꼽는다.

사영운은 중국 남북조(南北朝)시대 동진(東晉)의 저명한 시인이다. 그는 최고의 귀족 집안 출신이었으나 반대파의 견제를 받아 남쪽으로 좌천되었다가 결국에는 기시형(棄市刑, 사람들이 많이 모인 곳에서 죄인의 목을 베고 그 시체를 길거리에 버리던 형벌)에 처해졌다. 대귀족으로서 오만하기도 했던 그는 중국 남방 산수의 아름다움을 시로 아름답게 묘사하여 문학사상 최초의 산수시인(山水詩人)이라는 명성을 얻었다. 동아시아의 도도한 산수시의 흐름을 처음으로 열어젖힌 시인이 바로 사영운이다. 그의 작품 가운데 가장 유명한 시,「연못가 누각에 올라」를 감상해보자.

물속에 숨어 이무기는 그윽한 자태 뽐내고	潛虯媚幽姿
허공을 날아 기러기는 멀리 울음소리 보내네	飛鴻響遠音
하늘을 뚫고 날자니 뜬구름에도 부끄럽고	薄霄愧雲浮
물가에 살자니 깊은 못에도 부끄럽네	棲川怍淵沈
덕을 갖추기엔 지혜가 모자라고	進德智所拙
물러나 밭 갈기엔 힘에 부치네	退耕力不任
녹봉 찾아 바다 끝으로 돌아와서	徇祿反窮海

병석에 누워 빈숲을 바라보네	臥痾對空林
이부자리 보전하느라 철도 몰랐더니	衾枕昧節候
발을 젖히고 잠깐 밖을 내다보네	褰開暫窺臨
귀 기울여 물결치는 소리도 듣고	傾耳聆波瀾
고개 들어 험한 산도 바라보네	擧目眺嶇嶔
햇살은 겨울바람 몰아내고	初景革緒風
새 볕에 묵은 응달 가시었네	新陽改舊陰
연못에는 봄풀이 돋아나고	池塘生春草
버드나무에선 새가 반갑게 지저귀네	園柳變鳴禽
쑥 캐자는 빈풍(豳風) 노래가 슬프고	祁祁傷豳歌
봄풀 무성하다는 초나라 노래가 느껍네	萋萋感楚吟
혼자서 살면 오래야 살겠지만	索居易永久
남들과 떨어지니 마음 둘 곳 없네	離群難處心
지조가 옛사람만 지키는 것이랴	持操豈獨古
고뇌 없는 인생 지금도 가능하네	無悶徵在今

처음 보면 평범해 보이지만 남북조시대를 대표하는 작품의 하나로 꼽기에 부족함이 없다. 시인이 423년 봄에 병석에서 앓다가 일어나 지었다. 그가 시를 지은 장소는 지금의 저장 성(浙江省) 원저우(溫州) 동남쪽으로, 아직도 사지항(謝池港, 사영운이 시를 지은 못이 있는 항구)이란 골목 이름에 창작의 배경이 살아남아 있다. 동진시대 최고의 명망가 였던 사영운의 집안은 송나라가 들어서면서 점차 권력에서 배제되었 다. 집안의 세력을 약화시키려는 집권층의 견제로 그는 422년에 영가

군(永嘉郡)의 태수로 내쫓겼다. 침울하고 가라앉은 심경이 시의 심층에 도사린 것은 그 때문이다. 자신에게 드리운 견제와 배제의 어두운 그림자를 느끼며 낯선 땅의 지방관으로 억지로 부임했으나 선정(善政)의 의욕이나 미래에 대한 희망도 없다. 물속의 이무기처럼 완전히 숨지도 못하고 그렇다고 기러기처럼 멀리 날아 초탈하지도 못하는, 진퇴유곡에 처한 심경이 시종일관 드러났다.

그렇게 겨우내 병석에 누워 있던 그가 봄기운을 느끼고 아픈 몸을 추슬러 잠깐 외출했다가 본 풍경과 심경을 자연스럽게 적은 것이 바로 이 시다. 귀에는 물결 소리도 들려오고 눈에는 험준한 산세도 들어온다. 햇살은 찬 겨울바람도 몰아내고 햇볕은 응달의 눈도 녹였다. 못가에는 봄풀이 파릇파릇 돋아났고, 동산 버드나무에서 지저귀는 새들의 소리에는 봄날의 생기가 실려 있다. "연못에는 봄풀이 돋아나고 버드나무에선 새가 반갑게 지저귀네"라는 이 구절은 자연스러움의 미학을 상징하는 시구다. 어떻게 보면 특별할 것이 없는 평범한 구절로 보인다. 고려시대의 대시인 이규보(李奎報)도 「논시설論詩說」에서 남들이 이 구절이 좋다고 하는데 자신은 좋은 줄 모르겠다고 했고, 명나라의 저명한 비평가 호응린(胡應麟)은 "억지로 아름답다고 할 것도 없고 또 일부러 아름답지 않다고 할 것도 없다"고 했다.

그럼에도 이 구절이 왜 천오백 년 이상 칭송을 들어온 걸까? 화려한 수사나 기묘한 장치가 돋보여서가 아니다. 이 구절은 겨우내 병들어 누웠던 병자가 쇠약한 몸을 이끌고 나온 연못가에서 본 풍경 그 자체일 뿐이다. 병자의 눈에 막 돋아난 풀이 들어온다. 그는, 봄이 되어 생기 있는 목청으로 지저귀는 새소리에도 마음이 끌렸다. 가라앉은 병든 몸을 잠시나마 추슬러 기운을 북돋게 하는 대목이다. 제아무리 추운 겨울도 계절이 바뀌면 따뜻한 봄이 되는 자연의 질서에 스스럼 없이 몸과 마음이 반응한 것을 그대로 드러냈을 뿐이다. 이 구절은 그 자연스러움으로『시품』의 "때가 되면 꽃 피는 풍경을 만나고 철이 바뀌면 새해가 오는 것과 같다"는 내용을 그대로 담았다. 인조 때의 학자 신흠은『청창연담』에서 이 구절이 하기 어려운 말이 아닌데 최상의 참된 작품으로 평가받는다고 하고 그 이유는 이 시가 자연스럽게 얻어진 작품으로서 의도적으로 조작해내지 않았다는 데 있다고 보았다.[2]

　더욱이 이 시가 창작된 시대는 기려(綺麗)의 풍격이 주도하여 "문장이 거의 책을 초록한 것 같은(文章殆同書鈔)"[3] 분위기가 압도했다. 반면에 위 구절은 그야말로 전통이나 지식의 중압감에 눌리지 않고 내면에서 자연스럽게 우러나왔다. 사영운 자신도 "이 구절은 신의 도움이 있어서 나왔으므로 내가 한 말은 아니다(此語有神助, 非我語也)"라고 자부하기도 했다. 그의 시를 두고 "부용꽃이 물 위에 막 솟아난 것 같다(芙蓉出水)"거나 "막 피어난 부용꽃(初發芙蓉)"이라고 동시대의 시인들이 높게 평가한 이유도 바로 그 자연스러움의 미학에 있다.

5. 천하의 참된 시

　사영운 외에도 특별히 자연스러운 창작을 중시한 작가로 중국에서는 도연명과 이백, 왕유와 맹호연 등의 시인을 꼽을 수 있다. 우리나라에서는 자연스러운 창작을 강조하는 작가들이 매우 많았기에 일일이 사례를 들기가 어렵다. 자연스러움의 미학은 시대 사조이자 시인의 모토가 되기도 한다. 아래에 제시한 이천보의 산문과 이정섭(李廷燮, 1688~1744)의 시를 차례로 읽어보자.

여정(汝精, 윤치尹治의 자)이 지은 시를 보면 현상으로 인해서 감정이 생겨나고 감정으로 인해서 말이 만들어진다. 시를 지으려는 의도가 없다고 할 수 있다. 말하려는 의도가 없는데 말이 나오면 천하의 참된 말이요, 시를 지으려는 의도가 없는데 시가 지어지면 천하의 참된 시이다.[4]

배고프면 밥을 먹고 목마르면 물 마시며 　　　　　飢食而渴飮

기쁘면 웃고 걱정되면 찡그린다 　　　　　　　　歡笑而憂顰

나의 시는 이런 것을 보나니 　　　　　　　　　　吾詩觀於此

처지 따라 생각이 절로 참되네 　　　　　　　　　隨境意自眞

—이정섭, 「나의 시吾詩」 제4수

진정성을 가진 시는 시인의 삶과 생각에서 자연스럽게 흘러나와야 한다. 좋은 시를 써야겠다는 의도가 창작에 개입되어서는 안 된다. 좋은 시를 짓기 위해 특별한 볼거리를 찾아다니거나 남다른 체험을 하고자 애쓰는 것은 작위적이다. 배가 고프면 밥을 먹고 목이 마르면 물을 마시듯, 기쁜 일이 있으면 크게 웃고 걱정스러운 일이 생기면 이맛살을 찌푸리듯, 생생한 일상생활과 거기서 우러나온 진실된 정서를 꾸밈없이 드러내면 그것이 바로 시가 된다. 이천보의 산문과 이정섭의 시는 "허리 구부려 주우면 그게 바로 시이니 굳이 다른 곳에서 찾지 않는다. 도(道)에 몸을 싣고 여기저기 가면서 손을 대기만 하면 봄 풍경이 된다"고 한 『시품』의 주장을 조금 더 세련되게 표현한 것에 불과하다. 이것이 그 시대 시인들이 지녔던 창작 지침의 하나이다. 이를 따를 때, 비로소 인생을 진실하게 반영한 시를 쓸 수 있다고 생각했다.

이렇게 17세기 말에서 18세기 초중반까지, 자연스러움의 미학은 시단의 중심축을 차지하게 되었다. 그런 흐름을 주도한 김수증(金壽增, 1624~1701)과 김창흡, 그리고 이정섭의 시를 차례로 한 수씩 살펴본다.

날이 늦어 부엌에선 밥 짓는 연기 자욱한데　　　　寒廚日晏爨煙昏
된장에 풀뿌리만 먹은 속을 어떻게 씻을까?　　　　鹽豉何能灑菜根
게젓 담긴 작은 단지 우연히 마주하니　　　　　　偶得小缸沈蟹胥
한바탕 풍미가 다른 반찬 압도한다　　　　　　　一番風味壓盤飱

　　—김수증, 「8월 8일 화음華陰에 들어오다八月十八日入華陰」 제15수,
　　　　　　　　　　　　　　　　　　　『곡운집谷雲集』 권2

열흘 동안 안개비가 이어져서　　　　　　　　浹旬連霧雨
별을 보는 날도 거의 없구나　　　　　　　　稀少見星時

눅눅한 마당에는 파란 이끼 피고   院溽蒼苔産

기운 울타리엔 이름 모를 꽃가지   籬欹雜卉支

낼름낼름 뱀은 참새 새끼 더듬고   蛇驕探雀鷇

힘없는 제비는 거미줄에 걸렸구나   燕弱掛蛛絲

이런저런 모습에 혼자 웃고 말 뿐이니   物態供孤笑

지은 시 안에는 속된 말이 반이로군.   詩成半俚辭

—김창흡, 「벽계잡영樂溪雜詠」 제17수, 『삼연집三淵集』 권12

비둘기 울고 제비 지저귀니 모두가 천기(天機)라   鳩鳴燕語摠天機

닫힌 문 이끼 끼고 날 찾는 손님도 드물다   門掩蒼苔客過稀

문득 못가를 갔다가 빙그레 웃었나니   偶到池邊成一笑

밤사이 내린 비가 장미를 씻어놨다   夜來新雨洗薔薇

—이정섭, 「잡영雜詠 2」, 『저촌집樗村集』 권2

　세 편의 시에는 시적인 긴장미가 강하게 나타나지 않는다. 시상을
안배하고 시어를 매끄럽게 조직하려는 노력도 크게 기울이지 않았
다. 수사와 기교에 큰 비중을 두지 않았다. 대신에 눈앞에 놓여 있는
경물을 순차적으로 묘사하고, 시인의 감회를 흘러나오는 대로 썼다.
김수증은 위 시를 쓰고서 이를 시로 간주하지 말라고 당부하기까지
했다. 역설적으로 그러한 시인의 태도에서, 진정한 자연스러움이야말
로 참된 시가 지향해야 할 바임을 알겠다.

6. 자연을 가져와 시를 쓴 추사

자하 신위와 추사 김정희는 『시품』 구절을 가져와 쓴 작품을 각각 여러 편 남겼다. 그 가운데 김정희는 자연의 구절을 이용하여 자연의 미학을 설파했다. 서울 교외에 있는 수락산의 절을 찾아가서 지은 작품이다.

나는 저 해와 달을 볼 때마다	我見日與月
광경이 늘 새롭다고 깨닫는다	光景覺常新
온갖 사물 각각이 제 모습 지니고	萬象各自在
크고 작은 자기 세계 만들고 있다	利利及塵塵
뉘라 알랴 가물가물 빈 하늘에서	誰知玄廓處
이 눈이 이 사람들과 함께할 줄을	此雪同此人
바람 소리는 착각하면 비 오는 줄 알아도	虛籟錯爲雨
환각의 꽃이라서 봄은 오지 않는다	幻華不成春
손 안에 든 백억 개 되는 보물은	手中百億寶
하나도 이웃에서 빌린 게 아니다	曾非乞之隣

—「수락산 절水落山寺」, 『완당전집』 권9

시의 내용은 상당히 모호하다. 단순히 절에서 본 자연 풍경을 묘사한 시가 아니라 눈 내리는 풍경에서 불쑥 떠오른 생각을 기묘하게 표현한 시다. 늘 보던 해와 달, 그 아래 모든 사물은 전혀 새로울 것이 없으나 실제로는 언제나 새롭다는 인식, 온갖 사물은 제각각 자기만의 세계를 갖고 있다는 인식을 먼저 드러낸다. 마침 하늘에서 내린 눈을 통해 그 사실을 깨닫는다. 바람 소리를 듣고는 빗소리로 착각할 수는 있으나 눈꽃은 가짜 꽃이므로 봄을 재촉할 수는 없다. 손 위로 내리는 눈은 하늘에서 내려와 우연히 앉은 것일 뿐 누가 가져다준 것이 아니다. 그야말로 모든 것이 우연히 이루어진 것이다. 여기서 "환화불성춘(幻華不成春)"은 『시품』 '자연'의 "착수성춘(著手成春)"에서, "증비걸지린(曾非乞之隣)"은 자연의 '불취저린(不取諸隣)'에서 가져온 말이다. 그리하여 자연에 나오는 "허리 구부려 주우면 그게 바로 시이다(俯拾卽是)"라는 내용을 은연중 시에서 말하고자 하였다. 시의 첫 구절에서 말한 늘 익숙한 풍경도 실제로는 늘 새로운 풍경이라는 시인의 날카로운 인식을, 내리는 눈과 『시품』의 '자연'을 매개로 표현한 것이다.

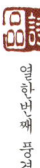

열한번째 품격

함축(含蓄)
말하지 않고 말한 시

1. 한 글자도 쓰지 않는다

'함축(含蓄, reserve 또는 accumulation within)'은 창작법의 하나다. 함(含)은 "머금다" "품고 있다"는 뜻이고, 축(蓄)은 "쌓아두다" "간직해두다"는 뜻인데 의미가 거의 같다.『표준국어대사전』에서는 "겉으로 드러내지 아니하고 속에 간직함" "말이나 글이 많은 뜻을 담고 있음" "문학에서 표현의 의미를 한 가지로 나타내지 아니하고 문맥을 통하여 여러 가지 뜻을 암시하거나 내포하는 일"이라고 풀이해놓았다.『한어대사전』에서는 "시문 등에서 뜻을 다 드러내지 않아 음미할 가치가 있는 것"이라고 정의해놓았다. 문학에서 함축은 곧이곧대로 생각을 드러내지 않고 여러 방법을 통해 주제를 암시하고 압축적으로

含蓄

不着一字盡得風流語不
涉已若不堪憂是有真宰
與之沉浮如淥滿酒花時
逅秋悠々空塵忽々海漚
淺深聚散萬取一收

- 이광사, 〈함축〉. 해서로 반듯하게 썼다. 첫째 구의 저(著)를 '붙을 착'으로 새겨 착(着)으로 썼다.

보여주는 창작법이라 정의할 수 있다. 함축이 잘된 시는 곱씹어 읽을 맛이 나고 깊은 여운을 남기는 효과를 거둔다. 언어학에서는 화용론(話用論)의 관점에서, 실제로 말해진 것과 그것을 말하는 데 함축된 것의 구분에 기초하여 맥락 가운데서 그 문장의 발화에 의해 암시되는 것을 함축이라 정의한다.[1] 말하고자 하는 의도와 상반되는 발화를 통해 함축적 의미를 전달하는 아이러니 어법과도 관련이 깊다. 함축은 옛날부터 오늘날에 이르기까지 시적 언어와 사유의 특징을 밝혀주는 중요한 방법으로 다루어졌다. 함축은 시를 산문과 구별지어주는 독특한 특징이다.

시에서 함축이 중시된 배경에는 언어의 한계에 대한 인식이 깔려 있다. 언어란, 인간의 생각을 완벽히 전달하기에는 부족한 불완전한 수단에 불과하다는 것이다. 유가와 도가, 그리고 불교의 사유는 모두 그러한 인식을 공유하고 있다. 『주역』에서 "글은 말을 다 표현하지 못하고, 말은 마음을 다 표현하지 못한다(書不盡言, 言不盡意)"라고 했고, 『노자老子』에서는 "말로 표현할 수 있는 도(道)는 떳떳한 도가 아니다(道可道, 非常道)"라고 했다. 『장자』는 여기서 더 나아가 「추수秋水」 편에서 "말로 표현할 수 있는 것은 조야한 사물이고, 마음으로 전달할 수 있는 것은 깊이 있는 사물이다(可以言論者, 物之粗也; 可以意致者, 物之精也)"라고 했고, 「천도天道」 편에서는 "말에서 중요한 것은 뜻인데 뜻에는 가리키는 것이 있다. 그러나 뜻이 가리키는 것을 말이 잘 전달하지 못한다(語之所貴者意也, 意有所隨. 意有所隨者, 不可以言傳也)"라고 했다. 선종(禪宗) 불교에서는 아예 문자를 세우지 않는다는 불립문자(不立文字)를 주장했다. 정도의 차이는 있으나 대체로 언어로 전달하는 것은 얕고 가벼운 반면, 언어로 전달하지 못하는 뜻은 깊고 무겁다는 생각을 공유하고 있다. 여기에는 언어와 뜻의 차이는 매우 크고 심각하며 언어를 도구로 보고 뜻을 목적으로 생각하여 뜻을 중시하는 가치관이 개입되어 있다. 함축은, 근본적으로 한계가 있는 수단 언어를 통해 심오한 뜻의 세계를 표현하려는 몸부림에서 나온 방법이다.

함축은 말로 표현하되 말의 한계를 초월하려고 노력한다. 그 경지에 다다르기 위해 시인들은 말하고자 하는 사실을 직접 드러내어 말하지 않고 숨겨서 말하는 방법을 택했다. 북송(北宋)시대의 승려 경순(景淳)은 『시평詩評』에서 "대저 감정에 따라서 뜻을 쌓아두는 것이 시의 요체다. 높아도 높다고 하지 않고 뜻 속에 높음을 내포한다. 멀어도 멀다고 하지 않고 뜻 속에 먼 것을 내포한다. 한가로워도 한가롭다고 하지 않고 뜻 속에 한가로움을 내포한다. 고요해도 고요하다고 하지 않고 뜻 속에 고요함을 내포한다"[2]라고 했다.

함축이 잘된 작품은 표면적인 내용 이면에 또다른 의미가 숨겨져 있다. 이러한 작품을 감상할 때 독자는 깊은 뜻을 음미하며 상상과 사유의 진폭을 넓게 확장할 수 있다.

이 같은 함축의 시학을 중국 비평사에서 뚜렷한 개념으로 정립시킨 것이 바로 『시품』의 함축이다. 그런데 장인(蔣寅) 교수는 함축 개념이 정립된 시기를 북송시대 이후라고 주장하고, 이를 근거로 『시품』이 송대와 원대 사이에 지어졌다고 주장했다.[3] 장인 교수의 주장은 상당한 설득력이 있다. 어쨌든 함축이란 개념은 오래전부터 형성되기 시작해 시학의 개념으로 확립되었고, 이후 시의 특징을 논하는 자리에서 빠지지 않는 위치를 차지하게 되었다. 한국과 중국의 많은 비평

가들이 함축의 가치와 특징, 방법을 논했는데 『시품』은 그 가운데서
도 가장 대표적인 저작이다.

2. 하나의 사물에 들어 있는 만 가지의 정수

한 글자도 쓰지 않고	不著一字
풍류를 모조리 표현한다	盡得風流
말이 삶의 어려움에 미치지도 않았는데	語不涉難
벌써 걱정스러워 견딜 수 없다	已不堪憂
이야말로 진정한 주재자가 있어	是有眞宰
말과 더불어 떠올랐다 가라앉는다	與之沈浮
농익은 술을 천천히 거르듯	如渌滿酒
꽃봉오리 필 때 꽃샘추위 닥치듯	花時返秋
허공에는 유유히 먼지가 떠다니고	悠悠空塵
바다에는 홀홀히 물거품 일어난다	忽忽海漚
얕고 깊으며 모이고 흩어지는 사물들	淺深聚散
만 가지에서 취해 하나를 거둬들인다	萬取一收

함축은 설명과 비유를 번갈아 전개하며 풍격을 이해시키려 한다.
첫 단락 시작부터 핵심 주장을 선언하듯이 내놓고 있다. "한 글자도

쓰지 않고 풍류를 모조리 표현한다"는 말은『시품』전체에서 가장 널리 알려진 구절일 뿐만 아니라『시품』미학의 정수가 담긴 말로 유명하다. 그만큼 비평사와 미학사에 끼친 영향이 막대한 구절이다. 그렇지만 이 말 자체는 틀린 말이다. 문자를 표현 도구로 삼는 문학에서 한 글자도 쓰지 않는다면 창작과 감상 자체가 성립하지 않기 때문이다. 이 말은 언어도단(言語道斷)의 불교적 표현에서 나온 것으로, 최소한의 언어로 표현해야 한다는 주장을 강조한 것이다. 불교에서 말하는, 문자를 세우지 않는다(不立文字)는 말과 논리가 비슷하다. 이 구절에서 말하는 풍류(風流)는 일반적인 풍류가 아니라 작품이 도달하고자 하는 최상의 단계를 가리킨다.

3, 4구는 앞에서 설명한 내용을 거듭 알기 쉽게 해명한 대목이다. "말이 삶의 어려움에 미치지도 않았다"는 것은 "한 글자도 쓰지 않는다"는 것의 구체적 표현이고, "벌써 걱정스러워 견딜 수 없다"는 것은 "풍류를 모조리 표현한다"는 것의 구체적 표현이다. 삶의 어려움을 묘사한 작품에서 고난을 직접 말하지 않았는데도 독자는 벌써 고난을 다 느끼고 있다. 함축의 효과가 어떤 것인지를 부연하여 설명한 셈이다.

두번째 단락은 함축하는 방법을 설명하고 있다. "진정한 주재자(眞宰)"는 언어가 궁극적으로 말하고자 하는 작품의 주제를 뜻한다.[4] 작품은 언어라는 소재로 구성되었다. 그러나 언어 스스로가 작품의 주인이 될 수는 없다. 작품의 주인은 주제다. 언어는 그 주인을 위해 봉사하는 존재일 뿐이다. 그렇다고 주제가 언어와 독립해 있는 별개의 것일 수는 없다. 주제는 언어와 함께 움직인다. "진정한 주재자"는 본래『장자』「제물론」의 "진정한 주재자가 있는 듯한데 다만 그 모습을 볼 수가 없다. 그 작용은 뚜렷하지만 그 형태는 보이지 않는다(若有眞宰, 而特不得其眹. 可行已信, 而不見其形)"에 나온다. 이 구절은 작품에서 언어와 의미가 어떤 관계를 이루는지를 다루고 있다.

5, 6구는 비유를 통해 함축하는 방법을 설명하고 있다. 잘 익은 술을 한 방울 한 방울 걸러낼 때 향기로운 진기를 머금은 술이 나오듯이, 언어는 뜻을 함축해야 하고 일사천리로 말을 퍼붓지 말아야 한다. 또 꽃봉오리가 막 피려고 할 때 갑자기 꽃샘추위가 몰아쳐 꽃봉오리가 열리지 않듯이 말하고자 하는 내용을 다 드러내지 않고 품고 있어야 한다. 두 구절은 의미를 함축하고 실체를 다 드러내지 않아야 한다는 사실을 비유로 말하고 있다. 부침(浮沈)을 침부(沈浮)로 쓰고, 꽃샘추위를 반추(返秋)로 쓴 것은 각운(脚韻)을 지키기 위해서다.

세번째 단락은 함축이 잘된 시를 창작하려고 애쓰는 시인의 태도를 설명한다. 허공에 떠다니는 수많은 먼지와 바다에 일어나는 파도의 물거품은 이 세계에 존재하는 헤아릴 수 없이 많은 사물과 현상이다. 먼지와 거품은 영원히 불변하는 것이 아니라 일시적이고 변화하는 사물이다. 변화무쌍한 사물의 배후에는 무한한 허공과 거대한 바다가 있다. 먼지와 거품은 허공과 바다에서 나와 그것을 드러내는 소재다. 사물과 현상은 시의 재료(詩料)다. 시인은 일만 가지 재료와 현상에서 의미를 농축한 한 가지 소재를 선택해 작품을 쓴다. "하나를 거둬들인다(一收)"고 한 것은 단순히 한 가지 소재를 선택했다는 의미를 넘어선다. 시인이 거둬들인 그 '하나'는 전체 사물, 다시 말해 허공과 바다를 표현할 수 있는 것이어야 한다. 시인이 묘사하고자 하는 것은 먼지와 거품이 아니라 허공과 바다이기 때문이다. 한편, 『벽암록碧巖錄』에는 "티끌 하나가 일어나면 바로 대지(大地) 전체를 그 안에 거둬들이고, 꽃 한 송이가 피려 하면 세계가 바로 일어나며, 사자의 털 하나에 백억 마리 사자가 나타난다"는 말이 있는데 이 대목의 의미와 상통한다. 『벽암록』은 그 자체로 "길을 에둘러 가서 선을 말하는 방법(繞路說禪)"을 구사하여 함축과 깊은 관련이 있는 저술이다.

3. 어떻게 해야 숨기고 드러내지 않음을 형용할까

함축 본문에서 그림으로 그릴 만한 소재는 술을 거르는 행위와 꽃봉오리 피는 모습, 허공의 먼지, 바다의 물거품 정도가 있다. 이들 소재를 그림으로 그릴 수는 있으나 그림에 함축의 내용을 표현해내기란 상당히 어려운 일이다.

정선은 두번째 단락을 소재로 그림을 그렸다. 산속의 큰 바위 아래 언덕에 커다란 누각이 있고, 그 위에 한 노인이 앉아 있다. 노인 옆에는 이채를 띠는 푸른빛의 커다란 술독이 놓여 있다. 노인은 팔을 모은 채 앉아서 아래의 풍경을 바라보고 있다. 누각 아래로 계곡물이 흐르고 나무 여러 그루가 있는데 노인의 시선이 붉은 꽃봉오리가 달린 꽃나무에 꽂혀 있다. 노인은 자연과 더불어 부침하는 진정한 주재자로 묘사되어 있다. 그림만으로는 함축의 의미를 드러냈다고 보기 어렵다. 술이 농익는 과정을 옆에서 지켜보고, 꽃봉오리가 펴지기를 기다리는 노인의 행위가 함축의 의미를 음미하는 것으로 볼 수 있다. 그

• 정선, 〈함축〉.

含蓄

• 반시직, 〈함축〉.

不著一字盡得風流
語不涉難若不堪憂
是有真宰與之沉浮
如淥滿酒花時返秋
悠悠空塵忽忽海漚
淺深聚散萬取一收
右司空圖詩品含蓄一則
臣蔣溥恭錄

• 장부, 〈함축〉,

행위에서 일종의 '풍류'까지 표현되고 있다. "비록 진중하고 깊은 맛은 적지만 그래도 절로 담박하고 호탕하다(雖少沈深之味, 却自澹宕)"라는 화평이 달려 있다. 화평은 함축의 내용과는 무관하게 그림 자체만을 가지고 평가했다.

반시직의 그림은 드넓은 바닷가 풍경을 묘사한 산수화로 형상화했다. 부감법을 써서 바닷가의 풀과 꽃 무더기, 그리고 줄지어 나는 새 떼를 그렸다. 꽃은 봄철을, 줄지어 나는 새떼는 가을철을 상징하여 "꽃봉오리 필 때 꽃샘추위 닥치듯"이란 구절을 묘사한 듯하다. 다른 한편으로는 얕고 깊으며 모이고 흩어지는 사물들을 묘사한 것으로도 볼 수 있다. 드넓은 하늘 공간과 바다 공간으로 화면을 만들고 사물을 아주 작게 표현하여, 함축은 저 거대한 사물과 현상에서 한 가지를 선택하여 언어로 압축하는 것이란 메시지를 전달하고자 했다.

장부의 그림은 건륭제가 쓴 「향산의 밤비香山夜雨」[5]를 소재로 그린 시의도다. 건륭제의 시는 먹구름이 몰려와 비를 쏟는 산사에서 하루를 자면서 풍경을 여유롭게 즐기고, 날이 갠 다음날에 떠나리라는 내용이다. "베갯머리는 홀연히 가을처럼 서늘하고, 턱 괴고 앉자 기분이 불쑥 좋아지네(枕簟忽如秋, 支頤逸興勃)"라고 하여 비 내리는 산사의 흥취를 묘사했다. 나무와 계곡을 짙은 청흑색으로 칠해 밤임을 나타내고 짙게 깔린 구름으로 비가 내림을 표현했다. 직접적으로는 함축과 관련이 없는 듯하나 비를 간직한 구름과 사물의 아름다움을 숨기고 있는 어둠이 "숨기고 드러내지 않는다(含而不露)"는 함축의 함의를 표현하고 있다.

제내방의 그림은 일반적으로 고사를 활용하여 『시품』의 정신을 드

• 제내방, 〈함축〉.

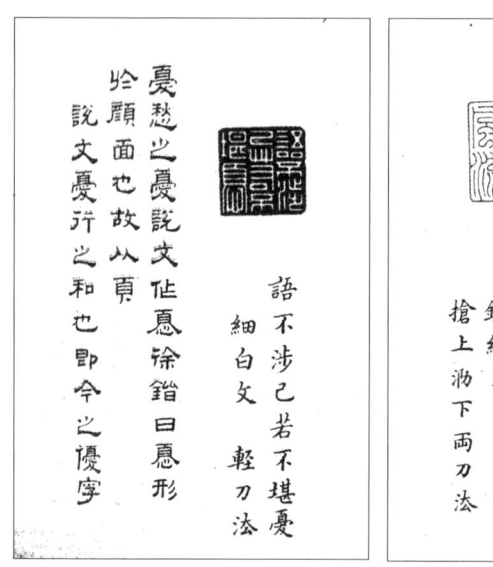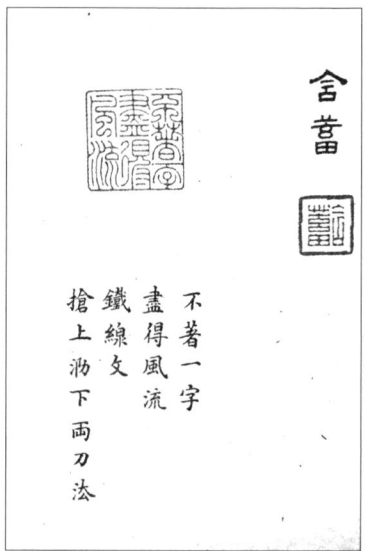

• 옹수우 전각, 〈함축〉, 『시품인보』, 1909, 상하이 국가도서관 소장.

러내는 방향을 취하고 있다. 〈함축〉도 마찬가지다. 그림은 도연명의 삶에서 소재를 취하여 "농익은 술을 천천히 거르듯 꽃봉오리 필 때 꽃샘추위 닥치듯"의 구절이 함축의 중심 메시지임을 표현하고 있다. 『송서』 「은일전隱逸傳」에는 도연명이 술을 몹시 좋아하여 "술이 익으면 칡으로 만든 두건을 벗어 술을 걸러 마시고, 다 마시면 다시 두건을 가져다 머리에 썼다"고 기록하고 있다. 술을 좋아하는 기인다운 면을 보여주는 도연명의 행동은 수많은 시인, 화가 들이 묘사의 대상으로 삼았다. 이 그림도 바로 그 고사를 그려서 농익은 술을 천천히 거르는 함축의 미학을 비유하고자 했다.

　주인이 괴석에 기대 오른손에 술잔을 들고 있다. 그 앞에서 아이 둘이 술을 걸러 술독에 넣고 있다. 한쪽에서는 아이가 국화꽃을 따고 있다. 도연명이 좋아했다는 국화주를 만들고 있는 것이다. 도연명은 맨머리를 드러내고 있는데 그가 쓰고 있던 두건은 술을 거르는 아이들이 사용하고 있다.

네 폭의 그림은 함축 본문의 일부 장면을 형상화했으나 어느 그림도 함축의 함의를 잘 살려냈다고 보기는 어렵다. 화가들이 내용을 잘못 파악했거나 묘사할 능력이 부족해서가 아니다. 함축이란 추상적 창작법을 그림으로 묘사하는 것 자체가 어려워서다.

4. 짧은 시, 긴 여운

시가 시다우려면 함축이 기본이라는 것은 상식이었다. 함축에 대한 논의가 활발하게 전개되고 그 개념이 뚜렷하게 정립된 때는 북송 무렵이었다. 남송(南宋) 때 편찬된 시화집(詩話集) 『시인옥설詩人玉屑』 권10에 함축이 작법의 한 항목으로 버젓이 자리를 잡은 것이 뚜렷한 증거다. 이 시화에서는 앞서 나온 여러 비평서에서 함축을 다룬 주장을 인용하여 함축이 얼마나 중요한지를 밝혔다. 예를 들면, "작품은 함축이 자연스럽게 된 것을 최상으로 치고 자질구레하게 아로새긴 것을 저급하게 여긴다(篇章以含蓄天成爲上, 破碎雕鏤爲下)"라든지 "시문은 함축하여 겉으로 드러내지 않아야 좋다(詩文要含蓄不露, 便是好處)"라는 내용이 있다. 특히 다음 문장이 그와 관련된 주장을 잘 설파하고 있다.

시어는 함축을 소중히 여긴다. 동파(東坡)는 "말이 다 끝났어도 그 뜻이 끝나지 않은 것이 천하의 지극한 말이다"라고 했다. 황산곡은 더 열의를 보여 "청묘(淸廟)의 슬(瑟)은 한 번 노래하면 세 번 감탄하나니 원대하도다!"라고 했다. 그러니 뒤 시대에 시를 배우는 자들이 함축에 힘을 들이지 않을 도리가 있으랴? 시구에 쓸데없는 글자가 없고, 한 편 가운데 군더더기 말이 없다고 하여 최상은 아니다. 시구에는 여운의 남는 맛이 있고 한편에는 여운의 남는 뜻이 있어야 최상의 작품이다.[6]

작품을 읽고 난 뒤에 긴 여운이 남는, 함축적인 시를 지어야 한다고 주장하고 있다. 구체적인 기법은 서로 달라도 말은 짧고 여운은 길어야 좋은 시라는 생각은 똑같다. 함축의 기법은 다양하지만 자세하게 설명하지 않고 함축의 묘미가 무엇인지만을 간명하게 짚어냈다.

5. 왕사정의 「야춘절구」

청나라 초기의 시인으로서 청대 시단에 막대한 영향을 발휘한 왕사정은 유별나게 함축의 미학을 강조했다. 왕사정은 『시품』과 엄우의 『창랑시화』에서 보인 시학을 발전시켜 이른바 신운론(神韻論)을 주장했다. 그만큼 그는 『시품』의 시학을 자주 언급하고 높이 평가했다. 그가 "찰랑찰랑 시냇물 흐르고 살금살금 멀리서 봄이 찾아왔네(采采流水, 蓬蓬遠春)"라는 『시품』 섬농의 첫번째 구절을 시인이 궁극적으로 모델로 삼아야 할 법칙이라고 말한 점을 주목할 필요가 있다. 그가 이 구절을 그렇게까지 높이 평가한 이유는 무엇일까? 이 구절은 단지 돌아온 봄날의 정취를 보여주는 한 장면일 뿐이지만 이 장면을 통해 봄 전체의 느낌을 전달할 수 있다. "한 글자도 쓰지 않고 풍류를 모조리 표현한다"는 미학의 구체적 표현이다. 이처럼, 생경하게 감정이나 개념을 설명하지 않고 구체적 사물로 감정을 전달하는 창작법이 바로 함축인데 왕사정은 이를 몹시 중시했다. 대표적인 작품으로 다음 시를 꼽을 수 있다.

무지개다리는 나는 듯이 호수 중앙에 걸터앉았고　紅橋飛跨水當中
한일자로 뻗은 난간 굽이굽이마다 붉다　　　　　一字闌干九曲紅
날은 정오, 꽃배가 다리 아래 지나간 뒤　　　　日午畫船橋下過
옷 향기, 사람 그림자는 너무도 서두른다　　　　衣香人影太匆匆

이 작품은 「야춘절구冶春絶句」 연작시 가운데 하나다. 1664년 청명(清明)날에 시인이 양주(揚州)의 홍교(紅橋, 무지개다리. 虹橋라고도 씀)에서 친구들과 모임을 갖고 24수의 연작시를 지었다. 양주는 경치가 아름답고 물산이 풍부한, 남방의 대표적 도회지다. 특히 홍교 주변은 풍광이 아름다워 수많은 상춘객이 몰려들었다. 시인이 이곳을 노닐면서 지은 여행기 「홍교유기紅橋游記」가 전한다. 지금도 항저우(杭州)의 서호에 가면 당시의 풍광을 조금 느껴볼 수 있다. 무지개다리 위 난간에 시인은 기대서 있다. 정오 무렵 꽃배가 다리 아래로 지나가고 시인은 옷 향기와 사람 그림자가 너무 서둘러 지나갔다고 느낀다. 이것이 시의 전체 내용이다. 너무 싱겁다. 그러나 정말 그런 것일까?

호수 정중앙을 가로질러 세운 무지개다리 아래로 꽃배가 지나고 있고, 그 배에는 봄나들이 나온 아름다운 여인들이 성장(盛裝)을 하고 앉아 있다. 왕사정은 다리 난간에서 그 여자들을 지켜보고 있다. 이 붉은 난간의 홍교는 앞서 말한 「홍교유기」에서 "숲 끝에서 홍교가 나타나는데 무지개가 아래로 내려와 물을 마시는 형상이다. 마치 곱게 차려입은 아름다운 여인이 맑은 거울에 비친 듯하다"라고 묘사한 아름다운 무지개다리다. 그 다리 아래로 미끄러지듯 꽃배가 스쳐지나갈 때, 시인의 시선은 그 배에 탄 고운 여인에게 꽂혔다. 그러나 짧은 순간 배는 저 멀리 지나가버리고 시인에게는 미인이 남겨놓은 옷의 향기와 뒷모습만 남아 있다. "옷 향기, 사람 그림자는 너무도 서두른다"는 마지막 구절에는 짧은 순간 너무도 서둘러 떠난 여인에 대한 아쉬움이 짙게 배어 있다.

겉으로는 건조한 시로 보이지만 환상적인 풍경 속의 몽롱하고 아련한 느낌이 살아 있다. 번화하고 아름다운 도회 풍경과 몽환적인 여인의 아름다움이 교직되어 섬세하고도 농후한 느낌을 잘 표현했다. 붉은 색채의 화사함 속에서 시인이 여인을 느끼는 것은 그녀의 옷에서 날아온 향기를 통해서다. 이미 사라진 여인이 남겨놓은 옷의 향기를 맡으며 순간의 만남을 붙잡고 있다. 마지막 구절은 깊은 여운을 남긴다.

여인을 직접 표현하지 않고 그녀의 옷에서 날아온 향기와 그녀의 그림자를 말한 것은 그가 중시한 함축의 기법을 구사한 것이다. 왕사정은 이런 말을 남겼다.

시는 신룡(神龍)과 같다. 신룡은 머리를 보일 때는 꼬리를 보이지 않으며, 어떤 때에는 구름 속에서 발톱 하나나 비늘 하나를 드러낼 뿐이니, 어떻게 전체를 다 볼 수 있겠는가? (만약 전체를 다 볼 수 있다면) 새기고 빚거나 그린 것일 뿐이다.

시를 용에 비유하여 머리부터 꼬리까지 다 보여줘야 한다는 홍승(洪昇)의 주장을 반박한 말이다. 전체가 아니라 전체를 짐작할 수 있는 아주 작은 것 하나를 보여주어야 시답다는 주장이다.[7]

한편, 이 시는 왕사정 시학의 또다른 특징을 보여준다. 바로 자연스럽게 순간을 포착한다는 것이다. 이 시는 어떠한 조작도 작위도 없이, 다리 아래를 우연히 지난 여인이 남긴 인상을 포착하여 썼다. 왕사정의 지인이 그의 시를 두고, 옛사람이 말한 "우연히 글씨를 쓰고 싶다(偶然欲書)"는 것에 비유하고 싶다고 하자 왕사정은 그 말이 시문을 짓는 삼매경을 완전히 터득한 말이라고 칭송했다. 『향조필기香祖筆記』에 나오는 말이다. 앞서 『시품』 두번째 풍격 충담에서 "우연히 도달하면 어렵지 않으나 억지로 다가갈수록 더욱 보이지 않는다(遇之匪深, 卽之愈稀)"라고 언급한 것과도 맥이 통한다.

6. 풋밤과 잘 익은 밤

우리 시인들은 함축을 중시했다. 고려 중엽의 대시인 이규보는 시를 논한 글에서 함축의 중요성을 자주 역설했는데, 다음 시구는 그의 소신을 집약해서 보여준다.

시 짓기에서 가장 어려운 점은	作詩尤所難
말과 뜻이 함께 아름다운 것	語意得雙美
함축하여 뜻이 정말 깊어야	含蓄意苟深
씹으면 씹을수록 고갱이 맛이 나네	咀嚼味愈粹

— 「시를 논하다論詩」, 『동국이상국집東國李相國集』 후집 제1권

시는 말과 뜻 어느 하나도 버릴 수 없이 소중하다는 전제하에 함축
해야 시의 뜻이 깊어진다고 주장했다. 그의 언급 이래로 함축을 강조
하는 풍토는 조선시대 말기까지 거듭 이어졌다. 그 가운데 위백규(魏
伯珪)는 김섭지(金燮之)란 사람에게 보낸 편지에서 "문장에서는 말과
뜻 외에 흥건하게 여운이 남아 있는 것을 귀하게 여기고, 말과 구절
밖에 함축되어 남은 뜻이 있는 것을 높이 친다"[8]라고 한 다음, 함축의
기능을 상세하게 설명했다. 함축이 잘된 작품과 그렇지 않은 작품을
다음과 같이 재미있는 비유를 동원하여 설명했다.

오늘날 문예를 한다는 자들은 풋밤을 손으로 긁어 먹듯이 한다. 겉
껍질을 벗겨 부드러운 열매를 파내고 속껍질을 긁어서 입에 넣는다.
남보다 먼저 풋밤을 먹는다는 상쾌함과 이 사이에서 사각사각 씹는 소
리와 혀끝에 도는 가늘고 단 맛이 어린아이들이 누리는 즐거움과 무엇
이 다르겠는가? 그러나 밤이 떨어지면 더이상 먹을 것도 없고, 마음이
심드렁해지고 입맛은 덤덤하여 내가 바로 전에 밤을 먹었는지 안 먹었
는지 알 길이 없다. 이것을 구월 중순에 황금빛 잘 익은 밤 서른 말을

거둬들여 굽기도 하고 찌기도 하여 큰 목기 셋에다 담고 그릇 아홉 개에 얹어 앞에다 수북하게 쌓아놓고 대청을 메운 손님들과 함께 각자 먹고 싶은 대로 실컷 먹는 것과 견주어보면 어떤가? 비록 살살 녹는 맛과 진수성찬을 먹은 배부름은 없어도 먹고 난 뒤에도 쟁반에는 남은 밤이 놓여 있고 입에는 남은 맛이 있다. 담백하고 단 맛이 입술과 혀에 진진하게 넘치고, 실컷 먹은 포만감이 사지를 가득히 채워 사흘이 지나도 허기가 지지 않는다. 이것이 밤을 먹는 참다운 법이 아니겠는가?[9]

함축이 잘된 시와 안 된 시를 읽는 차이를 각각 풋밤 몇 톨 먹는 것과 잘 익은 밤을 수북하게 쌓아놓고 마음껏 먹는 것에 비유했다. 비유가 절묘하다. 풋밤 같은 시와 잘 익은 밤 같은 시의 차이는 실제 작품에서 어떻게 드러날까? 여기서는 풋밤 같은 시 한 편을 들어본다.

봄은 갔어도 꽃은 아직 남아 있고　　　　　　　春去花猶在
날은 맑은데 골짜기는 절로 어둑하다　　　　　天晴谷自陰
대낮인데도 두견새 울음 우나니　　　　　　　杜鵑啼白晝
그제야 알았네, 사는 곳 깊은 줄을　　　　　　始覺卜居深

— 이인로(李仁老), 「산속 집山居」

이인로의 대표작으로 경상북도 고령(高靈) 미숭산(美崇山)의 반룡사(盤龍寺)에서 지은 시로 알려졌다. 초여름으로 접어든 때가 시간적 배경이다. 깊은 산중이라 산 밖 세상에는 꽃이 다 졌어도 산중에는 여전히 꽃이 피어 있고, 숲이 워낙 깊어 환한 대낮에도 어두컴컴하다. 두 견새까지 밤인 줄 착각하고 울어댄다. 그제야 시인은 자기가 첩첩산 중 깊은 골짜기에 와 있음을 깨달았다. 평이한 시어에 짧고 단순하지만 깊은 산골짜기에 사는 맛을 잘 표현한 작품으로 유명하다. 좋은 작품이라는 점은 의심할 나위가 없는데 이 시에는 격에 어울리지 않는 흠이 하나 있다. 바로 마지막 구절이다. 1구에서 3구까지 경물 묘사를 통해 깊은 산중의 모습을 함축적으로 드러내고는 4구에서 이 시의 주제를 시인 자신의 입으로 다 밝혀놓았다. 경물을 보니 사는 곳이 깊다는 것을 비로소 깨달았다고 말이다. 앞의 세 구에서 드러내지 않고 은밀히 제시한 산속 집의 맛을 다 까발려 드러내고 만 것이다. 마지막을 독자가 음미할 몫으로 남겨두는 편이 훨씬 나았을 것이다.

끝까지 함축을 구사하지 못하고 설명해버린 탓에, 더 따지거나 음미할 필요도 없이 이 시의 주제는 깊은 곳에 사는 정취를 노래한 것임을 곧바로 들키고 말았다. 숨겨야 할 것을 숨기지 않음으로써 말 밖의 맛과 깊은 여운이 그대로 사라졌다. 위백규가 말한 것처럼 풋밤을 몇 톨 먹고 난 뒤 밤을 먹었는지 안 먹었는지 스스로도 분간이 안 되는 시가 되었다.

그렇다면 잘 익은 밤과 같은 시는 어떤 것이 있을까? 강세황(姜世晃, 1713~1791)이 쓴 시를 본다.

비단 버선 사뿐사뿐 걸어가더니	凌波羅襪去翩翩
겹문을 들어서곤 종적이 묘연하네	一入重門便杳然
다정할사 그래도 잔설만은 남아서	惟有多情殘雪在

발자국이 키 작은 담장가에 찍혀 있구나 　　履痕留印短墻邊

—「길을 가다 보다路上所見」

길을 걷다가 우연히 본 풍경을 아주 정감 있게 묘사했다. 겨울 풍경이므로 화사한 느낌은 없으나 그 안에 농후함 감정이 스며 있다. 과거에는 길거리에서 사대부가 정면으로 여성을 바라볼 수 없었다. 이시 어디에도 여인을 정면으로 쳐다본 대목이 없다. 아예 여인이란 존재를 언급하지도 않았다. 파도를 스치듯이 걸어가는 버선이 여인을 대유(代喩)할 뿐이다. 그가 겨우 본 것이라곤 사뿐사뿐 걸어가는 걸음걸이다. 그 걸음이 마치 물결 위를 스치듯 걸어가는 낙수(洛水)의 여신처럼 가볍고 리드미컬하고, 젊은 남자의 가슴을 꿈결같이 울렁거리게 만든다. 원문을 읽어보면 생기와 리듬감이 잘 살아 있다. 이 젊은 남자의 모습을 요즘으로 옮겨놓는다면 그것은 "홀린 듯 끌린 듯이 따라갔네"로 시작하는 장정일의 「아파트 묘지」가 될 법하다.

그러나 겹문으로 들어가고 나선 영영 다시 볼 수 없다. 그 아쉬움과 미련을 어떻게 말로 표현할까? 그런데 키 작은 담장가에 그녀가 남긴 발자국이 몇 개 찍혀 있다. 사뿐사뿐 걷던 그녀의 모습을 한없이 되풀이하여 떠올리게 만드는 발자국이다. 그러니 녹다 만 잔설이 얼마나 고맙겠는가? 고마운 잔설을 향한 다정함을 표현하지 않을 수 없다.

이 시는 섬세하면서도 여린 감정을 잘 표현하고 있다. 다정하다는 표현은 직접적인 것 같지만, 그 감정조차도 잔설에 의탁해 에둘러 말했을 뿐이다. 우연히 만난 여인에게서 우연히 품은 매력—그것을 시인은 다정(多情)이란 말로 표현했을 법하다―을, 시인은 그 여인에게는 결코 내비치지 못한다. 대신 잔설에 다정하다는 말을 씀으로써 살짝 비켜간다. 그것이 시인다운 기교다.

이 시도 앞서 살펴본 왕사정의 「야춘절구」처럼, 여인이 남겨놓은 잔상을 통해 깊은 여운을 남긴다. 두 시는 창작에서 유사한 점이 아주 많다. 강세황은 시와 그림과 글씨에 모두 뛰어난 시인이다. 그는 감성적인 시를 아주 많이 썼는데 이 시가 그의 감성을 대변하는 소품(小品)이다.

강세황과 친밀하게 지낸 시인 가운데 신광수(申光洙, 1712~1775)가 있는데 그 역시 비슷한 경험을 비슷한 방식으로 썼다.

남치마 아가씨 목화밭에 나왔다가	靑裙女出木花田
나그네 보고 돌아서서 길가에 서 있네	見客回身立路邊
흰둥이는 저 멀리 누렁이를 쫓아갔다	白犬遠隨黃犬去
주인에게 돌아왔다 다시금 내달리네	雙還更走主人前

―「산골을 들어서다 보다峽口所見」

우연히 만난 시골 아가씨를 보고 쓴 시이다. 목화밭에 나왔다가 지나가는 나그네를 보고 내외하는 아가씨! 제대로 얼굴도 보지 못했다. 한 번 보고 연정을 느꼈다는 것은 말이 안 되지만 그녀에게 왠지 마음이 끌렸다는 것은 속일 수 없다. 그렇다면 3구 이하에서는 뭔가 말을 해야 할 텐데 시인은 왜 생뚱맞게 개 타령만 하고 있을까?

이는 강세황의 시에서 화자가 발자국이 찍힌 잔설을 향해 괜히 다정하다는 말을 건넨 이유와 다르지 않다. 아가씨를 따라나온 흰둥이와 누렁이가 주인 멀리 떠나갔다 다시 주인에게 돌아오며 수선을 떤다. 아가씨 옆에 갈 수 있는 개가 부러운 것일까? 아니다. 시인은 무엇을 바라보고 있을까? 시에서 말한 것처럼 아가씨가 내외하자 나그네도 아가씨를 보지 못하고 아가씨를 따라나온 개가 부산 떠는 것만 열심히 쳐다보고 있다. 나그네는 아가씨를 쳐다보고 싶은 마음이 있다는 것을 들켜서는 안 된다. 적어도 선비가 그러면 안 된다. 그러나 시인의 눈은 개를 보고 있으되, 마음만은 내외한 채 길손이 지나가기를 기다리는 아가씨에게 쏠려 있다. 나그네의 미묘한 내숭이 엉뚱하게 개 타령만 늘어놓게 한 이유다. 이렇게 해석해야 이 작품은 한 편의 시가 된다.

신광수의 시 역시 우연한 포착의 시선이 빼어나다. 강세황의 시와 함께 보면, 동공이곡(同工異曲)이라 할 만한 수작이다. 이들은 남자의 마음에서 일어나는 연정을 남에게 들키지 않게 최대한 숨겨서 표현했다. 그러다보니 더욱 섬세한 필치를 보여준다. 남에게 보이는 시에서 사랑의 감정을 함부로 드러내서는 안 되는 전통시대 한국의 시인들에게, 함축의 풍격은 내밀한 정서를 은근하고 멋스럽게 드러낼 수 있는 장치와도 같았다.

호방(豪放)
신화적 세계에서 노니는 원시의 미학

1. 장한 의기를 작품에 드러내다

'호방(豪放, swaggering abandon 또는 my mind marching unhindered)'은 미학의 개념으로 폭넓게 쓰인다. 일반적으로는 인간의 성질과 태도를 가리키는 말로 쓰여서, 『표준국어대사전』에서는 "의기가 장하여 작은 일에 거리낌이 없다"라고 '호방하다'를 풀이했다. 『한어대사전』에서는 "인품과 시문의 풍격이 호매(豪邁)하여 구속됨이 없는 시문을 뜻한다"고 정의했다. 동아시아 문화권에서는 이렇듯 사람의 됨됨이를 표현하던 말이 미학용어로 확장돼 널리 사용된 사례를 어렵지 않게 종종 찾아볼 수 있다.

호방은 비슷한 뜻을 지닌 '호(豪)'와 '방(放)' 두 글자가 결합해 새로

豪放

觀花迤禁呑吐大荒亭道
逆氣虛得似狂天風浪
海山蒼蒼長刀你滿萬家
在弯前招三辰後引鳳凰
曉策六鰲濯足扶桑

• 이광사, 〈호방〉. 행서로 활달하게 썼다. 첫 구 '관화'의 화(化)를 화(花)로 썼다.

운 뜻을 얻었다. 두 글자의 차이를 놓고 손연규는 『시품억설』에서 "호(豪)는 호걸(豪傑)과 호매(豪邁)에 쓰인 호로서, 악착스러움·천박함과 상대되는 말이다. 방(放)은 방탕(放蕩)하다는 뜻이 아니라 도달한다는 뜻으로 비좁음·움츠림과 상대되는 말이다. 이른바 '물이 사해(四海)에 도달한다(放乎四海)'는 구절의 방(放)과 같다"[1]라고 풀이했다. 그가 용례를 제시하며 설명한 데서 알 수 있듯이, 대체로 호방은 악착스럽거나 움츠리지 않고 활달한 경지를 가리킨다.

과거에 사용된 사례를 살펴보면, 호방은 세속적인 예절이나 법질서에 크게 구애받지 않고 제멋대로 행동하여 오만스럽고 방자한 태도를 가리킨다. 당대(唐代) 이전 중국에서는 그 같은 성격을 보인 인물에 이 말을 흔히 사용했을 뿐 예술의 풍격으로는 거의 사용하지 않았다. 남북조시대 종영(鍾嶸)의 『시품』과 유협의 『문심조룡』에서도 이 용어를 찾아볼 수 없다. 다만 호방이란 말이 직접 사용되지는 않았으나 호 자와 방 자가 각각 따로 들어간 말이 문학작품을 평가하는 어휘로 사용되기는 했다.

호방이 문학작품을 평가하는 풍격의 용어로 당당하게 사용된 시기는 송대 이후다. 송대에는 호방 및 그와 유사한 풍격이 시를 품평하는 중요한 기준과 용어로 정착되었다. 그 시기의 사(詞)에는 호방한 풍격을 중시하는 유파, 이른바 호방파(豪放派)가 등장했는데 대표적인 작가로 소식(蘇軾)이 있다. 『시품』에서 호방이 미학의 한 범주로 정착된 것은 송대 이후 작품에 영향을 받아서다. 그리고 호방이 미학의 한 범주로 『시품』에 뚜렷하게 부각되면서 호방은 차차 구체적인 문학작품과 작가를 평가하는 기준으로 정립되었다. 특히, 이백의 작가적 특징과 작품의 풍격을 평가하는 기준으로 많은 비평가들이 호방을 들었다.

다른 풍격과 마찬가지로 호방도 그와 비슷한 풍격을 많이 거느리고 있다. 예를 들어, 광방(狂放), 청웅분방(淸雄奔放), 호장(豪壯), 호쾌(豪快), 호매(豪邁), 호탕(豪蕩), 호장(豪壯)과 같은 것이 있다. 호 자와 방 자가 다른 글자와 결합하여 조금씩 차이를 보이면서 작가의 거침없는 호쾌한 정신 상태와 웅장한 작품의 기세를 표현했다. 호방은 이와 같은 일련의 풍격을 대표하는 미학용어로 자리매김했다.

호방의 풍격은『시품』에서 비로소 그 미학적 특징이 분명하게 정의되었다.『시품』의 저자는 숭고미를 표현하는 풍격을 상당히 중시했는데 여기에 속하는 미적 범주가 바로 웅혼, 호방, 경건이다. 이 세 가지 풍격은 각각 독자적인 함의를 지니고 있으면서도 미적 특징을 공유하기도 한다. 여기에 더하여 비슷한 범주에 드는 풍격으로 비장미를 표현한 비개(悲慨)가 있다. 주둥룬은 비개까지 포함한 네 개의 풍격이 양강(陽剛, 밝고 억센 느낌)의 미를 표현한 것으로 보았다.

2. 신화적 상상력의 세계

조화를 살피는 그를 막을 자 없나니	觀化匪禁
땅끝에서 해와 달을 삼켰다가 토해낸다	呑吐大荒
도(道)를 통해 기세로 돌아가고	由道返氣
역량을 바탕으로 미친 듯 발산한다	處得以狂

하늘에서 바람은 휘몰아치고	天氣浪浪
바다에 솟구친 산은 짙푸르다	海山蒼蒼
진정한 활력이 가득 차 있어야	眞力彌滿
삼라만상은 그 곁에 존재한다	萬象在旁
앞에서는 해와 달과 별이 나를 부르고	前招三辰
뒤에서는 봉황새가 잡아끈다	後引鳳凰
새벽 되자 여섯 마리 자라를 타고서	曉策六鼇
해 뜨는 부상(扶桑)에서 발을 씻노라	濯足扶桑

본문은 크게 세 단락으로 의미가 나누어진다. 첫번째 단락에서는 호방한 풍격을 얻으려는 행동과 창작의 힘을 얻는 방법을 설명한다. 먼저 1, 2구에서는 호방한 시인의 흉금(胸襟)을 말했다. 그의 마음은 유한한 사물과 자아의 영역에만 얽매이지 않고 물질의 속박을 벗어나 자연과 사회의 큰 변화를 파악하고 우주까지 무한히 확장된다.

이 구절 중에서도 핵심은 바로 조화를 살핀다는 관화(觀化)에 있다. 이 말이 관화(觀花)로 된 이본(異本)이 대부분인데 그래서 꽃을 구경하고, 조화를 살핀다는 것이 무엇을 의미하는지를 두고 논의가 분분하다. 관화(觀花)를 택할 경우, 일차적으로 이를 꽃을 구경하는 행위로 보아 자유롭게 꽃을 구경하는 것, 과거에 급제하여 의기양양하게 서울의 꽃을 구경하는 것, 현도관(玄都觀, 장안에 있던 도관)에 핀 꽃이라고 풀이한 해석이 크게 주목을 받았다. 각각의 주장은 나름대로 근거가 충분하다. 그러나 특별한 의미를 붙이지 않는 한 꽃을 보는 행위가 호

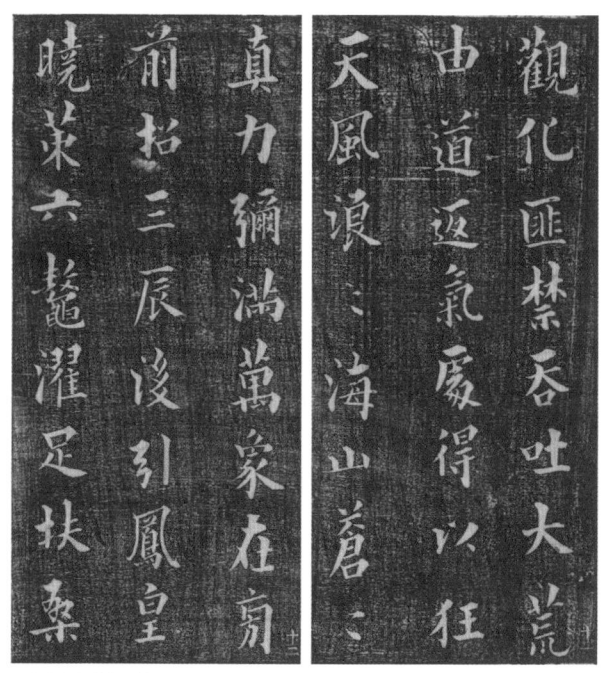

방 본문에 나오는 광활하고 웅장한 스케일에는 어울리지 않는다. 그에 반해 관화(觀化)는 『장자』에도 같은 용어가 나올 뿐만 아니라, 조화와 변화를 살핀다는 의미가 바로 뒤에 나오는 "땅끝에서 해와 달을 삼켰다가 토해낸다"는 구절에 잘 어울린다.

땅끝이란 표현의 기원은 '대황'으로, 이는 『산해경山海經』에 나오는, 중국에서 아주 멀리 떨어진 대지의 끝을 가리킨다. 그곳은 해와 달이 떴다가 지고, 바닷물이 들어갔다 나오는 원초적 대자연이다. 지금까지 학자들은 이 구절을 시인이 대황을 삼키는 것으로 해석했는데 물리적으로 옳지 않다. 그보다는 거꾸로 대지의 끝 지평선이나 바다 끝에서 해와 달을 토해냈다가 다시 삼키는 것으로 보아야 한다. 이 원초적 자연의 장엄한 장관을 보는 것이야말로 그 앞에서 말한 조화를 살피는 관화(觀化)의 내용과 어울리고, 그 이후 전개되는 내용과도 부합한다.

3, 4구에서는 시인이 도와 역량(得, 시인이 자연으로부터 얻은 역량을 가리킨다)을 바탕으로 삼아 기(氣)와 광(狂)을 발산하는 과정을 설명하고 있다. 작품에서 활달한 기를 표현하고 광적일 만큼 자유분방하고 호쾌한 상상력을 발휘하는 것은 아무렇게나 얻어지지 않고 자연의 도(道)와 역량의 축적이 앞서야 한다.

두번째와 세번째 단락은 조화를 살피는 관화의 구체적 행동이다. 땅끝에서 펼쳐지는 환상적인 체험으로서 호방한 작가와 작품의 경지를 비유한다. 하늘에 부는 거센 바람과 바다에 솟구친 바위산은 가슴 벅찬 풍경으로서 호방한 기세를 상징한다. 이어 두번째 단락 3, 4구에서 하늘과 바다가 발산하는 기상이 펼쳐진다. 인간의 문명에 오염되지 않은 대자연의 원초적 공간을 찾아가보니 진정한 활력이 넘쳐흘러 삼라만상을 잉태한다는 의미다. 광활한 공간감과 대자연의 호쾌한 기운이 호방의 풍격을 표현한다.

세번째 단락도 두번째 단락에 이어서 땅끝 대황에서 펼쳐지는 환상적인 체험의 풍경으로 호방한 경지를 비유한다. 첫 두 구절을 지금까지는 대체로 "앞에서는 내가 해와 달과 별을 부르고 뒤에서는 내가 봉황새를 잡아끈다"라고 보았으나 이는 문장 구조를 거꾸로 해석해 "앞에서는 해와 달과 별이 나를 부르고 뒤에서는 봉황새가 나를 잡아끈다"라고 해야 한다. 그렇게 보아야 물리적 현상에 어울릴 뿐만 아니라 원초적 대자연을 체험하는 호방한 느낌을 살린다. 본문에 나오는 여섯 마리 자라(六鰲)는 동해 바다의 삼신산(三神山)을 머리에 떠받들고 있다는 전설상의 동물이고, 부상은 동쪽 바다 속의 해가 뜨는 곳에 있다고 하는 나무다.

이렇게 볼 때 호방은, 호방한 풍격의 인간이 해와 달이 나오고 들어가는 땅끝을 찾아가 원초적 자연의 광활하고 장엄한 세계를 체험하는 과정을 일관되게 전개했다. 화자의 체험은 신화적 상상의 세계에 뿌리를 두고 있다.

3. 바다 한가운데에서의 탁족

호방은 그림으로 형상화할 요소가 많다. 땅끝, 미친 듯한 느낌을 주는 것, 하늘과 바람, 바다와 산, 해와 달과 별, 봉황새, 자라, 부상에서 발을 씻는 것 등의 구체적 장면은 그림의 소재로 활용하기에 적합하다.

먼저 정선은 본문 마지막 대목의 "새벽 되자 여섯 마리 자라를 타고서 해 뜨는 부상에서 발을 씻노라"를 중심 소재로 취했다. 그 배경을 이루는 바다와 멀리 보이는 산, 그리고 용솟음치는 파도는 두번째 단락에서 소재를 취했다. 파도가 치는 근경은 "진정한 활력이 가득 차 있는" 바다와 대자연의 호방한 기운을 상징한다. 호방을 묘사한 그림에는 파도가 용솟음치는 장면이 빠짐없이 등장하는데 그 이유가

此謫老初次試
筆而少飄送之
氣

• 정선, 〈호방〉.

여기에 있다.

가슴을 풀어헤치고 맨머리를 드러낸 채 자라 등을 타고서 탁족(濯足)하고 있는 노인의 모습은 대자연의 기운을 맞으며 악착같은 현실을 시원하게 벗어버린 호방한 사람의 상징이다. 탁족하는 풍경 자체가 악착같은 현실을 벗어난 시원함을 표현한다. 그런데 보통 조선시대의 그림에 탁족하는 장면이 나오기는 하지만 이처럼 바다 한가운데서 자라 등을 타고 탁족하는 장면은 볼 수가 없다. 배경 또한 남다르게 황금빛으로 물든 바다를 묘사했다. 노인이 있는 곳은 평범한 바다가 아니라 태양이 뜨는 부상이다. 이곳은 신화 속에 나오는 상상의 세계로서 불사와 재생의 공간이다. 노인의 탁족은 신화적 세계에서 벌어지는 호방한 풍취를 상징한다. 한편, 그림에는 "이것은 겸재 노인이 처음으로 옅게 붓을 놀린 그림이다. 따라서 표일한 기운이 적다(此謙老初次淺筆, 故少飄逸之氣)"라는 화평이 달려 있다.

반시직은 정선과는 다른 소재를 취해 호방한 풍격을 묘사했다. 파도가 용솟음치는 바다가 배경이라는 점은 똑같지만 인물이 중심이 아니라 바다의 파도 위로 솟구친 바위 위에 먼 바다 위로 솟아오르는 태양을 배경으로 봉황새가 서 있는 장면을 그렸다. 이 바다 역시 현실속 바다라기보다는 태양이 뜨고 지는 부상이다. 그 바다에 불사조인 봉황새가 당당하게 서 있다. 전체 배경은 "하늘에서 바람은 휘몰아치고 바다에 솟구친 산은 짙푸르다"에서 소재를 취했고, 중심을 이루는 주제는 세번째 단락의 "앞에서는 해와 달과 별이 나를 부르고 뒤에서는 봉황새가 잡아끈다"는 대목에서 선택했다. 비록 담채이지만 거센 파도와 굳센 바위, 장엄하게 솟아오르는 태양, 바위에 앉은 신비한 봉

豪放

• 반시직, 〈호방〉.

황새의 자태는 일상적 삶을 초월한 장엄하고 호방한 느낌을 잘 살리고 있다.

흥미로운 것은 장부의 그림이다. 그는 건륭제가 쓴 시, 「형가산荊軻山」[2]을 화제로 시의도를 그렸다. 형가산은 허베이 성에 있는 산으로 이곳엔 전해오는 이야기가 있다. 전국시대 말, 연(燕)나라 태자 단(丹)이 진시황을 암살하려고 자객을 파견했는데 그의 이름이 형가(荊軻)다. 그는 뜻을 이루지 못하고 죽임을 당하는데 그의 유품이 형가산에 묻혔다고 전한다. 산 정상에는 거대한 형가탑(荊軻塔)이 세워져 있다. 형가는 역수(易水)에서 전송하는 사람들과 헤어지고 진나라로 들어가 단검으로 진시황을 저격했으나 실패하고 죽임을 당했다. 그 이후로 형가는 뜻을 이루지 못한 비장한 영웅의 상징으로 유명해졌다. 이현에는 청나라 역대 황제의 능묘가 조성된 서릉(西陵)이 있다. 그 때문에 건륭제는 이곳을 자주 찾았다. 그리하여 건륭제는 형가의 사적과 강개한 심사를 회고풍으로 읊은 시 「형가산」을 남겼다.

장부의 그림을 보자. 근경에는 험하고 기괴한 바위로 이루어진 형가산이 거세게 소용돌이치며 흘러가는 큰 강을 내려다보고 있다. 멀리에는 운무에 휩싸인 산을 그렸다. 산골짜기에 서 있는 나무와 강가에 늘어진 버드나무는 형가가 진시황을 저격하러 떠날 때의 스산하고 침통한 가을 날씨를 암시한다. 이 그림이 형가산의 실제 경물을 충실하게 반영했는지 여부는 그리 중요하지 않다. 웅장하고 광활한 자연 공간이 발산하는 호방함과, 비분강개한 영웅의 사적이 투영된 장중함이 경물에서 묻어난다. 천고의 영웅은 사라졌으나 위대한 자연은 장구하게 이어져 영웅의 사적마저 하찮은 것인 양 내려다본다. 여기에

観花匝葉吞吐大荒
由道迤氣寢彿以狂
天風浪々海山蒼々
真力弥満気泉在旁
前抬三辰後引鳳凰
晩策六鼇灌迄扶桑
右司空圖詩品豪
放一則
臣蔣溥恭錄

• 장부, 〈호방〉.

호방함이 살아 있다. 공간 속에 인간의 모습이 보이지 않는 것이 그러한 느낌을 자아내는 데 일조한다. 그림의 경물은 호방 두번째 단락에 제시된 휘몰아치는 바람과 짙푸른 산의 이미지와 간접적으로 연결되어 있다. 웅장한 산하를 묘사하고, 거기에 형가라는 역사적 인물을 연결시켜 공간과 시간의 두 가지 차원에서 호방함의 풍격을 창출하고 있다. 호방 본문과 직접 연결되지는 않으나 그 이미지를 잘 살려내고 있다.

장부가 이렇게 형가의 이미지와 호방을 연결시킨 것은 역사적 맥락이 있다. 도연명은 「형가를 읊다詠荊軻」라는 시를 지었는데 충담의 풍격을 대표하는 그가 지은 작품으로는 예외적인 일탈처럼 보인다. 이 시는 폭군 진시황을 없애려는 연나라 태자의 의지와 자객 형가의 격정을 묘사한 명작으로 이름이 높다. 이 시의 가치를 두고 주자(朱子)는 『주자어류朱子語類』에서 "도연명의 시를 사람들이 다들 평담(平淡)하다고 말하지만 내가 보기에 그는 본래 호방하다. 다만 그의 호방함을 깨닫지 못할 뿐이다. 그가 본래의 모습을 드러낸 작품으로 「형가를 읊다」 한 편이 있거니와 평담한 사람이라면 어떻게 이런 말을 토해낼 수 있겠는가?"라고 평가했다. 이 같은 주자의 견해에 많은 비평가가 동의했다. 형가의 이미지가 호방과 깊이 연관된다는 것을 도연명의 시와 주자의 언급을 통해 알 수 있다. 장부가 건륭제의 「형가산」을 소재로 활용한 것은 이러한 맥락에서 충분한 설득력을 지닌다.

마지막으로 제내방은 바닷가 바위산 아래 너럭바위에 앉아 모자와 신발을 벗어놓고 파도에 탁족하는 사람을 그렸다. 그의 뒤로 멀리서 태양이 떠오른다. 대체로 정선의 그림과 구도가 비슷하여 그림 속 인

• 제내방, 〈호방〉.

물의 호방함을 묘사하고자 했다. 그런데 정선이 신화적 공간인 부상의 바다를 그렸다면 제내방의 그림 속 바다는 신화적 색채가 강하지 않다. 인물이 벗어둔 모자와 신발에서 평범한 일상인의 모습이 보인다. 그러나 그의 시선은 끝 간 데 없는 하늘을 바라보는 듯, 위쪽을 향하고 있어 마음만은 호방한 세계에서 노니는 범인의 모습이 더욱 설득력 있게 다가온다.

4. 이백의 노래는 호방하고 표일하여

현대 학자 장궈칭은 아무 데도 얽매이지 않는 흉금, 호탕한 원기와 참된 힘의 충만, 진실한 성품에서 태동해 나온 호쾌함과 광적 상태, 화려하고 기발한 만상(萬象)을 호방함의 네 가지 요소로 보았다. 여기에 어울리는 작가로는 장자와 이백을 가장 먼저 꼽는다. 「소요유逍遙遊」에서 장자가 보여준 광활하고 거침없는 상상력은 과연 호방한 미학의 백미로 꼽힐 만하다. 그렇다고 해도 호방에 가장 어울리는 시인으로는 먼저 이백을 꼽지 않을 수 없다.

호방의 전형적 시인으로 이백을 꼽는 것에는 대부분의 연구자가 공감한다. 『고란과업본원해』에서는 호방의 풍격이 "이청련(李靑蓮. 청련은 이백의 호)의 오묘한 특징을 정확하게 파악했다"라고 했다. 역으로 생각하면, 이백이란 작가의 존재와 작품 성향이 『시품』의 저자로 하여금 호방이란 풍격을 설정하도록 유도했다고 할 수 있다. 송대에는 이백과 그의 시를 호방의 풍격으로 규정한 논평자가 매우 많았다. 왕안석은 "이백의 노래는 호방하고 표일(飄逸)하여 남들이 미칠 수 없다"[3]고 했고, 황정견은 "이태백은 호방하여 사람들 사이의 봉황이요 기린이다"[4]라고 했으며, 엄우는 "이태백은 천재가 호일(豪逸, 예절이나 사소한 일에 매임이 없이 호방함)하여 자연스럽게 지어진 시가 많다"[5]라고 했다. 이백의 시 두 편을 들어 호방한 풍격의 멋을 음미해본다.

나를 버리고 가는 자는	棄我去者
이미 가버린 어제처럼 붙잡지 못하고	昨日之日不可留
내 마음 어지럽히는 자는	亂我心者
바로 오늘 이 순간 같아 속 뒤집는 일이 많네	今日之日多煩憂
만 리 넘어 긴 바람이 가을 기러기를 보냈으니	長風萬里送秋雁
그걸 보면 높은 누각에서 술에 취할 만하리라	對此可以酣高樓
봉래산의 문장과 건안시대 풍골(風骨)이요	蓬萊文章建安骨
중간에는 사조(謝朓)가 또 청신한 시인이었지	中間小謝又淸發
다들 빼어난 흥취와 웅대한 상상력을 펼쳐	俱懷逸興壯思飛
푸른 하늘 올라가 밝은 달을 손에 쥐려 했지	欲上淸天覽明月
칼을 뽑아 물을 갈라도 물은 다시 흐르고	抽刀斷水水更流
잔을 들어 시름을 없애도 시름은 여전할 뿐	舉杯消愁愁更愁
세상사 인생이란 뜻에 맞는 일 없기로	人生在世不稱意
내일 아침에는 머리 풀어헤치고 일엽편주 타리라	明朝散髮弄扁舟

—「선주의 사조루에서 교서 숙운을 떠나보내며

宣州謝朓樓餞別校書叔雲」

753년 그의 나이 쉰세 살 때 지은 시이다. 지금의 안후이 성(安徽省) 쉬안청(宣城)에서 교서랑(校書郎) 벼슬을 하던 숙운이란 사람을 배웅하며 썼다. 이백의 시로서는 우울함과 비애감, 좌절감이 짙게 묻어나는 작품이지만 그럼에도 시인은 호방한 태도를 숨기지 못하고 드러낸다. 뛰어난 능력자를 좌절시키는 세상을 거만하게 무시해버리는 오만한 태도와 광활한 시야, 거침없고 활달한 시상의 전개에서 호방한 풍격이 잘 드러난다. 세상이 마음에 들지 않아 "내일 아침에는 머리 풀어헤치고 일엽편주 타리라"며 쩨쩨한 세상 홀홀 벗어던지는 호쾌함은 이백다운 호방의 전형을 유감없이 보여준다.

이 밖에도 이백은 「촉도난蜀道難」「양원음梁園吟」「꿈속에 천모산을 노닐고 시를 남겨두다夢遊天姥吟留別」를 비롯한 많은 작품에서 호방한 작품 세계를 펼쳐보였다. 그 가운데 상대적으로 길이가 짧은 다음 시를 한 편 더 본다.

높은 산 언덕에 올라	登高丘
먼바다를 바라보노라	望遠海
여섯 마리 자라는 벌써 뼈만 남았고	六鰲骨已霜
삼신산은 흘러가 이젠 어디 있는가?	三山流安在
부상의 나뭇가지 거의 꺾여서	扶桑半摧折
붉은 태양은 광채를 잃었네	白日沈光彩
황금빛 신선계는 꿈과 같건만	銀臺金闕如夢中
진시황 한무제는 헛되게 찾았다네	秦皇漢武空相待
정위조(精衛鳥)⁶가 목석(木石)만 축냈으니	精衛費木石

자라는 믿을 게 못 되네	黿鼉無所憑
그대는 보지 못했는가?	君不見
여산과 무릉이 하나같이 잿더미로 변해	驪山茂陵盡灰滅
양 치는 목동들만 올라오는 것을	牧羊之子來攀登
도굴꾼이 보석을 훔쳐내도	盜賊劫寶玉
정령들은 손을 쓸 길이 없다네	精靈竟何能
군사력을 썼어도 지금 이런 꼴이니	窮兵黷武今如此
정호(鼎湖)의 용을 타고 승천할 수 있으랴!	鼎湖飛龍安可乘

—「높은 언덕에 올라 먼바다를 바라보며登高丘而望遠海」

　전편에 흐르는 광활한 공간감과 웅대한 포부, 오만한 태도가 독자를 압도한다. 악착같고 쩨쩨한 인생은 안중에도 없이 진시황이나 한무제 같은 영웅호걸을 가볍게 비웃는 호방한 태도가 신화적 세계의 사물을 동원한 과장된 표현으로 전개되고 있다. 시에 나오는 여섯 마리 자라와 부상, 붉은 태양은 '호방'에 나오는 "새벽 되자 여섯 마리 자라를 타고서 해 뜨는 부상(扶桑)에서 발을 씻노라"라는 대목에서 본 바와 같이 원초적 자연의 낭만성과 건강함을 상징하는 시어이다. 이백은 장대한 스케일의 사물도 오히려 낮추어 봄으로써 더욱 큰 스케일을 자랑한다.

• 이재 권돈인 필사, '함축' '호방' '정신' '진밀'(부분), 『사공표성시품첩』, 친환경농업박물관 소장.

5. 채제공, 목도한 바를 생생하고 호방하게 묘사하다

한국의 옛 시인들 가운데 호방한 풍격을 지닌 이들이 적지 않다. 고려시대의 이규보나 김극기(金克己), 정몽주(鄭夢周)가 호방의 풍격을 보이고, 조선시대의 임억령(林億齡), 정철(鄭澈), 정두경, 차천로 등의 시인도 여기에 해당한다. 그 가운데 김극기가 쓴 「취해 부르는 노래醉時歌」의 앞부분 6구를 보면 다음과 같다.

낚으려면 모름지기 큰 바닷속 여섯 자라요   釣必連海上之六鰲
쏠 것이면 반드시 해 가운데 아홉 까마귀   射必落日中之九烏

• 2011년 한 경매에 출품된 권돈인의 병풍 글씨로 호방의 네 구절을 썼다. 『이십사시품』에 대한 권돈인의 애호를 짐작할 수 있다. 여기서도 관화의 화(化)가 화(花)로 되어 있다.

여섯 자라 요동하면 어룡들이 놀라 날뛰고	六鰲動兮魚龍震蕩
아홉 까마귀 나타나면 초목들이 타고 마르니	九烏出兮草木焦枯
장부 되어 스스로 기절(奇節)을 세워야지	男兒要自立奇節
어린 새 작은 고길 잡은들 만족하랴	弱羽纖鱗安足誅

웅대한 포부와 광활한 시야를 보이는 호방한 풍격의 시다. 『동인시화』에서는 이 시를 "호장(豪壯)하고 헌걸차게 뛰어나다(挺傑)"라고 평가했다. 이 시에도 『시품』 호방과 이백의 작품에서 보이는 여섯 마리 자라와 태양 같은 시어가 등장한다. 이를 놓고 볼 때 이 시어들은 호방한 태도를 상징하는 어휘라는 것을 알 수 있다. 조선 중기의 저명한 시인인 차천로는 호방한 풍모의 시인으로 명성이 높았는데 그가 가장 좋아한 시어가 바로 '여섯 마리 자라'였다.

또다른 호방한 시풍의 작가로 정조조 명신(名臣)인 채제공을 꼽을 수 있다. 정조시대 남인의 지도자로서 노론의 김종수(金鍾秀)와 함께 정국의 한 축을 떠받쳤던 인물이다. 그가 지은 시의 풍격은 그의 호방한 인물 됨됨이에서 나왔다. 어릴 때의 일화 하나가 그의 호방한 인품을 잘 보여준다. 어른들이 그에게 "김씨 가문의 아들이 시를 잘해 '큰 안개가 남산을 삼켜버렸다(大霧食南山)'라고 했다더구나. 너는 이런 시를 지을 수 있겠느냐?"라고 물었다. 그는 "뭐 어려울 게 있나요? '다시 토해 남산이 되었네(復吐爲南山)'로 하면 되지요"라고 바로 맞받아쳤다. 여기서 김씨 가문의 아들은 바로 벽파(僻派)의 영도자인 김종수를 가리킨다고 전한다.[7] 채제공의 당돌한 말을 전해 들은 세상 사람들은 김종수가 남인을 먹어치우려 하고, 채제공이 남인을 살릴 것임을 알았다고 전한다. 두 사람의 재치와 기상이 막상막하 수준이다.

채제공은 호쾌한 기상을 시에 담아내고자 했다. 그의 시에서 가장 쉽게 찾을 수 있는 특징이 바로 호방함이다. 정조가 채제공 사후에 그의 시를 읽고서 총평하는 시를 써주었는데 그 전반부만 보면 이렇다.

호걸의 기백 몰아와서 필력도 굳세어라	傑氣驅來筆力勍
마치 경의 초상화를 마주한 듯하구나	七分如對畫中卿
치달리는 곳엔 거센 파도의 기세가 있고	奔騰處有浪濤勢
비분강개한 때엔 비장한 소리가 많도다	慷慨時多燕趙聲

—「채제공의 시문 원고에 친히 짓고 쓰다御製御筆書樊巖詩文稿」

호걸의 인품에서 호방한 필력이 나왔다고 하고, 호방한 기상을 거센 파도와 비분강개한 소리 두 가지로 요약했다. 정조가 평가한 내용은 그의 작품에서 실제로 잘 나타난다. 체제공의 시 두 편을 본다.

주점 사내는 땅을 파고 들판에서 매복하는데	店漢掘土野中歇
맹호는 사람을 노리며 출몰을 거듭하네	猛虎伺人出復沒
숲에는 휘익휘익 바람 소리 음산하고	林樾颼颼嘯有風
막 떠오른 해는 나직하여 냉기가 뼛속에 스민다	初日未高泠砭骨
쇠를 두드리며 외치자 범은 마지못해 일어나	扣鐵羣呼虎乃行
바위 밑에 누웠다가 뛰쳐나올 기세네	徐臥巖底意欲出
범의 등 뒤로 몰래 기어서 다가가니	潛從虎背伏且進
숨죽인 채 살금살금 기어 털이란 털은 다 쭈뼛쭈뼛	
	細息累足寒毛髮
거리가 가까워져 정강이를 조금 펴자	地勢漸近稍伸脛
바위 저편에 얼룩무늬가 살짝 나타나네	隔巖微見文章發
큰 바위를 급히 질풍처럼 내려보내자	急下大石如疾風
범은 몸을 피하려 해도 피하지 못하네	虎欲回身回未得
바위가 허리뼈를 가을무처럼 부숴버려	石碎腰骨秋菁若
바위에 부딪고 열 길 높이 훌쩍 뛰어오르네	衝巖跳立十丈強
소처럼 울부짖고 우레처럼 소리쳐 지축이 찢어질 듯	
	牛吼雷鳴坤軸裂
돌을 흙처럼 가볍게 씹어 부수고	嚼石如土力容易
노기가 안 풀려 사람에게 냅다 돌진하네	餘怒直向人中突

사람들 힘을 모아 일제히 큰 돌을 던지니	人力齊奮石勢集
이마 깨지고 가슴 치는 걸 뉘라서 막으랴	陷額撞胷誰敢遏
높이 뛰다 낮게 뛰며 점차 기운 빠져	高騰低騰勢漸脆
어느새 엉거주춤 골짜기에 앉아 있네	須臾蹐蹬坐崖谷
포효하던 소리 그치자 적막이 감돌고	嗥哮聲絕何寂寂
살아 있을 때는 만 사람이 굴복했으나	生時萬夫伏
죽은 뒤에는 걸음마 시작한 애들에게도 욕을 당하네	
	死後枝撑兩脚兒童辱
네가 사람을 먹고 귀가 세 갈래로 갈라졌으니	爾昔食人耳三拆
사람에게 먹히는 처지를 어찌 모면하랴	那能獨免人爾食
주점 사내 말을 타고 백 명이 떠메어	店漢騎之百夫擔
적의 머리 바치듯 관가에 웃으며 바치네	笑獻官家如獻馘
오호라! 날뛰는 여우와 이리가 조심하지 않으랴	
	嗟哉狐狸陸梁何不戒
맹호가 악하게 굴다가 죽임 당한 것 보지 못했느냐?	
	爾不見猛虎騁惡尙可戮

—「범을 잡다 捉虎行」『번암집 樊巖集』 권3

최군은 굴레 벗은 사람	崔生脫羈者
쑥대밭에 파묻혀 살겠는가	不肯棲蓬蒿
기세 좋게 순천 건달 되더니	特作順天橫
진주 호걸에게 길게 읍했네	長揖晉州豪

천금을 하룻저녁에 풀어	千金散一夕
소주든 탁주든 기분을 푸네	快意淸濁醪
호걸 틈에 거만하게 어울리고	高步結客場
윗사람 협박하려 패도를 휘두르네	脅上橫佩刀
석 잔 술이면 거나해져	三杯輒半醉
불콰한 얼굴은 기름칠한 듯	赤顏如流膏
수염 쓰다듬고 손뼉을 치니	張髥一抵掌
큰 소리가 평지를 흔드네	大聲掀亭皐

호쾌한 입담과 상스런 말을	豪談與俚語
뇌리에 스치면 가리질 않네	意到寧少擇
남도길 이백 리를 걸어	湖嶺二百里
단양으로 날 찾아왔네	訪我丹丘側
심심하다며 관노들 몰아서	餘閒策官隷
물살 센 목에 목석을 설치해	束瀨屯木石
통발 쌓아 급류를 막고서	層筍抗急溜
벼락같이 소리치며 힘을 쓰네	力鬪生霹靂
물고기들 버티지를 못하고	羣鱗勢顚倒
앞으로 몸을 던지고 물러서지 못하네	前擲不敢逆
작살을 던지길 귀신같이 하여	騰叉若有神
모랫벌 천막에 별처럼 앉았네	星坐沙邊幕
새벽녘에 돌아와 으스대며 보니	晨歸自矜顧
큰 물고기 광주리에 가득하네	大魚筐裏積

풀쩍 뛰며 입을 벌리고	超騰競張口
아가미에선 붉은 피 떨어질 듯	鬐鬣紅欲滴
자리의 모든 이들에게 보이니	遂令四座客
다들 쳐다보며 무척이나 좋아하네	相視劇相快
김이 모락모락 큰 솥에 삶고	香薰大鼎烹
부엌에서는 회가 눈처럼 휘날리네	雪飛中廚鱠
아이 불러 술을 따르라 하고	呼兒命杜康
그대에게 한 잔을 또 권하네	勸君一杯又
그대 갑자기 떠난단 말 말게	君歸愼無遽
이 쾌락을 나도 몰래 즐기나니	此樂吾竊取

—「최군에게贈崔生」『번암집』 권3

시인이 스물세 살이던 1743년 단성(丹城) 현감으로 부임한 부친을 따라가서 지은 시이다. 「범을 잡다」는 장정들이 큰 범을 잡는 사냥 장면을, 「최군에게」는 호방한 젊은이 최생(崔生)을 묘사했다. 두 편 모두 젊은 시인이 실제로 목도한 일을 생생하게 묘사하여 현장감을 살렸다. 낭만적 감흥에 치우쳐 현실감을 상실한 작품과는 다르다.

첫번째 시는 거칠고 야성적인 힘이 충돌하는 작품이다. 범을 몰아 바위로 내리치고 돌을 던져 잡는 장정들의 호쾌함은 독자로 하여금 호방함을 느끼게 만든다. 강한 힘을 강조하는 시인의 개성을 잘 보여준다.

두번째 시는 현실의 제도적 굴레를 벗어나 방약무인하고 도도하게 살아가는 호걸 최생을 통해 호방한 인생에 대한 부러움을 표시하고 있다. 호방하고 거침없이 살아가는 최생의 생활을 묘사하고 그가 우연히 자기를 찾아와 물고기를 잡는 장면에 초점을 맞추었다. 최생의 개성을 묘사한 대목은 이백의 시「하늘 향해 크게 웃고 문을 나서니 우리들이 어찌 쑥대밭에 뒹굴 사람이랴仰天大笑出門去, 我輩豈是蓬蒿人」를 연상케 한다. 최생의 삶에서는 『시품』호방의 한 구절, "역량을 바탕으로 미친 듯 발산한다"에 나오는 '광적인 태도'도 엿볼 수 있다. 앞서 살펴본 이백의 시에서는 현실을 벗어난 허풍의 느낌이 강하게 풍기는 반면, 채제공의 시에서는 허풍이 배어나지 않는다. 그의 시는 실제로 본 정황에 기초한다. 호방하되 허세가 없다.

채제공은 호방한 풍격을 추구하여 「방장산 노래, 서울로 가는 이태운을 배웅하며方丈山歌, 送李翼卿台運還京」「이익경의 대나무 서진 노래李翼卿竹書鎭歌」「긴 장마 탄식長霖歎」등 강한 기세를 드러내는 장편 고시를 다수 지었다.

정신(精神)
사물의 핵심을 싱싱하게 표현하다

1. 생기 도는 아름다움

　열두번째 풍격 '호방'으로 『시품』의 전반부가 끝났다. 이번에 다룰 내용은 열세번째 풍격인 '정신(精神, essence and spirit 또는 create a lively style)'이다. 정신의 풍격으로 후반부가 새로 시작되는데 전체 풍격을 차례로 서술하는 가운데 면목을 일신하기 위해 정신을 열세번째로 내세웠다고 보는 학자도 있다.

　얼핏 보면 정신이란 개념은 굳이 설명할 필요가 없다. 대부분의 사전에서 정신을 육체와 상대되는 '마음'이나 '영혼'으로 풀이하고 있다. 현대의 개념과 완전히 같지는 않지만 과거에도 그 뜻으로 가장 많이 사용했다. 그렇다면 『시품』에서 풍격으로 제시한 정신은 일반적으로 사용하는 뜻과는 어떻게 같거나 다를까? 거칠게 말해서 전혀 무관하다고 할 수도 없고 그렇다고 같은 뜻으로 사용하지도 않았다.

정신은 '정(精)'과 '신(神)'이 결합된 어휘다. 여기서 정은 정수 또는 정기를 뜻하고, 신은 정신을 뜻한다. 왕포(王襃)는 「어진 신하를 얻은 성스런 군주에 대한 찬송聖主得賢臣頌」에서 "정수를 모으고 정신을 모은다(聚精會神)"는 문구를 쓴 적이 있는데 조선 전기의 문인인 서거정은 정신의 의미를 바로 왕포의 위 구절에서 찾기도 했다. 그렇게 본다면, 정신은 어떤 사물이나 현상의 정수, 정신이 깃들어 있는 핵심으로 이해할 수 있다.

문제는 『시품』에서는 정신을 어떤 의미로 썼는지에 있다. 장사오캉(張少康)은 그 의미를 정의하여, 시경(詩境)을 묘사할 때 대상의 왕성한 생명 활동과 거듭 자라나서 날로 변화하는 사물의 양상을 잘 드러내는 것이라고 했고[1], 스티븐 오언은 정신을 사물에 생명감을 주는 생기 있는 정수라고 했다. 다른 학자들도 크게 다르지 않게 정의를 내리고 있다. 기존 학자들의 정의를 기반으로 하여 정리해본다면 정신이란 사물의 핵심을 싱싱하게 표현하는 표현과 수사의 기술이다.

그런데 정신이란 말은 『시품』 이전이나 그 이후에 문학의 풍격을 따지는 용어로 거의 사용되지 않는다. 『시품』의 다른 풍격용어가 시를 평가하는 주요 개념으로 정착되어 크나큰 영향을 미친 것과는 다르다. 송대 이전에 이 개념이 예술의 풍격으로 사용된 흔적을 거의 찾을 수 없다. 게다가 그 이후에도 『시품』에서 말한 개념으로서의 정신으로 작가와 작품을 비평한 구체적인 사례를 찾아보기가 힘들다. 정신은 시를 평가하는 범주로 제시한 독특한 개념임에는 분명한데 다른 비평가에게 크게 인정받지 못해 널리 사용되지 못하고 용도가 폐기되었음을 의미한다.

하지만 아무리 그렇다고 해도 하나의 개념이 근거 없이 만들어지지는 않는다. 하나의 개념과 범주가 만들어지기 위해서는 일정한 환경이 만들어져야 한다. 정신이란 개념 설정의 한 근거로 방악(方岳, 1199~1262)의 시를 들 수 있다. 방악은 남송의 시인으로 자는 거산(巨山)이고 호는 추애(秋崖)다. 그의 시「매화梅花」는 다음과 같다.

매화만 있고 눈이 없으면 정신이 아니요	有梅無雪不精神
눈이 있고 시가 없으면 사람이 저속하지	有雪無詩俗了人
땅거미 질 때 시가 지어지고 하늘에서 눈까지 내리니	
	薄暮詩成天又雪
매화와 함께 그야말로 봄다운 봄이 되네	與梅併作十分春

여기서 정신은 생기가 한껏 도는 아름다움을 의미한다. 서술어로 정신을 해석하면 "생기가 돌다" 정도의 뜻이다. 이 시는『연주시격聯珠詩格』에 실려서 조선과 일본에서 광범위하게 읽혔다. 그러나 그 의미가 정신의 일반적 의미와 너무 동떨어져 많은 사람들의 공감을 얻어내지 못하고 결국 널리 사용되지 못한 것으로 보인다. 한편, 정신의 의미를 다음 신광한(申光漢)의 시에서도 찾을 수 있다.

나이 들어 봄을 맞아야 봄을 정말 아는 법	年老逢春始識春
눈에 띄는 사물 중에 정신의 경지 아닌 게 없지	眼中何物不精神

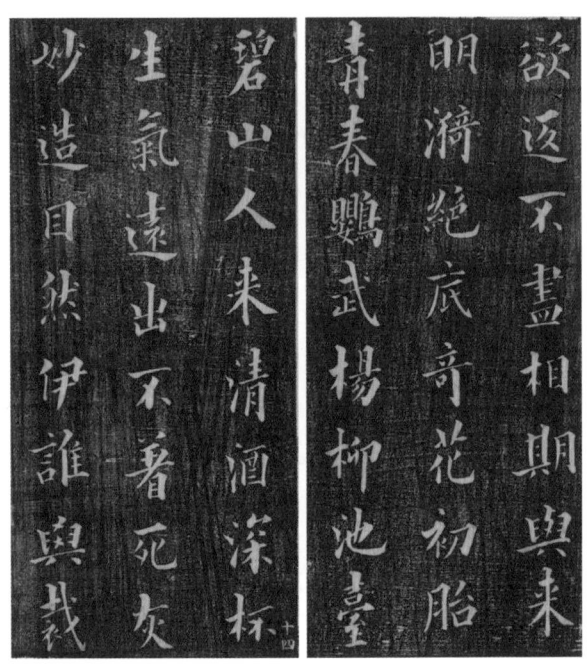

欲返不盡相期與來
明漪絶底奇花初胎
青春鸚武楊柳池臺

碧山人來清酒深杯
生氣遠出不著死灰
妙造自然伊誰與裁

• 김정희가 쓴 '정신' 탁본. 개인 소장.

바람과 꽃, 달과 이슬이 나와 무관한 듯 보여도	風花月露如非我
시와 술, 거문고와 노래를 어찌 남들만 가지랴	詩酒琴歌豈是人
자리 가득 서책 있어도 그 주인은 바뀌는 법	一座圖書元有易
백 년 인생 오가며 모두가 묵은 게 되었네	百年來往摠成陳
부귀로 마음을 바쁘게 만들지 말자	莫將富貴媒心熱
나도 장자처럼 내 몸 아낄 줄 아나니	吾與莊生解愛身

—「소요부의 나이 들어 봄을 맞는다는 시에 차운하다

이렇게 그 사례가 많지는 않으나 송대 이후 생기가 도는 아름다움을 의미하는 개념으로 정신이 간혹 사용되었다. 따라서 『시품』에서 정신을 미학의 범주로 설정한 것은 당시에 작품을 평가하는 기준의 하나로 정신을 사용한 경향을 반영했다고 해야 할 것이다.

2. 추상성의 그물을 벗어나야 보이는 명징한 이미지

정신의 내용은 다음과 같다.

돌이기려다 채 돌아가지 않고   欲返不盡

함께 갈 사람이 오기를 기다린다   相期與來

맑은 물결은 바닥까지 보이고   明漪絕底

기이한 꽃은 갓 봉오리 맺었다   奇花初胎

싱그러운 봄날에 앵무새 조잘대고   靑春鸚鵡

누대에는 수양버들 늘어졌다   楊柳樓臺

푸른 산의 그 사람이 와서   碧山人來

큰 술잔에 청주를 따른다   淸酒深杯

생기가 멀리까지 퍼지니   生氣遠出

식은 재는 붙어 있을 데가 없다	不著死灰
오묘한 창조와 자연스러움을	妙造自然
누가 더불어 선택할 것인가	伊誰與裁

　정신은 『시품』 중에서도 그 내용을 파악하기 힘든 부류에 속한다. 정신이란 개념 자체도 뚜렷하지 않은데다가 첫번째 두 구절의 내용을 파악하기 어렵기 때문이다. 그런데 정신이 난해하게 느껴지는 이유는 많은 연구자들이 지금까지 정신의 내용을 과도하게 형이상학적으로 해석하려 한 데 있다. 내가 보기에 정신은 처음부터 끝까지 논지가 일관되게 전개되고 있고, 추상적인 내용이 아니라 구체적으로 이미지를 동원해 보여준다. 한마디로 정신은, 봄철이 돌아와 친구와 함께 전원으로 나들이 가려는 사람이 아직 오지 않은 친구를 기다렸다가 그를 만나 함께 전원을 찾아간다는 내용이다.

　우선 난해하기로 이름난 첫 단락의 1, 2구는 친구와 함께 가려고 그 친구를 중간에서 기다린다는 내용이다. 이 내용을 굳이 철학적으로 심오하게 해석할 필요가 없다. 3, 4구는 기다리면서 본 풍경이다. 물 밑 바닥까지 보일 만큼 깨끗한 계곡과 막 봉오리를 맺은 기이한 꽃을 보게 되었다. 시의 명징함과 긴장관계를 비유하는 대목이다. 이를 두고 쭈바오취안은 고도로 정신을 집중하여 정서가 충만할 때 비로소 붓을 들어 시를 써야 함을 주장하는 내용으로 보았다. 두리쥔(杜黎筠)은 정신을 작품이 반영해야 할 사물의 정신으로 보고 원문의 반(返)을 반영(反映)으로 보았다.

　두번째 단락은 기다리면서 눈을 돌려 바라본 또다른 풍경이다. 싱

그러운 봄날에 조잘대는 앵무새와 누대 주변에 휘늘어진 수양버들, 그것은 자연의 생기와 싱싱한 감각을 비유한다. 1, 2구에서 핵심적인 어휘는 앵무새와 수양버들로서² 봄철의 충만한 생명감과 새로움을 잘 드러낸다. 3, 4구에서는 첫 단락에서 기다린다고 하던 바로 그 사람이 푸른 산에서 왔기에 그 반가움에 큰 술잔을 내와 청주를 가득 따라서 함께 마신다고 했다. 친구가 와서 나들이를 가고 술을 마시는 등의 행위는 정신을 퍼뜩 들게 하는 기능을 한다.

세번째 단락에서는 앞의 내용을 정리하며 결론을 내린다. 앞에서 본 봄철 풍경이나 친구와 만나 술을 마신 일은 모두 생기가 멀리까지 퍼져야 하고 불씨가 꺼진 재와 같은 죽은 감각이 끼어들 공간이 없어야 한다. 다음으로 해석상 큰 문제가 되는 구절이 '묘조자연(妙造自然) 이수여재(伊誰與裁)'이다. 그동안 이 구절은 큰 문제가 되지 않았다. 묘조자연(妙造自然)은 지금까지 모두들 "오묘하게 자연스러움으로 나아간다"고 해석했다. 인위적 조작을 가하지 않고 자연스럽게 성취하는 것이 오묘한 예술이고, 생기가 충만한 예술의 최종 목적은 자연스러움의 세계란 것을 말한다고 해석했다. 그렇게 해석해도 본문의 논지와 부합하기는 한다.

그러나 이 해석은 그다음 구절과 문맥이 잘 어울리지 않는다. 내 판단으로는 이 구절은 "오묘한 창조와 자연스러움"으로 풀이하는 것이 옳다. 다시 말해, 묘조(妙造)는 서술어가 아니라 오묘한 제작이란 뜻을 지닌 명사로서 뒤에 나오는 자연과 동격이다. 그렇게 볼 때 이 구절은 치밀한 글쓰기와 자연스러운 글쓰기라는 창작의 상반된 태도를 함께 말한 것이다. 그 두 가지 태도 가운데 누가(伊誰) 어떤 것을 선택할 것인가(與裁)를 묻는 것이 마지막 대목의 내용이다. 논지상으로 이렇게 이해하는 것이 옳다.

이 해석이 타당하다는 것을 뚜렷이 보여주는 근거가 있다. 『시품』은 본래 『시가일지』 외편(外篇)의 일부로 수록되었다가 명말(明末)부터 독립되어 단행본으로 읽혔다. 외편에 수록된 각각의 항목은 서로 연관성을 지니고 있어서 『시품』을 이해하고자 할 때 다른 내용과 연관시켜서 보아야 한다. 『시품』 바로 뒤에는 「보설외편普說外篇」이 있는데 그 첫 단락에는 다음과 같은 내용이 있다. 이를 원문과 함께 본다.

하늘과 땅, 해와 달과 별, 강과 산, 안개와 구름, 사람과 동물, 풀과 나무, 메아리로 답을 하고 움직임에 깨달으며, 남의 발자취를 만나고 사물과 만나는 것 그 모두가 정(情)이다. 그것을 주워서 얻는 것을 자연이라 이르고, 어루만져서 내어놓는 것을 기조(機造)라 이른다. 자연은 두텁고도 편안한 반면에 기조는 멀리 가고 깊다(天地日月星辰江山煙雲人物草木, 響答動悟, 履遇形接, 皆情也. 拾而得之謂自然, 撫而出之謂機造. 自然者厚而安, 機造者往而深).

이 세상에 존재하는 모든 사물과 현상은 인간으로 하여금 감정을 불러일으킨다. 그 사물과 현상을 표현하는 서로 다른 태도로는 주워서 얻는 자연과 어루만져서 내어놓는 기조(機造), 두 가지가 있다. 두 가지 태도를 부연하여 설명하면, 보통 가슴에서 나오는 대로 쓰는 경향과 치밀한 수사와 단련을 지향하는 경향으로 나뉜다. 간단하게 말한다면 자연과 인공(人工)의 다름이다. 둘 중에 어느 것이 더 낫다고 할 수는 없다. 시인은 '정신'이 담긴 작품을 창작하고자 할 때 자신의 태도와 장기를 선택할 필요가 있다. 저자는 자연 쪽에 더 비중을 둔 것으로 보인다. 이렇게 이해한다면 '정신'의 본문은 훨씬 논리적인 문맥을 갖추게 된다.

'정신'의 핵심적인 주장은 세번째 단락의 "생기가 멀리까지 퍼지니 식은 재는 붙어 있을 데가 없다"에 담겨 있다. 이것을 자연과 인공 두 가지 서로 다른 창작 태도로 구현해내자는 것이 이 풍격의 주장이다.

3. 그림 속의 정신

정신에서 그림으로 그리기에 어울리는 소재는 맑은 물결, 기이한 꽃, 봄날의 앵무새, 누대와 수양버들, 푸른 산과 사람, 술잔과 청주 등으로 비교적 소재가 풍부하다. 그러나 정신의 풍격을 구현하는 것은 결코 쉬워 보이지 않는다.

먼저 정선의 그림이다. 무엇보다 화폭을 압도하는 왼편의 벼랑과 오른편의 폭포가 눈에 들어온다. 본문에 등장하는 푸른 산을 근경으로 대범하게 묘사하여 강렬한 인상을 준다. 곧 쏟아져내릴 것만 같은 절벽 아래 누대가 있고, 그 안에서 두 사람이 평상복을 입고 마주앉아 있다. 소반에 술잔을 가져오는 아이가 있는 것으로 보아 "푸른 산의 그 사람이 와서 큰 술잔에 청주를 따른다"를 소재로 삼았음을 알 수 있다. 늘어진 수양버들과 분홍빛 꽃망울이 달린 꽃나무는 누대를 에워싸고 있다. "기이한 꽃은 갓 봉오리 맺었다"와 "누대에는 수양버들 늘어졌다"는 대목을 형상화한 것이다. 그렇다면 앵무새도 있을 법하지만 그려넣지 않았다. 당시 조선에서는 앵무새를 많이 키우지 않았기에 현실감을 불어넣으려고 일부러 뺐을 것이다. 폭포수와 늘어진 버들, 분홍빛 꽃망울을 그려서 만물이 소생하는 푸른 봄날의 생명감이 충만한 모습을 그리려 했다. 전체적으로 정신 본문을 충실하게 재현하려는 의도가 보인다. 다만 "주제가 볼품이 없기에 운치가 속되다(題冗, 故韻俗)"라는 화평이 달려 있어 그림에 대한 불만이 표현되어 있다. 운치가 속되다고 한 것은 그림의 함축미가 떨어진 점을 지적한 것으로 보이고, 그 이유를 정신이라는 그림의 표제에 돌렸다. 그 시대의 분위기로는, 정신이란 추상적이고도 애매한 주제는 그림을 그리는 주제로는 분명 어울리지 않는다.

반시직은 사물 자체에 초점을 맞추어 묘사했다. 정선의 그림이 산수화라면 반시직의 그림은 영물화(詠物畵)이다. 그는 대체로 과감한 생략과 사물의 부각을 통해 선명한 이미지를 선물한다. 인물이 만나 술을 마시는 장면도 과감하게 생략했다. 본문에서는 버드나무가 누대에 늘어졌다고 했으나 반시직은 누대 자체를 아예 그리지 않았다. 다른 화가들은 수양버들이 무성하게 늘어진 것을 묘사했으나 그는 잎이 채 자라지 않은 버들 한두 가지가 죽 뻗은 모습만을 그리고 그 위에 앵무새가 앉아 있는 장면으로 압축했다. 이렇게 그의 그림은 인상적인 사물과 장면을 선명하게 부각시켜 표현했다. 물에 잠긴 산언덕을 잘라서 그리고 나머지는 모두 여백으로 처리했다. 버드나무 옆에 매화가 꽃망울 맺고 있는 풍경은 본문을 취사선택하여 묘사한 것이다. 산뜻하고 명징하여 사물의 핵심만을 생생하게 묘사한 감각이 돋보인

• 정선, 〈정신〉.

精神

• 반시직, 〈정신〉.

• 장부, 〈정신〉.

다. 전체를 충실하게 재현하지는 않았으나 정신의 미학을 잘 구현하고 있다.

장부는 건륭제의 시「봄날 누각에 오르다春日登樓」[3]를 소재로 활용했다. 건륭제는 꽃이 만발한 삼월 높은 누각에 올라 바라본 봄철 풍경과 그에 따른 감회를 읊었는데 장부는 그의 시에서 정신과 어울릴 만한 소재를 선택했다. 산과 강이 주된 공간으로 배치되고 분홍 꽃과 버드나무가 있는 풍경은 다른 그림과 동일하다. 그림은 누대와 그 안에 앉아 있는 사람에게 초점을 맞추고 있다. 누대에서 봄철 풍경을 음미하는 그의 시선에, 버드나무 가지에 연이 걸리고 아이가 소를 타고 돌아오는 풍경이 들어온다. 물론 건륭제 시에 있는 장면이다. 다른 화가들과 달리 장부는 건륭제의 시를 선택했기에 독특한 그림을 그렸다. '정신' 본문에서 중심 주제의 하나가 기다림과 만남이다. 함께할 사람을 누대에서 기다리는 장면이 그 주제를 표현하고 있다.

제내방은 기다림과 만남을 중심 주제로 내세우고 다른 내용은 그 주제를 돕는 부수적인 소재로 이용했다. 원경에 산과 물, 근경에 버드나무와 꽃망울이 있는 풍경은 다른 화가의 그림과 크게 다르지 않다. 파격적으로 화려한 누대 위에서 한 여인이 새장 속의 앵무새를 보며 누군가를 기다리고, 그 앞의 다리 위로 다른 여인이 몸종을 대동하고 다가오는 풍경으로 꾸몄다. 남성이 아니라 여성을 등장시킨 것이 독특하다. 본문에서 "큰 술잔에 청주를 따른다"는 내용이 있기에 여성을 주인공으로 내세우기에는 어려운 점이 있기 때문이다. 계절 감각으로 보아 "미인은 봄에 가슴 아파하고, 지사는 가을에 슬퍼한다(美人傷春, 志士悲秋)"는 말이 있듯이 봄은 여성, 가을은 남성에 연결시키는

• 제내방, 〈정신〉.

경향에 따른 선택으로 보인다. 이 그림이 어떤 이야기를 배경에 두고 있는 것은 분명하나 구체적으로 어떤 내용인지는 밝히지 못했다.

4. 좋은 작품은 조화가 아니라 생화

정신에서는 생기와 활력, 수사적 표현의 참신함과 자연스러움을 시가 추구해야 할 가치로 부각시켰다. 하지만 본문은 포괄적이고 함축적이어서 그것 외에도 다양한 해석이 가능하다. 자오푸탄을 비롯한 학자들은 정신이 풍격을 논하지 않고 시의 작법을 다루었다는 주장에 반대하고 있다. 정신은 엄연한 풍격의 하나로서 이는 시인의 정신적 특징이 생생하게 드러나고 생기가 도는 작품을 지향하는 미학을 설명했다는 것이다. 육시옹(陸時雍)은 "정신이 응집되면 작품의 빛깔에 생기가 돈다. 이는 조탁하여 도달할 수준이 아니다. 정신은 도의 보배〔道寶〕로서 번쩍번쩍 바닥에 달라붙어야 문학의 극치이다. 진(晉)나라 시는 물감을 모아 꽃을 만든 것과 같아서 생기와 운치가 거의 없다"[4] 라고 말했는데 그가 말한 것처럼 시인의 응집된 정신은 작품에 생기가 돌게 만들고 그것은 수사적 장치만으로는 달성될 수 없다. 좋은 작품은 조화(造花)가 아니라 생화(生花)이다.

이렇게 작법의 기술을 넘어서 정신의 미학을 잘 보여주는 작품을 찾기란 쉬운 일이 아니다. 『목천금어』에 수록된 『시품』의 정신에는 그 풍격을 구현한 시인으로 조우(趙虞)를 제시했다. 여기서 조우는 원나라 때 시인인 조맹부(趙孟頫)와 우집(虞集)을 가리킨다. 그 책이 편찬된 무렵에는 두 시인의 풍격을 높이 사서 그렇게 보았다. 그러나 그 평가는 조금 지나친 듯하다.

작가의 정신이 담긴 시를 말한 경우는 적지 않아도 정신의 미학이 담긴 작품을 언급한 경우는 찾기가 어렵다. 그 가운데 두보가 지은 다음 두 작품은 정신의 미학을 잘 표현하고 있다.

버들솜은 오솔길에 흩뿌려져 흰 융단을 깔았고	糝徑楊花鋪白氈
연잎은 시냇물에 점을 찍어 푸른 동전 겹쳐놨네	點溪荷葉疊靑錢
죽순 뿌리에 꺼병이는 사람 없자 나타나고	筍根雉子無人見
모래 위에 새끼 오리 어미 곁에 잠들었네	沙上鳧雛傍母眠

— 「절구만흥絕句漫興」9수 중 제7수

노란 꾀꼬리 두 마리는 비췻빛 버들가지에서 울고	兩箇黃鸝鳴翠柳
흰 백로는 줄지어서 푸른 하늘로 날아오르네	一行白鷺上靑天
창문은 서쪽 산마루의 천년설을 머금고 있고	窗舍西嶺千秋雪
문밖에는 오나라 만 리로 떠날 배가 정박해 있네	門泊東吳萬里船

— 「절구絕句」4수 중 제3수

두 편의 절구는 모두 두보가 성도(成都)에 머물 때 지은 작품으로 눈앞에 보이는 한가로운 정경을 묘사했다. 두 편의 시는 절구임에도 네 개의 구가 모두 대구를 잘 이루어서 『연주시격』에 이른바 네 구가 모두 대구를 이루는 격식, 곧 사구전대격(四句全對格)으로 소개되었다. 첫번째 시는 흰 버들솜이 날리고 연꽃이 필 무렵의 평화롭고 한가로운 집 주변 소경(小景)을 잘 포착했다. 1구와 2구는 봄철이면 흔히 볼 수 있는 풍경이라 독자들의 감성을 자극할 특별한 무엇이 없어 보인다. 이 작품이 좋은 시로 인정받는 것은 그 소재가 아니라 평범한 소재를 참신한 감각으로 되살린 몇 글자 때문이다. 바로 "버들솜은 오솔길에 흩뿌려져"에 해당하는 삼경양화(糝徑楊花)의 삼(糝) 자와 "연잎은 시냇물에 점을 찍어"에 해당하는 점계하엽(點溪荷葉)의 점(點) 자 때문이다. 쌀가루를 흩뿌린다는 삼 자를 써서 작은 오솔길에 마구 흩날리는 버들솜의 역동적인 모습이 생생하게 살아났고, 한 점 두 점 점을 찍는다는 점 자를 써서 넓은 시냇물에 점을 찍듯이 떠 있는 연꽃의 자태가 재치 있고도 선명하게 부각되었다. 그 뒤로 많은 시인들이 이 글자를 흉내내어 썼기 때문에 지금은 생생한 느낌이 줄었지만 두보 당대에는 참신하고 감각적인 표현이었다. "삼(糝) 자와 점(點) 자는 글자를 오묘하게 잘 썼다. 그것이 없었다면 아이들이 사용한 대구에 불과할 뿐이다(糝字點字, 乃下字妙處, 無此則止成童子對偶耳)"라고 평가한 이유이기도 하다. 참신한 감각이 번득이는 구절을 3구와 4구의 평화롭고 한가로운 정경과 어울리도록 만들었다. 시인의 뛰어난 역량이 돋보인다.

두번째 시도 마찬가지다. 1구와 2구 역시 완벽하게 대구를 이룬다. 많은 비평가들이 사물을 공교롭게 잘 묘사했다고 칭송하는 구절이다. 가까운 곳에서 우는 꾀꼬리와 멀리 날아오르는 백로가 대비되어 원근감을 부여한다. 노란 꾀꼬리와 비췻빛 버들가지, 흰 백로와 푸른 하늘이 주는 색채감은 맑고 싱그럽다. 더욱이 창문에는 천년설을 머리에 이고 있는 서쪽 산이 바라다보이고, 대문 밖에는 만 리 뱃길 떠날 채비를 하는 배가 정박해 있다고 했다. 풍경의 이미지도 빼어난데다가 성도에 머물러야 할지 아니면 배를 타고 멀리 떠나야 할지를 망설이고 갈등하는 시인의 심경이 잘 투영되었다. 시인의 생동하는 정신이 깃든 풍경에 맑고도 새로운 자연의 이미지가 잘 어우러졌다.

손연규는 정신을 잘 구현한 시로 이 작품을 들고 이유를 다음과 같이 설명했다.

나는 일찍부터 두보의 '노란 꾀꼬리 두 마리' 절구 한 수를 사랑했다. 그 시는 한 글자도 정신을 드러내지 않은 것이 없고, 한 구절도 자연스럽지 않은 것이 없다. 시 전체는 더듬으면 모가 나 있고, 바닥에 던지면 소리가 난다. 또 전체가 잘 무르녹아 어색한 자취가 없으므로 참으로 오묘하게 자연스러움으로 나아가 군이 남들이 꼬집어 바로잡기를 기다릴 필요가 없다. 그러니 정신이란 두 글자를 서둘러 강구하지 않을 수 있겠는가?"[5]

손연규의 평가는 조금 과장된 점이 없지 않으나 정신의 풍격을 실제 작품에 적용하는 것이 이렇게 가능하다는 점을 보여준다.

5. 오묘한 창조와 자연스러움

18세기의 대표적인 시인인 이봉환(李鳳煥, ?~1770)은 「꽃을 보는 법觀

花」이란 글에서 다음과 같이 말했다.

꽃 화(花)는 풀 초(草)와 될 화(化)로 짜인 글자이다. 천지의 조화 가
운데 볼 만한 것이 한두 가지가 아니지만 기이함과 환상의 극치로는
풀과 나무의 조화보다 더한 것이 결코 없다. 그것은 마치 위대한 사람
이 때때로 기이한 말을 찬란하게 지어내는 것에 비유되나니 지극히 환
상적인 문장이 꽃봉오리가 막 피려고 하는 찰나에 어른어른거린다. 비
록 그렇게 하지 않으려고 해도 자기 뜻대로 하지 못한다.[6]

꽃봉오리가 막 피려고 할 때의 긴장미와 설렘을 창작에 비유했는
데 그의 말은 "기이한 꽃은 갓 봉오리 맺었다"는 정신의 내용과 거의
일치한다. 새로운 언어를 만들어내는 순간의 신비감을 수사의 차원으
로만 국한시켜 이해할 수 없다는 점을 말한다. 꽃을 소재로 한 한국의
옛 시 가운데서 정신의 미학을 구현한 작품을 본다.

펄펄 날아 춤추며 가다가는 돌아오고	飛舞翩翩去却回
바람이 치켜 불자 가지에 올라 피려 하네	倒吹還欲上枝開
아뿔사! 한 조각이 거미줄에 걸려들자	無端一片黏絲網
나비인가 잡으려고 거미가 다가온다	時見蜘蛛捕蝶來

— 김구(金坵), 「배꽃이 진다落梨花」

떨어지던 배꽃이 바람에 날려 위로 올라갔다가 다시 거미줄에 걸

린 과정을 묘사했다. 꽃잎이 떨어지는 모습을 세밀하게 포착한 시인의 직관이 대단히 뛰어나다. 2구에서 바람에 불려서 떨어지던 잎이 다시 가지 쪽으로 가는 것을 보고 마치 꽃잎이 지기 싫어서 도로 가지로 올라가 피려고 한다고 한 표현은 참신하고 기발하다. 이 시의 매력은 여기에만 있는 것이 아니다. 안타깝게도 잎 하나가 거미줄에 걸렸다. 그러자 나비가 걸린 줄 알고 거미가 나타난다. 그 생명이 다한, 무정하게 떨어지는 꽃잎 하나를 보고 시인도 거미도 생명의 현현으로 착각한다. 배꽃잎 한 잎이 떨어지는 그 작은 현상에서도 생명이 약동하는 것을 포착했다. 그야말로 생기가 멀리까지 퍼지는 작품이라고 평가할 만한 좋은 작품이다. 이 작품을 영조 때의 저명한 시조 시인 이정보(李鼎輔)는 다음과 같이 시조로 각색했다.

광풍에 떨린 이화(梨花) 가며오며 날리다가
가지에 못 오르고 걸리거다 거미줄에
저 거미 낙화(落花)인 줄 모르고 나비 잡듯 하도다

각색한 시조이기는 하지만 작품성이 뛰어나다. 이 작품이 시인의 정신이 잘 살아 있는 작품이라는 점은 똑같은 주제의 다음 시와 대비해보면 잘 알 수 있다. 탄지(坦之)라는 이름의 승려가 지은 시로 제목은 김구의 시와 똑같다.

옥룡(玉龍) 백만이 구슬을 다투던 날　　　　　　玉龍百萬爭珠日
바다 밑에선 양후(陽侯)가 떨어진 비늘을 주워　　海底陽侯拾敗鱗

봄바람에 몰래 실어 꽃시장에 내다파니　　　　　暗向春風花市賣

봄 신령이 수월하게 붉은 먼지 뿌리누나　　　　　東君容易散紅塵

배꽃이 눈처럼 흩날려 떨어지는 풍경을 상상을 통해 묘사했다. 시에서 옥룡은 나뭇가지에 쌓인 눈을 비유하고 양후(陽侯)는 물귀신의 이름이다. 용이 구슬을 다투느라 비늘이 떨어지자 물귀신이 그 비늘을 주워 봄바람 불 때 시장에 팔고 봄 신령이 그 비늘을 사서 봄소식을 뿌린다고 했다. 눈을 용의 비늘이라고 표현한 것이 재치가 있다. 무수히 떨어지는 배꽃을 보고 떠올린 상상으로서는 대단히 참신하면서도 기교가 화려하다. 시인은 과거에 급제하여 시를 잘한다는 명성을 얻었으나 뒤에 출가한 인물이다. 이 시도 훌륭한 작품이다. 이제현(李齊賢)은 『역옹패설櫟翁稗說』에서 김구와 탄지의 두 작품을 나란히 놓고서 탄지의 시를 시골 서당 냄새가 난다고 낮추어 보았다. 정신에서 언급한 오묘한 창조와 자연스러움이라는 창작 태도를 기준으로 볼 때 두 작품을 각각 어떤 태도로 귀속시켜야 할 것인가? 독자의 판단에 맡긴다.

진밀(縝密)
치밀한 구성과 맥락

1. 촘촘한 삼실처럼

『시품』의 열네번째 풍격은 '진밀(縝密, close-woven and dense 또는 avoid rigidity)'이다. 시에서 구성이 빈틈없고 경직되지 않은 것을 가리키는 풍격이다. 오늘날 우리말에서는 거의 쓰지 않는다. 진밀에서 진(縝)은 촘촘한 삼실(삼 껍질에서 뽑아낸 실)을 뜻하여 뒤에 나오는 밀 자를 꾸며준다. 그래서 진밀은 촘촘하게 잘 짜인 시와 문장의 풍격을 가리킨다. 진 자는 치(緻) 자와 의미가 통하므로 진밀은 치밀(緻密)이란 말과 바꿔 써도 무방하다. 오늘날 진밀은 거의 쓰이지 않아 죽은 말에 가깝지만 치밀은 널리 쓰인다. 하지만 옛날에는 진밀이 치밀보다도 더 흔하게 쓰였다.

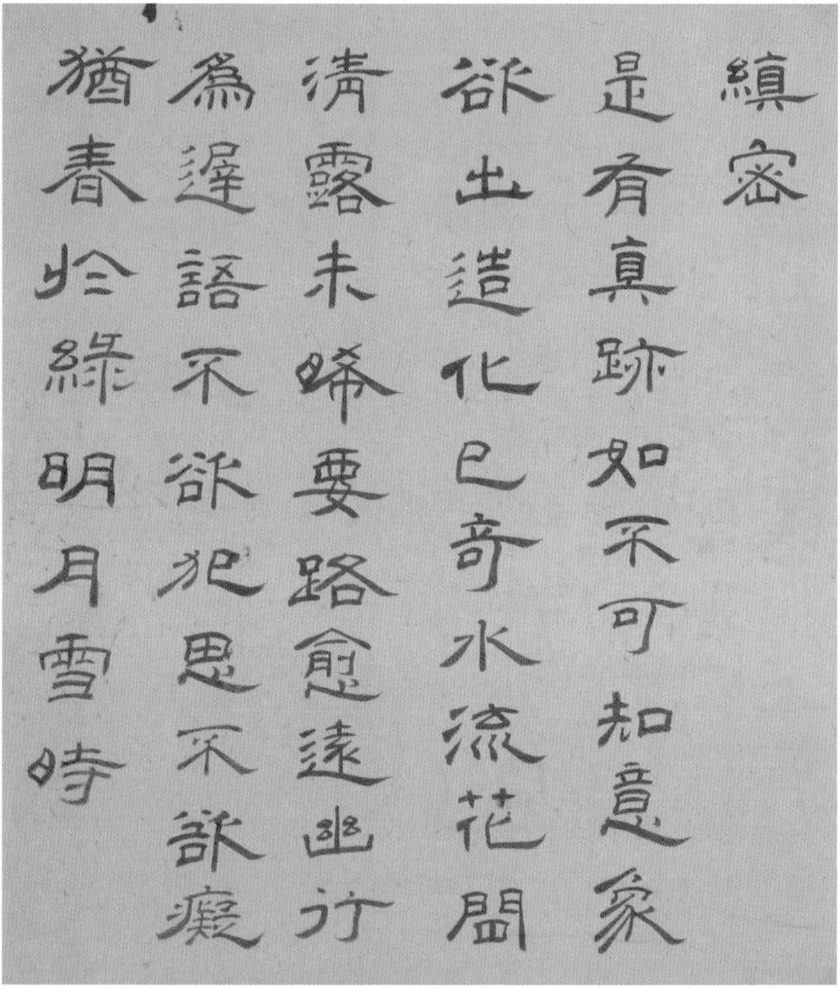

縝密

是有真跡如不可知意象

欲出造化巳奇水流花間

清露未晞要路愈遠幽行

為遲語不欲犯思不欲癡

猶春於綠明月雪時

진밀의 의미는 크게 보아 세 가지다. 먼저 성격이 꼼꼼하고 신중함을 뜻하고,[1] 다음으로는 엄밀하고 꼼꼼하게 공부하는 자세를 가리킨다.[2] 문학에서는 구성과 맥락이 빈틈없이 잘 짜인 시나 문장을 가리킨다. 진밀은 앞에서 말한 치밀이나 면밀(綿密), 주밀(周密), 세밀(細密) 등 뒤에 밀(密) 자가 들어간 일련의 풍격과 비슷한 의미로 널리 사용되었다. 신중하고 빈틈없이 인생을 살아가는 태도를 뜻하는 신밀(愼密)과도 깊이 관련된다.

용어는 조금씩 차이가 나지만 진밀의 개념은 『시품』 이전부터 형성되어 있었다. 『문심조룡』에서는 "머리부터 발끝까지 구성이 주밀하다"라고 하여 치밀한 구성의 필요성을 강조했다. 또 어휘를 구사할 때 엉성하게 하는 것과 면밀하게 하는 차이를 소밀(疏密)이라는 개념으로 설명하기도 했다. 이렇듯 치밀한 구성이라는 개념은 『시품』에 앞서서 문예의식에 싹터 있었으나 진밀이 본격적인 미학 개념으로 다루어진 것은 이 저작에서부터다. 진밀은 풍격의 범주이지만 문학 창작에 두루 적용될 수 있는 작법의 하나로 볼 수도 있다.

손연규는 『시품억설』에서 바느질의 비유를 들어 진밀의 함의를 흥미롭게 설명하고 있다. 그의 비유는 촘촘한 삼실을 뜻하는 진(縝)에서 연상된 것이다.

미인이 세심하게 다리미질을 하여 옷감의 주름을 펴면 바느질을 한 흔적이 완전히 사라진다. 그것이 바로 진밀이다. 시를 지을 때 주도면밀하게 짜서 얽어매야 답답하지도 엉성하지도 않다. 설야래(薛夜來, 삼국시대 위나라 조비曹丕가 총애한 여자로 바느질에 아주 뛰어났다)의 귀신 같은 바

느질 솜씨로 어둠 속에서도 능히 바느질을 할 수 있는 솜씨라야 엉성하고 새는 곳이 없게 된다.[3]

2. 숨겨진 길을 음미하며 걷다

진밀의 본문은 다음과 같다.

틀림없이 진정한 자취가 있지만	是有眞跡
알아차리지 못할 것만 같다	如不可知
마음에서 형상이 떠오르려 하자	意象欲出
조화(造化)는 벌써 기이해졌다	造化已奇
꽃밭 사이로 물은 흐르고	水流花間
맑은 이슬은 채 마르지 않았다	淸露未晞
곧게 뻗은 길에서 멀어질수록	要路愈遠
호젓하게 걷는 발걸음은 더디다	幽行爲遲
말은 금기를 범하지 않을수록 좋고	語不欲犯
구상은 뻣뻣하지 않을수록 좋다	思不欲癡
신록이 푸른 봄이 되었으나	猶春於綠
눈이 내리고 달빛 환한 것과 같다	明月雪時

첫번째 단락은 진밀의 특징을 직설적으로 설명하고 있다. 먼저 촘촘하게 짜인 옷감처럼 시의 구성이 치밀해야 하고, 구성의 비밀과 흔적이 독자에게 쉽게 포착되어서는 안 된다는 점을 지적했다. 좋은 작품일수록 구조와 맥락이 잘 짜여 있지만 너무도 미끈하고 자연스럽게 짜여 있기에 그 질서를 바로 알아차리기가 어렵다는 말이다. 3, 4구는 지시하는 내용이 분명하지 않아 학자들마다 풀이가 조금씩 다르다. 내가 보기에는, 시인이 의식 속에서 구체적 형상을 떠올릴 때 그 형상을 배치하고 언어를 조직하는 틀이 동시에 만들어진다는 뜻이다. 작품의 내용과 그 내용을 만드는 틀이 거의 동시에 작가의 내면에서 만들어지는 구상의 과정을 설명한 것이다. 그렇기에 그 조화가 기이하다고 말했을 것이다.

두번째 단락은 이른 봄날 아침에 꽃이 핀 들녘을 산책하는 행위로 진밀의 특징을 비유하고 있다. "꽃밭 사이로 물은 흐르고 맑은 이슬은 채 마르지 않았다"는 구절은 시가 청신한 감각을 표현하면서도 자연스러워야 함을 비유한다. 3구의 "곧게 뻗은 길"은 숨김없이 모든 것이 환히 드러나는 길을 뜻하는데, 이는 사유와 맥락의 과정이 훤히 보이고 결말이 쉽게 파악되는 작품을 비유한다. 반면, 큰길에서 멀리 떨어진 작은 길일수록 굽이지고 숨겨져 있어 호젓하게 걷는 사람의 발걸음을 붙잡는다. 그처럼 독자가 작품을 보자마자 서둘러 떠나지 않고 곡절과 깊은 맛을 음미할 시간을 갖도록 작품을 써야 한다. 주제도 뻔하고 맥락도 쉽게 포착되는 작품은 음미하며 감상할 가치가 적다. 이 말은 작품을 난해하게 쓰라는 것이 아니라 누가 봐도 쉽게 속이 들여다보이는 작품을 쓰지 않도록 경계하라는 뜻이다. 그런 작품은 허술하고 엉성해서 독자의 시선이 작품에 오래 머물지 않는다.

세번째 단락에서는 치밀한 작품의 어휘와 구상을 주목했다. 좋은 시가 되기 위해서는 말을 구사할 때 금기를 피하고, 경직되지 않도록 융통성 있게 구상해야 한다. 3, 4구는 지금까지 대부분 "봄날 녹음이 짙은 풍경과 같고, 밝은 달이 눈에 비치는 풍경과 같다"고 해석하여 진밀의 특징을 비유한 대목으로 보아왔다.[4] 흔적을 찾을 수 없는 조화롭고 생생한 기법을 보여준 것이라고도 이해했다. 그러나 3, 4구는 두 가지 비유로 나누어 볼 것이 아니라, 하나의 맥락을 지닌 문장으로 해석하여, 신록이 푸르러가는 봄날 봄눈이 내리고 그 위에 달빛이 환하게 비친 장면을 제시했다고 보는 것이 옳다. 그렇게 해석하면 두번째 단락의 봄날 아침 산책에 이어진 봄밤의 풍경이 된다. 봄눈이 꽃을 덮어 잠시 꽃이 보이지 않으나 해가 떠서 눈이 녹으면 화사한 꽃은 다시 찬란하게 나타난다. 첫 구절의 "틀림없이 진정한 자취가 있지만 알아차리지 못할 것만 같다"는 내용을 구체성을 띤 비유로 설명한 것이다.

3. 진밀을 그린 이의 즉물성과 추상성

진밀에서 형상화하기에 적합한 소재로는 두번째 단락에 등장하는 꽃밭 사이로 물이 흐르는 풍경, 구불구불 이어진 길과 호젓하게 걷는 발걸음이 가장 두드러진다. 여기에 마지막 대목에 나오는 봄날의 초록빛 신록과 흰 눈에 달빛이 환한 풍경 역시 소재로 쓸 수 있다. 각각

此幅失之佢
置兄雜雖
撰太古

• 정선, 〈진밀〉.

의 그림이 이 소재를 어떻게 활용하여 진밀의 풍격을 형상화했는지 살펴본다.

먼저 정선의 그림이다. 신록이 푸르고 분홍 꽃이 피어 있는 봄날을 배경으로 삼았다. 나무와 꽃이 우거진 숲 사이로 시내가 흐르고 시내에는 다리가 걸려 있는데 평상복을 입은 선비가 지팡이를 짚고 다리를 건너고 있다. 그림으로 봐선 깊은 산중이 아니라 넓은 들녘이나 큰 정원의 일부이다. 인물 뒤편의 나무와 배경이 흐릿하게 처리되어 아침 안개가 자욱하고 이슬이 채 마르지 않았음을 알 수 있다. 진밀의 두번째 단락을 충실하게 묘사한 셈이다. 인물 가까이에 있는 풍경만을 선명하게 그리고 다른 풍경은 안개 속에 가려버린 구도는 진정한 자취는 알아차리기 어렵다는 첫 단락을 표현한 것이다. 이 그림은 그가 그린 다른 그림에 비해 꽃과 나무를 꼼꼼하고 세밀하게 묘사했다. 진밀이 지닌 치밀한 구성의 특징을, 사물을 꼼꼼하게 묘사함으로써 보여주고자 했다. 그런데 화평에서는 "이 화폭은 배치가 용렬하고 잡스러우며 장식이 너무 심한 오류가 있다(此幅, 失之位置冗雜, 粧撰太甚)"라고 평하여 치밀한 장식을 오히려 단점으로 지적했다. 평자는 진밀이 지향하는 풍격과 정선의 의도를 잘못 이해했거나 이렇게 세밀하게 묘사하는 것을 좋아하지 않았다.

반시직의 그림은 그의 다른 작품과 마찬가지로 독특하다. "꽃밭 사이로 물은 흐르고"의 구절을 일부 반영하여 물가 흙 언덕에 수선화 두 포기를 그렸다. 특이하게도 꽃을 피우고 있는 수선화와 주변이 온통 눈에 뒤덮여 있고, 하늘에는 크고 둥근 달이 구름에 반쯤 가린 채 떠 있다. 틀림없이 마지막 두 구절인 "신록이 푸른 봄이 되었으나 눈

縝密

• 반시직, 〈진밀〉.

是有真迹如不可知
意象欲出造化已奇
水流花開清露未晞
要路會遠畫行為遲
語不欲犯思不欲癡
猶春于綠明月雪時
右司空圖詩品縝
密一則
臣蔣溥恭錄

• 장부, 〈진밀〉.

이 내리고 달빛 환한 것과 같다"를 소재로 택했다. 흰 눈에 뒤덮인 수선화는 명징하고 청초한 이미지다. 봄눈 속에 묻힌 수선화의 고결한 모습은 작품에 내재하는 치밀한 구성과 맥락의 아름다움을 상징한다. 진밀의 미학을 눈 속에 파묻힌 수선화로 비유하고자 한 것이다. 이 그림은 주제의식이 아주 선명하다.

장부의 것은 건륭제가 지은 「설랑석시雪浪石詩」[5]의 내용을 바탕으로 그렸다. 소동파가 1093년 정주(定州)의 지주(知州, 주지사)로 재직할 때 찾곤 했던 설랑석이라는 돌을 사랑한 건륭제는 여섯 차례나 이곳을 찾아 감상하고 30여 수의 시를 지었다. 뿐만 아니라 여러 차례 화가를 파견하여 그림으로도 그리게 했는데 그래서 장약애(張若靄)와 장약징(張若澄) 형제, 동방달(董邦達), 전유성(錢維城)이 각기 네 폭의 〈설랑석도雪浪石圖〉를 그렸다.[6] 그 사실이 건륭제가 쓴 시와 발문에 자세하게 밝혀져 있다. 현재까지 그 그림이 전해오는데 장부가 굳이 이 소재를 그린 것은 궁정 화가들이 어명을 받아 〈설랑석도〉를 그린 것과도 관련이 깊다.

장부는 각종 나무가 무성한 중춘원 원림(園林)을 묘사했다. 원림의 중앙에 건물이 있고 그 앞에 설랑석이 있다. 집 안의 의자가 비어 있는데 이는 건륭제가 이 돌을 감상하려고 만들어둔 자리다. 소동파는 설랑석을 예찬한 시에서 "화가들이 앞다퉈 흰 파도를 묘사하나 이 돌은 조물주의 솜씨라 도끼로 새긴 흔적이 보이지 않네(畫師爭摹雪浪勢, 天工不見雷斧痕)"라고 했다. 인위적으로 가공한 흔적인 부착흔(斧鑿痕, 자귀로 쪼고 새긴 흔적)이 보이지 않는 자연 상태 그대로의 순수한 아름다움을 강조하고 있다. 장부의 그림은 천연스런 아름다움의 상징인 설랑석을 제시함으로써 "틀림없이 진정한 자취가 있지만 알아차리지 못할 것만 같다. 마음에서 형상이 떠오르려 하자 조화는 벌써 기이해졌다"는, 천의무봉을 지향하는 진밀의 미학을 표현하고자 했다.

제내방의 그림은 당혹스럽다. 진밀 본문에서 뽑아낼 만한 형상화 요소 가운데 부합하는 것이 거의 없어서다. "꽃밭 사이로 물은 흐르고"의 내용이 담겨 있기는 하나 작은 소재로 사용되는 정도다. 창문 너머로 식탁이 보이는 집 밖에서 벼슬아치의 복장을 한 젊은이가 바위에 턱을 괸 채 잠을 자고, 그 앞으로 젊은 여인이 시내에 걸쳐놓은 다리를 건너오고 있다. 그림의 핵심인 이 장면은 진밀 본문과는 크게 상관이 없어 보인다. 이 그림은 우교(牛嶠)가 쓴 『영괴록靈怪錄』에 나오는 천의무봉 고사를 그림으로 그린 것이 틀림없다. 널리 알려진 이 설화의 내용을 요약하면 다음과 같다.

태원(太原) 사람 곽한(郭翰)이 더운 여름날 밤 달빛 아래 뜰에서 잠을 청하고 있었다. 향기가 풍기더니 하늘에서 한 소녀가 바람을 타고 내려왔다. 아름답기 그지없는 화려한 비단을 입고 있었다. 그 소녀는 하늘의 직녀로서 곽한의 풍모를 사모하여 내려왔노라고 말했다. 곽한과 직녀는 사랑을 나누었다. 그 뒤로 소녀는 밤마다 곽한을 찾아와 함께 지내고 돌아갔다. 그녀가 쓰는 물건은 모두 지상에서 볼 수 없는 것이었다. 곽한이 소녀의 옷을 천천히 바라보니 바느질을 한 흔적이 없어서 어찌 된 일이냐고 물었다. 그러자 소녀는 그에게 "하늘의 옷은 본래 바느질하여 만드는 것이 아니랍니다"라고 답했다. 그 뒤 소녀는 다시 하늘로 올라갔다.

• 제내방, 〈진밀〉.

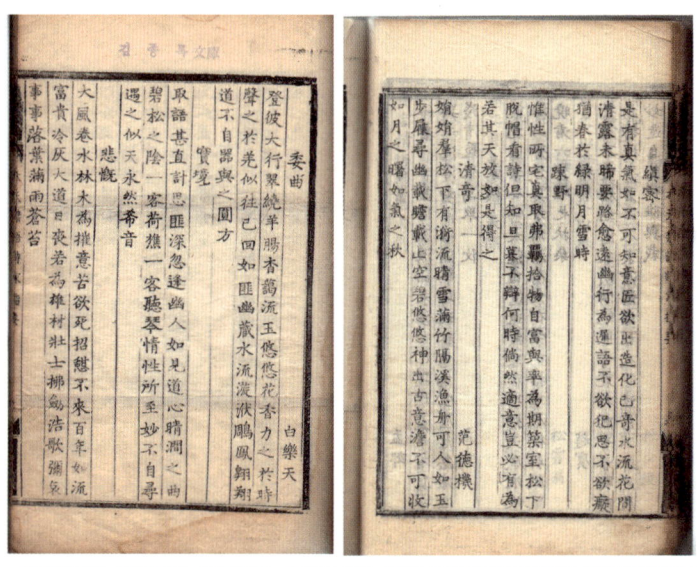

• 윤춘년 간행, 『목천금어』 「시가지요」, 수경실 소장. '진밀' '소야' '청기' '위곡' '실경' '비개' 6개 풍격이 실려 있다. '청기'에는 범덕기(范德機), '위곡'에는 백낙천(白樂天)을 그 풍격을 대변하는 시인으로 제시했다.

하늘에 떠 있는 구름 속에 달이 보이고, 창가의 바위에 기대 잠을 자는 남자가 바로 곽한이다. 다리를 건너오고 있는 여인이 바로 직녀인데 그녀는 가슴에 하늘에서 만든 옷을 안고 있다. 이 그림의 핵심은 바로 이 여인이 가슴에 안고 있는 천상의 옷이다. 이 천의무봉의 옷을 가슴에 안고 있는 직녀를 그림으로 그린 이유는, 진밀에서 핵심이 되는 주장이 여기에 있기 때문이다. 첫 구절의 "틀림없이 진정한 자취가 있지만 알아차리지 못할 것만 같다"는 내용이 여기에 해당한다. 손연규가 『시품억설』에서 바느질의 비유를 들어 진밀의 뜻을 설명한 것이 제내방에게 영향을 미쳤을 수도 있다. 증기택 역시 진밀을 묘사한 칠언율시 첫 구절에서 "꿰맨 흔적 없는 신선의 옷을 하늘의 서울에 바치고자 솜씨 좋은 장인이 구름과 달을 재단하여 옷을 만들었다(仙衣無縫貢天京, 巧匠裁雲鏤月成)"라고 묘사하여 천의무봉을 진밀을 상징하는 고사로 이해했다.

4. 봄누에는 죽어서야 실 뽑기를 그만두고

시상을 치밀하게 조직한 시들 가운데 진밀의 미학을 구현한 작품이 많다. 『시품억설』에서는 백거이(白居易)의 대표작이자 장편시 가운데 명작으로 손꼽히는 「비파행琵琶行」과 「장한가長恨歌」를 그런 작품의 실례로 꼽았다. 장편시에서는 서사적 전개가 작품 구상에 중요한 기능을 하므로 치밀한 구상은 좋은 작품을 쓰기 위한 중요한 요건의 하나다. 아쉽지만 이 작품들은 너무 길어 여기에서는 생략하고 거론하지 않는다.

장편의 서사시가 아니라도 진밀의 미학을 찾아볼 수 있는 작품은 있다. 당나라 말엽의 시인 이상은이 쓴 작품에서는 진밀의 풍격이 두드러진다. 이상은은 한평생 불우한 삶을 살면서 상징적이고 유미주의적인 시를 많이 지었다. 특히, '무제(無題)'라는 제목으로 지은 일련의 시는 사대부가 지은 시로는 독특하게 남녀 간 애정을 묘사했다. 남녀 간의 애정처럼 제목과 주제를 겉으로 드러내기가 껄끄러울 때 제목이 없다는 '무제'라는 제목을 내거는 것이 시단의 관례였다. 애정을 다룬 시를 상당히 많이 창작한 그의 경우, 당연히 제목으로 '무제'를 단 시가 자주 보인다. 다음은 그중의 하나다.

만나기도 어려웠으나 헤어지긴 더 어려워	相見時難別亦難
봄바람이 힘을 잃자 온갖 꽃이 다 시든다	東風無力百花殘
봄누에는 죽어서야 실 뽑기를 그만두고	春蠶到死絲方盡
촛불은 재가 되어야 눈물이 마르네	蠟炬成灰淚始乾
나는 아침 거울 속 부스스한 머리에 한숨지으나	曉鏡但愁雲鬢改
그대 잠 못 이루고 시 짓는 밤 달빛은 차리라	夜吟應覺月光寒
봉래산은 여기서 멀지 않으니	蓬山此去無多路
파랑새야 슬며시 가보고 오려무나	青鳥殷勤爲探看

이상은 이전에는 애정시를 칠언율시에 담아낸 사례가 거의 없다. 그러나 여기서는 복잡한 감정의 진폭이 있는 애정시를 까다로운 형식에 성공적으로 담아냈다. 위 시는 사랑하는 사람과 이별한 슬픔을 토로한 다음 다시 만나기를 기대하는 노래임을 바로 알아차릴 수 있다. 이 시는 시인이 젊은 시절 옥양산(玉陽山)에서 과거를 준비할 때 만났던 여자 도사 송진인(宋眞人)과의 못 이룬 사랑을 묘사했다고 하여[7] 구체적 여성과 관련시켜 읽기도 하고, 벼슬길에서 좌절을 겪은 시인이 친구들에게 도움을 구하는 요청을 돌려 표현했다고 읽기도 한다. 두 번째 해석대로, 남녀 간의 애정을 겉으로 내세우면서 속으로는 다른 무언가를 말하는 화법도 가능하기는 하다. 그렇지만 이 시가 그 자체로 어떤 여성과의 안타까운 이별을 노래한 애정시라는 점을 부정하기는 어렵다.

이렇게 내용은 바로 파악할 수 있지만 그 속에 담긴 이별의 참담한 심경과 간절한 그리움은 숨겨져 있다. 시상을 치밀하게 조직하고 언어를 내밀하게 구사하여 구체적인 심경이 잘 드러나지 않는다. 두번째 구절인 "봄바람이 힘을 잃자 온갖 꽃이 다 시든다"는 꽃이 사라지는 늦봄의 풍경을 묘사한 것이지만 그 이면에는 아름다운 사랑을 이어갈 능력을 상실한 자신의 비애가 담겨 있다. 여기서 "온갖 꽃이 다 시든다(百花殘)"의 '잔(殘)'은 이 시의 상황을 암시하여 임과의 사랑이 모종의 이유로 끝나가고 있음을 말한다. 그러나 완전히 끝나지 않고 불씨는 남아 있기에 사그라진다는 잔 자를 썼다.

3, 4구는 예로부터 명구로 이름이 높다. "봄누에는 죽어서야 실 뽑기를 그만두고"에서 누에가 뽑아내는 실[絲]은 사랑과 그리움을 뜻하는 사(思)와 옛 발음이 같다. 다시 말해, 이는 내가 죽기 전에는 너와의 사랑이 끝나지 않는다는 열애를 상징한다. "촛불은 재가 되어야 눈물이 마르네"도 비슷하다. 촛불이 다 타서 재가 되어야 눈물, 곧 촛농이 마르듯이 내가 죽어 재가 되어야 나의 눈물도 사라질 것이다. 여기서 눈물은 촛농을 가리키지만 실은 시인의 눈물을 뜻한다. 이별한 상심의 고통을 스스로를 태워 빛을 발하는 초에다 비유한 것도 참신하다. 남녀 간 이별의 심경을 묘사한 구절 가운데 백미다.

5, 6구는 아침에 거울을 보던 여인이, 삼단 같던 머리가 상심으로 부스스해진 것을 보면서 헤어진 연인을 상상하는 대목이다. 화자가 시인에서 여인으로 바뀌었다. 상심한 그 역시 잠 못 이루고 달빛 아래 시를 읊조리며 추위에 떨 것이다. 이별 후에 찾아온 스산한 분위기를 '차갑다'는 촉각을 나타내는 한(寒) 자 한 글자로 표현하고 있다. 마지

막 대목에는 그래도 혹시 누군가 나타나 헤어진 임을 다시 만나게 해 주지 않을까 기대하는 마음을 담았다.

이 시는 참신한 어휘 사용, 치밀한 시상 전개, 그리고 내밀한 구성과 의미를 손쉽게 독자에게 드러내지 않는다는 점에서 진밀의 미학을 잘 보여준다. 이상은의 작품에서는 비슷한 작품을 많이 찾아볼 수 있다.

5. 뼛속까지 스며든 문장

한국의 옛 시인 가운데 진밀의 풍격을 개성적으로 보여준 사람으로 이덕무를 첫손가락에 꼽을 수 있다. 그는 한국의 풍속을 세밀하게 포착하여 섬세한 감각과 언어로 빈틈없이 시상을 전개했다. 그의 시는 조선 후기 한시의 치밀하고 조직적인 작법이 도달한 경지를 가장 뚜렷이 보여준다. 그는 시어의 구사와 맥락의 구성을 대단히 엄격하게 내적으로 통제한 시인이다. 절친한 후배 시인인 박제가는 「아정집서雅亭集序」에서 그의 시를 이렇게 평가했다.

무관(懋官, 이덕무의 자)은 시를 짓는 것을 가장 싫어해서 뽑아놓은 시가 한 권을 채우지 못한다. 그러나 그의 의장(意匠)은 가파르고 기굴(奇崛)하며 율격(律格)이 세밀하고 엄정하다. 남을 까닭 없이 추종하지 않고 자기 멋대로 창작하지도 않으며, 답습과 창조를 함부로 하지 않으려 했다. 축적한 학식이 풍부하여 사물을 치밀하게 이용하고, 소재의 범위가 넓어서 글자를 복잡하게 사용했다. 사람들은 치밀함[密]을 흠

잡아 답답하다고 하고, 복잡함을 낯설어하며 난삽하다고 그의 시를 평한다.[8]

치밀함과 복잡함을 그의 시가 지닌 개성이라고 했다. 시어의 조직과 시상의 구성을 매우 엄정하게 한다는 점을 그의 단점이자 장점으로 지적한 것이다. 이런 특징은 작품에서 실제로 확인할 수 있다. 앞서 본 이상은의 작품과 같은 칠언율시에 담아낸 시를 두 편본다.

잎 붙어 있는 울 밑에는 누런 암소 누워 있고	帶葉籬根臥牸黃
맑은 하늘에 타닥타닥 타작 소리 요란하다	天晴魄魄打禾床
서리 맞은 과일마다 붉은색 곱게 물들고	酣霜雜果均丹漆
햇살 받은 가을 새는 갖은 노래 다툰다	咮旭寒禽迭角商
꼬불꼬불 논두렁은 거미가 짜놓은 그물	聯絡田塍蛛布網
다닥다닥 이웃집은 굴 껍데기로 만든 동네	附離鄰落蠣粘房
객수(客愁) 풀자고 농부 좇아 마신 술 덕에	羈愁試逐佃翁飲
단풍 숲에 귓불이 화끈거리는 나는 주정뱅이	耳熱楓間我酒狂

　　　　　　　　　　―「농가에서 읊다田舍雜咏」 제1수, 『아정유고』

밭두둑 가을 물건 보기에도 즐거워라	田間秋物眼堪娛
완두콩은 가늘고 길며 수수는 추레하네	豌豆纖長蜀黍臞

서리 받은 아구새는 반짝반짝 어른거리고　　　　鴉舅受霜光欲映

추위를 하직하고 기러기들 막 날아오르네　　　　雁奴辭冷影初紆

소나무 장승은 무슨 벼슬인지 머리에 모자를 썼고

　　　　　　　　　　　　　　　　　　　松堠何爵頭加帽

돌부처는 남자이건만 입술에 붉은 연지 발랐네　石佛雖男口抹朱

땅거미가 깔려서 저는 말을 채찍질하는 무렵　　催策蹇蹄斜照斂

외양간 앞쪽으로 큰길이 뻗어 있네　　　　　　牛宮南畔是官途

　　　　　　—「과천果川 길에서果川途中」,『청장관전서靑莊館全書』

　서울 사람인 이덕무는 충청도 천안에 논밭을 얼마간 가지고 있어
서 매년 가을마다 추수하러 직접 그곳에 가곤 했다. 두 편의 시는 타
작하는 것을 감독하러 오갈 때 지은 작품이다. 바심할 무렵의 무르익
은 늦가을 서경(敍景)을 한껏 묘사하고 있다. 무엇보다 시어의 선택이
참신하여 낡거나 식상한 느낌이 전혀 없다. 금기를 어기지 않고 새로
운 감각을 선사한다. 더욱이 시의 중간 부분은 치밀하고도 섬세하게
묘사해, 가을걷이 무렵의 풍성한 정취가 물씬 풍겨난다. 형식이나 묘
사가 경직되지 않아서 진밀에서 요구한 풍격의 특징을 충분하게 엿볼
수 있다.

　이덕무는『이목구심서耳目口心書』에서 "나는 진실한 감정을 묘사해
내는 데 힘썼다. 그래서 가슴속에서 우러나오지 않은 것이 없다. 문장
은 뼛속까지 스며들어가야만 좋은 작품이라 할 수 있다(余以寫出眞情爲
務, 無非胸臆間事耳. 夫文章, 泌入骨髓, 可好耳)"라고 하여 관찰과 묘사가 가

승과 골수에서 여과되어 나온 것이라고 밝혔다. 치밀하게 조직한 이
덕무의 시편들은 보면 볼수록 거듭 음미할 만한 미감을 준다.

소야(疏野)
거칢과 시골티의 미학

1. 진솔한 천연의 맛

'소야(疏野, disengagement and rusticity 또는 be yourself, be free)'는 『시품』의
열다섯번째 풍격이다. 현재 우리말에서는 소야란 말이 사용되지 않아
『표준국어대사전』에는 표제어로 올라 있지 않다. 중국에서는 간혹 사
용되어 『한어대사전』에는 "거칠어서 얽매인 데 없이 방종한 태도를
가리킨다"라고 풀이해놓았다. 그러나 옛날 지식인들에게 이 말은 그
다지 낯설지 않다. 대체로 세련되지 못하고 거친 성품을 가리키거나
시골에 묻혀 엉성하고 거칠게 살아가는 인생 태도를 가리켰다. 식견
이 있는 사람으로서 주류 사회에 편입되지 못한 채 까칠하고 시골티
나게 살아가는 태도를 가리키거나 그런 분위기를 띠는 문학을 평가할

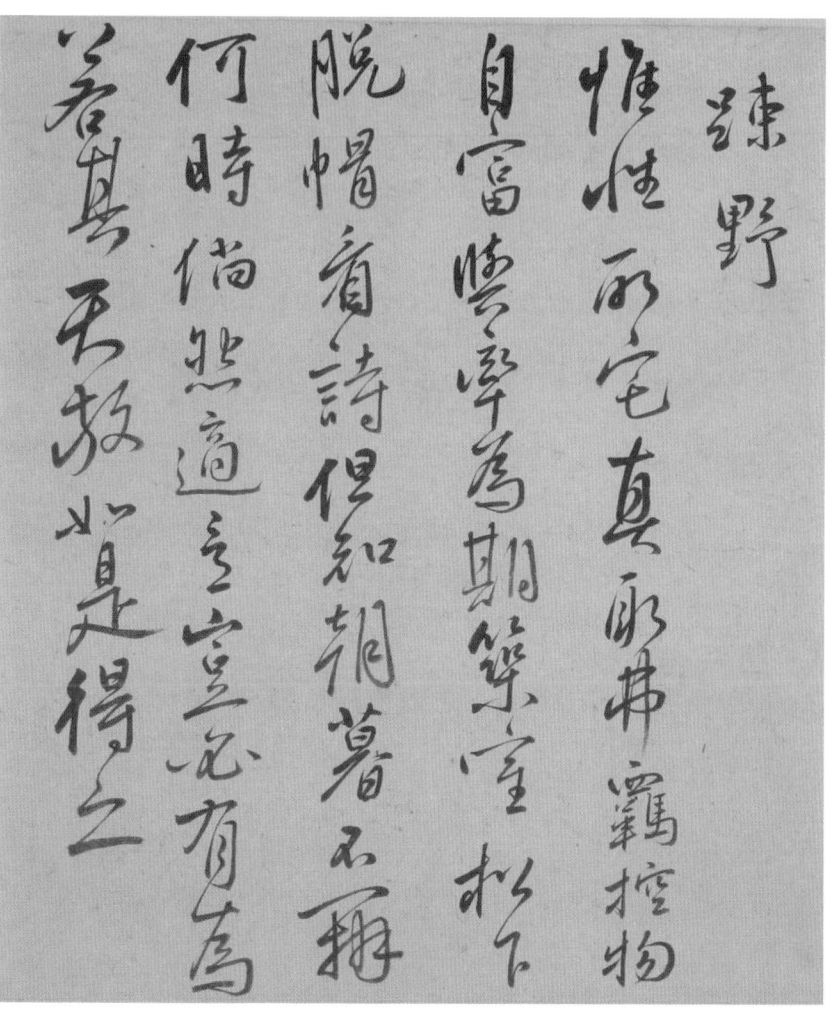

• **이광사, 〈소야〉.** 행초(行草)로 물 흐르듯이 거침없이 썼다. 습물(拾物)의 습(拾)이 설부본(說郛本)과 마찬가지로 공(控)으로 되어 있고, 단지단모(但知旦暮)의 단(旦) 자가 같은 뜻의 조(朝) 자로 되어 있다. 소(疏)자가 소(疎) 자로 되어 있으나 이 글자는 소(疎) 자 또는 소(疏) 자와 함께 통용된다.

때 사용했다.

지식인들은 소야의 인생 태도를 야인의 독특한 삶으로 비교적 높이 평가했다. 식산(息山) 이만부(李萬敷) 같은 선비는 경상도 상주에 정착하여 만든 주거지를 아예 소야동(疎野洞)이라 이름 짓고 여러 편의 시와 「소야동기疎野洞記」라는 글을 지어 묘사하기도 했다. 조정에 나가 벼슬하지 않고 시골에 물러나 야인으로 사는 처지를 "소야동"이라는 표현이 대변하는데 여기에는 자조적 태도도 조금 엿보인다.

이 말은 이미 당나라 때부터 성격이나 예술의 특징을 설명하는 개념으로 사용되었다. 당나라 말엽의 비평가 교연은 『시식』에서 "성정이 거칠고 시골티가 나는 것을 한가롭다고 한다(情性疏野曰閑)"라고 언급한 바 있다. 여기에서 짐작할 수 있듯이 당나라 때에는 이 말에 거칠다는 부정적 뉘앙스가 담겨 있었으나 점차 독특한 예술적 풍모를 가리키는 좋은 의미로 사용되었다.

한편, 고려시대 최자(崔滋)의 『보한집補閑集』에서는 34종의 시품을 세 단계로 나누어 제시했다. 가장 낮은 단계에 좋지 못한 시품을 열거하고 있는데 야소(野疏)가 그 속에 들어 있다.[1] 야소는 글자의 순서만 바뀌었을 뿐 소야와 함의가 똑같은데, 최자는 이를 부정적으로 본 것이다.

그런데 『시품』에서는 소야의 가치를 적극적으로 인정했다. 유희재(劉熙載)는 『시개詩槪』에서 "시골티는 시의 아름다움이다. 따라서 사공도는 『시품』 가운데 소야라는 풍격을 하나 설정했다(野者, 詩之美也. 故表聖詩品中有疏野一品)"라고 말했다. 시골티를 하나의 미학으로 설정한 『시품』의 의의를 높이 평가한 것이다. 이렇게 볼 때 『시품』의 단계에 이르러 거칠고 시골티 나는 것이 독특한 예술의 개념으로 뚜렷이 자리를 잡았다는 것을 알 수 있다.

소야의 의미는 여러 가지로 해석할 수 있으나 "진솔(眞率)의 일종으로서 본성이 자연스럽게 나타나도록 내맡기고 인위적 조탁과 수식을 하지 않는다(此乃眞率一種, 任性自然, 絶去雕飾)"는 『고란과업본원해』의 풀이가 요령이 있다. 이 풍격은 여성의 섬세함을 다룬 시풍이나 장중하고 화려한 조정 고관의 시풍과 비교할 때 완전히 성격이 다르다. 살지고 기름진 느낌을 제거하고 천연의 맛을 드러내는 풍격이다.[2]

그 점에서 『시품』 중 소야는 바로 앞에 나오는 진밀(縝密)과는 상반된다. 진밀의 밀(密)은 소야의 소(疏)와는 정확하게 반대되는 개념이다. 소야는 진밀에서 강조한 치밀한 구성을 요구하지 않는다. 오히려 엉성하고 풀어진 구성과 내용이 소야의 개성이다. 진밀에서는 내재적 구성이나 맥락을 독자가 눈치채지 못하게 하라고 당부하지만 소야에서는 오히려 거친 구성과 표현, 시인의 인간적 엉성함을 자연스럽게 드러내라고 한다. 진밀은 짜임새 있고 세련되어 보이려고 노력하지만, 소야는 그 반대로 격식을 벗어던지고 시골티를 드러낸다. 야(野)라는 글자에서 보이듯이, 세련된 도시적 문화와는 일정한 거리를 두고 있고, 조정에서 일하는 벼슬아치의 격식과도 다른 모습을 요구하는 것이다.

2. 어디에도 얽매이지 않는 자유

소야의 본문은 다음과 같다.

오로지 본성이 가는 곳을 따라   惟性所宅
천진하게 취할 뿐 어디에도 얽매이지 않는다   眞取弗羈
사물을 줍기만 해도 절로 넉넉하여   拾物自富
늘 솔직하기를 기약하네   與率爲期

소나무 아래 집을 짓고서   築室松下
모자를 벗고 시를 보네   脫帽看詩
아침과 저녁만 알 뿐   但知旦暮
어느 때인지 따지지 않네   不辨何時

어찌하다보니 기분에 맞을 뿐   倘然適意
일부러 무언가를 하려고 의도하겠는가   豈必有爲
하늘이 내버려둔 대로 시를 짓나니   若其天放
그렇게 해야 경지에 이르네   如是得之

다른 풍격에 비해 어렵지 않게 이해할 수 있는 내용인데 세 단락으로 나누어 논지가 전개된다. 먼저 첫번째 단락은 소야의 기질적 특징과 작품의 특성, 그리고 그 풍격에 도달하는 기본 방법을 제시하고 있다. 1, 2구는 본성이 시키는 대로 천진함에 맡겨 시의 소재를 선택할 뿐 다른 어떤 것에도 구속되지 않는다는 내용이다. 1, 2구는 하나의 문장이다. 시인의 본성과 개성이 행동과 창작의 표준이고 어떠한 구속에도 매여서는 안 된다는 원칙을 분명하게 밝혔다.

3, 4구는 앞의 큰 원칙을 창작 방법에 적용하고 있다. 말하고자 하는 것은 두 가지로, 하나는 무엇에도 구애받지 않고 세상의 온갖 사물을 소재로 취해서 창작의 소재를 풍부하게 마련한다는 것이다. 두번째로는, 풍부한 소재를 풀어내는 방법으로 솔직함(率)을 들었다. 솔직함은 앞에 나온 천진함과 함께 이 풍격의 핵심적인 어휘다. 솔직함이 지나치면 경솔(輕率)함에 빠질 수도 있지만 여기서는 형식과 금기, 남의 시선과 자기 검열에 매이지 않고 나오는 대로 쓰는 미덕을 긍정하고 있다. 3, 4구는 열번째 풍격 자연에 나오는 "허리 구부려 주우면 그게 바로 시이니 굳이 다른 곳에서 찾지 않는다(俯拾卽是, 不取諸隣)"와 유사한 생각을 담고 있다. 『시품』에서는 소재를 취하는 것을 독특하게 '줍는다(拾)'는 글자로 표현하고 있는데 이는 『시가일지』의 「보설외편」 중 "그것을 주워서 얻는 것을 자연이라 이른다(拾而得之謂自然)"는 대목에도 같은 의미로 나온다.

두번째 단락은 소야의 풍격을 지닌 사람의 독특한 기질과 행동 양식을 선명하게 묘사했다. 소나무 아래에 집을 지은 것은 번잡한 도시나 권력의 중심지인 조정을 벗어나 산수 전원으로 물러나 사는 처지를 나타낸다. 모자를 벗는 행위는 현실세계의 격식이나 질서를 과감하게 벗어던지고 저 하고 싶은 대로 살아가는 것을, 그리고 시를 읽는 행위는 현실적 일에서 벗어나 있음을 상징한다. 네번째 풍격 침착에도 "두건을 벗어놓고 나 혼자 걷노라니 때때로 새 우는 소리 들려온다"라는 구절이 나오는데 모자를 벗는 행위는 어디에도 얽매이지 않는 자유를 전형적으로 묘사하는 것이다. 이어 3, 4구에서는 현실의 시간이 어떻게 전개되든 전혀 관심이 없다는 태도를 표출했다. 이는 1, 2구와의 연장선상에서 화자의 그와 같은 일탈 의식을 잘 보여준다. 당나라 말엽 태상은자(太上隱者)라는 사람이 「어떤 사람에게 답하다答人」라는 시를 썼는데 이와 흡사한 의식을 보여준다.

무심히 소나무 밑에 와서	偶來松樹下
돌베개 베고 잠이 들었네	高枕石頭眠
산중이라 책력이 없어서	山中無日曆
추위 다해도 해 바뀐 줄 몰랐네	寒盡不知年

극단적으로 해석하면 현실로부터 도피하여 완전히 딴 세상 사람으로 살아가는 모습으로 보인다.

세번째 단락은 소야 풍격에 도달하는 구체적 방법을 제시하고 있다. 먼저 창작에서 특정한 의도를 지나치게 강조하지 말아야 한다. 창작이 특정한 목적을 위해서 제재와 주제와 형식을 취하는 것은 옳지 않다고 보았다. 또 문단이나 남들이 설정해놓은 주제나 지향에도 구애받지 않으려는 태도를 보인다. 다른 풍격에서도 여러 차례 나타난 무의도의 미학을 다시 한번 확인할 수 있다. 그 점을 3, 4구에서 분명한 어조로 밝혔다. 3구 중 "하늘이 내버려둔 대로"를 뜻하는 '천방(天放)'은 이 풍격의 성격을 잘 드러내주는 핵심적인 말로서 『장자』「마제馬蹄」편에 나온다. "사람들은 제각기 혼자로서 동떨어져 살며 무리를 짓지 않는다. 이것을 어디에도 매이지 않는 하늘의 방임이라고 부른다(一而不黨, 命曰天放)." 이는 자연과 혼연일체 되어 한쪽에 치우치지 않고 본성을 따라 자유자재로 사는 것을 의미한다. 여기서 말한 무리를 짓지 않고 제각기 혼자 동떨어져 사는 삶이야말로 "하늘이 내버려둔 대로" 살아가는 인간의 삶이다. 소야가 지향하는 문학도 그와 다르지 않다.

3. 촌티의 본령

소야에서 그림의 제재로 어울리는 소재는 소나무 아래 지은 집과 거기서 모자를 벗고 시를 읽는 사람의 모습밖에 없다. 다른 내용은 추상적이라서 그림으로 묘사하기는 힘들다. 과연 화가들은 그 구체적 형상을 이용하여 무엇을 말하고자 했을까?

먼저 정선의 그림은 구도가 단순하다. 산을 배경으로 계곡에서 흘러온 시내를 끼고 초가가 한 채 있고, 고고한 자태를 뽐내는 키 큰 소나무 두 그루가 그늘을 드리우고 있다. 집의 사랑채는 통마루로 3면이 모두 개방되어 시원하게 바람이 통한다. 경관으로 보아 여름철 저녁 무렵의 고즈넉한 시간이다. 선비는 홀로 가슴이 드러난 옷을 걸치고 드러누워 시고(詩稿)를 보고 있다. 매인 데 없이 해방감을 느끼며 홀가분하게 여유를 즐기는 모습이다. 두번째 단락 1, 2구를 충실하게 묘사하고 있다. 그림에는 "저물녘 풍경을 묘사했는데 이는 곧 막 해가 들어갈 때의 풍경이다(寫暮景, 卽夕景)"라는 화평이 쓰여 있다. 여기

寫暮景品合景

• 정선, 〈소야〉.

疎
野

• 반시직, 〈소야〉.

• 반시직, 〈소야〉(부분). 선비는 모자를 벗어둔 채 시상을 가다듬고 있다.

서 모(旿)는 모(暮, 글자의 획수가 많은 것을 쉽게 줄여서 쓴 약자)인데 그렇게 될 경우 글의 내용이 모호하다. 아무래도 해가 넘어가는 시간, 낮과 밤의 경계가 사라지고 공존하는 시점을 가리키려고 쓴 글자로 보인다. 그렇다고 해도 이 화평은 그 의미가 분명하게 밝혀지지 않는다.

다음은 반시직의 그림이다. 그의 그림은 과감한 생략과 단순한 구도가 특징인데 이 그림도 예외가 아니다. 담장으로 둘러친 조촐한 가옥이 있고, 배경은 단순하게 처리했다. 집 뒤로는 커다란 소나무가 여러 그루 웅장하게 서 있고, 집 앞 정원에는 괴석과 파초가, 집 옆에는 종려나무가 서 있다. 집 안에는 탁자가 놓여 있고 한 선비가 시고를 앞에 두고 있다. 선비는 뒤에 있는 탁자에 모자를 벗어두었다. 주인공은 가벼운 복장을 한 채 시상을 가다듬고 있는 것이다. 그 앞에는 시동(侍童)이 책을 들고 시중드는 자세를 취하고 있다. 정원은 넓어서 쓸

惟性所宅真取弗羈
控物自富与率為期
築室松下脫帽看詩
但知旦暮不辨何時
倘然遺意豈必有為
若其天放如是得之
右司空圖詩品踈
野一則
臣蔣溥恭錄

• 장부, 〈소야〉.

• 장부, 〈소야〉(부분). 일을 끝낸 농부들은 집으로 돌아오고(오른쪽), 노인은 그들을 맞이한다(왼쪽).

쓸한 느낌마저 준다. 격식을 벗어던진 채 자유롭게 시를 짓고 있는 재야 문사의 삶을 묘사하고 있다. 소재와 내용이 정선의 그림과 크게 다르지 않다.

장부는 건륭제가 쓴 「수차를 돌리는 소리를 들으며聽水車聲詩」[3]를 소야의 풍격과 연결시켜 그렸다. 건륭제의 시는 호숫가 부근의 농가 풍경을 묘사하고 있다. 농부 대여섯 명이서 농사를 짓고, 소가 힘겹게 수차를 돌리는 소리가 들려온다. 저물 무렵 지친 농부들이 배가 고파 돌아오는 장면으로 시상을 마쳤다. 그림은 산과 들, 강물과 안개, 농가와 수차, 대나무와 버드나무를 배경으로 농기구를 어깨에 메고 돌아오는 농부와 그를 맞이하는 노인의 모습을 그렸다. 저물 무렵의 평화로운 전원 풍경이다. 다른 그림들이 고사(高土)가 편안한 자세로 시를 짓는 풍경을 묘사해 성기고 시골티 나는 풍격을 표현한 데 반해 장부는 아예 농사짓는 농부를 등장시켰다. 『시품』 본래 의도와는 달라졌으나 시골티의 본령을 보여준다는 점에서 오히려 소야의 특징을 더 잘 드러낸다고 볼 수 있다.

• 제내방, 〈소야〉.

제내방의 그림은 앞서 정선, 반시직 두 화가가 그린 내용과 큰 차이가 없다. 세 그루의 소나무 아래 조촐한 집에서 긴 의자에 뒤로 기대고 책을 읽고 있는 선비의 모습을 그렸다. 세상에서 무슨 일이 벌어지든 상관없으니 그저 책이나 읽으면 그만이라는 듯한 태도다. 그 뒤에 차를 끓이면서 졸고 있는 다동(茶童)이 그의 여유와 무관심을 뒷받침한다.

4. 나는 취해 자려 하니 그대는 이만 가게

거칠고 시골티 나는 삶과 의식을 보여주는 소야의 미학은 『시품』을 통해 비로소 시가 추구해야 할 독특한 미학으로 인정받았다. 진밀과는 반대되는 지점에 있는 소야가 그 가치와 의의를 인정받게 된 배경에는 『시품』의 역할이 작지 않다. 송나라에서 소야는 중요한 시의 미학으로 주목받았다. 여본중(呂本中)은 "차라리 시골티 나는 것이 화려한 것보다 낫다. 시골티 나는 것은 기질을 해치지는 않으나 화려한 것은 다시 수습할 길이 없기 때문이다"라고 하여 화려함보다는 시골티 나는 멋을 더 우위에 두었다. 널리 읽힌 송나라 시화집 『시인옥설』에서는 시가 추구할 취향의 하나로 야인취(野人趣)를 꼽았다. 이는 들사람다운 멋을 뜻하며 소야의 미학과 크게 다르지 않다. 이렇게 송나라 이후에는 세련된 것만이 아니라 거칠고 촌스러운 것도 아름다움의 한 범주에 든다는 인식이 완전하게 자리를 잡았다.

소야의 풍격은 창작에도 큰 영향을 미쳤다. 이를 잘 보여주는 시로는 이백의 「산속에서 은사와 함께 대작하다山中與幽人對酌」가 손꼽힌다.

둘이 함께 술 마시니 산에는 꽃이 피고	兩人對酌山花開
한 잔 또 한 잔, 그리고 또 한 잔 마신다	一杯一杯復一杯
나는 취해 자려 하니 그대는 이만 가게	我醉欲眠卿且去
내일 술 생각나면 거문고 안고 오게나	明朝有意抱琴來

이 작품은 "일배일배부일배(一杯一杯復一杯)"라는 말이 나온 시로 유명하다. 둘이 술을 마시는 것과 산에 꽃이 핀 것이 어떤 관계가 있는지 시인은 밝히지 않았으나 독자는 이 둘의 절묘한 인과관계를 느끼지 않을 수 없다. 우리 둘이 술을 마시는데 산에 꽃이 피지 않고 배기겠느냐는 호기로 보이기도 한다. "일배일배부일배"를 술 석 잔 마신 것으로 이해하는 이라면 문학을 하기에는 곤란하다. 둘이 술을 마시기만 해도 기분이 좋은데 꽃까지 멋지게 피어 술을 마시라 권한다. 그러니 거푸거푸 술을 들이켜지 않을 수 없다. 이 표현은 술잔을 빠르게 비우는 속도감을 느끼게 만든다. 호주가인 이백조차 취하지 않을 수 없다.

여기서 이백다운 호기가 발동한다. "나 술 취했으니 너는 가라!"라고 대뜸 손님을 쫓아보낸다. 체통이고 뭐고 없는 솔직함이고, 세련된 문화인의 사교에서는 보기 힘든 객기다. 그렇다고 손님을 무작정 내쫓는 것은 아니다. 내일 아침 술 생각이 있으면 다시 와서 마시자고 했다. "오늘은 이만 끝. 내일 다시 시작하자!"라며 생각나는 대로 말해버린다. 이 시의 멋은 바로 여기에 있다. 이백이 보여준 태도는 옛 말로는 소광(疏狂, 거칠고 미친 듯한 태도)에 가깝다. 저 하고 싶은 대로 거침없이 뱉어버리는 솔직한 화법이다. "오로지 본성이 가는 곳을 따라 천진하게 취할 뿐 어디에도 얽매이지 않는다"는 소야의 태도와 정확히 부합한다.

그런데 "나는 취해 자려 하니 그대는 이만 가게"라는 구절은 도연명이 실제로 자주 쓰던 그의 거칠고 시골티 나는 말투에서 비롯되었다. 그의 생활 태도를 묘사한 역사서 『송서』 「은일전」의 한 대목을 보자.

도연명은 음률을 잘 몰랐으나 소금(素琴)을 하나 가지고 있었는데 줄이 없는 악기였다. 술이 거나해지면 금을 어루만지며 기분을 풀었다. 술이 있으면 귀한 이든 천한 이든 그를 찾아오는 이에게 바로 술을 내어놓았다. 만약 도연명이 먼저 취하면 서슴없이 손님에게 "나는 취해 자려 하니 그대는 이만 가게"라고 말했다. 그의 진솔함이 대개는 이런 식이었다.

도연명의 솔직하고 거침없는 태도가 선명하게 드러나는 에피소드다. 후대에 악착스럽지 않고 활달한 지식인의 모델이 된 인물의 행동답다. 도연명의 거친 말투가 자연스런 이백의 입말로 느껴질 만큼 시는 어색한 구석이 전혀 없다.

이렇게 소야의 미학은 틀에 벗어난 행동을 묘사하고 거친 말투를 구사한 시에서 전형적으로 찾아볼 수 있다. 그러나 이런 부류의 시만이 소야의 풍격을 대표한다고 볼 수는 없다. 대부분의 작품은 그보다

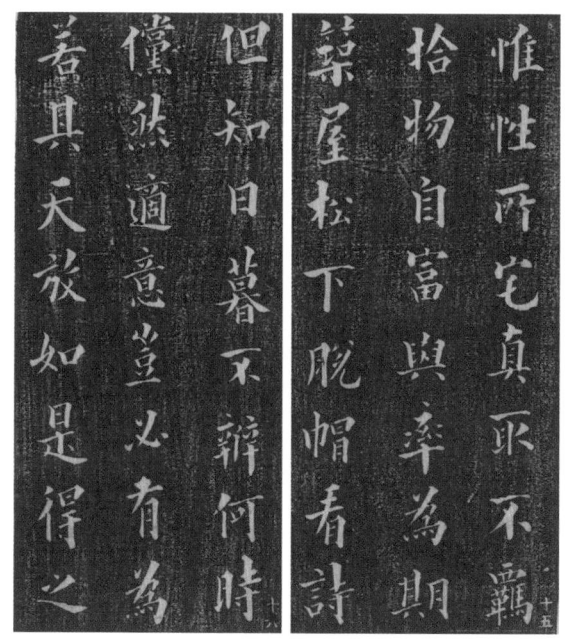

• 김정희가 쓴 '소야' 탁본. 개인 소장.

는 점잖고 온건한 태도를 드러내고, 시어와 구법(句法) 역시 기발함만을 추구하지 않는다. 이백의 후배 세대인 사공서(司空曙)의 「강촌에서江村卽事」가 그런 작품으로 손꼽힌다.

낚시하고 돌아와서 배도 매지 않고 두노니	釣罷歸來不繫船
강 마을에 달은 지고 잠자기에 좋은 때로다	江村月落正堪眠
제아무리 밤새 바람 불어 떠내려간들	縱然一夜風吹去
갈대꽃 핀 얕은 물가 어딘가에 있겠지	只在蘆花淺水邊

배를 매지 않고 떠내려가든 말든 그대로 내버려두는 행동에서 소야의 느낌이 살아난다. 바람이 불어 떠내려간다 해도 물가 어딘가에 가 있을 터이므로 신경쓰지 않는다는 태도야말로 하늘이 내버려둔 대로 살아가는 천방의 태도다. 그렇기는 하지만 앞서 본 이백 시에 나오는 호기와 오만함은 보이지 않는다. 대부분의 시인에게서 볼 수 있는 소야의 태도는 이런 수준이다.

5. 거침없는 들사람의 정서

거칢과 시골티의 미학은 한국 옛 시에서 더 중요한 의미를 지닌다. 최자가 소야의 풍격을 낮게 평가하기는 했으나, 이는 세련된 미학을 추구한 고려 후기의 시풍에 기인한다. 또한 고려 후기에도 이규보나 김극기 등의 시인들에게서는 소야의 시풍이 제법 눈에 뜨인다. 그리고 후대로 올수록 소야는 시가 담아내야 할 아주 중요한 풍격으로 간주되었다. 소야의 풍격은 조선시대 전 시기에 걸쳐 흔하게 찾아볼 수 있다. 비록 신분이 사대부이고 고관을 지낸 사람이라 해도 투박하고 거칠기까지 한 들사람의 생활과 정서를 시에 담으려 애썼다. 다음 시조는 그 같은 풍격을 보이는 전형적인 작품이다.

재 너머 성권농(成勸農) 집에 술 익었단 말 어제 듣고
누운 쇠 발로 박차 언치 놓아 지질러 타고
아이야 네 권농 계시냐 정좌수(鄭座首) 왔다 하여라[4]

짚방석 내지 마라 낙엽엔들 못 앉으랴
솔불 켜지 마라 어제 진 달 돋아온다.
아이야 박주산챌망정 없다 말고 내어라.

앞의 시조는 송강(松江) 정철, 뒤의 시조는 석봉 한호의 작품이다.
두 편의 시조는 군더더기 사설 없이 하고 싶은 말을 그대로 내뱉는다.
그 솔직한 화법부터 소야의 풍격에 어울린다. 관료 생활을 한 시인들
의 작품이지만 시조에 나타난 태도에 세련됨이나 점잖은 격식은 보이
지 않는다.

정철의 시조는 친구 집에 술이 익었다는 말을 듣자 바로 누운 소를
발로 차서 일어나게 하고 소에 겨우 언치만 얹어놓고 지질러 타고 친
구를 찾아간다는 내용이다. 이는 고관을 지낸 점잖은 선비가 할 법한
행동이 아니다. 거친 시골티가 물씬 느껴진다. 그래서 꾸밈이 없고 솔
직함과 생기가 돈다. 소야에 나오는 말로 시조를 평하자면 모자를 벗
은 일탈이요, 하늘이 내버려둔 대로의 방종한 행동이다. 이 시의 멋은
바로 거기에 있다.

한호의 시조는 그와는 또 달리, 투박하면서도 운치 있는 들사람의
행동을 표현했다. 짚방석과 솔불을 거부하고 게다가 좋은 술도 마다
한다. 손님을 청할 때 최소한으로 차려야 할 격식이나 음식도 갖출 필
요가 없다. 낙엽을 깔고 앉으면 되고 달빛을 촛불 삼아 마주 앉으면
된다. 그러니 박주산채를 빨리 내어놓아라! 술을 마시고 싶다. 거침
없는 술꾼의 태도가 약동한다.

두 편의 시조처럼, 시조 중에는 투박하고 천진하게 야인의 구수한 운

치를 드러낸 작품이 많다. 사대부들이 선호한 삶의 태도가 그와 같았기 때문이다. 그 증거의 하나로, 정선이 앞에서 본 송강의 시조를 그림으로 그린 사실을 들 수 있다. 이 그림의 실물이 현재 전하는지는 알 수 없으나, 신대우(申大羽, 1735~1809)가 소장하고 있던 그 그림에 이영익(李 令翊)이 쓴 글이 남아 있다.

위 그림은 부정(副正)을 지낸 정선(鄭敾)의 작품으로 문청공(文淸公) 정철이 소에 걸터앉아 문간공(文簡公) 성혼 선생을 방문한 내용이다. 평주(平州) 신대우가 소장하고 있고, 시는 내가 문청공의 노래를 한시로 번역하여 뒤에 썼다. 이 그림을 보고 이 노래를 읊조리면 선학들의 풍모를 상상할 수 있을 뿐만 아니라 시원스럽게 벗을 사귀는 모습을 엿볼 수도 있다. 지금 사람들의 애교를 떠는 태도와는 너무도 다른 모습이기에 백 년이 지난 뒤인데도 사람으로 하여금 감탄을 자아낸다. 신대우가 그림을 소장하고 있는 데에는 깊은 뜻이 있는 게 아닐까? 경진년 정월 18일에 완산(完山) 이영익은 삼가 쓴다.[5]

1760년 이영익이 20세를 갓 넘긴 젊은 시절에 쓴 글이다. 그는 백여 년 전 선학들이 거침없이 친구를 대하는 태도에 탄복하였다. 친구를 사귈 때 체면을 잃을까 조심조심하면서 상대의 비위를 맞추려고 애쓰는 자기 시대의 태도와는 전혀 다른 모습에 그는 감탄했다. 세련된 태도는 아니나 그 진솔한 모습에서 더욱 인간미가 느껴진다. 소야의 미학은 바로 이런 인간미를 느끼게 해준다. 『시품』을 그림으로 남기기까지 한 정선이 정철의 시조를 소재로 그림을 그리고, 이광사의 아들이 시조를 한역하고 비평을 남겼다는 것도 가볍게 넘겨볼 수 없다. 소야의 미학에 그만큼 친밀감을 느낀 증거라고 보아야 할 것이다.

청기(淸奇)
청결하고 기이함

1. 깨끗한 삶을 그린 개성의 미학

'청기(淸奇, lucid and wondrous 또는 clear and crystalline)'는 『시품』의 열여섯번째 풍격이다. 거칠고 시골티 나는 소야(疏野)가 극단으로 치달을 경우 난잡함과 저속함으로 빠질 위험이 있는데 그로부터 벗어나고자 청결함과 기이함의 풍격을 그다음에 배치했다고 보기도 한다. 이들 풍격이 배치된 순서에 지나치게 의미를 부여할 필요는 없지만, 청기가 소야와는 상대되는, 세련된 깔끔함을 강조한 미학이라는 점은 틀림없다.

청기란 말은 현재 우리말에서는 거의 사용되지 않아 사전의 표제어로도 올라 있지 않다. "맑고 기이하다"는 뜻으로, 옛날에는 이 말을 그리 어렵지 않게 찾을 수 있었다. 예술 전반은 물론이거니와 산수와 자연물의 풍격을 평가하는 말로도 쓰였고, 신선이나 승려를 비롯해 지식인의 저속하지 않은 인품을 묘사할 때도 쓰였다.

이 말은 맑다는 뜻의 청(淸)과 기이하다는 뜻의 기(奇) 두 글자가 비슷한 비중으로 결합된 말이다. 두 글자는 각각 큰 비중을 지닌 미학 용어로 자주 쓰였다. 맑음은 맑음대로, 기이함은 기이함대로 동양 미학에서 중요한 범주다. 먼저 기이함부터 살펴보면, 이는 평범한 사람은 생각하지 못할 독특하고도 기발한 내용과 기교를 의미한다. 올바름〔正〕이나 평범함〔平〕, 일상성〔常〕과는 상반되는 특징을 가지고 있다. 그 때문에 기이함은 남다른 독창성을 만들어내는 범주로 받아들여진다. 낯선 문학의 밑바닥에는 대체로 기이함의 요소가 깔려 있다. 여기에는 전통으로부터의 이탈과 파격이 있기에 부정적으로 보는 시각도 없지 않았다.

맑음의 미학은 한층 더 중요한 범주로 받아들여졌다. 고고한 사대부 문학의 높은 경지를 표현할 때 흔히 맑음의 풍격으로 설명하곤 했다. 문학비평이 활발해진 위진(魏晉)시대 이래 맑음은 맑고 깨끗한 작품을 가리키는 개념으로 널리 사용되었다. 명나라 비평가 호응린이 『시수詩藪』란 시화집(詩話集)에서 "시에서 가장 고귀한 것은 맑음이다. 그러나 풍격〔格〕의 맑음이 있고 곡조의 맑음이 있고 시상의 맑음이 있고 재능의 맑음이 있다(詩最可貴者淸, 然有格淸, 有調淸, 有思淸, 有才淸)"라고 하여 맑음이란 것이 시에서 얼마나 중요한 풍격인지를 간략하게 표현했다. 당나라 제기(齊己) 역시 『풍소지격風騷旨格』이란 저서에서 '시의 열 가지 체(詩有十體)' 가운데 두번째 체(體)로 맑음을 꼽았다.

조선 시단에서도 맑음의 풍격을 중시해왔다. 그 사례로는 조선 중기의 지식인인 신흠의 주장이 손꼽힌다. 그는 시화집 『청창연담』에서 다음과 같이 말했다.

옛사람이 "천지 사이에 맑은 기운이 있고, 그 기운이 흩어져 시인의 비장(脾臟) 속으로 들어간다"라고 시를 읊었다. 이 맑음[淸]이 바로 시의 본색(本色)이다. 기이함[奇]과 굳건함[健]은 오히려 부차적이고, 험함과 괴기함, 침착(沈着)함과 질박함 따위는 시의 길과는 더 동떨어진다. 맑음은 높은 풍격인데 높은 풍격은 겉으로 보이는 소리와 빛깔에서 찾을 수 없다. 따라서 시는 반드시 소리가 들리지 않는 소리와 빛깔이 보이지 않는 빛깔을 얻어서 맑고도 맑으며, 밝고도 밝으며, 담백하고도 담백하며, 투명하고도 투명하여 외경(外境)이 나의 정신과 혼연일체가 되고, 나의 정신이 붓에 호응하여 표현되어야만 야호선(野狐禪, 정도가 아닌 삿된 선)의 외도로 떨어지지 않는다. 그래서 옛날 거장들을 두루 살펴보면, 시간적인 여유를 갖고 지은 작품이 갑작스런 요구에 부응해 지은 것보다 낫고, 초야(草野)에 머물 때 지은 시가 관각(館閣)의 필요에 따라 지은 시보다 우수했다. 대체로 의식적으로 지은 작품이 자연스럽게 우러나와 얻는 작품보다 못하기 때문이다.[1]

맑음이야말로 시의 본색이며 다른 어떤 요소도 그보다 앞세울 수 없다. 천지의 맑은 기운과 시의 맑음은 서로 소통하기에 기이함을 비롯한 다른 풍격과는 차원이 다른 높은 풍격이라고 했다. 맑음이 옛날 시에서 아주 중요한 미학의 범주였다는 점을 신흠의 말에서 엿볼 수 있다.

이렇게 중요한 범주였던 만큼, 맑음은 다양하게 활용되었다. 맑음〔淸〕과 다른 글자를 병렬하여 사용한 풍격도 상당히 많다. 예를 들어 청신(淸新), 청려(淸麗), 청공(淸空), 청발(淸拔), 청고(淸高), 청교(淸巧), 청원(淸遠), 청월(淸越), 청담(淸淡), 청묘(淸妙), 청미(淸美), 청미(淸靡), 청발(淸發), 청애(淸哀), 청아(淸雅), 청허(淸虛) 등이 있다. 뒤에 붙은 글자에 따라서 조금씩 차이를 보이지만 맑음이 기본적 풍격으로, 뒤에 놓인 글자의 의미를 선도하기 때문에 대체로 맑음의 이미지가 지배적이다. 이런 청(淸) 자 계열의 풍격은 지식인들이 선호했는데 이들 풍격의 의미를 명말의 소품서(小品書)『취고당검소醉古堂劍笑』에서 다음과 같이 요령 있게 풀이했다.

맑음〔淸〕의 품격에는 다섯 가지가 있다. 아름다운 것을 보고서 저속한 것이 싫어지는 마음이 생기고 정결한 것을 보고서 세상을 벗어나고픈 생각이 일어나는 것을 이름하여 청흥(淸興, 맑은 흥취)이라 한다. 경서나 역사책을 소장할 줄 알고 붓과 벼루를 가까이하며 경물(景物)을 배치하는 운치를 지니고 꽃과 나무를 심는 방법을 알고 있는 것을 이름하여 청치(淸致, 맑은 아치)라 한다. 책을 파고들면 돈이 될까 열심히 공부하고 질그릇에 곡식을 숨기며 거친 들판에서 곤궁하게 생활하다 피붙이들로부터 버림받는 것은 이름하여 청고(淸苦, 맑은 괴로움)라 한다. 그윽하고 궁벽한 것에 탐닉하면서 고상하다고 자랑하고 기이한 말과 행동을 즐기며 호방하다고 자처하는 것을 이름하여 청광(淸狂, 맑게 미침)이라 한다. 고금의 사적에 두루 해박하고 산수 자연에 마음을 쏟고

글에서는 안개와 노을의 운치가 감돌고 행동에 저속한 기운이 없는 것을 이름하여 청기(淸奇)라 한다.[2]

이 책에서는 모두 다섯 종류의 풍격을 내어놓고 그 차이점을 설명했다. 인간의 행동과 관련지어 설명하고 있지만 이는 시와도 서로 무관하지 않다. 여기서는 청기를 저속한 사람들의 인생살이와는 구별되는 독특하면서도 깨끗한 삶의 지향으로 묘사했다. 특히 글에서 안개와 노을의 운치가 감돈다고 하여 시인의 풍격과 밀접하게 연결시켰다. 그가 묘사한 개념은 우리가 살펴볼 『시품』의 청기와도 긴밀하게 연결되어 있다.

2. 새벽달과 가을 기운

『시품』에서는 청기를 다음과 같이 설명하고 있다.

고고한 소나무 숲이 있고	娟娟群松
그 아래로 맑은 물이 흐른다	下有漪流
눈이 개어 물가는 온통 눈밭이고	晴雪滿汀
시내 저편에는 고깃배가 떠 있다	隔溪漁舟
마음에 쏙 드는 백옥 같은 사람이	可人如玉
나막신 신고 깊은 산중 찾아간다	步屧尋幽

| 풍경을 바라보다 걸음을 멈추면 | 載瞻載止 |
| 파란 창공은 아득하기만 하다 | 空碧悠悠 |

정신에서 예스럽고 기이한 것이 솟아나니	神出古異
담담하여 다 거두지 못한다	淡不可收
새벽달과 같은 듯	如月之曙
가을 기운 같은 듯	如氣之秋

본문을 세 단락으로 구분하여 내용을 살펴본다. 첫번째 단락은 경물을 묘사함으로써 청기의 풍격이 지닌 전체적인 특징과 인상을 보여준다. 고고한 자태를 뽐내는 솔숲 아래 잔잔하게 물살을 일으키며 물이 흐른다. 그 물가에는 푸지게 내리던 눈 막 개어 쌓여 있는데 물 저편에는 고깃배가 떠 있다. 겨울철 눈이 내린 어느 강가의 풍경이다. 그 시원하고 깨끗한 풍경은 소소한 일상에 묻혀 사는 사람들의 나른하고 무딘 감각을 퍼뜩 깨게 만든다. 맑다 못해 싸늘하게 느껴지기까지 하는 풍경이다. 시끄럽고 추한 세상의 온갖 잡스러운 것을 눈이 모조리 덮어버린 순수함의 결정 위에서, 소나무가 고고하게 맑고 차디찬 물을 내려다보는 이미지는 청결함과 기이함의 상징이 되기에 모자람이 없다. 여기에 등장하는 고깃배는 생계를 위해 고기를 낚는 어부의 배일 수도 있고, 전원에 묻힌 은사의 한가로운 배일 수도 있다.

두번째 단락에는 백옥 같은 가인(可人)이 등장해 첫 단락에 나온 경물 속을 산책하며 청기의 풍격을 온몸으로 발산한다. 가인은 "마음에 쏙 드는 사람"이란 의미로 청기의 풍격에 잘 어울린다. 세속적이고

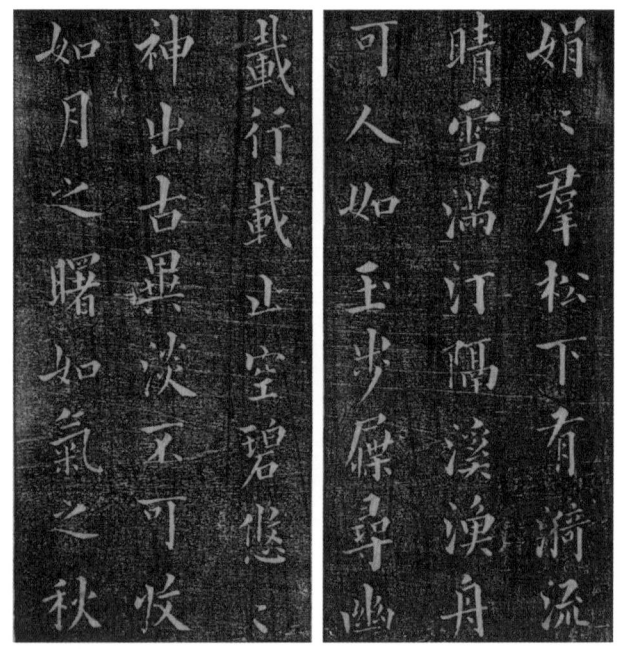

• 김정희가 쓴 '청기' 탁본. 개인 소장.

저속한 것과는 어떠한 교섭도 하지 않는 결벽증을 지닌, 멋쟁이 신사의 이미지를 지녔다. 눈밭을 걷고자 나막신을 신고 그는 소란스러운 도회지와는 멀리 떨어진 깊은 산중, 눈 덮인 그윽하고 호젓한 세계를 찾아나선다. 풍경을 감상하며 천천히 걷다 쉬며 나아가는 그의 눈앞에는 새로운 장면이 펼쳐진다. 아득히 펼쳐진 파란 창공〔空碧〕이다. 첫번째 단락의 깨끗하고도 시린 풍경에서 나아가 시야가 탁 트이는 맑은 경계를 제시한다. 첫번째 단락이 자연세계〔境〕가 발산하는 청기의 풍격이라면, 이 단락은 고고한 가인이 발산하는 청기의 풍격이다.

세번째 단락은 가인의 정신에서 솟구쳐나오는 청기의 특징을 집약하여 제시하고 있다. 가인이 청결하고 기이한 자연을 접했을 때, 그의 정신에서 청기의 풍격은 더욱 강하게 발산된다. 그것이 바로 예스러움과 기이함이다. 예스럽고 기이한 것은 지금 사람과 다르다는 것을 말한다. 그렇다고 화려함이나 세련됨을 가리키는 것은 아니고 오히려 그 반대다. "물이 빠지고 나자 바위가 솟아나고(水落石出)" "꽃이 떨어지자 열매가 맺는(斂華就實)" 담담한 상태다.

청기의 풍격과 비슷한 범주의 미학으로 장궈칭 교수는 섬농과 기려, 전아를 들고 있다. 여기서 섬농과 기려는 화려하고 따뜻하며 여성적인 우아함이다. 전아는 점잖고 부드러운 학자풍의 우아함이다. 그러나 청기는 그와는 달리 냉랭하고 까칠하며 이지적이다. 담담하여 다 거두지 못한다고 한 것도 단조로워 조금 삭막한 느낌까지 자아내는 특징이다. 전체적으로 평범하고 저속한 세계와 차별화된 차가운 감성을 강조한다. 『시품』에서는 이를 새벽달과 가을 기운이라는 비유로 마무리한다. 두 가지 모두 무딘 정신과 감각을 생생하게 살려내는 차가운 이미지다.

3. 소나무와 대나무, 눈과 은사의 이미지

청기의 풍격에는 회화의 소재로 쓰기에 적당한 사물과 형상이 다른 풍격에 비해 풍성하다. 대략 짚어보면 소나무 숲, 잔물결, 눈, 물가, 고깃배, 가인, 나막신 신은 모습, 새벽달과 같은 구체적 형상이 있

清奇

• 반시직, 〈청기〉.

다. 본문 첫번째 단락 3구 뒷부분이 "대나무 위에 눈이 가득하다(滿竹)"라 되어 있는 판본도 있는데, 이를 택한다면 대나무도 그림의 소재로 첨가된다. 아쉬운 점은 『사공도시품첩』에는 청기를 그린 그림과 글씨가 빠져 있다는 것이다. 첩으로 만들기 이전에 잃어버린 것으로 추정한다.

반시직의 그림은 청기에서 언급한 세부를 충실하게 묘사하고 있다. 그의 그림치고는 소재를 많이 그린 편이다. 높은 곳에서 아래를 내려다보는 시점을 취해서 자연물은 크게 그리고 인물은 작게 그렸다. 강과 계곡, 얕은 산언덕으로 이루어진 지형을 배경으로 삼아 오른편 높은 소나무 숲 속에 남자가 서 있고, 왼편 대나무 숲 속에 집을 그렸다. 멀리 저편 물가에 고깃배 두 척이 매여 있다. 소나무와 대나무는 겨울에도 잎이 지지 않아 고고한 풍모를 상징한다. 그의 그림에 눈이 쌓인 모습은 거의 보이지 않는다. 남자는 긴 지팡이를 짚고 먼 곳을 응시하고 있다. 겨울날의 스산한 풍경과 유달리 키가 큰 소나무는 청결하고 기이한 이미지를 풍긴다. 소나무 아래 긴 지팡이를 짚고서 산과 강을 바라볼 때, 그 풍경이 발산하는 이미지와 인물의 내면에서 일어나는 감정이 청기란 주제로 모아진다.

장부의 그림은 건륭제가 쓴 「눈(雪)」[3]이란 시를 그림으로 형상화했다. 1746년 건륭제는 처음으로 서쪽 지방을 순행하여 오대산(五臺山)을 둘러보고 귀경했는데 돌아오는 길에 여러 편의 시를 지었다. 그 가운데 눈이 내리던 밤에 일어난 감흥을 송나라 소식이 쓴 장편시의 형식을 모방하여 쓴 시가 있다. 소식은 취성당(聚星堂)에 눈이 내릴 때 손님들과 함께 시를 지은 적이 있는데, 그 시에 맞추어 건륭제도 자신

峭峭群松下有游流
晴雪滿竹隔溪漁舟
可人如玉步屧尋幽
載瞻載止空碧悠悠
神出古異澹不可收
如月之曙如氣之秋
右司空圖詩品清
奇一則
臣稽璜恭錄

• 장부, 〈청기〉.

의 감흥을 읊을 것이다. 건륭제는 돌아오는 길에 같은 형식으로 한 수 더 짓고 궁궐에 돌아와 두 편의 시를 더 지었다. 장부는 이들 시 네 편을 그림의 소재로 삼았다.

그림에서 검은빛은 밤 시간을 표현한다. 높은 산 아래 계곡이 흐르고 계곡을 사이에 두고 단출한 집 두 채가 놓여 있다. 계곡에는 다리가 놓여 있는데 한 선비가 그 다리를 건너고 있는 장면이다. 왼편 집 주변에는 소나무와 대나무가 있어 고고한 풍모를 자랑한다. 이 그림은 밤이 되어 눈이 많이 내리자 선비가 이웃집 친구를 찾아가는 모습이다. 눈이 내리는 밤에 친구를 찾아간다는 것은 "마음에 쏙 드는 백옥 같은 사람이 나막신 신고 깊은 산중 찾아간다"는 본문의 내용과 잘 어울린다. 장부의 그림은 『시품』 자체를 묘사했다고 해도 무방하다. 한편, 장부의 그림은 왕휘지(王徽之, 자는 자유子猷)와 대규(戴逵, 자는 안도安道)에 얽힌 사연을 떠올리게 한다. 이에 관해서는 곧 자세히 언급하겠다.

제내방은 이야기가 있는 그림을 그리려는 의도가 엿보인다. 멀리 산이 있고, 가까이에는 강 또는 호수가 있다. 강가를 따라 소나무가 고고한 자태로 서 있고 그 아래로 뒷짐을 지고 한 남자가 걸어가고 있다. 남자의 뒤를, 무언가를 옆에 끼고 시동(侍童)이 따라가고 있다. 남자는 발에는 나막신을 신었고, 머리에는 방한모인 휘양을 쓰고 있으므로 계절은 겨울이다. 소나무에는 잎이 달려 있으나 다른 나무는 가지만 앙상하다. 수묵화를 목판(木版)에 새긴 것이라 눈 덮인 풍경을 그렸는지 잘 알 수 없다. 남자는 여유롭게 길을 걸으면서 고개를 돌려 고기 낚는 사람을 바라본다. 배 두 척에는 어부 일가족이 추운 겨울에

• 제내방, 〈청기〉.

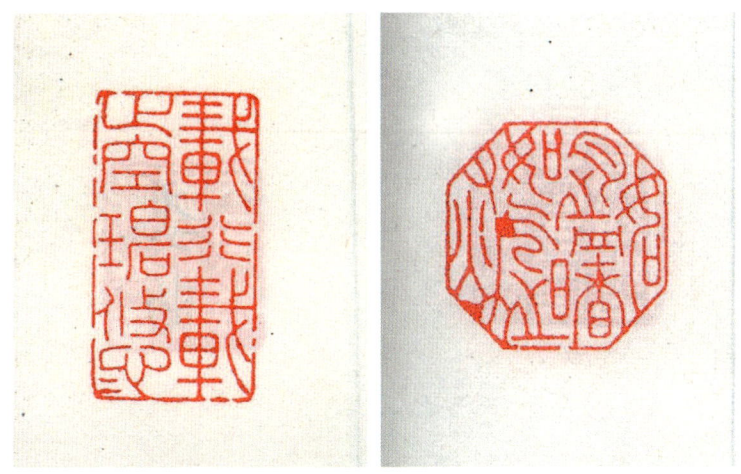

도 먹고살기 위해 물고기를 열심히 낚고 있다. "눈이 개어 물가는 온
통 눈밭이고 시내 저편에는 고깃배가 떠 있다"는 내용에 충실한 화면
에, 세속적 생활로부터 초연하여 고아한 운치를 즐기는 귀족적 문인
을 도드라지게 표현했다. 일가족이 부산하게 일하는 저쪽 풍경과 소
나무 아래를 거니는 청결하고 고상한 멋쟁이 선비의 풍경이 화면에서
명확하게 대조를 이룬다. 『시품억설』에서는 "맑음은 저속하고 탁한
것과 상대되는 것을 말하고, 기이함은 평범하고 용렬한 것과 상대되
는 것을 말한다(淸, 對俗濁言. 奇, 對平庸言)"고 설명했는데 제내방의 그림
은 이러한 해석에 바탕을 두고 있다.

4. 섬계에서 배를 돌리다

깨끗함과 기이함은 저속함에 물들지 않고 날카로운 지성미를 갖춘 사람에게 어울리는 덕목이다. 권력을 쥐고 돈 불리기에 여념이 없는 사람에게는 어울리지 않는다. 그렇기에 지적인 사람들 가운데서도 조금은 까칠한 성미의 사람에게 이 풍격을 적용하는 것이 적절해 보인다. 증기택은 이 풍격을 묘사한 시에서 "성격이 오만하고 삐딱해 혼탁한 현실에는 어울리지 못하므로, 내 인생은 산수에서 늙어가는 것이 딱 어울린다(傲岸不諧塵濁意, 此生端合老林泉)"라고 읊었다. 옛 시인들의 시에도 그런 성격에 어울리는 내용과 풍격이 적지 않다.

『고란과업본원해』에서는 청기를 설명하면서 "이제 섬계(剡溪)에서 배를 돌리고 추운 강에서 홀로 낚시하는 옛일들은 몹시 호젓하고 몹시 빼어나며, 몹시 고상하고 몹시 기이하다. 이는 청기의 극치이다(今如剡溪反棹, 獨釣寒江, 幽絶勝絶, 高絶奇絶, 乃淸奇之至也)"라고 말하고 있다. 무슨 말일까? 여기에는 흥미로운 사연과 평가가 담겨 있다.

먼저 "섬계에서 배를 돌렸다"는 것은 왕휘지와 대규의 이야기를 말한 것이다. 진(晉)나라 왕휘지는 산음(山陰)에 살았다. 어느 날 밤 눈이 많이 내려 경치를 보다가 불쑥 섬계에 사는 친구 대규가 보고 싶어졌다. 그는 당장 배를 타고 밤새도록 노를 저어 찾아갔으나 친구의 집 앞에 도착해서는 갑자기 뒤돌아 집으로 돌아와버렸다. 해괴한 그의 행동에, 누군가 이유를 물었다. 그러자 왕휘지는 "흥이 나서 갔다가 흥이 가셔서 돌아왔을 뿐이다. 굳이 꼭 대규를 만나야만 하는 것은 아니다"라고 대꾸했다. 상식적인 눈으로 보면 엉뚱하고 기이하다.

손연규도 『시품억설』에서 "나막신 신고 깊은 산중 찾아왔다"는 대목을 풀이할 때 똑같이 왕휘지의 고사를 언급했는데, 『시품』의 저자도 청기를 쓸 때 이 고사를 염두에 두지 않았을까 의심하게 될 만큼 비슷한 점이 많다. 큰 눈 내린 밤에 불쑥 친구를 찾아가는 행동에서 맑고 기이한 풍모가 느껴진다. 앞에서 본 장부의 그림에도 왕휘지 고사의 흔적이 남아 있다.

한편, "추운 강에서 홀로 낚시한다"는 것은 다름 아닌 당대 유종원의 다음 시를 거론한 것이다.

산이란 산에는 새도 날지 않고	千山鳥飛絶
길이란 길에는 인적도 끊겼네	萬徑人踪滅
외로운 배 도롱이 쓴 노인이	孤舟蓑笠翁
홀로 낚시하네. 강에는 눈만 내리고	獨釣寒江雪

—「강에는 눈만 내리고江雪」

유종원이 중앙정계로부터 축출당해 영주(永州)에 장기간 머물 때 지은 작품이다. 대지를 모두 덮어버린 눈 속에서 홀로 낚시하는 절대적 고독의 풍경이 냉랭하고 처연하게 그려졌다. 스무 자밖에 안 되는 짧은 원문에 홀로 고독을 참고 견디는 청고(淸高)하고도 도도한 선비의 기개를 담았다. 산이란 산[千山]과 길이란 길[萬徑]에는 모든 생명체가 사라졌다. 그 광대한 공간의 한 점 외로운 배 안에서 홀로 낚시하는 늙은이가 극한의 고독과 마주하고 있다. 풍경 이면에는 정치적 좌절을 겪어 세계로부터 완전히 소외당한 이의 실존적 문제가 스며 있으나 그저 풍경만으로도 맑고 기이하다. 각운으로 쓰인 절(絶)과 멸(滅), 그리고 설(雪)의 배치도 기이하다. 각운에 쓰인 글자는 모든 존재를 절멸(絶滅)케 하는 눈[雪]의 이미지를 기묘하게 표현한다. 이 작품은 청기의 정신적 풍모를 극한까지 그린 작품이다. 그의 작품은 대체로 강렬하고 냉랭하며 맑고 기이한 이미지를 보인다. 다음 작품도 마찬가지다.

어부는 밤마다 서편 바위산에서 잠자고　　　　　漁翁夜傍西巖宿
새벽이면 맑은 상강 물 길어 대나무로 불 지피네　曉汲清湘燃楚竹
안개 짙어 해가 떠도 사람은 보이지 않고　　　　煙鎖日出不見人
삐걱삐걱 노 젓는 소리에 산수는 푸르네　　　　欸乃一聲山水綠
하늘 끝 바라보니 배는 내려가고　　　　　　　廻看天際下中流
바위 위에 무심한 구름만 쫓아오네　　　　　　巖上無心雲相逐

—「어부漁翁」

이 시는 아무도 보이지 않는 외딴 강가에서 밤부터 새벽에 이르기까지 어부의 삶과 풍경을 노래했다. 사람들의 무리와 떨어져 지내는 외로운 어부의 삶과 정서가 잘 표현된 명작이다. 앞의 시와 마찬가지로 어부는 정계로부터 추방된 고독한 시인의 분신으로 봐도 좋다. 이 시 역시 강렬한 청기의 풍격을 보여준다. 소식은 이 시를 두고 "시는 기이한 아취를 으뜸으로 간주하는데 일상적인 것과는 반대가 되지만 큰 도리에는 부합하는 것을 아취로 본다. 이 시를 충분히 음미해보면 기이한 아취가 있다(詩以奇趣爲宗, 反常合道爲趣, 熟味此詩有奇趣)"라고 했다. 소식이 "기이한 아취"라고 평가한 것처럼, 이 시에서는 평범한 인간의 삶에서 보기 어려운 기이하고 도도한 삶과 분위기가 느껴진다. 냉철한 지성인의 까칠하고 괴벽한 심리가 담담한 시의 구조에 담겨 전해진다. 청기 세번째 단락에 보이는 "정신에서 예스럽고 기이한 것이 솟아나니 담담하여 다 거두지 못한다"는 풍격을 두 편의 시가 잘 드러내 보인다.

5. 추사의 정신

조선시대 시인 가운데 청기의 풍격을 보인 시인으로 이인상(李麟祥)과 김정희, 그리고 신위를 꼽을 만하다. 그중에서도 추사 김정희를 제일 먼저 꼽을 수 있다. 추사의 시집을 간행할 때 신석희(申錫禧)가 「담연재시집서覃揅齋詩集序」를 써서 추사의 시풍을 큰 틀에서 평가한 바 있다. 추사의 글씨가 그러하듯, 시도 만년의 작품이 훨씬 좋다고 평가하고 "신비하고 놀라우며 깨달음의 경지에 들어선 수준이라서 절로 '정신에서 예스럽고 기이한 것이 솟아나니 담담하여 다 거두지 못한다'는 특징을 지니고 있다"고 했다. 추사 시풍이 지닌 큰 특징을 청기의 대표적인 구절로 압축하여 표현했다. 신석희의 견해는 타당하다.

추사는 청기에 나오는 구절을 특별히 애호했다. 그는 1849년 연산(研山, 기암괴석으로 된 산 모양의 벼루)처럼 생긴 도천(陶泉, 현재 지명은 미상)의 바위 샘물을 예찬하는 글을 지었다. 이른바 「연산뢰기研山瀨記」란 글인데 글 끝에 샘물의 생김새를 예찬하는 찬(贊)이 들어간다. 추사는 청기의 7구에서 10구까지 네 구를 통째로 가져다 써서 자신의 생각을 표현했다. 신령한 산의 신비하고 맑고 곱고 빼어난 기운이 모두 그 바위샘에 스며 있는데 청기의 구절이 그 모습을 정확하게 표현했다고 생각해서다. 이는 추사의 미의식에서 청기의 비중이 그만큼 크다는 것을 보여준다.

추사는 기질 자체도 지적이고 까칠한 지성인의 풍모를 지녔다. 안목이 높고 도도하여 남을 잘 인정하지도 않았다. 그랬기에 함부로 작품을 쓰지도 않았고, 남긴 작품 중에서는 청기의 풍격에 어울리는 작품이 많다. 그 예로 다음 작품을 든다.

방에 들어올 때마다 비가 오나 의심하지만	入室常疑雨
물소리를 그림으로 그리지는 말자꾸나	無煩繪水聲
날이 갠 아침이면 숲은 상쾌하고	晴林朝合爽
골이 어두워도 밤이면 달빛 비치네	陰壑夜生明
명산의 별장에서 정겹게 만나니	鄭重名山業
현실 벗어나 홀가분한 기분일세	飄然不世情
솔바람 불어 뼛골에 서늘함 스며	松風涼到骨
시를 쓰는 꿈은 온전히 맑아라	詩夢百般淸

　　　　　―「황산 동리와 함께 석경루에 묵다與黃山東籬宿石瓊樓」

• 김정희, 〈연산뢰기研山瀨記〉, 십곡행서병풍(十曲行書屛風), 1849년, 지본묵서, 60.3× 34.5cm, 개인소장. "길을 걷다가 걸음을 멈추면 파란 창공은 아득하기만 하다. 정신에서 예스럽고 기이한 것이 솟아나니 담담하여 다 거두지 못한다(載行載止, 空碧悠悠. 神出古異, 淡不可收)"라고 쓰고 『시품』으로 샘물을 예찬하는 글을 삼는다고 밝혔다. 글 전체의 내용과 잘 어우러진다. "풍경을 바라보다(載瞻)"가 "길을 걷다가(載行)"로 되어 있어서 추사는 급고각본(汲古閣本) 『시품』을 보았음을 알 수 있다.

황산 김유근, 동리 김경연(金敬淵, 1778~1820)과 함께 석경루(石瓊樓)에서 함께 자고서 지었다. 이 석경루는 현재 서울시 종로구 자하문로 42길 자하주택 나동에 있었던 추사 소유의 별장이다. 19세기 서울의 시인들이 자주 이 누정을 찾아 시를 지었다. 추사는 자신의 우거(寓居)를 찾아온 절친한 친구들과 밤을 보낸 감회를 읊었다. 계곡의 물소리, 아침 햇살, 밤의 달빛, 솔바람, 맑은 시상으로 소재가 옮겨가면서 표연히 세속을 벗어난 석경루의 풍경과 느낌이 드러난다. 여러 소재는 모두 맑고 상쾌한 이미지를 지닌다. 맨 끝에 나오는 '청(淸)'이란 글자 하나에 시의 핵심이 있다.

소재로 놓고 보아도 이 시는 "마음에 쏙 드는 백옥 같은 사람이 나막신 신고 깊은 산중 찾아간다"는 구절과 크게 다르지 않다. 현실을 벗어나 뼛골에 서늘함이 스며드는 자연 속에서 맑게 지내는 감흥은 청기의 풍격에 잘 어울린다.

추사의 그림과 글씨에도 맑고 기이한 청기의 풍격은 나타난다. 황량하고 스산한 풍경이 압도하는 〈세한도〉를 비롯한 그의 몇몇 그림은 예스럽고 기이함(古異)이 솟구치는 정신과 단순함의 미학이 엿보인다.

6. 19세기 지성인의 마음을 사로잡다

추사와 막역하게 지낸 시인으로 19세기 시단에 큰 영향력을 발휘한 자하 신위가 있다. 그의 시 중에는 그윽한 장소에서 친구와 만나는 맑음(淸)과 눈이 오는 때의 기이함(奇)을 청기의 미학으로 묘사한 작품

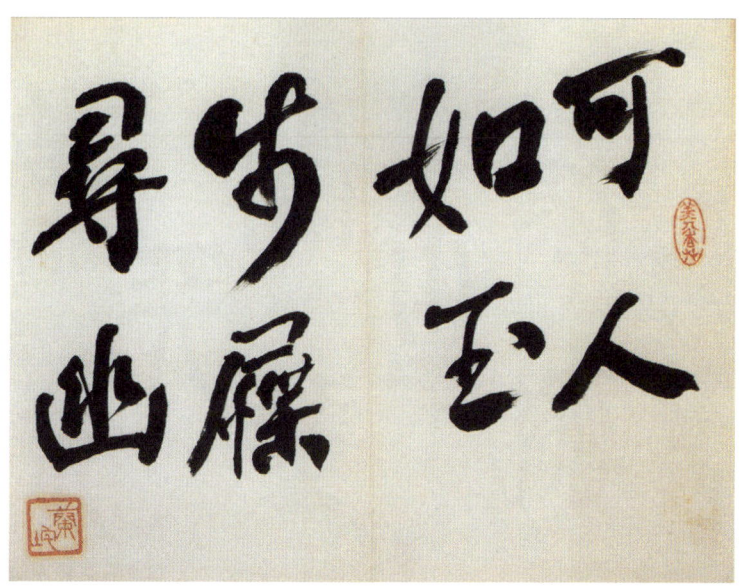

• 『한동아집첩漢衕雅集帖』에 실린 이기의 글씨와 고희동의 그림. 국립중앙도서관 소장. 1925년 1월 위창(葦滄) 오세창(吳世昌, 1864~1953)과 최남선, 박한영 등 일곱 사람이 한동아집의 모임을 가진 뒤 만든 시서화 모음집. 난타(蘭坨) 이기(李琦, 1856~1935)가 『시품』의 '청기' 가운데 두 구절을 썼다. 난초, 매화 등을 그린 고희동의 그림도 정취가 있다. 이날 마침 눈이 왔기에 이 아집(雅集)과 글씨의 내용이 잘 어울린다.

이 있다. 자하는 설경산수(雪景山水)를 그린 자신의 산수화에 시를 썼는데 거기 청기의 한 구절을 언급했다. 그 시는 다음과 같다.

넓은 들에 혼자 선 이는 무엇을 그리워할까?	獨立蒼茫何所憶
거문고 생각 술 생각도 없진 않겠지	琴情酒思不能無
나막신 신고 깊은 산중 찾아간다는 구절을 나직이 읊조리며	
	微吟步屧尋幽句
눈이 갠 산수화 속으로 빠져들어간다	自入溪山霽雪圖
햇살 반짝이는 냇물에는 황금빛이 일렁이고	漾日川光金不定
구름 밖에 솟은 솔 기둥에는 백옥 가지 감쌌네	凌雲松幹玉相扶
지난밤 선방이 춥다고 퍼뜩 느꼈더니	前宵陡覺禪房冷
여럿이 모이지는 못해도 화로를 껴안고 있자	縱未成圍且擁鑪

—신위, 「설경산수도에 스스로 쓰다自題雪景山水」,
『경수당전고警修堂全藁』18책

눈이 내린 풍경은 화가들이 자주 그리는 소재이다. 자하는 설경산수화를 감상하면서 청기에서 묘사한 풍경을 떠올리고 있다. 눈 내린 넓은 들에 혼자 서 있는 선비 그림은 다름 아닌 청기에 나오는 "마음에 쏙 드는 백옥 같은 사람"을 연상시킨다. "나막신 신고 깊은 산중 찾아간다"는 청기의 한 구절을 읊다보면 그 그림의 세계로 빠져들어 간다고 했다. 19세기 시인들의 시적 상상력에는 청기가 매우 아름다운 한 장면으로 각인되어 있었다는 증거다. 큰 눈이 내렸을 때 자하는 다음 시도 지었다.

큰 눈이 마침 그쳐 고운 붓 들고 보니	快雪時晴動彩毫
시인의 창으로 소나무 만 그루가 밀고 들어오네	吟窓剩納萬松皐
나무는 검은 용 비늘인 양 억세게 치솟고	舞龍夭矯蒼鱗甲
가지는 명사의 흰 구레나룻처럼 축 처졌네	名士頡唐玉頰毛
담담한 해는 햇살 펼쳐 솔 그림자 촘촘하고	澹日排幢森立影
미풍은 산들산들 이젠 거센 파도 소리 거두네	微風泛瑟斂驚濤
이 속에서 나막신 신고 깊은 산중 찾는 흥이 일어	此間步屧尋幽興
대숲 건너 시냇가의 어부 배를 부르고 싶어지네	擬喚溪漁隔竹舠

— 신위, 「2월 8일 큰 눈이 한 자 넘게 내리자 언덕의 소나무와 골
짜기의 대나무에 그림의 운치가 가득하여 시를 읊다二月八日, 快雪盈尺.
岡松磎竹, 饒有畵致, 口占」, 『경수당전고』18책

풍경을 묘사한 뒤 마지막 대목에서 청기에 나오는 두 개의 구를 활
용하여 청흥(淸興)을 표현했다. 첫 구절 "큰 눈이 마침 그쳐(快雪時晴)"
는 행서 글씨 가운데 최고라는 왕희지의 『쾌설시청첩快雪時晴帖』에 나
오는 명구다. 자하와 추사는 이 서첩의 모사본을 소장하고 있었다. 큰
눈이 내리고 난 뒤 눈을 덮어쓴 소나무의 멋진 경관 속에 갑자기 눈을
밟고 호젓하게 눈길을 걷고 싶은 마음을 표현했다. 눈 내린 풍경의 상
쾌함만큼이나 시인의 정서가 맑고 운치 있다. 마치 장부의 그림을 시
로 쓴 듯한 느낌마저 든다.

위에서 읽은 두 편의 작품은 모두 청기를 직접 인용하기도 하고, 일부 내용을 시 속에 녹여서 맑고 기이한 시인의 정서를 표현하기도 했다. 눈이 내린 특별한 날 친구를 찾아가는 맑은 운치를 표현하고자 할 때 당시 지식인들은 청기를 떠올렸다.

구한말의 문사 한장석(韓章錫, 1832~1894)도 자하와 마찬가지로 벗과 어울릴 때 청기를 떠올렸다. 그는 마지막 대제학을 지낸 문사로서, 정조와 순조 때의 저명한 문인이자 정치가인 홍석주(洪奭周)의 외손이다. 그는 자신의 서루(書樓)를 찾아온 친구 예닐곱과 자주 어울려 술을 마시고 시회를 열었다. 벗들과 어울리자 시가 지어지고 그렇게 쓰인 작품을 모아 『석루시권石樓詩卷』이란 이름의 시집을 만들었다. 그 시집에 서문을 썼는데 앞 대목은 다음과 같다.

사공도가 시를 품평하여 "눈이 개어 물가는 온통 눈밭이고 시내 저 편에는 고깃배가 떠 있다"라고 했는데 이것은 풍경[境]이 맑고 먼 것[淸遠]이다. 이어서 "마음에 쏙 드는 백옥 같은 사람이 나막신 신고 깊은 산중 찾아간다"라고 했는데 이것은 감정이 따뜻하고 우아한 것이다. 이런 풍경이 있기에 반드시 이런 감정이 있다. 뜻에 맞는 사람이 아니라면 무슨 수로 그 호젓함과 고독함을 표현할 수 있으랴?

모두들 조용하게 지낸 뒤에라야 시가 잘 써진다고 말한다. 나는 집에 머물러 거의 바깥출입을 하지 않았고 문을 두드리는 손님도 없었다. 발 너머의 푸른 산만을 포근하게 마주하고 있을 뿐이다. 이따금 마음에 얻은 것이 있어도 표현할 기회는 끝내 없었다. 그러다가 벗 예닐곱과 오가며 서로를 불렀다. 그리하여 꽃 피는 아침, 달 뜬 새벽이나 눈

보라 치는 밤에도 간혹 나막신을 끌고 내가 간 곳에는 저 여섯 사람도 함께하지 않은 때가 없었다. 술을 받아와 소리 높여 노래를 부르며 질탕하게 술을 마시고 즐길라치면 벌써 내 몸뚱어리가 있는 것조차 잊고 세속 연줄을 벗어났는데 시도 조금씩 짓게 되었다. 그들은 경전과 역사에 깊은 조예가 있고 풍류가 넘친다. 따뜻하나 아첨하지 않고, 청렴하나 남을 해치지 않는 이들이라 모두들 내 마음에 쏙 드는 벗이다.[4]

청원(淸遠)한 운치를 지닌 풍경 속에서 속되지 않고 지식이 풍부한 벗들과 어울린다면 그 즐거움은 곱절로 늘어난다. 멋진 풍경 속에서 가슴이 따뜻한 사람들과 어울려 지내노라면 자연스럽게 시가 나온다. 벗들과 어울려 지은 작품의 풍격을 그는 청기에서 찾았다. 청기의 "마음에 쏙 드는 백옥 같은 사람이 나막신 신고 깊은 산중 찾아간다"는 19세기 지성인들의 마음을 사로잡았던 명구라고 말할 수 있다.

위곡(委曲)
파란과 곡절

1. 자세한 사정과 곡절

'위곡(委曲, twisting and turning 또는 by a winding path)'은 『시품』의 열일곱 번째 풍격이다. 이 말 역시 현대인들에게는 생소하나 옛날에는 흔하게 쓴 말이다. 『표준국어대사전』에서는 위곡을 "자세한 사정이나 곡절"이라고 풀이했다. 찬찬하고 상세하게 설명하는 행위를 가리키는 낱말로 주로 옛글에서 사용된다. 현대 중국어에서도 위곡이 상세하다는 뜻을 가지고 있으나 주로 길이나 일, 말이나 글이 직선적이지 않고 곡절이 있는 것을 가리킬 때 쓴다.

위곡은 당나라 이전부터 수사법이나 문학상 표현의 수법을 가리키는 말로 널리 사용되었다. 남조(南朝) 때의 명저 『세설신어(世說新語)』

• 이재 권돈인 필사, '진밀'(부분) '소야' '청기' '위곡' '실경'(부분), 「사공표성시품첩」. 친환경농업박물관 소장.

「언어言語」에서는 "강남은 땅이 비좁아 중원과는 다르다. 만약 종횡의 도로를 일직선으로 뻗게 만든다면 한눈에 다 들어올 것이다. 따라서 이리저리 구불구불 만들어 얼른 알아보지 못하도록 한 것이다(江左地促, 不如中國. 若使阡陌條暢, 則一覽而盡. 故紆餘委曲, 若不可測)"라고 했다. 여기서 새 도읍의 시가지를 조성할 때 도로를 네모반듯하게 조성하는 것과 구불구불 조성하는 것의 차이를 구별하며 후자를 위곡이란 말로 표현했다. 여기에는 또 도로의 구획이나 문학 표현에서 한눈에 다 들어오는 것보다는 곡절이 있어 쉽게 눈에 뜨이지 않게 하는 배치나 구조가 더 좋다는 미학적 태도가 스며 있다.

이 말이 표현 수법과 풍격으로 활발하게 논의되고 창작에 영향을 미친 것은 송나라 때부터였다. 『시인옥설』이란 시화집에는 위곡이 아예 표제어로 등장했고, 시인들도 시에 파란과 곡절을 부여하는 것을 주요한 창작 기법으로 보아 다양한 논의를 펼쳤다.

위곡은 파란을 뜻하는 '위(委)'와 곡절을 뜻하는 '곡(曲)' 두 글자로 짜여 있다. 길에 비유하면 곧게 뻗은 큰길이 아니라 구불구불 에둘러 난 작은 길이다. 문학에서는 현상이나 감정을 직설적으로 토로하지 않고 에둘러서 완곡하게 표현하는 방법을 가리킨다. 그 점에서는 함축과 비슷하다. 그러나 이는 단순히 완곡하게 표현하는 수사법만을 가리키는 것이 아니다. 위곡은 곡절과 파란의 변화를 주고, 복선과 암시의 기복을 느끼게 함으로써 작품을 풍성하게 전개하는 수사법이다. 그래야 작품을 한번 읽고 나서도 다시 음미할 맛이 난다. 독자가 한번 읽자마자 바로 작품의 의도와 장치가 다 발각되어 작가의 역량과 밑천이 모조리 드러나 보이는 것은 좋은 작품이 아니다.

우리에게 위곡은 생소한 말로 들리지만 과거에 비슷한 용법으로 사용한 말인 완곡(婉曲), 위완(委婉), 곡절(曲折), 완전(婉轉)과 같은 용어를 생각하면 우리 미의식에서 위곡이 그리 생소한 것이 아님을 알 수 있다. 이들 풍격은 위곡과 거의 비슷한 뜻으로 사용되었다. 모두 에둘러 표현하는 방법이다.

역대로 많은 미학자들은 위곡의 미학을 강조했다. 주로 비유를 동원하여 그 미학을 설명했는데 도회지의 일자로 뻗은 큰길을 걷는 무미건조함과 대비해 높은 산을 구불구불 오르락내리락 올라가는 것에 비유하기를 즐겼다. 유희재(劉熙載)가 『시개詩槪』에서 "글은 산을 구경하는 것과 같아 평평함을 좋아하지 않는다(文似看山不喜平)"라고 말한 것이 좋은 사례다.『시품』역시 마찬가지이고,『시품』을 모방하여 비슷한 형식으로 미학을 전개한 다른 저작도 마찬가지이다. 그 가운데 두 가지 사례가 눈길을 끈다.

먼저 청나라 건륭제 시대의 저명한 시인 원매(袁枚)는『시품』의 형식을 모방한『속시품續詩品』을 통해 자신의 시론을 전개했는데 그중 「좁은 길을 취하다取徑」에 위곡의 미학이 스며 있다.

곧은 나무 휘어 굽게 하고	揉直使曲
홑옷을 겹쳐 겹옷을 만든다	疊單使複
무이산(武夷山)을 유독 사랑하는 까닭은	山愛武夷
다른 산은 즐길 것이 부족해서다	爲遊不足

시끌벅적한 도회지 큰길은	擾擾闤闠
행인들로 붐비지만	紛紛人行
한번 보면 그것으로 끝이라	一覽而竟
단번에 심드렁해진다	倦心齊生

촉(蜀)나라로 가는 좁은 산길을	幽徑蠶叢
처음으로 뚫은 이는 그 누구인가	是誰開創
천년토록 그 길을 지나는 이들은	千秋過者
아직도 그의 초상에 제사 드린다	猶祀其像

곧은 나무를 구부리고 홑옷을 겹옷으로 만드는 이유는 단조롭고 빈약해 보이지 않기 위해서고, 다른 산보다 무이산을 더 좋아하는 이유는 등산하는 과정이 단조롭지 않고 다양한 즐길 거리가 있어서다. 그 반대로 인파로 북적대는 도회지의 대로는 겉으로는 온갖 즐길 거리가 가득해 보이나 실제로는 한번 보고 나면 전체가 한눈에 들어와 자연히 싫증이 나고 더이상 보고 싶지 않게 된다. 그러면 어디로 가야 하나? 좁디좁은 길을 따라 산을 넘는 것을 선택한다. 문학은 이렇게 겹겹이 감춰지고 굽이돌고 높고 낮은 기복이 있어야 독자를 흡인한다.

마영조(馬榮祖) 역시 『시품』의 형식으로 산문의 미학을 표현한 『문송文頌』을 지었다. 그 가운데 위곡이 하나의 풍격으로 다음과 같이 제시되어 있다. 앞서 원매의 글 뒤쪽에서 촉으로 가는 산을 언급했는데 그처럼 높고 굴곡 많은 산을 오르는 행위로 산문의 미학을 비유했다.

계단과 잔교(棧橋)가 갈고리처럼 이어지고	梯棧鉤連
개미처럼 한 줄로 서서 뒤따라간다	一線蟻逐
아래는 물 긷는 우물과 같아	下如汲井
발을 포개고 움츠러들어 벌벌 떤다	重足瑟縮
두레박줄을 타고 그 속을 벗어나고	緣綆而出
긴팔원숭이처럼 날아 나무를 탄다	飛猱升木
고개 들어 멀리 앞산을 올려다보고	仰望前山
팔뚝을 들어 몸을 잔뜩 낮춰 간다	舉肱而伏

앞으로 가던 사람 문득 숨고	已進忽隱
굴대처럼 이리저리 돌고 돈다	旋轉如軸
만 번을 꺾어돌아 꼭대기에 이르자	萬折及顚
강과 산이 눈앞에 펼쳐진다	江山在目

위곡이 의중을 숨기는 함축과 달리 다양한 장치를 통해 즐거운 감상의 과정을 만들어내는 창작의 기술임을 제시한다. 정점을 향해 가되 일직선의 단조로운 행로는 재미가 없다. 구불구불 돌아가기도 하고 오르락내리락 기복을 즐기기도 하면서 작품을 감상하는 과정의 미학을 제시하는 풍격이 바로 위곡이다.[1]

2. 꼬불꼬불한 산길로 가야

본문은 다음과 같다.

저 높은 태항산을 오르노니	登彼太行
푸른빛이 굽이진 비탈을 에워싸고 있다	翠繞羊腸
아스라한 이내 속에 백옥 같은 물이 흐르고	杳靄流玉
아주 먼 곳으로부터 꽃향기가 풍겨온다	悠悠花香

| 힘을 들이는 것은 때에 알맞게 하고 | 力之於時 |
| 소리를 내는 것은 피리를 불듯 해야 한다 | 聲之於羌 |

가버린 듯하더니 어느 틈에 돌아와 있고   似往已廻

그윽하게 있으나 숨은 것은 아니다   如幽匪藏

물결은 빙빙 돌며 위아래로 출렁대고   水理漩洑

회오리바람은 하늘을 빙빙 도는 듯하다   鵬風翺翔

도(道)란 본래 일정한 틀이 없으니   道不自器

그릇에 따라 둥글기도 모나기도 하다   與之圓方

『시품』에서는 위곡의 미학을 험준한 태항산을 오르는 것에 빗대어 설명했다. 『고란과업본원해』에서도 "문학은 산수와 같다. 곧장 목적지에 도달하고서 아름다운 것은 없다(文如山水, 未有直邃而能佳者)"라고 위곡의 가치를 설명했다. 전체 내용은 바로 여기에 초점이 맞춰져 있다. 태항산은 구절양장(九折羊腸)이란 말이 나온 것으로 유명한 산인데, 양의 창자처럼 험하고 꼬불꼬불한 산길로 파란과 곡절이 있는 작품 세계를 비유했다. 3구와 4구는 산길 곳곳에 숨겨진 아름다움을 물소리와 꽃향기라는 청각과 후각 두 가지로 들었다.

두번째 단락의 첫 두 구절은 이해하기 힘들다. 1구를 『시품억설』에서는 계절에 맞춰 농사를 짓는 것을 의미한다고 했고, 『시품천해』에서는 상황에 맞추어 힘을 쓰는 것이라고 했으나 내용과 동떨어진 해석이다. 무명씨의 『이십사시품주석』에서 말한 대로 차라리 억지로 해석하지 않는 것이 낫다. 한편, 쭈바오취안의 『이십사시품해설』과 뤄중딩(羅仲鼎)의 『시품금석詩品今析』에서는 이 구절이 고대의 활을 잘 쏜 명궁 시력(時力)을 말했다고 보았다. 그 주장에 따르면, 1구는 활이 구부러진 모습을, 2구는 강성(光聲, 소수민족 강족의 피리 소리)이 굴곡을 이루며 퍼지는 소리를 묘사해 완곡을 비유한 것이 된다.

한편, 3구와 4구를 두고 귀사오위는 위곡의 풍격이 억지스러움 없이 자연스럽게 나오는 것을 말했다고 해석했으나 적합한 해석으로 보이지 않는다. 나는 "가버린 듯하더니 어느 틈에 돌아와 있고"는 첫번째 단락의 1, 2구를 받아 산길이 구불구불 이어진 모습을 설명하고, "그윽하게 있으나 숨은 것은 아니다"는 첫번째 단락의 3, 4구를 받아 소리와 향기가 은연중 과객을 사로잡는 것을 설명한 것으로 보고자 한다. 이를 통해 위곡의 의미를 한층 더 명확하게 드러내고 있다.

세번째 단락은 위곡의 전체적인 특징을 거론한다. 직선적이지 않고 곡절이 있는 위곡의 특징을 소용돌이치는 물결이 일었다가 잠잠해지는 모습과 회오리바람을 타고 봉새가 비상하는 형상으로 비유했다. 귀사오위를 비롯한 여러 학자들은 이 대목이 위곡이 자연스럽게 드러나야 한다는 점을 지적했다고 보았으나 실상에 부합하지 않는다. 마지막 3, 4구는 위곡이 작품을 전개하는 중요한 요소이기는 하지만 작품이라는 그릇에 맞게 적용되어야 함을 말하고 있다.

3. 태항산의 구절양장

위곡에서는 구체적 형상을 뚜렷하게 제시하고 있다. 태항산의 구절양장이 바로 그것이다. 그 뒤에 나오는 계곡물이나 꽃향기도 그림

• 정선, 〈위곡〉.

의 소재로 삼기에 적합하다.

정선은 첩첩산중을 그려 험준한 태항산을 표현하고자 했다. 짙고 옅음의 대비가 분명하여 바위와 나무는 짙은 먹으로 그리고 계곡을 채운 구름은 희게 묘사했다. 높은 산꼭대기에 두 사람이 올라 멀리 조망하는 모습을 그려 이들이 구불구불한 계곡을 힘겹게 올랐음을 보였다. 산을 오르는 과정을 그리지 않고 결과를 그린 셈인데 위곡이 주로 과정을 묘사한 것과는 조금 다르다. 마영조의 『문송』 「위곡」 마지막 대목에서 "만 번을 꺾어돌아 꼭대기에 이르자 강과 산이 눈앞에 펼쳐진다"라고 한 것과 똑같다. 화평에서 "의장은 얕으나 다만 필력은 힘이 넘친다(意匠淺, 而但筆力遒勁)"라고 하여 앞은 낮추고 뒤는 높였다. 의장이 얕다고 한 것은 높은 산봉우리와 계곡 위주로 그려 구도가 조금 단조로운 느낌을 주기 때문이다.

반시직도 정선과 마찬가지로 험준한 산을 그렸다. 태항산의 구절양장을 모델로 했는데 꼬불꼬불한 산길 끝에 관문이 숨겨져 있다. 사람은 그리지 않았다. 원근법을 조금 무시하고 산발치로부터 산꼭대기까지 오르는 전체 과정을 화폭에 담았다. 전면에는 계곡을 배치하여 아스라한 이내 속에 흐르는 백옥 같은 물과 길 주변을 장식한 아름다운 꽃과 나무를 그렸다. 구불구불 이어진 비탈길을 그려서 산을 오르는 굴곡과 변화를 주어 위곡의 함의를 살렸다.

장부는 건륭제가 쓴 「이월 그믐에 처음으로 담자사와 수운사를 여행하다 二月朔初遊潭柘岫雲寺」[2]라는 장편시를 화제로 삼아 그렸다. 건륭제는 1742년 처음으로 북경 서부에 있는 담자산(潭柘山) 산록의 담자사와 수운사를 방문하고 이 시를 지었다. 절은 대단히 규모가 크고 역

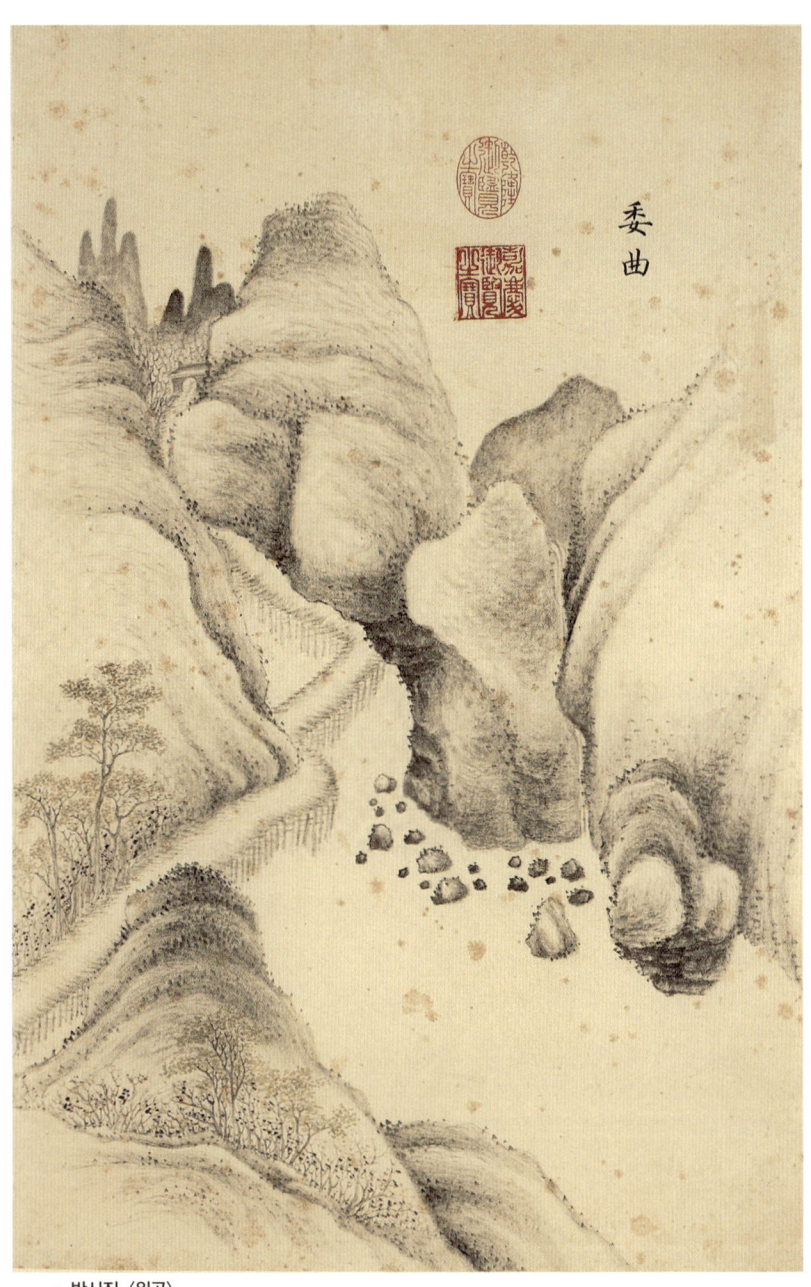

委曲

• 반시직, 〈위곡〉.

登彼太行俯絕壑羊腸
杳靄流玉藐之花香
方之於時藝之於光
似往已迴如幽匪藏
水理漩洑鵬風翺翔
道不自器與之圓方
右司空圖詩品委
曲一則
臣蔣溥恭錄

• 장부, 〈위곡〉.

• 제내방, 〈위곡〉.

사가 오랜 절로 역대 황제들이 자주 찾았다. 건륭제도 이 사찰을 찾아 시를 지었는데 깊은 산골짜기를 굽이굽이 돌아 숨어 있는 사찰을 찾아가는 과정과 사찰의 아름다움을 묘사했다. 장부의 그림은 웅장하고 깊은 산중에 숨어 있는 거대한 사찰을 묘사했다. 사찰이 화면의 중심을 이룬다는 점에서 위곡의 내용과는 분명 거리가 있다. 그러나 구름에 덮여 있고 계곡과 작은 길을 거쳐 찾아가야 하는 사찰의 모습을 통해 굴곡을 거쳐 마주하게 되는 명소를 묘사함으로써 위곡의 미학을 넌지시 드러내고자 했다.

제내방은 금세 바위가 무너져내릴 것 같은 좁은 산길을 동자를 데리고 걷는 여행자를 그렸다. 바위 옆에는 꽃이 피어 있고 길은 굽이굽이 저 뒤로 이어져 있다. 여행자는 계곡을 바라보고 있고 동자는 고개를 치켜들고 앞으로 가야 할 높은 봉우리를 쳐다보고 있어, 그들이 산을 오르는 과정중에 있음을 나타냈다. 제내방은 다른 화가들과 달리 태항산을 오르는 여행자의 모습을 근거리에서 포착하여 그렸다. 일반적인 여행자를 그린 그림으로 보아도 무방하지만 아무래도 이백의 장편고시 「촉도난蜀道難」의 형상을 그린 것으로 보인다. 이백의 시는 험준한 산을 오르는 어려움을 묘사한 저명한 작품이다.

4. 전개의 묘미

위곡은 작품을 전개하는 중요한 기법으로, 작품이 길고 짧은 것을 따질 것이 없다. 『시품억설』에서는 이 미학을 작품에 적용하여 다음과 같은 주장을 했다.

> 글이 파란과 곡절(委曲)이 없으면 뜻이 그윽하지 않고, 이치가 펼쳐
> 지지 않으며, 국면이 긴박하지 않고, 전개가 원만하지 않다. 편폭이 짧
> 거나 길거나 가릴 것 없이 모두 파란과 곡절이 있어야 한다. (…) 짧은
> 글에서도 파란과 곡절이 필요한데 장편의 큰 작품에서 일사천리로 전
> 개하여 파란이 없어서야 되겠는가? 옛사람의 시를 읽으면 고풍(古風)
> 과 율시, 절구를 가릴 것 없이 모두 멈추고 꺾이고 완곡하게 굽어드는
> 것이 있어야 한다고 보았다(文不委曲, 意不能幽, 理不能透, 局不能緊, 機不能
> 圓. 毋論篇幅短長, 俱要委曲. (…) 短簡文尙宜委曲, 長篇大幅, 豈有一瀉千里, 略無
> 波瀾者乎? 讀古人詩, 毋論古風律絕, 皆當求其頓折委婉處).

위의 말대로라면, 작품의 길이와는 무관하게 파란과 곡절이 있어
야 읽을 만한 좋은 작품이 만들어진다. 위곡은 시와 문장을 전개하는
데 꼭 필요한 표현방법인 것이다. 다만 짧은 작품에서는 짧은 길이 때
문에 적용하기가 쉽지 않다. 그렇지만 장편에서는 없어서는 안 된다.
장편은 스토리가 있어서 전개의 묘미를 살려야 하기 때문에 파란과
곡절이 없다면 그야말로 일사천리로 강물이 흘러내려가는 것처럼 무
미건조하고 지루하여 읽는 과정의 즐거움을 주지 못한다.

『시가일지』에서는 위곡의 미학을 잘 구현한 시인으로 당나라의 백
거이를 꼽았다. 틀림없이 백거이가 「장한가長恨歌」나 「비파행琵琶行」
같은 유명한 장편시를 지었다는 점을 고려하여 꼽은 것이다. 당 현종
과 양귀비의 사연을 묘사한 「장한가」는 파란과 곡절이 적절하게 배합

되어 읽는 재미를 선사하므로 위곡의 미학을 잘 구현했다고 볼 수 있다. 하지만 그와 같은 서사적인 작품에서 이 미학은 어렵지 않게 찾아볼 수 있으므로 크게 부각시켜 말할 필요는 없다. 그보다는 서정적 작품에서 찾아보는 것이 더 의의가 있다. 제량(齊梁)시대의 민가풍(民歌風) 악부시인 「서주곡西洲曲」을 들어본다.

매화를 그리며 서쪽 물가로 내려가	憶梅下西洲
매화를 꺾어 강북으로 보낼거나	折梅寄江北
홑적삼은 살구처럼 붉고	單衫杏子紅
귀밑머리는 새끼 까마귀 색깔	雙鬢鴉雛色
서쪽 물가는 어디에 있나	西洲在何處
다리 끝 나루터에서 상앗대를 잡네	兩槳橋頭渡
날이 저물어 때까치 날고	日暮伯勞飛
오구나무에 바람이 부네	風吹烏臼樹
나무 밑은 문 앞이라	樹下即門前
문 안으로 비춰 머리핀이 보이네	門中露翠鈿
문을 열어도 임은 오지 않아	開門郎不至
문을 나서서 붉은 연꽃을 따네	出門採紅蓮
남당 가을에 연꽃을 따네	採蓮南塘秋
연꽃은 사람 머리 위로 솟았네	蓮花過人頭

머리 숙여 연밥을 희롱하니　　　　　　　低頭弄蓮子

연밥은 물빛처럼 푸르네　　　　　　　　蓮子靑如水

품속에 연꽃을 넣고 보니　　　　　　　　置蓮懷袖中

연꽃 속은 바닥까지 붉어라　　　　　　　蓮心徹底紅

임을 그려도 임은 오지 않아　　　　　　　憶郎郎不至

머리 들어 날아가는 기러기 바라보네　　　仰首望飛鴻

기러기만 날아 서쪽 물가를 메우기에　　　鴻飛滿西洲

임을 바라보려 푸른 다락에 오르네　　　　望郎上靑樓

다락이 높아도 보이지 않아　　　　　　　樓高望不見

온종일 난간 끝에 서성이네　　　　　　　盡日欄杆頭

난간 열두 굽이마다　　　　　　　　　　欄杆十二曲

백옥처럼 눈부신 손 드리우네　　　　　　垂手明如玉

주렴을 걷으면 하늘만 높다랗고　　　　　捲簾天自高

바닷물은 푸른빛 넘실거리네　　　　　　　海水搖空綠

바닷물은 꿈결에도 아득하여　　　　　　　海水夢悠悠

그대 시름하면 나도 시름하네　　　　　　君愁我亦愁

남풍은 내 마음 알아차리고　　　　　　　南風知我意

꿈을 실어 서쪽 물가로 보내주네　　　　　吹夢到西洲

그 시대를 대표하는 명작으로 지금도 널리 읽히는 작품이다. 당시에 불린 민가는 남녀 사이에 일어나는 애정을 노래한 내용이 많다. 이 작품도 예외가 아니어서 남자를 그리는 여성의 그리움을 노래하고 있다. 노래의 중요한 소재인 연(蓮)은 곧 연(憐)으로 연결되어, 채련(採蓮)은 곧 남성에게 연민과 애정을 갈구하는 심경을 비유한다. 연꽃이 흐드러지게 핀 양쯔 강 중류지역이 노래의 배경이다. 서주(西洲), 곧 서쪽 물가의 연밥 따는 곳에서 일하는 여성이 멀리 떠나고 없는 남자를 보고 싶어 헤매는 모습을 묘사하고 있다. 마치 여덟 편의 짧은 절구(絕句)를 이어놓은 듯 줄거리가 이어졌다 끊어졌다 하지만 사랑하는 이를 찾는 절절한 심경은 일관하고 있다. 그래서 이 노래가 봄에서 여름으로, 여름에서 가을 겨울로 이어지는 계절의 추이에 따라 사랑을 노래했다고 보기도 한다. 내용은 전체적으로 모호하고 몽롱한데 그것이 이 연정시의 매력이기도 하다.

『고시귀古詩歸』에서 종성(鍾惺)은 이 시가 "소리와 감정이 흔들흔들에둘러 전개되지만 섬약하지도 자잘하지도 않다. 이백의 오묘한 경향이다(聲情搖曳而紆回, 不纖不碎, 太白妙派)"라고 말했다. 그 역시 이 시가 감정의 곡절을 살려서 표현한 측면을 지적했다. 순진한 여성의 발랄한 사랑은 위곡을 살린 전개를 통해 잘 드러난다. 일사천리로 주제를 부각시키는 작품이 아니라 물가, 집, 연못, 난간, 바다로 장면이 바뀌면서 시간과 시선이 전환되고, 여인의 감정이 보일 듯 말 듯 전개되어 작품을 읽는 맛이 있다. 종성이 이 작품에 이백의 오묘한 경향과 부합하는 점이 있다고 지적한 것은 이백의 악부시가 이 작품의 서정적 특징을 계승한 점을 말한 것이다. 한편으로는 이백의 장편고시 「촉도

난」과 같은 작품에서 이 작품에 보이는 위곡의 미학이 잘 구현된 점을 지적했다고도 볼 수 있다.

사연을 곡절 있게 묘사해낸 솜씨는 당나라 장약허(張若虛, 660년경~720년경)의 장편고시 「춘강화월야春江花月夜」에서 더욱 뚜렷하게 찾아볼 수 있다.

밀물 들어 봄 강은 바다 높이 물이 불고	春江潮水連海平
바다 위로 밝은 달은 밀물 따라 떠오른다	海上明月共潮生
넘실넘실 파도 따라 천 리 만 리 비추니	灩灩隨波千萬里
봄 강에는 어디인들 달이 아니 밝으랴	何處春江無月明
강은 흘러 굽이굽이 고운 들판 감싸돌고	江流婉轉繞芳甸
달 비친 꽃 숲은 싸라기눈 다 덮인 듯	月照花林皆似霰
허공에는 서리 내려도 날리는 줄 모르고	空裏流霜不覺飛
물가에는 모래 희나 분간도 아니 되네	汀上白沙看不見
강이고 하늘이고 티끌 없이 한빛이요	江天一色無纖塵
교교히 공중에는 둥근 달이 외로워라	皎皎空中孤月輪
누구던가 강변에서 달을 처음 본 이는	江畔何人初見月
몇 해던가 강 달이 사람 처음 비춘 때가	江月何年初照人
인생은 대대로 끝없이 이어가고	人生代代無窮已
강 달은 해마다 그 모습 그대로네	江月年年只相似
강 달이 누구를 비췄는지는 모르는 채	不知江月待何人
그저 물을 흘려보내는 장강만 보이네	但見長江送流水
흰 구름 한 조각 유유히 떠가는	白雲一片去悠悠

청풍 포구는 못 견디게 시름겨워라	靑楓浦上不勝愁
뉘 집에서 이 밤 조각배를 띄웠고	誰家今夜扁舟子
사무침에 오른, 달 밝은 누각은 어디일까	何處相思明月樓
어여쁘게 누각 위에 달님이 서성대며	可憐樓上月徘徊
이별한 사람의 화장대를 기웃거리네	應照離人粧鏡臺
고운 창의 발을 말아 밀어내도 아니 가고	玉戶簾中捲不去
다듬잇돌 위에서 떨쳐내도 다시 오네	擣衣砧上拂還來
바라만 볼 뿐 소식 모르는 이 순간	此時相望不相聞
달빛을 좇아가서 그대를 비추면 좋으리	願逐月華流照君
기러기가 멀리 날아도 달빛을 못 넘고	鴻雁長飛光不度
잉어가 튀어올라도 물결만 일으키네	魚龍潛躍水成文
지난밤 꿈속에 꽃이 물가에 졌건만	昨夜閑潭夢落花
가련쿠나 봄이 지나도 집에 못 가네	可憐春半不還家
강물에 실려 봄은 흘러 끝나가고	江水流春去欲盡
강가에 지는 달은 서편으로 기우네	江潭落月復西斜
기운 달은 침침하게 해무(海霧)에 숨어	斜月沈沈藏海霧
갈석산에서 소상강까지 끝없는 길을 비추네	碣石瀟湘無限路
달빛을 타고 몇 사람이나 되돌아갔나	不知乘月幾人歸
지는 달은 마음 흔들며 강 나무에 가득하다	落月搖情滿江樹

장약허는 강소성 양주(揚州) 출신의 시인으로 이 시를 포함해 시를 두 편밖에 남기지 않았으나 대가로 인정받는다. 오로지 이 작품 덕분인데 천고의 명작으로 손꼽힌다. 달을 중심 소재로 하여 봄밤 강

가의 서정을 펼친다. 달이 떠서 지는 과정을 달빛과 물결의 일렁임 속에서 굽이굽이 돌아 묘사하되 단순히 풍경을 묘사하는 차원에 그치지 않았다. 이 시는 풍경을 묘사하며 우주와 인생의 철학적 질문을 던지기도 하면서 이별과 사랑, 짙은 향수의 정서도 밀도 있게 묘사했다. 기복과 곡절이 있어 마지막 대목까지 긴장을 놓게 하지 않는 이 작품은 위곡의 미학을 가장 전형적으로 보여주는 작품으로 꼽기에 손색이 없다.

5. 위곡의 미학, 험준한 태항산을 오르듯

한국의 옛 장편시에서도 위곡의 기법은 얼마든지 찾을 수 있다. 앞서 살펴본 「서주곡」처럼 여성의 사랑을 다룬 민가풍의 서정적인 장편시에 그런 기법이 많이 쓰였다. 그 가운데서도 「평양창기사平壤娼妓詞」라는 독특한 작품을 읽어본다. 지은 사람이 누구인지 명시되어 있지 않은 이 시는 19세기 전기의 시화집『이사재기문록二四齋記聞錄』마지막 장에 부록으로 실려 있다. 한편 이 작품은 미국 버클리 대학에 소장된『규방미담閨房美談』이란 19세기 책자에도 수록되어 있는데 그 책에는 평양기생 부용(芙蓉)이 지은 「상사시相思詩」로 작가가 밝혀져 있을 뿐만 아니라 송사노창(松史老傖)이란 사람에 의해 우리말 시로 번역까지 되어 있다. 게다가 이 작품을 이용하여 놀이도 할 수 있도록 그림도 함께 그려놓았다. 먼저 작품을 읽어보자.

헤어져

그립네

길은 멀고

소식 더디네

몸은 여기나

마음은 거기에

수건에는 눈물뿐

부채는 기약 없네

향각의 종 우는 밤

연광정 달 뜨는 때

베개에 기대다 놀라 깨고

구름 보고 떠난 이를 그리네

날마다 만날 날 기다리며 손을 꼽고

새벽에 연서 보며 턱 괴고 우네

낯빛 초췌하여 거울 보며 눈물 떨구고

노래하다 목이 메어 남 앞에서 슬픔 참네

은장도 꺼내 여린 창자 끊기 어렵지 않으나

비단 신발 끌고 멀리 볼수록 의심 불어나네

어제도 오늘도 아니 오니 그대 어찌 그리 무신한가

아침에도 저녁에도 멀리 바라보나니 나만 홀로 속았구나

대동강이 육지가 된 뒤에나 말을 채찍질해서 오려는가

뽕나무 숲이 바다가 된 때에나 배를 타고 건너오려는가

이별은 많고 보는 때는 적으니 세상인심 헤아리기 어렵고

좋은 인연 끊어지고 나쁜 인연 돌아오니 하늘 뜻을 누가 알리

초대(楚臺)의 밤에 한 조각 구름 뜨니 선녀의 꿈은 누구를 꿀까

진루(秦樓)의 달에 몇 가락 퉁소 소리 농옥의 정은 누구를 향하나

잊고자 하되 잊기 어려워 시름겨워 모란봉에 기대니 늙어가는 홍안
이 아깝고

생각지 말자 하나 생각 떠올라 억지로 부벽루에 오르니 시든 검은
머리 슬프다

홀로 빈방 지키매 눈물이 비 오듯 솟구치나 삼생의 굳은 약속 변할
리야 있으랴

외로이 규방에 처하매 창자가 뒤틀리나 한평생 정신은 옮겨가지 않
으리라

봄잠에서 일어나 죽창을 열고 화류 찾는 소년을 맞이하니 모두들 무
정한 손님들이오

옷을 부여잡고 옥 베개를 물리고서 노래꾼, 춤꾼 들 보내니 다들 가
증스런 놈들이다.

천 리 밖 사람 기다리기 어렵고 어려워라 심하도다 군자가 박정하기
가 이렇구나

삼시(三時)에 문을 나서서 바라보네 문을 나서서 바라보네 슬퍼라 천
한 이 몸의 외로운 심경이 어떠한가

엎드려 바라건대 관대한 대장부는 시원하게 강을 건너 마음을 돌리
고 촛불 아래 흔연히 서로 얼굴 맞대게 해주오

연약한 아녀자로 하여금 눈물을 머금고 황천에 내려가 슬픈 넋이 달
빛 속에 울면서 영원히 헤매게 하지 마소서

別

思

路遠

信遲

身有玆

念在彼

紗巾有淚

紈扇無期

香閣鍾鳴夜

練亭月上時

倚孤枕驚殘夢

望歸雲悵遠離

日待佳期愁屈指

晨開情札泣支頤

顔色憔悴開鏡下淚

歌聲嗚咽對人含悲

提銀刀斷弱腸非難事

躡珠履送遠眸更多疑

昨不來今不來君何無信

朝遠望暮遠望妾獨見欺

浿江成平陸後鞭馬其來否

桑林變大海初乘般欲渡之

別時多見時少世情人不可測

好緣斷惡緣回天意孰能有知

一片行雲楚臺夜神女之夢在某

數聲寒簫秦樓月弄玉情之屬誰

欲忘難忘愁倚牧丹峯可惜紅顔老

不思自思強登浮碧樓每傷綠髮衰

獨宿空房淚縱如雨三生佳約寧有變

孤處霜閨腸雖欲雪百年精神自不移

罷春眠開竹窓迎花柳少年盡是無情客

攬香衣堆玉枕送歌舞者流莫非可憎兒

千里待人難待人難甚矣君子之薄情若是

三時出門望出門望哀哉賤妾之孤懷何其

伏願寬仁大丈夫快意渡江回情燭下欣相對

勿使軟弱兒女子含淚歸泉哀魂月中泣長隨

　18개 각운(脚韻)을 써서 글자 하나부터 18개까지 2행마다 한 글자씩 늘려 썼다. 이를 정돈하여 보면 모두 36개 층으로 이루어진 시다. 그래서 층시(層詩)라고 부르고 그 모양이 탑과 같다 하여 보탑시(寶塔詩)라고도 부른다. 『규방미담』에서 언급한 대로 부용이 지은 작품으로 볼 수도 있으나 단정 짓기는 어렵다. 일정한 규격을 가지기에 희작(戲作)으로 볼 수도 있지만 그렇다고 진정성이 없는 작품이라고 할 수는 없다. 이 시는 진실한 감정으로 충만해 있기 때문이다.

　작품은 평양 기생이 자신을 버리고 떠난 남자를 그리는 마음을 묘사했다. 사랑과 그리움, 원망의 감정과 재회의 소망이 교차하며 복잡

• 「평양창기사」의 전체 내용을 도형의 형태로 그리고 감상하게 한 그림. 버클리 대학 소장 「규방미담」 소재. 마름모꼴 격자 안의 큰 글씨는 이 시의 마지막 구절인 "연약한 아녀자로 하여금 원한을 머금고 황천에 내려가 외로운 넋이 달빛 속에 울면서 따르게 하지 마소서(勿使懦弱兒女子含怨歸泉孤魂月中泣相隨)"다. 이 그림의 형식은 〈소약란회문직금도 蘇若蘭回文織錦圖〉를 모방했다.

한 심경이 겹겹이 일어나는 과정이 흥미롭게 전개된다. 한 글자에서 두 글자로, 두 글자에서 마지막 열여덟 글자로 확장되는 과정에서 미묘한 감정의 곡절과 내면에 담긴 구구한 사연이 겹쳐 쌓인다. 시가 진행될수록 사설은 구구해지고 슬픔의 감정은 깊어진다. 외형상으로는 질서 정연한 점층법을 구사하고 있으나 내용에는 허다한 기복과 곡절이 있다. 『시품』에서는 위곡의 미학을 험준한 태항산을 오르는 것에 빗대어 설명했는데 이 시는 시상의 전개에서 마치 높은 산 정상을 향해 오르는 듯한 착각을 느끼게 한다. 그런 점에서 위곡의 기법을 잘 구현해놓은 작품이라 말할 수 있다.

실경(實境)
진실과 즉흥의 미학

1. 있는 그대로의 미학

'실경(實境, solid world 또는 realm of the real)'은 『시품』의 열여덟번째 풍격이다. 실경은 글자 그대로 진실한 경지이다. 거짓이나 허구의 풍경도 아니고, 들뜨고 과장된 감정도 아니다. 있는 그대로, 보이는 그대로의 풍경과 감정을 가리킨다. 묘사한 대상이 풍경일 때에는 실경(實景) 또는 진경(眞景)이란 말로 대체하여 써도 좋을 만큼 비슷한 뜻을 지닌다.

실경은 풍경이란 좁은 개념에 제한받지 않는 넓은 개념이다. 우리에게는 추상적으로 받아들여지는 경(境)은 한국과 중국에서는 과거에 널리 쓰였는데 보통 경계(境界)로 풀이한다. 여기서 경계는 경계선

(boundary/frontier)이란 의미가 아니라 일종의 예술적 경지를 뜻한다. 그 가운데 시의 경계란 의미로 풀이되는 시경(詩境)이란 말이 특히 조선 후기에 크게 유행했다. 시의 묘사 대상은 객관적인 풍경을 뜻하는 경(景)과 시인의 주관적 감정을 뜻하는 정(情)으로 나뉘는데 경(境) 또는 경계는 이 둘을 모두 포함하고 있다. 그러므로 실경은 거짓이 아닌 진실한 풍경과 감정을 다 담아낸 개념이다.

『시품』과 밀접한 관련을 맺고 있는 『시가일지』에는 시의 핵심적 글자 열 개를 요령 있게 설명한 '십과(十科)'가 있다. 그중에 경(境)이 다음과 같이 설명되어 있다.

귀로 듣고 눈으로 보며 정신이 만나고 마음이 맞아들이는, 무릇 모양의 유사함과 소리로 접하는 것 모두가 경(境)이 된다. 그러나 그중에 그윽하고 깊으며 현묘하고 비어 있는 경지에 도달하고 그것을 드러내게 되면 아름다운 시가 되고, 반면에 천박하고 진부한 것을 만나고 그것이 쌓이면 저속한 의미가 된다. 여기에 다시 마음은 경으로부터, 경은 마음으로부터 영향을 받는다. 마음이 경으로부터 영향을 받는 것은 마치 거울이 형상을 비추는 것과 같고, 경이 마음으로부터 영향을 받는 것은 마치 등불에 그림자가 생기는 것과 같다. 또한 제각기 비어 있고 밝으며 깨끗하고 오묘한 것에 힘입어 스스로 그러함을 진실되게 깨닫는다. 따라서 감정과 발상을 안배하고 경영하면 마치 그림 속에 있는 듯하여 한 글자도 놓지 않고도 몽실몽실 신채(神采)가 피어난다. [1]

이 글은 이해하기가 쉽지 않은 추상적인 내용이다. 감각기관뿐만 아니라 정신[神]과 마음[心]이 접하는 외물도 모두 경이라고 했다. 시인의 마음과 경은 상호 영향을 끼치는데 아름다운 시를 짓기 위해서는 그윽하고 깊으며 현묘하고 비어 있는 대상을 포착하여 지어야 한다. 여기서 중요한 사실은 마치 그림 속에 있는 듯한 시적 풍경을 만들어내는 것이고, "한 글자도 쓰지 않고(不著一字)" 대상의 정신적 특징이 드러나도록 하는 것이다. 『시품』 미학의 핵심 중 하나로서 열한 번째 풍격 함축에 등장하는 "한 글자도 쓰지 않는다(不著一字)"는 주장은 이렇게 시경(詩境)을 포착하는 것과 밀접한 관련이 있다. 실경 역시 시경과 긴밀한 관련을 맺고 있다.

실경은 현대 우리말에서는 사용되지 않아 어떤 국어사전에도 올라와 있지 않다. 발음이 같은 단어로 실제의 경치나 광경을 뜻하는 실경(實景)이란 말이 그 빈자리를 채우고 있다. 그러나 실경(實景)이 비슷하기는 하지만 실경(實境)의 미학을 포괄하지는 못한다. 그 말에는 인간의 감정이 빠져 있기 때문이다. 『표준국어대사전』에는 진경(眞境)이란 낱말이 표제어로 올라와 있고, "본바탕을 가장 잘 나타낸 참다운 경지"와 "실지 그대로의 경계(境界)"라고 풀이되어 있는데 이 말이 실경(實境)의 뜻과 상당히 가깝다.

옛날에는 작품에 묘사된 경물과 표현된 감정이 실제 그대로임을 밝힐 때 흔히 실경(實境)이란 말을 썼다. 17세기 전기의 학자 장유(張維)는 "시는 자기의 뜻을 말하는 도구이므로 반드시 참된 감정과 진실한 경지[實境]를 말해야 한다(詩所以言志, 必道眞情實境)"라고 말했고, 19세기의 시인 신위는 "우리의 시 짓기 맹약은 소식(동파)과 두보에 있으니, 실경(實境) 만들기에 힘쓰고 들뜨고 경박한 것을 없애자(吾輩詩盟

在蘇杜, 務造實境除浮佻)"라고 말했다. 이런 기록을 통해 이 말이 어떻게 사용되었는지 그 맥락을 분명히 파악할 수 있다.

실경의 함의를 밝힌 것으로는 『고란과업본원해』의 다음 설명이 요령 있다.

> 문장은 사람 노릇 하는 것과 같다. 비록 전아하고 멋지다고 해도 속을 꼭 드러내 보여야 한다. 가식만을 일삼는다면 누가 가까이하겠는가? 그래서 이 속의 진실함은 멀리서 구할 필요 없고 번거롭게 꾸밀 필요가 없이 눈앞에 약동한다. 참된 이치와 진실한 마음이 나타난 것이 바로 실경이다(文如其人, 雖典雅風華而肝膽必須剖露. 若但事浮僞, 誰其親之? 故此中眞際, 有不俟遠求, 不煩致飾, 而躍然在前者, 蓋實理實心顯之爲實境也).

문학은 가식 없는 본바탕을 드러내어야 독자로부터 신뢰를 얻는다. 실경은 그렇게 가식이나 허위 없이 눈에 보이는 대로 대상을 드러내고, 가슴에서 나오는 대로 자신의 감정을 표현하려는 창작상의 노력을 가리킨다. 전아하고 멋지게 보이려고 아름답게 치장하고, 고전에서 전고를 가져다 쓰거나 형식적으로 꾸미는 것을 지양한다.

확대하여 이해하면 실경은 사실주의에 근접한 미학으로서 자연과 인간 사회에 존재하는 모든 현상과 감정을 있는 그대로 묘사하자는 주장이다. 근대로 올수록 실경이란 개념에는 작품에 사회현상과 풍속까지도 사실적으로 담아낸다는 의미가 내포되어 사실주의와 일맥상통하는 면이 없지 않다. 그러나 전통적인 실경의 미학으로 담아낼 수 있는 풍경에는 명확한 한계가 있었다. 실경을 추구한 이들은 선악과 미추가 뒤섞여 존재하는 풍경 모두를 차별 없이 반영한 것이 아니라 아름다움을 느끼게 만드는 풍경과 감정을 골라 선택적으로 묘사했다. 대체로 실경의 묘사 대상은 한적함과 생명감을 느끼게 만드는 전원의 목가적 풍경과 미감, 풍족감을 느끼게 만드는 산수로 제한된다. 그 점은 『시품』 본문에서 실경으로 묘사한 내용에서 확인할 수 있을 뿐만 아니라 마영조의 『문송』과 증기택의 「연사공표성시품이십사수演司空表聖詩品二十四首」에서 묘사한 실경에서도 마찬가지로 드러난다. 그중 증기택의 시를 본다.

언덕 하나 골짜기 하나 풍경은 끝이 없고	一邱一壑景無涯
학 하나 금(琴) 하나 정은 절로 풍성하다	一鶴一琴情自賒
몇 경(頃)의 논밭에는 곡식 과일 넉넉하고	數頃田園餘穀果
온 집안 식구들은 뽕과 삼을 맡아 일한다	全家眷屬課桑麻
큰 포부에 여전히 석 자 검을 어루만지고	壯懷猶撫劍三尺
옛 공부에 아직도 다섯 수레 책을 잊지 못하네	舊學未忘書五車
화려하게 꾸미지 못했다 나무라지 마오	堪幹莫嫌華飾少
사시사철 어울리는 산꽃이 핀다네	四時長有映山花

증기택의 시는 『시품』의 범주를 크게 벗어나지 않는 테두리 안에서 논지를 전개하고 있다. 원대한 포부를 지니고 학문에 큰 뜻을 품기도 했던 사람이 이제는 다 포기하고 농사를 지으며 전원에 머무는 생활을 묘사했다. 실경을 전형적으로 드러내줄 소재가 바로 그런 삶이란 것을 제시하고 있다. 이렇게 실경은 전원에 묻혀 사는 사족(士族) 계층

의 미의식을 담아 즉흥적인 산수전원의 생활과 풍경을 묘사하는 데
초점을 맞추고 있다.

2. 허위도 과장도 없이

다음은 실경의 본문이다.

아주 솔직하게 말을 구사하고	取語甚直
구상하고 생각함이 깊지 않다	計思匪深
숨어 사는 사람을 문득 만나니	忽逢幽人
마치 도인의 마음을 본 듯하다	如見道心
맑은 시냇물이 흐르는 골짜기	淸澗之曲
푸른 소나무 그늘이 지는 곳에서	碧松之陰
한 사람은 나뭇짐 지고 가고	一客荷樵
한 사람은 금(琴)을 듣고 있다	一客聽琴
감정과 본성이 가는 대로 따를 뿐	情性所至
기묘한 것을 억지로 찾지 않는다	妙不自尋
만나는 것을 하늘에 맡길 때	遇之自天
맑게 울리는 드문 소리이리라	泠然希音

내용은 세 단락으로 나뉘는데 가리키는 바가 분명하여 어렵지 않게 이해할 수 있다. 첫 단락에서는 눈앞의 실제 경물을 묘사하는 기본 태도가 어떠해야 하는지를 밝혔다. 솔직하게 말을 선택하고 마음에서 나오는 대로 시를 써야 할 뿐 구상과 기교를 지나치게 고려하는 것은 옳지 않다. 실경시(實境詩) 창작의 기본을 비유로 설명한 대목이 3, 4구다.

3, 4구의 내용은 바로 두번째 단락으로 이어진다. 세속에 물들지 않은 곳에서 우연히 만난 숨어 사는 사람이 바로 나무꾼과 금(琴) 연주자이다. 지은이는 탈속적 인간이 자연에 순응하여 살아가는 목가적인 풍경을 실경의 미학을 전형적으로 보여주는 풍경으로 제시했다. 이는 실경의 전통적 시각을 잘 보여준다. 다만 이 풍경에 나무꾼을 포함시켜 조금은 서민적 체취를 불어넣고 생활에 밀착해 있다는 느낌을 부여했다.

세번째 단락은 실경시 미학의 원칙을 다시 설명하고 있다. 사람의 본바탕을 그대로 드러내는 솔직한 창작, 허위나 과장, 기교가 없는 자연스러운 창작을 강조했다. 이는 천기(天機)와 여운을 긍정하는 논리로 확대된다. 깊은 여운이 남는 시의 창작을 강조한 마지막 단락의 주장은 『시품』의 다른 풍격에서도 자주 언급된다.

3. 금을 연주하는 선비

실경의 미학에서 그림의 소재로 적합한 것은 두말할 필요 없이 두

曲盡畫家
踈雅之妙

• 정선, 〈실경〉.

번째 단락이다. 그에 앞서 숨어 사는 사람, 곧 유인(幽人)을 우연히 만나는 내용은 직접적으로 두번째 단락의 내용을 이끌어내므로 우연한 만남이 이뤄지는 찰나의 장면을 그릴 수도 있다. 『시품억설』에서는 두번째 단락이 "실제 정황(實況)과 실제 풍경(實境)으로서 그림으로 그리기에 정말 적합하다"라고 평가했다. 쭈바오취안도 그 부분이 실경도(實境圖)의 한 사례를 언어로 잘 그려냈다고 평가하고, 한 폭의 고사은일도(高士隱逸圖)와 같다고 말했다. 적확한 지적이다. 그렇다면 화가들은 실경의 미학을 어떻게 그림으로 구현해냈을까?

먼저 정선의 그림은 정취가 있다. 산비탈에 세 사람이 있는데 선비 차림을 한 두 사람 중 한 사람은 금(琴)으로 보이는 현악기를 타고 한 사람은 편안한 자세로 연주를 듣고 있다. 지나가던 나무꾼이 나뭇짐을 지고 선 채 연주를 듣고 있다. 그들 위로 키 큰 소나무가 당당하게 서 있고, 뒤로는 얕은 계곡물이 흐르고 숲이 안개에 잠겨 있다. 두번째 단락의 내용을 충실하게 재현한 그림이다. 그림은 그 앞 대목에서 말한 우연하고도 자연스러운 조우(遭遇)의 한 장면을 잘 포착해냈다. 특히 푸른 소나무의 자태와 세 사람의 한가롭고 자연스러운 자세가 잘 어우러진 산수화 한 폭이다. "성기면서 전아한 화가의 오묘함을 곡진하게 표현했다(曲盡畫家疏雅之妙)"는 화평에 걸맞은 그림이다.

반시직의 그림도 정선의 그림과 소재와 내용이 똑같다. 그러나 정선이 근경에 인물을 집중적으로 묘사하고 다른 풍경은 배경으로 처리하는 데 그쳤다면, 반시직은 넓은 산과 들을 원경으로 포착했다. 인물이 아니라 산과 강이 화폭의 중심을 차지한 산수화로 그렸다. 계절적 배경은 가을로 보인다. 화면 앞쪽 물가에 집 몇 채가 있고, 큰 소나무

• 반시직, 〈실경〉.

• 반시직, 〈실경〉(부분). 다리 위에 지팡이를 짚고 서 있는 사람도 담 아래로 지나가는 나무꾼도 모두 집 안에서 울려퍼져 나오는 금 소리에 귀를 기울이는 듯하다.

와 버드나무 아래 집 안에서는 한 사람이 금을 타고 있다. 집으로 이어진 다리 위에는 한 사람이 지팡이를 짚은 채 서 있고, 담 아래로는 나무꾼이 지나고 있다. 다들 그 금에 귀를 기울이는 모습이다. 인물이 과도하게 작게 그려지고 산수가 중심을 이룬 것은 풍경을 중심에 두려는 화가의 의도 때문으로 보인다.

장부는 건륭제가 쓴 「송자금시宋瓷琴詩」[2]를 소재로 그림을 그렸다. 이 시는 남송시대에 만들어진 수신이성금(脩身理性琴)을 모델로 하여 썼다. 수신이성금은 현재 타이완 국립구궁박물원에 실물이 소장되어 있으며 거기에는 건륭제가 쓴 시가 새겨져 있다. 건륭제는 자기(磁器)를 소재로 하여 많은 시를 즐겨 썼다. 그런데 그의 시는 자기가 만들어진 특징이나 아름다움에 초점을 맞추어 묘사했으므로 실경의 미학과는 긴밀하게 연관될 내용이 없다. 연결될 끈이라면 단지 금이라는 소재 하나가 있을 뿐이다. 장부는 금을 연주한다는 실경의 내용 하나

• 장부, 〈실경〉.

• 황낭촌 전각, 「시품인보」, 19세기. 실경 중 "청간지곡 벽송지음(淸澗之曲 碧松之陰) 일객하초 일객청금(一客荷樵 一客聽琴)"을 인장으로 새겼다.

를 고리로 삼아 이 시와 억지로 연결시켜놓았다. 그 때문인지 장부의 그림에서는 금이 지나치게 크게 강조되어 있다. 결과적으로는 정선을 비롯한 다른 화가의 그림과 거의 똑같은 소재와 구도를 갖게 되었다. 운무로 뒤덮인 깊은 산중 소나무 아래 고아한 선비가 금을 연주하고 있고 지나가던 나무꾼이 그 앞에서 연주를 듣고 있다. 뒤편 길에서 한 선비가 연주를 들으며 내려오고 있다. 연주의 한 순간을 포착하되 우연성을 부각시키고 있다.

제내방의 그림도 앞서 세 화가의 그림과 다르지 않다. 소재와 내용은 거의 동일하고 구도와 배치만이 조금 다르다.

실경을 그린 화가는 네 명 모두 똑같은 소재와 내용을 형상화했다. 이는 실경의 내용이 그만큼 단일하고 형상도 뚜렷하기 때문에 달리 특별한 구도나 내용을 설정하기 어렵다는 것을 의미한다. 시가 표현

• 제내방, 〈실경〉.

하는 형상이 지나치게 뚜렷하고 분명할 때 화가들의 창의적 해석이 오히려 제한되는 면을 여기에서 발견할 수 있다.

4. 온갖 사물이 모두 내게 다가와 시의 재료를 바친다

실경 미학의 핵심은 눈앞에 펼쳐진 경물을 보고 듣고 느낀 그대로 묘사하고 표현하자는 것이다. 옛 시에서 주로 즉흥시(即興詩)나 즉경시(即景詩), 또는 즉사시(即事詩)라는 이름으로 불린 짧은 시 형식으로 많이 지어졌다. 또한 꼭 그와 같은 제목을 쓰지 않은 시라도 즉흥시의 성격을 지닌 작품은 매우 많다. 보통 절구(絶句)가 상대적으로 많고 대체로 몇 수에서 수십 수에 달하는 연작시로 지어졌다. 흔히 사족이 산수전원에서 생활하며 접하는 풍경과 일상을 묘사할 때 이런 시를 창작했다.

『시품』을 해설한 학자도 실경의 그 같은 특성을 이미 지적했다. 『시품억설』에서는 "옛사람의 시 가운데 눈에 보이는 대로 쓴 시와 즉사시는 모두 실경에 속한다(古人詩, 即目·即事, 皆實境也)"라고 했다. 또 이 풍격을 즉경시와 즉사시에 적용하는 것은 적당하지만 군주의 명령에 따라 지은 시나 화답시를 비롯해 사건과 사실을 묘사한 시에 실경의 풍격을 적용하는 것은 옳지 않다고 보기도 했다. 류위창은 실경이 진실한 풍경과 사실을 구체적으로 묘사하고, 지극한 정감이 자연스럽게 표출되는 시편에 어울린다고 보았다. 또한 그 표현형식은 가볍게 읊는 짧은 작품이 적당하고, 논의를 크게 펼치는 장편에는 어울리지 않는다고 했다. 옛 작품 가운데 제목에서 날짜나 계절을 내세운 것, 예컨대 '봄날[春日]' '여름날[夏日]'이나 '이른 봄날[早春]' '늦은 가을[晩秋]' 등이나, 또 '즉사(卽事)' '즉경(卽景)' '잡다한 흥취[雜興]' '만흥(漫興)' '우연히 짓다[偶成]'와 같은 말을 내세운 작품이 주로 실경의 범주에 속한다고 했다.

실경의 미학을 잘 표현한 시인으로는 성재 양만리와 석호(石湖) 범성대(范成大, 1126~1193)를 꼽을 수 있다. 두 시인은 남송시대를 대표하는 시인으로 손꼽힌다. 시단의 중추로 활약한 두 시인은 실경을 묘사한 전형적 작품세계를 지녔다. 먼저 양만리의 작품, 「상다갱 가는 길에[桑茶坑道中]」 8수 중 제2수와 7수를 읽어본다.

밭두둑이 서까래보다 가늘다 비웃지 마오　　　　田塍莫笑細於椽
그래야 뽕밭과 채마밭을 넓힌다네　　　　　　　便是桑園與菜園
산발치 송곳 같은 땅에 집 지어놓고　　　　　　嶺脚置錐留結屋
감과 밤은 모조리 산꼭대기로 올려 심었다　　　盡驅柿栗上山巓

바람 햇살 활짝 개고 빗물도 다 말라　　　　　晴明風日雨乾時
둑에는 풀이 가득, 시내에는 물이 넘실넘실　　草滿花堤水滿溪
아이는 버들 그늘에서 한창 달게 자고　　　　童子柳陰眠正著
소 한 마리 풀 뜯으며 버들 그늘 저편으로 간다　一牛喫過柳陰西

1192년 길에서 목도한 농촌 풍경을 묘사한 연작의 일부이다. 눈앞에 펼쳐진 농촌 풍경을 보고 경쾌한 기분에 따라 즉흥적으로 썼다. 첫

시는 살뜰하게 살아가는 빈농들의 모습을 묘사했다. 더 많은 소출을 내기 위해 이들은 밭두둑을 좁게 만들고 송곳 같은 작은 땅에 집을 짓고 산다. 땅이란 땅은 모두 농토로 쓰느라 집 주변에 심어야 할 감나무와 밤나무를 산꼭대기로 올려 심은 한 장면을 포착했다.

두번째 시는 소를 치는 목동의 천진한 모습과 화창한 날씨가 어우러진 풍경을 묘사했다. 비가 내려 농촌은 생기가 돌고 날씨는 화창하다. 버드나무 그늘에서 목동은 잠자고 소는 제멋대로 풀을 뜯는다. 두 편의 시는 농촌생활의 힘겨움과 평화로움 두 측면을 짧은 절구에 담아내고 있다. 풍경과 장면의 묘사가 섬세하고 경쾌하며 사실적이고 자연스럽다.

현대의 석학인 첸중수(錢鍾書)는 양만리의 풍경 묘사를 두고 "성재(誠齋)는 촬영하는 사진기 같다"라고 말한 적이 있다. 현장의 살아 있는 풍경을 생생하게 포착하는 솜씨를 인정한 평가다. 양만리는 「형계집자서荊溪集自序」에서 "온갖 사물이 모두 내게 다가와 시의 재료를 바친다(萬象畢來, 獻予詩材)"라고 말할 정도로 자연 풍경과 일상생활에서 취한 제재를 즐겨 사용했다. 민간의 구어나 속어를 적극적으로 채택하여 생생하고도 유머러스하게 표현했다. 그런 그의 시적 특징을 일러 성재체(誠齋體)라고 불렀다.

양만리와는 또다른 면모를 지닌 범성대는 57세 이후 소주(蘇州)의 석호(石湖)에 머물며 향촌 생활을 영위할 때 「사시전원잡흥四時田園雜興」 60수를 지었다. 그중 두 편의 시를 읽어본다.

나비만이 쌍쌍이 남새밭에 날아들고   蝴蝶雙雙入菜花

해가 긴 농가에는 찾아오는 이 하나 없다	日長無客到田家
닭은 푸드득 담을 넘고 개는 구멍에서 짖어대니	雞飛過籬犬吠竇
차를 파는 행상군이 마을에 나타났나보다	知有行商來賣茶
낮에 나가 김을 매고 밤에는 길쌈하며	晝出耘田夜績麻
농촌이라 아이고 아낙이고 맡은 일에 전문가네	村莊兒女各當家
어린 손자 아직은 농사 길쌈 모르련만	童孫未解供耕織
뽕나무 그늘에서 오이 심기 흉내내네	也傍桑蔭學種瓜

전체 60수는 사계절에 따라 달라지는 농촌의 풍경을 생생하게 묘사한다. 첫번째 시는 늦은 봄철 농촌의 모습을 묘사했다. 모두가 밭일을 나가 인적이 드문 농가 마을에 갑작스레 닭이 푸드득 날고 개가 짖어대며 적막을 깨트린다. 그 한바탕 소동 가운데에는 차를 파는 행상꾼의 등장이 있다. 농촌의 우연한 일상을 생생하고 정감 있게 포착했다. 두번째 시는 여름철 농촌의 일상을 늙은 농부의 말투로 전하고 있다. 농촌에서는 모두가 자기가 맡은 일을 열심히 하지 않을 수 없다. 누구도 편히 앉아 쉴 수 없는 농촌의 살아가는 모습은 마지막 구절에 잘 나타난다. 농사일과 길쌈을 알 리가 없는 어린 손자놈조차도 뽕나무 그늘에서 오이 심는 장난을 하고 있다. 아이조차 보고 들은 것이 그것밖에 없다. 아이의 모습은 어른의 삶을 생생하게 드러낸다.

양만리와 범성대가 쓴 전원시는 당나라 왕유나 위응물의 전원시와는 상당히 다르다. 왕유나 위응물이 전원을 묘사하되 주로 목가적 풍경을 관조적이고 방관자적인 태도로 묘사해 시인의 한정일취(閑情逸

趣)를 그린 반면, 양만리와 범성대는 희로애락이 약동하는 농촌 생활의 심층을 깊이 있고 생생하게 묘사해냈다. 과거의 전원시는 단조롭지만 범성대의 전원시는 다면적이고 중층적이다. 한편, 절구를 연작으로 쓴 것은 농촌 생활의 다면적 모습을 묘사하는 좋은 방법이기도 했다.

『시품』에서 제시한 실경의 전형적 모습은 관조적 풍경의 사족 생활이다. 우연히 산보하던 중 멋진 풍경 속에서 거문고를 타는 이와 나무꾼을 만났다고 제시했다. 그 풍경만을 놓고 보면 왕유 풍의 전원시가 실경의 풍격에 알맞아 보인다. 그러나 실경의 미학이 실제로 지향하는 바는 오히려 범성대나 양만리의 전원시에 훨씬 가깝다. 『시품』에서 "아주 솔직하게 말을 구사하고 구상하고 생각함이 깊지 않다"는 구절로 실경의 표현법을 제시한 것만 보아도 그렇다. 더욱이 "감정과 본성이 가는 대로 따를 뿐 기묘한 것을 억지로 찾지 않는다"는 창작의 원칙을 봐도 범성대, 양만리의 시가 더욱 실경에 가깝다.

5. 진실한 정경

눈앞에 펼쳐진 풍경을 짧은 절구의 형식으로 생생하게 묘사하는 작품은 한국의 옛 시인들이 즐겨 창작했다. 그만큼 작품 수도 많고 수준도 높아 일일이 거론하기가 힘들다. 그 가운데 다산 정약용과 낙하생(洛下生) 이학규(李學逵, 1770~1835)의 시를 전형적 사례로 꼽을 수 있다.

두 시인은 만년에 전원의 생생한 풍경과 희로애락의 생활상을 절구 연작으로 즐겨 묘사했다. 두 시인은 똑같이 「여름날 전원의 갖가지 흥취夏日田園雜興」라는 이름으로 각각 24수의 연작시를 지었다. 이 제목은 바로 앞서 살펴본 범성대의 「사시전원잡흥」 60수 가운데 포함된 「여름날 전원의 갖가지 흥취夏日田園雜興」와 똑같다. 다산은 만년에 범성대와 양만리의 시를 좋아하여 자주 비슷한 풍격의 시를 지었는데 이 작품이 그에 속한다. 낙하생은 다산이 지은 시를 보고 자기도 똑같이 24수의 시를 지었다. 그렇게 보면, 범성대와 양만리로부터 다산으로, 다산으로부터 낙하생으로 이어지는 실경의 미학이 엿보인다. 한편, 낙하생이 지은 24수가 송준호 교수 소장의 『금심錦心』이란 필사본 시집에는 다산의 작품 「성재의 시를 모방하다效誠齋」 48수의 일부로 되어 있다. 이는 편집자가 낙하생의 작품을 다산의 것으로 오인한 것이다. 작가를 오인할 만큼 유사하다는 증거다. 두 시인이 쓴 연작시에서는 당시의 농촌 풍경과 농민의 생활상이 경쾌하면서도 유머러스하게 그려졌다. 먼저 다산의 시 세 수를 든다.

비 내려서 어린 계집종 바빠 죽을 지경　　　　雨中忙殺小鬢丫
파와 가지 모종하라 타일러두었건만　　　　　吩咐披蔥又別茄
아직 어려 주인 말을 알아듣지 못하는지　　　　生少不聞僅約指
화단에 퍼뜩 올라 봉선화를 먼저 심네　　　　上臺先揷鳳仙花

몸통이 온통 새파란 아주 작은 청개구리　　　　綠色通身絶小蛙
매화나무 가지 끝에 꼿꼿하게 앉아 있다　　　　一生端正坐梅叉

제가 감히 높은 곳을 차지할 속셈이랴　　　　　非渠敢有居高願
닭 창자에 산 채로 매장될까 겁나서겠지　　　　剛怕鷄腸活見埋

보릿가을에도 저문 뒤엔 산 공기가 썰렁하여　　麥秋山氣晚凄然
할 일 없이 담배 피우며 말똥말똥 잠 못 들 때　閑爇金絲耿不眠
이슥하여 빈 처마에 참새도 깃들이고　　　　　夜久虛檐棲雀穩
물 같은 창공에는 거미 한 놈 매달렸다　　　　碧天如水一蛛懸

다음은 낙하생의 시 세 수다.

울타리고 지붕이고 호박이 다 뒤덮어　　　　　沒籬沒屋遍南瓜
호박 나물 호박국을 물리도록 먹네　　　　　　菜茹羹湯饜不奢
한여름철 멋진 풍경 온 마을에 덧보태니　　　　還有滿村炎夏景
아침 해에 순식간에 노란 꽃을 피운다네　　　　朝陽一霎嫩黃芥

나비 앉고 벌은 윙윙 하나하나 다 바쁜데　　　蝶駐蜂喧箇箇忙
나물꽃 핀 울타리에 석양빛이 쏟아진다　　　　菜花籬落正斜陽
번잡한 온갖 일들 늙은 황소 다 귀찮아　　　　老犍似厭紛紜態
편히 누워 산을 보며 콧김만 길게 뿜네　　　　但臥看山鼻息長

산 개울서 잡은 고기 비늘 번쩍 빛나는데　　　山磵撈魚璉點光
"한 뼘 넘는다" 자랑하며 어린 손자 우쭐대네　稚孫誇道搩餘長
늙은이야 오래전에 바다를 본 몸이라　　　　　老夫自是觀於海

　작품은 어느 누구의 것인지 구분하기 힘들 만큼 풍경과 정서가 비슷하다. 다만 낙하생의 작품이 농촌의 생활상을 더 다양하게 묘사했고, 농촌 특유의 속어와 감각을 살렸다. 낙하생은 이와 유사한 작품을 상당히 많이 남겼다. 이들 작품은 조선 농촌의 생생한 모습을 즉흥적으로 포착하여 다면적으로 묘사했다. 목가적 전원시가 어느 나라 풍경인지, 어느 고을 생활인지 거의 구별되지 않는 것과는 달리, 이들 시는 조선 농촌에서 찾아볼 수 있는 독특한 풍경과 살림살이를 그려냈다. 또 농촌의 힘겨운 노동과 삶을 낙천적인 시각으로 생생하게 묘사했다.

　다산은 범성대와 양만리를 모방했다고 했는데 농촌 풍경과 농민 생활을 묘사하는 태도를 모방했을 뿐, 다산이 구사한 언어와 그가 묘사한 삶의 실상은 주변에서 확인한 사실적 풍경이다. 다산의 시어는 실생활의 언어와 말투를 느낄 수 있을 만큼 사실적이고 자연스럽다. 허구도 과장도 없는 진실한 정경을 보여준다.

비개(悲慨)
비극적 파토스의 미학

1. 피할 수 없는 운명의 비통함

'비개(悲慨, melancholy and depression 또는 be like a hero)'는 『시품』의 열 아홉번째 풍격으로 비극적 정서를 표현한다. 비개는 "슬퍼하고 개탄함"이란 뜻을 지닌 말로 여러 국어사전에 올라 있다. 뜻은 조금씩 다르나 비슷한 의미를 담은 어휘에 비장(悲壯), 비탄(悲歎), 비상(悲傷), 비통(悲痛), 비분(悲憤), 비애(悲哀), 비량(悲涼), 비수(悲愁) 등 슬플 비(悲)와 조합되는 낱말군이 있다. 중국에서는 비개란 말이 기원전부터 나타나 진대(晉代) 문헌에도 가끔씩 사용되었다. 왕희지의 「은호에게 주는 편지遺殷浩書」에는 "드디어 천하가 둑이 무너지는 형세가 되었으니 어찌 가슴이 아프고 개탄스럽지 않을 수 있으랴(遂令天下將有土崩之勢, 何能不

• 이광사, 〈비개〉. 초서로 마구 휘둘러 써서 분노의 감정을 드러냈다.

痛心悲慨也)"라는 대목이 보인다. 이 말이 작품의 풍격을 표현하는 용어로 사용되기 시작한 것은 대체로 송나라 이후부터다. 『시품』을 사공도의 저작으로 본다면, 송대 전인 당말(唐末) 사공도에 의해 거의 처음 미학용어로 사용된 셈이다.

비개의 의미를 학자들은 더 세밀하게 설명하여 비장강개(悲壯慷慨), 비분강개(悲憤慷慨), 비통감개(悲痛感慨), 비통개탄(悲痛慨歎) 등으로 표현하고 있는데 조금씩 차이는 있으나 대체로 비슷하다. 인간의 감정을 표출하는 시에서 비애와 절망의 정서가 빠질 수는 없다. 세상에 부대끼며 겪는 부조화와 개인의 불우함은 시에 곧잘 드러나기에 비개의 정서는 시에서 매우 중요하다. 그러므로 송나라 이후 중국이나 한국의 비평에서 비개가 비분강개한 정서를 표현하는 일반적인 어휘로 널리 사용된 것은 전혀 어색하지 않다. 비개가 표현하는 비애와 절망의 정서는 그 범위가 상당히 넓다.

그런데 『시품』에서 묘사한 비개의 풍격은 일반적인 의미의 비개보다 훨씬 더 강렬하여 여기에는 운명적인 비애와 절망의 감정이 드러나 있다. 개인의 불우함이나 불평, 사회나 정치 풍토에 대한 분노나 좌절을 표현하는 수준 이상의 강렬한 파토스가 있다. 비개의 풍격에는, 한 개인의 역량으로는 추락의 역사와 멸망의 숙명을 막아내지 못한다는 운명적 절망감이 내재해 있다. 국가의 멸망과 같은 격변을 겪으며 사회의 질서나 개인의 인생이 뿌리째 흔들리고 영웅조차도 그 몰락을 지켜볼 수밖에 없는 무력감이 발로된다. 『시품』에서 묘사한 비개의 미학은 후대 비평에서 사용되는 비개 일반의 정서보다 묵직하고 비장미가 넘치는 정서를 표출한다.

그 점에 주목하여 장궈칭 교수를 비롯한 연구자들은 비개를 단순히 비장과 강개한 정서를 설명하는 풍격으로 볼 수 없다 하여, 이를 서양 비극에 나타나는 미학과 같은 것으로 해석했다. 중국에서는 본래 비극이란 장르에 포함시킬 만한 작품이 별로 창작되지 않았다. 고귀한 영웅이 불가항력적인 고난과 갈등을 겪다 몰락하는 운명을 다룬 비극의 개념과 의식이 부족했다. 그런데 『시품』의 비개에는 독특하게도 서구 비극의 미학이 표현되어 있다는 것이다.

그 같은 주장은 수긍할 만한 점이 있다. 비개가 제시한 상황이 운명에 저항하다 장렬하게 몰락하는 영웅의 비장미를 표현한다는 점에서 그렇다. 이는 서구 비극의 미학과 일맥상통한다. 뒤에서 집중적으로 살펴보겠지만, 비개의 내용이 모델로 삼은 인물이 항우와 형가라는 점을 볼 때 그렇다. 내 판단으로는 중국 문학에서 서구의 비극에 상당하는 중국 문학으로는 「항우본기項羽本紀」와 「형가전荊軻傳」을 들 수 있다. 특히, 운명을 거부하고 하늘조차도 거부하는 항우의 인생이 비극에 가장 가깝다. 그 점은 뒤에 설명한다.

2. 영웅의 재능인들 어찌하리오

비개의 본문은 다음과 같다.

| 큰 바람이 물결을 말아올리고 | 大風捲水 |
| 숲 속의 나무들은 꺾여버렸네 | 林木爲摧 |

너무 괴로워 죽을 지경이건만	意苦欲死
쉬고자 해도 쉴 수가 없다	招憩不來
백 년 인생은 쏜살같이 지나갔고	百歲如流
부귀의 욕망마저 싹 가셨다	富貴冷灰
큰 도가 나날이 무너지니	大道日喪
영웅의 재능인들 어찌하리오	若爲雄才
장사는 장검을 어루만지고	壯士拂劍
목 놓아 노래 불러 슬픔만 가득 차네	浩歌彌哀
우수수 나뭇잎은 떨어지는데	蕭蕭落葉
푸른 이끼 위로 비는 주룩주룩 내린다	滿雨蒼苔

처음과 마지막은 비개의 정황을 장면으로 묘사하고, 중간은 비개의 내용을 직접 설명한다. 첫 단락에서 거센 파도를 말아 일으키는 큰 바람에 숲의 나무가 다 꺾인다고 한 것은 외부의 충격으로 비극적 상황이 초래되었음을 비유한다. 버젓이 잘 자라고 있던 나무를 꺾는 큰 바람은 전란이나 국가의 멸망, 혹은 걷잡을 수 없는 사회적 동요일 것이다. 이로 인해 사회와 개인의 삶이 송두리째 흔들리고 뽑힌다. 주인공은 괴로워 죽고 싶어도 편히 쉴 수조차 없는 상황이다. 4구의 "쉬고자 해도 쉴 수가 없다(招憩不來)"는 대목은 많은 연구자들이 대체로 "아무리 벗을 불러도 오지 않는다"로 보았다. 그러나 갑자기 벗을 부른다는 말이 맥락상 어울리지 않는다. 반면에 차오렁취안(曹冷泉)과

류위창은 안녕을 취하려 해도 취할 수 없는 상황을 설명한 내용이라고 풀이했다.

두번째 단락에서는 비극적 상황에서 겪게 되는 좌절과 절망의 감정이 표출된다. 암울한 상황으로 인해 누구도 어찌지 못한 채 삶을 보내고, 삶의 평범한 목표인 부귀공명에 대한 욕망조차도 사라질 지경이다. 국가와 사회를 지탱하던 질서나 인간의 이상이 날이 갈수록 허물어져 제아무리 영웅의 능력을 지녔다고 해도 어쩔 도리가 없다. 모든 것이 멸망으로 기울어도 무력함만을 새삼 느낄 뿐이다. "영웅의 재능인들 어찌하리오(若爲雄才)"를 "그 누가 영웅의 재능을 가진 자인가?"로 많이들 해석했다. 약(若)을 수(誰)로 이해하여 그런 해석이 나왔다. 그러나 이 글자는 여하(如何)의 뜻으로 영웅의 재능을 지닌 자도 어쩔 도리가 없다는 뜻으로 풀이하는 것이 옳다.

세번째 단락은 절망한 영웅의 비통한 감정과 정황을 묘사한다. 장사(壯士)라는 말로 표현된 영웅은 비극적 상황을 타개할 힘도 잃고 깊은 절망에 빠져 그저 검을 어루만지며 개탄만 할 뿐이다. 모든 상황은 불가항력적으로 절망적인 몰락을 향해 치닫고 있다. 그에게 남은 것은 슬픔에 가득 찬 노래를 목 놓아 부르는 것 외에는 없다. 한편, 비개의 본문은 판본마다 많은 차이가 난다. "목 놓아 노래 불러 슬픔만 가득 차네(浩歌彌哀)"에서 호가(浩歌)는 윤춘년본 『시가일지』와 『목천금어』에만 그렇게 되어 있을 뿐 다른 판본에서는 모두 호연(浩然)으로 되어 있다. 모두 의미는 통하나 내용상으로는 호가(浩歌)가 잘 어울린다. 두보의 「서울에서 봉선현으로 가며 회포를 읊다自京赴奉先縣詠懷」에는 "동학의 늙은이에게 비웃음을 당할수록, 목 놓아 부르는 노랫소리 더욱더 격렬하다(取笑同學翁, 浩歌彌激烈)"라는 구절이 있는데 그것과 비슷하다. 목 놓아 부르는 노래(浩歌)는 비개한 정서를 표현하는 소재로 적절하다.

세번째 단락의 첫 두 구절은 비장한 파토스가 강렬하다. 마지막 두 구절은 다시 처음으로 돌아가 비개의 감정을 불러일으키는 풍경을 제시하고 있다.

3. 형가의 비장한 심정을 화폭에 담다

비개에서 그림의 소재가 될 만한 부분은 첫번째 단락 1, 2구와 세번째 단락에 나오는 구체적 사물과 장면이다. 이 소재를 활용하여 화가들은 어떻게 비개를 묘사했을까?

먼저 정선의 그림이다. 바람에 흔들리는 큰 소나무 아래에 한 장사를 클로즈업한 화폭이 강렬하게 다가온다. 장사의 앞쪽으로는 강이 흐르고 있다. 몇 그루 붉은 단풍나무는 계절이 가을임을 알려준다. 소나무의 푸름과 단풍의 붉음, 인물이 입고 있는 의상의 흰 빛깔이 선명한 색채 대비를 이룬다. 앞쪽을 노려보는 듯한 장사의 옷자락과 붉은 허리띠, 덥수룩한 수염이 바람에 날리는 모습은 장사의 울분과 기개를 표현한다. 비개 본문의 앞부분과 뒷부분을 묘사하고 있다. 그림 속 장사는 진시황을 저격하기 위해 연나라 태자 단(丹)이 보낸 자객 형가를 모델로 했다. 열두번째 풍격 호방에서 언급했던 바로 그 형가다.

중국 천하가 진나라의 말발굽 아래 쓰러져가던 전국시대 말엽, 연

快讀荊軻傳千葉遍然後讀栗也帖

• 정선, 〈비개〉.

나라는 존망의 기로에 서게 되고 오로지 칼 한 자루로 진시황을 쓰러 뜨리고자 형가는 먼 길 떠날 채비를 한다. 그런데 떠날 준비를 마치고서도 형가는 출발을 늦췄다. "형가는 누군가 오기를 기다렸다가 그와 함께 떠나고자 했다. 그러나 그 사람이 먼 곳에 있어 아직 오지 않았기에 행장을 꾸려놓고는 얼마간 미루며 출발하지 않았다." 사마천은 「형가전荊軻傳」에서 이렇게 형가가 함께 떠날 절친한 벗이자 검객을 기다렸다고 했다. 그러나 태자가 서둘러 떠나기를 바라자 형가는 즉시 길을 떠났다. 일행이 역수에서 형가를 배웅할 때 친구인 고점리(高漸離)가 축(筑, 현악기의 일종)을 연주하자 형가가 음악에 맞춰 노래를 부르고 모든 이들이 눈물을 줄줄 흘렸다. 그때 형가가 또 다음 노래를 불렀다. 이 노래가 「역수가」다.

바람은 우수수 불고 역수는 찬데   風蕭蕭兮易水寒
장사는 한번 떠나면 다시 돌아오지 않네   壯士一去兮不復還

그 노래가 비분강개하여 장사들이 눈을 부릅뜨자 머리카락이 모두 위로 뻗었다. 형가는 그 길로 수레를 타고 떠났는데 끝내 뒤를 한번 돌아보지도 않았다. 그리고 진시황 암살 미수 사건이 발생했다.

「형가전」의 이 장면은 국가의 멸망과 비장한 죽음을 앞둔 암울하고 강개한 상황을 비장하게 보여주는 전형적인 대목이다. 형가의 노래는 그 절정의 정서를 표현한다. 『시품』 비개의 정서와 내용은 이 장면의 그것과 유사하다. 진시황을 죽이러 가기 직전 함께 갈 장사를 기다리는 형가의 결의에 찬 심리를 묘사했다고 보면 어울린다. "너무 괴로

• 반시직, 〈비개〉.

위 죽을 지경이건만 쉬고자 해도 쉴 수가 없다(意苦欲死, 招想不來)"는 대목을 「형가전」의 내용에 비추어 "마음은 정말 죽고 싶으나 쉬고 있는 사람 불러도 오지를 않는다"라고 해석하는 것도 충분히 설득력이 있다. 『시품억설』에서 이 구절 아래에 형가의 「역수가」를 제시한 동기도 여기에 있다.

정선은 비개의 내용을 형가가 떠나기 직전 친구를 기다리는 장면으로 이해하고 그 순간의 비장한 심경을 묘사하고자 했다. 화평에 "「형가전」을 통쾌하게 천 번 만 번을 읽은 다음에 이 화폭을 알아볼 수 있다(快讀荊軻傳千萬遍, 然後識看此幅)"라고 말한 이유도 여기에 있다.

다음은 반시직의 그림이다. 산과 호수를 배경으로 집이 있고, 창문 너머로 남자 둘이 앉아 있는 모습이 보인다. 집 주위에는 나무들이 듬성듬성 서 있다. 풍경에 압도되어 집과 인물의 의미가 작게 느껴진다. 비개의 본문에서 말한 거센 바람도 느껴지지 않고, 그림에서 풍겨나오는 정서도 전체적으로 미약하다. 집 안의 두 남자는 그림에 흔히 나오는 은사형 인물은 아니다. 얼굴을 드러낸 인물이 무릎에 장검을 놓고 있는 것으로 보아 "장사는 장검을 어루만지고" 대목을 묘사하려 했음을 알 수 있다. 정선과 마찬가지로 반시직 역시 「형가전」의 내용을 모델로 했는데, 그중에서도 연나라 태자 단이 형가와 비밀리에 만나는 장면을 그렸다. 그러나 비개의 정서를 표현하기에 그림은 너무 담담하고 평온하다. 색감이나 사물의 형상도 분노나 격정과는 거리가 멀다. 건륭제의 명으로 그린 그림에 비개의 격정과 황제를 저격하는 내용을 대놓고 표현하는 것은 화가가 감당할 수 있는 몫이 아니다. 그래서 비개의 내용과 정서를 정면으로 다루지 않았을 것이다.

大風撓水林本為摧
遍苦欲死招懇不來
百歲如流富貴冷灰
大道日長若為雄才
狂士拂劍浩然彌衰
蕭蕭落葉漏雨蒼苔
右司空圖詩品悲
慨一則
　臣蔣溥恭錄

• 장부, 〈비개〉.

장부의 그림 역시 건륭제에게 올리는 그림이다. 따라서 비개의 내용을 충실하게 묘사하기가 근본적으로 쉽지 않다. 장부는 건륭제가 1746년에 쓴 「승광전의 백송나무 고목承光殿古栝行」[1]을 소재로 삼았다. 승광전은 베이징 시청 구(西城區) 베이하이 공원 밖에 있다. 이 궁궐은 태액지(太液池)의 섬에 위치한 퇀청에 있는데 금나라 원나라 이래로 궁궐이 있었고, 건륭제가 대대적으로 중건했다. 승광전 정원에는 수령 8백 년 정도의 고목이 서 있는데 그림에 묘사된 백송이 바로 그 나무다. 이 나무가 마치 승광전을 지키는 장군과 같다고 하여 건륭제가 백포장군(白袍將軍)에 봉해주고 이 시를 지었다. 그 나무는 현재도 같은 장소에 웅장하게 서 있다. 그림은 승광전을 중심으로 정원 내부를 묘사하되 고목 네 그루를 중심에 배치했다. 건륭제의 시는 사물을 읊은 영물시(詠物詩)인데 비록 역사를 회고하고 감개한 심회를 조금 표출하기도 했으나 비개의 정서와 직접 관련되지는 않는다. 연결 고리라 할 것은 바람에 흔들리는 큰 나무가 웅장한 자태를 뽐내고 있다는 것 정도다. 단순히 소재만 일치할 뿐 비개가 표현하고자 하는 정서나 미학과는 다르다. 반시직과 똑같은 이유로 장부 또한 비개의 미학을 정면으로 다루기 어려웠을 것이다. 이는 군주에게 바치는 시문의 한계다.

제내방의 그림은 정선의 그림과 비슷하다. 비개의 앞부분과 뒷부분을 소재로 삼았다. 넓은 강에는 물결이 거세게 일고 나뭇가지는 바람에 휘어 잎이 우수수 떨어진다. 나무 사이에 탁자가 놓여 있고 그 옆에 주군(主君)이 왼손에 칼을 잡고 서 있다. 정선이 그린 주인공처럼 수염이 덥수룩한 장사다. 말과 수레가 앞에서 대기하고 있고, 부하가

• 제내방, 〈비개〉.

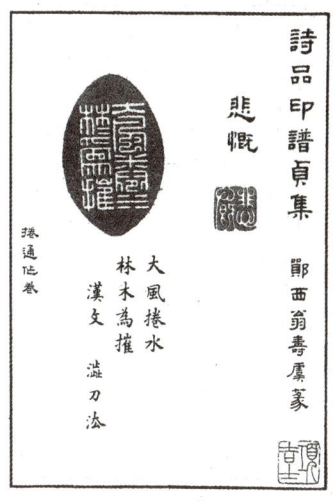

• 옹수우 전각, 〈비개〉 2방(方), 『시품인보』, 1909, 상하이 국가도서관 소장.

그 앞에서 읍(揖)을 하고 있다. 틀림없이 항우가 유방에게 완전히 포위된 상태에서 질 것이 뻔한 마지막 전투를 앞두고 있는 장면이다.

장사 앞에서 읍을 한 신하는 이제는 지체 없이 떠나야 할 순간이 다가왔음을 알리고, 다른 신하들은 차마 항우의 얼굴을 보지 못하고 외면하고 있다. 비개의 파토스를 전형적으로 드러내는 장면이다. 제내방의 그림은 정선의 그림과 함께, 비장미를 대표하는 인물의 형상을 통해 비개의 풍격을 드러내고 있다.

4. 인간 본연의 비애

『시품』이 사공도의 저작이라고 주장하는 학자들은 비개의 풍격이 사공도의 삶과 밀접한 관련이 있을 뿐만 아니라 『시품』저술의 동기를 보여주는 증거라고 주장한다. 멸망으로 치닫고 있던 당나라 말엽을 살다 간 사공도는 황소(黃巢, ?~884)가 난을 일으켜 수도 장안을 함락하자 중조산 왕관곡에 은거하였다. 그는 주전충(朱全忠, 당을 멸망시키고 양을 세운 장수)이 높은 벼슬을 주마고 불렀으나 가지 않았고, 908년 애제(哀帝, 당의 마지막 황제)가 살해되었다는 소식을 듣고는 음식을 끊고서 죽었다. 말년의 사공도는 망국에 분개하여 지사의 삶을 살았다. 그의 작품에는 혼란스런 정세와 몰락의 조짐에 대한 비분과 절망이 짙게 담겨 있는데, 이는 침몰의 시대를 온몸으로 느낀 시인의 작품에 비개의 풍격이 자연스럽게 깊숙이 투영된 결과라는 것이다.

현실을 비관하는 사공도의 시각은 비개를 출발점으로 웅혼으로 이어져, 충담, 고고, 청기와 같은 은사 취향의 풍격으로 굴절되어 나타났고, 작품 속에 기인(畸人), 유인(幽人), 가인(可人, 마음에 쏙 드는 사람)과 같은 은둔형 인물의 모습이 즐겨 묘사되었다. 두리쿤, 쭈바오취안, 장궈칭 교수 등이 대체로 이런 논지를 펼치고 있다. 『시품』이 사공도의 저작이라는 점을 전제할 때 충분히 인정할 만한 주장이다.

그러나 비개의 풍격을 특정 작가나 비평가의 체험에 과도하게 밀착시켜 이해할 필요는 없다. 인간의 극한적 비애를 묘사하는 정서는 『시경』과 「이소離騷」이래 중국 시에서 중요한 비중을 차지해왔기에 비개가 시학의 한 범주로서 눈길을 끄는 것은 자연스럽다. 다만 역대 비평가들이 비개를 비중 있게 다루지 못했을 뿐이다. 그런 상황에서 『시품』은 비개를 하나의 미적 범주로 확고히 자리잡게 하는 데 중요한 기여를 했다. 『시품』의 작자는 격정적인 비극의 파토스를 내세워 그보다 격렬함이 덜한 비애의 정서까지도 전부 포괄하고자 했다. 그렇게 함으로써 비장미를 특별히 주목할 만한 범주로 부각시켰다.

비개의 미학을 보인 작품으로 『시품억설』에서는 먼저 진자앙(陳子昻)의 「유주대에 올라登幽州臺歌」를 꼽았고, 뒤이어 형가의 「역수가」와 항우의 「해하가垓下歌」, 그리고 조조의 작품을 들었다. 충분히 공감할 만한 선정이다. 그 가운데 나는 「해하가」가 비개의 풍격을 보여주는 전형적인 사례라고 판단한다. 작품은 다음과 같다.

힘은 산도 뽑고 기운은 세상을 뒤덮건만	力拔山兮氣蓋世
시세가 불리하니 오추마도 나서지 않네	時不利兮騅不逝
오추마가 나서지 않아도 도리 없지만	騅不逝兮可乃何
우(虞)야 우야 너는 어찌한단 말이냐	虞兮虞兮乃若何

유방과 더불어 중국 천하를 다투던 젊은 영웅 항우가 패색이 완전히 짙은 순간 종말을 앞두고 부른 노래다. 24세에 봉기하여 천하를 거의 거머쥐었다가 적에게 패해 이제 막다른 골목에 처한 항우가 비분강개하며 부른 노래다. 그때 나이 31세 때다. 천하를 호령한 항우의 젊음과 기개, 그리고 그의 무모함은 비극적 영웅의 강렬한 인상을 더 크게 부각시킨다. 항우는 마지막 순간까지도 자신의 실책으로 패배했다고 여기지 않았다. "내가 군사를 일으켜 이제 8년째다. 70여 번을 싸워 맞선 자는 격파했고, 공격한 자는 굴복시켰다. 일찍이 패배한 적이 없어 드디어 천하를 제패하여 차지했었다. 그러나 이제 여기에서 끝내 곤경에 처하니 이것은 하늘이 나를 망하게 한 것일 뿐 전투

를 잘하지 못한 잘못이 아니다"라며 항변한다. 그는 단 한 번도 운명에 굴복하지 않고 끝까지 하늘이 의도적으로 진정한 영웅인 자신을 제거하려 한다고 분노를 토한다. 하늘의 뜻에 순종하는 동양인의 인생관에서는 찾아볼 수 없는 오만한 태도다. 그는 하늘과 운명에 순종하지 않고 끝까지 항거하다 끝내 자살하고 시신이 여러 조각으로 찢기는 처참한 종말을 맞는다. 서양 비극에 등장하는 영웅의 종말을 보는 듯하다. 중국 문학에서 정통 비극의 인물로 꼽을 수 있는 인물은 항우 한 사람밖에 없다.

「해하가」에서, 천하를 놓고 싸우다 천하를 잃은 영웅이 마지막으로 연인(虞, 우미인)을 부르며 내뱉는 연가는 역으로 영웅의 심연에 도사린 여린 감정을 표출한다. 마지막 순간 젊은 영웅이 토로한 인생의 무상함과 그의 체념한 면모는 오히려 이 노래의 비장미와 비극적 영웅의 진정성을 생동감 있게 표현한다. 비극적 파토스를 이렇게 비장하게 표출한 노래는 중국 문학사에서 이 작품 하나뿐이라고 말할 수 있을 정도다.

한편, 당나라 초기의 정치가이자 시인인 진자앙의 「유주대에 올라」는 뛰어난 재능을 지녔으나 때를 만나지 못한 인재의 비분에 찬 심경을 토로한 작품이다.

앞으로는 옛사람 보이지 않고	前不見古人
뒤로는 올 사람 보이지 않네	後不見來者
천지의 무궁함을 생각하니	念天地之悠悠
나 홀로 슬퍼져 눈물이 흐른다	獨愴然而涕下

697년 측천무후(則天武后)는 무유의(武攸宜)를 파견하여 거란을 정벌하게 했다. 이때 진자앙이 참모로 따라나섰다. 무유의는 귀족 출신이라 전쟁을 잘 몰랐고, 전투에 패배하여 전황이 다급해졌다. 그러자 진자앙은 자신이 선봉이 되어 적을 물리치게 해달라고 요구했다. 그러나 무유의는 그를 선봉에 내세우기는커녕 아예 좌천시켜버렸다. 이에 좌절한 진자앙은 그 옛날 연나라 소왕(昭王)이 인재를 예우한 역사를 회고하며 그 유적지인 유주대에 올라 비분강개한 심경을 토로했다. 앞의 두 구절에서는 장구한 고금의 인간 역사를 회고하며 느끼는 고단하고 쓸쓸한 감회를, 뒤의 두 구절에서는 망망하고 광활한 공간을 내려다보며 느끼는 강개한 비애를 느낄 수 있다. 이 시의 정서는『시품』본문에서 느껴지는 정서와 매우 흡사하다.

5. 영웅의 몰락

한국 옛 문학에서 영웅의 비참한 몰락을 다룬 작품을 거의 찾아볼 수 없다는 점은 중국 문학과 비슷하다. 한국 문학에서는 대체로 하늘의 뜻에 순종하고 인간의 질서에 따르는 인생관이 주조를 이룬다. 그렇기 때문에 항우처럼 몰락의 순간에 이르러서도 나의 잘못이 아니라 하늘이 위대한 영웅을 없애려 한다고 울분을 토하며 운명에 항거하는 비극적 영웅은 존재하기가 쉽지 않다.

반면에 넓은 의미의 비개에 속하는 비애와 비장, 비분의 문학은 일일이 거론하기 어려울 만큼 많다. 그 같은 정서는 국가가 위기에 빠지고 사회가 극도의 혼란에 빠진 시기의 시에서 많이 발견된다. 병자호란을 전후한 시기의 시인 청음 김상헌의 작품이 전형적인 사례일 것이다. 그는 강직한 성품으로 1636년 병자호란 때 청나라에 항복하는 문서를 찢고 통곡하였고, 이후 식음을 전폐하고 자결을 기도하며 절의를 지켰다. 청나라에 거역하는 인물로 지목되어 1641년 심양(瀋陽)에 끌려가 4년여 동안 억류되기도 했다.

청음의 인생 태도는 작품에도 반영되어 그는 비장과 비분의 정서를 담은 시를 많이 창작했다. 먼저 광해군 시절에 폐모론(廢母論)에 반대하다 북청으로 귀양 가는 이항복을 배웅하며 쓴 시다.

해 저물어 모든 풀 시들어가고	歲晏百草歇
북풍은 사납게 불어오는데	北風吹更疾
깊은 산에 큰 눈이 내려 쌓여서	深山大雪中
소나무도 잣나무도 꺾여 부러졌네	松柏亦摧折
문밖은 길이 험해 가기 어렵고	出門道路難
집 안에는 밥 짓는 연기 끊겼네	入門煙火絕
그리운 임에게 가려고 해도	欲往適所思
그리운 임 천 리 멀리 떨어져 있네	所思千里別
강과 길로 아득하게 가로막혀서	川塗莽相隔
자나 깨나 탄식만 터져나오네	寤寐增歎息
귀밑머리 허옇게 푸석해지고	蕭蕭雙鬢白
한 조각 마음만 간절할 뿐이네	耿耿寸心赤

「구변九辯」지어 옹호해줄 사람 없거니　　　　　　九辯已無人
「대초大招」를 누가 다시 이어 지으랴　　　　　　　大招誰再續
한평생 즐겨 읊던 「이소」이건만　　　　　　　　平生楚離騷
오늘에는 그 노래 차마 읽지 못하네　　　　　　　今日不堪讀

　　　　　　　—「북청北青으로 귀양 가는 백사 이상공에게 바치다」

　광해군 치하의 암울한 정치 상황에서 위대한 인물이 핍박받아 유
배 가는 것을 목도하며 비분에 차서 읊은 시다. 「구변」이나 「대초」,
「이소」는 모두 선인이 핍박받아 쫓겨나는 상황을 슬퍼한 노래다. 그
내용이 모두 백사의 상황과 유사하다고 생각했기에 인용했다. 이 시
에서 묘사한 장면과 정서는 『시품』의 내용과 상당히 비슷하다. 병자
호란을 겪고 나서 지은 다음 두 편의 시는 이보다 더 비장한 시인의
정서를 표현한다.

백발 늙은이는　　　　　　　　　　　　　　　　白頭翁
시름은 왜 그리 길고　　　　　　　　　　　　　愁心一何長
세월은 왜 그리 바쁜가　　　　　　　　　　　　歲月一何忙
시름과 세월이야 어쩌겠나　　　　　　　　　　愁心歲月知奈何
한밤에 일어나 앉아 한탄만 토해내네　　　　　　中宵起坐空咨嗟
난세를 만나 백에 하나 보탬 못 줬으니　　　　　身遇亂世百無補
차라리 죽느니만 못한 인생 오래도 버텼구나　　人生不如死之久
슬프다 너 백발 늙은이여　　　　　　　　　　嗟爾白頭翁

—「백두옹사白頭翁詞」

세월은 훌훌 북이 오가듯 흘러가서	歲月忽忽如飛梭
일백 년 인생살이 얼마나 남았던가	人生百年能幾何
가슴속 분노를 씻어낼 길 전혀 없어	胸中磊磈不可掃
술 석 잔 마시고서 소리 높여 노래하네	三杯酒後且高歌
한 자 되는 추수도(秋水刀)가 내게도 있다 하면	我有一尺秋水刀
곧장 달려가서 선우(單于) 머리 싹둑 베고	直欲往取單于頭
간사한 아첨꾼의 목까지 찍어 끊고	又欲斫斷奸佞臣
졸개까지 남김없이 법대로 죽이리라	竝與支黨行王誅
하늘 위의 은하수를 끌어다가 쏟아부어	又欲倒挽天河水
천고에 없던 삼한의 수치를 말끔하게 씻어내리	淨洗三韓千古恥
간신은 못 찍고 은하수만 드높으며	奸臣未斫河漢高
웅장한 뜻 못 이루고 백설만 머리에 가득	壯志無成頭雪白
머리 위의 백설이야 어쩔 도리 없으나	頭雪白可奈何
하늘 향해 탄식하다 한바탕 통곡하네	仰天長吁一慟哭

—「술에 취한 뒤에 부른 노래醉後歌」

울분에 사로잡힌 구체적 동기는 밝히지 않았으나, 선우, 곧 청나라 황제에게 조선이 굴복한 것과 조선의 신하들이 끝까지 싸우지 않고 그들에게 항복한 것에 분노하고 있다. 그들을 칼로 베고 도끼로 찍어 죽이고 싶다고 한 원색적이고 직선적인 분노의 표출에서 처절한 비개

522 ◉ 궁극의 시학

의 정서가 표현된다. 하지만 백발노인에겐 어떻게 해볼 힘이 없다. 불가항력적인 현실에 시인은 무기력함을 뼈저리게 느끼면서 탄식하고 통곡할 뿐이다. 모든 욕망조차 사라져 차라리 죽어 사라지기를 염원하면서 영웅의 재능으로도 어찌지 못하고 장검만 부여잡고 비분에 차 있다는 『시품』의 내용과 비교해볼 때 차이가 거의 없다.

시인의 비분강개는 자신의 재능을 인정받지 못해 분노하는 개인적 차원에 그치지 않는다. 이는 외적에 나라가 짓밟히고 수치를 겪는 것에 항거하는 사회적인 차원의 공분(公憤)이다. 비개의 풍모는 당시 사회와 지식인 사이에 널리 퍼져 있었기에 이런 정서는 보편적 공감을 이끌어내기에 충분했다. 그런 사회적 분위기를 청음은 직접 체험하고 그것을 시로 표현해냈다.

형용(形容)
세밀하고 정확한 묘사

스무번째 풍격

1. 사물을 그림과 같이 묘사하다

'형용(形容, description 또는 variations in unity)'은 사물을 세밀하고 정확하게 묘사하는 기법을 다루고 있다. 『표준국어대사전』에서는 형용을 "사물의 생긴 모양" 또는 "사람의 생김새나 모습"을 뜻하는 말로 보았고, 또 "말이나 글, 몸짓 따위로 사물이나 사람의 모양을 나타냄"을 뜻한다고 풀이했다. 지금도 형용의 의미는 과거와 크게 달라지지 않았다. 이 말이 처음 쓰인 책은 『주역』으로 그 책의 「계사繫辭」편에 "성인은 세상의 심오한 이치를 관찰하여 그 형용을 본뜨고 그 사물의 올바름을 그려낸다. 이러한 까닭에 상(象)이라 한다(聖人有以見天下之賾, 而擬諸其形容, 象其物宜, 是故謂之象)"라고 나와 있다. 이처럼 형용이란 말은

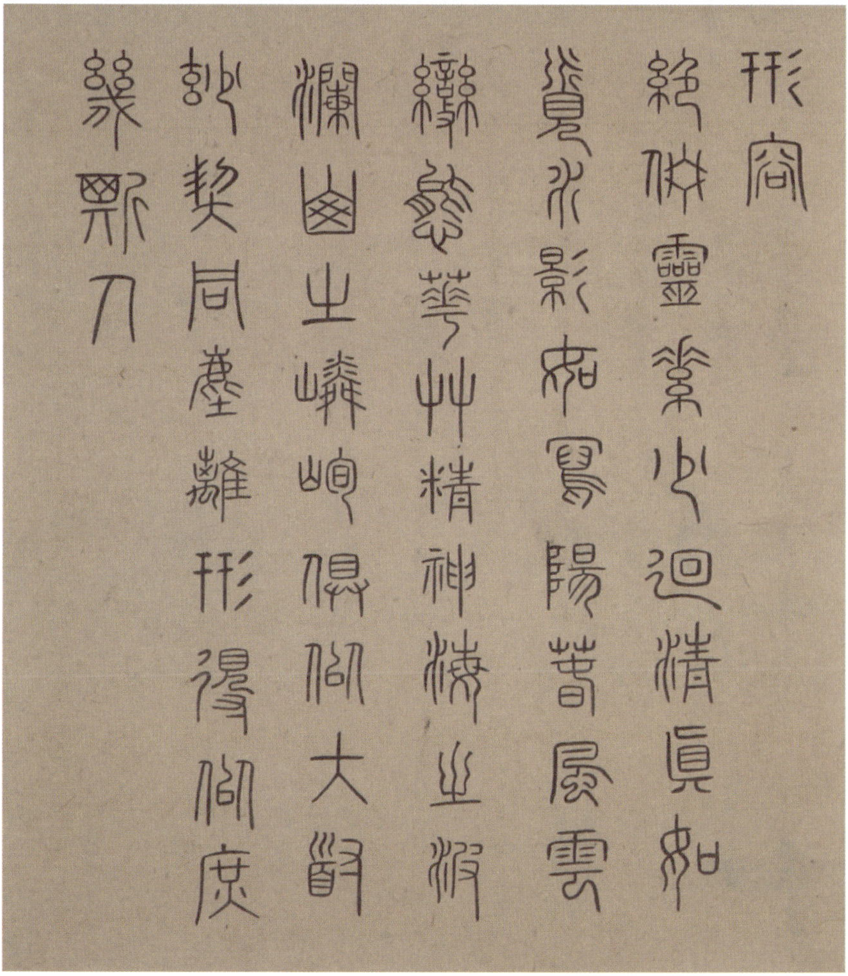

• 이광사, 〈형용〉.

연원이 오래됐지만 후대에는 사물을 세밀하게 묘사하는 수사적 노력을 가리키는 의미로 뜻이 좁혀졌다.

묘사를 충실하고 세밀하게 하는 것은 시 창작의 기본에 해당하므로 그 문제를 다룬 비평은 적지 않다. 그러나 대부분 단편적인 언급에 머물고 이 문제를 전면적으로 다루지는 못했다. 『문심조룡』도 묘사의 문제를 조금 다루는 선에 머물렀다. 형용이란 말이 사물을 세밀하고 정확하게 묘사하는 창작상의 기법으로 사용된 시기도 당나라 이후로서 송나라에 들어와서야 본격적으로 사용된다. 『시품』에서는 사물을 그림과 같이 묘사하는 것을 형용으로 보았다.

『시품억설』에서는 형용의 효과를 강조하면서 후한 환제(桓帝) 때의 화가인 유포(劉褒)의 고사를 예로 들었다. 유포가 〈운한도雲漢圖〉를 그리자 그 그림을 본 모든 이가 덥다고 느끼고, 〈북풍도北風圖〉를 그리자 사람들이 보고서 바로 추워서 떨었다는 것이다. 『박물지』에 나오는 이 사연을 가져와서 형용을 잘한 작품을 접했을 때 독자가 바로 감각으로 느끼도록 해야 한다고 주장했다. 『고란과업본원해』에서도 형용의 미학을 "시 속에 그림이 있고, 그림 속에 시가 있다"는 말을 들어 그림처럼 묘사해야 형용이 잘된 시라는 입장을 밝혔다. 그 사례로 이백과 두보의 시는 화가의 신성한 솜씨를 넘어서 거의 조물주가 사물을 있는 그대로 만들어내는 수준에 도달했다고 평가했다. 사물을 진짜와 똑같이 재현해내고, 사물의 감각까지도 독자가 느낄 수 있게 표현할 것을 요구한 것이다. 그것이 『시품』 형용이 추구하는 미학이다.

2. 물그림자와 봄빛

형용의 본문은 다음과 같다.

정신을 집중하여 순수하게 구상하면	絶佇靈素
조금 뒤 새롭고 진실한 사물의 모양이 나타나리라	少回淸眞
물에 비친 그림자를 찾아 묘사하듯	如覓水影
따뜻한 봄빛을 그려내듯 하라	如寫陽春
바람과 구름의 변화무쌍함과	風雲變態
꽃과 풀의 정신이 담겨 있음을	花草精神
바다의 용솟음치는 파도와	海之波瀾
산의 험준하고 높은 봉우리를 그리라	山之嶙峋
모든 것이 자연의 큰 도리와 합치되고	俱似大道
절묘하게 사물들과 결합하고 공존한다	妙契同塵
외형을 떠나 정신을 포착한다면	離形得似
형용을 잘하는 사람에 근접하리라	庶幾斯人

다른 풍격에서 전개한 논지와 비교할 때 형용은 풍격을 설명하는 내용으로 전체가 채워진다. 앞뒤로 개념을 동원하여 주장을 설명하고 중간 부분에서 묘사의 대상이 되는 사물과 현상을 제시하고 있다.

첫 단락에서 사물을 묘사하는 기본적인 태도를 분명하게 제시한다. 어떤 사물을 묘사하고자 할 때 정신을 집중하여 구상해야 청신하고도 진실한 형상을 언어로 표현해낼 수 있다. 1, 2구는 다섯번째 풍격 고고에 나오는 "마음 비우고 소박한 정신을 지키면서(虛佇神素)"와 표현이 비슷하다. 저(佇)는 저(貯)와 같아 비축하고 집중한다는 뜻이고, 영소(靈素)는 신소(神素)와 같아서 정신의 순수함을 가리킨다. 시인이 순수한 정신을 집중하여 사물의 특징을 포착하고자 하면 사물의 청신하고도 진실한 자태(淸眞)가 시인의 영감에 떠오른다.

그다음 3, 4구는 물에 비친 그림자와 따뜻한 봄빛을 묘사하듯이 사물을 묘사하라고 요구했다. 여기서 말한 두 가지 요구는 묘사하기 가장 힘든 사례를 꼽은 것이다. 눈앞에 보이는 구체적 사물을 묘사하기도 어려운데 더구나 물에 비친 그림자를 찾아내 묘사하기는 당연히 더 어렵다. 게다가 따뜻한 봄날은 그려야 할 구체적 실체가 무엇인지 보고 느끼는 사람마다 다르다. 묘사해야 할 대상이 불분명하고 추상적이더라도 이를 독자 앞에 선명하게 제시하는 것이 높은 수준의 묘사라는 것을 말하고 있다. 여기서 물에 비친 그림자는 물의 그림자 내지는 물 자체를 가리키는 것으로 볼 수도 있다.

두번째 단락은 물과 봄을 묘사한다는 문제와 깊이 연결되어 있다. 천태만상의 자연계에서 네 가지 현상을 구체적 사례로 내세워 묘사의 대상마다 제각각 독특한 특징을 살려내야 한다는 것을 말했다. 앞서 제시한 대상보다는 구체적인 자연현상과 사물을 들었으나 이들은 단순한 묘사 대상이 아니라 핵심을 포착하여 묘사하기가 어려운 사물의 특정한 현상이다. 바람과 구름에서는 무쌍하게 변화하는 모습이, 꽃과 풀에서는 독특한 특징이, 바다에서는 용솟음치는 파도가, 산에서는 높게 솟아 있는 산봉우리가 각각이 지닌 고유한 세계이자 개성이다. 시는 바로 그것을 묘사해야 한다.

세번째 단락은 사물의 묘사에서 굳게 지켜야 할 큰 기준을 제시하고 있다. 1구는 천태만상 다양한 대상의 묘사가 대자연의 큰 질서와 법칙에서 벗어나지 않아야 한다는 것을 말하고, 2구는 구체적이고 세밀한 묘사가 사물의 미세한 특징과 완전히 부합해야 한다는 것을 말한다. 여기서 동진(同塵)이란 말은 『노자』의 "날카로운 기를 꺾고 어지러움을 풀며 빛을 부드럽게 하고 세상의 먼지와 함께 어울린다(挫其銳, 解其紛, 和其光, 同其塵)"는 구절에서 나왔다. 화광동진(和光同塵)의 동진으로서 자신의 재기를 숨기고 세속과 어울린다는 의미다. 이를 묘사에 적용하여 풀이하면, 묘사하는 대상의 특징을 잘 부각시켜야 한다는 점을 강조한 것이다.

마지막 구절의 "외형을 떠나 정신을 포착한다(離形得似)"는 해석이 여러 가지로 나뉜다. 많은 학자들은 이 구절을 외형의 묘사보다 정신적 특징의 묘사를 강조한 것으로 해석했다. 외형의 모사를 추구하지 않고 정신과 합치되기를 추구하려는 태도라고 본 궈사오위의 주장이 대표적이다. 역사적으로 중국의 문학과 회화에서는 형사(形似)보다는 신사(神似)를 추구하는 경향이 형성되어왔는데 그런 경향을 반영해 그와 같이 해석했다.

이와는 달리 차오리(喬力)는 그 해석을 반대하고 이(離)는 밝힌다는 뜻으로, 형(形)은 드러낸다는 뜻으로 보아 밝게 드러냄으로써 정신적 특징을 잘 표현해냈다는 의미로 해석했다. 형용의 내용 전반이 사물의 세밀한 묘사를 강조하고 있기에, 갑자기 세밀한 외형 묘사의 가치를 부정하고 정신적 묘사를 강조한다는 귀사오위의 해석은 논리상 비약이 있다. 그 점에서 차오리의 해석이 더 설득력이 있다. 다만 『시품』에서 왜 '이'의 일반적인 뜻을 취하지 않고 굳이 궁벽한 "밝힌다"로 해석했을까 하는 의문이 든다.

한편, 차오리와 조금 다르기는 하지만, 이즈핑(艾治平)도 『시품변석詩品辨析』에서 이(離)를 "거치다" "경과하다"로 해석하여 "형상을 거쳐 (정신의) 묘사로 나아간다"로 풀이했다. 다시 말해 정신을 포착하기 위해서는 형상을 잘 포착해야 하고, 대상의 외형을 모사하는 것만으로는 만족하지 못해 정신을 충실하게 묘사해야 한다고 주장했다는 것이다. 차오리와 이즈핑의 해석 모두 설득력이 있다.

3. 형용을 형용하다

형용에서 그림으로 그리기에 적합한 부분은 자연에 존재하는 천태만상을 묘사한 대목이다.

먼저 정선의 그림이다. 파도가 거세게 넘실대는 바닷가 바위 위에 한 사람이 앉아 있다. 위태위태한 벼랑에 앉아서 거세게 이는 파도와 저 먼 해안에 연달아 있는 산봉우리를 바라보고 있다. 그림의 내용을 볼 때 용솟음치는 파도와 험준하고 높은 봉우리를 제시한 두번째 단락을 그림의 소재로 사용했다. 화면 대부분을 거친 바다의 파도가 차지한다. 바다를 내려다보고 있는 선비의 자세는 정신을 집중하여 파도의 경관을 묘사하려는 몰입의 순간을 묘사한 것으로 보인다. 정선

混混海色榆
寫孤峯

• 정선, 〈형용〉.

• 반시직, 〈형용〉.

絕行靈素少四清真
如頁水影如鷩陽春
風雲變態花草精神
海之波瀾山之峛岣
俱似大道妙契同塵
離形得似應我斯人
右司空圖詩品形
容一則
臣蔣溥錄

• 장부, 〈형용〉.

은 자연의 거대한 장면을 묘사하려는 시인의 의식이 고도로 집중된 상태를 묘사함으로써 형용의 미학을 그렸다. 화평은 "어슴푸레한 바다 풍경을 옮겨다 묘사하기를 거의 다했다(混混海色, 輪寫殆盡)"라고 했는데 바다의 풍경과 느낌이 화면 전체를 압도하는 점을 평가하고 있다.

다음은 반시직의 그림이다. 깊은 계곡에 졸졸 물이 흘러가고 벼랑에는 난초가 피어 있는 모습이다. 물가에는 풀이 제대로 나지 않은 걸로 보아 이른 봄을 묘사한 것으로 보인다. 그렇게 볼 때 반시직은 첫 단락의 "물에 비친 그림자를 찾아 묘사하듯 따뜻한 봄빛을 그려내듯 하라"를 그림의 소재로 삼고 있다. 『시품억설』에서는 따뜻한 봄 자체를 묘사하기는 어려우므로 봄철의 사물을 묘사하게 되면 봄이 저절로 나타날 것이라고 풀이했다. 그와 같이, 반시직은 이른 봄의 난초를 묘사하여 물에 비친 그림자와 봄빛을 담아내고자 한 것이다.

장부는 건륭제가 쓴 「영대에서 목변석을 보고서瀛臺觀木變石歌」[1]를 소재로 그렸다. 목변석(木變石)은 묘안석(貓眼石) 또는 호안석(虎眼石)이라고 부르는 돌로 석영(石英)의 재질을 지녔으되 목재의 무늬가 있어서 목변석이란 이름을 얻었다. 베이징의 남해(南海)에는 황가원림(皇家園林, 황실의 정원)인 영대(瀛臺)가 있는데 그곳의 함원전(涵元殿) 앞에는 높이가 2.6미터에 달하는 목변석이 서 있다. 흑룡강 장군인 복숭아(福僧阿)가 바친 물건으로, 건륭제는 이를 소재로 1742년 이 시를 썼다. 장부는 궁궐 밖에 우뚝 솟아 있는 목변석을 중심으로 원림의 아름다운 풍경을 정밀하게 묘사했다. 화려하면서도 정결한 궁궐과 괴석과 고목 사이에 우뚝 두 개의 목변석이 서 있다. 궁궐은 구름에 감싸여 있어 신비로운 느낌을 자아낸다. 그림 자체로만 놓고 보면 아름다운

• 제내방, 〈형용〉.

풍경을 세밀하게 묘사했다는 점에서 형용의 미학에 가장 가깝게 그렸다. 그러나 형용의 본문과 직접적인 관련은 없다.

제내방의 그림은 첫 단락의 "물에 비친 그림자를 찾아 묘사하듯 따뜻한 봄빛을 그려내듯 하라"를 묘사하고 있다. 반시직과 같은 대목을 취했으나 그 소재는 다르다. 반시직이 자연 풍경의 한 장면을 포착한 반면에 제내방은 사람과 자연이 어우러진 풍경을 포착했다. 화려한 저택 안에 작은 호수가 있고 그 주변에는 봄을 맞아 버드나무가 늘어져 바람에 날리고 있다. 물가의 난간에서는 아가씨들이 물 아래를 내려다보고 있다. 문을 열어놓은 집 안에서는 사람들이 책을 보고 있다. 집 안이 다 들여다보이도록 활짝 문을 열고 책을 읽는 사람, 훈풍에 흩날리는 버드나무와 바깥바람을 쐬이는 여인들의 모습에서 따뜻한 봄날의 서정을 느낄 수 있다. 구체적 사물과 현상을 묘사함으로써 은연중 추상적이고 묘사하기 힘든 것을 표현한 셈이다. 이는 바로 "외형을 떠나 정신을 포착한다"는 형용의 방법을 그림으로 표현한 것이다. 이렇게 네 명의 화가는 형용이란 주제를 모두 다른 소재를 활용하여 표현했다.

4. 시인, 자연의 비밀을 캐내는 존재

『시품』 형용에서 묘사의 대상으로 꼽은 소재는 물에 비친 그림자와 따뜻한 봄빛, 바람과 구름, 꽃과 풀 등으로 자연 속의 사물과 현상을 벗어나지 않는다. 하지만 시인이 묘사할 대상은 제한되지 않는다.

• 이재 권돈인 필사, '실경'(부분) '비개' '형용' '초예' '표일'(부분), 『사공표성시품첩』, 친환경농업박물관
소장.

　시인이란 구체적 사물과 현상에 숨겨진 자연의 비밀을 캐내는 존
재이므로 그 비밀을 예리하게 포착하여 오묘하게 형용해내느냐의 여
부로 능력을 평가하는 것은 당연하다. 적어도 『시품』이 나온 이후 근
대 이전까지, 동아시아 문명권에서는 자연을 유별나게 중시해왔다.
그러나 『시품』의 형용이 자연 속 사물과 현상을 주 대상으로 삼았다
고 해서 형용을 자연이란 비좁은 소재에 한정할 필요는 없다. 사회현
상이나 인간의 삶과 풍속까지도 형용의 대상으로 크게 확장하여 보는
것이 옳다.

　그렇다면 형용에서 말한 기준에 부합하는 작품으로는 어떤 것을
들 수 있을까?

성곽과 멀어 난간은 활짝 트였고   去郭軒楹敞

마을이 없어 조망은 거칠 게 없네   無村眺望賒

맑은 강은 물이 불어 언덕도 없고   澄江平少岸

그윽한 나무는 늦은 철에도 꽃이 많다   幽樹晚多花

가랑비에 물고기는 수면으로 나오고   細雨魚兒出

산들바람에 제비는 비스듬히 나네   微風燕子斜

성중에 사는 가구 십만이지만   城中十萬戶

이곳에는 겨우 두세 집뿐일세   此地兩三家

—「물가 난간에서 마음을 풀다 水檻遣心」

761년 무렵 두보가 성도에 머물 때 썼다. 두보의 시치고는 자연 경물의 아름다움을 소박하게 묘사한 평범한 작품에 불과하지만 여기서도 사물의 핵심을 파고들어 생생하게 묘사해내는 솜씨를 발휘한다. 아무리 소품이라도 그의 작품에서는 태만함이 느껴지지 않는다.

두보는 오랜 떠돌이 생활을 접고 성도의 외곽에 초당을 짓고 안식을 얻었다. 외진 시골의 한적한 풍경을 즐길 수 있는 마음의 여유를 얻은 것인데 이 시는 바로 그 같은 배경에서 지어졌다. 그가 사는 곳은 성곽에서 멀리 떨어져 촌락도 형성되어 있지 않다. 작은 집의 난간에 기대 보면 시야를 가리는 장애물이 없다. 조망을 가로막는 것이 없다고 말한 2구는 확 트인 시야에 들어온 풍경을 집중적으로 묘사한 그다음 네 구절을 앞에서 끌고 있다. 3, 4구는 각각 정태적인 원경과 근경을 묘사했고, 5, 6구는 그와 달리 역동적인 풍경을 묘사했다. 강물에 가랑비가 떨어지자 수면 위로 물고기가 올라오고, 산들바람이 불어오자 제비가 미끄러지듯이 수면을 스쳐서 난다. 마지막 두 구절은 십만 가구가 사는 성안의 번잡스런 소란함과 극명하게 대비되는, 호젓하고 그윽한 자기 집을 묘사했다. 전체적으로 한가롭고 여유로운 시골 풍경과 서정이다.

이 시에서 세밀하게 묘사하여 생동감이 넘치는 구절은 바로 5, 6구다. 늦은 봄철 가랑비 내리는 강가의 풍경 가운데 두 장면을 스냅사진 찍듯이 포착했는데 예민한 감각이 돋보인다. 이 구절이 왜 뛰어난 묘사로 간주되는지를 송나라의 비평가 섭몽득(葉夢得)은 『석림시화石林詩話』에서 다음과 같이 말했다.

시어는 지나치게 기교를 부리는 것을 꺼린다. 그러나 감정에 따라 쓰고[緣情] 사물 자체를 본떠 그리는 것[體物]에는 절로 천연스런 오묘함이 있다. 두보의 "가랑비에 물고기는 수면으로 나오고, 산들바람에 제비는 비스듬히 나네" 두 구절은 열 글자 가운데 허투루 쓴 글자가 하나도 없다. 가랑비가 수면에 닿아 거품을 만들면 물고기는 늘 위로 떠서 거품을 희롱한다. 큰비가 내린 경우라면 물에 숨어 나오지 않는다. 제비는 몸이 가볍고 약해서 바람이 사나우면 이기지 못하기에 산들바람이라야 그 바람을 이용한다. 그래서 또 "산뜻한 제비는 바람 안고 비껴 나네"라는 구절이 나온 것이다.[2]

섭몽득은 두보가 물고기와 제비의 행동에 숨어 있는 이치를 정확하게 포착하여 시로 형용해냈음을 밝혀냈다. 시인이 묘사한 작은 장면 하나도 자연의 질서를 벗어나지 않는다. 『시품』에서 "모든 것이 자연의 큰 도리와 합치되고 절묘하게 사물들과 결합하고 공존한다"고 말한 내용과 잘 부합한다. 과연 두보는 자연의 비밀을 캐내는 존재, 시인 중의 시인이었음을 다시 확인하게 만든다.

그런데 형용만 잘된 것이 아니다. '물가 난간에서 마음을 풀다'라는 제목에서 알 수 있듯이 이 시에는 분명 시인의 마음이 표현되어 있으나, 겉으로는 마음을 드러내지 않고 오로지 경물만을 묘사했다. 그러나 시를 깊이 음미하면 시인의 평화로운 기분과 즐거운 마음까지도 느껴진다. 이제는 지나간 폭우와 거센 바람이 전란과 격동을 비유한 것이라면, 가랑비와 산들바람은 조금이나마 평화가 찾아왔음을 비유한다. 가랑비에 물고기가 수면에 나오고, 산들바람에 제비가 비껴 나는 것은 시인이 전란의 고통에서 조금 벗어나 비로소 여유를 갖고 봄철의 따사로운 풍경을 기쁜 마음으로 맞이할 수 있게 되었음을 표현한다. "외형을 떠나 정신을 포착한다"는 형용의 미학을 구현한 것이다.

위 구절은 명구로 인구에 회자된다. 물리적 현상을 섬세하게 형용한 바탕 위에 시인의 심경까지 반영한 솜씨가 수려하다. 이렇게 사물의 이치를 세밀하게 포착하여 형용해내는 것을 과거의 비평가들은 체물(體物)이라고 불렀다. 두보의 시 중에는 체물의 높은 경지를 보여주었다고 평가받는 구절이 많다.

5. 외형을 떠나 정신을 포착한다

대상의 생생한 묘사는 창작의 기본에 속하는 것이므로 옛 한국 비평에서도 형용이 잘된 작품을 높이 평가한 사례가 적지 않고 그런 평가를 받을 만한 작품도 제법 많다. 많은 시인 가운데 묘사와 형용의 중요성을 유난히 강조한 시인이 바로 이덕무다. 그는『이목구심서』에서 "문학은 형용을 귀하게 여기고 글씨는 고아함을 귀하게 여긴다(文貴形容, 書貴雅)"라고 말하기도 했고, "문장은 형용을 잘해야 좋은 것으로 친다(文章以善形容爲好)"라고 말하기도 했다. 그는 다른 시인의 작품을 볼 때 체물이 잘된 작품을 선호했다.

이덕무가 빼어나게 형용했다고 꼽은 작품에는 자연 속의 사물을 묘사한 것도 포함되어 있지만 인정물태(人情物態)와 풍속을 잘 형용한 작품도 포함되어 있다.『이목구심서』에서 예로 든 것은 조영석(趙榮祐)의 풍속화를 보고 세 시인이 남긴 품평이다. 이들 품평은 대체로 시의 형식을 갖추고 있다. 그 가운데 유득공(柳得恭, 1749~1807)은 조기 장수를 그린 그림에 다음과 같은 시를 지었다.

싱싱한 조기를 등에 지고 가면서   生鮮石魚負去
큰 놈을 손에 쥐고 자랑을 하니   手持大者誇張
계집종 중문에서 뛰어나가 부른다   小婢中門走出
"조기 장수 아저씨! 생선 주세요."   喚生鮮石魚商

골목길의 한 장면이 생생하게 그려지고 있다. 조기를 팔려고 큰 소리로 외치는 행상과 조기를 사려고 다급히 외치며 뛰어나가는 여종을 잘 형용해냈다. 호객하는 소리와 달려나가는 부산한 행동이 눈에 선하고 외치는 소리가 귀에 들릴 듯 생생하다. 기생의 한 부류인 의녀(醫女)를 그린 그림에는 허필(許佖, 1709~1761)이 다음 시를 지었다.

천도 모양 높은 가리마에 목어 귀밑털	天桃高髻木魚鬢
자줏빛 끝동을 단 초록 저고리 차림	紫的回裝草綠衣
새로 장만한 벽장동 집을 향해 가나보군	應向壁藏新買宅
그 누굴까 오늘밤 밤놀이하고 가는 이는	誰家今夜夜遊歸

맵시 좋게 차려입고 가는 의녀 그림을 보고 시인은 벽장동에 새로 출현한 기생일 것이고 그녀를 찾아 밤에 어떤 남자가 갈 것이라고 짐작했다. 벽장동은 경복궁 옆 사간동 동쪽에 있던 동네로 조선 후기에는 기생집이 많았다. 번화한 도회 유흥지의 한 장면이다. 유득공과 허필은 그림을 대상으로 시를 지어 묘사했는데 모두 현실의 역동적인 모습을 생생하게 형용했다. 이덕무는 이들이 "풍속의 오묘함을 곡진하게 그려냈다"고 평가했다.

이렇게 풍속을 묘사한 그림과, 그 그림을 소재로 시를 써서 다시 현실을 재현해낸 작품으로는 박제가의 「성시전도응령城市全圖應令」이 가장 뛰어난 작품성을 보여준다. 장편시 가운데 일부를 들면 다음과 같다.

눈먼 장님 호통치나 아이놈들 깔깔대고	有瞽叫罵兒童笑

건널까 말까 할 때 다리는 벌써 기우뚱	欲渡未渡橋已圮
개백정이 옷 갈아입으면 사람들은 몰라봐도	狗屠更衣人不識
개는 쫓아가 짖어대고 성을 내며 노려본다	狗隨而啐怒睨視
우스워라, 급제 알리는 남궁(南宮)의 사령아	可笑南宮報捷人
네가 뭣이 급하다고 웃통을 다 벗었느냐	何急於汝衣半裰
신랑은 좋은 말 타고 일품(一品) 관료 옷을 입고	阿郎寶馬一品衣
푸른 부채 노란 주머니에 비단을 둘렀다	青扇黃囊擁羅綺
개성의 초립(草笠)에다 다홍빛 적삼 입고	崧陽草笠茜紅衫
액례들은 성큼성큼 걸음걸이 시원하다	掖隸翩翩輕步履
우물가엔 대통으로 물을 긷는 늙은이	井邊黃篾箍筩叟
버들 밑엔 매미 잡는 머리 땋은 아이들	柳下雙丱黏蟬子
삼삼오오 떼를 지어 제각기 몰려다녀	三三五五各有求
오는 이 가는 자 분분하여 끝이 없다	來來去去紛無已
아전들의 절하는 법 허리 굽혀 절을 하고	吏胥之拜拜以腰
시정잡배 침 뱉기는 이 사이로 뱉어낸다	市井之唾唾以齒
안장 없이 말 타는 건 어느 곳의 마부며	不鞍而騎何處圉
광주리 끼고 절하는 건 뉘 집 계집종인가	挾藍而拱誰家婢
넓은 버선 신은 자는 내시가 분명하고	徒而寬襪是黃門
흘겨보며 치마 걷는 이는 기생이 그 아니냐?	眄而蹇裳卽紅妓

정조가 화가를 시켜 〈성시전도城市全圖〉라는 이름으로 한양 전체를 그리게 하고 문인들에게는 장편시를 짓게 했다. 박제가의 시는 그중에서 수준 높은 작품으로 뽑혔고 정조로부터 "말할 줄 아는 그림(解語

畫)"이란 평가를 받아냈다. 그림은 그림인데 말을 하는 그림이니 현실 속의 다양한 목소리와 시끌벅적한 도회지의 소음이 들릴 듯하다는 평가다. 그 가운데 일부만 보아도 활력이 넘치는 한양의 도회지 풍경이 생생하게 재현된다. 장님이 호통을 치지만 아이들은 아무렇지도 않게 놀리는 장면, 개백정의 뒤에 대고 개가 짖어대는 장면, 사모관대〔一品衣〕 차림으로 장가가는 신랑, 입으로 찍 하고 침을 뱉어내는 시장통 건달과 치마를 살짝 걷고 흘겨보는 기생의 모습 등등 당시의 도시 풍경을 소묘하듯이 생생하고 입체감 넘치게 살려냈다. 장면 하나하나에 그 분위기와 느낌이 살아 있다.

이덕무의 손자인 이규경(李圭景, 1788~1856)은 『오주연문장전산고五洲衍文長箋散稿』에서 아전들이 절하는 법과 시정잡배들이 침 뱉는 장면을 묘사한 구절이 실상과 잘 부합했다는 근거를 대며 형용을 잘한 작품이라고 평가했다.

초예(超詣)
초월을 꿈꾸다

1. 속된 세계를 초월하려는 욕망

『시품』스물한번째 풍격은 '초예(超詣, transcendence 또는 detached, I read a poem)'다. 영어로 'transcendence'라 번역했듯, 이는 초월(超越)과 의미가 비슷하다. 초예는 우리말 사전에는 등재되지 않은 낯선 말이다. 초월과 조예(造詣)라는 두 가지 의미를 지녔고, 옛날에는 흔하게 쓰였다. 그 말이 본격적인 미학용어로 사용된 것은『시품』에서부터다.

초예는 평범함을 뛰어넘은 높은 수준의 조예를 뜻하는 말로 사용되었다. 유의경(劉義慶)의『세설신어』「문학」항목에 "제갈굉은 어릴 때 공부하려고 하지 않았다. 그렇지만 왕이보와 처음 대화를 나눴을 때 바로 초예함을 드러냈다(諸葛宏年少不肯學問, 始與王夷甫談, 便已超詣)"

라는 구절이 있는데 여기에서 벌써 그 용례가 보인다. 여기에서 초예
는 높은 문예적 조예를 가리키는데, 실제 용례에서는 문예의 솜씨보
다는 학문적 지식이나 식견이 높으며 자질과 인품이 출중해 평범한
수준을 넘어설 정도로 차원이 다름을 형용할 때 많이 사용되었다.

문학에서 이 말은 평범하지 않고 식견이나 자질이 높은 수준을 보
이는 것을 가리킨다. 예를 들어 유한준(俞漢雋)의 「김자용득후애사金子
容得厚哀辭」라는 글에는 "자용(子容)의 시는 높고 맑으며 밝고 시원했
으며, 심각하고 초예했다. 그는 죽어도 진부하거나 평범한 시어를 쓰
지 않았다(子容之詩, 高淸昭朗, 刻深超詣, 死不作陳庸凡下語)"라는 구절이 보
인다. 이렇게 시와 문장을 평가할 때 초예라는 말을 써서 수준이 월등
함을 표현했다. 이렇게 사용되던 초예의 전통적 의미를 받아들여서
손연규의 『시품억설』이나 차오리의 『이십사시품탐미』에서는 초예가
대단히 높은 예술적 조예의 경지를 의미한다고 설명했다.

다음으로 초예는 초월한다는 의미로 쓰인다. 세속적이고 현실적인
삶에서 벗어나 초월적이고 이상적인 인생을 살아가려는 태도를 의미
한다. 현실을 벗어나 신선이 사는 자연으로 돌아가려는 지향을 담고
있다. 초예(超詣)를 글자 그대로 해석하면 "훌쩍 뛰어서 간다"는 뜻인
데, 이를 조금 더 풀어보면 "현실을 초월하여 산수로 가고 싶다"는 뜻
이다. 류위창과 장궈칭 교수가 이 주장에 찬동한다.

내 판단으로 초예는, 단지 시문의 수준을 다루었다기보다는 시의
주제와 인생 태도를 다룬 개념이다. 초예의 주제와 이를 표현한 시인
의 태도는 속된 세계를 초월해 살아가고자 하는 시인의 욕망에 뿌리
를 두고 있다. 그러나 한국과 중국의 고전비평에서 초예라는 말을 이

러한 의미로 이해해 적용한 경우가 많지 않다.

한편으로 초월한다는 의미를 문예미학의 문제로 좁혀 보아 형상을 벗어난 언외(言外)의 멋과 운외(韻外)의 미학을 추구한 것으로 이해하기도 한다. 자오푸탄의 『시품신석』 등에서 그렇게 주장하고 있다. 이는 사공도의 미학에 견인되어 나온 주장으로 초예 본문의 내용과는 어긋난다.

2. 현실에 머물며 현실을 초월하다

초예의 본문은 다음과 같다.

정신이 신령해서도 아니고	匪神之靈
기미를 잘 포착해서도 아니다	匪機之微
흰 구름을 타고 가듯이	如將白雲
맑은 바람과 함께 돌아가리라	清風與歸
멀리 몸을 빼내 목적지에 도착했으나	遠引若至
막상 가까이 가보니 (기대와는) 다르다	臨之已非
조금이라도 도(道)의 기운이 있다면	少有道氣
결국에는 세속과 다른 길을 간다	終與俗違
흩어진 산들 사이에 나무는 높이 솟고	亂山喬木

푸른 이끼에 햇살은 반짝인다　　　　　　　　　碧苔芳暉
그 풍경을 읊조리고 생각할수록　　　　　　　　誦之思之
그가 토해낸 것은 드문 소리이리라　　　　　　其聲愈希

　초예는 『시품』에서 해석이 난해한 풍격으로 꼽힌다. 주제가 무엇인
지를 놓고 의견이 나뉘고 구체적인 내용에서도 이견이 상당수 제기되
었다. 나는 "현실을 초월하여 산수로 가고 싶다"는 것이 전체를 관통
하는 주제라고 판단한다.
　첫번째 단락은 초예의 동기를 설명하고 있다. 이 구절은 이견이 많
다. 내가 현실을 떠나 산수로 가는 동기는 내 정신의 신령함 때문도
아니고 기미를 잘 포착하는 능력 때문도 아니다. 다시 말해, 화자는
은거나 신선세계를 지향하는 천부적인 기질을 지닌 것도, 그렇다고
현실의 급변을 포착하는 능력이 뛰어난 것도 아니다. 이때 2구 "기미
를 잘 포착해서도 아니다"라는 대목은 전쟁이나 사회의 혼란 같은 난
리의 조짐을 포착하고서 현실을 벗어나 산수로 도피하는 것을 의미한
다. 한국이나 중국의 지식인들은 일반적으로 세속적 현실을 초탈하려
는 동기를, 은둔을 지향하는 천부적 기질과 부패하고 타락한 사회 현
실이라는 두 가지 요소에서 찾곤 했다. 그런데 초예의 주인공은 그런
동기와는 무관함을 밝힌다. 그렇다고 본문에서 이와 다른 초월의 동
기를 순순히 밝히고 있지도 않다. 여기서는 초월을 향한 그의 꿈이 생
활의 필요에 따라 자연스레 형성되었음을 짐작할 수 있다. 3, 4구는
현실을 초탈하는 과정을 묘사했다. 흰 구름을 타고 가듯 맑은 바람과
함께 가는 것은 현실을 벗어나 산수를 향해 가는 주인공의 행동이다.

흰 구름과 맑은 바람은 산수에 묻혀 은거하는 것을 비유하고, 세속과 절연한 자유로움을 상징한다.

두번째 단락 1, 2구는 화자가 가고 싶어하던 목적지에 도착하여 받은 인상이다. 그가 꿈에도 그리며 도착한 장소는 그가 기대하던 그런 곳은 아니었다. 산수가 아름답지 않아서가 아니다. 현실이 추하고 힘들다 해서 이상향인 산수로 가본들 거기도 자기가 꿈꾸던 바로 그곳은 아니다. 지상에는 현실을 벗어나 영영 초월적 삶을 누릴 수 있는 곳이란 없다.

3, 4구는 많은 학자들이 "젊은 시절부터 도의 기운을 지니고 있으면 죽을 때까지 세속과 다른 길로 간다"고 해석하고 있다. 다시 말해, 초월의 욕구가 본성에서부터 나왔기에 속됨을 벗어나 자연으로 돌아가려는 시도는 자연스럽다는 의미로 해석했다. 원문의 소(少)를 어리다는 뜻으로 해석한 결과이다. 그러나 이 글자는 '조금'이라는 뜻으로 해석하는 것이 옳다. 그렇게 볼 때 이 구절은 도를 추구하는 마음을 조금이라도 지니면 속된 세계와 절연할 수 있다는 내용이 된다. 그러면 군이 현실에서 멀리 떨어진 이상향을 찾아 떠날 필요가 없다. 속된 현실에 몸이 머물러 있어도 마음이 도를 추구한다면 지금 발 딛고 사는 곳이 곧 초월의 공간이 될 수 있다. 군이 신선이 되고자 하거나 자연으로 숨어들 필요는 없다는 것이다. 이 구절은 무턱대고 현실을 도피하는 행태를 비판하는 내용으로 읽을 수 있다.

세번째 단락의, 흩어진 산들 사이에 높이 솟은 나무와 푸른 이끼에 반짝이는 햇살은 초월의 공간에 펼쳐진 경물이다. 사람들이 부대끼며 사는 소란스런 현실과 대비되는, 사람들의 마음 깊숙한 곳에 자리하고 있는 이상적 자연경물이다. 그렇다면 이런 초월적 세계의 경물을 찾아가란 말인가? 아니다. 3, 4구의 의미는 그 풍경을 읊조리고 생각하기만 해도 된다는 뜻이다. 그런 경물을 꿈꾸기만 해도 간 것과 다름이 없다는 말이다. 그 앞에 나온 "조금이라도 도의 기운이 있다면 결국에는 세속과 다른 길을 간다"는 구절의 취지와 다르지 않다. 초월세계를 꿈꾸기만 해도 그가 창작하는 작품은 이 세상에 존재하는 어떤 예술보다도 더 위대한 작품이 될 것이다. "그가 토해낸 것은 드문 소리이리라(其聲愈希)"는 『노자』 41장에 나오는 "너무도 큰 네모꼴은 모서리가 없고, 너무도 큰 그릇은 가장 늦게 만들어지며, 너무도 큰 음악은 소리가 들리지 않고, 너무도 큰 물체는 모양이 보이지 않는다(大方無隅, 大器晚成, 大音希聲, 大象無形)"에 나오는 대음희성(大音希聲)을 의미한다. 여기서 위대한 음악(大音)은 곧 드물게 뛰어난 작품성을 의미한다. 『시품』 열여덟번째 풍격 실경에서 "만나는 것을 하늘에 맡길 때 맑게 울리는 드문 소리이리라(遇之自天, 泠然希音)"에 나오는 희음(希音)과 같다.

초예는 속된 세상을 살아가는 사람들이 그 속된 현실을 초월하고자 하는 꿈을 표현한다. 전통적으로 현실을 초월하고자 하는 이들은 자연과 신선계를 찾고자 했다. 본문에서도 그 점을 인정한다. 그러나 초예에서는, 인간세계와 단절된 자연계나 신선계 또한 초월의 궁극적 목적지가 되지 못한다는 인식도 함께 가진다. 결국에는 현실에 몸담고 살면서 세속의 저속한 욕망에 물들지 말고 현실을 초월하려는 꿈을 갖고 살자는 주장을 펼친다. 초예는 현실에 머물며 현실을 초월하려는 꿈을 표현한 풍격이다.

3. 꿈에도 꿈꾸던 세계

초예는 현실에 머물며 현실을 초월하려는 욕망을 표현한다. 그렇다면 이러한 욕망을 어떻게 그림으로 묘사했을까? 초예에서 그림으로 그리기에 적합한 구체적 사물은 흰 구름, 맑은 바람, 그리고 흩어진 산과 높이 솟은 나무와 푸른 이끼이다. 그러나 바람이나 푸른 이끼는 묘사하기가 쉽지 않다. 화가가 묘사할 만한 구체적 사물은 대체로 흰 구름과 첩첩산중의 키 큰 나무다.

먼저 정선의 그림이다. 원경에는 산의 가장자리 선만 대충 그려 첩첩산중 난산(亂山)을 묘사하고 근경에는 높고 가파른 바위산이 첩첩이 솟아 있는 모습을 그렸다. 산 앞에는 고목 세 그루가 서 있는데 특이하게도 위쪽 가지가 모두 잘려 있다. 이상하여 가만히 살펴보면 나무 끝에 걸린 짙은 구름이 먼 산까지 뒤덮어 기이한 광경을 연출한다. 산과 구름을 바라보며 지팡이를 짚고서 한 선비가 서 있다. 선비 옆으로는 계곡물이 흘러내려오고 있다. 소나무 밑동 주위의 반점은 푸른 이끼를 묘사한 것이다. 앞에서 정리한 대로 흰 구름과 첩첩산중의 높게 솟은 나무, 푸른 이끼가 소재다. 대체로 단조로운 묘사다. 이 선비는 분명 멀리 현실 세계로부터 몸을 빼내 목적지에 도착하여 그가 꿈에도 그리던 세계를 눈앞에 두고 있다. 보고 있는 곳이 과연 그가 기대하던 초월의 세계였는지를, 그림은 말하지 않는다. 어찌 보면 한 선비가 꿈속에 본 경물을 묘사한 그림처럼 보이기도 한다. 화평은 "나는 들녘에서 고목이 가지 없이 우뚝 서 있는 것을 볼 때마다 늘 이 그림이 떠오른다(余於田野之間, 每見古木竦而無枝, 輒思此畫)"로 적혀 있다.

余於田野之間每見古木跛
而乏枝軃里地畵

• 정선, 〈초예〉.

반시직은 특이하게도 키 큰 나무를 과장되게 묘사했다. 나무는 잎이 없이 말라버린 고목(枯木)이고 그 주변에는 조릿대가 자라고 있다. 멀리 야트막한 야산이 그려져 있고, 희미하기는 하지만 구름이 보인다. 『시품』의 본문에 나온 경물을 배경으로 가볍게 처리한 것이다. 그러나 멀리 있는 산의 모습만으로는 첩첩한 산이라는 분위기를 잘 살려내지 못했다. 오른쪽으로는 강 또는 호수가 배치되어 산과 연결되어 있다. 한 요소를 과장되게 그리는 경향이 이 그림에서도 재현되고 있다. 이 그림은 황량한 배경 속에 고목과 조릿대가 쓸쓸히 바람에 흔들리는 풍경을 묘사했다. 조릿대의 차가운 느낌과 고목의 황량한 느낌은 속세와 어울리지 못하는 고고한 지사의 초월적 경지를 묘사한 것으로 보인다.

장부는 건륭제가 쓴 「신선인神仙引」[1]이란 시를 소재로 그렸다. 신선들이 사는 삼청(三淸, 도교에서 신선이 산다는 옥청玉淸·상청上淸·태청太淸의 세 궁)의 세계가 동해바다 삼신산(三神山)에 있다. 건륭제는 바닷가에서 동해를 바라보며 신선들이 모이는 그 세계로 가고 싶다는 상상을 했다. 용이나 배를 타고서 선계로 올라가 다른 신선들과 어울리고 싶은 욕망을 신선을 소재로 표현했다.

화면 왼편 멀리에는 첩첩한 높은 산봉우리가 있고, 오른편에는 파도가 거세게 이는 바다가 있다. 왼편 바닷가 축대 위에 신선들이 모여 있는 천상의 전당이 있고, 그 위에서 신선 다섯이 담소를 나누고 있다. 바다 위 깃발을 높이 단 작은 배에는 신선 둘이 서서 이야기를 나눈다. 흰 구름이 떠가고 새들이 훨훨 선회하며, 배의 깃발이 펄럭이는 장면들은 선계로 찾아오는 신선들의 분주한 행차를 환상적으로 묘사

• 반시직, 〈초예〉.

했다. 현실을 초월하여 산수로 간다는 것이 초예의 내용인데 이를 지상을 벗어나 신선계로 가는 장면으로 구성했다고 볼 수 있다. 이 그림만 놓고 볼 때는 『시품』 초예와 연결지어 해석할 만한 요소가 분명히 있다.

그런데 곰곰이 살펴보면, 이 그림은 다음에 나오는 스물두번째 풍격인 '표일'과 훨씬 더 잘 어울린다는 문제에 봉착한다. 곧 살펴보겠지만, 표일은 그 내용 자체가 현실 세계를 초월하여 신선의 세계에 노니는 풍격이다. 장부의 〈초예〉에 있는 여러 형상은 실제로는 표일에서 묘사한 내용과 거의 일치한다. 그림 속 신선들의 무리는 바로 구지산(緱氏山)의 왕자교(王子喬) 무리이고 뒤에 솟아 있는 높은 산은 바로 화산(華山) 봉우리이다. 학과 구름을 묘사한 것도 모두 표일에 등장한다. 특히 바다 위에 깃발을 높이 단 작은 배는 『시품』 표일의 "바람에 실려 쑥대 잎을 타고서 저 아득한 곳으로 둥둥 떠가네(御風蓬葉)"를 묘사한 것이 분명하다. 이를 통해 볼 때, 장부의 〈초예〉는 초예를 묘사한 그림이 아니라 표일을 묘사한 그림이다. 그렇다면 표일과 함께 배치한 그림은 어떤 풍격을 묘사했을까? 그 그림은 초예를 묘사했다. 각 풍격에 대한 그림은 제대로 그렸지만 순서가 뒤바뀌었다. 왜 그런 착오가 발생했는지는 알 수 없다. 순서가 뒤바뀌면서 그림 상단에 쓴 『시품』 본문도 서로 바뀌었다. 다음에 나올 표일에 그린 장부의 그림 (579쪽 참조)을 초예의 내용과 결부시켜보면 정확하게 부합하는 것을 볼 수 있다.

제내방은 바위산의 너럭바위에 앉아 먼 곳을 조망하며 금(琴)을 뜯는 은사의 모습을 묘사했다. 그의 뒤로 높게 솟은 나무 곁에 시동이

匪神之靈匪幾之微
如將白雲清風與歸
遠引莫至臨之已非
少有道氣終與俗違
亂山喬木碧苔芳暉
誦之思之其贊合稀
右司空圖詩品超
詣一則
臣蔣溥恭錄

• 장부, 〈초예〉.

서 있고, 산 중턱에 구름이 자욱하게 깔려 있다. 흰 구름과 첩첩산중의 높게 솟은 나무를 화면의 중심에 놓았다. 특이하게 먼 허공에 새들이 둥그렇게 날고 있는 모습을 그려넣었다. 세속의 현실로부터 벗어나 자연에 숨어 사는 은사의 모습이다. 특히, 높은 산에 앉아 외로이 먼 곳을 조망하는 은사의 자태는 세상을 저 아래로 내려다보는 초월의 의미를 보여준다.

제내방의 다른 그림과 마찬가지로 이 그림 또한 온전히 『시품』 본문만을 묘사한 것이 아니다. 그 내용은 『문선文選』에 나오는 혜강(嵇康)의 다음 시를 그림으로 형상화한 것이라고 생각한다.

난초 꽃밭에서 군사를 쉬게 하고	息徒蘭圃
꽃이 고운 산언덕에서 말에 꼴을 먹인다	秣馬華山
드넓은 평원에서 새를 쏘아 잡고	流磻平皋
긴 냇물에서 낚싯줄을 드리운다	垂綸長川
눈으로는 돌아가는 기러기를 보내고	目送歸鴻
손으로는 다섯 줄 금을 탄다	手揮五絃
천지를 돌아보며 마음껏 즐기고	俯仰自得
현묘한 세계에 마음을 기울이네	遊心太玄
아름답다 저 낚시하는 이여	嘉彼釣叟
물고기를 얻고서는 통발을 잊는구나	得魚忘筌
진정한 친구가 사라졌으니	郢人逝矣
누구와 깊은 대화를 나누리오	誰可盡言

• 제내방, 〈초예〉.

혜강의 형인 혜희(嵇喜)가 출정했을 때 써준「참전하는 형에게 선물한 시兄秀才公穆入軍贈詩」19수 가운데 두번째 작품이다. 전체 주제는 행군하는 여가에 산수를 감상하며 즐기는 정경을 상상하여 묘사하고 형이 떠나 아쉬워하는 마음을 담았다. 이 시에는 현실 세계를 표연히 벗어나 물외(物外)에서 자유롭게 노니는 인생을 선망하는 마음이 담겨 있다. 초예의 풍격을 담아낸 시의 전형이라고 보아도 된다. 그 가운데서 특히 "눈으로는 돌아가는 기러기를 보내고 손으로는 다섯 줄 금을 탄다"는 구절이 제내방이 그림으로 표현하고자 한 대목이다. 이 구절은 예로부터 인간의 초월의지를 드러낸 명구로 이름이 높다.

4. 나무는 높이 솟고 햇살은 반짝이네

초예에서 "흩어진 산들 사이에 나무는 높이 솟고 푸른 이끼에 햇살은 반짝인다(亂山喬木, 碧苔芳暉)"라는 구절은 강렬한 이미지를 발산하는 대목이다. 이 구절은 사람들의 마음속에 깊숙하게 자리잡은 자연의 순수함과 아름다움을 상기시키는 시구이다. 그 때문에 예술가들이 특별히 이 구절을 사랑했다. 19세기의 저명한 화가인 소치(小癡) 허련(許鍊, 1808~1893)은 이 구절을 사랑해 인장으로 새겨서 그의 그림에 낙관으로 자주 찍었다. 현재 이 도장이 찍힌 그림이 몇 폭 전해오고 그의 인보(印譜)에도 이 도장이 보인다.

특히 이 구절은 그 앞의 "조금이라도 도의 기운이 있다면 결국에는 세속과 다른 길을 간다(少有道氣, 終與俗違)"는 구절과 함께 장다첸(張大

• 장다첸, 〈교목방휘喬木芳暉〉, 1975. 『시품』 '초예'의 네 구절을 화제로 쓰고, 그 화제를 주제로 묘사했다.

千. 1899~1983)이 지극히 사랑한 구절이다. 장다첸은 중국 근현대의 저명한 화가로서, 젊은 시절부터 만년에 이르기까지 이 네 구절을 소재로 많은 그림을 그렸다. 특히 초예 세번째 단락 1, 2구를 네 글자로 줄인 교목방휘(喬木芳暉)는 만년에 그가 그린 수많은 그림의 대표적 화제가 되었다. 이 구절은 그의 상징으로 굳어졌다.

5. 왜 사냐건 웃지요

현실을 초탈하려는 욕망을 주제로 삼은 시는 대단히 많다. 이미 현실을 벗어나서 살고 있는 승려, 도사 들은 스스로가 영위하는 초탈한 삶을 즐겨 묘사했다. 관직에서 물러났거나 아예 관직에 가까이 가지 못한 지식인들 또한 전원에 은거하는 스스로의 삶에 현실 초탈의 의의를 부여하며 자신들의 인생을 즐겨 묘사했다. 그렇다고 현직에 매여 있거나 도회지에서 생활을 영위하는 사람들이 초탈을 꿈꾸지 않았던 것은 아니다. 비록 몸은 현실에 얽매여 있지만, 그들 또한 정신적으로는 자연에 머무는 사람들을 동경하여 초탈을 꿈꾼 시를 다수 창작했다. 그래서 초예를 담은 시는 다양하게 창작되었고, 그중에는 명작들이 많다. 초예에서 "그 풍경을 읊조리고 생각할수록 그가 토해낸 것은 드문 소리이리라"라고 말한 것이 허튼소리가 아니다.

중국 고전시 중 짧은 작품 세 편을 통해 초예의 미학을 감상한다. 먼저 중국 남조(南朝)시대 양(梁)나라의 도사인 도홍경(陶弘景, 456~536)의 시다. 그는 산중재상(山中宰相)이라 불릴 만큼 제(齊)나라의 고제(高

帝)와 양나라의 무제(武帝)로부터 신임을 얻었다. 그러나 그는 황제가 아무리 불러도 산을 벗어나지 않았다. 고제가 그에게 산속에 무슨 즐거움이 있어 서울로 불러도 오지 않느냐고 묻자 그는 자신의 뜻을 짧은 시로 답했다. 그 시가 바로「조칙을 내려 산중에 무엇이 있어서냐고 물으시기에 시를 지어 답을 올린다 詔問山中何所有, 賦詩以答」이다.

산속에 무엇이 있어서냐 물으시니　　　　　　　山中何所有
산 위에는 흰 구름이 많다고 답하지요　　　　　嶺上多白雲
흰 구름은 저 혼자만 즐기는 것　　　　　　　　只可自怡悅
임금님께 가져다드리지는 못하지요　　　　　　不堪持寄君

시인은 산중에 사는 이유를 흰 구름이 많기 때문이라고 돌렸다. 엉뚱하기 짝이 없다. 속세에도 흰 구름이 없지 않다. 굳이 흰 구름을 핑계로 댄 이유가 무엇일까? 흰 구름은 산중과 세속을 가르는 자연물로 세속적 가치에 물들지 않았음을 상징한다. 세속적 욕망을 벗어던진 자만이 흰 구름을 생활의 동반자로 받아들일 수 있다. 흰 구름은 아무리 많이 가져다준들 마음의 여유가 없는 자에게는 아무런 가치도 없는 것이다.『시품』에서 초월하려는 자의 동반자로 흰 구름(白雲)과 맑은 바람(淸風)을 든 이유도 같다. 이 시는 세속을 초탈한 도사의 입장에서 세속 사람을 향해 현실을 초탈한 삶을 말하고 있다.

이백의「산중문답山中問答」은 자연에 은거한 은사의 입장에서 초탈을 표현했다.

푸른 산에 무엇하러 사느냐고 묻지마는	問余何事棲碧山
웃고 대답하지 않으니 마음 절로 한가롭다	笑而不答心自閒
복사꽃은 물에 떠서 아스라이 흘러가니	桃花流水杳然去
인간세상 아닌 별다른 천지라네	別有天地非人間

이 시는 악착같은 현실을 초탈하여 자연의 품에 안긴 은사의 여유로운 마음을 잘 표현했다. 산에 사는 이유를 묻자 이백은 그저 빙그레 웃고 대답하지 않았다. 도홍경이 흰 구름 때문이라고 말한 것과 다르다. 이유가 없어서가 아니라 이미 초월한 마당에 굳이 말할 필요가 없어서다. 시의 묘미는 대답하지 않은 것에 있다. 대답의 내용인즉 현실에서 겪은 구구하고 허다한 사연이리라. 산에 살게 된 동기는 그가 천생 은사 기질을 타고나서가 아니라 현실로부터 받은 크고 작은 상처가 쌓인 것에 있다고 상상할 수 있다. 그 점은 초예의 첫 대목인 "정신이 신령해서도 아니고 기미를 잘 포착해서도 아니다"라는 현실 초월의 동기와 비슷하다.

다음으로 현실에 부대껴 살면서 초탈을 꿈꾸는 경우다. 위응물의 시 「전초현全椒縣 산속에 사는 도사에게寄全椒山中道士」라는 작품이다.

오늘 아침 고을 관아 썰렁하더니	今朝郡齋冷
홀연히 산에 사는 그대 그립다	忽念山中客
계곡에서 땔나무를 주워 묶어서	澗底束荊薪
돌아와선 조약돌을 삶고 있겠지	歸來煮白石
표주박에 술을 담아 먼 길 찾아가	欲持一瓢酒

풍우 속에 보낼 밤을 위로하고파	遠慰風雨夕
낙엽이 텅 빈 산을 가득 덮었으니	落葉滿空山
어디에서 그대 행적 찾을 수 있나	何處尋行迹

　안휘성 전초현의 산속에 머물고 있는 도사에게 보낸 시다. 벼슬살이하는 시인이 갑자기 스산해진 날씨 탓에 도사를 불현듯 떠올렸다. 차가운 날씨는 현실에 매몰된 그에게 지나온 삶을 떠올릴 계기를 만들어주었다. 도사가 수련하며 살아가는 형편은 관아에 머무는 그의 형편보다 훨씬 힘겹다. 그에게 술 한 병 보내고자 하나 낙엽이 온 산을 뒤덮어 그를 찾아가는 길을 막고 있다. 세속에 머물러 있으나 현실을 초탈해 사는 사람이 부러워지고 그리워진다. 시어는 질박하고 단조롭지만 쓸쓸한 풍경 속에 따뜻한 정감이 실려 있다. 지식인들은 위응물처럼 스스로는 현실에 매여 있으나 그 현실을 초탈한 세계를 동경하는 심경을 시로 즐겨 읊었다.

　송나라의 홍매(洪邁)는 『용재수필容齋隨筆』에서 "이 시는 고묘(高妙)하고 초예하여 떠벌려 설명할 필요가 전혀 없다. 결말의 두 구절은 언어로 사색하여 얻을 수 있는 것이 아니다(此篇高妙超詣, 固不容誇說, 而結尾兩句非語言思索可得)"라는 평가를 내렸다. 다만 여기서 홍매가 말한 초예는 이 시에서 추구한 초탈이란 주제를 가리킨 것이 아니라 시가 일군 조예의 차원에서 '초예'하다고 평가한 것이다.

6. 최치원의 만년과 혼란의 기미

한국의 옛 시인들은 초월을 꿈꾼 시를 적지 않게 지었다. 통일신라 말엽의 시인 고운(孤雲) 최치원(崔致遠, 857~?)이 그 같은 시를 많이 지었다. 그는 어린 나이에 당나라에 유학하여 885년 신라로 귀국한 뒤 중앙과 지방에서 관료 생활을 하며 많은 시문을 창작했다. 그러나 당시는 신라가 극도로 쇠퇴하던 시기로서 사회적 모순과 혼란에서 벗어나지 못하던 실정이었다. 그는 894년에 진성여왕에게 시무책(時務策) 10여 조를 올리는 등 개혁책을 제시했으나 육두품 신분의 그가 난국을 타개하기에는 역부족이었다. 900년 이후 관직에서 물러난 그는 전국의 산천을 유람하며 시문을 짓다가 어느 날 홀연히 사라졌다. 그가 갑자기 사라진 것을 두고, 현실에 절망하여 스스로 세상을 버린 것이라고 추정하기도 한다. 후대에는 그가 신선이 되었다고 전한다.

최치원이 만년에 지은 시를 보면 그의 행적과 비슷하게 현실을 초탈하여 산수로 은둔하고자 하는 뜻이 자주 나타난다. 현실이 어떠하기에 떠난다는 점을 구체적으로 밝히지는 않은 채, 초월을 꿈꾸거나 이미 초월한 자를 부러워하는 내용이 중심을 이룬다. 「금천사 주지에게 주다 贈金川寺主人」란 시를 먼저 본다.

흰 구름 시냇가에 절 한 채 지어놓고	白雲溪畔剏仁祠
삼십 년간 이곳에서 주지로 지내노라	三十年來此住持
문 앞에는 길 한 줄기, 웃으면서 가리키네	笑指門前一條路
"산 밑을 벗어나면 천 갈래 길 된답니다."	纔離山下有千歧

금천사 주지 스님의 행동과 말을 옮겨놓기만 한 시다. 흰 구름이 머무는 계곡에 절을 지어놓고 30년 동안 세상으로 나가본 적이 없다. 왜 그러는 걸까? 시인이 스님에게 물어보았다. 그러자 문 앞에 나 있는 한 가닥 길을 가리키며 스님이 대답한다. "저 길이 산 밑까지는 한 가닥이지만 산을 벗어나면 천 갈래 만 갈래로 갈라진다." 선문답 같은 시다. 산 밖에 펼쳐질 복잡다단한 현실 세상이 산속의 단순함, 고요함과 선명하게 대비된다. 그 경계가 바로 길 한 가닥이다. 김종직(金宗直)은 『청구풍아靑丘風雅』에서 주지 스님이 "마음속에 다른 갈래 길이 없기 때문에 30년이나 오래 머물 수 있었다(心無他歧所以能住三十年之久)"라고 평했다.

　시인은 시에 직접 개입하지 않았고, 스님의 행동에 가타부타 아무 말도 하지 않았다. 그렇다고 시인의 의도가 없지 않아 스님의 초탈한 삶에 대한 동경이 언외에 표현되었다. 산 밖에 뻗어 있는 속세의 '천 갈래 길'에서 지향 없이 흔들리며 살아가는 자신의 삶에 대한 회한과 자각이 느껴진다. 최치원의 시에는 이처럼 초탈을 꿈꾸는 시가 많다. 다음 시도 그런 시다.

구름 낀 산자락에 절 한 채 짓고　　　　　　　雲畔結精廬

참선에 몰두한 지 마흔여덟 해　　　　　　　　安禪四紀餘

산을 나서 지팡이를 잡은 적 없고　　　　　　　笻無出山步

서울 가는 편질랑 아예 끊었지　　　　　　　　筆絶入京書

대 홈통엔 샘물 소리 졸졸 흐르고　　　　　　　竹架泉聲緊

솔 난간엔 햇살마저 성글게 든다　　　　　　　松欄日影疏

경지가 너무 높아 읊지 못하고   境高吟不盡

눈 감은 채 진여(眞如)를 깨닫는구려   瞑目悟眞如

—「지광상인에게贈智光上人」

　지광(智光)이란 승려에게 준 시로 앞의 시와 마찬가지로 세속과는 완전히 관계를 끊고 살아가는 삶을 동경하고 있다. 무려 48년 동안 구름 덮인 산자락을 벗어나지 않았다는 선사의 높은 경지를 보며 그는 자신이 산 밖에 살고 있고 툭하면 서울로 가는 편지를 쓰는 존재임을 자각한다. 이 시는 산속과 산 밖, 초탈한 자와 초탈하지 못한 자의 대비가 선명하다. 시인 자신은 초탈하지 못한 자로서 초탈을 꿈꾼다.

　최치원이 만년에 지은 시는 이렇게 현실의 초탈과 산수의 동경이 주제의 중심을 이룬다. 뿐만 아니라 그는 「바다에 배 띄우고泛海」라는 시에서는 "봉래산이 지척에서 바라보이니 나는 곧 신선을 찾아가리라(蓬萊看咫尺, 吾且訪仙翁)"라며 선계로 가고 싶다는 소망을 피력하기도 한다. 그는 홀연히 현실에서 사라진 마지막 행적을 시에 직접 드러낸 것으로 보인다.

　한편, 최치원이 거듭 초월을 다짐한 계기는 『시품』 초예에 나오는 '기미(機微)'와 밀접한 관련이 있다. 여기에서 기미는 혼란이 곧 닥칠 것을 예상한다는 기미이다. 『시품』에서는 "기미를 잘 포착해서도 아니다"라고 하여, 혼란이 닥칠 것을 예상해서 현실을 초탈하려는 것은 아니라고 했으나 그의 시에서는 현실로 닥친 혼란을 피하려고 초탈하려는 의도가 엿보인다.

표일(飄逸)
표연히 날다

1. 구름 속 한 마리 학과 막고야 산의 신선

　『시품』 스물두번째 풍격은 '표일(飄逸, drifting aloof 또는 flying into fairyland)'로 이는 표연히 허공을 난다는 뜻이다. 이 말은 『표준국어대사전』에는 "성품이나 기상 따위가 뛰어나게 훌륭하다"와 "세상일을 마음에 두지 않고 태평하다"는 의미의 형용사 '표일하다'의 어근으로 올라 있다. 처음에는 매인 데 없이 자유롭고 활달한 사람의 성품을 가리켰던 말이, 나중에는 서체(書體)가 활달한 것을 가리켰다. 그리고 점차 시공을 초월하여 상상력을 발휘한 비범한 시문을 가리키는 풍격용어로 널리 사용되었다. 표(飄)는 물건이 바람에 불려 가볍게 공중에 날리는 것을, 일(逸)은 빼어나고 방종하다는 것을 뜻한다. 두 글자가

飄逸

落影注襟　不孽縋山
之鶴舉頂之雲高人惠中
今色綢緼御風蓮葉汜役
忘恨如不可執如將有聞
識者期之欲得愈分

• 이광사, 〈표일〉.

결합한 표일은 한곳에 매이지 않고서 현실을 초월하여 자유자재하게 살아가는 인생 태도와 그런 태도를 보이는 시문의 풍격을 가리킨다.

표연(飄然), 표탕(飄蕩), 표박(飄迫), 표표(飄飄), 풍일(風逸)과 같은 어휘가 표일과 관련을 맺지만 표일만큼 널리 쓰이지는 않는다.『시품』을 논외로 하고, 풍격을 설명하는 개념으로 표일을 명확하게 쓴 저작은 엄우의『창랑시화』다. 앞에서 본 네번째 풍격 침착에서 자세한 내용을 설명했듯, 엄우는 이 저작에서 시의 품격(品格) 아홉 가지 가운데 표일을 제시했다. 엄우는 표일을 매우 중요한 풍격으로 여겼는데 이백의 시가 보여주는 활달하고 비범한 세계를 설명하는 데 표일이 적절했기 때문이다.

그렇다면 표일은 어떤 의미일까? 도명준(陶明濬)은『시설잡기詩說雜記』에서 "무엇을 표일이라 하는가? 가을 하늘은 한가롭고 고요한데 외로운 구름에 한 마리 학이 나는 것과 같다(何謂飄逸? 秋天閑靜, 孤雲一鶴者是也)"라고 설명했다. 외로운 구름에 한 마리 학이라는 비유가 보여주듯이, 표일은 무엇보다 갑갑한 현세를 훌쩍 벗어나 시공을 초월해 자유롭게 노니는 멋을 드러낸다. 여기에 비범하고 도도한 자태와 사방을 활달하게 노니는 역동성을 함께 제시했다. 이렇듯 표일은 자유롭게 사유하며 풍부한 상상력을 지닌, 천부적 재능을 타고난 시인에게서 찾아볼 수 있는 풍격이라고 여겼다. 도가적 색채를 짙게 풍기는 표일의 풍격은 이백과 같은 특정한 시인과 그 시인들의 시를 논할 때 자주 언급되었다.

그리고『시품』은 엄우 이래 전개된 표일의 풍격에 대한 논의를 집약하여 보여준다.『시품』전체를 일관되게 관통하는 것이 초월의 미학이기 때문에 표일은 바로 앞의 풍격인 초예를 비롯해 고고나 세련과 비슷한 초월성을 공유한다. 『시품』에서는 표일한 상징으로 구지산 위를 나는 학을 제시하고 있는데, 이는 도명준이 한 마리 학으로 표일의 특징을 집약해 표현한 것과 맥락이 같다.

그들이 표일을 학으로 상징했다면, 『시품』을 풀이한 증기택의 시와 『고란과업본원해』의 글에서는 표일을 『장자』 「소요유」에 나오는 막고야(藐姑射)의 신선으로 상징했다. 「소요유」에서는 "막고야의 산에는 신선이 사는데 살결이 얼음이나 눈과 같고 예쁘기가 처녀와 같다. 곡식을 먹지 않고 바람을 들이쉬고 이슬을 마신다. 구름을 타거나 날아다니는 용을 타고서 사해(四海) 밖을 노닌다"라고 했다. 『고란과업본원해』에서는 표일을 설명하며 "표일은 무리를 짓지 않는 비범함을 말하여 마치 막고야 산의 선인이 바람을 타고 구름을 부리는 것을 바라만 보고 가까이 접근하지 못하는 것과 같다"고 했다.

2. 타고난 신선의 경지

표일의 본문은 다음과 같다.

낙락하게 멀리 떠나려 하며	落落欲往
도도하여 범인과 어울리지 않네	矯矯不群
구지산(緱氏山)에는 학이 날고	緱山之鶴
태화산(太華山) 꼭대기에는 구름이 나네	華頂之雲

고고한 사람은 마음이 평화롭고	高人惠中
멋진 얼굴에는 원기가 넘치네	令色絪縕
바람에 실려 쑥대 잎을 타고서	御風蓬葉
저 아득한 곳으로 둥둥 떠가네	泛彼無垠

그를 잡을 수는 없을 듯하나	如不可執
그래도 그의 소식은 들려오겠지	如將有聞
지인들은 벌써 그 사실을 알지만	識者已領
만나려 애쓸수록 더 멀어지네	期之愈分

표일은 일관되게 한 가지 사실을 말하고 있다. 현실 세계를 초월하여 머나먼 선계로 신선 같은 고고한 사람〔高人〕이 날아가고, 그를 쫓아갈 수 없는 사람이 뒤에 남아 아쉽게 그 신선을 그리워한다는 내용이다. 처음부터 끝까지 저 세계로 표연히 떠나는 사람을 이 세계에서 바라보고 묘사한다. 이를 한 단락씩 살펴보자.

첫 단락에서는 신선 같은 사람이 이 세상을 훌쩍 벗어나는 이유를 들며 그 모습을 묘사하고 있다. 1구와 2구는 세상을 떠나는 이유를 말하고 있다. 도도한 성품과 능력을 지녀 평범한 자들과 어울려 지내지 못하는 사람이 있고, 그래서 그는 낙락하게 저 세상으로 멀리 떠난다. 선계로 떠나는 그의 모습은 마치 구지산 정상을 나는 학과도 같고 태화산 꼭대기[1]에 떠도는 구름과도 같다. 구지산은 허난 성(河南省) 옌스(偃師) 남쪽에 있는 산 이름이다. 구지산에 나는 흰 학이나 태화산 정상의 흰 구름은 선계로 떠난 고인(高人)의 표연하고 빼어난 자태를 비유한다.

구지산의 학은 고대의 신선 왕자교와 관련이 있다. 『열선전列仙傳』에 다음과 같은 이야기가 전한다. 왕자교는 주나라 영왕(靈王)의 태자로, 생황을 잘 불었다. 이수(伊水)와 낙수(洛水) 사이에서 도사인 부구공(浮丘公)과 함께 노닐다가 신선이 되었다. 그로부터 30여 년 뒤 숭산(嵩山)에서 집안사람인 환량(桓良)을 보고 그는 이렇게 말했다. "우리 집에 가서 전해주게. 7월 7일에 나를 구지산 정상에서 기다리라고." 약속한 때가 되자 과연 그는 흰 학을 타고 산 정상에 나타났다. 가족들은 그를 바라만 볼 수 있을 뿐 다가갈 수 없었다. 그는 손을 들어 세상 사람과 하직하고 며칠 만에 떠났다.

두번째 단락은 선계로 떠나는 고인의 자세와 행동을 묘사하고 있다. 고인이 선계로 떠나는 동기는 스물한번째 풍격 초예의 화자가 현실을 벗어나려 한 동기와는 다르다. 초예가 현실에서 끝내 발을 떼지 못한 채 초월을 꿈꾼다면 표일은 너무도 쉽게 현실을 벗어난다. 인물 자체가 태생적으로 현실과 어울리지 못하는 선골(仙骨)이기 때문이다. 그는 평소에도 범인과 어울리지 않을 만큼 도도하다. 그는 본래부터 마음에 아무런 갈등이 없이 평화롭고, 그 점을 말해주듯이 잘생긴 얼굴에는 원기가 넘친다. 현실에 절망하여 도망치듯 벗어나는 것이 아니다.

그는 쑥대 잎 같은 작은 돛배에 몸을 싣고 넓은 바다를 건너 아득한 곳으로 둥둥 떠간다. 그가 가는 목적지는 삼신산이 분명하다. 3구에서 바람을 탄다는 뜻의 어풍(御風)은 신선들이 새처럼 허공을 날아다니는 것을 말한다. 『장자』 「소요유」에 "열자(列子)는 바람을 타고서 다녔다(列子御風而行)"는 구절이 나온다. 선계를 향해 가는 고인의 자세와 행동에서는 인간적 한계나 실존의 문제가 느껴지지 않는다. 그는 현실에 속한 사람이 아니라 선계에 속한 인물이다.

세번째 단락은 고고한 신선과 현실에 머문 사람과는 근본적인 차이가 있음을 말하고 있다. 표일의 지경에 있는 시인과 평범한 시인의 넘어설 수 없는 경계, 거기에는 선(仙)과 범(凡)이라는 큰 경계가 놓여 있다. 선계로 향하는 고고한 신선은 붙잡으려야 붙잡을 도리가 없고 다만 그에 관한 소식만 접할 수 있을 뿐이다. 왕자교나 안기생(安期生)처럼 선계로 들어간 신선을 지인들이 알고서 그를 만나고자 해도 만날 길이 없는 것과 같다. 그처럼 비범한 이가 아니면 표일의 풍격을 지니기는 어렵다. 표일의 시인인 이백과 같은 시인이 된다는 것은 거의 불가능한 일임을 말한다.

3. 표일 혹은 초예

표일에서 보여주는 구체적 형상은 구지산의 학과 태화산 꼭대기의 구름, 바람에 실려 쑥대 잎을 타고서 아득한 곳을 향해 둥둥 떠가는 모습이다. 이 소재는 인간세계와 구별되는 선계의 이미지를 품고 있어서 표일의 풍격을 드러내기에 충분하다. 이 소재를 활용하여 화가들은 어떻게 표일의 풍경을 표현했는지 살펴본다.

정선은 간단한 소재로 아담하게 그렸다. 산으로 둘러싸인 호수 위 작은 배에 은사가 타고 있다. 바람에 실려 쑥대 잎을 타고서 둥둥 떠

• 정선, 〈표일〉.

간다는 두번째 단락 2, 3구를 소재로 그렸다. 호숫가 절벽의 소나무에는 학이 앉아 있다. 학은 그렸으나 구름은 그리지 않아 첫번째 단락 4구까지 모두 담아내지는 않았다. 『시품』에 묘사된 표일은 역동적이고 활기차며 밝은 풍격이다. 반면, 정선의 그림은 상당히 정적이다. 역동성을 살리는 구름을 그리지 않았고, 호수에는 물결이 치지 않아 정적이고 고요하다. "소탈한 아취와 간소하고 굳센 붓놀림이다(疎曠之趣, 簡勁之筆)"라는 화평이 달려 있는 것으로 보아 화평을 쓴 사람도 그림의 정적인 점을 인식하고 있다. 표일의 풍격을 담아내기에는 조금 부족한 그림이다.

그보다는 '화표주(華表柱)'라는 제목으로 그린 정선의 다른 그림이 오히려 표일의 풍격을 더 잘 담아내고 있다. 강원도 정선군에 있는 화표주(궁궐이나 무덤에 세우는 거대한 돌기둥)란 바위를 그린 그림인데, 높은 바위기둥 위에 한 마리 학을 그려놓았다. 화표주는 화암리 화표동 입구 절벽 위에 뾰족하게 서 있는 두 개의 돌기둥으로, 옛날 산신들이 이 돌기둥에 신틀을 걸고 짚신을 삼았다는 전설이 전한다. 화표주란 명칭을 얻은 이유 또한 신선 정영위(丁令威)의 변신 설화와 관련이 있다. 정영위가 학으로 변했다는 이야기는 『수신후기搜神後記』에 다음과 같이 나온다.

정영위는 한나라 요동 사람으로 영허산(靈虛山)에서 신선술을 배워 신선이 되었다. 뒷날 학으로 변신한 그가 요동으로 돌아와 성문의 화표주에 앉았더니 소년 하나가 활로 쏘려 했다. 날아올라 공중을 배회하던 그는 노래를 부르고 하늘로 높이 치솟아 날아가버렸다. 그 노래

• 정선, 〈화표주〉, 왜관수도원 소장. 강원도 정선에 있는 돌기둥을 그렸다. 그림에는 "신선도 인간의 감정이 있나보다"라는 멋진 화평이 적혀 있다.

는 이랬다.

새가 새가 나타났으니 정영위라네	有鳥有鳥丁令威
집 떠난 지 천 년 만에 이제야 돌아왔네	去家千年今始歸
성곽은 다름없으나 사람들은 달라졌네	城郭如故人民非
왜 신선을 배우지 않아 무덤만 늘어섰나	何不學仙塚纍纍

• 반시직, 〈표일〉.

落：欲佳娟：不犀
從山之鶴華頂之雲
高人息中令色絪縕
御風蓬景況波無垠
如不軓如將有聞
議者期之欲得愈兮
右司空圖詩品飄
逸一則
臣蔣溥錄

• 장부,〈표일〉

이 이야기의 주인공인 정영위는 표일에 나오는 왕자교와 크게 다르지 않다. 인간에서 신선이 되었다는 점이 그렇고, 학으로 변했다는 점 또한 그렇다. 왕자교 또한 신선이 되어 학을 타고 나타났다. 인간세계와는 어울리지 않는 도도함과 그를 부러워하며 바라보는 시선이 동일하다. 『사공도시품첩』에 포함된 그림보다 이 〈화표주〉 실경 그림이 내용과 정서 면에서 훨씬 표일에 가깝다. 그림에서 돌기둥에 앉아 있는 학은 곧 신선인 정영위의 변신이다. 비록 신선이 되었으나 그래도 고향을 잊지 못하고 잠깐 학으로 변신하여 돌기둥에 앉았으므로 "신선도 인간의 감정이 있나보다(仙亦有情)"라는 화평을 달았다. 이렇게 신선이 잠깐 인간세계에 모습을 드러냈다가 곧 하늘 높이 사라진다는 내용은 표일의 내용과 다르지 않다. 바위기둥 아래 초가를 그려 넣은 것이 인간계와 선계의 격리를 암시하는 듯하다.

반시직은 부분을 확대하여 그리는 그만의 특징을 〈표일〉에서도 보여준다. 물에 젖은 반점 때문에 그림이 또렷하지 않으나, 넓은 바다에 돌기둥 세 개가 솟아 있고, 이를 구름이 에워싼 가운데 그 주위를 학이 나는 모습이다. 주요한 소재를 결합해 삼신산 주위를 맴도는 학과 구름을 묘사했다. 반시직이 그린 표일은 정선의 〈화표주〉와 구도가 상당히 유사한데, 단순한 구도이지만 인간세상과 완전히 단절된 신비로운 공간으로서 선인들이 사는 세계를 보다 역동적으로 묘사했다. 그 점에서 정선의 그림보다 '표일'의 풍격이 더 강렬하다.

장부는 건륭제가 쓴 「물고기를 낚다釣魚詩」[2]를 소재로 그림을 그렸다. 깊은 산중 절벽 아래 구름과 안개가 짙게 깔려 있다. 산비탈 끝의 호수 위에 수사(水樹, 물가에 세운 정자)가 운치 있게 놓여 있고 강가에는

• 제내방, 〈표일〉.

은사가 앉아 낚싯줄을 드리우고 있다. 다리 이편으로 아이 둘이 돗자리와 음식으로 보이는 물건을 안고 돌아가고 있다. 이 그림은 낚시질하는 은사의 모습을 담은 건륭제의 시를 충실하게 담아내고 있다.

그런데 이 그림은 표일의 내용과는 무관하다. 이 그림은 바로 앞에서 살펴본 스물한번째 풍격 초예의 내용과 잘 부합한다. 그림 속 장면은 현실을 벗어난 깊은 산중의 "흩어진 산들 사이에 나무는 높이 솟고 푸른 이끼에 햇살은 반짝이는" 풍경과 유사하다. 바로 앞 장에서 언급했듯, 장부는 본래 제대로 그림을 그렸으나 실수로 초예와 표일의 순서를 잘못 잡았다.

제내방의 그림에서는 구름이 나는 하늘을 신선 복장을 한 사람이 학을 타고 날고, 산 정상에서 어른 셋과 아이 둘이 그를 배웅하고 있다. 영락없이 앞에서 인용한 『열선전』에서 왕자교가 친지들을 구지산 정상에서 만나고 돌아가는 장면이다. 제내방은 구지산의 학이 이 풍격을 가장 잘 드러낸다고 보고서 이 신선 이야기를 그림으로 형상화했다. 도명준이 표일을 한 마리 학으로 상징한 것처럼 고고한 학이 표일의 상징임을 생각할 때 그의 소재 선택은 표일의 풍격을 묘사하기에는 적절했다.

4. 이백을 위한 풍격

표일은 이백 시의 풍격을 설명하기 위해 만들어졌다고 말할 수 있을 만큼 이백과 깊은 관련이 있다. 표일을 주요 풍격으로 확정하고 이를 널리 전파하는 데 크게 기여한 송나라 비평가 엄우가 바로 이 풍격을 이백과 연결시켰다. 그는 두보와 이백의 우열을 가늠하면서 다음과 같이 말하고 있다.

> 이백과 두보 두 사람은 절대로 우열을 나누어서는 안 된다. 이백이 지닌 한두 가지 빼어난 점은 두보가 표현해내지 못하고, 두보가 지닌 한두 가지 빼어난 점은 이백이 지어내지 못하기 때문이다. 두보는 이백의 표일한 풍격을 표현해내지 못하고, 이백은 두보의 침울한 풍격을 표현해내지 못한다. 이백의 「꿈속에 천모산을 노닐고 시를 남겨두다夢遊天姥吟留別」「원별리遠別離」따위의 작품은 두보가 지을 수 없고, 두보의 「북정北征」「병거행兵車行」「수로별垂老別」따위의 작품은 이백이 지을 수 없다. 시를 논할 때 이백과 두보를 기준으로 삼는 것은 마치 천자를 옆에 세우고 제후들에게 호령하는 것과 같다.[3]

중국 시단이 배출한 두 거장을 비교하며 엄우는 두 시인의 핵심을 요령 있게 평가했다. 이백은 표일로, 두보는 침울로 그들 시의 풍격을 정의했는데 그의 정의는 독자들에게 두 시인의 시적 특징을 뚜렷하게 각인시켰다. 막대한 영향력을 지닌 엄우가 이렇게 말한 이후로 이백 시의 특징을 표일이란 범주로 이해하는 풍토가 형성됐다. 나아가 표일이란 풍격은 이백 시가 지닌 특징과 동일시되곤 했다.

구체적인 작품으로는 특히 고시(古詩)의 형식을 갖춘 작품이 이 특징에 잘 부합했다. 조선 중기의 시인인 이식(李植)은 시를 배우는 법도를 설명한 『학시준적學詩準的』이란 글에서 "이백의 고시는 표일하여 배우기가 어렵다(李白古詩, 飄逸難學)"라고 했고, 명나라 문인 왕세정(王世貞)은 『예원치언藝苑巵言』에서 "오묘한 가행체(歌行體, 고시의 일종)의 시를 지어서 그 작품을 읊는 독자로 하여금 훨훨 날아 신선이 되고 싶도록 만드는 시인이 이백이다(其歌行之妙, 詠之使人飄揚欲仙者, 李白也)"라고 했다. 다른 시인이 흉내낼 수 없는 표일한 풍격을 지녀 시의 독자로 하여금 신선이 되고픈 생각이 나도록 만드는 강렬한 힘을 이백의 시가 지니고 있다는 것이다. 다음은 표일한 시의 전형으로 꼽히는 「꿈속에 천모산을 노닐고 시를 남겨두다」다.

바닷가 사람들은 영주(瀛洲, 삼신산의 하나)가 좋다고 하나

　　　　　　　　　　　　　　　海客談瀛洲

안개 낀 파도 너머 아득히 멀어 찾아가기 너무 어렵고

　　　　　　　　　　　　　　　煙濤微茫信難求

월(越) 땅 사람들은 천모산이 좋다 하며　　　越人語天姥

구름과 노을이 가린 틈에 언뜻언뜻 볼 수 있다네　雲霓明滅或可睹

천모산은 하늘에 닿아 이어져　　　　　　天姥連天向天橫

기세가 오악도 뽑아버리고 적성산도 덮어버리네

　　　　　　　　　　　　　　　勢拔五嶽掩赤城

사만 팔천 길의 드높은 천태산도　　　　天台四萬八千丈

이 산에 비하면 동남쪽에 기우뚱 쓰러진 꼴이지　對此欲倒東南傾

그 말 듣고 나는 오월(吳越)을 여행하는 꿈을 꿔서　我欲因之夢吳越

어느 날 밤에 달빛 받으며 경호를 날아서 지나갔네

　　　　　　　　　　　　　　　一夜飛度鏡湖月

호수 위의 달은 내 모습을 비추더니	湖月照我影
나를 배웅하여 섬계까지 이르렀지	送我至剡溪
사공(謝公)이 묵던 곳은 아직도 남아 있고	謝公宿處今尚在
맑은 물결 찰랑대고 원숭이는 처량히 울더군	淥水蕩漾淸猿啼
사공이 신던 나막신을 꿰어 신고서	脚著謝公屐
푸른 구름사다리에 몸을 맡겨 올랐네	身登靑雲梯
산허리에서 바다 위로 솟아나는 일출을 볼 때는	半壁見海日
공중에서 하늘 닭의 울음소리가 들려왔네	空中聞天雞
천 개의 바위를 만 번 휘돌며 길을 헤맸고	千巖萬轉路不定
꽃에 홀리고 바위에 기대다보니 어느새 저물었네	迷花倚石忽已暝
곰이 으르렁대고 용이 울어 계곡에 쩌렁쩌렁하고	熊咆龍吟殷巖泉
깊은 숲은 오싹하고 깎아지른 절벽에 놀랐지	慄深林兮驚層巔
구름은 거뭇거뭇 비가 막 쏟아지려 하고	雲靑靑兮欲雨
물은 출렁출렁 안개가 피어올랐네	水澹澹兮生煙
번개가 번쩍이고 우레가 치며	列缺霹靂
언덕이고 봉우리고 무너지고 부서지더니	丘巒崩摧
골짜기로 통하는 돌문이	洞天石扇
쩍 하고 열렸네	訇然中開
창공은 넓디넓어 바닥이 아니 보이고	靑冥浩蕩不見底
해와 달은 금은 누대에 비쳤네	日月照耀金銀台
무지개로 옷 해입고 바람으로 말을 삼고서	霓爲衣兮風爲馬
구름의 신들이여 웅성웅성 내려왔구나	雲之君兮紛紛而來下
호랑이가 슬(瑟)을 뜯고 난새가 수레를 몰아	虎鼓瑟兮鸞回車

선인들이여 삼대처럼 늘어섰구나	仙之人兮列如麻
홀연히 혼백이 두렵고 놀라서	忽魂悸以魄動
벌떡 일어나 길게 탄식을 토했네	怳驚起而長嗟
깨고 보니 이부자리 위일 뿐	惟覺時之枕席
지금까지 보이던 노을과 안개가 다 사라졌네	失向來之煙霞
세상 즐거움이란 다 이와 같나니	世間行樂亦如此
예로부터 인간만사는 동으로 흐르는 강물이지	古來萬事東流水
그대들과 헤어져 떠나면 언제나 돌아오려나	別君去兮何時還
에라! 푸른 숲 속에 흰 사슴 풀어놓고	且放白鹿靑崖間
걷다가 타다가 명산을 찾아가자	須行卽騎訪名山
차마 이마 숙이고 허리 굽히며 권세가 섬기느라	
	安能摧眉折腰事權貴
내 가슴과 얼굴을 활짝 못 펴기야 하겠는가	使我不得開心顏

글자 수가 일정하지 않게 길고 짧은 장단구로 이루어졌다. 꿈속의
체험을 묘사한 기몽시(記夢詩)이면서 동시에 선계 체험을 다룬 유선시
이기도 하다. 시인은 거세고 변화무쌍한 목소리로 현실과 꿈을 오가
며 자유분방한 상상력을 펼친다. 꿈속에서 공중을 날아 천모산으로
가서는 기암절벽을 올라 신선들과 만난다는 이야기가 펼쳐진다. 꿈을
매개로 시공을 초월해서 좁은 세상을 훌쩍 벗어나 자유롭고 활달하게
노닌다. 인간계를 벗어나 선계를 지향하는 초월의식이 잘 드러난다.
시의 표현이나 형식의 측면에서도 법도와 제약을 무시하고 마음껏 써
나간다. 환상적이고 역동적이다. 천재적 시인의 상상력과 문학적 재

능이 발휘된 이 시의 경지를, 범상한 시인은 "잡을 수 없을 듯하다".

5. 범인의 말이 아니다

이백처럼 현실에 초연하여 신선세계를 꿈꾼 한국의 옛 시인으로는 봉래(蓬萊) 양사언(楊士彦, 1517~1584)을 꼽을 수 있다. 그는 신선 같은 인물로 널리 알려졌는데, 삼신산의 하나인 봉래산을 호로 쓴 것만 봐도 예사롭지 않은 그의 취향을 알 수 있다. 그는 문과에 급제한 지식인으로서 경기도 포천과 강원도 고성 감호(鑑湖) 등지의 산수에 머물며 신선처럼 살았다. 그런 그를 학봉(鶴峯) 김성일(金誠一)은 유선(儒仙)이라 칭송하기도 했다. 그는 용이 꿈틀거리는 듯한 활달한 초서를 잘 써서 조선 전기의 4대 서예가로 알려졌다. 초서도 표일한 분위기를 담고 있다. 그가 시에서 강하게 발산한 것은 신선 취향이다. 산수를 묘사한 시는 말할 나위 없고, 친구와 주고받은 시조차도 취향이 강하게 나타난다. 다음 세 편의 시에서 그의 취향을 엿볼 수 있다.

산수 향한 그리움이 늙을수록 새롭건만	山水情懷老更新
어이하여 오래도록 돌아오지 않는 건가	如何長作未歸人
벽도화 아래에는 청련(靑蓮, 이백)의 집 있나니	碧桃花下靑蓮舍
경도(瓊島, 신선의 섬)랑 요대(瑤臺, 신선의 집)랑 꿈속에서 자주 보이리	瓊島瑤臺入夢頻

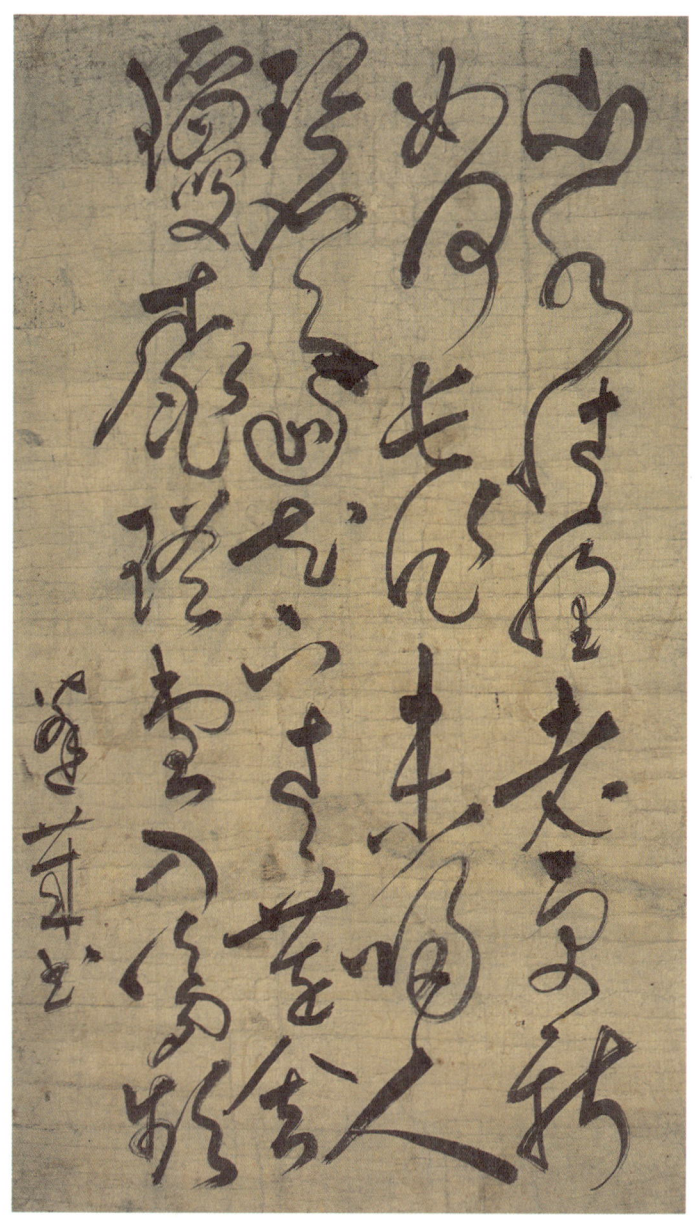

• 양사언, 「학성에서 벗에게 보낸다鶴城寄友人」, 아라재 소장. 초서로 쓴 글씨에 표일한 기상이 넘친다.

—「학성에서 벗에게 보낸다 鶴城寄友人」

백옥경(白玉京, 천상)과	白玉京
봉래섬으로	蓬萊島
까마득히 옛날부터 파도치고	浩浩煙波古
바람과 햇살 따사로웠지	熙熙風日好
벽도화 밑으로 한가로이 오고 가노니	碧桃花下閑來往
신선의 학 울음소리에 천지도 늙어가네	笙鶴一聲天地老

—「발연 너럭바위 위에서 최옹, 차식과 함께 시 한 편씩을 지어
바위에 새기다 題鉢淵磐石上與崔顗車軾, 各述一篇, 刻石上」

하늘 끝에서 술 한 동이 마시니	天涯一樽酒
추운 골짜기에는 해가 지네	落日寒澗中
된서리 깔리고 검은 갖옷 해어져	霜華嚴黑貂弊
만릿길 관산은 길조차 멀고 멀다	萬里關山路不窮
날아가는 기러기는 새벽달에 슬피 울고	征鴻哀於曉月
떨어지는 잎사귀는 서풍에 우수수	落葉響於西風
내 곁에서 친구들이 모두 끊어져	親舊絕於左右
아! 나는 누구와 몽매함을 벗을까	嗟我誰與發蒙
걷고 걸어 학성관에 이르러	行行鶴城舘
문득 천일옹을 만나보았네	忽逢天逸翁
천일옹 앞에선 시도 잘 지어지지 않네	詩到天逸難爲工

푸른 대지팡이 손에 쥐고서	手持靑琅玕
혜원(惠遠) 스님을 찾아왔네	來訪惠遠公
해맑은 종소리에 전각은 가려 있고	鍾淸碧殿掩
학이 날아가자 요대도 비었네	鶴去瑤臺空
나그네여! 나그네여! 하루만 머물러주오	旅人兮旅人淹留一日
돌아갈 생각 전혀 잊고 동에서 다시 동으로	忘却歸心東復東
내일 아침 철령관 밖에서 바라볼 적에는	明朝鐵嶺關外望
저 바다 위 붉은 노을만 보이리라	相思惟見海霞紅

—「옥류협 비선교에서 원遠 스님에게 주다玉流峽飛仙橋贈遠師」

　세 편의 시는 양사언이 강원도 바닷가 안변(安邊)의 부사로 재직할 때 지은 시다. 시에 나오는 학성(鶴城)은 안변의 옛 이름이다. 이들 시에는 신선과 깊은 관련이 있는 말들이 자주 쓰여 그의 신선 취향을 그대로 드러낸다. 마치 신선인 양 자신의 거처와 행동을 묘사하고 있다. 많은 비평가들이 그의 시를 놓고 "음식을 익혀 먹는 범인[火食人]의 말이 아니다"라고 평가한 것이 일리가 있다.

　특히 성호 이익은 양사언을 아주 높이 평가하여 『성호사설』에서 "봉래 양사언의 글씨는 표표하여 마치 하늘에 치솟고 허공을 걸어가는 기상이 있으니 요컨대 글씨 쓰는 선골(仙骨)임을 속일 수 없다(楊蓬萊士彦之筆, 飄飄有凌雲步虛氣象, 要是筆中仙骨, 不可誣也)"라고 했다. 또 "그는 신선에 속한 인물로서 그 글씨가 그 인물과 같다. 사람들은 그 글씨가 속세를 벗어난 것만 알고 그 시가 세상의 말이 아니라는 것을 알지 못

한다(楊蓬萊士彦, 神仙中人也, 其筆似之. 人但知筆知出塵, 而不知其詩之非世間語
矣)"라고 말했다. 양사언의 글씨가 표일하다는 점은 누구나 알고 있지
만 시도 그런 줄은 모른다고 지적하고 위에 소개한 시를 제시했다. 성
호가 말한 것처럼 그의 시는 선계를 꿈꾸게 만드는 내용을 담고 있을
뿐만 아니라 시어 선택이나 형식 면에서도 자유로움과 활달함을 보이
고 있다. 특히, 세번째 시는 앞에서 인용한 이백의 「꿈속에 천모산을
노닐고 시를 남겨두다」와 내용과 형식이 비슷하다. 양사언 스스로가
이백을 자처하기도 했거니와 많은 사람들 또한 한결같이 그를 이백과
비슷한 시인으로 평가했다. 이백과 양사언, 그들은 인생과 문학에서
표일의 풍격을 선명하게 드러냈다.

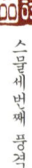

광달(曠達)
활달하게 살다

1. 광활한 달관

'광달(曠達, expansive contentment 또는 laughing all the way)'은 마음이 크게 트여서 활달함을 뜻한다. 『표준국어대사전』에는 '광달하다'의 어근으로서 활달하다는 말과 같이 쓰이며, 도량이 넓고 크다는 뜻이라고 설명했다. 『시품』의 다른 풍격용어와 마찬가지로 현재는 널리 쓰이지 않으나 옛날에는 흔하게 썼다. 사전에서는 활달이라는 말과 같이 쓰인다고 했는데 비슷하기는 하지만 같은 말이라고 볼 수는 없다.

이 말은 가슴이 넓게 트여 있다는 광(曠)과 활달함을 뜻하는 달(達)이 합해져 옳고 그름과 이해득실, 영고성쇠를 초탈한 인생관을 가리킨다. 광과 달은 각각 인생관을 가리키는 말로 쓰이다가 광달이라는

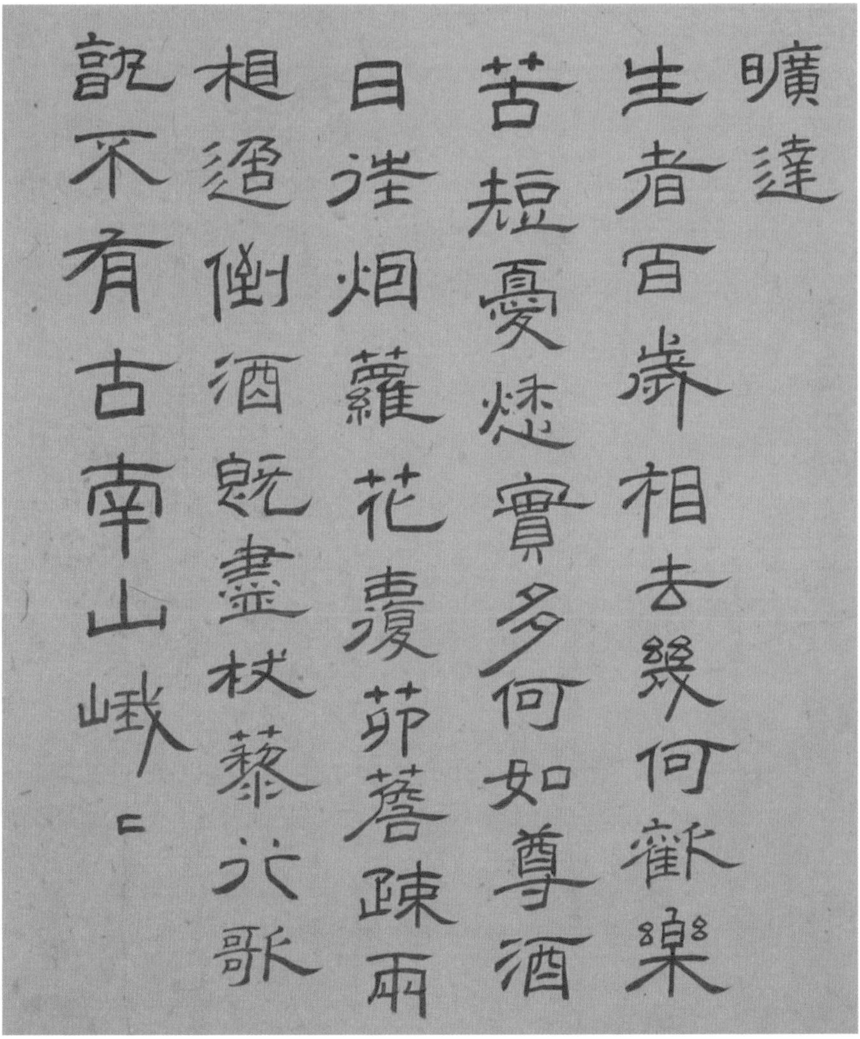

曠達
生者百歲相去幾何歡樂
苦短憂愁實多何如尊酒
日淫烟蘿花霙葂蕃疎雨
相邀倒酒酕盡杖藜永歌
訊不有古南山峩。

말로 결합되어 위진시대부터 널리 사용되었다. 당나라 시대부터 문학의 풍격을 논하는 개념으로 부각되어 송나라 이후 폭넓게 사용되었다. 그 한 사례를 보면, 『구당서舊唐書』의 「백거이전白居易傳」에는 "백거이가 도연명의 「오류선생전五柳先生傳」을 본떠 「취음선생전醉吟先生傳」을 지어서 자신의 삶을 묘사했다. 문장이 광달하기가 모두 이와 같았다"라고 기록했는데 이 글에서 광달은 백거이 문학의 특징을 묘사하는 개념으로 쓰였다. 송대의 시화(詩話)에서는 시인의 인생관과 시문의 풍격을 가리키는 말로 거듭 등장한다. 『시품』은 광달에 관한 다양한 견해를 종합하여 이를 시의 한 범주로 확립시켜놓았다.

광달은 과거 사람들에게 깊은 영향을 끼쳤다. 문학의 풍격을 논하기 이전에 주요한 인생관의 하나로 자리를 차지했다. 간단하게 말하면, 인생은 짧고 괴로운 것이므로 너무 연연해 말고 자연 속에서 술을 마시며 인생을 즐기자는 것으로 요점을 추릴 수 있다. 이렇게 정리하면 염세주의와 쾌락주의가 결합된 인생관으로 보인다. 그 같은 광달의 인생관을 대표하는 전형적인 인물로 예로부터 장자를 꼽는다. 장자는 아내가 죽었는데도 슬퍼하기는커녕 노래를 불렀다. 그는 아내가 죽은 뒤 "인생이란 태어났다고 해서 기쁠 것도, 죽었다고 해서 슬퍼할 것도 없다"는 깨달음을 얻는다. 장자처럼 생사도 초탈한 태도는 달관한 자의 전형으로 수많은 문학에 반영되었다.

장자 이후로 그의 인생 태도를 따른 인물이 수없이 등장했다. 특히 후한 말엽부터 위진시대에는 세상의 예법에 구속되기를 싫어하여 해괴한 행동까지 마다 않던 지식인들이 많이 등장해, 광달함이 유행처럼 번지는 풍조가 형성되었다. 완적과 혜강이 주축이 된 죽림칠현이 이런 풍조를 대변했는데, 이들은 방종한 행동을 하고 폭음을 일삼으며, 현세를 가볍게 보고 쾌락을 긍정하는 풍조를 광달이란 말로 표현했다. 그 밖에 도연명이나 이백, 백거이, 소식과 같은 인물이 광달의 전형으로 꼽힌다.

하지만 『시품억설』에서는 장자나 완적 같은 태도는 퇴폐한 방종으로서 좋지 못한 행위에 불과하므로 광달 본연의 태도로 볼 수 없다고 했다. 그 대신 도연명과 같은 수준의 절제된 태도를 광달의 전형이라고 보았다.

광달이야말로 시 창작의 바탕이라고 본 시각도 있다. 다시 말해 광달한 인생관을 지닌 시인이어야 세계를 넓게 받아들이고 고금의 사회 변화를 깨달을 수 있는 능력을 갖게 된다는 것이다. 그 관계를 『고란과업본원해』에서는 다음과 같이 설명하고 있다.

물정에 어두운 선비의 가슴은 집착하고 막힌 구석이 있어서 시의 세계로부터 아주 멀리 떨어져 있다. 오로지 속이 텅 비어야 천지처럼 넓게 받아들일 수 있고, 달관해야 고금의 변화를 깨우칠 수 있다. 따라서 인간의 감정에 통달하고 사물의 이치를 살피며, 정치를 이해하고 풍속을 관찰하며, 산천을 두루 보고 흥망을 애도하되 이해득실과 영고성쇠에 조금도 얽매이지 말아야 한다. 슬픔과 걱정, 기쁨과 쾌락을 모조리 시에 담아내므로 시의 활용은 무궁하다. 따라서 광달 두 글자는 속된 먼지를 쓸어버리고 마가 끼지 못하게 막으며 시를 짓는 근거가 되므로 가볍게 보아선 안 된다.[1]

2. 호쾌함에 스며 있는 허무

다음은 광달의 본문이다.

인생이 길어야 기껏 백 년	生者百歲
죽을 날이 얼마나 남았는가	相去幾何
환락의 시간은 몹시도 짧고	歡樂苦短
근심과 걱정은 많기도 하다	憂愁實多
차라리 술 한 병 들고서	何如尊酒
날마다 안개 낀 숲으로 찾아가자	日往煙蘿
꽃이 처마를 덮은 초가에	花覆茆簷
가랑비는 부슬부슬 지나간다	疏雨相過
술잔 기울여 다 마시고서	倒酒旣盡
지팡이 짚고 걸으며 노래 부른다	杖藜行歌
"누군들 고인이 되지 않으랴	孰不有古
남산만이 높고도 높도다"	南山峨峨

첫번째 단락은 달관의 시선으로 인생을 보는 이유를 제시했다. 인생은 길어봤자 백 년밖에 살지 못하고 그것도 즐거운 일은 적고 괴로운 일은 많다. 그것이 인생의 본래 모습이다. 비록 짧지마는 『시품』에서 이렇게 인생의 애환을 드러내놓고 토로한 구절은 찾아볼 수 없다.

인간은 결국 죽을 운명이라는, 근원적인 슬픔을 말함으로써 겉으로는 삶에 초연한 것처럼 보이는 사람도 그 내면에는 비애를 품고 있다는 것을 보여준다. 1, 2구는 "인생이 백 년을 산다 한들 일찍 죽은 자와 얼마나 다른가"로 해석할 수도 있다.

두번째 단락과 세번째 단락은 달관한 사람이 취하는 행동 방식을 묘사하고 있다. 인간은 선택에 내맡겨져 있다. 어떤 태도로 살아야 하나? 낙관적으로 열심히 살 것인가, 아니면 주어진 한계를 인정하고 되는대로 살거나 부귀와 명예를 얻으려고 경쟁하고 싸울 것인가? 광달한 사람은 차라리 훌훌 털어버리고 인생을 즐기며 사는 방향을 선택한다. 날마다 술 한 병 들고 숲 속 깊은 곳에 있는 집을 찾아간다. 꽃이 초가를 덮고 있고 때마침 가랑비가 부슬부슬 내려 주위를 적신다. 이는 술을 마시기 좋은 풍경이다. 달관한 사람이 선택한 쾌락은 육체적 쾌락이나 물질적 쾌락이 아니다. 『시품억설』에서는 성근 비(疏雨)가 친구를 비유하는 구우(舊雨)를 의미한다고 보았다. 그렇게 보면 뜻이 맞는 친구가 찾아온다는 뜻이 된다.

세번째 단락은 바로 앞의 구절과 연결된다. 가지고 간 술을 모두 비우고 술에 취해 걸으며 노래를 부른다. 부른 노래의 내용이 바로 3구와 4구다. 우리는 누구나 죽는다. 그 운명을 벗어날 사람은 없다. 그러나 저 앞에 높이 솟은 남산은 영원하다. 그는 자연은 유구한 반면 인생은 무상하기 짝이 없다고 노래한다. 짧고 유한한 인생을 아등바등하며 살지 말고 호쾌하게 살자는 노래다.

광달의 내용은 시비와 명예를 초월하여 인생을 호쾌하게 살아가자는 것이므로 이는 호방과 유사하다. 그러나 광달에는 무상감을 떨쳐

버리려는 인간적 슬픔과 상처가 깔려 있고, 정치적 몰락과 현실적 무력감을 술로 풀어내려는 비관주의가 스며 있다. 겉으로만 보면 상처가 아문 것처럼 보이나 허무주의와 염세주의의 흔적이 남아 있다. 낙관적 정서를 강하게 풍기는 호방과 다른 점이다.

3. 생의 무상함을 깨달았느냐

광달에서는 술 한 병을 들고서 안개 낀 숲 속을 찾아가는 풍경과 꽃이 처마를 덮은 초가에 가랑비가 부슬부슬 내리는 풍경, 그리고 지팡이를 짚고 걸으며 노래를 부르는 풍경, 높이 솟은 남산이 구체적인 소재로 등장한다. 이 소재를 활용해 인생에 달관한 심경을 표현해야 한다.

정선의 그림에는 높은 산 아래로 안개가 깔려 있고 그 아래 초가가 있다. 지붕 위에 붉은 꽃나무가 늘어졌고 집 안쪽 책상에는 책이 펼쳐져 있어서 집에 머문 이가 식자임을 드러냈다. 한 선비가 지팡이를 들고서 다리를 건너려 하고 있다. 술병과 가랑비를 표현하지 않은 것을 제외하면 광달의 내용을 충실하게 반영하고 있다. 짙은 나무 빛깔과 안개를 통해 가랑비 내리는 모습을 약하게나마 짐작할 수 있다. 마당에 학이 뛰놀지 않는 것만 빼곤 영락없는 고사은거(高士隱居)류의 그림이다. 하지만 어디에서도 술 한 병을 다 마셨다는 기미는 보이지 않는다. 광달에서 술을 다 마신 행위는 매우 중요하다. 그러나 정선이 이를 표현하지 않은 것은 자칫 음주라는 행위가 선비의 방종과 불만을

如此景亘或
有之而吾未
之見也

• 정선, 〈광달〉.

표현한 것으로 읽힐 가능성이 있기 때문이다. 그림에는 "이러한 풍경은 세상에 간혹 있으련만 나는 아직까지 보지 못했다(如此景. 世或有之. 而吾未之見也)"라는 화평이 달려 있다. 이 그림처럼 아름다운 곳이 있다면 나도 가서 살겠다는 뜻이다. 술 마시는 장면 없이 자연에 은거한 선비의 모습을 그림으로써 지나치게 차분한 그림이 되었다. 두번째 풍격 충담의 분위기를 닮아 있다.

반시직의 그림은 정선의 그림과 소재와 구성이 거의 똑같다. 담담한 색채로 인해 지붕 위의 붉은 꽃이 도드라져 보인다. 인물을 작게 그리는 반시직 특유의 화법과 높다란 남산이 그려지지 않은 것을 제외하면 정선의 그림과 상당히 유사하다. 다리 옆에 도롱이를 쓰고 쇠스랑을 든 농부의 모습이 어슴푸레 그려졌다. 그 장면을 통해 비가 온 뒤임을 재미있게 표현하고 있다. 정선의 그림에 비해 화폭에 빈 공간이 많아 광달의 느낌이 더 강하다.

장부는 건륭제가 쓴 「현산의 비석峴山碑詩」[2]을 소재로 광달과 연결시켜 그렸다. 건륭제의 시는 진(晉)나라 형주(荊州)의 두 명사인 양호(羊祜)와 두예(杜預)의 옛이야기를 바탕으로 하고 있다. 대장군인 두예가 형주를 지키는 장군으로 있을 때 부하들과 함께 현산(峴山)에 올라갔다. 그는 "이 산은 항상 있겠지만 이 산에서 놀던 사람은 천 년 뒤에 누가 기억하겠는가?" 하고는 비석을 두 개 만들어 자신의 행적을 새긴 뒤 하나는 산 위에 세워두고, 하나는 연못 속에 던져두었다. 훗날 산이 물이 되고 못이 육지가 될 것을 예상해서였다. 그 반면에 양호는 형주의 도독(都督)으로 있을 때 산수를 좋아하여 늘 현산에 올라가 술을 마시며 놀았다. 언젠가 양호도 두예처럼 종사관인 추담(鄒湛)

曠達

• 반시직, 〈광달〉.

生者百歳相去幾何
歡樂苦短憂愁實多
何如尊酒日往烟蘿
花覆茆簷疎雨相過
倒酒既盡杖藜行歌
孰不有古南山峩峩
右司空圖詩品曠
達一則
臣蔣溥恭錄

• 장부, 〈광달〉.

을 보면서 이름도 없이 사라질 것을 탄식했다. 그러자 추담이 "공께서는 덕이 높고 공적이 크므로 명망이 이 산과 함께 전해지고 저 같은 자는 참으로 공의 말씀처럼 될 것입니다"라고 답했다. 훗날 현산에는 양호를 추모한 비석이 세워졌는데, 사람들이 그 앞을 지나며 그의 덕을 추모하느라 눈물을 흘려서 타루비(墮淚碑)라 불렀다.

두예가 천 년 뒤까지 명성을 남기려고 비석을 두 개나 세운 것이 지나친 명예욕이라고 판단한 건륭제는 그것이 참으로 감정에 치우친 바보짓(情癡)이라고 보고, 타루비 하나를 남긴 양호가 훨씬 낫다고 말했다. 지나친 명예욕을 헛된 욕망으로 비꼰 건륭제의 시는 광달의 시선을 담고 있다. 장부가 광달에 어울리는 작품으로 이 시를 선택한 이유이기도 하다.

그림은 현산의 높고 깊은 산속 풍경을 세밀하게 그렸다. 인물이 등장하여 현산의 옛이야기를 말해주지 않는다면 그 자체로 아름다운 한 폭의 산수화다. 두 사람이 서서 한 사람은 큰 비석의 글씨를 읽고 있고 한 사람은 두 팔을 벌리고 아래를 내려다보고 있다. 인생의 무상함을 탄식하는 양호와 자신의 행적을 담은 비석을 보고 있는 두예를 한 장면에 그렸다. 두 사람은 각각 인생의 무상함을 깨달은 자와 깨닫지 못한 자, 광달한 자와 그렇지 못한 자를 대조적으로 보여준다. 이 그림은 구체적인 산과 인물을 묘사하면서도 높고 높은 남산과 안개 낀 숲 등 『시품』의 본문과 전체적으로 부합하는 소재를 잘 활용했다.

제내방의 광달은 앞서 본 정선, 반시직의 그림과 기본 구도와 내용, 정서가 같다. 전원에 자리잡은 작은 집에 머물고 있는 은사가 지팡이를 짚고서 외출하려 하는 장면이다. 집 안에 술동이와 잔을 그려

• 제내방, 〈광달〉.

서 그가 술을 마시고 취해서 외출하는 것임을 암시했다. 앞에서 말한 것처럼 광달에는 음주가 중요한 의미를 지닌다는 것을 감안할 때 제 내방은 그 점을 명확히 표현하고 있다. 그림은 광달의 내용을 충실히 그렸을 뿐만 아니라 음주를 즐기고 달관의 태도를 보인 도연명의 삶 까지도 표현하고 있다.

4. 벗어난 자의 여유와 달관

거창한 성공을 이루겠다는 인생 목표로부터 멀어질 때 종종 달관 의 태도가 나온다. 태생적으로 신선의 자질이 있어 현실을 초탈하는 경향이 표일이라면, 성공이라는 목표 추구의 사슬로부터 벗어날 때 비로소 획득되는 것이 광달이다. 그리하여 광달의 시는, 관료의 세계 에서 갖은 노력을 기울이다 자의에 의해서든 타의에 의해서든 성공의 사다리를 타지 못한 지식인들이 많이 썼다. 시비나 명예의 속박으 로부터 벗어나 통 크게 살려는 의지를 잘 드러냈다. 다산 정약용만 해 도 강진 유배 이후에 지은 시에서 광달의 풍격을 보인 작품을 제법 썼 다. 다산은 아들에게 준 편지에서 유배 이후에 쓴 시에는 광달하고 흉 금이 크게 트인 시(多曠達恢廓之語)가 많다고 말했다. 작품에서도 "시인 묵객의 풍류는 모름지기 광달해야지(墨客風流須曠達)"라든가 "내 마음 은 정말 광달하지만 생각할 때마다 몰래 슬픔이 밀려든다(我懷誠曠達. 每念潛悲辛)"라는 구절이 보인다. 다산이 보인 광달의 태도에 비애가 숨겨져 있는 것은 추구하던 목표에서 멀리 밀려나고 만 쓰라린 체험

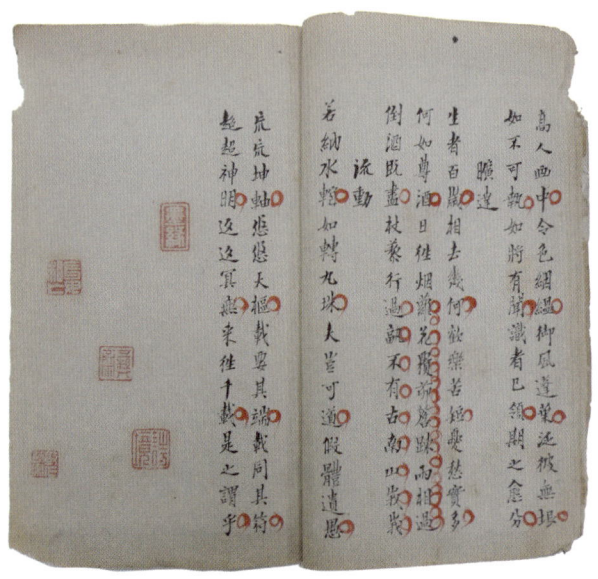

• 이재 권돈인 필사, '표일'(부분) '광달' '유동', 『사공표성시품첩』, 친환경농업박물관 소장.

이 연결되어 있기 때문이다.

중국 시로서 광달의 풍격을 대표하는 것은 『시품』에 이미 제시되어 있다. 『시가일지』본에서는 선시(選詩)가, 『목천금어』에서는 고선(古選)이 광달의 전형적 작품이라고 제시했다. 선시나 고선은 실은 같은 대상을 다르게 표현한 것일 뿐이다. 이는 모두 『문선』에 실린 고시(古詩), 그 가운데서도 특히 「고시십구수」를 가리킨다. 그중 일부를 본다.

| 인생은 백 년도 채우지 못하건만 | 生年不滿百 |
| 천 년 묵은 걱정을 언제나 품고 사네 | 常懷千歲憂 |

낮은 짧고 밤은 정말 기니	晝短苦夜長
왜 촛불 켜고 놀지 않는가	何不秉燭遊
즐겁게 놀려면 때를 놓치지 말아야지	爲樂當及時
왜 다가올 미래까지 기다리나	何能待來茲
바보는 돈을 아끼다가	愚者愛惜費
후세 사람의 비웃음거리가 되었지	但爲後世嗤
신선이 되었다는 왕자교	仙人王子喬
그처럼 되기는 어렵지 않은가	難可與等期

인생무상과 향락주의는 19수 전체에 걸쳐 자주 보이는 인생관이다. 그 가운데서도 이 작품이 그 같은 인생관을 대표한다. 후한 말엽의 세기말적 퇴폐주의와 향락주의가 짙게 드리워 있다. 광달의 무상감, 향락주의와도 깊은 관련이 있다.

앞에서도 잠깐 언급한 것처럼 장자 이래 광달을 대변하는 시인으로 완적, 도연명, 이백, 백거이, 소식 등을 손꼽을 수 있다. 그들의 시는 말할 것도 없고 그들의 삶 또한 광달의 풍모를 선명하게 보여준다. 그중에서 백거이의 시를 광달의 전형으로 꼽는데 18세기 전기의 학자인 이정섭은 이렇게 읊었다.

광달하기론 백낙천이요	曠達白樂天
호방하기론 소강절이지	豪橫邵康節
자네에겐 자네 시의 오묘함 있으려니	君有君詩妙
나는 내 시의 졸렬함 사랑하리	吾愛吾詩拙

백낙천, 다시 말해 백거이의 광달함과 소강절, 다시 말해 송나라 소옹(邵雍)의 호방함을 자신은 갖고 있지 않으나 나는 나의 시풍을 포기하지 않고 자랑스럽게 가꾸겠다는 포부를 드러냈다. "광달하기론 백낙천이요"라는 구절에서 광달함이 백거이 시의 풍격을 대변한다는 상식을 짐작할 수 있다. 젊은 시절 백거이는 정치를 풍자하고 사회의 모순을 풍자한 사실주의적 시를 다수 지었는데 노년에는 한가로운 여유를 읊거나 달관의 심경을 토로한 작품이 오히려 많다. 그런 시 중 하나인 「달관했도다 백낙천이여達哉樂天行」를 보자.

달관했네 달관했어 백낙천이여	達哉達哉白樂天
동도(東都)에 파견된 지 십삼 년	分司東都十三年
칠십이 되자마자 관모를 벗고	七旬纔滿冠已挂
녹봉이 줄기 전에 자리에서 물러났네	半祿未及車先懸
봄철에는 친구들과 놀러 나가고	或伴遊客春行樂
밤에는 스님 따라 좌선도 하지	或隨山僧夜坐禪
이태 동안 집안일을 팽개쳐두니	二年忘却問家事
뜰에는 잡초 수북하고 부엌에는 불기가 없네	門庭多草廚少煙
아침에는 쌀도 소금도 바닥났다 머슴이 고하고	庖童朝告鹽米盡
저녁에는 옷에 구멍이 났다 계집종이 하소연하네	侍婢暮訴衣裳穿
처자식은 화를 내고 조카들은 염려하나	妻孥不悅甥姪悶
그러나 나는 술에 취해 쿨쿨 자고 난 뒤	而我醉臥方陶然

자리에서 일어나, 너희에게 생계를 장만해주마	起來與爾畫生計
재산이 적을망정 앞뒤는 가려서 처치해야지	薄産處置有後先
먼저 남쪽 마을 열 마지기 진답을 팔고	先賣南坊十畝園
다음에는 동문 밖 다섯 이랑 밭을 팔자	次賣東郭五頃田
그런 뒤에 살고 있는 집까지 팔면	然後兼賣所居宅
대충 이삼천 냥은 되지 않겠느냐	髣髴獲緡二三千
절반은 너희에게 생활비로 주고	半與爾充衣食費
절반은 내 술값으로 충당하리라	半與吾供酒肉錢
내 나이 벌써 칠십하고 한 살이라	吾今已年七十一
눈 어둡고 수염 허옇고 머리는 어질어질	眼昏鬚白頭風眩
아무래도 이 돈을 다 쓰지도 못하고	但恐此錢用不盡
아침 이슬처럼 서둘러 깜깜한 황천에 가리라	即先朝露歸夜泉
죽지 않고 더 머무는 것도 나쁘지야 않으니	未歸且住亦不惡
배고프면 밥 먹고 즐거우면 술 마시며 편안히 잠을 자자	
	飢飡樂飲安穩眠
살든 죽든 좋은 것도 나쁜 것도 없으니	死生無可無不可
달관했네 달관했어 백낙천이여	達哉達哉白樂天

늙은 나이에 자식들에게 재산을 나눠주는 과정과 심경을 쓴 시다. 시의 내용은 이렇다. 나이들어 벼슬에서 은퇴한 그는 친구들과 돌아다니며 가족의 생계는 아랑곳하지 않았다. 그러자 가족들이 생계를 걱정하고 푸념하면서 대책을 마련해달라고 조른다. 백거이는 아예 재산을 모조리 팔아 분배하고 자기의 술값을 챙기고서 그걸 마음껏 쓰

면서 인생을 마치겠다고 말한다. 이 시는 요즘 노인이 재산을 분배하는 장면을 쓴 것처럼 생생하다. 그렇게 일을 처리하고 나서 "달관했네 달관했어 백낙천이여"라고 호기롭게 말한다. 한편으로는 쓸쓸한 기분도 없지 않지만 언짢은 일도 아무렇지 않게 넘긴다. 그의 앞에는 이젠 부귀도 재산도 자식도 심지어는 생사조차도 다 귀찮은 일이다. 인생의 모든 일에 마음을 완전히 비운 상늙은이의 허허로운 심경, 그것은 인생 달관을 즐겨 노래한 시인 백거이의 전형적인 모습이다.

한데, 그 백거이조차도 자식을 위해 전답을 장만하고 70 먹은 나이를 자랑했다면서 진정으로 달관하지 못했다고 비판한 시인이 있다. 18세기 조선의 시인 임천상(任天常)은 37세 때 백거이의 위 시를 모방하여 지은 시에서 오히려 그가 제대로 달관하지 못했다고 했다. 임천상의 달관이 훨씬 더 현실적이다.

한편, 백거이는 낙천적 성격을 시에 잘 표현했는데 「술을 앞에 놓고對酒」란 시에서도 그의 면모가 잘 드러난다.

달팽이 뿔 위에서 무슨 일로 다투는가	蝸牛角上爭何事
전광석화 같은 세월에 이 한 몸 맡겼는데	石火光中寄此身
잘살든 못살든 즐겁게 살자꾸나	隨富隨貧且歡樂
입 벌리고 웃지 않는 자 영락없이 바보라네	不開口笑是癡人

경구처럼 짧은 시는 낙천적이고 경쾌하다. 이런 시는 생각나는 대로 거침없이 심경을 토로한 시다. 그러다보니 그의 시는 시상이 얕고 가볍다는 비판을 받는다. 하지만 그런 특색 자체가 광달한 시인에게

는 자연스러운 경향이다.

5. 술을 마시며 즐기자

백거이와 같은 달관의 인생관을 지니고 거침없는 태도를 보인 인물을 광사(曠士, 가슴속이 활달하게 툭 터져 거침이 없는 사람)란 한마디로 표현할 수 있다. 고려시대를 대표하는 문호로 첫손가락에 꼽히는 이규보가 광사란 이름에 걸맞다. 시와 술과 거문고를 몹시 좋아하여 스스로를 삼혹호(三酷好, 세 가지 것을 몹시 좋아하다) 선생이라고 자칭한 것도 광사다운 태도다. 그가 가장 좋아한 시인은 다름 아닌 백거이였다. 술을 자주 많이 마시고, 예법에 구애받지 않고 자유분방하게 살아간 점도 백거이와 비슷하다. 거침없이 호쾌하게 시를 지은 점도 마찬가지다. 그 같은 풍모가 다음 두 편의 시에 잘 드러난다.

가련하구나 몸뚱어리여	可憐此一身
죽으면 백골 되어 썩어지겠지	死作白骨朽
자손들 때마다 무덤에 절하더라도	子孫歲時雖拜塚
죽은 놈에게야 무슨 관계란 말인가	其於死者亦何有
하물며 세상을 버린 뒤에 가묘(家廟)를 벗어나면	
	何況百歲之後家廟遠
어떤 후손이 찾아와 성묘나 할까	寧有雲仍來省一廻首
앞에선 누런 곰이 나와 으르렁대고	前有黃熊啼

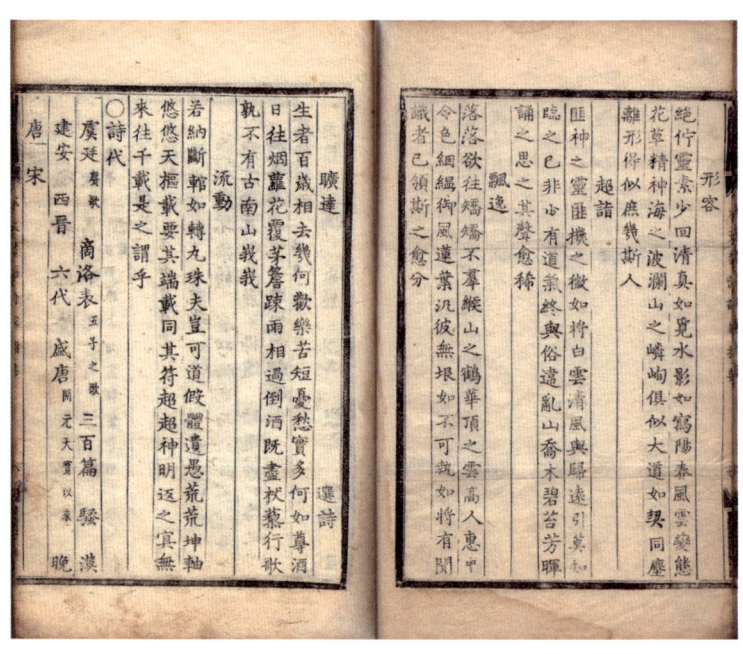

• 윤춘년 간행, 『목천금어』 「시가지요」. 수경실 소장. '형용'부터 '유동'까지 5개 풍격이 실려 있다. '광달'의 제목 하단에 그 풍격을 잘 표현한 시로 선시(選詩)를 제시했다.

뒤에는 푸른 외뿔소가 울부짖으리라　　　　　　後有靑兕吼

고금의 무덤만이 다닥다닥 늘어서서　　　　　古今墳壙空纍纍

넋이 있고 없는 것을 뉘라서 따지리오　　　　魂在魂無誰得究

가만히 앉아 곰곰 생각해보니　　　　　　　　靜坐自思量

차라리 생전에 한잔 술로 입술 축이는 게 낫겠네

　　　　　　　　　　　　　　　　不若生前一杯濡我口

자식들에게 이르노니　　　　　　　　　　　　爲向子姪導

이 늙은이 너희들 괴롭힐 날 얼마나 되랴　　　吾老何嘗溺汝久

일부러 산 짐승 잡으려 말고　　　　　　　　不必擊鮮爲

술이나 부지런히 차려다오　　　　　　　　但可勤置酒

종이돈 천 꿰미를 사르고 술 석 잔 올려도　　紙錢千貫奠觴三

죽은 뒤에야 받는지 안 받는지 어떻게 알랴　死後寧知受不受

후하게 장사지내기를 나는 바라지 않노니　　厚葬吾不要

그저 도굴꾼이 훔칠 거리나 만들 뿐이다　　徒作摸金人所取

　　　　　　─「자식들에게 보인다 장단구示子姪長短句」

지난해 동산에서 떨어진 꽃떨기는　　　　　去年園上落花叢

올해도 동산에서 똑같이 붉건마는　　　　　今年園上依舊紅

지난해 꽃 아래서 놀던 사람은　　　　　　唯有去年花下人

올해는 꽃 아래서 백발 늙은이로다　　　　今年花下白髮翁

꽃가지는 해마다 줄지 않고 피기에　　　　花枝不減年年好

해마다 늙어간다고 우리를 비웃으리　　　　應笑年年人漸老

봄바람도 저물어 꽃은 또 져버릴 테니　　　春風且暮又卷歸

꽃을 보며 부디 망설이지 마오　　　　　　愼勿對花還草草

내가 노래하고 그대 춤추면 즐겁나니　　　我歌君舞足爲歡

인생 즐기는 일을 왜 아니 서두르는가　　　人生行樂苦不早

남이야 미치광이라 욕하든 말든　　　　　顚狂不顧旁人欺

번개처럼 연거푸 술 천 잔 마시세나　　　要使千鐘如電釂

그대는 보지 못했나 꽃 필 때면 술 마시던 유랑(劉郞)이

　　　　　　　　　　君不見劉郞飮酒趁芳菲

소년보다 호쾌한 풍류에 더 통달했던 것을　解道風情敵年少

또 보지 못했나 늙어서도 꽃을 꽂고 태연했던 동파(東坡)가

又不見東坡居士簪花老不羞

술 취해 비틀거리자 사람들이 비웃은 일을 　　　　　醉行扶路從人笑

예로부터 기분 좋은 것은 그저 술잔뿐이니 　　　　　古來得意只酒杯

달을 보고 술동이를 사양 말고 기울이세 　　　　　莫辭對月傾金罍

부귀영화란 허무한 한바탕 웃음거리라 　　　　　　榮華富貴一笑空

조조가 지은 동작대의 노래를 들어보게나 　　　　　請看魏虎銅雀臺

—「취중에 붓을 휘둘러 이청경李淸卿에게 주다醉中走筆贈」

　인생은 무상하므로 술이나 마음껏 마시자는 생각을 펼쳐내고 있
다. 생사조차 초월하고 예법조차 거추장스럽다는 첫 작품에서는 살아
서 한잔 술이나 마시자고 했고, 부귀영화란 허무한 것이니 남들이 뭐
라 하든 순간의 즐거움과 쾌락을 즐기자는 두번째 작품에서도 술을
권하고 있다. 그에게 인생에선 아등바등 열심히 노력하여 얻어야 할
무엇이 있지 않다. 죽어서 지켜야 할 무엇이 있는 것도 아니다. 술을
마시며 그 허무한 인생을 즐기는 것만이 그의 앞에 놓인 일이다. 두
편의 시에 보이는 인생관은 "한 잔 먹세그려 또 한 잔 먹세그려"라는
구절이 유명한 송강 정철의 시조 「장진주사將進酒辭」에도 거의 비슷하
게 나타난다. 이러한 작품에 보이는 태도는 『시품』 광달의 내용과 거
의 다름이 없다.

유동(流動)
흘러 움직이다

1. 모든 풍격을 관통하는 정신

『시품』의 스물네번째이자 마지막 풍격은 '유동(流動, flowing movement 또는 that wonderful motion)'이다. 『표준국어대사전』에서는 이 말의 의미를 "액체 상태의 물질이나 전류 따위가 흘러 움직임"이라는 뜻과 "이리저리 자주 옮겨 다님"이란 뜻으로 풀이했다. 일반적으로는 뒤에 나오는 뜻으로 널리 쓰인다. 끊임없이 흘러 움직여서 가변적이고 탄력적인 현상을 가리키는 '유동적'이란 말이 흔하게 쓰인다. 유동은 글자 그대로 풀이하면 흘러 움직인다는 뜻이다.

유동은 기운이나 맥락이 멈추어 있지 않고 이곳저곳으로 움직이며, 사고가 멈추지 않고 물이 흐르듯 약동하는 현상을 가리킨다. 유동을 활용한 말 가운데 천기유동(天機流動)이란 표현이 있는데 천기(天機) 또는 생기(生氣)가 흘러넘쳐 움직이는 자연현상을 표현한다. 『시품』에

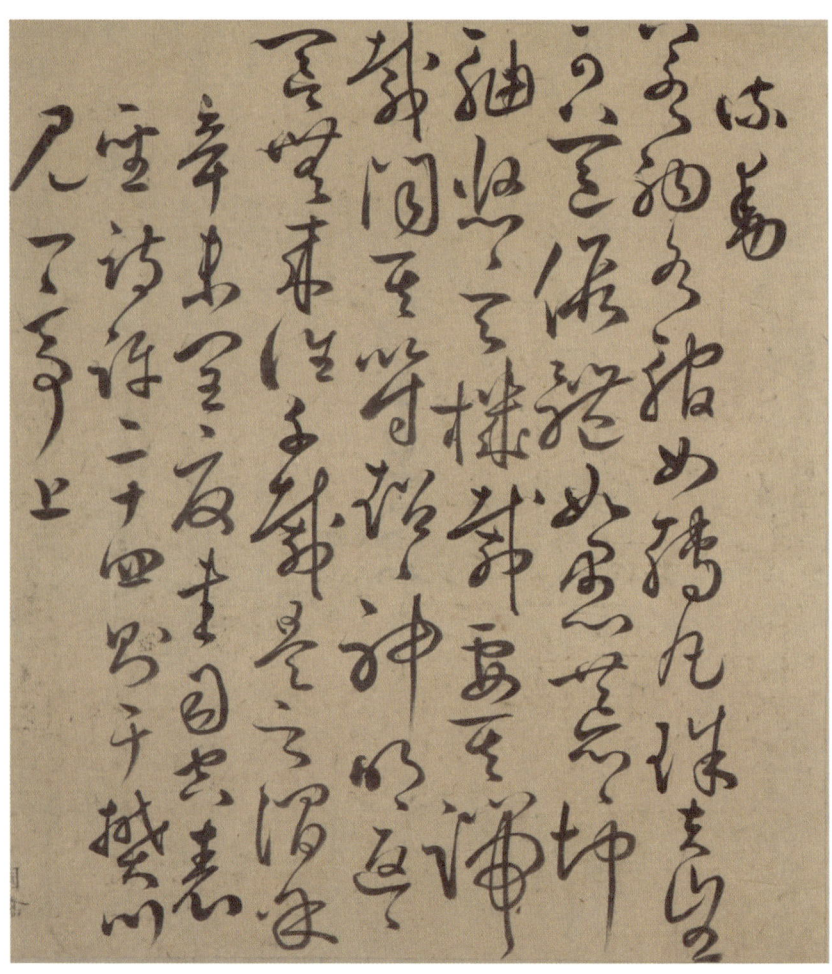

• **이광사, 〈유동〉.** 활달한 초서로 썼다. "신미년 윤 여름에 사공도의 시평 24칙을 번천 견일정 위에서 쓰다. 원교(辛未閏夏書司空表聖詩評二十四則于樊川見一亭上. 圓嶠)"라는 관지(款識)가 쓰여 있다. 이를 통해서 원교가 1751년에 글씨첩을 썼음을 알 수 있다. 천추(天樞)를 천기(天機)로, 재동(載同)을 재문(載聞)으로 썼다.

쓰인 유동 또한 천기유동과 거의 같은 뜻으로 쓰였다.

그런데 유동이 시와 무슨 관련이 있기에 『시품』에서 마지막으로 배치한 것일까? 무엇보다 옛날에 유동이란 어휘는 미학적으로 거의 중요하게 취급되지 않았다. 시를 이해하는 풍격용어로 정착되었다고 보기도 어려운데 이런 사정은 한국도 중국도 마찬가지였다. 천기가 활발하게 표현된 작품이나 딱딱하게 고정되어 있지 않고 부드럽고 생동감 있는 작품을 논할 때 간혹 사용된 말에 불과하다. 더욱이 작품과 작가가 지닌 성질과 지향을 다루고 있는 『시품』의 다른 풍격과 비교할 때 유동은 상당히 색다르고 난해하다. 그렇다면 유동은 과연 무엇을 말하고자 하는 것일까?

『시품』의 유동이 말하고자 하는 내용은 상당히 모호하다. 그래서 이 풍격을 놓고 많은 학자들이 서로 다른 견해를 내어놓았다. 대략 다음과 같이 이견을 정리해볼 수 있다.

첫번째로 『시품』의 각 풍격은 전체 구조 속에서 일정한 맥락의 흐름을 갖고 전개되는데 그 맥락이 지닌 특징을 종결 부분인 유동에서 설명하고 있다. 천지 사이에 잠시도 멈추지 않는 것이 유동의 정신인데 이 풍격이 바로 그런 진리를 반영한다(손연규, 양정지, 양진강 등). 두번째로 유동은 풍격의 일종으로 작품에 흘러넘치는 역동적인 생기와 맥락을 뜻한다(뤄중딩, 자오푸탄, 쭈바오취안 등). 세번째로 유동은 풍격으로 볼 수 없고 시인의 사상과 수양의 문제를 다루고 있다(류위창 등).

그 밖에 장궈칭 교수는 주목할 만한 견해를 제기하고 있다. 그는 '유동'이 구체적 시 작품의 예술적 풍격을 가리키지 않는다고 보았다. 그에 따르면 유동은 시가의 풍격이 변화하고 발전하는 구조를 꿰뚫고 있는, 운동의 법칙성이다. 다시 말해 유동은『시품』을 처음부터 끝까지 관통하는 핵심적인 정신을 설명하고 있기 때문에 실제적으로는 『시품』의 서문 격에 해당한다는 것이다. 고대에는 서문이 글의 맨 마지막에 실리는 관례가 있었다는 점을 감안하면 그의 주장에 설득력이 없지 않다. 그가 말하는 운동의 법칙성은 웅혼과 충담에서 출발하여 유동으로 끝나는『시품』의 전개가『주역』의 순환구조와 유사하다는 주장으로 모아진다. 그의 주장이 도식적이라는 한계가 있음에도 불구하고 유동이 작품의 구체적 풍격을 가리키는 차원이 아니라『시품』전체의 구조와 그 구조를 관통하는 정신을 설명한다는 것은 그럴듯하다.

지금까지『시품』의 풍격 23개를 살펴보았는데 풍격과 풍격 사이의 관계는 시를 이해하는 유일하고 고정적인 실체가 아니다. 그것들은 얼마든지 변할 수 있고 다르게 설정할 수 있는 탄력적인 것이라는 시각을 유동은 보여주고 있다. 그러한 시각으로 볼 때 유동의 의미가 뚜렷하게 이해된다. 이러한 관점을 취했을 때 유동은 구체적 작품을 대상으로 한 풍격으로 볼 수 없기 때문에 작품을 사례로 들어 살펴보는 것은 생략한다.

2. 우주적 차원의 운동

유동의 본문은 다음과 같다.

물을 받아들이는 수차와도 같고	若納水輨
쟁반에 구르는 구슬과도 같다	如轉丸珠

| 어찌 말로 다 설명하랴마는 | 夫豈可道 |
| 사물을 빌려 어리석은 이에게 전한다 | 假體遺愚 |

거대한 지구는 지축(地軸)을 싸고돌고	荒荒坤軸
까마득한 우주는 천축(天軸)을 따라 운행한다	悠悠天樞
지축이 말하는 실마리를 잡고서	載要其端
우주가 보이는 상징과 똑같이 한다	載同其符

밝은 정신의 우주로 뛰어올랐다가	超超神明
어두운 허무의 세계로 되돌아간다	返返冥無
천 년의 세월 동안 오고 가나니	來往千載
유동이란 이것을 일컫는 것인가	是之謂乎

전체 내용을 세 단락으로 나누어 설명한다. 첫번째 단락에서는 단도직입적으로 비유를 든다. 흘러 움직인다는 뜻의 유동을 물을 받아들이는 수차나 쟁반에 구르는 구슬로 비유해 직유법을 구사했다. 직유법을 선택한 이유는 유동의 의미가 너무 어려워서 말로 설명해도 이해하기가 쉽지 않다고 봐서다. 물을 받아들이는 수차 또는 물레방아나 쟁반에 구르는 구슬은 일상생활에서 쉽게 접할 수 있는 사물이기에 무엇을 가리키는지 바로 알아들을 수 있다. 그렇다고 유동이 흘러 움직이는 구체적 차원의 어떤 현상을 가리키는 단순한 의미는 아니다. 수차와 구슬은 그 난해한 의미를 정확하게 전달할 수는 없고 일차적인 의미만을 전달한다.

3구와 4구는 앞에서 든 비유처럼, 유동을 직유법으로 설명할 수밖에 없는 이유를 분명하게 밝혔다. 언어로써는 표현할 방법이 없으므로 구체적 사물을 빌려 잘 모르는 사람들을 깨우치려 한다는 취지다. 3구는『노자』제1장 중 "말로 표현할 수 있는 도(道)는 떳떳한 도가 아니다(道可道, 非常道)"에서 나온 발상이다. 4구는 유동의 세계를 표현할 말이 없기는 하지만 그래도 이해를 돕고자 구체적 실물을 빌려서 실감나게 표현하려 한다고 했다. 구체적 실물은 바로 위에 나온 수차와 구슬을 가리킨다. 원문의 유우(遺愚)가 여우(如愚)로 된 판본이 있다. 그렇게 쓰면 이렇게 직유법을 써서 설명하려는 시도 자체가 어리석은 방편이라는 뜻이 된다. 수차와 구슬이라는 사물을 동원해 유동을 설명하는 것이 어리석은 사람을 깨우치기 위한 하나의 방편이기도 하고, 또 어리석고 구차한 방법이기도 하다는 전제를 깔아놓고 있다.

두번째 단락 이하에서는 첫번째 단락의 전제를 이어받아 유동을 설명하고 있다. 수차나 구슬과 같은 작은 사물이 보여주는 동태의 차원을 앞에서 제시했다면, 여기서부터는 유동을 전 지구적이고 전 우주적 차원에서 생각해야 할 역동적인 운동으로 이해한다. 흘러 움직이는 현상은 작게는 수차나 구슬의 움직임으로부터, 크게는 지구의 자전과 천체의 회전에 이르기까지 자연세계에서 보편적으로 일어난다. 유동은 미시적으로나 거시적으로나 모든 현상을 꿰뚫고 있는 원리다. 여기에서 지구와 천체를 거론한 것은 시야를 그토록 크게 확장해야 함을 말한다.

두번째 단락의 3, 4구는 해석이 다양하게 나뉜다. 3구는 1구의 내용을, 4구는 2구의 내용을 이어받아 논지를 전개한다. 3구는 지축을 싸고도는 광대한 대지가 전하는 유동의 실마리[端]를 우리가 이해해야 함을 말하고, 4구는 천축을 따라 운행하는 까마득한 천체가 보여주는 유동의 상징성[符]과 부합하려고 노력해야 함을 말한다. 다시 말해, 유동을 이해할 때 수차나 구슬의 미시적 차원에 머물지 말고 지구와 천체의 거시적 차원에서 이해해야 한다는 것이다. 장귀칭 교수 역시 "천지와 우주의 큰 시야와 큰 관점으로 유동을 바라보아야 한다"는 것이 이 구절에서 주장하는 내용이라고 보았다.

세번째 단락은 두번째 단락과 의미상 긴밀하게 연결된다. 1구는 우주를 받고 2구는 지축을 받아서 유동이 높게는 우주까지, 깊게는 지축까지 상하로 움직이는 공간적 확장의 운행임을 말했다. 3구에서는 유동의 변화가 시간적으로 유구한 세월의 변화와 맞물려 있음을 말하고 있다.

3. 물을 끌어오는 수차와 쟁반에 구르는 구슬

유동은 그 내용이 복잡하고 주제가 분명하지 않아 보는 사람에 따라 그 의미를 상당히 다르게 파악한다. 복잡하고 불분명한 내용은 이를 그림으로 형상화한 작업에서도 똑같이 드러난다. 유동에서 그림으로 형상화할 만한 구체적 사물과 현상은 물을 끌어오는 수차와 쟁반에 구르는 구슬이 거의 전부다. 지축이나 천체도 존재하기는 하나 그림으로 그릴 수 있는 성질의 것은 아니다. 유동에서는 인간의 모습을 설정하기가 어렵다. 그렇다면 화가들은 무엇을 그려서 유동의 의미를

華藝濃而
不肥位置整
而不難用意
深之不巧之
幅當盈尺
一

己巳子月下浣
七十四歲翁 謙齋

• 정선, 〈유동〉, 이 그림 오른쪽 상단에 "기사년 자월 음 하순에 74세 늙은이 겸재가 그리다(己巳子月下浣
七十四歲翁 謙齋)"란 관지가 있어서 이 그림을 1749년 11월에 그렸음을 밝혀놓았다.

해석했는지 살펴보자.

먼저 정선의 그림이다. 산중의 계곡과 계곡 한편에 기와를 얹은 정자를 그렸다. 정자에는 서탁 위에 책이 놓여 있고 한 선비가 앉아 있다. 한편, 화면 왼편 계곡의 물길 옆에는 초가 아래 물레방아가 있어 계곡물이 그 물레방아를 거쳐 아래로 흘러내린다. 선비는 책을 읽다 흘러내려가는 계곡물을 바라보고, 그 주위에는 바위와 잎이 무성한 나무들이 서 있다. 분명히 이 그림은 첫 구절인 "물을 받아들이는 수차와도 같고"를 주된 소재로 사용하고 있다. 그러나 나머지는 화가의 자의에 따라 그렸다. 콸콸 흘러가는 계곡물에 물레방아 돌아가는 풍경을 구경하는 선비를 설정함으로써 유동하는 진리를 관찰하는 선비의 시선을 포착하려고 했다. 전통적인 그림의 기준으로 본다면 관수도(觀水圖)에 속한다.

풍경은 저 높고 먼 곳에서부터 물이 내려와 물레방아를 돌리고 아래로 내려가며 그 물로 숲의 나무가 푸른 잎으로 뒤덮이는 것으로 해석된다. 생기가 넘쳐흐르는 역동적인 상태를 표현한 데서 유동을 보는 정선의 관점이 드러난다. 유동의 의미를 자세하게 말로 설명할 수 없기에 흘러가는 물을 관찰하는 선비를 등장시켜 그 의미를 전달하려 했다. 유동의 의미는 관수도가 암시하는 뜻과 상당히 비슷하다. 그 점에서 유동 첫번째 단락이 지향하는 의미를 충실하게 표현했다고 할 수 있다.

한편, 이 그림은 그림 자체로도 수준이 높다. 그렇기에 화평에서 상당히 높은 평가를 내리고 있다. "필세는 짙으면서도 뚱뚱하지 않고 구도(位置)는 가지런하면서도 잡스럽지 않으며 용의는 깊으면서도 기교가 없다. 이 화폭이 마땅히 전체 그림에서 제일간다고 하겠다(筆勢濃而不肥, 位置整而不雜, 用意深而不巧, 此幅當屬第一)"라는 평을 내렸다.

반시직 그림의 기본 구도는 정선의 그림과 같다. 높은 산과 폭포, 계곡물과 호수가 있다. 정선의 그림에 있는 물레방아와 정자와 선비는 사라졌다. 그래서 평범한 산수도의 차원으로 떨어진 듯하다. 그림은 높고 먼 곳으로부터 물이 흘러내려와 폭포를 이루고 계곡물이 되어 큰 호수로 흘러들어가는 과정을 흘러 움직인다는 유동의 의미로 파악한 듯하다. 굳이 물레방아나 선비의 관찰이 필요 없다고 보았다. 게다가 배경이 늦겨울과 초봄의 경계선 어느 때쯤이다. 산과 들에는 아직 신록이 푸르지 않다. 다만 겨울을 인내한 대나무의 푸름이 있고, 여기저기에 백매(白梅)와 납매(臘梅. 음력 섣달에 꽃이 피는 매화), 홍매(紅梅)가 꽃봉오리를 매달고 있다. 계절은 아직 겨울이지만 계곡을 흘러내린 물은 매화를 피워내는 생명수의 구실을 하고 있다. 그림은 자연에 생기가 막 감도는 것을 묘사했다. 반시직은 생기가 활발하게 흘러넘치는 것을 유동이라고 해석하여 그림에 표현했다. 비록 유동 본문과는 깊은 연관이 없으나 나름대로 유동을 충실하게 표현한 그림이라고 평가할 수 있다.

장부의 그림은 건륭제가 쓴 「태액지의 오리液池鳧」[1]를 소재로 그렸다. 건륭제의 시는 황제의 어원(御苑)인 태액지(太液池)에서 한가로이 노니는 오리를 묘사했다. 오리는 창공을 나는 붕새를 부러워하지도 않고 그렇다고 모이를 걱정하는 홰 위의 닭 신세도 아니다. 어원의 봄 물결 위에서 아무 걱정도 없이 여유롭게 지낸다. 건륭제는 황제의 어원에 사는 오리의 평화롭고 자유로운 생활을 묘사했는데 장부는 시를 충실하게 반영하여 그리되 태액지의 화려한 풍경과 그 속에서 노니는 오리와 거위를 그렸다. 배경으로 높은 산과 그 산 위의 불탑, 호숫가의 누대와 패루(牌樓, 기념과 장식용의 문), 다리를 묘사했고, 호수에는 버드나무와 연꽃을 그리고, 안개와 구름이 지나가는 장면을 그렸다. 황가원림의 호사스러운 풍경이다.

이 그림을 유동과 연결시킴으로써 화가가 표현하고자 한 의도는 봄날의 풍경에 무르녹아 있는 생기에 있다. 어떤 풍경도 불협화음이 없이 천지자연의 생기에 동참하고 있다. 황제의 어원에서 아무 걱정 없이 생의 기쁨을 누리는 오리처럼 모든 백성은 황제의 보살핌 속에서 행복하게 생의 열락을 누린다는 메시지를 담으려고 한 것은 아닐까? 일반적으로 유동이 활발하게 천기가 흘러넘치는 것을 의미한다고 할 때, 장부는 황제의 통치 아래 생기가 넘치게 살아가는 백성들의 생명감을 묘사하고자 했다. 그림 전체에 넘치는 호사스러움과 생기는 바로 그 의도를 살리고 있다. 그러나 유동의 본문 내용과 긴밀하게 연결되지는 않는다.

제내방의 그림은 독특하다. 바닷가의 거센 파도 위에서 한 여인이 그릇을 받들어 바치는 모습이다. 가만히 보면 그릇 안에는 구슬이 담겨 있다. 바다에는 구름이 깔려 있고 동그란 원 안에는 선녀로 보이는 여성이 뒤에 어린 여자아이를 데리고 서 있다. 유동의 본문과는 전혀 관계가 없는 소재임을 바로 알 수 있다. 이 그림이 묘사한 대상은 무엇일까?

제내방은 용왕의 딸이 부처님에게 보배구슬을 바친다는, 『법화경法華經』 4권 「제바달다품提婆達多品」에 나오는 사연을 소재로 그렸다고

若納水輨如轉丸珠夫
豈可道假體遺愚荒荒
坤軸悠悠天樞載要其
端載同其符超超神明
返返冥無来往千載是
之謂乎

司空圖二十四詩品
臣嵇璜敬書

- 반시직, 〈유동〉. 글 왼쪽 하단에 "신 반시직이 공경히 그립니다(臣潘是稷恭寫)"란 관지가 해서로 쓰여 있고, 글씨 아래에 '신(臣)' '시직(是稷)' 두 인기가 찍혀 있다. 그림과 글씨에는 '건륭어람지보(乾隆御覽之寶)' '가경어람지보(嘉慶御覽之寶)' '가경감상(嘉慶鑑賞)' '삼희당정감새(三希堂精鑑璽)' '의자손(宜子孫)' '선통감상(宣統鑑賞)' '무일재정감새(無逸齋精鑑璽)'의 인기가 찍혀 있다. 마지막 그림과 글씨이기에 다양

流動

한 도장이 많이 찍혀 있다. 이들 인장은 건륭제와 가경제, 선통제 등의 황제가 감상한 그림임을 알려준다. 한편, 혜황이 쓴 '유동' 본문의 뒤에 "사공도 이십사시품을 신 혜황이 공경히 쓰다(司空圖二十四詩品, 臣嵇璜敬書)"라고 하여 글씨를 쓴 이가 혜황임을 밝혀놓았다. 글씨 하단에는 '신황(臣璜)' '은후별성춘(恩厚別成春)'이란 인기가 찍혀 있다.

渼池鳧乘春流灩々錦波乘蕊浮游

波嘶蘂依汀洲託身喜無羅網憂不

羨雲鵬萬里之翱翔不為塒難稻粱

之仰非猶人既無卓々之譽亦無戚々

之憂渼池鳧尔何倘佯自得而然々

御製渼池鳧

臣蔣溥敬書

若納水館如轉丸珠
夫豈可道假體如愚
荒荒坤軸悠悠天樞
載要其端載閒其符
超兮神明邈兮其無
來往千載是之謂乎

右司空圓詩品流
動一則

臣蔣溥恭錄

• **장부, 〈유동〉.** 그림 오른쪽 하단에 행서로 "신 장부는 공경히 그립니다(臣蔣溥敬繪)"라는 관지가 쓰여 있고, 글씨 왼쪽에는 '신부(臣溥)' '학화(學畵)'라는 인기가 찍혀 있다. 그리고 상단에는 '건륭어람지보(乾隆御覽之寶)' '삼희당정감새(三希堂精鑑璽)' '의자손(宜子孫)'이란 도장이 찍혀 있다.

• 제내방, 〈유동〉.

나는 판단한다. 먼저 『법화경』에 나오는 내용을 간략하게 살펴보면 다음과 같다.

지적(智積)보살이 문수사리보살에게 빠르게 성불한 사례가 있는지를 물은 일이 있다. 그러자 문수사리가 큰 바다에 있는 사갈라 용왕의 여덟 살 난 딸이 지혜가 있어 그녀를 잘 인도하여 깨달음을 얻게 했다고 말하자 지적보살과 사리불존자가 의심스럽다고 말했다. 그러자 용왕의 딸이 홀연히 그들 앞에 나타나 그 값이 삼천대천(三千大千) 세계에 달하는 보배구슬 하나를 꺼내어 부처님에게 바쳤다. 부처님은 그 구슬을 바로 받아 그녀를 인정했다. 용왕의 딸이 지적보살과 사리불존자에게 "내가 보배구슬을 바치자 부처님께서 받으셨는데 이 일이 빠른가요, 빠르지 않은가요?"라고 물었다. 그들이 "참으로 빠르다"고 답했다. 용왕의 딸이 "그대들의 신통력으로 내가 성불하는 것을 보십시오. 그보다 훨씬 더 빠를 것입니다"라고 말했다.

이 사연에서 보배구슬은 사람이 본래부터 지니고 있는 청정한 불성을 비유하고, 용왕의 딸이 보배구슬을 부처님에게 바치자 부처님이 바로 이를 받은 일은 성불하는 것의 빠름을 비유한다. 구슬을 바친 행위는 성불의 빠름을 말로 자세히 설명하지 않고 비유로 보여준 것이다. 그림에서 바다의 파도 위에 서 있는 여인은 사갈라 용왕의 딸이고, 그녀가 그릇에 올려 바치는 것은 보배구슬이다. 그리고 둥근 원 안에 있는 젊은 여인과 어린 여자아이는 여덟 살 난 용왕의 딸과 그 딸이 빠르게 지혜를 얻어 성불한 상태를 형상화한 것으로 볼 수 있다.

이렇게 그림을 이해할 때 제내방은 유동 첫번째 단락의 내용을 그림으로 표현하려 했다는 것을 알 수 있다. 특히 쟁반에 구르는 구슬에 착안하여 『법화경』에 나오는 보배구슬 바치는 사연을 끌어다 썼다. 그럼으로써 "어찌 말로 다 설명하랴마는 사물을 빌려 어리석은 이에게 전한다"는, 개념으로 설명하기보다는 구체적 사물을 빌려 보여주는 시의 형상화 방법을 표현하고자 했다.

1. 웅혼

1　웅혼을 영어로 표현하면 'potent, undifferentiated' 또는 'zest for poetry'다. 전자는 『이십사시품』을 영어로 완역한 스티븐 오언(Stephan Owen)의 *Readings in Chinese Literary Thought*(Cambridge: Harvard University Press, 1992)에서, 후자는 왕홍인(王宏印)의 『詩品注譯與司空圖詩學硏究』(北京圖書館出版社, 2002)에서 인용했다. 앞으로 두 사람이 영어로 옮긴 번역어를 함께 제시하여 각 풍격의 개념에 대한 이해를 돕고자 한다.

2　孫聯奎, 『詩品臆說』(孫聯奎·楊廷芝, 『司空圖詩品解說二種』, 山東人民出版社, 1962.), 12~13쪽. "人畫山水亭屋, 未畫山水主人, 然知亭屋中之必有主人也. 是謂超以象外得其環中. 表聖詩品, 大段超以象外者也. 讀者本此讀之可也."

3　乾隆帝, 『御製詩集/初集』 권31, 「覺生寺大鐘歌, 用沈德潛韻」. "黽謀弗善野戰龍, 金川門開烈燄紅. 都城百尺燕飛入, 齊黃羣榜爲奸凶. 成王安在乃定案, 夾輔公且焉可同. 瓜蔓連抄何慘毒, 龍江左右京觀封. 謹嚴難逃南史筆, 懺悔詎賴佛氏鐘. 道衍儼被榮將命, 犍椎冶盡丹陽銅. 穹窿重過萬石簾, 印泥精鏤禪機鋒. 夏屋十尋虞不舉, 鯨魚盈丈方堪舂. 山靈水族無不具, 魑魅魍魎怵哉蟲. 欲藉撞杵散憤氣, 安知天道憐孤忠. 楡木川邊想遺恨, 鳧氏徒添公案重. 謂昔遨遊西海子, 水天上下玻璃空. 一川可通萬壽寺, 黃綠偶挹曹溪宗. 喬松偃蹇假山古, 傑閣巍巍獨據中. 洪鐘在懸洵偉觀, 連吟更喜昆弟從. 蒼黝其色蟠其紐, 中宏外聳何隆隆. 華嚴字蹟傳沈度, 半滿全揭開群蒙. 覺生鹿苑皇考剙, 材飭內帑羣鳩工. 謂是善吼周沙界, 乃從舊寺移乘風. 太淸十里渺乎小, 日日演梵聞離宮. 拡考已廓苊芻眼, 摩挲更暢騷人胸. 不離一步鐘如是, 東西分別心猶蓬. 我惜德潛老始達, 其詩亦復倫考功. 成編著作呈乙覽, 不聞肯作蓫佯龐. 獨愛長歌踐其韻, 非侈藻采爭雌雄. 載廣酬倡古弗廢, 詩話千載留芳蹤. 聖經佛旨究異路, 將以何道訓成童. 於論於樂備法物, 安可以此歸辟雍. 安可以此歸辟雍, 不如任彼出林大且逢."

4　정혜린, 『추사 김정희의 예술론』, 신구문화사, 2008, 227~236쪽.

5　김정희, 『阮堂全集』 권8, 「雜識」, 한국문집총간 301집. "古人作書, 最是偶然. 欲書者書候, 如王子猷山陰雪棹, 乘興而往, 興盡而返. 所以作出, 隨意興會, 無少罣礙, 書趣亦如天馬行空. 今之要書者, 不算山陰之雪與不雪, 又強邀王子猷, 直向戴安道家中去, 寧不大悶."

2. 충담

1 乾隆帝, 『皇淸文穎』 권20, 「集晉陶淵明歸去來辭字, 卽效其體」. "良辰春將及, 萬物欣得時. 吾生亦幾何, 遑遑欲安之. 巾車晨出遊, 去留不自期. 丘壑聊流憩, 琴書心獨怡. 壺觴羨有酒, 親戚相問遺. 扶老而携幼, 東疇命耘耔. 無心雲出岫, 知還鳥倦飛. 寄傲天宇內, 行樂復奚疑."

2 김창흡, 『三淵集』 권31, 「拾遺」, '어록', 한국문집총간 165집. "如陶淵明詩曰: '採菊東籬下, 悠然見南山.' 卽此一句, 亦可以想見其意趣. 我方採菊於東籬之下, 而邂逅無心之際, 南山便來在眼前. 盖其胸中私意消落, 無少蔽障, 故外物之在前者, 亦皆不容安排, 而脗然相得. 物我之間, 天機流動, 只此氣象, 便是曾點浴沂意思也. 後人乃以見字爲歇後, 改以望南山, 則着意安排, 樂意便索然矣."

3 『苕溪漁隱叢話』 후집 권3, 「龜山語錄」. "淵明詩所不可及者, 沖淡深粹, 出于自然."

4 이이 편저, 『정언묘선』, 기태완 역주, 보고사, 1999, 33쪽. "此集所選, 主於沖澹蕭散, 不事繪飾, 自然之中深有妙趣. 古調古意, 知者鮮矣. 唐宋以下諸作, 品格或不逮古. 間有近體而皆無雕琢之巧, 自中聲律, 故幷選焉. 讀此集, 則味其淡泊, 樂其希音, 而三百之遺意, 端不外此矣."

3. 섬농

1 乾隆帝, 『御製詩集/初集』 권13, 「落花流水篇」. "荏苒韶華過百六, 羲輪電迅誰能逐. 試探幻影繞花堤, 還綴芳痕在溪澳. 溪流宛轉曲復斜, 刺舟追賞幽興遐. 誰家亭榭無流水, 何處風光不落花. 落花流水春無賴, 錦脂千片環一帶. 武陵見說引漁人, 天台幾度劉郎會. 劉郎去後無消息, 漁人再尋尋不得. 殘英依舊戀迴波, 辭枝恰借封姨力. 封姨非是妬豔春, 桑田海水遷移頻. 乍令瓊姿淪碧沼, 不教玉質埋黃塵. 蜂衙蝶陣喧嘈甚, 淸流暫託參無睽. 紅紫都來做一團, 李桃何必分兩品. 西子湖邊紗獨浣, 天孫機上雲方滿. 亦有佳人欲黯魂, 漫誇詞客紛撩眼. 愁人萬點曲江頭, 乘波綠珠初墜樓. 盡道女夷嫁河若, 不須解佩通蹇脩. 鉛華洗盡芳芬調, 忘言默契無形妙. 恍憶耆闍窟會時, 如來拈起迦葉笑."

4. 침착

1 乾隆帝, 『御製詩集/初集』 권32, 「李伯時蜀江圖歌」. "岷山導江幾千里, 神禹底績猶堪指. 龍眠繪事秘府多, 食蔗至是觀止矣. 休論待詔重臨摹, 定知此李勝彼李. 古澹天然意匠營, 長歌約畧記起止. 石紐秋風落日斜, 剔鬢往聖生於此. 蠶叢魚鳧開國事, 謫仙已莫詳原委. 江走白沙山紫微, 樓延萬象供凭視. 靈嵓授記憶當年, 臥牛伏龍連玉壘. 萬春大面列遙屛, 靑城故宅傳花蕊. 三十六峯峯各殊, 巀嶭嶔崎復岌巄. 萬里橋頭杜老居, 浣花溪畔薛家址. 錦官城外柏森森, 丞相祠堂何處是. 雙流迤邐接新津, 彭女如螺雲表峙. 嘉眉古眉唐析之, 名園晩賦想高士. 李陸劉白號四賢, 巴王有廟荒烟裏. 空聞古洞說岑翁, 不辨三生跡李氏. 蕭灘魏沱十六巡, 臺名八陣歸傾圮. 瞿塘峽口灩澦

堆, 赤甲白鹽連婁子. 行雲行雨識高唐, 雄風披處蘭臺毀. 五音六律中琴聲, 掉石灘平舟可艤. 縱
橫全蜀覽無餘, 太沖有賦難擅美. 畫禪室中精鑒人, 且拜下風稱勝米. 同時四美萃中舍, 瀟湘九歌
及女史. 聚散散聚凡幾經, 宗伯一一詳誌已. 此去宗伯逾百年, 其間幸未遭兵燬. 江村詹事亦好古,
纔於四中得半耳. 猶自詡爲席上珍, 作詩豔論澄心紙. 乃今四美具一室, 賞心樂事無倫比, 寓意於
物不留意. 咄咄是吾乃所以."

2   그 차이를 분석한 논문으로 최일의, 「한시漢詩 풍격風格 침착과 침울沈鬱의 함의含義 비
    교 분석」(『인문학보』 26집, 강릉원주대학교인문과학연구소, 1998, 127~148쪽)이 있다.

3   엄우, 『창랑시화』, 김해명·이우정 옮김, 소명출판, 2001, 26~32쪽. "詩之品有九: 曰高, 曰古,
    曰深, 曰遠, 曰長, 曰雄渾, 曰飄逸, 曰悲壯, 曰凄婉. 其用工有三: 曰起結, 曰句法, 曰字眼. 其大
    槪有二: 曰優遊不迫, 曰沈着痛快. 詩之極致有一: 曰入神. 詩而入神, 至矣, 盡矣, 蔑以加矣! 惟
    李杜得之, 他人得之蓋寡也."

4   위의 책, 27쪽. "至於沈着痛快. (…) 則傾囷倒廩, 脫口而出, (…) 爲此體者, 要使驅駕氣勢 (…)
    必使讀吾詩者心爲之感, 情爲之動, 擊節高歌, 不能自已. 杜少陵之詩, 沈鬱頓挫, 極千古未有之
    奇, 問其何以能此, 不外沈着痛快四字而已."

5   최일의, 앞의 논문.

6   정약용, 『與猶堂全書』 제1집 21권, 「寄淵兒戊辰冬」, 한국문집총간 281집. "後世詩律, 當以杜
    工部爲孔子, 蓋其詩之所以冠冕百家者, 以得三百篇遺意也. 三百篇者, 皆忠臣孝子烈婦良友惻
    怛忠厚之發. 不愛君憂國非詩也, 不傷時憤俗非詩也, 非有美刺勸懲之義非詩也. 故志不立, 學不
    醇, 不聞大道, 不能有致君澤民之心者, 不能作詩."

5. 고고

1   乾隆帝, 『御製詩集/初集』 권36, 「眞定隆興寺禮大佛」. "眞定大佛夙所聞, 詡御丈夫天人尊. 禮遍
    文殊不見法, 適從五臺瞻禮廻, 便道因之一入門. 權城南望亘坤坺, 香閣遙見高橫雲, 龍騰故苑尋
    霸業, 獅吼初地敶法輪. 繚垣拓落據堵址, 佛腹穹窿切逈旻. 曲廊延亙下無地, 豐碑揷笏何紛紜.
    豈能一一辨氏氏, 開皇開寶依稀分. 吉祥雲裏瞻相好, 五髻千臂懸星辰. 金容滿月白毫彩, 壯巖具
    足威且神. 其高丈六復丈六, 有如量頂無邊身. 我聞虛空泯邊際, 孰非佛相徒是云. 須彌非大芥非
    小, 目迷五色心猶塵. 隋創唐修成往蹟, 墨胎今尙傳將軍. 後周關異意本吝, 鑄泉豈復今猶存. 宋
    祖重造稱功德, 悉擅未識六度眞. 闍黎荒唐詎宜信, 銅出晉井傳俗論. 佞則不可毁何必, 掾戈聚頌
    難其陳. 憑欄聊且縱遐目, 小陽景物方如春."

2   진나라 왕휘지(王徽之)가 환충(桓沖)의 보좌관이 되었는데 환충이 "경이 여기 온 지도 한
    참 되었으니 요즘은 일 처리를 잘하겠다"라고 했다. 왕휘지가 처음에는 대꾸하지 않다가
    고개를 쳐들고 수판(手板)으로 턱을 괴면서 "서산에 아침이 되자 절로 상쾌한 기분이 감

돈다'라고 말했다.

3   정민, 『초월의 상상』, 휴머니스트, 2002, 119~263쪽 참조.

6. 전아

1   『文心雕龍文術論詮』. "惟雅字取義不一. 六朝人以典爲雅, 唐宋人以眞爲雅. 以典爲雅者, 善用史事經誥; 以眞爲雅者, 摹寫自然, 一任其性."

2   노상균, 「전아典雅」, 한국중국문학이론학회, cafe.naver.com/lilun에서 '풍격용어 변석' 카테고리 참조.

3   『孟子』, 「盡心上」. "古之人, 得志, 澤加於民, 不得志, 修身見於世. 窮則獨善其身, 達則兼善天下."

4   乾隆帝, 『御製詩集/初集』 권28, 「玉甕歌」. "玉有白章, 隨其形, 刻爲魚獸出沒於波濤之狀. 大可貯酒三十餘石, 盖金元舊物也. 曾置萬壽山廣寒殿內, 後在西華門外眞武廟中. 道人作菜甕, 見輟耕錄及金鼇退食筆記. 命以千金易之, 仍置承光殿中, 而繫以詩. 昔夏有德聲敎訖, 九牧貢金來魏闕. 鑄鼎象物備神姦, 山澤遍達遺海物. 化工爲鑒敦土心, 藍田日暖露山骨. 工倕縮手不敢斲, 乃借剛斧來月窟. 含形內虛象海德, 葆苞元氣洞芒芴. 駭波澔沱廻迆沲, 驚瀾瀁潚涌浙汩. 鬵坎有孚坤厚載, 魄淵朝夕輪出沒. 浮黍幾粒見三山, 泰華安能訝昂屹. 何奇不有恠不儲, 湯湯澟灂鬱呵歘. 鴈山之鼉橫海鯨, 天吳蜽象紛悅歘. 元蟠紫貝朱鼈鼊, 肥遺蜽蟵蠇蚆蚍. 赤龍焚蘊修磝浮, 蒼虯揵鰭海馬哭. 鱄鮨鮏魜鯤鮋鱗, 鮑鱶魷鰯鰭魦鱻. 珊瑚璑瑨鮫人珠, 孕珍産瑰玄玦鬱. 用協上下承天庥, 重貺九鼎光朝覿. 千秋法物昭靈奇, 靉雲吐景鎮溟渤. 匪同罍罌乃待人, 方周大訓楚橋杌. 瓊岑繡盤吁奇淫, 商彝晉鐸埋蓬蔚. 瓊島春陰萬景全, 廣寒高殿靑雲拂. 倒茄下垂紅猩猵, 沈香橫泥氣蓬勃. 從臣敬獻南山頌, 樽擬白獸頌章皷. 存亡蜃市閻荊凡, 谷陵秦項紛遺仡. 金露秋風憶桂香, 悽怆山人煙榾柮. 五陵年少重金刀, 誰從蘭若尋荒碣. 惜乎古器就湮減, 有如獻壁連遭刖. 刮苔滌垢露水晶, 天然豈用施刪劂. 波臣水族羣躨跜, 夏槩秦丁難撓抈. 承光相望接堆雲, 人有懷歸物豈不. 信哉安得如汝壽, 漢京銅仙應愧艴."

5   박지원, 『연암집』 상, 신호열·김명호 옮김, 돌베개, 2007, 「해인사海印寺에서 창수唱酬한 시의 서문」의 미평(尾評). "士之出處一也. 處而不志乎生民休戚, 則髡緇而已矣; 出而無涉於楓菊巖泉, 則徒隷而已矣."

6   이종묵, 『조선의 문화공간』 4권, 「종암동 해주오씨의 별서」, 휴머니스트, 2006, 138~161쪽.

7   남유용, 『䨓淵集』 권2, 「臨散得會字均賦」. "歡娛戒太康, 屢起整襟帶. 豈如劉阮徒, 淪跡名敎外?" 유령과 완적은 모두 중국 진(晉)시대의 명사로 죽림칠현의 일원이다. 유령은 술을 마음껏 마셨고, 완적은 오만하고 방종한 인물로 유명하다.

8   신위, 『경수당전고警修堂全藁』 「次韻答荷裳菊人兩詞伯」 제2수, 한국문집총간 291집. "文星耀彩重陽天, 詩品王官夙世緣.(原註: 余有司空王官詩品印, 以人澹如菊印贈菊人.) 添一寶蘸人

入室, 稱尊無佛處談禪. 時時有酒謀諸婦, 往往寒厨不起烟. 蘆舫去年茱菊會, 爲君筍脯此開筵. —屬菊人)

7. 세련

1 乾隆帝, 『皇淸文穎』 권19, 「華嚴洞勒壁」. "別院駐鑾輿, 瞻禮招提境. 淸曉趁風凉, 捫蘿登絶頂. 嵌石老松蒼, 滴乳寒湫浄. 初上若無路, 漸入多佳景. 豁然雲木開, 古寺横山嶺. 石龕月相間, 簷鐸風聲静. 朱欄俯帝畿, 烟火富閭井. 旋憩華嚴洞, 颯然衣袂冷. 深窺潛寶黑, 微聽幽泉泂. 何須一指參, 自覺萬慮屛."

2 劉克莊, 『後村詩話』

3 신정하, 『恕菴集』 권12, 「李一源華陰詩錄跋」, 한국문집총간 197집. "一源之於詩, 好沈思苦吟, 每就一句, 必撚斷三四根髯了然後乃已, 以故詩絶工而髯苦不能長. 嘗閉戶苦吟數旬, 出而鬚髭皆短, 見之者不待叩之一源, 而知其詩之盈篋矣."

4 조희룡, 「漢瓦軒題畫雜存」, 『조희룡전집』 3, 실시학사 고전문학연구회 옮김, 한길아트, 1999, 152쪽. "司空表聖卄四詩品中, 洗鍊一則, 爲梅花傳神. 嘗畫大梅一幀, 戲題其上: '表聖作此詩, 豈意後人竊取作梅花語也. 千秋可作, 當掀髯一笑.'"

5 김정희, 앞의 책 권6, 「白坡像贊」. "余舊供達摩像, 人之見之者, 無不以爲白坡像. 其機緣甚異, 隻履西歸, 報身東現歟. 昔山谷老人, 以李伯時所畫陶淵明像, 恰與自家像相同, 又秦淮海所藏淵明像, 尤逼肖, 仍以淵明像爲自家像. 與今日達摩白坡, 非一非二, 燈燈相印, 珠網主伴, 重重互相, 圓融無礙耳. 遂舉以屬之靈龜山中, 作爲白坡像. 使其門徒晨夕薰供, 題其像側, 以代孤起之頌云: '遠望似達磨, 近看卽白坡. 以有差別, 入不二門. 流水今日, 明月前身'."

6 이들 작품은 정민 교수의 「다산이 철선에게 준 『다산송철선증언첩』」(『다산의 재발견』, 휴머니스트, 2011, 361~399쪽)에 자세하게 소개되어 있다.

8. 경건

1 이의현, 『陶谷集』, 「雲陽漫錄」, 한국문집총간 180집. "我東筆法, 自金生·孤雲, 至麗末柳巷·葵軒諸人, 俱骨氣勁健, 古意森然. 盖古人心不苟, 雖於末技, 不欲草草."

2 이이 편저, 앞의 책. "此集所選, 主於格詞淸健, 筆力遒勁, 而無急迫之意, 有凝遠之味. 讀此集, 則氣聳神揚, 而懶夫可以有立志, 鄙夫興雅趣矣."

3 乾隆帝, 『皇淸文穎』 권21, 「十駿圖歌」. "群空冀北星輝房, 天閑十二有驪黃. 赤汗流赭太一況, 就中最數萬吉驦. 龍顚鳳聳誠昂藏, 驊騮闞虎威武揚. 四蹄椀踣騰康莊, 玉獅子貢自法王. 超拔躡景馳晻上, 花間敲句移銀牀. 俊逸尤讓霹靂驤, 權奇俶儻孰能方. 龍沙一馳殪千狼, 是爲渥洼産中良. 雪點鵰臂三冬凉, 狐兎奔避雉雀惶. 有驕有驕自在名, 朝鶩蜀越夕齊梁. 徒傳魯牧駉有皇, 奔霄茬

鐵駛異常. 不須鞭策追星芒, 赤花鷹來大宛鄕. 磊落獨步驥子英, 翩翩鸞鳳雲中翔. 籋雲之駃馴且剛, 百里底用宿春糧. 嗟予無德御萬邦, 肯學八駿窮八荒. 懍乎朽馭刻敢忘, 來賓用誌祖澤長. 金輅玉仗開閶闔, 田車弗駕坐明堂. 驅馳樂圃遊禮場, 六龍時乘受天慶."

4 張華芝, 「「司空圖二十四詩品」所轉化而來的藝術形象」, 『故宮文物月刊』 325호, 타이완 국립구궁박물원, 2010. 4, 122쪽.

5 司空圖, 『司空表聖文集』, 「題柳柳州集後」.

6 『광해군일기』 권55, 광해 4년 7월 11일 계묘. "詩亦矯健有致, 得黃陳句法. 而用意太深, 削除華藻, 唯陳言之務去, 故語多拘強, 專乏詩人風致."

7 진(晉)나라 왕순의 꿈에 어떤 사람이 서까래처럼 큰 붓을 건네주었다. 꿈을 깨고 나서 "내가 솜씨를 크게 발휘할 일이 있을 모양이다"라고 했는데 과연 얼마 뒤에 황제가 죽어 각종 글을 모두 왕순이 도맡았다.

8 남조(南朝)의 문학가 강엄은 오랫동안 문명을 떨치다가 만년에 꿈속에서 곽박(郭璞)이라고 자칭하는 이에게 오색 붓을 돌려주고 난 뒤로 문재(文才)가 감퇴했다고 한다.

9 삼국시대 위(魏)나라 왕숙(王肅)이 『주역』에 주석을 달고 있을 때 밤중에 월왕(越王)의 여자가 찾아와 새벽까지 이야기를 나눴다. 헤어질 때 그 여자가 먹 한 덩이를 주었는데 그 뒤로 주석 작업이 순탄하게 진행되었다고 한다. 당(唐)나라 왕발(王勃)은 미리 먹을 몇 되쯤 갈아놓고 이불을 얼굴까지 덮어쓰고 누워 있다가 갑자기 일어나서는 거침없이 써내려갔다. 사람들이 "뱃속에 원고가 들어 있다"고 했다. 어렸을 때 어떤 사람이 먹을 소매 속에 듬뿍 넣어준 꿈을 꾼 뒤로부터 글솜씨를 발휘했다고 한다.

9. 기려

1 乾隆帝, 『御製詩集/初集』 권12, 「題鄒一桂百花卷」. "東風駘蕩珠斗旋, 女夷早識當司權. 探春爲使冒曉寒, 垂垂雪節報韶年. 東郊迎春春可憐, 赭黃袍紛映日暄. 是時紅梅方燦然, 暗香踈影笑逋仙. 曉粧學杏鬪芳鮮, 九嶷蕚綠環珮珊. 不許舞蝶知因緣, 湘妃波上猶躚躚. 雲儀霧從衣袂聯, 九龍爲御不須鞭. 一品九命瑞香團, 味輸龍沈與麝蘭. 萬粒齊綻雪點殘, 詩人漫誇紫毬般. 寶珠山茶出祇園, 楊妃焦蕚空喧傳. 滋蘭九畹憶屈原, 凌駕蕤蓏突蕙荃. 東皇綬帶垂翩翩, 管領嫣紅姹紫天. 南陽諸葛卧龍蟠, 只今遺種猶田田. 玉李含桃相樛連, 緐英碎瓣春星攢, 色香不辨孰媸妍. 百花領袖文杏專, 上林仙子名姓宣. 亦有行人斷魂牽, 淸明時節村舍邊. 雙雙金雀何飛翾, 宛同社燕珠簾穿. 紫棉垂絲笑嫣嫣, 欲綰靑陽片刻延. 荊花解令昆仲歡, 不須更咏棣華篇. 光風轉處蕙叢芊, 態比吳蘭差娟嬛. 野薇含笑美且鬈, 苧蘿村裏浣紗人. 蝴蝶慣抱花心眠, 紫羅花鳳低枝騈. 海棠貼梗種尤難, 元都觀裏春將闌. 桃花人面啼闌干, 雪梨映月小院徧. 木筆點咏芳園閒, 昭容紫袖俄雙搴. 流蘇萬結壓井欄, 薔薇金朶垂籬垣. 如來迦葉曾示禪, 何來於菟繞戒壇. 比邱伏後都忘筌, 誰

將荷包名牡丹. 滿貯春和露未乾, 輕絛出水波瀲瀲. 弱幹掩映梳烟鬢, 銀絲萬縷疑珠貫. 瑤葩眞是抵金錢, 浴罷初罷豆花緜. 不與桃李爭春官, 遜蹊棠棣常偏反. 滿囊金粟勝霜秈, 雙成上元紛騎騖. 石家步障金谷筵, 紫絲十里圍芳阡. 沃丹九轉駐朱顏, 虞姬杜鵑愁滿川. 蘂珠宮裏綵毬懸, 蘭膏微暈胭脂股. 名傳西府堪吟攀, 長春四季開爛漫. 直將春秋紀八千, 叢叢石竹疑湘斑. 洛陽魏紫尤稱尊, 瓊田瑤圃樊杜班. 沈香樂遊應卅刪, 身傍小玉欺素鬟. 木香郁李枝連蜷, 玉堂佳客揮吟箋. 繽紛翠羽來空山, 亞盆梔子麗且嫺. 但聞舊葡餘香捐, 忘憂最愛北堂萱. 豆蘺花滿涼虫喧, 金銀引蔓飄溫馨. 蜀姬濯錦錦浪翻, 石榴爭似葵心丹. 南中金絲五出圓, 盈盈黃苞襯綠盤. 千葉翠桃欹晚烟, 連昌宮墻那能關. 還疑洞口尋劉阮, 玫瑰宜上美人鈿. 縋枝千結芳菲魂, 佛國嘉種稱旃檀. 離垢頓悟倒利竿, 渭川遙接武陵源. 觀音幻柳何曾觀, 石菊凌霄剪碎紈. 或綻砌旁施松顆, 海桐濛濛清露漙. 淥波初日舒芳蓮, 亭亭翠蓋凌風軒. 虙妃羅襪步銀灣, 郎名紫薇侍金鑾. 晚香未入秝含編, 岸蓮紫鶴淨粉鉛. 玉階岸幘雜人冠, 露晨報曙瑣窓前. 清江紅醉雁初還, 牽牛七夕鵲橋填. 秋葵鳳仙簇蘚磚, 美人綠鬢映貂蟬. 聞雷悟處同風旛, 馬蘭珠蘭爭笑嗚. 茉莉叶馥瞢雲霭, 海棠秋染紅霞痕. 幽馨逸態難具論, 淡竹不雕僧伽肩. 芒鞋掛處鐵線纏, 漢宮秋色弄餘暉. 玉簪挿鬢清芬噴, 藍菊翠梅各婉嬋. 桂花丹粟月窖根, 木樨芥影臨清湍. 夜來香綻花纛叢, 桃爱李徑委榛菅. 九秋佳色束離存, 當年陶令興盤桓. 金英落砌猶堪餐, 嘉名萬壽薦壽樽. 月月紅粧燦朝暾, 芙蓉寒倚夕陽灘. 江鄉一幅圖范寬, 欒欒天竹綴琅玕. 山茶豔質名玉環, 香傳眞蠟薇露湍. 月明林下殊清俊, 玉梅宜殿花王銓. 更番風信非虛言, 明年芳事從頭看."

10. 자연

1 乾隆帝, 『御製詩集/初集』 권38, 「題三友軒」. "三友之名始宣尼, 直諒多聞益德資. 香山取譬琴詩酒, 放達繫非予所師. 獨有玉局稱正見, 直號植物松竹梅. 名稱義元隱未發, 我особ觸類引伸之. 蒼松自具直之性, 梅傳春信諒亦宜. 撒金敲玉時多聞, 妙喻舍竹其復誰. 奚待結契霜雪裏, 天然同德聲應隨. 寓意扵物有奇遇, 名蹟歷歷琳瑯披. 十八公的雲西筆, 海粟長賦留雄辭. 君子林稱眞定論, 國子博士小篆題. 更愛梅事合元宋, 小清秘物傳寺斯. 揀金集狐有如是, 自天合也非人爲. 嘗鼎一臠足味道, 況斟雉膏道可知. 儂藏書室識寶重, 窓外延客霜其眉. 千株一穗翻左右, 是一是二誰然疑. 因蘇溯孔志未逮, 高山景仰深長思."

2 신흠, 『象村稿』 「晴窓軟談」, 한국문집총간 69집. "池塘生春草, 非難道之語; 空梁落燕泥, 卽眼中之境, 而逡爲正覺上乘, 此乃得之自然, 無假於意造也."

3 鍾嶸, 『詩品』.

4 이천보, 『晉菴集』 권7 장1, 「題黙窩詩卷後」. "竊觀汝精之爲詩, 緣境而生情, 緣情而成言, 亦惟曰無意於詩而已. 夫無意於言而言出者, 天下之眞言也, 無意於詩而詩作者, 天下之眞詩也."

11. 함축

1 이정민·배영남·김용석, 『언어학사전』, 박영사, 2000, 408~409쪽.

2 "夫緣情蓄志, 詩之要旨也. 高不言高, 意中含高; 遠不言遠, 意中含遠. 閑不言閑, 意中含閑; 靜不言靜, 意中含靜."

3 蔣寅, 『古典詩學的 現代詮釋』 제5장, 「含蓄─概念的形成及其內涵增値過程」 中華書局, 2009, 101~120쪽.

4 진재(眞宰)를 자연의 도리로 보고 함축이 자연의 도리와 일치해야 함을 주장한 것으로 보기도 한다.

5 乾隆帝, 『御製詩集/初集』 권32, 「香山夜雨」. "遊山倏已晚, 山房聊止歇. 油雲傍夕生, 淸籟振林樾. 枕簟忽如秋, 支頤逸興勃. 響增掛巖瀑, 馡送覃松葛. 鶴濕自梳翎, 魚戲仰承沫. 淸賞契素襟, 無眠待明發. 更擬放晴來, 一宿栖崖月."

6 姜夔, 『白石道人詩說』. "語貴含蓄. 東坡云: 言有盡而意無窮者, 天下之至言也. 山谷尤謹於此, 淸廟之瑟, 一唱三嘆, 遠矣哉. 後之學詩者, 可不務乎? 若句中無餘字, 篇中無長語, 非善之善者也; 句中有餘味, 篇中有餘意, 善之善者也."

7 이현일, 「자하시紫霞詩 연구」, 성균관대학교 박사학위논문, 2007, 54~56쪽.

8 위백규, 『存齋集』 권4, 「與金燮之」, 한국문집총간 243집. "大抵文章以語意之外, 有淋漓餘韻者爲貴; 言句之外, 有含蓄餘意者爲高."

9 위백규, 위의 글. "盖觀今之爲文藝者, 若爬食未熟栗子然. 其剝破生殼, 掐取軟實, 旋刮旋食, 其先人得早之快意與其齒牙數咬之聲·舌端細甘之味, 豈不爲少兒輩快樂勝事也. 但栗盡則食盡, 心怠而口淡, 還詡其我曾食栗也末. 豈如待九月中旬, 逄取三十斗黃金栗, 或煨或蒸, 三其筥, 九其梉, 堆積滿前, 而與盈堂賓客隨意亂喫? 雖不覺其有輕輕之味·頓頓之飽, 旣食之後, 盤有餘栗, 口有餘味, 淡甘之氣, 淫溢於脣舌; 厭飫之情, 充適於肢體, 便自能三日不飢, 豈不是眞箇食栗之道也?"

12. 호방

1 孫聯奎, 앞의 책, 27쪽. "豪, 豪傑豪邁之豪, 對醜醞猥鄙言. 放非放蕩, 乃推放, 對局促言, 卽放乎四海之放也."

2 乾隆帝, 『御製詩集/初集』 권35, 「荊軻山」. "白雲紅葉遮橫巒, 策騎忽過荊軻山. 燕南自古多義俠, 至今遺蹟猶班班. 嬴秦久矣失其鹿, 何須怒臂誇燕丹. 吁嗟世多耳食流, 傳聞傳會葬衣冠. 持短刃長空有衒, 投鼠忌器垂入閑. 由來尺八不足恃, 衍水匿跡餘悲歎. 秋風九月拂征鞍, 想像蕭蕭易水寒. 當時壯士不復返, 安得若斧留山巓. 徒令千秋弔古人, 恨不終從鞠武言."

3 胡仔, 『苕溪漁隱叢話』 전집 권6. "公曰: 白之歌詩, 豪放飄逸, 人固莫及."

4　魏慶之,『詩人玉屑』. 위의 책, 291쪽. "黃庭堅曰: '太白豪放, 人中鳳凰麒麟.'"

5　엄우, 앞의 책. "太白天才豪逸, 語多率然而成者."

6　정위조(精衛鳥)는 장화(張華)의 『박물지博物志』에 나오는 새로, 노상 서산(西山)의 나무
　　와 돌을 가져다 동해바다를 메우려 하였다.

7　조언림,『二四齋記聞錄』,『문헌과해석』 창간호, 1997. "蔡樊巖濟恭, 其在齠齡, 父兄驚之曰:
　　'金某家兒, 詩聲闊大. 其集字曰: 大霧食南山云, 汝能及此乎?' 答曰: '是何難也! 若曰: 復吐爲南
　　山則好矣.' 盖金兒, 卽金相鍾秀, 世人以此知金之食南·蔡之生南也."

13. 정신

1　張小康,『司空圖及其詩論研究』, 110~111쪽.

2　원문의 구조는 "靑春鸚鵡, 楊柳樓臺"이지만 각운 때문에 도치되었으므로 "靑春鸚鵡, 樓臺
　　楊柳"로 해석해야 한다. 그래야 내용도 어울리고 청춘(靑春)의 시간과 누대(樓臺)의 공간
　　이 서로 대구로서 어울린다. 각운에 따른 문장의 도치는 그 아래의 "生氣遠出, 不著死灰"
　　도 마찬가지여서 의미상으로는 "生氣遠出, 死灰不著"로 읽어야 한다.

3　乾隆帝,『御製詩集/初集』 권13,「春日登樓作」. "華粉煥晨曦, 微風吟玉箏. 芳園屆三月, 萬卉舒
　　芬榮. 我登高樓望, 望春春事幷. 柳絲胃紙鳶, 榆火熟脆餳. 弄暖牧兒笛, 踏青公子駢. 佳與物皆
　　春, 差可釋心憑. 心憑安可釋, 狂聖一念爭. 所以古哲人, 惴惴若履冰. 柴几堆芸編, 古香散廉旌.
　　適然心有獲, 浴德兼陶情. 處上懷臨下, 居高乃見明. 社燕窺文楹, 沈烟繞彩甍. 課無復責有, 觸目
　　歸吟評."

4　陸時雍,『詩境總論』. "精神聚而色澤生, 此非雕琢之所能爲也. 精神道寶, 閃閃著地, 文之至也. 晉
　　詩如叢采爲花, 絶少生韻."

5　孫聯奎, 앞의 책, 30쪽. "余嘗愛杜詩兩箇黃鸝絶句一首, 無一字不精神, 無一句不自然. 通首摸
　　之有稜, 擲地有聲, 又渾融無迹, 則誠妙造自然, 而不容人裁正者也. 精神二字可不亟講哉!"

6　이봉환,『雨念齋詩鈔』 권8,「觀花」. "花之爲字, 從草從化, 天地之化可見者非一, 而奇幻之極, 莫
　　如草木之化. 比如至人時作奇語粲然, 至幻之文隱現于蓓蕾離披之間, 雖欲不爲, 不自由也."

14. 진밀

1　『예기禮記』「빙의聘儀」에 "진밀하고 굳건한 것이 지혜다(縝密以栗, 知也)"라는 공자의 말
　　이 있는데 이 구절로 인해 이후 널리 쓰였다.

2　『송사宋史』「이동전李侗傳」에 "학문을 강론할 때 깊이 가라앉혀 진밀하게 하는 것이 절실
　　하다. 그런 뒤에야 기미(氣味)가 깊고 유장하며 가는 길이 어긋나지 않는다(講學切在深潛
　　縝密, 然後氣味深長, 蹊徑不差)"라는 말이 있다. 이동은 주자(朱子)의 스승으로서 존경받는

학자였기 때문에 그의 진밀한 인생 태도는 중국과 한국에서 모범으로 간주되었다.

3 孫聯奎, 앞의 책, 30쪽. "美人細意熨貼平, 裁縫減盡針線迹, 斯縝密也. 爲詩而求纏綿周致, 則不束不疏, 便如薛夜來之神針, 暗中摸摹, 亦無疏漏處矣."

4 원문을 "猶春於綠, 猶明月於雪時"의 구조로 이해한 것이다.

5 乾隆帝, 『御製詩集/初集』 권36, 「雪浪石用蘇東坡韻」. "杜老白帝儗東屯, 蘇翁稍幸斯州尊. 從來詩人半窮困, 未必天道迷昭昏. 孤踪飄泊豈有定, 官居尚憶懸水村. 我從便道尋古蹟, 策馬定武循城門. 衙齋左側醉仙在, 無須玉局重招魂. 立來應已閱桑海, 移時想復動雲根. 峰嶔似助吟咏勢, 苔斑猶漬摩挲痕. 當時滕倅投意氣, 掀髯把酒相評論. 何人好事惜廢墮, 覆之以亭承以盆. 却憶晴窓哦日課, 雪浪早入予思存." 「疊前韻」. "周廬衛士千牛屯, 雲依星拱黃屋尊. 郡城南望據勝勢, 節候東壁力中昏, 納稼逢年慰予志, 崇墉比櫛看村村. 省方餘暇討輿誌, 衆春園首尋松門. 韓蘇卓犖宋偉嵓, 葆祠相望慰精魂. 百花池畔井園內, 笠亭下亭亭槃堅如生根. 異代何幸遭睿賞, 宸章煥注屋漏痕. 海上三山却可擬, 淮中一品安足論. 坡翁筆力健扛鼎, 坐令光生丈八盆. 從來正人顯後世, 撫玩之餘鑑戒存." 「命張若靄圖雪浪石, 再疊前韻」. "造物精氣視所屯, 石中巨擘雪浪尊. 巍然曾見宋冠帶, 介爾不受世朝昏. 沃之以水跳珠沫, 翠影仿彿浣花村. 曾聞此語半疑信, 惜哉未訪荒園門. 寫眞無慮道士醉, 醉裏越得傳神魂. 詞臣頗善米家畫, 渲染妾命探天根. 壁張欲出雲煙氣, 燭照曾無筆墨痕. 兩孫絕枝亦已擅, 興來擬喚髯翁論. 此翁詩句豈易和, 如繼陽春以叩盆. 前言未足更疊韻, 仇池事例今聊存." 「携衆春園并雪浪石稿本以歸, 因命董邦達圖之, 三疊前韻」. "磊磊白石如凥屯, 蘇詩說項石以尊. 我臨定武尋遺蹟, 寒雅叫樹山黃昏. 丹青思命傳神手, 塾師徒遇三家村. 規模纔得具約略, 若爲祠宇若爲門. 一峯已點長髭眼, 三徑應貌香光魂. 古屋蕭蕭聞以寂. 疎松落落盤其根, 憇遊爲想韓蘇躅, 苔蘚全蝕波濤痕. 由來忘筌乃近道, 刻舟求者奚足論. 此物頗幸仇池石, 至今安在高麗盆. 剪燭清吟參結智, 地爐活火方溫存." (이 아래 발문은 『御製詩集』에는 없고 장부의 『畫御製詩意』에 실려 있다.) 余向讀蘇集, 慕雪浪石之名, 曾拈題得句. 今因西巡反轡, 道經定武, 訪其遺蹟, 知已移置韓魏公衆春園中, 石與盆宛然無恙. 因用東坡元韻, 以紀其勝, 勅扈從諸臣屬和, 幷令張若靄就往圖之, 行帷吟賞三疊前韻, 後携歸稿本, 命學士董邦達合寫園中景物. 雖未能與坡老爭衡, 亦足志望古遙集之意云.

6 劉桂林, 「蘇軾「雪浪石」及乾隆題詠」 『故宮博物院院刊』 1984년 제2기, 62~65쪽.

7 鍾來茵, 『李商隱愛情詩解』 學林出版社, 1997, 76쪽.

8 박제가, 『貞蕤閣集』, 문집 권1, 「雅亭集序」, 한국문집총간 261집. "懋官最不喜爲詩, 所選不滿一卷. 然其意匠峭崛, 格律精嚴, 毋雷同, 毋武斷, 以不襲不創爲歸趣. 蓋其畜之深故使事密, 探之博故下字繁, 人訾其密則曰杳拙, 怪其繁則曰僻澁."

15. 소야

1 　최자,『補閑集』하권. "若詩, 則新奇·絶妙, 逸越·含蓄, 險怪·俊邁, 豪壯·富貴, 雄深·古雅, 上也. 精雋·邁緊, 爽豁·淸峭, 飄逸·勁直, 宏贍·和裕, 炳煥·激切, 平淡·高邁, 優閑·夷曠, 淸玩·巧麗, 次 之. 生拙·野疎, 蹇澁·寒枯, 淺俗·蕪雜, 衰弱·淫靡, 病也."

2 　『皐蘭課業本原解』,『詩品集解』. "與香奩臺閣不同, 然滌除肥膩, 獨露天機, 此種自不可少."

3 　乾隆帝,『御製詩集/初集』권9,「聽水車聲」. "泛舟傍湖田, 湖水流活活. 草亭架壟上, 結搆頗軒 豁. 老農四五人, 長日披襏襫. 驅牛轉水車, 水車鳴軋軋. 不爲漢陰叟, 機心斥槹桔. 不爲宋人父, 助長將苗揠. 終年勤南畝, 富貴不能奪. 翁足亦已胝, 牛力亦已竭. 薄暮枵腹歸, 瓦盆飽粗糲."

4 　이광사의 아들 이영익(李令翊, 1740~?)이 송강의 시조를 한시로 번역한 것이 남아 있다. "越岡成勸農宅, 昨聞新酒熟, 足蹴卧牛起, 置鷹按跨着, 童子汝家勸農在, 爲報鄭座首來此."

5 　이영익,『信齋集』제2책,「題騎牛訪牛溪圖」, 한국문집총간 252집. "右幅畫, 鄭副正晦作, 鄭文 淸公跨牛訪成文簡先生. 平州中大羽藏之, 詩令翊翻文淸歌閣書後. 臨是畫, 諷是辭, 不唯可以想 慕先輩風采, 亦可見交道灑落. 與今人呢呢者甚不相似, 百歲之下, 使人感歎. 大羽藏之, 其有深 意歟! 庚辰正月十八日, 完山李令翊敬題."

16. 청기

1 　신흠,『象村稿』권50,『晴窓軟談』, 한국문집총간 72집. "古人云, 乾坤有淸氣, 散入詩人脾. 淸 是詩之本色, 若奇若健, 猶是第二義也. 至於險也怪也沈着也質實也, 去詩道愈遠. 淸則高, 高則 不可以聲色求也. 詩必得無聲之聲無色之色, 瀏瀏郎郎, 澹澹澄澄, 境與神會, 神與筆應而發之, 然後庶幾不作野狐外道. 故歷觀往匠閑居之作, 勝於應卒, 草野之音, 優於館閣. 蓋有意而爲之者, 不若得之於自然也."

2 　육소형,『취고당검소』, 강경범·천현경 옮김, 동문선, 2007. "淸之品有五, 覿標致, 發厭俗之 心; 見精潔, 動出塵之想, 名曰淸興. 知蓄書史, 能親筆硯, 布景物有趣, 種花木有方, 名曰淸致. 紙 裏中窺錢, 瓦瓶中藏粟, 困頓於荒野, 擯棄乎血屬, 名曰淸苦. 指幽僻之耽, 詡以爲高; 好言動之 異, 標以爲放, 名曰淸狂. 博極今古, 適情泉石, 文詞帶煙霞, 行事絶塵俗, 名曰淸奇."

3 　乾隆帝,『御製詩集/初集』권36,「雪擬蘇軾聚星堂體, 兼用其韻」. "蘇辭遭遇多枝葉, 倒絁禁體先 犯雪. 起舞浮白意匠殊, 縱橫驅用堪叫絶. 元冥恰喜交初節, 過水眞如遇方折. 平原羃歷寒飈逼, 長空晻靄暮光滅. 旌門鐃吹雲璈奏, 慢城漏響金魚掣. 徘徊中夜聽拉瑟, 行綮燈焫蓮花纈. 天窓取 氣揭薄紗, 地爐生火燃枯屑. 遙想林岫已婆娑, 却愛郊坰正飄瞥. 卽景揭詠都官句, 占年凤記農家 說. 醉翁髥老垂號令, 會取陳言能黜鐵."「命梁詩正等賡前題, 因疊韻再作一首」. "同雲一色難分 葉, 禁體苦吟雪非雪. 背觸如參竹篦子, 歐合蘇傳兩奇絶. 蝗深于卜田火除, 心喜應教展齒折. 況 復督亢舊膏腴, 恰似藍田未埋滅. 梁王已命兎園宴, 杜老那擅鯨魚掣. 憑輿攬結吟興飛, 拈鬢何慮

氷花纈. 十餘字耳乃區區, 不因步韻宜避屑. 却憶澄海禁水部, 倡和豪情巖電瞥. 試看螣六御風行,

彼則有言可無說. 獨憐呵凍虜吟者, 毳衣布帳寒如鐵."「命董邦達圖途間雪景, 檃括大意示之, 因

再疊禁體詩韻」."藝圃曾聞輕褚葉, 營邱夙擅能圖雪. 設如白戰遇歐蘇, 錯手無從堪笑絶. 昨從清

苑返行旌, 范陽古道循曲折. 雲冪朔天漸低黯, 煙凍僧寮乍昇滅. 吟詩未覺冰硯寒, 行圍却喜飢鷹

掣. 筱筱著體化如幻, 綏綏壓帽綠於纈. 從來此景我所耽, 興豪擬問誰遺屑. 却愍未透即離禪, 還

應爲譜風花幣. 耳聽目眂本一例, 約略林嵐爲指說. 畫成傳示同事看, 從教宵寐衾鋪鐵."「三疊擬

聚星堂韻」."拈出天花示迦葉, 一笑至今鬚鬢雪. 昨吟禁體效歐蘇, 杳拖流風殊末絶. 冀北方欣麥

鍼綠, 江南應報梅骨折. 望中峯勢忽如迷, 旋教萬徑人踪滅. 收餘活火煮三清, 颼颼古鼎松風掣.

亂侵屐齒乍凹凸, 細靃簾旌仍委顯. 詩翁競勝巧形容, 島瘦郊寒全不屑. 清歡渴望兩相爭, 此景年

來曾幾瞥. 朱鳥溫暾絲襖披, 三希佳事還堪說. 明窗净几展時晴, 古法平沙劃錐鐵."(이 아래 발

문은 『御製詩集』에는 없고 장부의 『畫御製詩意』에 실려 있다.) 丙寅初冬西巡廻蹕, 過保陽以

北, 連朝飛雪, 點綴村塍, 如置身圖畫中. 偶憶東坡聚星堂禁體, 因次其韻, 勅侍臣屬和, 圍爐呵

凍, 幽賞未已. 再疊一首示之. 抵京後, 檃括途間風景, 復成兩疊, 命董邦達圖其大槪. 白戰數番,

於艱難中出奇趣, 所謂不着一字盡得風流, 或庶幾焉耳.

4 한장석, 『眉山集』권7, 「石樓詩卷序」."司空表聖品詩云: '晴雪滿汀, 隔溪漁舟', 此境之淸遠也;

繼之曰: '可人如玉, 步屧尋幽', 此情之溫雅也. 有是境, 必有是情, 非可意人, 何以發其幽獨? 人

皆謂靜而後詩能工, 余家居罕出, 門無剝啄, 簾閣之外, 一區靑山, 穆然相對而已. 時有得於心, 而

卒無以發. 旣獲六七友朋過從招邀, 於是花朝月晨風雪之夕, 始往往有余屐迹, 而六人者未嘗不

在其中. 方其賈酒高歌, 淋漓酣暢, 已足以忘形骸解外膠, 詩亦稍稍出焉. 盖其枕經藉史, 風流弘

長, 溫而不媚, 廉而不劌, 皆吾可意人也."

17. 위곡

1 위곡의 다양한 뜻과 활용에 대해서는 최일의 교수가 「시가풍격詩歌風格 위곡委曲의 함의

含義 분석分析」(『중국문학』제24집, 1995)에서 상세하게 설명하여 참고할 만하다.

2 乾隆帝, 『御製詩集/初集』권20, 「二月朔日初遊潭柘岫雲寺作」."西山兩名寺, 潭柘與香山. 香山

信已佳, 騎御曾往還. 春仲月之朔, 言從易水旋. 岫雲與我語, 爲我關雲關. 嚮導告前期, 却借便道

緣. 輕輿碾春露, 前旌破曉煙. 屈折千廻蹊, 微露一線天. 榛莽嵌絶壁, 登陟勞援攀. 約行二十里,

乃至盧家灘. 川原漸開豁, 梯山種春田. 茅屋凡數家, 槎枒古樹攢. 驅車歷石磴, 巖岌互鈎連. 聞有

泠泠聲, 不見涼石泉. 古柏翠蒙絡, 時有枯藤纏. 遠峰叢叢枝, 那辨楓杉榛. 披躋歷萬景, 精藍出雲

間. 風旛演妙偈, 空樂諸天傳. 旋禮滿月相, 使我塵慮蠲. 庭厎老龍眠, 有泉墜濚然. 忽欲呼起之,

使雨東西阡. 其柘亦已枯, 橫陳應西偏. 萬木何非栢, 孫枝轇曲卷. 闍黎語荒唐, 頗熟公案禪. 對客

稱古蹟, 木几高架磚. 云有元公主, 禮佛足所穿. 佛幾曾度彼, 與我何有焉. 稍坐白板閣, 衆美一攬

全. 巉巖莫遜隱, 坻嶼相鬱盤. 廻尋舊來路, 似在圖中看. 曠懷既訣蕩, 樂志都忘筌. 昨夏憩來靑,
不作彈指觀."

18. 실경

1 懷悅 편,『詩家一指』(안대회,『尹春年과 詩話文話』, 소명출판, 2001, 24~25쪽). "耳聞目擊,
神遇意接, 凡接於形似聲嚮(響), 皆爲境也. 然達其幽深玄虛, 發而爲佳言; 遇士淺深陳腐, 積而
爲俗意. 復有心之於境, 境之於心. 心之於境, 如鏡取象; 境之於心, 如燈出(取)影, 亦各因其虛明
淨妙而實悟自然. 故於情想經營, 如在畫圖, 不着一字, 竆然神生."

2 乾隆帝,『御製詩集/初集』권34,「宋瓷琴」. "麒額恢恢太古器, 形模不假雷霄製. 易漆以陶豈無
爲, 我於重華窺其義. 諫者十人爭小事, 不如渭汭初所試. 焦尾斷紋渾可棄, 五絃七絃惟汝置. 元
音澹泊從玆嗣, 譬如佺羨函之粹, 况以內養無火氣."

19. 비개

1 乾隆帝,『御製詩集/初集』권30,「承光殿古栝行」. "五鍼爲松三鍼栝, 名雖稍異皆其儕. 牙槎數株
倚睥睨, 歲古不識何人栽. 天矯落落吟萬籟, 盤挐鬱鬱排千釵. 徒聞金元飾棟宇, 兩人业坐傳齊諧.
甓城久閉殿成寂, 綺槾落色風箏摧. 珊瑚反掛珠簾斷, 喬柯半夜烏鳴哀. 嗟嗟偃蹇淩雲姿, 難辭根
𣓀纏蒿萊. 往來或有尋題者, 弔古感慨多徘徊. 璗華遺蹟惜就圮, 况近紫禁城西隈. 爰葺爰築命匠
人, 事殊經始攻靈臺. 時向重基駐行蹕, 金籠蜿蜒空明皆. 盤桓嘉蔭撫壽客, 頎堪弟視竹與梅. 春
朝綠雲參天青, 秋夕碧月流陰曖. 靈和之柳非倫比, 滄桑閱盡依然佳. 滄乘閱盡依然佳, 嗚呼種樹
之人安在哉."

20. 형용

1 乾隆帝,『御製詩集/初集』권21,「瀛臺木變石歌, 倣李長吉體」. "大山穹谷崇且盤, 山頭鶴駐曾棲
仙. 岑巒嶇峗扶厚顏, 金堂玉室相鉤連. 雲輿霞蔚吐紫烟, 含囊靈瑞如陶甄. 靈林冥冥冠其巔, 其
幽叢雜多桂蘭. 是爲天子宅天男, 乃有異木鎭厚坤. 蚖蛹杜松非其倫, 蔽虧天日無朝昏. 爲舟十數
皆其孫, 匠石却顧持斧奔. 水龍噴泉沃厥根, 啼蛄弔月星漏痕. 干雲負霜枝曲卷, 靈鶴振翅毛羽鮮.
老桂漫誇吳�眠, 白楡空足沈郎錢. 櫛櫛銀雲車蓋翩, 掛以雙丸繞魄淵. 壽比散朮已有年. 女夷不
敢司厥權, 付之圓蓋全其天. 枝離幻作秦女焉, 會觀木石玆同壇. 爲髮爲身一體全, 亭亭傑堅無比
肩. 暖春生玉疑藍田, 磷磷爛爛出五源. 女媧煉石玆尙存, 傍林揷巖絶攀援. 奇礓歪妨山溜穿, 五
丁不可奪其堅. 端州石工安足論, 移來曾受海神鞭. 五車能上束馬牽, 都下傾城咸厭觀. 方壺蓬島
資盤桓, 辭山不戀山木繁. 瓊臺璿室何丸丸, 罘罳風叫露掌寒. 漢唐池館今依然, 爲薪非火悟火
傳."

2   葉夢得, 『石林詩話』. "詩語忌過巧. 然緣情體物, 自有天然之妙. 如老杜 '細雨魚兒出, 微風燕子
    斜', 此十字, 殆無一字虛設. 細雨著水面爲漚, 魚常上浮而沙. 若大雨, 則伏而不出矣. 燕體輕弱,
    風猛則不勝, 惟微風乃受以爲勢, 故又有輕燕受風斜之句." "산뜻한 제비는 바람 안고 비껴 나
    네"는 두보의 「봄이 간다春歸」에 나오는 구절이다.

21. 초예

1   乾隆帝, 『御製詩集/初集』 권21, 「神仙引」. "騎龍曉赴三淸朝, 翶翔紫府偕佺喬, 東遊海上喚太
    眞, 重舞霓裳按六幺. 黃鶴赤鸞棲瑤圃, 神之君兮翩來下, 一聲長嘯萬竅爾, 幾迴灑涕三秋雨. 俯
    視齊州十三點, 滄桑屢變增吁感, 壺中日月不堂堂, 洞口春光亦冉冉. 瑤爲墄兮金爲室, 中有至人
    不可識, 若把貪嗔癡念求, 秦皇漢武求應得."

22. 표일

1   '태화산 꼭대기'에 해당하는 원문은 華頂(화정)으로, 이는 서악(西岳) 화산(華山)의 정상,
    태화산(太華山)의 정상, 또는 저장성 천태산(天台山)에 있는 화정봉(華頂峯)을 가리킨다
    고 의견이 갈린다. 여기서는 앞서 다섯번째 풍격 고고에 나왔던 태화산 정상으로 보는 것
    이 옳다.

2   乾隆帝, 『御製詩集/初集』 권16, 「釣魚」. "一川金紫明斜照, 淸溪翠壁天然妙. 竿絲偶弄非夢麗,
    瀺灂遊鱗俯可眺. 今來古徃釣魚人, 不知却被魚兒釣."

3   엄우, 앞의 책, 270~275쪽. "李杜二公, 正不當優劣. 太白有一二妙處, 子美不能道; 子美有
    一二妙處, 太白不能作. 子美不能爲太白之飄逸, 太白不能爲子美之沈鬱. 太白夢遊天姥吟 · 遠別
    離等, 子美不能道. 子美北征 · 兵車行 · 垂老別等, 太白不能作. 論詩以李杜爲準, 挾天子以令諸
    侯也."

23. 광달

1   『臯蘭課業本原解』. "迂腐之儒, 胸多執滯, 故去詩道甚遠. 惟曠則能容, 若天地之寬, 達則能悟, 識
    古今之變. 所以通人情, 察物理, 驗politics, 觀風俗, 覽山川, 弔興亡, 其視得失榮枯, 毫無繫累, 悲憂
    愉樂, 一寓於詩, 而詩之用不可勝窮矣. 故此二字所以掃塵俗, 袪魔障, 乃作詩基地, 不可忽也."

2   乾隆帝, 『御製詩集/初集』 권32, 「峴山碑」. "陵谷高深旋轉爲, 元凱好譽眞情癡. 磨石歷歷紀勳
    績, 碑雖有二同其辭. 一立峴山巍巍之峰巓, 一沈萬山窈窈之深溪. 當時所重不在峴首裹功之片
    玉, 將謂滄桑變後潭底發露征南事業仍與之俱齊. 孰知世界仍此潛碑未審何時見, 豊碣早毁峴山
    雖在無從復考黃絹之色絲. 嗚呼元凱好譽眞情癡, 何如同時叔子惟一墮淚碑."

24. 유동

1   乾隆帝,『御製詩集/初集』권8,「液池鳧」. "液池鳧, 乘春流. 灩灩錦波香蕊浮. 浴波唼蕊依汀洲. 託身喜無羅網憂, 不羨雲鵬萬里之翱翔, 不爲塒鷄稻粱之仰求. 猶人旣無卓卓之譽, 亦無戚戚之愁. 液池鳧, 爾 何俯仰自得而悠悠."

단행본

Stephan Owen, *Readings of Chinese Literary Thought*, Cambridge, Harvard University Press, 1992.

블라디슬로프 타타르키비츠, 『미학의 기본 개념사』, 손효주 옮김, 미술문화, 1999.

乾隆帝, 『御製詩初集』, 欽定四庫全書本.

郭紹虞, 『詩品集解·續詩品注』, 人民文學出版社, 1998.

喬力, 『二十四詩品探微』, 齊魯書社, 1983.

국립중앙박물관 편집부, 『겸재 정선 - 붓으로 펼친 천지조화』, 국립중앙박물관, 2009.

近藤元粹 편, 『二十四詩品』, 螢雪軒叢書 제1권, 國立中央圖書館 所藏.

金正喜, 『阮堂全集』, 한국문집총간 301집.

金命喜, 『聯璧詩鈔』, 국립중앙도서관 소장 사본.

杜黎均, 『二十四詩品譯注評析』, 北京出版社, 1988.

羅仲鼎, 『詩品今析』, 江蘇人民出版社, 1983.

毛晉 刊, 『詩品二十四則』, 『津逮秘書』32책, 汲古閣, 國立中央圖書館 所藏.

無名氏, 『二十四詩品註釋』, 南通 翰墨書林, 1918.

門脇廣文, 『二十四詩品』, 明德出版社, 2000.

潘是稷 畵, 秬璜 書, 『司空圖二十四詩品圖』, 『墨妙珠林』 亥卷, 臺灣 國立故宮博物院 所藏.

卞永譽, 『式古堂書畵匯考』, 四庫全書本.

孫聯奎·楊廷芝, 『司空圖詩品解說二種』, 山東人民出版社, 1962.

申緯, 『警修堂全藁』, 한국문집총간 291집.

安大會, 『尹春年과 詩話文話』, 소명출판, 2000.

安大會, 『朝鮮後期詩話史』, 소명출판, 2000.

岩溪裳川·森槐南 著, 附高松亨明 校勘, 『二十四詩品擧例與二十四詩品解』, 『文化紀要』7권, 1973년

3월.

艾治平, 『詩品辨析』, 湖南文艺出版社, 1994.

嚴羽, 『滄浪詩話』, 郭紹虞 교석, 김해명·이우정 옮김, 소명출판, 2001.

倪璠 原刊, 尹春年 復刻, 『木天禁語』, 1555년 刊, 修練室 소장.

吳光運, 『藥山漫稿』, 한국문집총간 211집.

翁方綱, 『海東金石零記』, 과천문화원, 2010.

翁壽虞 刻, 『詩品印譜』, 上海圖書館 所藏, 1909.

王宏印, 『詩品注譯 與司空圖詩學硏究』, 北京圖書館出版社, 2002.

王步高, 『司空圖評傳』, 南京大學出版社, 2006.

汪涌豪, 『範疇論』, 復旦大學出版社, 1999.

劉禹昌, 『司空圖詩品義證 及其他』, 武漢大學出版社, 1993.

劉勰 著, 周振甫 注, 『文心雕龍注釋』, 人民文學出版社, 1998.

陸元熾, 『詩的哲学 哲学的诗』, 北京出版社, 1989.

李德懋, 『靑莊館全書』, 한국문집총간 258집.

李宜顯, 『陶谷集』, 한국문집총간 181집.

張健, 『元代詩法校考』, 北京大學出版社, 2001.

張國慶, 『二十四詩品詩歌美學』, 中央編譯出版社, 2008.

張法, 『동양과 서양, 그리고 미학』, 유중하 외 옮김, 푸른숲, 1999.

蔣溥, 『畫御製詩意』, 臺灣 國立故宮博物院 所藏.

張少康, 『司空圖及其詩論硏究』, 學苑出版社, 2006.

蔣寅, 『古典詩學的現代詮釋』, 中華書局, 2009.

鄭歚 그림·李匡師 글씨, 『司空圖詩品帖』, 국립중앙박물관 소장.

諸乃方, 『詩品畫譜』, 『中國古學畫譜』, 天津人民美術出版社.

祖保泉, 『司空圖詩文硏究』, 安徽敎育出版社, 1998.

祖保泉, 『司空圖詩品解說』, 安徽人民出版社, 1980.

祖保泉, 陶禮天 箋校, 『司空表聖詩文集箋校』, 安徽大學出版社, 2002.

趙福壇, 『詩品新釋』, 花城出版社, 1986.

조종업 편, 『韓國詩話叢編』, 태학사, 1989.

曹冷泉, 『詩品通釋』, 三秦出版社, 1989.

趙熙龍, 『趙熙龍全集』, 實是學舍古典文學硏究會 옮김, 한길아트, 1999.

崔完秀, 『謙齋 鄭歚』, 玄岩社, 2009.

河政承, 『고려조 한시의 품격 연구』, 다운샘, 2002.

許自强, 『新二十四詩品』, 文化藝術出版社, 1990.

黃朗村, 『詩品印譜』, 中國和平出版社, 1988.

논문

금지아, 「『二十四詩品』이 조선후기 문예이론사에서 차지하는 자리」, 『중국어문학』 52, 영남중국
　　어문학회, 2008.

김승룡, 「司空圖 『24詩品』과 僞作論爭」, 『한문학보』 6권, 2002, 259～269쪽.

大山潔, 「對『二十四詩品』懷悅說·虞集說的再考察—根據朝鮮本『詩家一指』·『木天禁語』及日本江戶版
　　『詩法源流』」, 『唐研究』 제4기, 1998.

閔庚三, 「司空圖 『二十四詩品』 僞作 논쟁 추이」, 『중어중문학』 27집, 2000, 345～368쪽.

安大會, 「李晬光의 『芝峰類說』과 朝鮮後期 名物考證學의 전통」, 『震壇學報』 제98호, 2004.

呂松穎, 「淸代乾隆御製詩詩意圖研究」, 國立臺灣師範大學 석사학위논문, 민국 95년.

李鍾虎, 「韓國詩話批評과 司空圖의 『詩品』」, 『대동한문학』 13집, 2000, 177～227쪽.

李鍾虎, 「司空圖의 『二十四詩品』에 어떻게 접근할 것인가—韓國 詩話批評과 司空圖의 『二十四詩
　　品』」, 『朝鮮의 文人이 걸어온 길』, 한길사, 2004.

이철희, 「19세기 詩學에 대한 산천 김명희의 인식」, 『秋史硏究』 7권, 秋史硏究會, 2009.

李春桃, 「二十四詩品接受史」, 中國 復旦大 박사학위논문, 2005.

李炫壹, 「紫霞詩 硏究」, 성균관대학교 박사학위논문, 2006.

張健, 「從懷悅編集本看『詩家一指』的版本流傳及纂改」, 『中國詩學』 제5집. 1997년 5월.

張健, 「『詩家一指』的產生時代與作者問題—兼論『二十四詩品』作者問題」, 『北京大學學報』 社會科學
　　版. 1995년 9월.

張伯偉, 「元代詩學僞書考」, 『文學遺產』 제3기, 1997.

張華芝, 「『司空圖二十四詩品』所轉化而來的藝術形象」, 『故宮文物月刊』 325, 臺灣 國立故宮博物院,
　　2010년 4월.

張華芝, 「院藏巨幅畫冊—墨妙珠林(上)·(下)」, 『故宮文物月刊』 316·317, 臺灣 國立故宮博物院,
　　2009년 7·8월.

朱基平 譯註, 「二十四詩品 譯註」, 『중국문학이론』 제11·12집, 2009.

陳尙君·汪涌豪, 「司空圖 『二十四詩品』辨僞」, 『中國古籍硏究』 제1집 전문수록, 1996; 김승룡 교수

에 의해 「사공도『이십사시품』은 위작이다」라는 제목으로『한문학보』6집에 전문 번역되어 실림, 2002.

팽철호, 「司空圖『二十四詩品』研究」, 서울대학교 석사학위논문, 1986.

『이십사시품』본문과 교감

웅혼(雄渾) 충담(冲淡) 섬농(纖穠) 침착(沈著) 고고(高古) 전아(典雅)

세련(洗鍊) 경건(勁健) 기려(綺麗) 자연(自然) 함축(含蓄) 호방(豪放)

정신(精神) 진밀(縝密) 소야(疏野) 청기(淸奇) 위곡(委曲) 실경(實境)

비개(悲慨) 형용(形容) 초예(超詣) 표일(飄逸) 광달(曠達) 유동(流動)

『이십사시품』본문은 이본(異本)마다 차이가 매우 크다. 명나라 이후 판본과 사본에 따라 상당히 큰 차이가 나고 그 차이는 본문의 해석에 큰 변화를 가져온다. 따라서 본문을 세심하게 교감하는 것이 중요하다. 그동안 교감을 중시한 학자로 궈사오위(郭紹虞)와 쭈바오취안(祖保泉)이 있다. 그러나 궈사오위는 『설부說郛』와 『진체비서津逮秘書』에 수록된 판본만으로 교감했을 뿐이고 본격적인 교감은 쭈바오취안에 의해 진행되었다. 쭈바오취안은 『사공도시문연구司空圖詩文硏究』(1998)에서 아예 한 장을 교감에 할애했다. 한편, 장젠(張健)은 『원대시법교고元代詩法校考』(2001)의 『시가일지詩家一指』항목에 수록된 『이십사시품』본문에서 각종 주요 판본을 대상으로 교감을 진행했다. 장젠의 교감은 『이십사시품』전체를 대상으로 한 것이 아니라 『시가일지』판본만을 대상으로 했다는 점에서 한계가 있다. 현재로서는 두 학자의 교감이 참조할 만하다.

여기서는 쭈바오취안과 장젠의 교감을 참조하고 조선에서 간행된 판본까지 함께 대상으로 하여 교감하되 청대 말엽에 간행된 판본도 필요할 경우에는 일부 반영했다. 다음은 교감의 주 대상으로 삼은 판본이다.

1. 시법본(詩法本).

    『우시서시법虞侍書詩法』,『북경대학학보』5기, 1995, 42~44쪽.

    장젠(張健),『원대시법교고元代詩法校考』, 2001, 309~312쪽.

2. 회열본(懷悅本).

    회열이 편집한『시가일지詩家一指』. 1466년 간행.

3. 황성증본(黃省曾本).

    황성증이 편집한『명가시법名家詩法·시가일지詩家一指』. 1545년 간행. 영인본.

4. 윤춘년본(尹春年本).

    윤춘년이 간행한『시가일지詩家一指』. 1551년 간행.

    윤춘년이 간행한『목천금어木天禁語』. 1555년 간행.

5. 설부본(說郛本).

6. 양성본(楊成本).

7. 만력본(萬曆本).

8. 축윤명본(祝允明本).

    「枝指生書宋人品詩韻語卷」, 卞永譽,『式古堂書畫匯考』수록.

9. 급고각본(汲古閣本).

웅혼雄渾

위대한 쓰임이 밖에서 펼쳐지려면	大用外腓[1)
진실한 역량이 내부에 충만해 있어야 한다	眞體內充
허무로 되돌아서 혼연함으로 들어가고	返虛入渾
굳건한 힘을 쌓아 웅장함을 이룬다	積健爲雄
무한한 만물을 가슴에 채우고서	具備[2)萬物
드넓은 창공을 가로질러 가노니	橫絕太空[3)
뭉게뭉게 먹구름은 피어나고	荒荒油雲
휘익휘익 긴 바람은 몰려온다	寥寥長風
드러난 형상 밖으로 훌쩍 벗어나	超以象外
존재의 중심을 손에 쥔다	得其環中[4)
무리하게 붙잡지 않으면	持之匪强
다함없이 가져올 수 있으리라	來之[5)無窮

---

1) 外腓: 시법본에는 外純으로 되어 있다.
2) 具備: 회열본과 윤춘년본『시가일지』, 윤춘년본『목천금어』에는 俱備로 되어 있다.
3) 太空: 회열본과 윤춘년본『시가일지』에는 太虛로 되어 있다. 각운(脚韻)에 맞지 않기 때문에 오자이다. 윤춘년본『목천금어』에는 大空으로 되어 있다.
4) 環中: 회열본에는 寰中으로 되어 있다.
5) 來之: 회열본과 윤춘년본『시가일지』에는 其來로 되어 있다. 윤춘년본『목천금어』에는 采之로 되어 있다.

충담沖淡[1]

소박하게 살아가며 침묵을 지키나니	素處以黙
오묘한 천기(天機)는 더욱 미묘하다	妙機其微
자연의 큰 기운을 들이마시고	飲之[2]太和[3]
외로운 학과 더불어 난다	獨鶴與飛[4]

비유하자면 따사로운 남풍이 불어	猶之惠風
옷깃을 살랑살랑 스쳐가는 듯	苒苒[5]在衣
키 큰 대 바람 소리 들리자마자	閱音修篁
흔쾌히 돌아가자고 말한다	美曰[6]載歸

우연히 도달하면 어렵지 않으나	遇之[7]匪深
억지로 다가갈수록 더욱 보이지 않는다	卽之愈稀
겉모양을 그리는 데만 머문다면	脫有形似
손에 잡는 순간 벌써 달아난다	握手已違

---

1) 沖淡: 시법본에는 平淡으로 되어 있다.
2) 飲之: 윤춘년본 『목천구어』에는 斂之로 되어 있다.
3) 太和: 축윤명본에는 大和로 되어 있다.
4) 獨鶴與飛: 축윤명본에는 與鶴獨飛로 되어 있다.
5) 苒苒: 윤춘년본 『시가일지』와 윤춘년본 『목천금어』에는 荏苒으로 되어 있다.
6) 美曰: 시법본에는 美目으로 되어 있으나 오자다. 회열본과 윤춘년본 『시가일지』·윤춘년본 『목천금어』에는 笑曰로 되어 있다. 笑曰로 볼 때에는 "웃으면서 돌아가자"로 해석되어 역시 뜻이 잘 통한다.
7) 遇之: 시법본에는 過之로 되어 있다.

섬농纖穠

찰랑찰랑 시냇물 흐르고	采采流水
살금살금 멀리서 봄이 찾아왔네	蓬蓬遠春
그윽하고 깊은 골짜기를 걷다보면	窈窕深谷
언뜻언뜻 아름다운 여인이 나타나네	時見美人

복사꽃은 나무마다 활짝 피었고	碧桃滿樹
물가에는 산들바람 불고 햇볕 따사롭네	風日水濱
버드나무 그늘 밑으로 오솔길은 굽어들고	柳陰路曲
꾀꼬리는 여기저기 재잘대네	流鶯比隣

기분 내어 멀리 가서 찾으면 찾을수록	乘之愈往[1]
더 진실한 경물을 만나게 되리라	識之愈眞
아무리 가져다 써도 끝이 없나니	如將不盡[2]
풍경은 옛것이나 느낌은 늘 새롭다	與古爲新

---

1) 愈往: 시법본에는 欲遠으로 되어 있다. 회열본에 愈徑으로 되어 있는데 오자다.
2) 不盡: 시법본에는 不違로 되어 있는데 오자다.

침착沈着

푸른 삼나무 늘어선 들녘 집	綠杉[1]野屋
해는 지고 기운은 청명하다	落日氣淸
두건을 벗어놓고 나 혼자 걷노라니	脫巾[2]獨步
때때로 새 우는 소리 들려온다	時聞鳥聲

기러기가 소식을 전해오지 않는	鴻雁[3]不來
먼 곳으로 그 사람은 떠나버렸다	之子遠行
머리에 떠올리면 그 사람은 멀지 않아	所思不遠
평소처럼 함께 있는 듯하다	若爲平生

바닷바람 불어와 푸른 구름 피어나고	海風碧雲
어둠 몰려온 물가에는 달빛만 환하다	夜渚[4]月明
하고픈 말이 제아무리 많아도	如有佳語
큰 강물이 저 앞에 가로놓였다	大河前橫

---

1) 綠杉: 회열본, 윤춘년본『시가일지』와 윤춘년본『목천금어』에는 綠衫으로 되어 있다. 그렇게 볼 경우 푸른 적삼을 입고 있다는 의미가 되므로 衫은 杉을 잘못 쓴 글자로 보인다. 설부본에는 綠林으로 되어 있다.
2) 脫巾: 시법본에는 脫卷으로 되어 있다.
3) 鴻雁: 회열본, 윤춘년본『시가일지』와 윤춘년본『목천금어』에는 鳴雁으로 되어 있다.
4) 夜渚: 시법본에는 夜露로 되어 있다. 회열본, 윤춘년본『시가일지』에는 夜覩로 되어 있다.

고고高古

기이한 사람은 참된 기운을 탄 채로	畸人乘眞
손에는 부용꽃 한 송이를 쥐고 있다	手把芙蓉
저 영겁의 시간에 두둥실 떠서	泛彼浩劫
허공에 자취를 남기고 아스라이 사라진다	窅然空蹤¹⁾

동쪽 하늘에서 달이 떠오르니　　　　　月出東斗
시원한 바람이 그 뒤를 따라 불어온다　好風相從
화산(華山)의 밤하늘엔 푸른 기운이 감돌고　太華夜碧
사람들 귀에는 맑은 종소리 들려온다　人聞²⁾清鐘

마음 비우고 소박한 정신을 지키면서　虛佇神素
인간의 경계를 벗어나 초연하게 사네　脫然³⁾畦封
태곳적 경지를 나 홀로 지니고　　　　黃唐在獨
현묘한 이상을 품고서 살아가리라　　落落玄宗

---

1) 空蹤: 설부본에는 空縱으로 되어 있다.
2) 人聞: 회열본과 윤춘년본 『시가일지』에는 人間으로 되어 있다.
3) 脫然: 시법본에는 脫焉으로 되어 있다.

전아典雅

옥 술병에 좋은 술 가득 담고서   玉壺買春
초가지붕 아래서 비를 감상한다   賞雨茆屋
한자리에 아름다운 선비들 앉아 있고   坐中[1] 佳士
좌우에는 키 큰 대나무 서 있다   左右修竹

비 갠 하늘에는 흰 구름 떠가고   白雲初晴
그윽한 새들은 저들끼리 뒤를 쫓는다   幽鳥相逐
숲 그늘 아래 잠을 자다 거문고를 연주하고   眠琴[2] 綠陰
저 위에는 물을 뿜는 폭포가 있다   上有飛瀑

떨어지는 꽃잎은 말이 없고   落花無言
사람은 담백하기가 국화와 같다   人淡如菊
이 좋은 계절 풍경을 시로 써내면   書之歲華[3]
읽기에 좋다고 말들 하리라   其曰[4] 可讀

---

1) 坐中: 시법본과 회열본, 윤춘년본『시가일지』에는 座中으로 되어 있다.
2) 眠琴: 시법본에는 眠雲으로 되어 있다.
3) 歲華: 회열본, 윤춘년본『시가일지』에는 歲葉으로 되어 있다.
4) 其曰: 회열본, 윤춘년본『시가일지』에는 其日로 되어 있다.

세런洗鍊

광석에서 순금을 제련하고	猶鑛出金
납덩어리에서 백은(白銀)을 뽑아내듯	如鉛出銀¹⁾
마음을 온통 기울여 단련하고 도야하되	超心²⁾煉冶
조잡하고 거친 것은 일절 아끼지 않는다	絶愛緇磷

밑바닥까지 보이는 못에 봄물이 쏟아지는데　　　　　空潭瀉春³⁾
오래된 거울에 영혼을 비춰본다　　　　　　　　　　古鏡照神⁴⁾
바탕을 지키고 고결함을 쌓아서　　　　　　　　　　體素儲潔
달빛을 받으며 진실한 모습으로 돌아간다　　　　　　乘月返眞⁵⁾

하늘의 별들을 바라보며　　　　　　　　　　　　　載瞻星辰
숨어 사는 사람을 노래한다　　　　　　　　　　　　載歌幽人
흐르는 물이 오늘의 모습이라면　　　　　　　　　　流水今日⁶⁾
밝은 달은 전생의 모습이라네　　　　　　　　　　　明月前身

---

1) 出銀: 시법본과 회열본. 윤춘년본『시가일지』와 윤춘년본『목천금어』에는 得銀으로 되어 있다.
2) 超心: 윤춘년본『시가일』지에는 超以로 되어 있다.
3) 瀉春: 윤춘년본『시가일지』에는 寫春으로 되어 있다.
4) 照神: 축윤명본에는 照人으로 되어 있다.
5) 返眞: 회열본과 윤춘년본『시가일지』에는 月眞으로 되어 있다.
6) 今日: 윤춘년본『시가일지』에는 合日로 되어 있다.

경건勁健

허공을 날듯이 상상력을 발휘하고	行神如空[1]
무지개가 떠오르듯 기운을 쓴다	行氣如虹
천 길 깎아지른 무협(巫峽) 협곡에서	巫峽千尋
구름이 휩쓸리고 바람이 몰아치는 듯하다	走雲[2]連風

진기(眞氣)를 마시고 강한 기운 먹어	飮眞茹強[3]
깨끗한 바탕을 다지고 내심을 지킨다	蓄素守中[4]
저 천체의 꿋꿋한 운행에 비유하노니	喩彼行健
이렇게 해야 웅장함을 지녔다고 하리라	是謂存雄

천지와 더불어 경지를 나란히 하고	天地與立[5]
대자연과 변화의 호흡을 함께한다	神化[6]攸同
작품이 진실을 충분하게 지니도록	期之以實[7]
끝까지 넘치는 힘으로 통제한다	御之以終[8]

---

1) 行神如空: 회열본과 윤춘년본『시가일지』에는 行空如神으로 되어 있다.
2) 走雲: 시법본에는 走雪로, 회열본과 윤춘년본『시가일지』에는 走雷로 되어 있다.
3) 飮眞茹強: 시법본에는 斂眞乳强으로, 회열본과 윤춘년본『시가일지』, 윤춘년본『목천금어』에는 飮其乳强으로 되어 있다.
4) 蓄素守中: 시법본과 회열본, 윤춘년본『시가일지』, 윤춘년본『목천금어』에는 蓄微牢中으로 되어 있다.
5) 天地與立: 윤춘년본『목천금어』에는 天與地立으로, 축윤명본에는 天池與立으로 되어 있다.
6) 神化: 시법본에는 神造로 되어 있다.
7) 以實: 시법본에는 已失로, 회열본과 윤춘년본『시가일지』에는 非實로 되어 있다.
8) 以終: 시법본에는 非終으로 되어 있다.

기려綺麗

정신에 진정한 부귀가 담겨야만	神存富貴
비로소 황금을 가벼이 여기는 법	始輕黃金
짙음이 극에 달하면 반드시 메마르나	濃盡必枯
담박한 것은 점차로 깊어간다	淡者[1]屢深

이슬 내린 뒤라 산은 더 푸르고	露餘山靑[2]
분홍 살구꽃은 숲을 이루고 있다	紅杏在林
화려한 저택에 달빛이 환히 비추고	月明華屋
녹음 아래 아로새긴 다리 놓여 있다	畫橋碧陰

황금 술동이에 술이 가득 넘치고	金尊酒滿
손님을 초청하여 거문고를 연주한다	伴客彈琴
아무리 가져다 써도 절로 넉넉하기에	取之[3]自足
아름다운 회포를 정말 다 표현하겠네	良殫美襟

---

1) 淡者: 설부본을 제외한 다른 판본에서 모두 淺者로 되어 있다. 내용상 淡 자가 어울린다.
2) 露餘山靑: 회열본과 윤춘년본 『시가일지』에는 露餘靑山으로, 설부본에는 霧餘水畔(안개 걷히고 난 뒤의 물가)으로 되어 있다.
3) 取之: 시법본에는 取用으로 되어 있다.

자연自然

허리 구부려 주우면 그게 바로 시이니	俯拾卽是
굳이 다른 곳에서 찾지 않는다	不取諸隣
도(道)에 몸을 싣고 여기저기 가면서	俱道適往
손을 대기만 하면 봄 풍경이 된다	著手¹⁾成春

때가 되면 꽃 피는 풍경을 만나고	如逢花開
철이 바뀌면 새해가 오는 것과 같다	如瞻歲新
하늘이 준 것은 뺏기지 않고	眞與²⁾不奪³⁾
억지로 얻은 것은 고갈되기 쉽다	强得易貧

숨어 사는 사람이 빈산에서	幽人空山⁴⁾
비가 지나간 뒤 마름을 딴다	過雨⁵⁾采蘋
말없이 마음으로 다 깨달아	薄言情悟⁶⁾
유유히 자연의 균형에 맞춘다	悠悠天鈞

---

1) 著手: 회열본과 윤춘년본 『시가일지』에는 著乎로 되어 있는데 오자다.
2) 眞與: 축윤명본에는 貞與로 되어 있다.
3) 不奪: 윤춘년본 『목천금어』에는 不欲으로 되어 있다.
4) 空山: 시법본에는 空谷으로 되어 있다.
5) 過雨: 급고각본에는 過水로, 회열본과 윤춘년본 『시가일지』에는 過尒로, 윤춘년본 『목천금어』에는 雨過로 되어 있다.
6) 情悟: 회열본과 윤춘년본 『시가일지』에는 情語로, 급고각본에는 情晤로 되어 있다.

함축含蓄

한 글자도 쓰지 않고	不著一字[1]
풍류를 모조리 표현한다	盡得風流
말이 삶의 어려움에 미치지도 않았는데	語不[2]涉難[3]
벌써 걱정스러워 견딜 수 없다	已不[4]堪憂

이야말로 진정한 주재자가 있어	是有眞宰
말과 더불어 떠올랐다 가라앉는다	與之沈浮
농익은 술을 천천히 거르듯	如淥[5]滿酒[6]
꽃봉오리 필 때 꽃샘추위 닥치듯	花時返秋

허공에는 유유히 먼지가 떠다니고	悠悠空塵
바다에는 홀홀히 물거품 일어난다	忽忽[7]海漚[8]
얕고 깊으며 모이고 흩어지는 사물들	淺深[9]聚散
만 가지에서 취해 하나를 거둬들인다	萬取[10]一收

1) 一字: 시법본에는 一事로 되어 있다.
2) 語不: 시법본과 회열본, 윤춘년본 『시가일지』에는 語未로 되어 있다.
3) 涉難: 회열본과 윤춘년본 『시가일지』에는 涉離로, 설부본에는 涉已로 되어 있다. 離와 已 모두 오자다.
4) 已不: 회열본과 윤춘년본 『시가일지』에는 離不로, 설부본에는 若不로 되어 있다.
5) 如淥: 시법본과 회열본, 윤춘년본 『시가일지』, 축윤명본에는 如綠으로 되어 있다.
6) 滿酒: 회열본과 윤춘년본 『시가일지』, 윤춘년본 『목천금어』에는 酒滿으로 되어 있다.
7) 忽忽: 시법본에는 勿勿로, 윤춘년본 『시가일지』에는 匆匆으로 되어 있다.
8) 海漚: 시법본에는 海鷗로 되어 있다.
9) 淺深: 윤춘년본 『목천금어』에는 淺淸으로 되어 있다.
10) 萬取: 시법본에는 萬類로 되어 있다.

호방豪放

조화를 살피는 그를 막을 자 없나니 　　　　　　　觀化[1]匪禁

땅끝에서 해와 달을 삼켰다가 토해낸다 　　　　　吞吐大荒

도(道)를 통해 기세로 돌아가고 　　　　　　　　　由道返氣[2]

역량을 바탕으로 미친 듯 발산한다 　　　　　　　處得以狂[3]

하늘에서 바람은 휘몰아치고 　　　　　　　　　　天氣浪浪

바다에 솟구친 산은 짙푸르다 　　　　　　　　　　海山蒼蒼

진정한 활력이 가득 차 있어야 　　　　　　　　　　眞力彌滿

삼라만상은 그 곁에 존재한다 　　　　　　　　　　萬象在旁

앞에서는 해와 달과 별이 나를 부르고 　　　　　　前招三辰

뒤에서는 봉황새가 잡아끈다 　　　　　　　　　　後引鳳凰

새벽 되자 여섯 마리 자라를 타고서 　　　　　　　曉策[4]六鼇

해 뜨는 부상(扶桑)에서 발을 씻노라 　　　　　　濯足[5]扶桑

---

1) 觀化: 시법본을 제외한 다른 이본에는 觀花로 되어 있다.
2) 返氣: 윤춘년본 『시가일지』에는 以氣로 되어 있다.
3) 處得以狂: 시법본과 축윤명본에는 素處以強으로, 회열본과 윤춘년본 『시가일지』, 윤춘년본 『목천금어』에는 處德以強으로 되어 있다. 설부본과 급고각본에는 處得以狂으로 되어 있다.
4) 曉策: 설부본과 급고각본을 제외한 다른 이본에는 曉看으로 되어 있다.
5) 濯足: 축윤명본에는 濯手로 되어 있다.

정신精神

돌아가려다 채 돌아가지 않고   欲返¹⁾不盡

함께 갈 사람이 오기를 기다린다   相期與來²⁾

맑은 물결은 바닥까지 보이고   明漪絶底

기이한 꽃은 갓 봉오리 맺었다   奇花初胎

싱그러운 봄날에 앵무새 조잘대고   靑春鸚鵡

누대에는 수양버들 늘어졌다   楊柳樓臺³⁾

푸른 산의 그 사람이 와서   碧山人來⁴⁾

큰 술잔에 청주를 따른다   淸酒深杯⁵⁾

생기가 멀리까지 퍼지니   生氣遠出

식은 재는 붙어 있을 데가 없다   不著死灰

오묘한 창조와 자연스러움을   妙造自然

누가 더불어 선택할 것인가   伊誰與裁⁶⁾

---

1) 欲返: 축윤명본에는 欲及으로 되어 있다.
2) 與來: 시법본과 회열본, 윤춘년본『시가일지』, 윤춘년본『목천금어』에 愈來로 되어 있다.
3) 樓臺: 축윤명본에는 碧臺로 되어 있다.
4) 碧山人來: 시법본과 회열본, 윤춘년본『시가일지』에 碧山來人으로 되어 있고, 축윤명본에는 山
人興來로 되어 있다.
5) 深杯: 급고각본에는 滿杯로 되어있다.
6) 與裁: 회열본과 윤춘년본『시가일지』에 爲哉로 되어 있다.

진밀繼密

틀림없이 진정한 자취가 있지만	是有眞跡¹⁾

틀림없이 진정한 자취가 있지만 是有眞跡¹⁾

알아차리지 못할 것만 같다 如不可知

마음에서 형상이 떠오르려 하자 意象²⁾欲出³⁾

조화(造化)는 벌써 기이해졌다 造化已奇

꽃밭 사이로 물은 흐르고 水流花間⁴⁾

맑은 이슬은 채 마르지 않았다 淸露未晞

곧게 뻗은 길에서 멀어질수록 要路愈遠⁵⁾

호젓하게 걷는 발걸음은 더디다 幽行⁶⁾爲遲

말은 금기를 범하지 않을수록 좋고 語不欲犯

구상은 뻣뻣하지 않을수록 좋다 思不欲癡

신록이 푸른 봄이 되었으나 猶春於綠

눈이 내리고 달빛 환한 것과 같다 明月雪時

---

1) 眞跡: 윤춘년본『목천금어』에는 眞氣로 되어 있다.
2) 意象: 회열본과 윤춘년본『시가일지』, 윤춘년본『목천금어』에는 意匠으로 되어 있다.
3) 欲出: 급고각본에는 欲生으로 되어 있다.
4) 花間: 회열본과 윤춘년본『시가일지』, 윤춘년본『목천금어』, 설부본에는 모두 花間으로 되어 있으나 급고각본에는 花開로, 만력본에는 花門으로 되어 있다. 내용상 花間이 옳다. 급고각본에서 花開로 쓴 것은 소동파(蘇東坡)의 "빈산에는 아무도 없고, 물은 흐르고 꽃은 피어 있다(空山無人, 水流花開)"라는 유명한 구절에 이끌려서 고친 것으로 보인다. 따라서 편집자의 자의적 수정으로 보아야 한다.
5) 愈遠: 회열본과 윤춘년본『시가일지』에는 屢遠으로 되어 있다.
6) 幽行: 회열본과 윤춘년본『시가일지』에는 出行으로 되어 있다.

소야疏野

오로지 본성이 가는 곳을 따라	惟性所宅
천진하게 취할 뿐 어디에도 얽매이지 않는다	眞取弗羈
사물을 줍기만 해도 절로 넉넉하여	拾物[1]自富
늘 솔직하기를 기약하네	與率爲期

소나무 아래 집을 짓고서	築室[2]松下
모자를 벗고 시를 보네	脫帽看詩
아침과 저녁만 알 뿐	但知旦暮
어느 때인지 따지지 않네	不辨何時

어쩌하다보니 기분에 맞을 뿐	倘然適意
일부러 무언가를 하려고 의도하겠는가	豈必有爲[3]
하늘이 내버려둔 대로 시를 짓나니	若其天放
그렇게 해야 경지에 이르네	如是得之

---

1) 拾物: 설부본에는 控物으로 되어 있다.
2) 築室: 윤춘년본『시가일지』에는 竹屋으로 되어 있다. 회열본과 급고각본에는 築屋으로 되어 있다.
3) 豈必有爲: 회열본과 윤춘년본『시가일지』에는 必有所爲로 되어 있다.

청기淸奇

고고한 소나무 숲이 있고　　　　　　　　娟娟群松
그 아래로 맑은 물이 흐른다　　　　　　　下有漪流
눈이 개어 물가는 온통 눈밭이고　　　　　晴雪滿汀[1]
시내 저편에는 고깃배가 떠 있다　　　　　隔溪漁舟

마음에 쏙 드는 백옥 같은 사람이　　　　可人如玉
나막신 신고 깊은 산중 찾아간다　　　　　步屧尋幽
풍경을 바라보다 걸음을 멈추면　　　　　載瞻[2]載止
파란 창공은 아득하기만 하다　　　　　　空碧悠悠

정신에서 예스럽고 기이한 것이 솟아나니　神出古異[3]
담담하여 다 거두지 못한다　　　　　　　淡不可收
새벽달과 같은 듯　　　　　　　　　　　如月之曙
가을 기운 같은 듯　　　　　　　　　　　如氣之秋

---

1) 滿汀: 회열본 등을 비롯한 대부분 판본에 滿竹으로 되어 있다. 급고각본과 축윤명본에는 滿汀으로 되어 있어 이를 따른다.
2) 載瞻: 급고각본에는 載行으로 되어 있다.
3) 古異: 회열본과 윤춘년본 『시가일지』, 윤춘년본 『목천금어』에는 古意로 되어 있다.

위곡委曲

저 높은 태항산을 오르노니	登彼太行[1]
푸른빛이 굽이진 비탈을 에워싸고 있다	翠繞羊腸
아스라한 이내 속에 백옥 같은 물이 흐르고	杳靄流玉
아주 먼 곳으로부터 꽃향기가 풍겨온다	悠悠花香

힘을 들이는 것은 때에 알맞게 하고	力之於時
소리를 내는 것은 피리를 불듯 해야 한다	聲之於羌
가버린 듯하더니 어느 틈에 돌아와 있고	似往已廻
그윽하게 있으나 숨은 것은 아니다	如幽匪藏[2]

물결은 빙빙 돌며 위아래로 출렁대고	水理漩洑
회오리바람은 하늘을 빙빙 도는 듯하다	鵬風[3]翶翔
도(道)란 본래 일정한 틀이 없으니	道不自器[4]
그릇에 따라 둥글기도 모나기도 하다	與之圓方

---

1) 太行: 윤춘년본 『목천금어』에는 大行으로 되어 있다.
2) 如幽匪藏: 회열본과 윤춘년본 『시가일지』, 윤춘년본 『목천금어』에는 如匪幽藏으로 되어 있는데 幽 자와 匪 자를 뒤바꿔 식자했다.
3) 鵬風: 윤춘년본 『시가일지』와 윤춘년본 『목천금어』에는 鵑鵬으로 되어 있다.
4) 自器: 양성본과 만력본에는 自棄로 되어 있다.

실경實境

아주 솔직하게 말을 구사하고   取語甚直[1]
구상하고 생각함이 깊지 않다   計思匪深
숨어 사는 사람을 문득 만나니   忽逢幽人
마치 도인의 마음을 본 듯하다   如見道心

맑은 시냇물이 흐르는 골짜기   淸澗[2]之曲
푸른 소나무 그늘이 지는 곳에서   碧松之陰
한 사람은 나뭇짐 지고 가고   一客[3]荷樵
한 사람은 금(琴)을 듣고 있다   一客聽琴

감정과 본성이 가는 대로 따를 뿐   情性[4]所至
기묘한 것을 억지로 찾지 않는다   妙不自尋
만나는 것을 하늘에 맡길 때   遇之自天[5]
맑게 울리는 드문 소리이리라   泠然[6]希音

---

1) 甚直: 회열본과 윤춘년본 『시가일지』에는 甚眞으로 되어 있다.
2) 淸澗: 윤춘년본 『목천금어』와 축윤명본에는 晴澗으로 되어 있다.
3) 一客: 회열본과 윤춘년본 『시가일지』에는 일로 되어 있다.
4) 情性: 윤춘년본 『시가일지』에는 性情으로 되어 있다.
5) 自天: 만력본, 윤춘년본 『시가일지』와 윤춘년본 『목천금어』에는 似天으로 되어 있다.
6) 泠然: 만력본, 윤춘년본 『시가일지』와 윤춘년본 『목천금어』에는 永然으로 되어 있다. 급고각본
   에 泠然으로 된 것은 오류다.

비개悲慨

큰 바람이 물결을 말아올리고	大風捲水
숲 속의 나무들은 꺾여버렸네	林木爲摧
너무 괴로워 죽을 지경이건만	意苦[1] 欲死
쉬고자 해도 쉴 수가 없다	招憩[2] 不來

백 년 인생은 쏜살같이 지나갔고　　　　　　　百歲[3] 如流

부귀의 욕망마저 싹 가셨다　　　　　　　　　富貴冷灰

큰 도가 나날이 무너지니　　　　　　　　　　大道日喪[4]

영웅의 재능인들 어찌하리오　　　　　　　　若爲雄才

장사는 장검을 어루만지고　　　　　　　　　壯士拂劍

목 놓아 노래 불러 슬픔만 가득 차네　　　　浩歌[5] 彌哀

우수수 나뭇잎은 떨어지는데　　　　　　　　蕭蕭[6] 落葉

푸른 이끼 위로 비는 주룩주룩 내린다　　　滿雨[7] 蒼苔[8]

---

1) 意苦: 설부본에는 適苦로 되어 있다.
2) 招憩: 회열본과 윤춘년본『시가일지』에는 招舌로 되어 있으나 오류다.
3) 百歲: 윤춘년본『목천금어』에는 百年으로 되어 있다.
4) 日喪: 급고각본에는 日往으로 되어 있으나 오류다.
5) 浩歌: 윤춘년본『시가일지』와 윤춘년본『목천금어』에는 浩歌로 되어 있고, 축윤명본과 급고각본을 비롯한 다른 여러 판본에는 浩然으로 되어 있다. 모두 뜻이 통한다.
6) 蕭蕭: 회열본과 윤춘년본『시가일지』, 윤춘년본『목천금어』에는 事事로 되어 있다.
7) 滿雨: 회열본과 윤춘년본『시가일지』, 윤춘년본『목천금어』에는 滿雨로 되어 있고, 급고각본을 비롯한 다른 여러 판본에는 漏雨로 되어 있다.
8) 蒼苔: 윤춘년본『목천금어』와 설부본, 급고각본에는 蒼苔로 되어 있고, 회열본과 윤춘년본『시가일지』, 만력본, 축윤명본에는 荒苔로 되어 있다.

형용形容

정신을 집중하여 순수하게 구상하면	絶佇靈素
조금 뒤 새롭고 진실한 사물의 모양이 나타나리라	少回淸眞
물에 비친 그림자를 찾아 묘사하듯	如覓水影
따뜻한 봄빛을 그려내듯 하라	如寫陽春

바람과 구름의 변화무쌍함과	風雲[1]變態
꽃과 풀의 정신이 담겨 있음을	花草精神
바다의 용솟음치는 파도와	海之波瀾
산의 험준하고 높은 봉우리를 그리라	山之嶙峋[2]

모든 것이 자연의 큰 도리와 합치되고	俱似大道
절묘하게 사물들과 결합하고 공존한다	妙契[3]同塵
외형을 떠나 정신을 포착한다면	離形得似
형용을 잘하는 사람에 근접하리라	庶幾斯人

---

1) 風雲: 축윤명본에는 風雪로 되어 있다.
2) 嶙峋: 회열본과 윤춘년본『시가일지』에는 璘珣으로 되어 있다.
3) 妙契: 회열본과 윤춘년본『시가일지』에는 如契로 되어 있다.

초예超詣

정신이 신령해서도 아니고	匪神之靈
기미를 잘 포착해서도 아니다	匪機[1]之微
흰 구름을 타고 가듯이	如將白雲
맑은 바람과 함께 돌아가리라	淸風與歸

멀리 몸을 빼내 목적지에 도착했으나	遠引若至[2]
막상 가까이 가보니 (기대와는) 다르다	臨之已非
조금이라도 도(道)의 기운이 있다면	少有道氣[3]
결국에는 세속과 다른 길을 간다	終與俗違

흩어진 산들 사이에 나무는 높이 솟고	亂山喬木
푸른 이끼에 햇살은 반짝인다	碧苔芳暉
그 풍경을 읊조리고 생각할수록	誦之思之
그가 토해낸 것은 드문 소리이리라	其聲愈希

---

1) 匪機: 설부본, 윤춘년본『시가일지』에는 匪幾로 되어 있다.
2) 遠引若至: 윤춘년본『시가일지』에는 迷引莫之로, 윤춘년본『목천금어』에는 遠引莫知로, 시법본
  에는 遠引莫致로, 설부본과 양성본, 만력본에는 遠引莫至로, 급고각본에 遠引若至로 되어 있다.
3) 道氣: 급고각본에는 高木으로 되어 있다.

표일飄逸

낙락하게 멀리 떠나려 하며	落落欲往
도도하여 범인과 어울리지 않네	矯矯不群
구지산(緱氏山)에는 학이 날고	緱山之鶴
태화산(太華山) 꼭대기에는 구름이 나네	華頂之雲

고고한 사람은 마음이 평화롭고	高人惠中[1]
멋진 얼굴에는 원기가 넘치네	令色絪縕
바람에 실려 쑥대 잎을 타고서	御風蓬葉[2]
저 아득한 곳으로 둥둥 떠가네	泛彼無垠

그를 잡을 수는 없을 듯하나	如不[3]可執
그래도 그의 소식은 들려오겠지	如將有聞
지인들은 벌써 그 사실을 알지만	識者已領
만나려 애쓸수록 더 멀어지네	期之愈分[4]

---

1) 惠中: 여러 판본에는 대부분 惠中으로 되어 있는데 급고각본에는 畫中으로 되어 있다.
2) 蓬葉: 윤춘년본『시가일지』와 윤춘년본『목천금어』, 시법본에는 蓮葉으로 되어 있다.
3) 如不: 윤춘년본『시가일지』에는 似不로 되어 있다.
4) 識者已領 期之愈分: 설부본에는 識者期之 得之愈分으로 되어 있을 뿐 시법본, 양성본, 윤춘년본 『시가일지』, 만력본, 급고각본에는 모두 識者已領 期之愈分으로 되어 있다. 윤춘년본『목천금어』 에는 識者已領 斯之愈分으로 되어 있으나 斯는 期의 오자다.

광달曠達[1]

인생이 길어야 기껏 백 년   生者百歲

죽을 날이 얼마나 남았는가   相去幾何

환락의 시간은 몹시도 짧고   歡樂[2]苦短

근심과 걱정은 많기도 하다   憂愁實多

차라리 술 한 병 들고서   何如尊酒

날마다 안개 낀 숲으로 찾아가자   日往[3]煙蘿

꽃이 처마를 덮은 초가에   花覆茆簷

가랑비는 부슬부슬 지나간다   疏雨相過

술잔 기울여 다 마시고서   倒酒[4]既盡

지팡이 짚고 걸으며 노래 부른다   杖藜行歌

"누군들 고인이 되지 않으랴   孰不有古

남산만이 높고도 높도다"   南山峨峨

---

1) 윤춘년본 『시가일지』에는 曠達의 풍격이 疏野와 清奇 사이에 놓여 있다.
2) 歡樂: 여러 본에는 모두 歡樂으로 되어 있으나 윤춘년본 『시가일지』에는 歡喜로 되어 있다.
3) 日往: 양성본, 만력본, 축윤명본에는 日住로 되어 있는데 이는 往의 오자로 보인다.
4) 倒酒: 축윤명본에는 到酒로 되어 있다.

유동 流動

물을 받아들이는 수차와도 같고   若納水輨[1]

쟁반에 구르는 구슬과도 같다   如轉丸珠[2]

어찌 말로 다 설명하랴마는   夫豈可道

사물을 빌려 어리석은 이에게 전한다   假體遺愚[3]

거대한 지구는 지축(地軸)을 싸고돌고   荒荒坤軸

까마득한 우주는 천축(天軸)을 따라 운행한다   悠悠天樞[4]

지축이 말하는 실마리를 잡고서   載要其端

우주가 보이는 상징과 똑같이 한다   載同其符[5]

밝은 정신의 우주로 뛰어올랐다가   超超[6]神明

어두운 허무의 세계로 되돌아간다   返返[7]冥無

천년의 세월 동안 오고 가나니   來往千載[8]

유동이란 이것을 일컫는 것인가   是之謂乎[9]

---

1) 若納水輨: 시법본, 윤춘년본『시가일지』와 윤춘년본『목천금어』에는 若納斷輨으로 되어 있다.
2) 丸珠: 시법본에는 圓珠로 되어 있다
3) 遺愚: 시법본에는 爲愚로, 설부본에는 如愚로, 윤춘년본『시가일지』와 윤춘년본『목천금어』에는 遺愚로 되어 있다.
4) 天樞: 설부본에서는 天機로 썼다.
5) 載同其符: 여러 판본에서 載聞其符로 썼다.
6) 超超: 시법본, 윤춘년본『시가일지』에는 超之로 되어 있다.
7) 返返: 윤춘년본『시가일지』에는 友之로, 시법본, 윤춘년본『목천금어』, 축융명본에는 返之로 되어 있다.
8) 千載: 시법본에는 眞宰로 되어 있다.
9) 是之謂乎: 축융명본에는 同歸殊途로 되어 있다.

부록

『이십사시품』의 저자와 창작 연대

『이십사시품二十四詩品』(이하『시품』이라 줄여 쓴다)은 그 저자와 창작 연대를 두고 극심한 논쟁이 벌어졌다. 쟁점은,『시품』이 당나라 말엽의 시인 사공도(司空圖, 837~908)의 저작인가 아닌가였다. 나는『시품』이 사공도가 지은 것이 아니라 송 말엽에서 원대 사이에 만들어졌고 그 저자는 아직 확정할 수 없다고 보는데 논쟁의 경과와 추정의 근거를 먼저 밝히고 본격적인 논의를 전개하겠다.

『시품』이 중요한 비중을 차지하는 저작임을 부정하는 사람은 거의 없다. 그렇다면 그 위상은 언제부터 얻어진 것일까? 작품 중에는 창작 과정이 분명하여 의심의 여지가 없는 것도 있고, 창작 과정과 수용의 역사가 매우 복잡한 것도 있다. 처음부터 명성을 얻은 저작도 있고, 처음에는 인정받지 못하다가 어떤 계기로 크게 각광을 받은 저작도 있다. 작품마다 처한 상황이 똑같지 않다. 『시품』은 창작과 수용 과정이 다른 어떤 저작보다도 복잡하고 거기 얽힌 곡절도 많아 관심의 대상이 되었다.

명나라 초기부터 여러 간행물에 등장한 『시품』은 말엽부터 널리 읽히기 시작해 현대에 이르기까지 폭넓은 독자를 확보하고 있다. 명나라 말엽 이후부터 사공도의 저작으로 알려져 300년, 400년 동안 아무도 저자를 의심하지 않은 채 지금으로부터 약 1100년 전 당나라 말엽에 지어진 오래된 시학서로 알고 이를 이용하였다. 그런데 1994년을 전후하여 『시품』의 저자를 놓고 격심한 논쟁이 시작되었다. 이는 20세기 중국문학사에서 손꼽힐 만큼 큰 논쟁이었다.[1]

『시품』이 누구에 의해 창작되어 현재까지 수용되었는가 하는 문제는 그만큼 중국 문학사와 비평사의 흥미로운 주제다. 그 과정을 집중적으로 분석해 리춘타오(李春桃)가 「『이십사시품』접수사『二十四詩品』接受史」라는 박사학위논문까지 썼다. 논쟁의 핵심은 '저자가 누구인가?'라는 질문에 모아져 있다. 이 논쟁은 전개된 양상 자체가 흥미로우며,

---

1) 陳尙君·汪涌豪, 「司空圖『24詩品』辨僞」, 『中國古籍研究』 창간호, 1998; 張健, 「詩家一指」的産生時代與作者: 簡論『二十四詩品』作者問題」, 『北京大學學報』, 1995. 『시품』 위작 논쟁을 불러일으킨 가장 중요한 논문으로 이 두 편을 꼽을 수 있다. 李春桃의 『二十四詩品』接受史」(復旦大博士學位論文, 2005)는 관련한 문제를 종합적으로 다뤘다는 점에서 참조할 만하다. 한국에서 이 문제를 다룬 주요 논문에는 다음과 같은 것들이 있다. 閔庚三, 「司空圖『二十四詩品』 僞作논쟁 추이」, 『중어중문학』 27집, 2000. 12, 345~368쪽; 김승룡, 「司空圖『詩品』과 僞作論爭」, 『한문학보』 6권, 2002. 259~269쪽; 이종호, 「사공도의 『이십사시품』에 어떻게 접근할 것인가: 한국 시화비평과 사공도의 『이십사시품』」, 『조선의 문인이 걸어온 길』, 한길사, 2004. 561~600쪽; 금지아, 「『二十四詩品』이 조선후기 문예이론사에서 차지하는 자리」, 『중국어문학』 52, 영남중국어문학회, 2008.

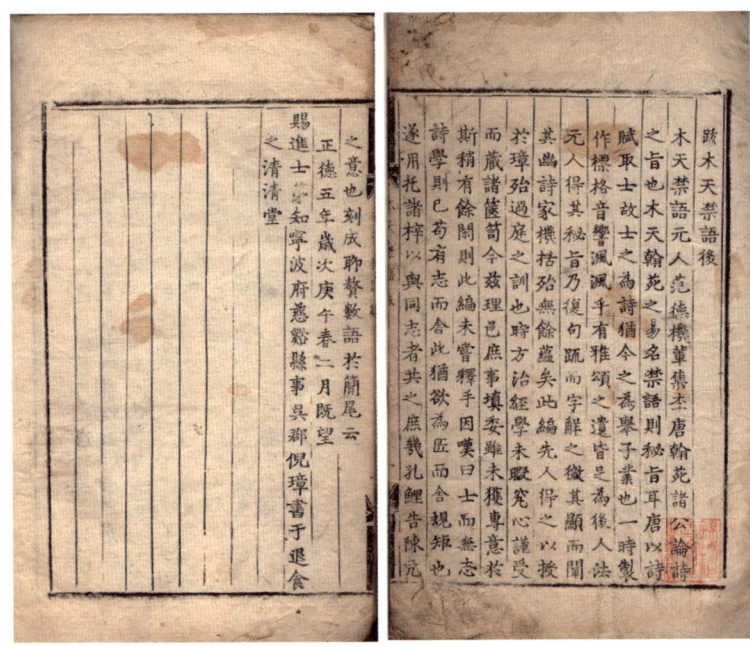

• 윤춘년(尹春年)이 1555년에 간행한 『목천금어木天禁語』의 첫머리에 수록된 예장(倪璋)의 발문. 이 발문은 다른 간본에는 실려 있지 않고 여기에만 실려 있다. 발문에서는 이 저작이 당(唐)의 문사들이 시를 논한 비밀스런 요지, 곧 비지(祕旨)를 원(元)나라 범덕기(范德機) 등이 편집한 책이고, 예장 자신이 간행했음을 밝혔다. 예장은 이 저작 안에 포함된 이 『시품』을 당나라 때의 저작으로 간주하고 있다. 수경실 소장.

이를 이해하는 것은 『시품』의 가치와 미학, 중국 미학의 변천사를 파악하는 데도 매우 중요하다. 그 논란의 과정을 정리하다보면 『시품』을 보는 시각이 자연스럽게 나타나게 되어 있다.

먼저 이 저작이 유통된 방식을 살펴보면 논쟁을 이해하기가 쉽다. 『시품』이 세상에 처음 모습을 드러낸 것은 명나라 전기다. 15세기 중반에 간행된 『신편명현시법新編名賢詩法』에는 『우시서시법虞侍書詩法』이 수록되어 있는데 그 안에 『시품』의 16개 풍격이 수록되었다. 그 이후 1466년 회열(懷悅)이 간행한『시가일지詩家一指』, 1510년 예장(倪瑋)이 간행한『목천금어木天禁語』등에도『시품』이 수록되어 세상에 알려졌다.

그리고『시가일지』와『목천금어』에서는 시인이 익혀야 할 중요한 비결로 '십과(十科)'와 '사칙(四則)', 그리고 '이십사품(二十四品)'을 제시했는데 '이십사품'이 바로『시품』이다. 따라서『시품』의 미학은 함께 실린 '십과'와 '사칙'과의 관련 속에서 이해하는 것이 타당하다. 이들 시학의 요체가 일맥상통한다는 점은 '십과' '사칙' '이십사품' 간의 관련이 깊고, 나아가 같은 저자가 이 모든 시법(詩法)을 썼을 가능성을 뚜렷이 보여준다. 문제는『시가일지』를 비롯한 저작에는『시품』의 작자가 분명하게 밝혀져 있지 않다는 점이다. 이후 명대에 출간된 시법을 다룬 각종 저작에도『시품』이 거듭 수록되었는데, 이들 저작에서도 역시 저자가 누구인지를 밝히지 않았다.

한편, 조선의 학자 윤춘년(尹春年, 1514~1567)에 의해 1551년에『시가일지』가, 1555년에『목천금어』가 각각 간행되어『시품』이 조선에 소개되었고, 이 저작들이 임진왜란을 계기로 일본에도 대거 유출되어 소개되었다. 이렇게 하여『시품』은 15, 16세기에 한중일 3국에 널리 유포되었다. 이때까지만 해도『시품』의 저자가 명확하게 제시되지 않았다. 간행자인 회열과 예장은 자신들이 간행한 시법서가 성당(盛唐) 또는 당(唐)의 문사들이 지은 것을 원대의 문사인 우집(虞集) 또는 범덕기(范德機) 등이 편집했다고 뭉뚱그려 말했을 뿐이다. 저자와 관련해 주목할 사실은 저명한 명대의 서예가 축윤명(祝允明, 1460~1526)이『시품』을 필사하여〈지지생서송인품시운어권枝指生書宋人品詩韻語卷〉이란 서예를 남겼는데 제목에서 알 수 있듯이 그는『시품』을 송대 사람의 저작으로 간주했다는 점이다. 그는 명대 중엽 사람이었다.

『시품』이 문단에 새로운 모습으로 등장한 것은 명나라 말엽이다. 저명한 출판업자인 모진(毛晉, 1599~1659)이 총서(叢書)『진체비서津逮秘書』제8집에『시품이십사칙詩品二十四則』을 포함시켜 급고각(汲古閣)에서 간행하고, 그 저자를 사공도라고 확정한 것이다. 모진은『시가일지』등에서『시품』을 독립시켜 하나의 단행본으로 만들고 이전 저작에서는 밝혀져 있지 않던 저자를 사공도로 확정했다. 그 근거를 모진은 1630년에 쓴 발문에 명확하게 밝혀놓았다. 소동파(蘇東坡)가 만년에 쓴「황자사黃子思의 시집 뒤에 쓴다」란 글에서 사공도의 시를 평가하며 "(사공도는) 문자의 밖에서 얻은 자신의 시 24개 운(韻)을 열거하였다(自列其詩有得於文字之表者二十四韻)"라고 말했는데 이 글의 이십사운(二十四韻)이 바로 '이십사품'을 가리킨다는 것이다. 다른 근거는 따로 제시하지 않고 오로지 소동파의 이 언급만을 저자 확정의 근거로 제시했다. 그러나 24운은 사공도의 다른 글에 나오는 24개의 시구를 가리키는 것으로『시품』과는 무관하다. 다만 이십사운과 '이십사품'에서 24라는 수를 제시한 점은 같고 이 둘은 시학의 측면에서 몇 가지 유사성도 있었기에『시품』의 저자를 사공도로 추정한 것은 참으로 절묘한 것이었고, 당시로서는 매우 그럴듯하게 받아들여졌다. 더욱이 모진은 당대 최고의 장서가이자 출판업자였기에 그의 주장은 자연스럽게 통용되었다.

비슷한 시기의 학자 정만(鄭鄤, 1594~1639)도 같은 근거로 사공도를 『시품』의 작자로 보았고, 비경우(費經虞)도 근거를 제시하지 않은 채

작자를 사공도로 보았다. 이후 『설부說郛』에서도, 1707년 강희제가 편찬한 『전당시全唐詩』 634권에서도 마찬가지였다. 명말 이래 가장 명망 있는 출판업자인 모진의 급고각본과 황제의 권위를 등에 업은 『전당시』가 저자를 사공도로 확정한 것은 『시품』을 사공도의 저작으로 공인하는 결정적인 계기로 작용한 것이다. 그야말로 어느 날 갑자기 『시품』은 사공도의 저작으로 둔갑했다. 이후 아무런 의심 없이 수백 년 동안 『시품』은 사공도의 저작으로 통용되었고, 지금으로부터 약 1100년 이전에 출현한, 세계에서 가장 이른 시기에 나온 미학서이자 비평서로 각광을 받게 되었다.

한국에서는 18세기 초엽에 비로소 『시품』을 사공도의 저작으로 간주하여 활용했다. 『진체비서』와 『설부』 『전당시』를 받아들이면서 자연스럽게 사공도를 작자로 인정한 것이다. 이후 청나라와 근현대를 거치면서 『시품』은 시학(詩學)의 중요한 텍스트로 한중일 3국에서 광범위하게 읽히고 연구되었다. 최근 논쟁이 불거지기 직전까지도 『시품』이 사공도의 저작임을 의심하지 않고 당연하게 받아들인 것은 물론이다.

그런데 사공도가 저자가 아닐 수도 있다는 견해가 1992년 미국의 학자 스티븐 오언(Stephan Owen)에 의해 제기되었다. 1994년에는 천상쿤(陳尙君), 왕용하오(汪涌豪) 두 학자가 본격적으로 위작설을 제기하여 「사공도 『이십사시품』은 위작이다司空圖『24詩品』辨僞」(『중국고적연구』 제1집)라는 논문을 발표했다. 중국문학계에 지진을 일으켰다고 평가될 만큼 큰 파장을 일으킨 이 논문의 핵심 주장은 이렇다. 사공도의 시나 시론이 『시품』과 차이가 나고, 명나라 말엽 이전에 사공도의 시문이

나 목록에 그의 저작으로『시품』을 거론한 경우가 없다. 또 명나라 말
엽 이전에『시품』을 단행본으로 본 사람이 없고,『시품』을 사공도의
저작으로 기록한 시기는 명말 이후다.『시가일지』에 수록된 '이십사
품'에 의거하여『시품』으로 독립되고 사공도의 저작으로 둔갑했다.
따라서『시품』은『시가일지』의 저작자인 회열의 위작이다. 이러한
요지를 지닌 논문이 발표된 이후 중국문학계는『시품』의 위작설을
지지하는 파와 사공도 저작설을 지지하는 파로 나뉘어 열띤 논쟁을
벌였다.

1995년 9월 장젠(張健) 교수는『시가일지』등을 근거로『시품』의 저
자가 회열이 아니라 우집이거나 아니면 누군가가 우집에게 가탁했을
것이라고 주장했다. 그에 대해 오야마 기요(大山潔)는 윤춘년 간행『원
대시법元代詩法』을 근거로『시품』이 우집의 저작이 아니라 그보다 앞
서 원대 이전에 지어졌을 가능성을 제기했다. 저우위카이(周裕鍇) 교
수는 '웅혼'과 '충담'이, 장인(蔣寅) 교수는 '함축'의 풍격 미학이 북송
(北宋)시대에 등장하여 성행하므로『시품』이 사공도 시대에 출현하기
어렵다는 주장을 펼쳤다. 장인 교수는 또 송대 왕응린(王應麟)의『소학
감주小學紺珠』에『시품』의 내용이 등장하지 않은 점을 들어 위작설을
지지했다.

한편, 쭈바오취안, 타오리톈(陶禮天), 왕부가오(王步高) 등은 위작설
에 반대해『시품』이 사공도의 저작임을 주장하는 논문과 저서를 냈
고, 이에 찬동하는 논문들도 적지 않게 나왔다. 그들은 위작설을 뒷받
침하는 것으로 제시된 논거가 빈약하다는 점을 꼽았다. 이들 논거는
『시품』이 사공도의 저작임을 명확히 부정할 만큼 결정적인 단서를 제

공하지 않는다고 보았다. 그리고 사공도의 작품과 미학이 『시품』의 그것과 일치한다는 점을 들어 위작설을 비판했다. 그러나 위작설을 반박하기에는 논리가 취약하다.

그 밖에 수징난(束景南)은 송(宋)나라 때 벌써 『시품』이 존재했다고 주장하기도 했다. 그 근거로 그는 송나라 사람인 왕희(王晞)가 1204년에 지은 「임호유고서林湖遺稿序」의 구절 일부를 들었는데, 이는 곧 "십체(十體)를 온전히 하고 사칙(四則)을 갖추며 이십사품을 구비하며, 19격(格)을 갖추는 것은 천박하고 거친 자가 훔쳐서 할 수 있는 것이 아니다"라는 내용이다. 그는 이 구절이 『시가일지』 등에 제시된 '십과'와 '사칙' '이십사품'의 편제와 동일한 점을 들어 송나라 때 이미 『시품』이 존재했다고 본 것이다. 그러나 그가 내세운 자료 자체가 위작이라는 견해가 설득력을 얻고 있어 수징난의 주장은 믿을 만한 것으로 보기는 어렵다.

지금까지 『시품』이 세상에 출현해 수용된 과정과 위작 논쟁의 진행 경과를 큰 맥락에서 검토했다. 1994년 이래 『시품』을 두고 벌어진 논쟁은 최근 10여 년간 중국문학계에서 가장 큰 사건이었다. 수많은 학자들이 참여하여 과연 이 저작이 사공도의 작품인가 아니면 후대의 어떤 사람이 지은 것인가를 놓고 논쟁을 벌였다. 그 논쟁은 아직도 결말이 나지 않은 상태다. 어느 한편의 주장을 뒷받침할 새로운 자료가 나오지 않는 한 논쟁은 답보 상태를 유지할 것이다. 그토록 중요한 위상을 지녔으며, 저작자에 대한 신뢰 또한 절대적이던 작품이 이제는 의심을 받으며 저자조차 확신할 수 없이 오리무중에 빠진 이 현상은 그 자체로서 흥미롭다.

그렇다면 나는 작자를 누구로 보는가? 나 역시 『시품』의 저작자는 사공도가 아니라고 믿는다. 그 근거는 앞에서 연구사를 정리, 서술하는 과정에서 얼마간 드러났으나 간단하게 견해를 밝히면 다음과 같다.

첫째로 사공도 사후 급고각본 『시품』이 출간되기 이전까지 거의 700년 동안 저작자를 사공도라고 분명하게 밝힌 것이 없다. 또 이 기간에 사공도의 저작을 다룬 많은 서지학 저술에서 『시품』을 전혀 언급하지 않았다. 『시품』이 사공도의 저작이라는 단서가 조금이라도 있었다면 불가능한 현상이다.

둘째로 새로운 자료가 발굴된 것도 없이 명말에 갑자기 『시품』이 사공도의 저작으로 등장한 것은 모진이 이를 단행본으로 출간하면서 갑자기 발생한 일이다. 모진은 저자를 밝혀야 할 필요성을 느꼈고, 그때 위에 언급한 소동파의 글에 의거하여 『시품』의 저자를 사공도로 추정했다(추정 과정에서 정만을 비롯한 다른 학자의 도움을 받았을 가능성도 있다). 모진은 명망 높은 출판업자였으나 그는 책의 내용을 자기 마음대로 고쳐 간행한 사례가 적지 않았다. 황비열(黃丕烈, 1763~1825)은 "급고각에서 출판한 책은 아주 많다. 소장했던 저본들을 보면 매우 훌륭했지만 하나도 교정하지 않았을 뿐만 아니라 오히려 제 마음대로 고친 것이 많았다. 참으로 유감스런 일이다"라고 지적했다. 특히 『시품』이 들어 있는 총서 『진체비서』에 대해서는, "근대의 위본(僞本)이 여러 종 포함되어 있다"는 비판이 『사고전서총목제요四庫全書總目提要』에 기록돼 있다. 그러므로 모진의 손길을 거친 『시품』역시 비슷한 자의적 편집과 거친 추정의 오류가 가해진 결과물로 추정할 수 있다.

셋째로 『시품』의 스물네 가지 풍격과 그 풍격이 반영하는 미학은 당나라 말엽의 것으로 보기 어렵다. 『시품』에서 비중 있게 다룬 '웅혼'과 '충담' '함축'을 비롯한 여러 풍격은 대체로 북송 이후 시대에 널리 유행한 풍격이다. 『시품』과 비슷한 시학을 펼친 『창랑시화』가 나온 시대는 남송(南宋)이다. 사공도의 저작이라는 선입견을 배제하고 미학의 발달사에 비추어 판단한다면, 『시품』을 당나라 말엽의 저작으로 보기보다는 북송시대 이후의 저작으로 보는 것이 타당하다. 정확한 시기를 판단하기는 현재로서 어려우나 남송시대나 원대로 보는 것이 옳다.

넷째로 만약 『시품』이 사공도의 저작이라면 '십과'와 '사칙' 또한 동일 저자, 즉 사공도의 작품으로 보아야 옳은데, 그렇게 보기는 어렵다. 『시가일지』 등에 제시된 '십과'와 '사칙' '이십사품'은 서로 독립된 내용이면서도 깊은 관련을 갖고 있어 실제로는 한 사람이 지은 것으로 보인다. 어휘나 문체가 상당히 유사할 뿐만 아니라 시학의 내용도 유사하다. 그 실례로 『시품』의 핵심적 시론으로 꼽히는 '함축'의 "한 글자도 쓰지 않고 풍류를 모조리 표현한다(不著一字, 盡得風流)"는 내용이 '십과'의 경(境)에도 나타나 '불착일자(不著一字)'라는 표현을 그대로 사용하고 있다(구체적인 내용은 이 책 18장 '실경實境'에서 자세히 소개했다). 그러므로 『시품』을 포함한 이들 저작은 사공도가 아닌, 동일 인물의 저작일 것이다.

다섯째로 『시품』에서 사용된 어휘, 그리고 『시품』에서 표현한 시학이 과연 사공도가 살았던 당나라 말엽의 것인지, 그리고 사공도가 작품에서 즐겨 사용하던 어휘와 시학에 부합하는지 의문이다. 사공도의 저작임을 주장하는 학자는 그 점을 상세하게 예를 들어 설명했으나 설득력이 있다고 보기 어렵다.

이상에서 정리한 것처럼『시품』은 당나라 말엽의 시인 사공도의 저작으로 보기 어렵다. 그렇다면『시품』은 어느 때 누구에 의하여 지어졌을까? 현재로서는 명확하게 그 저자를 단정하기가 어렵다. 장젠 교수의 주장처럼 우집 또는 우집에게 가탁한 그 누군가의 저작이라는 설이 설득력 있어 보인다. 그러나 그것도 추정에 불과할 뿐 확정짓기에는 이르다. 정황상 남송 말엽에서 원대에 이르는 시기의 학자가 지었으리라는 정도의 추정이 현재로서는 가능하다.

『이십사시품』과
18, 19세기 조선의 사대부 문예[1]

1. 머리말

이 글은 중국의 비평서인 『이십사시품』(이하 『시품』이라 줄여 쓴다)이 조선 사회에 수용되어 활용된 과정과 내용, 그리고 의미를 분석하고자 한다. 중국 시학(詩學)에서 매우 중요한 비중을 차지하는 『시품』이 조선 후기, 특히 19세기 사대부 문예의 전개와 긴밀한 관련을 맺는다는 점에 초점을 맞추어 논지를 전개하되 통시적인 관점에서 핵심적인 사실 위주로 서술한다. 19세기를 중심으로 살펴보되 『시품』의 수용과 밀접한 관련을 맺는 16세기와 18세기의 상황까지 아울러 서술한다.

---

1) 이 글은 『한국문화』(56권, 서울대학교 한국문화연구소, 2011년 12월)에 같은 제목으로 실린 필자의 논문에서 전문적인 각주를 줄이고 내용을 보완하여 수록한다.

한편, 20세기 초반의 상황도 19세기의 그것과 긴밀하게 연결되므로 19세기와 함께 묶어서 살펴본다.

『시품』은 시의 창작과 감상을 목적으로 한 시학 저술이다. 저술의 성격이 그렇기에 그 수용과 활용도 일차적으로는 시의 영역에 초점을 맞추어 분석하는 것이 당연히 옳다. 그러나 이 저작은 시학의 범위를 넘어서 회화와 서예, 인장의 영역에도 깊숙한 영향을 미쳤다. 또한 『시품』은 이를 접한 사대부들이 인생을 바라보고 살아가는 태도에도 큰 영향을 주었다. 그러므로 『시품』을 단순히 시 창작과 시론의 영역에 한정지어 논하는 것은 이 저작이 지닌 전체적 실상과 가치를 축소시킬 우려가 있다. 따라서 이 글에서는 사대부의 문예 전반으로 관심을 확대하여 분석하려 한다.

『시품』을 전통시대 한국의 문예로 확대하여 살펴보려는 목적은 『시품』이 19세기 조선의 문예가 전개되는 향방과 밀접하게 관련되기 때문이다. 19세기에 문예가 전개되는 양상은 매우 복잡하다. 그 가운데 서울과 그 주변 지역 시단의 동향이 가장 중요한데 그 시단에서 시학의 모델로 삼은 저작 중 하나가 바로 『시품』이었다. 19세기 시학의 전개를 이해하고자 할 때 이 저작은 빠트려서는 안 될 만큼 큰 비중을 차지한다.

2. 16세기: 윤춘년의 『시품』 간행

『시품』이 조선에 수용된 사실을 명확한 증거로 보여주는 시기는 16

세기 중반이다. 이보다 훨씬 오래 전인 고려 후기에 저술된 시화집(詩話集)『보한집補閑集』하권 제1칙에서는 '호사자(好事者)'의 시평이라 하여 각 시인의 시를 풍격(風格)을 내세워 평가하였는데 '신경(新警)' '함축(含蓄)' '완려(婉麗)' '청초(淸峭)' '준장(俊壯)' '부귀(富貴)'를 비롯한 21개 풍격을 제시하였다. 그 가운데 함축과 표일(飄逸)의 풍격은 『시품』에서 제시한 명칭과 똑같다. 유사한 풍격으로 볼 수 있는 용어도 몇개 더 보인다. 이를 근거로 삼아 하정승 교수는 『시품』이 벌써 고려시대에 수용되었을 수도 있다고 주장한다. 그렇게 추정하는 바탕에는 『시품』이 저작이 사공도의 작품이라는 전제가 깔려 있다.

그러나 『보한집』에 제시된 21개 풍격은 최자(崔滋)가 독자적으로 제시했다고 보아야 옳다. 사실 『시품』에서 제시한 풍격용어는 그 이전에 사용되던 수많은 용례를 바탕으로 종합한 결과물이고, 그러므로 서로 다른 시하서에서 우연하게 동일한 풍격용어를 사용할 가능성은 열려 있다. 따라서 용어가 몇 가지 동일하다고 하여 한국의 비평 저작이 중국의 영향을 받아 만들어졌다고 판단하는 것은 성급하다.

『시품』이 한국에 수용된 과정과 시기가 명확하게 밝혀지는 때는 16세기 중반이다. 이 저작을 수용하는 데 적극적인 역할을 한 인물이 윤춘년(尹春年, 1514~1567)이다. 윤춘년은 조선 명종대의 지식인이자 정치가다. 교서관(校書館)은 국가에서 통제하는 서책의 간행을 주관하던 부서인데 이 부서의 우두머리인 도제조(都提調)를 장기간 맡았다. 뿐만 아니라 그는 서적 간행과 유통에 남다른 관심과 열의를 지녔기에 서책의 매매를 촉진하고자 서점의 설립을 주장하고 많은 지인들에게 서책의 간행을 추천하기도 했다. 정치적 권력까지 쥐고 있던 그는 자신의 취향에 맞는 많은 서책을 일관된 기획하에 간행하였다. 그는 특히 시문의 창작을 안내하는 문학이론서를 탐독하고 출간하기를 즐겼다. 그리하여 그는 1551년에는 『시가일지詩家一指』를 간행하였고, 1552년에는 『문전文筌』과 『문단文斷』, 그리고 『시법원류詩法源流』를, 1555년에는 『목천금어木天禁語』를 간행했다.[2] 조선시대에 이렇게 시학서를 일관되게 간행한 인물은 거의 없다.

그 가운데 『시가일지』와 『목천금어』 두 저작에 『시품』이 수록되어 있다. 두 책 모두 명대에 간행된 시격서(詩格書)로서 윤춘년이 간행을 준비할 때 이미 조선에 들어와 읽히고 있었다. 그러므로 이 저작이 조선에 수용된 시기는 그가 간행한 때보다 앞선다.

일반적으로 볼 때 조선에서 널리 읽힌 시학 저술은 시격서보다는 송대의 시화서(詩話書)가 주축을 이룬다. 시격서는 주로 시의 격식을 논하는 반면 시화서는 시에 얽힌 일화나 비평을 다루고 있다. 특이하게도 윤춘년은 시격서를 선호했다. 이후 이런 성격을 지닌 저작이 조선왕조 내내 간행된 사례가 거의 없다는 사실만 봐도 그의 행보는 독특하다. 특히, 『시가일지』는 중국에서 간행된 지 얼마 지나지 않은 때 간행하였다. 윤춘년이 간행한 판본은 이후 조선에서 널리 읽혔을 뿐만 아니라 일본에서 여러 차례 복각되었다. 일본에서 위에서 제시한 다섯 종의 저작이 널리 읽히고 간행될 수 있었던 데는 윤춘년의 공로가 작지 않다. 왜냐하면 일본인들은 윤춘년이 간행한 판본을 임진왜란 때 약탈해 가서 복각했고, 이를 계기로 일본에서 이들 저서가 널리

---

2) 안대회, 「윤춘년 간행 시화문화의 비교문학적 분석」, 『윤춘년과 시화문화』, 소명출판, 2000, 27~95쪽.

퍼질 수 있었기 때문이다. 이렇게 볼 때 한국과 일본에서 이런 종류의 저작이 널리 읽힌 데는 윤춘년의 기여가 크다.

그런데 두 저작에 실린『시품』은 똑같지 않다. 그 내용을 간략하게 살펴보자. 먼저『시가일지』제1장(章)의 구성은 다음과 같다. 여기에서 '이십사시품'은 '이십사품'으로 표기되었다.

총론(摠論)

십과(十科)

사칙(四則)

이십사품(二十四品)

외편사단(外篇四段)

삼조삼단(三造三段)

책의 구성과 내용을 검토해보면, '십과'와 '사칙' '이십사품'은 서로 연관성이 깊어 어떤 한 사람의 저자가 지은 작품으로 판단하게 된다. 여기에 수록된『시품』은 현행본과 다른 글자가 들어간 것이 많다. 단순한 인쇄상의 오기도 보이지만 내용에 심각한 변화를 가져올 만큼 확연히 다른 글자와 구절도 보인다. 또, 거의 대부분의 판본에는 스물세번째 풍격으로 올라 있는 '광달(曠達)'이 열다섯번째의 '소야(疏野)'와 열여섯번째의 '청기(淸奇)' 사이에 놓여 있는 것도 큰 차이의 하나다. 더욱이 열두 개 풍격에는 각 풍격과 잘 부합하는 작가가 풍격의 표제 하단에 표시되어 있다. 이를 정리해보면, '웅혼(雄渾)'―두보(杜甫), '충담(沖淡)'―맹호연(孟浩然), '섬농(纖穠)'―왕유(王維), '침착(沈

着)'—두보, '전아(典雅)'—게혜사(揭傒斯), '세련(洗鍊)'—범형(范梈), '경건(勁健)'—두보, '기려(綺麗)'—조맹부(趙孟頫), '자연(自然)'—맹호연, '광달'—고선(古選), '청기'—범형, '위곡(委曲)'—백거이(白居易)다. 나머지 12개 풍격에는 작가를 배속하지 않았다. 12개의 풍격에 작가를 부기한 것의 타당성과 누가 이렇게 작가를 부기했는지의 논란은 논외로 해도 여기에 원대의 작가인 게혜사, 범형, 조맹부가 포함되었다는 점은 『시품』의 작자가 사공도가 아니라는 사실을 입증하는 하나의 단서가 될 수 있다.

『목천금어』는 단권 56장에 을해자(乙亥字)로 간행되었다. 이 책은 크게 1)목천금어 2)시가지요(詩家指要) 3)두릉시율오십일격(杜陵詩律五十一格) 4)〔부附〕 시법원류의 4부로 구성되어 있다. 책의 제목은 『목천금어』이지만 실은 3, 4종의 책에서 중요한 부분을 발췌한 편찬물로서 편찬자는 윤춘년이다. 그러므로 내제(內題)도 각각 '목천금어' '목천금어시가지요' '목천금어두릉시율' '시법원류'로 되어 있다. 그 가운데 2부에 해당하는 '시가지요'의 구성은 다음과 같다.

총론(總論)

십과(十科)

사칙(四則)

이십사품(二十四品)

시대(詩代)

품류(品類)

당대명공아론(當代名公雅論)

여기서도 시품이 이십사품으로 표기되었다. 이 '시가지요'에 수록된 『시품』의 내용은 『시가일지』와 거의 비슷하나 많은 글자가 서로 다르고 편제에도 조금씩 변화가 일어났다. 앞서 언급한 '광달'이 이 책에서는 일반적인 순서대로 스물세번째에 위치해 있다.

이상 2종의 저작에는 『시품』의 저자가 밝혀져 있지 않다. 두 저작 어디에서도 사공도의 흔적을 찾을 수 없다. 그것은 명대 말엽에 『시가일지』에 들어 있는 『시품』을 시대를 거슬러올라가 사공도에게 가탁했다는 주장을 입증하는 중요한 근거 자료가 된다.

그렇다면 2종의 저작에 수록된 『시품』이 간행 당대와 그 이후의 조선 문예에 어떤 영향을 미쳤을까? 일반적으로 간행된 저작은 필사본에 비해 미친 영향이 상대적으로 크며, 이는 윤춘년이 간행한 저작에도 마찬가지로 적용된다. 간행 이후 10년이 지나 정치적으로 실각한 윤춘년의 명성과 영향력이 그 이후에 급격히 떨어지기는 했으나 그가 간행을 주도한 시학서의 위상은 여전히 높았다.

윤춘년은 당시(唐詩)의 창작 경향을 적극적으로 지지했다. 그 시대는 주로 송시(宋詩)의 경향이 우세를 점하던 시기였던 데 반해 그는 당시의 특성을 강조하며 시의 음악성을 중시했다. 그의 논지는 아주 독특하지만 대체적으로는 『창랑시화滄浪詩話』와 『시품』에서 펼친 시론과 관련성이 깊다. 윤춘년 사후 시단에는 복고주의의 물결이 크게 몰아닥쳤다. 윤춘년이 간행한 시학서들은 그 흐름과 무관하지 않다. 비록 이를 뒷받침할 증거가 현재로서는 많지 않고, 이들 증거도 결정적이지 않으나 『시품』이 당시 창작 열풍에 힘을 보탰을 것임은 충분히 짐작할 만하다.

3. 18세기: 정선, 이광사의 합벽첩

　16세기 중반 윤춘년에 의해 『시품』이 조선의 시단에 본격적으로 소개되었음에도 당시 이 저작의 직접적인 영향력은 그다지 크지 않았던 듯하다. 이 시기에는 『시품』의 이름이나 그 내용의 일부를 언급한 문헌이 아직까지 확인되지 않기 때문이다. 이 저작이 본격적으로 조선 지식인 사이에서 부각된 것은 18세기 이후로 거의 200년 가까운 시간이 흐른 뒤의 일이다. 『시품』은 앞서 살펴본 『시가일지』와 『목천금어』뿐만 아니라 조선 중기 이후 널리 읽힌 『설부說郛』와 같은 총서에 수록된 판본을 통해서 문인들이 접할 기회가 있었다.

　문인들이 『시품』의 가치를 재발견하게 된 새로운 계기는 두 가지다. 하나는 『전당시全唐詩』의 유입과 함께 『시품』이 조선에 다시 수입되면서 그 존재감을 환기시킨 것이다. 『전당시』는 1713년 강희제가 『고문연감古文淵鑑』 『패문운부佩文韻府』와 함께 조선 왕실에 보내주어 왕실에서 소장하게 되었다. 이 일을 기점으로 조선 지식인들이 연행(燕行)할 때 이 책을 사와서 소장하기 시작했다.[3] 일례로 이의현(李宜顯, 1669~1745)은 1720년 연행 때 다른 많은 서적과 함께 120책에 이르는 거질의 『전당시』를 구입하여 귀국했다.[4] 『전당시』에는 『시품』이 부록으로 수록되어 있었으므로 이 저작이 조선 지식인의 눈에 새롭게 부각될 중요한 계기가 마련되었다. 이와는 또 다르게 모진의 급고각

---

3) 李德懋, 『靑莊館全書』 권55, 「盎葉記」 2, '中國書來東國', 한국문집총간 258집. "淸康熙五十二年癸巳, 我肅宗三十九年, 附『全唐詩』·『古文淵鑑』·『佩文韻府』共三百餘本." 이때 들어온 『全唐詩』는 1707년에 揚州詩局에서 간행한 刻本일 것이다.

본(汲古閣本) 총서『진체비서津逮秘書』제8책에 수록된『시품』이 수용되어 읽혔다. 이 각본(刻本)은『전당시』보다 먼저 수입되어 유통되었을 가능성이 높다.

그러면 18, 19세기의 지식인들은 어떤 계통의『시품』을 주로 이용했을까?『전당시』부록본을 이용한 것도 눈에 띄고, 급고각본『시품』을 이용한 사례도 보이며, 이와는 전혀 다른 것을 이용한 것도 발견된다. 분명하게 확인할 수 있는 것은 자하(紫霞) 신위(申緯, 1769~1847)는『전당시』부록본을 이용했고, 권돈인(權敦仁, 1783~1859)과 오세창(吳世昌)은 급고각본『시품』을 이용했다는 사실이다.[5]

이렇게 서지상 중요한 위치를 차지하는 각본이, 거의 대부분 조선에 수입되어 문인들이 이를 이용했다. 하지만 학문 유통 전반이 그러하듯, 이 저작이 조선에서 활발히 논의되기 위해서는 그 토대가 마련될 시간이 필요했다. 사실, 새로운 저작이 들어왔다고 해서 바로 관심을 불러일으키거나 영향을 미치지는 않는다. 중국을 비롯한 외국의 저작이 조선에 수입되었어도 지식인의 관심 여하에 따라 어떤 것은 적극적으로 수용되고 어떤 것은 관심을 불러일으키지 못하고 사라진다. 또 어떤 것은 일정한 경과를 거쳐 수십 년에서 100년 이상의 성숙기를 거친 후에야 반향을 일으키기도 한다. 조선의 문화적 터전에서 이를 활용할 분위기가 조성되어야 그 저작이 영향을 미치기 시작하는

---

4) 李宜顯,『陶谷集』권28,「陶峽叢說」, 한국문집총간 181집. "後來購得『全唐詩』一帙, 卽淸康熙四十四年, 翰林侍讀潘從律·彭定求等所對校纂輯者也. 胡皇作序刻之, 詩並四萬八千九百餘首, 釐爲九百卷. 自唐初 至五代, 片句幺韻, 無不採錄, 信唐詩之大全也." 그는「庚子燕行雜識」下에서 이 책을 庚子年 燕行時에 구입하였다고 밝혔다.

5) 한편, 고려대학교 도서관에는 필사본『二十四詩品』이 소장되어 있는데 해당 도서관 서지 설명에는 김춘택(金春澤, 1670~1717)이 필사한 것으로 되어 있다. 사실일 경우에는 이 저작의 수용과 관련하여 주요한 표지가 될 수 있으나 신빙성이 거의 없는 오류로 추정된다.

것이다. 예컨대, 명대의 총서와 소품문이 16세기 후반에서 17세기 초에 대량으로 수입되었으나 그것이 조선 지식인에게 실질적으로 큰 영향을 미친 것은 18세기 중반 이후였다.[6] 『시품』도 예외가 아니다. 『시가일지』나 『전당시』를 비롯한 총서에 한 부분으로서 소개되었지만, 즉각적인 감상과 활용을 촉발하지는 못했다. 게다가 내용이 추상적이고 모호한 분위기를 담고 있는 『시품』은 선구적인 학자가 나서서 '활용의 예'를 제시한다든지 하는 특별한 계기를 만들지 않으면 독자의 시선을 끌기 어려울 수 있는 저작이다.

적어도 18세기 초반에는 기왕에 윤춘년이 소개한 것과는 다른 경로로 『시품』이 조선에 유입되었다. 대표적인 것이 바로 『전당시』 부록본과 급고각본 『시품』이다. 이때 일어난 큰 변화는, 전과는 달리 『시품』이 사공도의 저작으로 공공연하게 인정받았다는 점이다. 이 같은 현상은 모진이 『시가일지』에서 『시품』을 분리하여 독립된 저작으로 간행하면서 그 저자를 사공도로 분명하게 밝힌 것이 결정적인 계기가 되었다.[7] 조선에서도 모진의 판본이 들어오면서 상황이 달라졌다. 저자를 명확히 알지 못한 채 다른 글과 함께 읽던 과거와는 달리, 『시품』이 절의를 지킨 유명한 시인인 사공도의 저작으로 재등장하자 조선 문인들은 적극적으로 이를 수용하기 시작했다.

그런데 18세기에 『시품』이 본격적으로 수용되어 활용된 증거가 특이하게도 문학보다는 회화와 서법에서 먼저 나타났다. 조선시대 후기의 진경회화(眞景繪畫)를 대표하는 화가인 정선(鄭敾, 1676~1759)과 그에

---

6) 安大會, 「李晬光의 『芝峯類說』과 朝鮮後期 名物考證學의 전통」, 『震壇學報』 제98호, 2004.
7) 자세한 사실은 李春桃의 「『二十四詩品』接受史」(復旦大 博士學位論文, 2005) 8~11쪽에 설명되어 있다.

상응하는 위상을 지닌 서법가(書法家)인 이광사(李匡師, 1705~1777)가 각각 『시품』을 그림으로 묘사하였고, 원문을 글씨로 썼다.[8] 정선이 그림을 그린 시기는 1749년 동짓달이고, 이광사가 글씨를 쓴 시기는 그로부터 2년 뒤인 1751년 윤5월이다.

그렇다면 정선이 그림을 그리고 이광사가 글씨를 쓴 이유는 무엇이며, 왜 이렇게 하나의 화첩으로 성책(成冊)되었을까? 당시의 이름 있는 지식인이 우선 정선에게 부탁하여 그림을 그려서 받은 뒤에 다시 이광사에게 부탁하여 글씨를 받아 한 권의 첩으로 만든 것으로 추정할 수 있다. 그렇게 하여 '사공도시품(司空圖詩品)'이란 표제로 합벽첩(合璧帖)을 제작하였다. 두 사람은 명망이 높아 남의 청탁을 받아 그림을 그리고 글씨를 쓰는 일이 자주 있었는데 그와 같은 과정을 거쳐 이 합벽첩이 만들어졌을 것이다. 더욱이 정선의 그림에는 화평(畵評)이 빠짐없이 실려 있다. 이 화평은 이 화첩을 만들어 소장한 인물이 가한 것이리라. 그렇다면 처음 『사공도시품첩』을 만들고 화평을 단 인물은 누구일까?

최완수 선생은 『겸재 정선』(현암사, 2009)에서 그와 같은 발상을 할 수 있는 이가 사천(槎川) 이병연(李秉淵, 1671~1751)밖에 없었을 터이므로 이 시화첩의 소장자도 그였을 것이라고 추정했다. 이병연이 이광사가 글씨를 쓴 달인 윤5월 29일에 사망했으므로 그러한 추정이 가능하기는 하다. 그러나 정선 그림에 달린 화평의 글씨는 이병연의 글씨와는 전혀 다르므로 그가 처음 소장자였다고 추정하기가 망설여진

---

8) 이 작품을 학계에 소개한 논문은 유준영·이종호의 「鄭敾的 『司空圖詩品帖』 研究」(『文藝研究』 2001년 제1기, 중국예술연구원, 2001)이다.

다. 이종호 교수는 누가 언제 하나의 첩으로 만들었는지는 알 수 없고, 누가 소장했는지도 알 수 없으나 화평을 쓴 이는 정선의 이웃집에 살던 화가 관아재(觀我齋) 조영석(趙榮祏, 1686~1761)이었을 것으로 추정했다. 그리고 제3자로부터 청탁을 받고서 그린 것이 아니라 정선이 자발적으로 그렸다고 하였다. 그 주장이 설득력이 없지는 않으나 내가 보기에 화평의 글씨는 조영석의 글씨와 다르다. 따라서 화평을 쓰고 처음 첩으로 만들어 소장한 인물에 대해서는 미해결의 문제로 남겨두는 것이 옳다.

현재 국립중앙박물관에 소장된 이 시화첩에는 정선이 그린 그림 가운데 '세련'과 '청기' 두 폭이 누락되어 있다. 본래 24폭 모두를 그렸으나 전해오는 과정에서 누락되었음을 의심할 여지가 없다. 반면에 이광사의 글씨는 4폭이 사라져 현재 18폭이 전해오는데 현존하는 첩에는 누군가 졸렬한 초서로 빠진 부분을 보충해놓았다.

정선의 그림은 『시품』의 내용과 취지를 상당히 정확하게 파악하여 수준 높게 형상화했다. 이광사는 비평의 내용과 어울리는 다양한 서체로 본문을 필사했다. 이광사가 필사한 『시품』은 다른 여러 판본과 사본에서는 잘 발견되지 않는 글자를 쓴 것이 종종 있어, 내용상 적지 않은 차이를 보인다. 그중엔 단순한 실수로 글자를 잘못 쓴 경우도 없지 않으나 의도적인 개작도 보여 그 나름의 독특한 이해 방식이 있었다고 하는 것이 옳다. 정선과 이광사가 이렇게 그림과 글씨로 『시품』을 형상화한 작업은 이 저작에 대한 깊이 있는 이해와 기호(嗜好)가 없었다면 이루어지기 힘든 일이었다. 이로 미루어, 18세기 중반 조선에서는 『시품』에 대한 이해도가 이미 상당한 수준에 도달했으며, 이를 향유하는 이들이 형성되었음을 보여준다.

이를 증명해주는 사례들이 더 있다. 정선의 절친한 친구이자 저명한 시인인 이병연의 시에는 신운(神韻)을 중시하는 풍격의 흔적이 나타나는데, 여기서 이런 추론이 가능하다. 이병연은 왕사정(王士禎)의 시문집을 소유하고 있었고, 왕사정의 신운설을 접했으므로 『시품』의 미학을 이해하고 선호했을 가능성이 있다. 왕사정의 신운설은 『시품』의 미학에 뿌리를 두고 있기 때문이다. 그의 친구 정선이 시품화보를 그린 것과 일정한 관련성이 있다고 볼 수 있다. 한편, 직접적으로 언급하지는 않았으나 사공도 또는 『시품』의 시학이 중요하게 다루어진 다른 증거도 있다. 비슷한 시대의 문인 오광운(吳光運, 1689~1745)이 저명한 서예가이자 이광사의 스승인 윤순(尹淳, 1680~1741)의 글씨에 붙인 발문에서 사공도 또는 『시품』의 시평을 언급하며 서법에도 언외지미(言外之味)가 중요하다고 강조하였다. 여운이 없는 글씨를 비판하며 언외지취(言外之趣)와 취외지취(趣外之趣)를 강조한 근거가 바로 『시품』의 시학이었다.

그러면 이렇듯 『시품』이 유행한 데는 어떤 배경이 있었을까? 이는 17세기 후반부터 18세기 초반의 시단을 비롯해 화단과 시단에 움튼 새로운 동향과 밀접한 관련이 있다. 이 시기 시단에서는 지난날 조선 한시를 동조(東調)라고 비판했으며, 치밀한 사유와 아치, 수사미를 추구해야 한다는 주장이 힘을 얻고 있었다. 그 동향에 주도적인 역할을 한 인물이 바로 김창흡(金昌翕, 1653~1722)이었는데 그는 정교한 언어와 오묘한 시사(詩思), 다시 말해 정언묘사(精言妙思)를 강조하였다. 그의 미학은 이병연 등에게 전파되었다. 이렇게 변화한 문예관이 이미 소개된 텍스트의 가치에 눈을 뜨도록 자극했을 것이다. 다시 말해, 달라진 미의식의 변화가『시품』의 가치를 재발견하도록 유도했다.

그 가치를 재평가하도록 자극한 요인의 하나가 바로 왕사정 시학의 유입이었다.『대경당집帶經堂集』을 비롯한 많은 저작이 18세기 시단에 읽히면서 그의 신운설이 천천히 영향을 미치기 시작했다. 18세기에『시품』에 관심을 둔 문예가들은 엄우(嚴羽)와 왕사정의 시학에 거의 함께 관심을 두었다. 왕사정의 시학은 특히 18세기 중기 이후 백탑시파(白塔詩派, 이덕무李德懋·유득공·박제가 등이 주축이 된 새로운 시의 유파) 시인들에게 일정한 영향을 끼쳤다. 이 시파의 주요한 구성원인 이덕무와 이서구(李書九)는 왕사정의 저작을 유난히 탐독하였다. 특히, 이서구의 시풍은 신운풍으로 평가받기도 하고 사공도의 의취가 보인다는 평가를 받기도 한다. 공교롭게 이서구는 16세기에『시품』이 실린 시화를 간행한 윤춘년의 유일한 문집『학음고學音稿』의 원소장자로서 그 나머지 시품서도 읽었을 가능성이 높다. 백탑시파는 그보다 앞선 시기의 윤춘년과 이병연, 정선, 그리고『시품』과 왕사정을 매개하는 중요한 연결 고리다. 백탑시파의 시인들은 19세기에『시품』을 선호한 시인 그룹의 스승 격이라는 말이다.

정선이『시품』을 그릴 때 이를 사공도의 저작으로 여기고 그렸음은 물론이다. 정선과 이광사는 당대뿐만 아니라 그 이후 조선 예술가에 비교해도 비중이 떨어지지 않는 뛰어난 인물이다. 다만 정선이 74세 고령에 그려서 필력이 조금 약하고, 이광사의 글씨는 조금 거칠다. 그래도 그림과 글씨의 수준이 낮다고 할 수 없다.

한편, 공교롭게도 비슷한 시기에 청나라에서도『시품』을 그린 2종의 화첩이 출현하여『사공도시품첩』과 대응하고 있다. 하나는 1748년에 반시직(潘是稷)이 그려『묵묘주림墨妙珠林』해권(亥卷)에 수록한『이십사시품도』이고, 다른 하나는 장부(蔣溥, 1708~1761)가 그린『화어제시의畫御製詩意』화첩이다. 후자는 제작 연대가 분명하지 않으나 아무리 빨라도 1749년 이전으로 올라갈 수 없다.[9] 그렇다고 1750년대 중후반으로 밀려나지는 않는다. 전자는 혜황(慈璜, 1711~1794)의 글씨가 왼쪽에, 그림이 오른쪽에 장첩(粧帖)되어 있어 그 형식이『사공도시품첩』과 동일하다. 모두 타이완 국립구궁박물원에 소장되어 있는데 두 화첩은 건륭제(乾隆帝)와 밀접하게 관련되어 있다. 더 자세한 사실은 책머리의 해제에서 이미 밝혔으니 참조하기 바란다.

1749년을 전후한 시기에 조선과 청나라에서『시품』을 그림으로 그리고 글씨로 써서 3종의 화첩을 만들었다. 하나의 시학 저작이 예술의 경계를 넘고 국경을 넘어서 동시에 유사한 형태로 제작된 동기와 과정에 직접적인 관련성은 찾아지지 않는다. 다만 이 시기에『시품』이 동아시아 문화권에 점차 영향을 발휘해가는 흐름에서 이들 결과물이 나왔다는 점은 분명해 보인다.

---

9) 張華芝, 「院藏巨幅畫冊: 墨妙珠林(上)·(下)」, 『故宮文物月刊』臺灣 國立古宮博物院, 2009. 7·8, 316~317쪽: 「「司空圖二十四詩品」所轉化而來的藝術形象」, 『故宮文物月刊』325호, 臺灣 國立故宮博物院, 2010. 4, 118~126쪽.

4. 19세기: 신위·김정희 유파의 『시품』 애호

『시품』이 본격적으로 조선의 문예에 깊이 영향을 끼친 시기는 19
세기 이후다. 19세기 시단의 주축을 형성한 자하 신위와 추사(秋史)
김정희(金正喜, 1786~1856)의 동인 집단에서 예술적 지향을 대변하는
시론서로서 『시품』이 크게 부각되었다. 두 학자를 주축으로 한 동인
들은 시서화를 융합하여 동일한 예술적 경계(境界)를 추구하였다. 각
종 예술에 서권기(書卷氣)라는 이름으로 지성의 깊이를 요구하였고,
시에서 언외지미(言外之味)와 선미(禪味, 참선의 오묘한 맛)를 중시하였다.

그들의 심미안을 대변하는 시학서 중에서 가장 중요한 것이 『시품』
이었다. 그들이 이 저작을 중시한 동기는 크게 두 개의 경로를 거쳐
형성되었다. 하나는 백탑시파 문인들로부터 절대적인 영향을 받아 18
세기 전기 이래 강조된 치밀한 시상 전개에 깊은 관심을 기울였다는
점으로, 이는 앞서 언급했다. 다음으로는 이들이 창작의 스승으로 삼
았던 옹방강(翁方綱)의 영향을 꼽을 수 있는데 옹방강의 시학에서 『시
품』은 중요한 위치를 점하고 있다. 백탑시파가 왕사정을 중시하여
『시품』을 선호한 것과 비슷하다.

청대 시단의 주축을 이룬 왕사정, 원매(袁枚), 심덕잠(沈德潛), 옹방
강 등이 『시품』을 보는 시각은 조금씩 다르지만 어쨌든 『시품』을 중
시했다는 점만은 똑같다. 19세기 조선 지식인들은 청대 시인들의 동
향에 무심할 수 없었다. 특히, 옹방강과 직접 교유하면서 깊은 우정을
나누며 그의 시학을 일부 수용한 신위와 김정희는 『시품』을 유달리
선호했다. 그 현상을 차례로 살펴본다.

1) 국내 소장 『시품』 필사본

먼저 19세기에 『시품』을 읽고 활용한 다양한 정황을 대략적으로 살펴본다. 이를 통해 『시품』이 얼마나 널리 유포되었는지 알 수 있다. 현재 국내 도서관 곳곳에 『시품』 필사본 여러 종류가 전하고 있는데 그 가운데 필사자가 밝혀진 것은 대략 4종이 있다. 우선 신위의 사본이다. 함축미와 회화의 경계를 중시한 신위는 『전당시』에서 화의(畵意)가 물씬 풍기는 작품을 골라 엮어 『당시화의唐詩畵意』 15권을 편찬했는데 부록인 15권에 백거이의 「지상편池上篇」과 함께 『시품』을 수록하였다. 그는 예언(例言, 내용의 이해를 돕기 위하여 책머리에 미리 일러두는 말)에서 이 두 편이 "모두 그림으로 그릴 만하여 거두지 않을 수 없었다(皆堪畵, 不容不收)"라고 밝혔다. 신위는 정선을 비롯한 화가처럼 『시품』을 직접 그림으로 그리지는 않았으나 그 가능성을 염두에 두었다. 『시품』이 정선에 의해, 「지상편」이 강세황(姜世晃)에 의해 그림으로 그려진 것을 그가 염두에 두었는지는 알 수 없다.

다음은 김정희로서 그는 이광사가 했던 것처럼 『시품』 전체를 직접 필사하여 필첩으로 만들어 감상했다. 현재 그가 필사한 『시품』 글씨가 일부 전해오고, 또 일부 풍격의 글씨는 탁본첩으로 남아 전해온다. 그가 『시품』을 필사했다는 사실은 중요한 의미를 지닌다. 왜냐하면 그를 추종하는 사람들이 『시품』을 필사해 감상하면서 하나의 문화적 흐름을 형성했기 때문이다. 학사대부는 물론 제주도의 기녀까지도 『시품』을 병풍에 필사했다. 김정희의 글씨인 것처럼 『시품』을 쓴 위작도 항간에 유통된다.

이재(彝齋) 권돈인(權敦仁, 1783~1859)이 필사하여 만든 『사공표성시

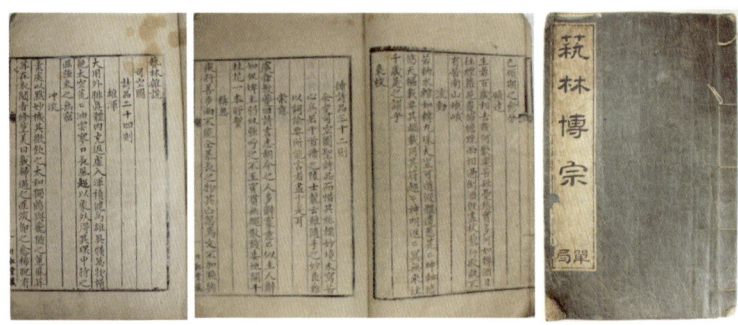

품첩』이 이 그룹에서 만든 서첩을 대표한다. 표지에 '이실장본(彝室藏
本)'이라 하여 권돈인이 소장했음을 밝혔다. 글씨도 권돈인의 것이고,
본문 첫 장과 마지막 장에 찍혀 있는 '이재일호미산(彝齋一號眉山)' '문
자연(文字緣)' '돈인(敦仁)' '유안(幼安)' '이재(彝齋)' '동해생(東海生)' '장
무상망(長毋相忘)'은 모두 권돈인의 도장이므로 그의 수택본(手澤本)이
틀림없다. 대단히 정교하게 필사하고 붉은 먹으로 평점과 구두를 달
았다. 이 아름다운 수택본이 어떤 연유에선지 황산(黃山) 김유근(金逌
根. 1785~1840)의 소장품이 되었다. 권돈인은 『시품』을 애호했으므로
이 서첩을 만든 것은 자연스럽다. 김정희와 김유근, 권돈인 세 사람은
아주 절친한 친구였으므로 셋이서 『시품』을 제각기 필사하고 소장한
것도 그 의미가 적지 않다. 한편 권돈인이 병풍에 쓴 『시품』 글씨도
남아 있다. 이 병풍은 '호방'과 '위곡'의 일부 구절을 쓴 두 폭만 현재
학계에 보고되어 전모가 드러나지는 않았으나 원작은 전체를 썼을 것
이다.

이 밖에도 신위, 김정희의 선학인 권상신(權常慎, 1759~1825)의 수택본『예림박종藝林博宗』에도『시품』이 수록되어 있다. 이것은 지금까지 다룬 여러 필사본보다 이른 시기에 필사되었을 가능성이 있다.『예림박종』과 같이『시품』과 그 모방작을 함께 필사한 사본은『예림기화藝林奇話』등 많은 수량이 남아 전한다. 또 다산(茶山) 정약용(丁若鏞)의 외손이자 시인인 방산(舫山) 윤정기(尹廷琦, 1814~1879)가『시품』의 풍격 세 가지를 쓴 작품이 남아 있다. 윤정기의 시론에는 정약용의 영향이 강하게 남아 있는데 이 서첩 역시 그 영향을 무시할 수 없다. 정약용은『시품』의 '세련'에 나오는 "흐르는 물이 오늘의 모습이라면 밝은 달은 전생의 모습이라네(流水今日, 明月前身)"를 분운(分韻, 시운詩韻을 여러 사람이 나누어 각자 시를 짓는 것)하여 초의선사(草衣禪師)를 배웅하는 송시(送詩)를 지은 일이 있으므로 이 저작을 접했다는 것은 의심의 여지가 없다. 또 1860년 김병규(金炳圭)가 서울의 무량수각(無量壽閣)에서 급고각본을 필사한 것이 성균관대학교 존경각에 소장되어 있다. 이 밖에도 조선 후기에 제작된 사본 몇 종이 고려대학교, 한국학중앙연구원 장서각 등에 소장되어 있으나 필사자가 분명하지 않아 논외로 한다.

그런데『시품』애호는 글씨, 그림에만 한정되지 않고 그 내용을 인장으로 새긴 시품인(詩品印)으로까지 확산되었다. 신위는『시품』에서 묘사한 생활 태도와 예술을 애호하여 운치 있는 대목을 인장으로 새겼다. 신위는 '묘조자연(妙造自然)' '인담여국(人澹如菊)' '유앵비린(流鶯比鄰)' '사불욕치(思不欲癡)' '가인여옥(可人如玉)' '교교불군(矯矯不羣)' '소사불원(所思不遠)' '명월전신(明月前身)'의 여덟 개 구절을 뽑아 인장을 만들어 사용하다가 1845년 '인담여국인(人澹如菊印)'을 국인(菊人)이란 호를 사용하는 후배에게 선물하기도 했다. 이 인장은 전각을 잘한 그의 아들 신명준(申命準)이 『섭송암시품인보聶松巖詩品印譜』에서 여덟 개를 골라서 축소 모각(模刻)한 것이었다.

조선의 예단(藝壇)에서는 이미 명말의 전각가 문팽(文彭)과 건륭제 때의 전각가 섭송암(聶松巖)의 『시품인보詩品印譜』가 들어와 감상되고 있었다. 그 정황은 김정희가 옹방강에게 보낸 편지에서도 확인된다. 김정희는 옹방강이 소장한 시품인을 보고 혹시 기윤(紀昀)으로부터 선물받은 것인지를 묻고 자기에게 찍어서 보내주기를 소원했는데 그 편지가 『해동금석영기海東金石零記』에 실려 있다. 그가 기윤이 보내주었을 것이라고 추정한 시품인은 다름 아닌 섭송암의 『시품인보』다. 이 인보를 둘러싼 섭송암과 기윤, 옹방강의 사연은 옹방강이 지은 장편시 「섭송암이 새긴 시품의 노래, 효람 각학에게 보낸다聶松巖篆詩品歌報曉嵐閣學作」에 잘 나타나 있다.

『시품』이 신위와 김정희에 그치지 않고 당시 지식인들에게 널리 확산된 정황은 헌종이 만든 인보 『보소당인존寶蘇堂印存』에 그 구절을 새긴 인장이 30방(方)을 넘긴다는 사실에서 더 분명해진다. 이 인보에는 10개 안팎의 풍격에서 명구를 뽑아 새긴 것을 수집해놓았다. 현재로선 이 인장을 새긴 전각가가 누구인지 알 수 없으나 문팽의 전각이 일부 모각된 것을 통해 문팽의 인보를 애호한 정황도 짐작할 수 있다. 시품인의 유행은 이 시대 지식인의 문예 취향을 선명하게 보여준다.

2) 신위·김정희 등의 시학과 『시품』

19세기 시단에서 『시품』을 앞장서서 표방한 시인은 신위다.[10] 그의 시론은 복잡하고 미묘하나 뚜렷하게 각인된 것이 유소입두론(由蘇入杜論, 소식蘇軾의 시를 통해 두보의 시로 들어간다는 시론)과 시경론(詩境論)이다. 특히 언외지미와 선미를 추구한 경향이 『시품』의 애호와 밀접하게 관련된다. 그는 청의 시인으로 왕사정, 원매, 옹방강을 높이 평가하고 그들과 시론을 공유하면서 자신의 시론을 정립해나갈 때나 후학들에게 작시(作詩)의 방향을 제시할 때도 『시품』을 즐겨 활용하였다. 수십 수의 시에서 그와 관련한 언급을 찾을 수 있는데 '함축'의 "한 글자를 쓰지 않고도 풍류를 모조리 표현한다(不著一字, 盡得風流)"를 『시품』 전체의 정수로 논하거나 동료나 후학에게 그것이야말로 창작의 고갱이임을 설파하기도 하였다. 신위가 『시품』을 중요하게 다룬 이유는 거기에 그가 주장한 시론의 핵심이 담겨 있기 때문이다. 그가 시를 선적 직관과 결부시켜 이해하고, 일체의 먼지가 묻지 않은 투명한 유리와 같은 시심, 그리고 언어의 제약과 구체적 형상의 묘사를 넘어서 존재하는 시경을 중시한 것은 분명히 엄우, 『시품』, 왕사정의 계보를 잇는 시학의 연장선상에 있다.

김정희는 신위의 후배로서 역시 시서화 일치의 예술적 경계를 지향했다. 서권기를 중시하여 예술에서 학력(學力)과 품격(品格)이 조화를 이루어야 함을 강조했다. 특히 창작에서는 선적(禪的) 직관을 중시했다. 그는 형사(形似)를 벗어나 신사(神似)를 추구하는 미학을 신위와

---

10) 이현일, 『紫霞詩 연구』, 성균관대학교 박사학위논문, 2006, 54~56쪽.

공유하고 있다. 그의 관점에 잘 부합하는 시학서가 바로『시품』이었다. 추사는 특히 '웅혼'을 자신의 예술미학을 대변하는 비평으로 자주 언급했는데 그의 서예론에서 그 증거를 찾아볼 수 있다. 그는 고대 예서를 학습한 바탕 위에서 독특한 추사체를 창조해냈다. 전한(前漢)의 예서는 웅건한 힘과 고졸한 멋, 반듯하고 굳센 특징을 보이는데, 이런 한비(漢碑)의 특징을 글씨에서 되살리고자 애썼다. 그 미학을 '웅혼'이 잘 표현한다고 보았다. 더욱이 추사는 말로는 표현하기 불가능한 심오한 예술의 경지를 강조했는데, 그 근거 역시 '웅혼'에서 찾고 있다.

이 밖에도 그는「낙목일안도에 부치다 題落木一雁圖」와「연산뢰기硏山瀨記」「백파상찬白坡像贊」등의 산문 작품에서『시품』의 내용을 직접 인용하여 글을 완성했다. 그의 후배인 신석희(申錫禧)는「담연재시집서覃揅齋詩集序」에서 추사의 작품세계가『시품』의 '청기' 풍격을 구현했다고 평가하기도 했는데 이런 정황은 추사의 시풍과 시론이 얼마나 깊이『시품』과 연관되는지를 보여준다. 그저 천재성에 기대지 않고, 시에서 늘 학문적 깊이를 지키려 했던 김정희는『시품』을 통해 얻은 미학의 정수를 자신의 창작과 이론에 적극적으로 활용했다.

신위, 김정희와 밀접한 관련을 맺고 있는 후배 그룹 문인들 역시『시품』을 대단히 애호했다. 저명한 화가인 조희룡(趙熙龍, 1789~1866)은『시품』을 즐겨 읽은 예술가의 한 사람으로『한와헌제화잡존漢瓦軒題畫雜存』에서 '세련'을 아예 매화를 그리는 창조의 과정을 묘사한 것으로 보고자 했다. 이상적(李尙迪, 1804~1865)은 중국인 친구 의묵농(儀墨農)의 죽음을 애도하며 그가 준 벼루에 쓴「옥정연명玉井硯銘」에서 그 명사(銘詞)를『시품』에서 집구(集句)하여 썼다.

또한 추사의 아우인 산천(山泉) 김명희(金命喜, 1788~1857)는 창작을 논한 시에서 이 저작을 언급하였다. "어린아이 처음 시를 배워, 장도 長途의 첫걸음을 떼었네. 사공도의 『시품』을 낭랑하게 읊고, 육기(陸機)의 「문부文賦」를 대충 읽어보네. 늙은이가 그 소리를 듣고 기뻐서 가르칠 만한 아이라 여겼네"[11)라고 하였다. 『시품』이 시를 배우는 교과서로 이용되고 있는 당시 시단의 상황을 보여준다. 한편, 김명희는 『시품』이 엄우와 왕사정의 신운을 강조하는 시학의 바탕으로서 학문적 깊이 없이 감흥만 넘치는 창작의 세계로 시를 배우는 이를 오도할 것을 우려하기도 했다. 그래서 그 대안으로 시인은 학문에 기초하여 창작해야 한다는 점을 거듭 강조했다. 이와 같이 김명희의 관점은 학력을 강조한 추사의 시론과 밀접하게 관련을 맺고 있다. 그들이 비록 『시품』의 해독을 지적하기는 했으나 이는 그만큼 『시품』의 영향이 컸다는 사실을 말해준다.

이 밖에도, 저명한 시인인 이만용(李晩用)과 강위(姜瑋)도 『시품』을 언급하고 있어 그 내용을 숙지하고 있었음을 알 수 있다. 19세기 전반 중추적 위치를 차지했던 시인들이 『시품』을 활용한 흔적이 그와 같았다.

---

11) 金命喜, 『聯璧詩鈔』, 「喜兒子與再從孫台濟作詩」, 국립중앙도서관. "稚兒始學詩, 長途試初步. 朗吟司空品, 汎覽陸機賦. 老夫聞之喜, 汝豈可敎孺."

3) 근대: 서화계의 『시품』 풍미

19세기 후반과 20세기 초에도 『시품』에 대한 애호는 식지 않았다. 근대를 대표하는 문장가인 한장석(韓章錫, 1832~1894)과 황현(黃玹, 1855~1910), 김윤식(金允植, 1835~1922) 등도 『시품』을 활용하여 자신들의 문예관을 표현하였다. 단순한 시론서가 아니라 운치 있는 삶을 제시한 저작으로 활용하였다. 한장석은 자신의 작품에서 '청기'를 인용하여 고아한 정경을 묘사했고,[12] 김윤식은 '전아'의 구절 "옥호매춘, 상우모옥(玉壺買春, 賞雨茅屋)"으로 분운(分韻)하여 시를 짓기도 했다. 이 시기에도 오세창(吳世昌)은 『시품』을 필사하여 서첩을 만들기도 하였고, 이기(李沂)처럼 '청기'의 한 구절을 써서 자신의 생각을 표현하기도 했다. 이 시기에 편찬된 시화 『동시총화東詩叢話』에서는 한국의 시를 중심으로 논의를 펼친 뒤 권4에서 『시품』을 그대로 수록했다. 그러면서 시를 배우는 사람이라면 세심하게 이 책을 읽어 어떤 풍격이 어떤 맥락에서 나왔는지를 파악해야 한다고 이유를 밝혔다.[13] 동시에 왕사정의 시화를 함께 거론한 것은 이 시기에도 여전히 19세기의 주도적인 시론이 큰 영향력을 행사했다는 사실을 보여준다.

---

12) 韓章錫, 『眉山集』, 「石樓詩卷序」. "司空表聖『品詩』云: '晴雪滿汀, 隔溪漁舟', 此境之淸遠也. 繼之曰: '可人如玉, 步屧尋幽', 此情之溫雅也."
13) 편자 미상, 『東詩叢話』 권4, 『韓國詩話叢編』11, 470쪽. "凡作詩者, 須當着意看過. 每見今人品詩者, 好逢迎人意, 必曰某句雄渾, 某句沖澹, 殊不知雄渾沖澹從甚派出來也."

5. 맺음말

『시품』은 16세기에 수용된 이래 지속적으로 관심의 대상이 되었고, 예술에 큰 영향을 미쳤다. 그 과정을 보면, 16세기와 18세기 사이에 큰 격차가 있음을 알 수 있다. 그 격차는 『시품』의 저자가 사공도로 둔갑하는 현상과 깊이 관련되어 있다. 18, 19세기에 들어와 『시품』은 조선 예술계에 큰 반향을 일으켜 정선에 의해 『사공도시품첩』이 그려졌다. 신위와 김정희를 비롯한 일군의 경화세족(京華世族) 지식인과 화가, 서예가 들에게 『시품』은 예술적 상상력을 불러일으키는 원천이 되었다. 『시품』은 단순한 문학비평의 차원을 넘어서 그 자체로 각종 예술에 영감을 불어넣은 시였을 뿐만 아니라 품격 있는 삶을 제시한 청언소품(淸言小品)의 역할까지 수행하였다. 20세기 전반기까지 그 영향은 지속되었다.

지금까지 하나의 시학 저작이 한국의 비평과 문학, 기타 예술에서 어떤 과정을 거쳐 수용되고 활용되었으며 상호작용을 했는지를 살펴보았다. 그 내용을 통해서 『시품』은 중국 미학사상 가장 중요한 고전의 하나이면서 동아시아 미학의 고전이라고 말해도 좋을 만한 위상과 가치를 지니고 있다는 것을 확인할 수 있다.

우리시대의 명강의 003
궁극의 시학
스물네 개의 시적 풍경
ⓒ안대회 2013

1판 1쇄 2013년 4월 30일
1판 3쇄 2020년 1월 9일

지은이 안대회 | 펴낸이 염현숙
기획 강명효 | 책임편집 구민정 | 편집 임혜지 오경철 | 독자모니터 김경범 김세중 황치영
디자인 김선미 이주영 | 마케팅 정민호 이숙재 양서연 안남영
홍보 김희숙 김상만 오혜림 지문희 우상희
제작 강신은 김동욱 임현식 | 제작처 영신사(인쇄) 신안제책사(제본)

펴낸곳 (주)문학동네
출판등록 1993년 10월 22일 제406-2003-000045호
주소 10881 경기도 파주시 회동길 210
전자우편 editor@munhak.com | 대표전화 031)955-8888 | 팩스 031)955-8855
문의전화 031)955-1933(마케팅), 031)955-2671(편집)
문학동네카페 http://cafe.naver.com/mhdn | 트위터@munhakdongne
북클럽문학동네 http://bookclubmunhak.com

ISBN 978-89-546-2119-9 04900
     978-89-546-1726-0 (세트)

www.munhak.com